贵州统计年鉴 2023

GUIZHOU STATISTICAL YEARBOOK

中国统计出版社
China Statistics Press

贵州统计年鉴 2023

GUIZHOU STATISTICAL YEARBOOK 2023

贵州省统计局 国家统计局贵州调查总队 编

Compiled by Guizhou Provincial Bureau of Statistics NBS Survey Office in Guizhou

中国统计出版社
China Statistics Press

图书在版编目(CIP)数据

贵州统计年鉴. 2023 = Guizhou Statistical Yearbook 2023：汉英对照 / 贵州省统计局，国家统计局贵州调查总队编. -- 北京 ：中国统计出版社，2023.12
ISBN 978-7-5230-0329-9

Ⅰ. ①贵… Ⅱ. ①贵… ②国… Ⅲ. ①统计资料-贵州-2023-年鉴-汉、英 Ⅳ. ①C832.73-54

中国国家版本馆 CIP 数据核字(2023)第 219025 号

贵州统计年鉴 2023

作　　者/ 贵州省统计局　国家统计局贵州调查总队
责任编辑/ 高媛媛
装帧设计/ 多彩贵州网有限责任公司
出版发行/ 中国统计出版社有限公司
地　　址/ 北京市丰台区西三环南路甲 6 号
邮政编码/ 100073
电　　话/ 邮购(010)63376909　书店(010)68783171
网　　址/ http://www.zgtjcbs.com
印　　刷/ 贵州新华印务有限责任公司
经　　销/ 新华书店
开　　本/ 890mm×1240mm　1/16
字　　数/ 1800 千字
印　　张/ 35.5
版　　别/ 2023 年 12 月第 1 版
版　　次/ 2023 年 12 月第 1 次印刷
定　　价/ 350.00 元　Price:350.00 yuan(RMB)

本书附同版本 CD-ROM 一张，光盘内容以书面文字为准。
如有印装差错，由本社发行部调换。

《贵州统计年鉴 2023》编辑人员

主　　　编：王文忠　肖云慧　谢洪波

副　主　编：王朝晖　吴定伟　王　瑛　邓　曼　刘　晴

　　　　　　隆筑丰　王晓红　王伟宇　李　寨　唐晓川

编辑部主任：戚得玉　弋文军

编辑部副主任：周惠云　杨兆顺　李　伟　张秋云

分科主编：（按姓氏笔画为序）

　　　　　　王练练　龙立楷　刘　旭　刘彦成　刘莉亚

　　　　　　李武星　任　刚　杨双惠　杨　丽　汪明峰

　　　　　　吴　江　吴应全　吴道琨　张　梅　张　瑜

　　　　　　张子平　张仁舰　张忠阳　周　莲　范振新

　　　　　　罗智文　胡　婧　胡元光　夏仁国　徐昌兴

　　　　　　彭学刚　廖晓春　谭春明

编辑人员：（按姓氏笔画为序）

　　　　　　王华强　田　颖　刘维炼　杨玉洁　杨　超

　　　　　　杨　镗　张晓洁　张德林　陈雅婷　林　涛

　　　　　　欧佩英　赵紫微　姚本煊　顾　贤　高鹿鹿

　　　　　　高　雯　唐德梅　彭世婧　程子瑜　曾　勇

英文翻译：谢佳颖

Guizhou Statistical Yearbook 2023 **Editorial staff**

《贵州统计年鉴 2023》联合编辑

Guizhou Statistical Yearbook 2023 Joint Editor

编辑人员:(按姓氏笔画为序)

Editorial Staff:(sort by the strokes of the Chinese surnames)

王远海(贵州省公安厅交通管理局)

Wang Yuanhai (Traffic Management Administration of Guizhou Public Security)

王　康(贵州省住房和城乡建设厅)

Wang Kang (Housing and Urban-Rural Development Department of Guizhou Province)

龙　媛(贵州省高级人民法院)

Long Yuan (Guizhou Provincial Higher People´s Court)

吕宏宇(贵州省气象局)

Lv Hongyu (Guizhou Provincial Meteorological Administration)

向　倩(贵州省财政厅)

Xiang Qian (Guizhou Provincial Finance Bureau)

许国敏(贵州省退役军人事务厅)

Xu Guomin (Guizhou Department of Veterans Affairs)

许望洋(贵州省应急管理厅)

Xu Wangyang (Department of Emergency Management of Guizhou Province)

杜启莉(贵州省人力资源和社会保障厅)

Du Qili(Guizhou Provincial Department of Human Resources and Social Security)

李雪华(中国人民银行贵州省分行)

Li Xuehua (Guizhou Provincial Branch of the People´s Bank of China)

李铮柏(贵州省民政厅)

Li Zhengbai (Civil Affairs Department of Guizhou Province)

杨志成(贵州省消防救援总队)

Yang Zhicheng (Guizhou Provincial Fire Rescue Brigade)

何　佳(贵州省医保基金运行服务中心)

He Jia (Guizhou Provincial Medical Insurance Fund Operation Service Center)

何　琦(贵州省司法厅)

He Qi (Justice Department of Guizhou Province)

宋红芬(贵州省人民检察院)

Song Hongfen (People´s Procuratorate of Guizhou Province)

张发刚(贵州省民族宗教事务委员会)

Zhang Fagang (Ethnic and Religious Affairs Commission of Guizhou Province)

张　辉(贵州省农业农村厅)

Zhang Hui (Department of Agriculture and Rural Affairs of Guizhou Province)

陈冰洁(贵州省文化和旅游厅)

Chen Bingjie (Department of Culture and Tourism of Guizhou Province)

陈泓江(贵州省广播电视局)

Chen Hongjiang (Guizhou Provincial Bureau of Radio and Television)

陈碧君(贵阳海关)

Chen Bijun (Guiyang Customs)

欧　静(贵州省市场监督管理局)

Ou Jing (Administration for Market Regulation of Guizhou Province)

岳喜华(中国证券监督管理委员会贵州监管局)

Yue Xihua (Guizhou Regulatory Administration, China Securities Regulatory Commission)

金　倩(贵州省生态环境厅)

Jin Qian (Department of Ecology and Environment of Guizhou Province)

郑文斐(贵州民航产业集团有限公司)

Zheng Wenfei (Guizhou Civil Aviation Industry Group Co., Ltd)

赵　鹏(国家税务总局贵州省税务局)

Zhao Peng (Guizhou Provincial Tax Service,State Tax Administration)

段志茹(贵州省教育厅)

Duan Zhiru (Department of Education of Guizhou Province)

柴　怡(贵州省残疾人联合会)

Chai Yi (Guizhou Disabled Persons' Federation)

徐　赤(贵州省科学技术协会)

Xu Chi (Guizhou Association for Science and Technology)

徐雪琴(贵州省通信管理局)

Xu Xueqin (Guizhou Communications Administration)

徐　舒(贵州省体育局)

Xu Shu (Guizhou Administration of Sports)

凌　博(贵州省林业局)

Ling Bo (Forestry Administration of Guizhou Province)

高　琪(中共贵州省委宣传部)

Gao Qi (Publicity Department of Guizhou Provincial Committee of the Communist Party of China)

郭荔丹(贵州省消费者协会)

Guo Lidan (Guizhou Provincial Consumers Association)

郭　艳(贵州省卫生健康委员会)

Guo Yan (Health Commission of Guizhou Province)

黄利元(贵州省科学技术厅)

Huang Liyuan (Guizhou Science and Technology Department)

黄珍沂(贵州省电力行业协会)

Huang Zhenyi (Guizhou Electric Power Association)

商明菊(贵州省交通运输厅)

Shang Mingju (Department of Transportion of Guizhou Province)

梁龙飞(贵州省水利厅)

Liang Longfei (Water Resources Department of Guizhou Province)

董昕琰(贵州省商务厅)

Dong Xinyan (Guizhou Provincial Department of Commerce)

蔡　鹏(国家金融监督管理总局贵州监管局)

Cai Peng (Guizhou Regulatory Administration, State Financial Regulators)

黎　娜(贵州省邮政管理局)

Li Na (Guizhou Provincial Postal Administration)

穆仁琴(贵州省自然资源厅)

Mu Renqin (Natural Resources Department of Guizhou Province)

戴啟民(贵州省能源局)

Dai Qimin (Guizhou Energy Administration)

地区生产总值

（单位：亿元）

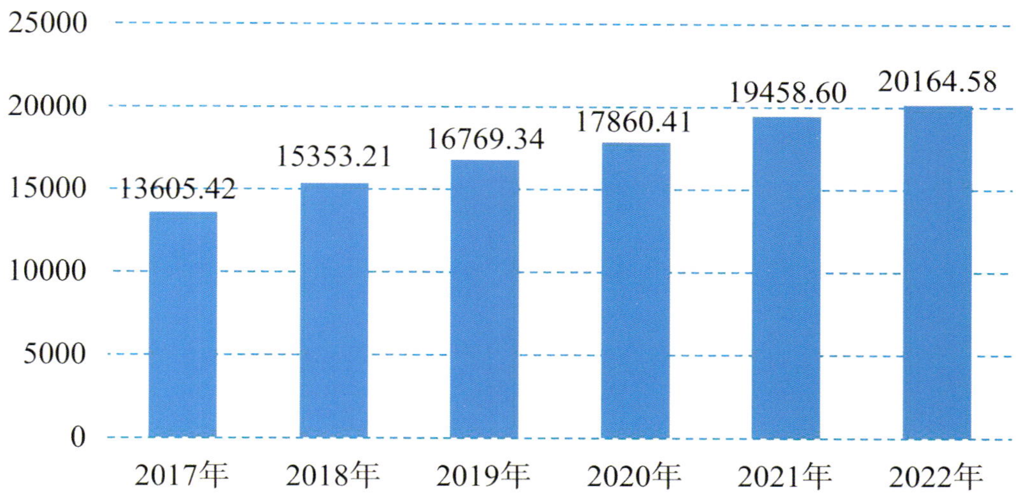

人均地区生产总值

（单位：元）

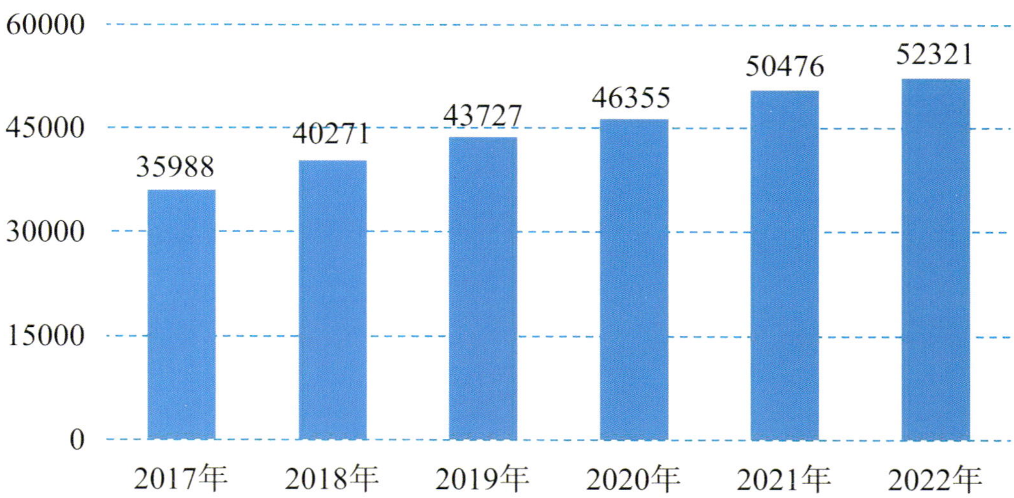

地区生产总值结构

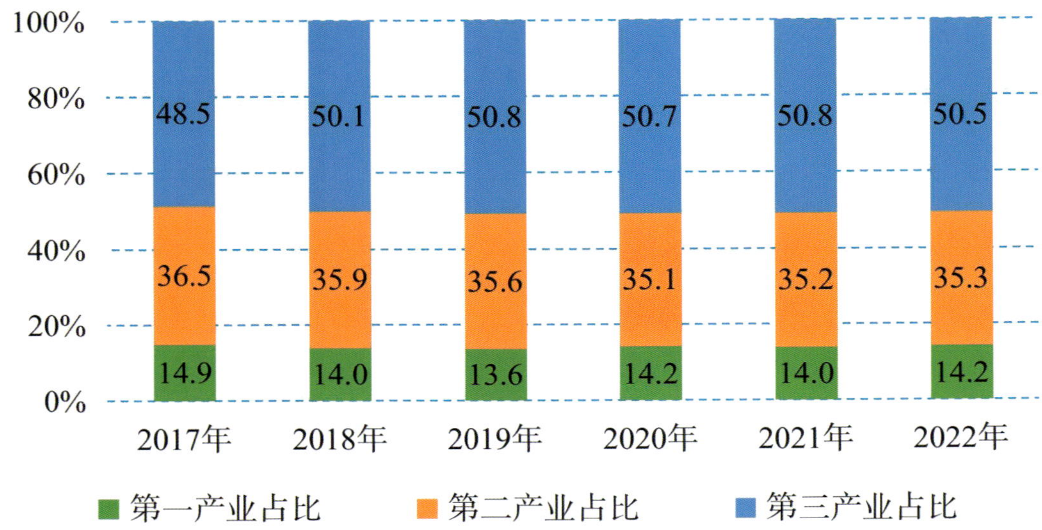

年末常住人口

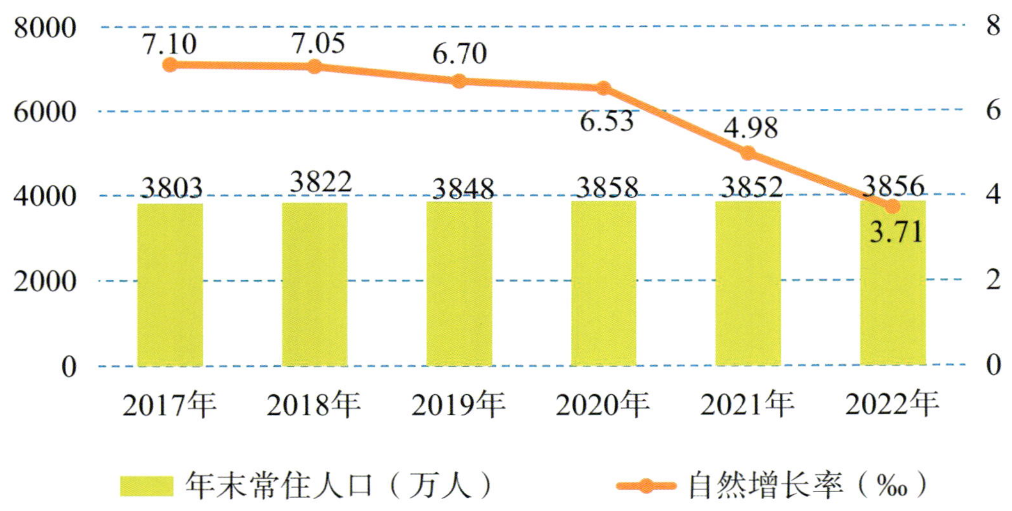

常住人口抚养比

（单位：%）

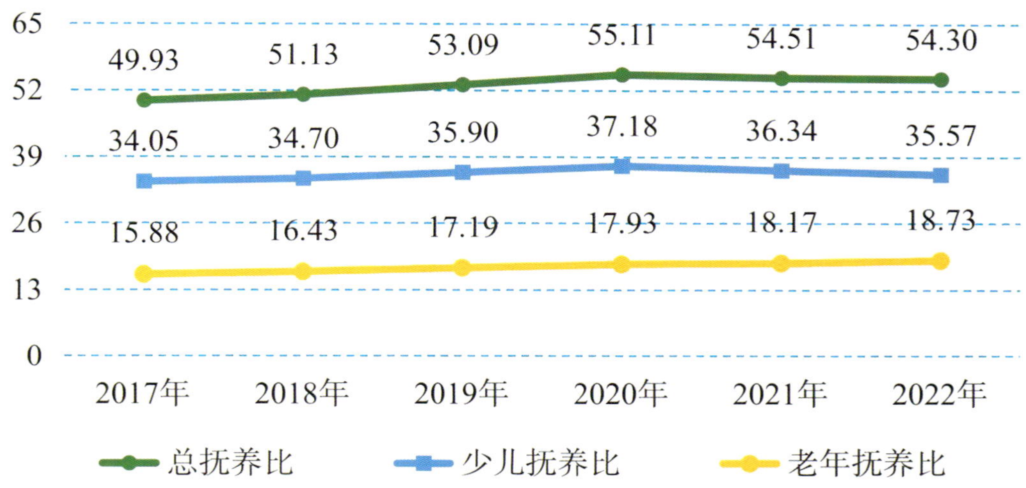

全社会就业人员

（单位：万人）

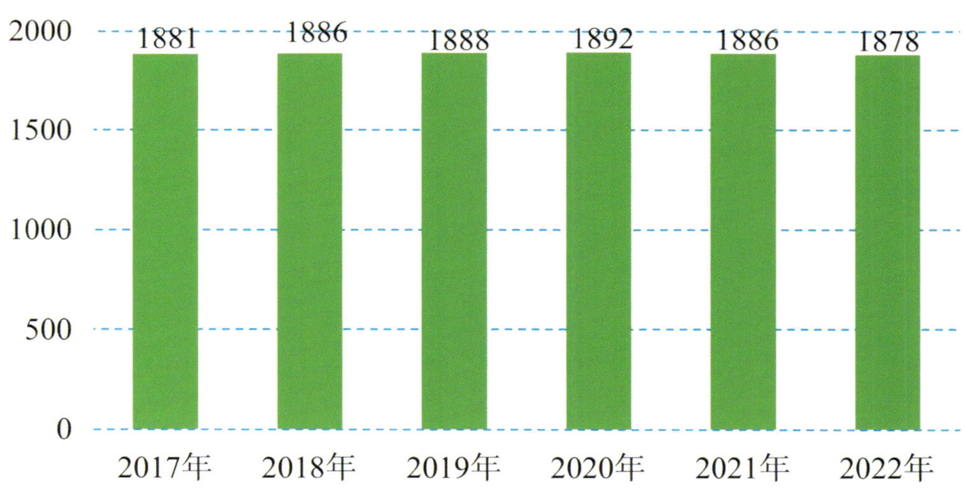

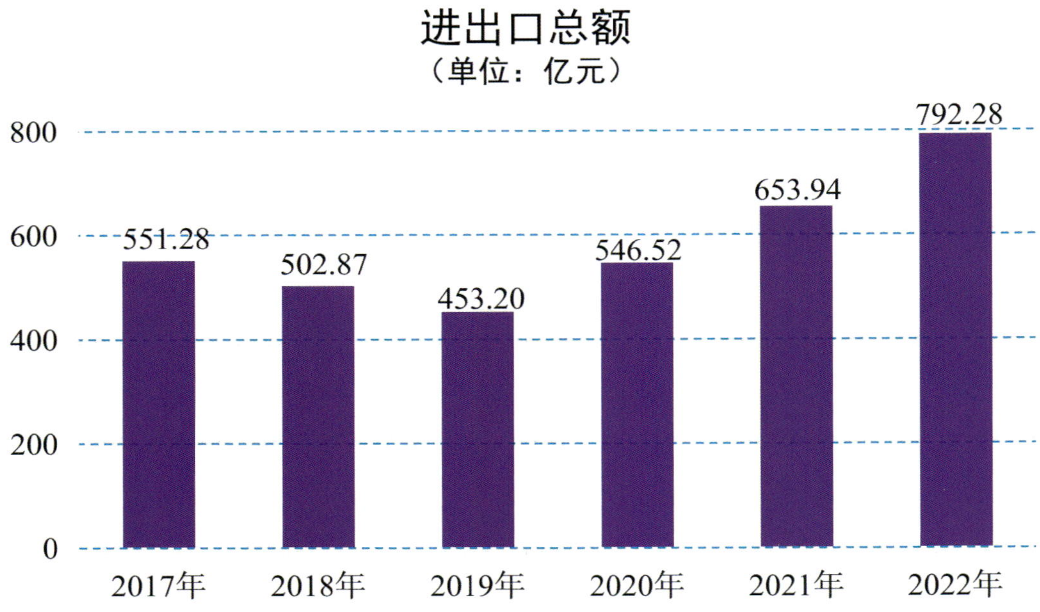
进出口总额
（单位：亿元）
800
600
400
200
0
551.28
502.87
453.20
546.52
653.94
792.28
2017年
2018年
2019年
2020年
2021年
2022年

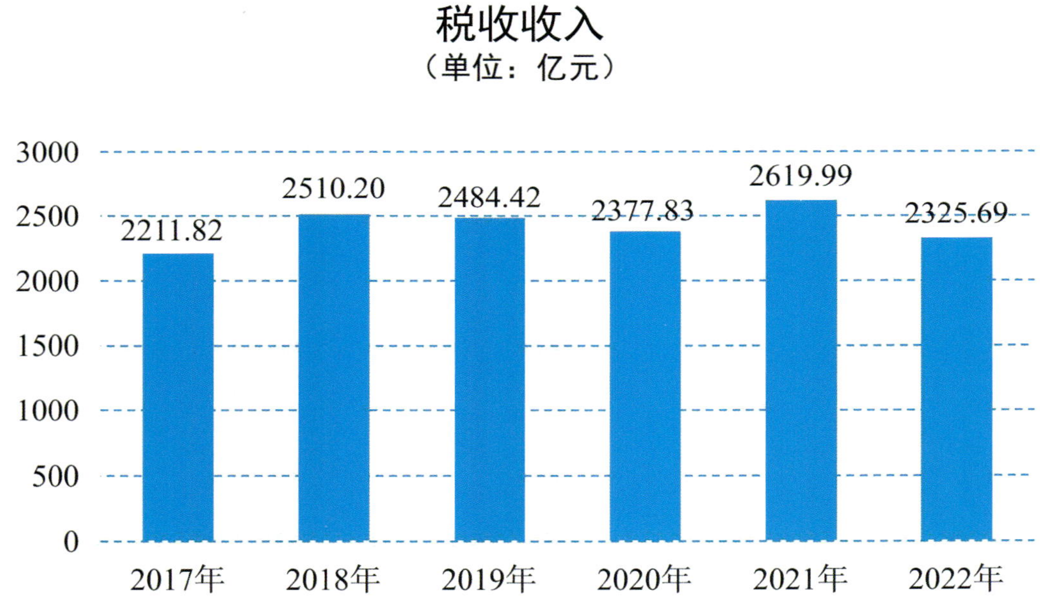
税收收入
（单位：亿元）
3000
2500
2000
1500
1000
500
0
2211.82
2510.20
2484.42
2377.83
2619.99
2325.69
2017年
2018年
2019年
2020年
2021年
2022年

一般公共预算收入及增长速度

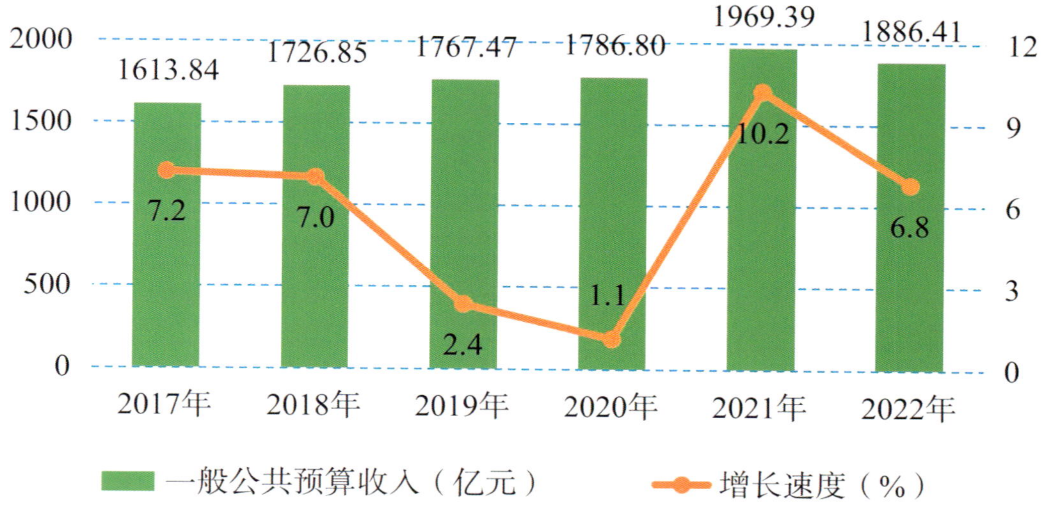

一般公共预算支出及增长速度

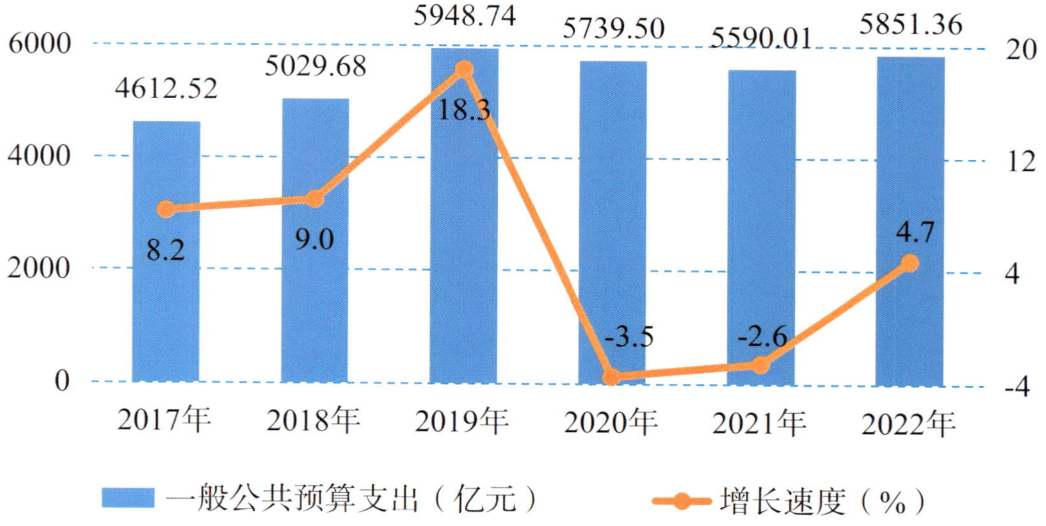

城镇常住居民人均可支配收入及增长速度

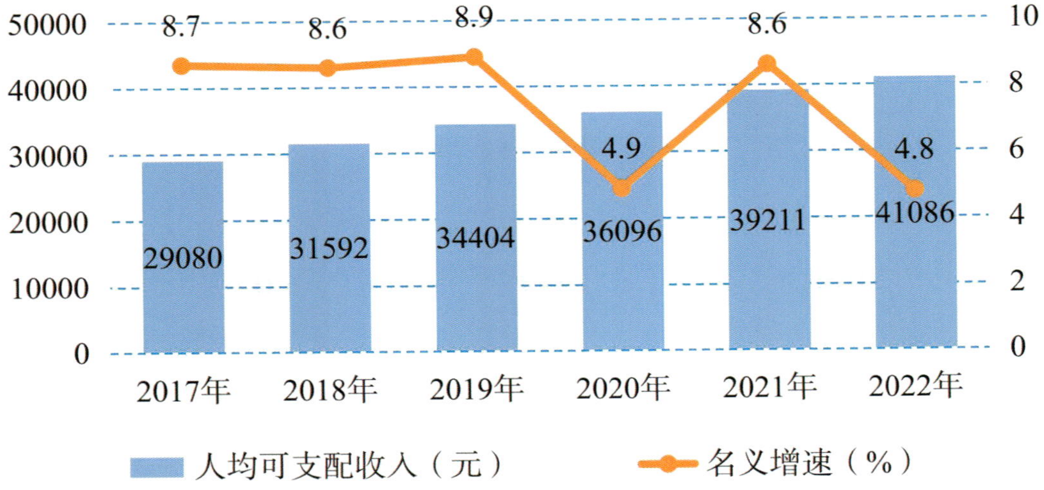

农村常住居民人均可支配收入及增长速度

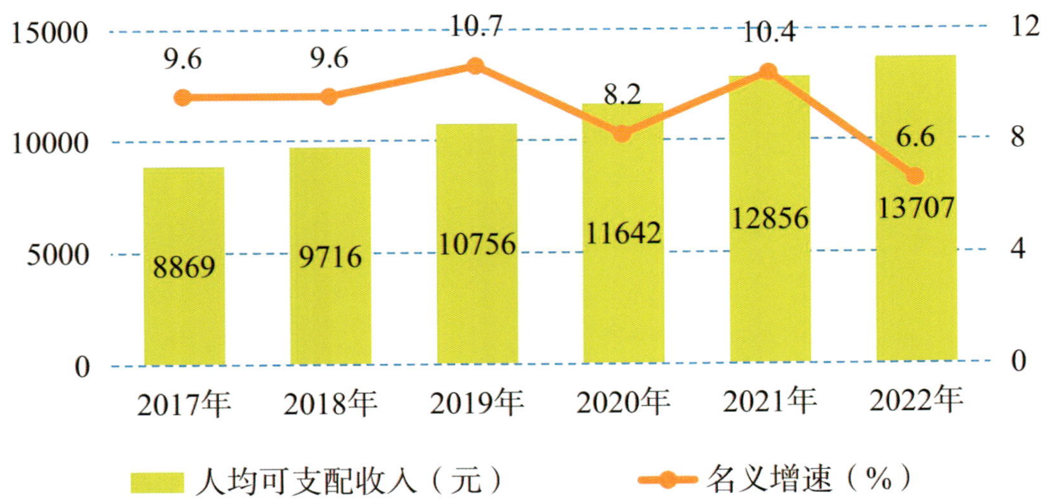

森林资源

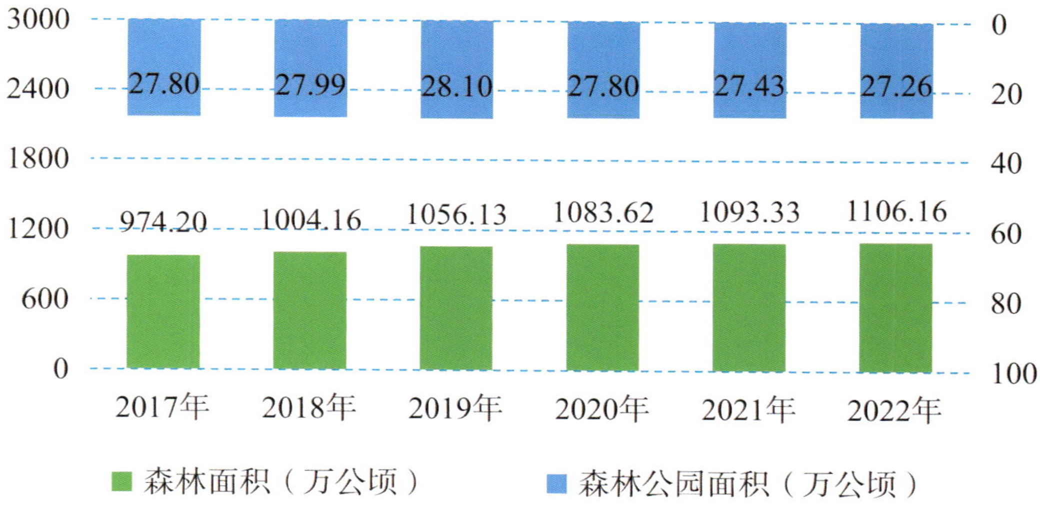

农林牧渔业总产值及增长速度

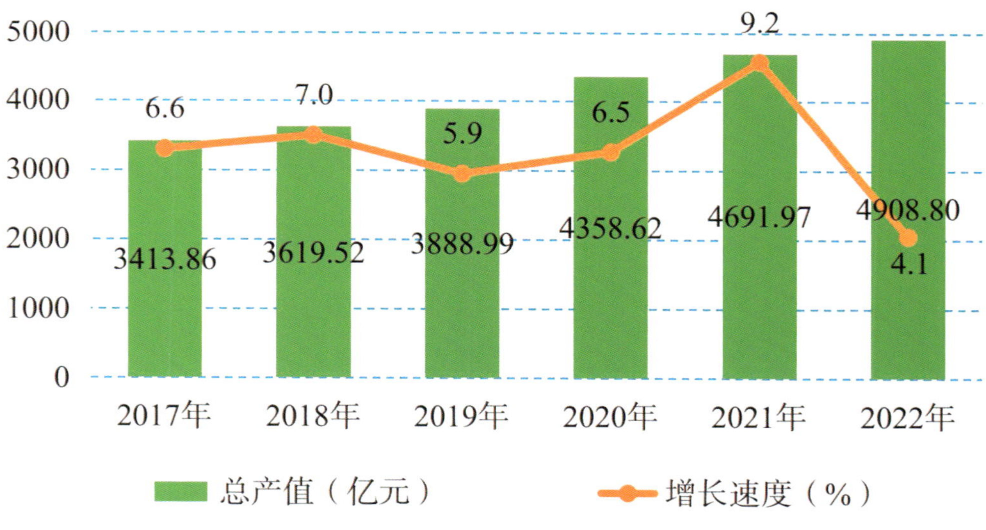

主要农作物产品产量（一）

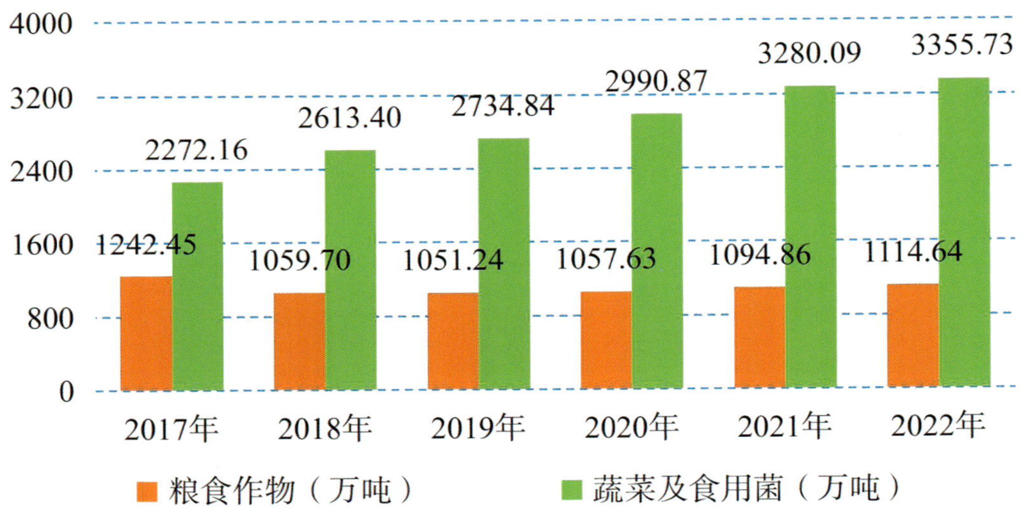

主要农作物产品产量（二）

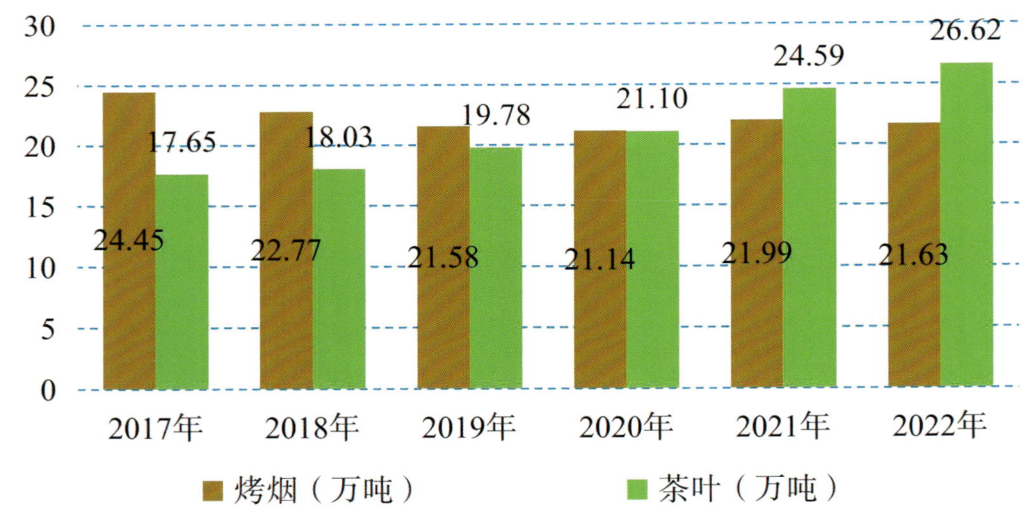

规模以上工业总产值

（单位：亿元）

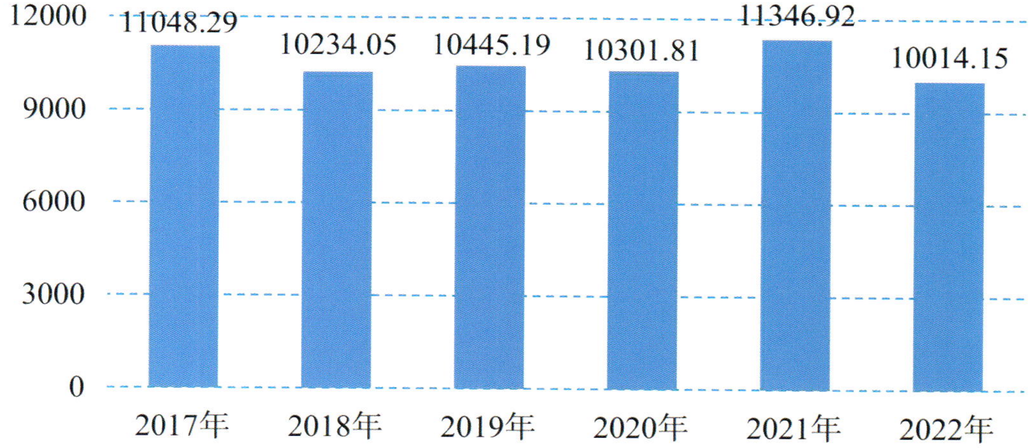

规模以上工业企业利润总额

（单位：亿元）

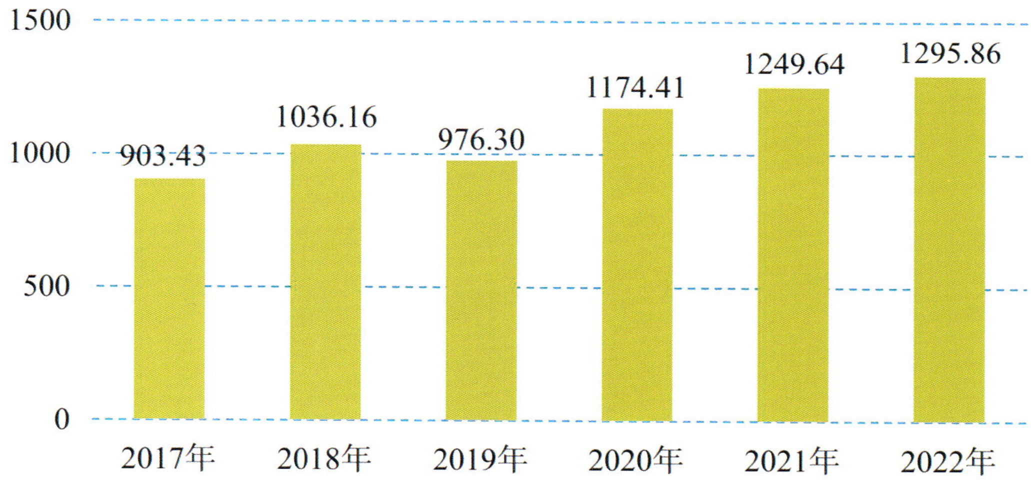

货物运输量

（单位：万吨）

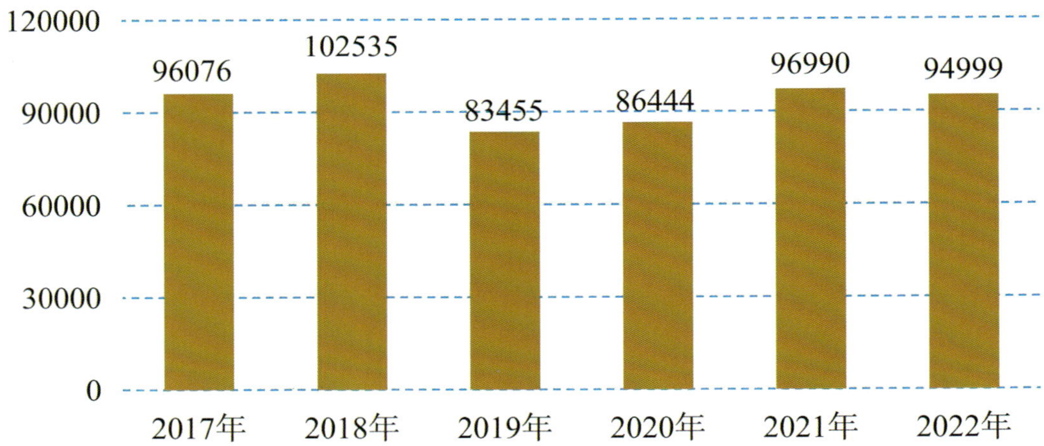

货物周转量

（单位：亿吨公里）

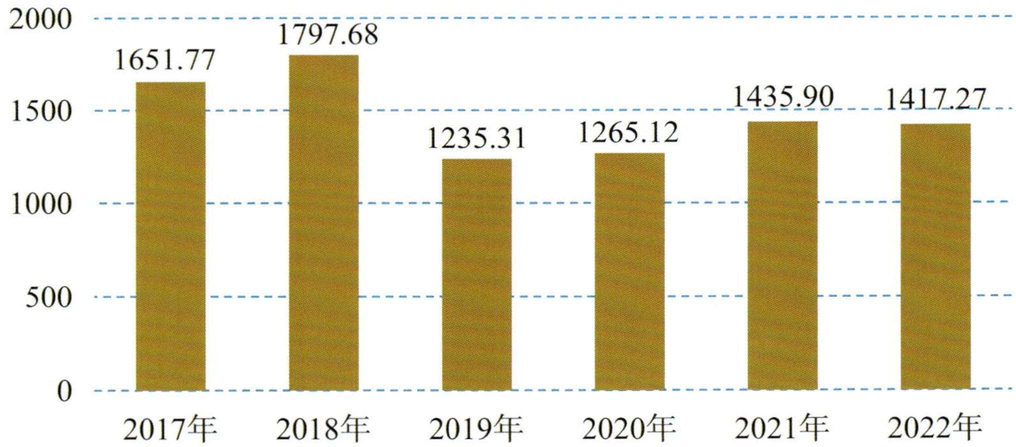

社会消费品零售总额

（单位：亿元）

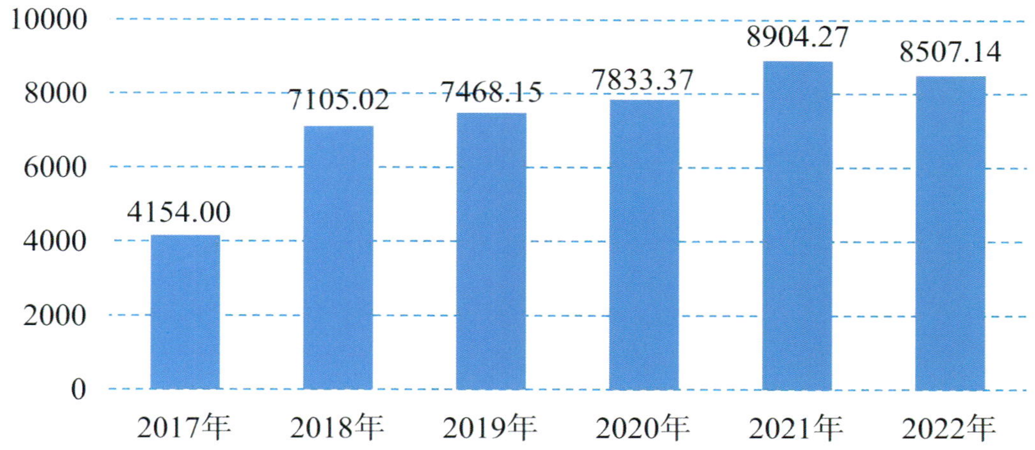

城乡社会消费品零售总额

（单位：亿元）

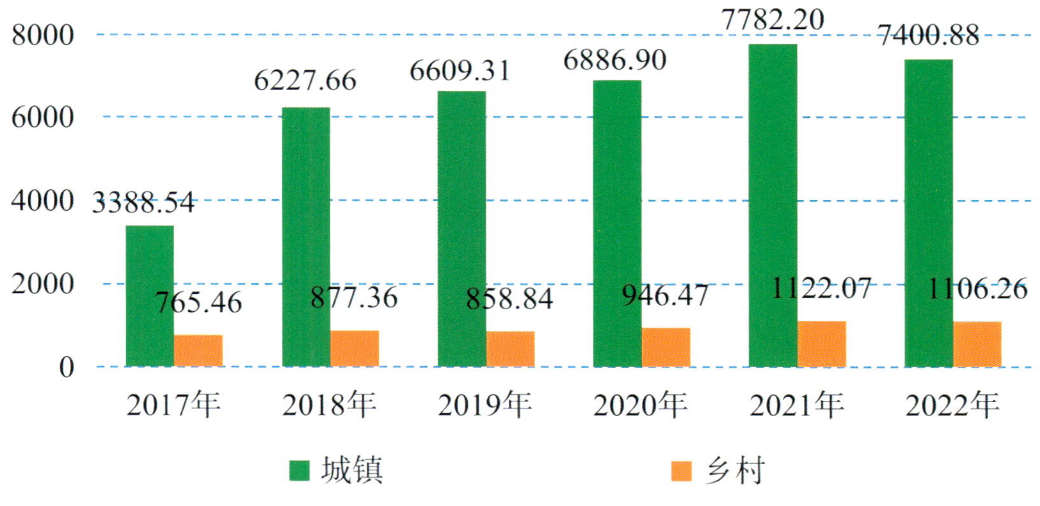

金融机构人民币各项存贷款余额

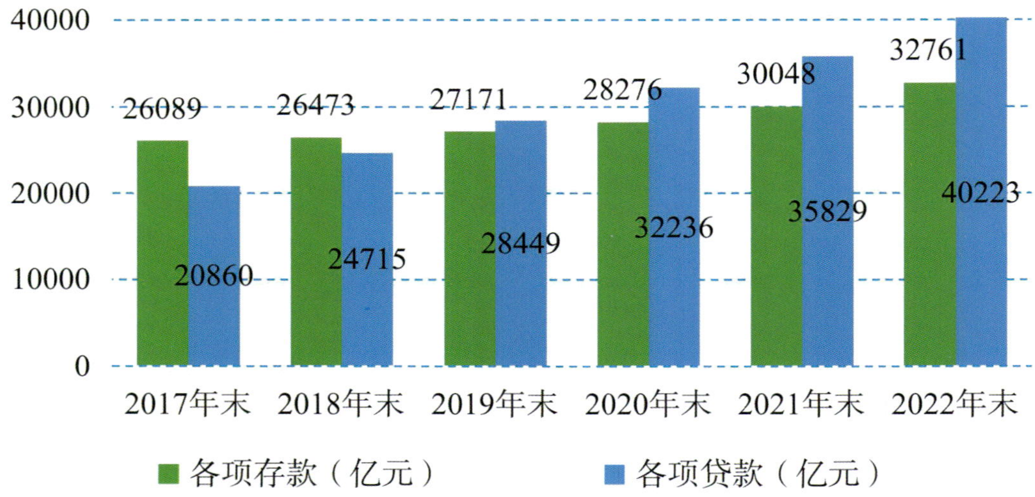

学生入学率

（单位：%）

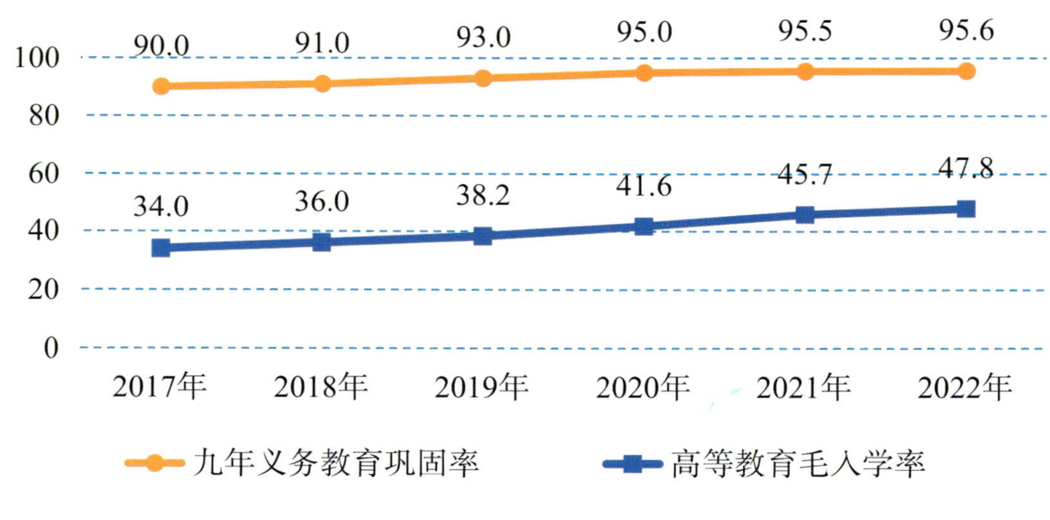

研究与试验发展(R&D)经费支出
（单位：亿元）

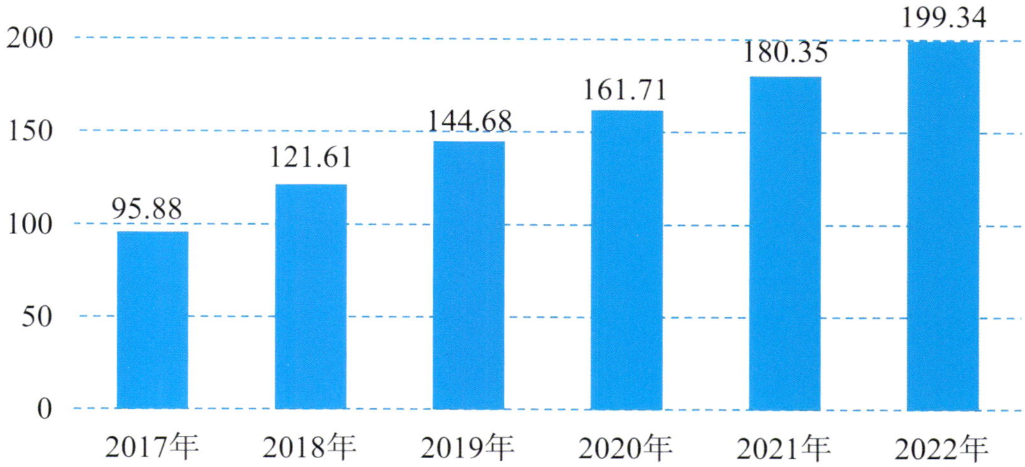

专利授权
（单位：件）

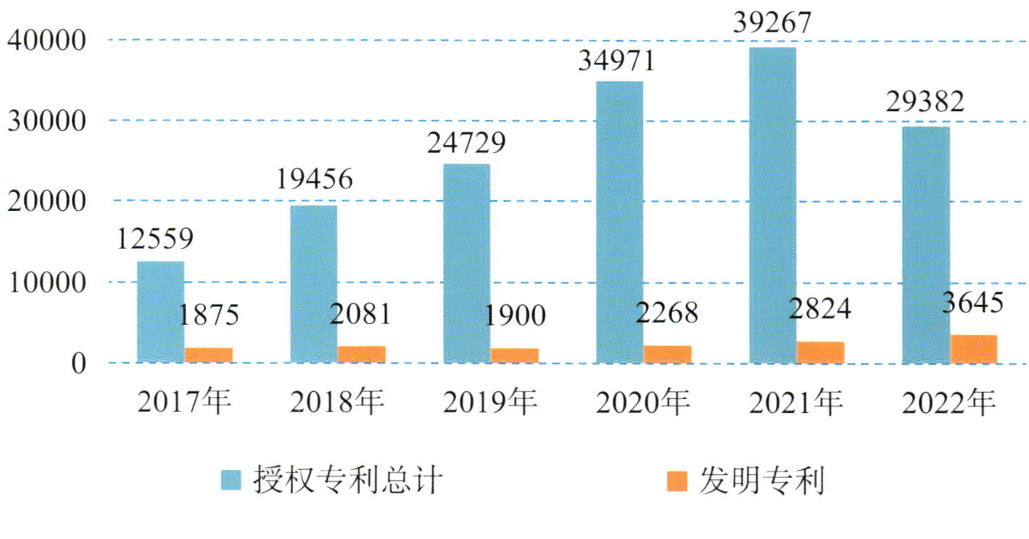

体育场地数量

（单位：万个）

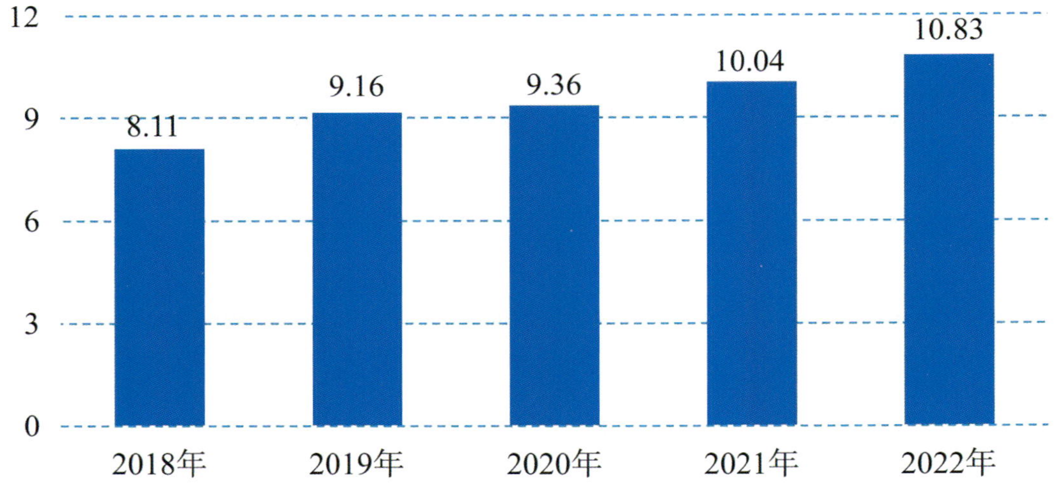

卫生机构数

（单位：个）

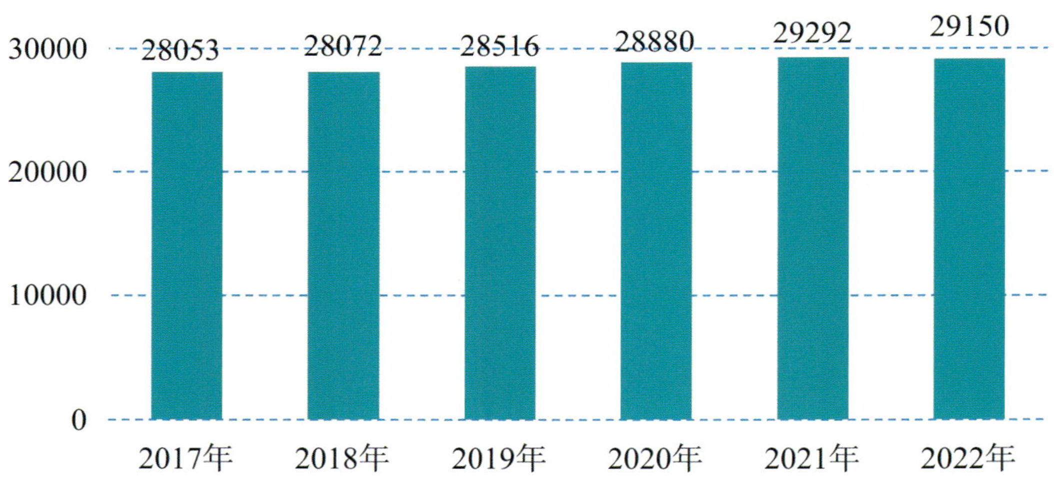

卫生机构床位数
（单位：万张）

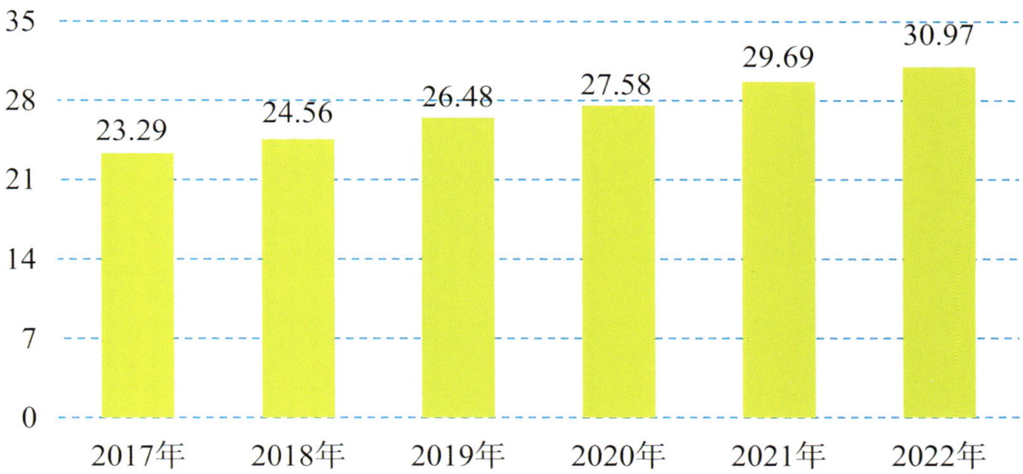

城乡居民基本养老保险参保人数
（单位：万人）

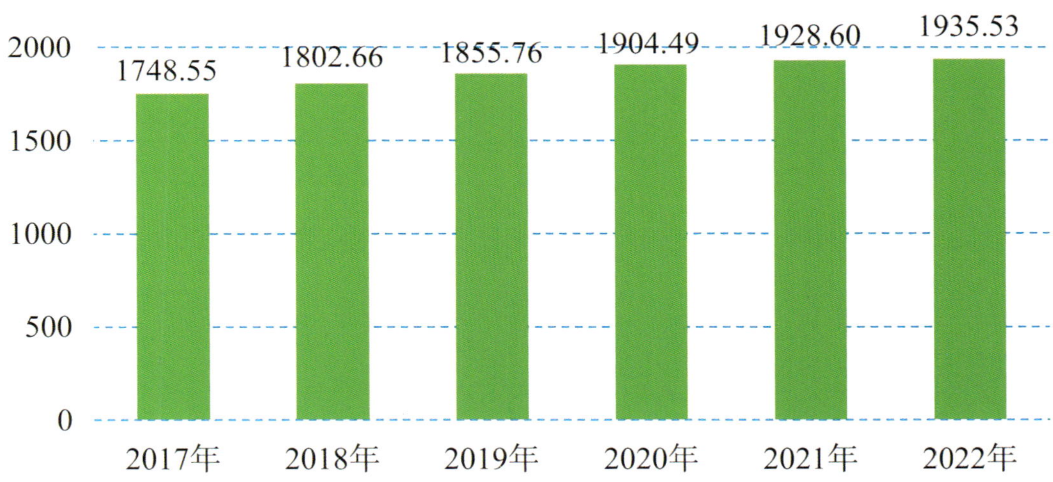

失业保险参保人数

（单位：万人）

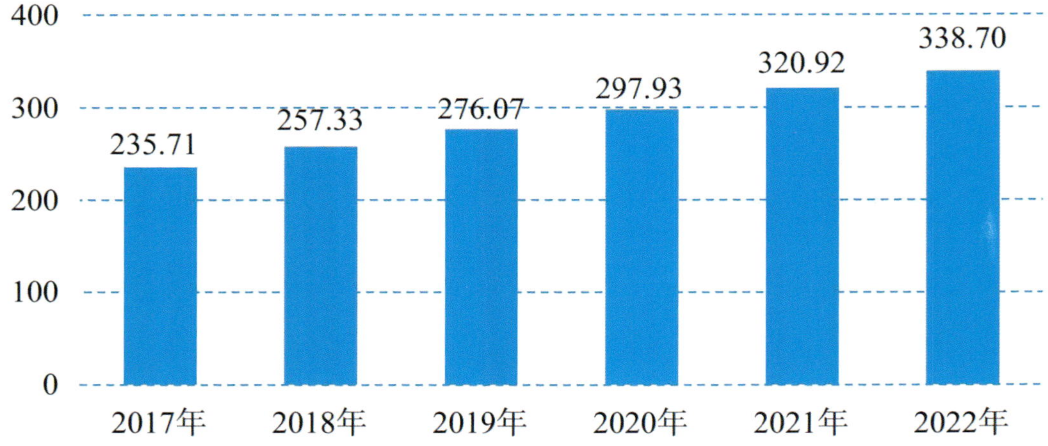

工伤保险参保人数

（单位：万人）

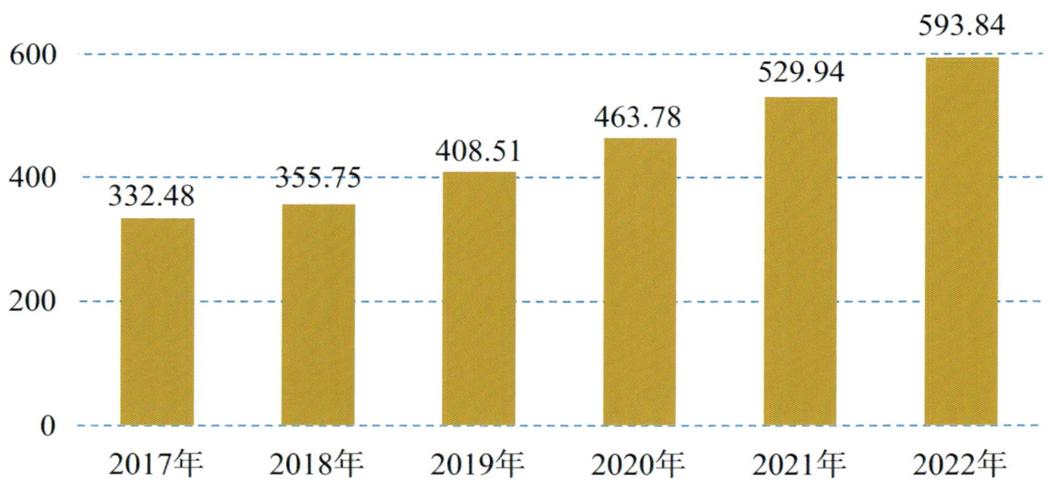

编者说明

一、《贵州统计年鉴2023》系统收录了2022年贵州省国民经济和社会发展等各方面统计数据，改革开放以来特别是2018年以来的主要统计数据，全省各市（州）、县（市、区、特区）和全国及各省（区、市）主要统计数据，是反映贵州省情的重要工具书之一。

二、本年鉴包括26个部分：综合，国民经济核算，人口，就业人员和职工工资，固定资产投资，对外经济贸易，能源，财政税收，价格指数，人民生活，城市概况，资源和环境，农业，工业，建筑业，运输和邮电，批发、零售、住宿和餐饮业，旅游业，金融业，教育，科学技术，文化、体育和卫生，社会服务及其他，民族自治地方，市（州）、县（市、区、特区）资料，全国及各省（区、市）资料。为便于读者了解和使用统计数据，在每部分首页作简要说明，后面附有主要统计指标解释。

三、本年鉴中，凡由有关部门（单位）提供的数据均在表下注明数据来源，部分指标统计范围、口径发生变化的在表下均有注释，使用时请读者注意。

四、本年鉴中部分数据合计数或相对数由于计算单位或取舍不同而产生的计算误差，均未作机械调整。

五、本年鉴表中符号使用说明："…"表示数据不足最小计量单位，"空格"表示该统计指标数据不详或无数据，"#表示为上级指标的其中项"。

本年鉴在编辑、出版过程中，得到了有关部门（单位）的大力支持和帮助，在此谨致衷心感谢！

Editor´s Notes

Ⅰ. *Guizhou Statistical Yearbook* 2023 is an annual statistical publication, it systematically includes the statistical data, which reflects comprehensively the economic and social development of Guizhou Province. It covers data of year 2022,key statistical data for the years since Reform and opening-up specially the year 2018, and Main Statistics of Province (autonomous regions, municipalities) as well as the whole country. It is a useful reference book to thoroughly know Guizhou.

Ⅱ. The Yearbook contains 26 chapters: General Survey; National Accounts; Population;Employment and Wage; Investment in Fixed Assets; Foreign Trade and Economic Co-operation; Energy; Government Finance and Taxation; Price Indices; Peoples Living Conditions; General Information of Cities; Resources and Environment; Agriculture; Industry; Construction; Trans port, Post and Telecommunication Services; Wholesale and Retail Trades; Hotel, Catering Services and Tourism; Financial Intermediation; Education, Science and Technology; Culture,Sports and Public Health; Social Services and Others; Minority Nationality Autonomous Areas;Main Statistics of Prefectures and Counties; Main Statistics of Provinces (autonomous regions,municipalities) and the Whole Country. Explanatory Notes on Main Statistical Indicators is attached to the end of each chapter to help the readers to use the statistical data in this book.

Ⅲ. Data sources are indicated below the statistical tables where data are provided by the departments (units) concerned. Some of the statistical range and caliber of indicators have changed, all of which are annotated at the bottom of the table.

Ⅳ. Statistical discrepancies on totals and relative figures due to rounding are not adjusted in the yearbook.

Ⅴ. Notations used in the yearbook: "…" indicates that the figure is not large enough to be measured with the smallest unit in the table; "blank space" indicates that data are unknown or are not available; "#" indicates one of the parent indices.

Heartfelt thanks to the departments (units) concerned for the great support and help in the editing and publication of this yearbook.

目　录
CONTENTS

一　综　合
General Survey

二　国民经济核算
National Accounts

三 人 口
Population

四 就业人员和职工工资
Employment and Wages

五 固定资产投资
Investment in Fixed Assets

六 对外经济贸易 Foreign Trade and Economic Cooperation

七 能 源 Energy

十 人民生活
People´s Living Conditions

十一 城市概况
General Survey of Cities

十五 建筑业 Construction

十六 运输和邮电 Transport, Postal and Telecommunication Services

十七　批发和零售、住宿和餐饮业
Wholesale and Retail Trades ,Hotels and Catering Services

十八　旅游业
Tourism

十九 金融业
Financial Intermediation

二十 教　育
Education

二十一　科学技术
Technology

二十二 文化、体育和卫生
Culture, Sports and Public Health

二十三　社会服务及其他
Social Services and Others

二十四 民族自治地方
Minority Nationality Autonomous Areas

二十五 市(州)、县(市、区、特区)资料
Main Statistics of City (State,Prefecture) and County (City, District, Special Region)

二十六　全国及各省(区、市)资料
Main Statistics of Provinces(autonomous regions, municipalities)in the Whole Country

综 合

General Survey

1

简要说明

一、主要内容

综合部分包括全省行政区划、法人单位数、国民经济和社会发展综合资料。

二、资料来源

国民经济和社会发展的总量、速度、结构、比例和效益状况及变化，根据有关资料由省统计局编辑整理。

“行政区划”资料由省民政厅汇总整理并提供。

Brief Introduction

一、Main Contents

This chapter consists of four parts: divisions of administrative areas, number of legal entities, summary data on the national economy and social development.

二、Sources of Data

The summary data on the national economy reflect the overall situation of the economic and social development by presenting further processed statistics including growth, structure, ratio and efficiency data derived from other chapters, which are edited by Guizhou Provincial Bureau of statistics.

Data on divisions of administrative areas in Guizhou Province are prepared and provided by Civil Affairs Bureau.

1-1 行政区划(2022)

Divisions of Administrative Areas(2022)

单位:个 (unit)

市(州)名称	City (State)	地级单位 Units at Prefectural Level	#市 Cities	县级单位 Units at County Level	县 Counties	自治县 Autonomous Counties	县级市 Cities at County Level	市辖区 Districts under the Jurisdiction of City
全省合计	Total	9	6	88	50	11	10	16
贵 阳 市	Guiyang	1	1	10	3		1	6
六盘水市	Liupanshui	1	1	4			1	2
遵 义 市	Zunyi	1	1	14	7	2	2	3
安 顺 市	Anshun	1	1	6	1	3		2
毕 节 市	Bijie	1	1	8	5	1	1	1
铜 仁 市	Tongren	1	1	10	4	4		2
黔西南布依族苗族自治州	Qianxinan	1		8	6		2	
黔东南苗族侗族自治州	Qiandongnan	1		16	15		1	
黔南布依族苗族自治州	Qiannan	1		12	9	1	2	

注:资料来源于省民政厅(下表同)。
Note: The data in the table are obtained from the Department of Civil Affairs of Guizhou Province(the same applies to the next table).

1-1 续表 continued

市(州)名称	City (State)	特区 Special District	镇 Town	街道办事处 Street Communities	乡 Town-ship	民族乡 Ethnic Community Township	城市社区居民委员会 Neighbourhood Committees	村民委员会 Village Committees
全省合计	Total	1	831	364	122	192	4257	13675
贵 阳 市	Guiyang		45	73	9	18	663	949
六盘水市	Liupanshui	1	39	27	1	25	428	724
遵 义 市	Zunyi		179	54	13	8	656	1435
安 顺 市	Anshun		48	26	8	10	273	958
毕 节 市	Bijie		135	53	19	72	1053	2663
铜 仁 市	Tongren		94	38	11	38	341	2599
黔西南布依族苗族自治州	Qianxinan		83	43	12	2	293	998
黔东南苗族侗族自治州	Qiandongnan		129	28	45	15	282	2154
黔南布依族苗族自治州	Qiannan		79	22	4	4	268	1195

注:按照原行政区划管理条例,将贵安新区湖潮乡、党武街道规建到贵阳市,将马场镇、高峰镇规建到安顺市(村居委会跟随乡镇级区划变动)。
Note: According to the original administrative division management regulations, Huchao Township and Dangwu Street in Gui´an New District are planned to be built in Guiyang City, and Machang Town and Gaofeng Town are planned to be built in Anshun City (the village neighborhood committee follows the change of township-level zoning).

1-2 各市(州)、县(市、区、特区)名称(2022)

Name of Each City (Autonomous Prefecture) and County (City, District, Special Region)(2022)

市(州)名称 City(State)	县(市、区、特区)名称 County(City,District,Special Region)
贵阳市 Guiyang	南明区 Nanming　云岩区 Yunyan　花溪区 Huaxi　乌当区 Wudang　白云区 Baiyun　观山湖区 Guanshanhu　开阳县 Kaiyang　息烽县 Xifeng　修文县 Xiuwen　清镇市 Qingzhen
六盘水市 Liupanshui	钟山区 Zhongshan　六枝特区 Liuzhi　水城区 Shuicheng　盘州市 Panzhou
遵义市 Zunyi	红花岗区 Honghuagang　汇川区 Huichuan　播州区 Bozhou　桐梓县 Tongzi　绥阳县 Suiyang　正安县 Zhengan　道真仡佬族苗族自治县 Daozhen　务川仡佬族苗族自治县 Wuchuan　凤冈县 Fenggang　湄潭县 Meitan　余庆县 Yuqing　习水县 Xishui　赤水市 Chishui　仁怀市 Renhuai
安顺市 Anshun	西秀区 Xixiu　平坝区 Pingba　普定县 Puding　镇宁布依族苗族自治县 Zhenning　关岭布依族苗族自治县 Guanling　紫云苗族布依族自治县 Ziyun
毕节市 Bijie	七星关区 Qixingguan　大方县 Dafang　金沙县 Jinsha　织金县 Zhijin　纳雍县 Nayong　威宁彝族回族苗族自治县 Weining　赫章县 Hezhang　黔西市 Qianxi
铜仁市 Tongren	碧江区 Bijiang　万山区 Wanshan　江口县 Jiangkou　玉屏侗族自治县 Yuping　石阡县 Shiqian　思南县 Sinan　印江土家族苗族自治县 Yinjiang　德江县 Dejiang　沿河土家族自治县 anhe　松桃苗族自治县 Songtao
黔西南布依族苗族自治州 Qianxinan	兴义市 Xingyi　兴仁市 Xingren　普安县 Puan　晴隆县 Qinglong　贞丰县 Zhenfeng　望谟县 Wangmo　册亨县 Ceheng　安龙县 Anlong
黔东南苗族侗族自治州 Qiandongnan	凯里市 Kaili　黄平县 Huangping　施秉县 Shibing　三穗县 Sansui　镇远县 Zhenyuan　岑巩县 Cengong　天柱县 Tianzhu　锦屏县 Jinping　剑河县 Jianhe　台江县 Taijiang　黎平县 Liping　榕江县 Rongjiang　从江县 Congjiang　雷山县 Leishan　麻江县 Majiang　丹寨县 Danzhai
黔南布依族苗族自治州 Qiannan	都匀市 Duyun　福泉市 Fuquan　荔波县 Libo　贵定县 Guiding　瓮安县 Wengan　独山县 Dushan　平塘县 Pingtang　罗甸县 Luodian　长顺县 Changshun　龙里县 Longli　惠水县 Huishui　三都水族自治县 Sandu

1-3 法人单位数

Number of Legal Entities

单位：个 (unit)

指 标	Item	2018	2019	2020	2021	2022
法人单位数	**Number of Legal Entities**	**455227**	**471133**	**543603**	**634478**	**753198**
按三次产业分	**Grouped by Three Strata of Industry**					
第一产业	Primary Industry	107093	102106	108209	114693	130141
第二产业	Secondary Industry	71833	77158	92893	109311	130869
#工业	Industry	57259	54281	59793	66367	76204
第三产业	Tertiary Industry	276301	291869	342501	410474	492188
按经济类型分	**Grouped by Registration Status**					
国有经济	State-owned Economic Units	38865	39075	38086	39466	40622
集体经济	Collective Economic Units	3375	3340	5340	6426	7643
私营经济	Private Economic Units	295654	333858	405109	489819	601697
联营经济	Joint Ownship Units	494	366	581	747	682
股份制经济	Share Cooperative Units	3781	21739	27541	28038	33789
外商投资经济	Foreign Investment Units	234	313	345	359	377
港澳台商投资经济	Units with Funds from Hong Kong, Macao and Taiwan	231	287	361	404	438
其他经济	Others	112593	72155	66240	69219	67950
按机构类型分	**Grouped by Type of Institutions**					
企业	Enterprises	340292	361145	431382	519641	638768
事业单位	Institutions	25876	25550	25866	22807	21884
机关	Agencies	6943	7024	7322	7214	7548
社会团体	Social Organizations	5911	5772	6031	7308	7420
民办非企业单位	Private Non-enterprise Units	5163	5179	5676	6899	6956
农民专业合作社	Farmer professional cooperatives	51237	46626	47654	50716	49573
其他组织机构	Others	19805	19837	19672	19893	21049

注：1. 2018年第一产业法人单位数为第四次经济普查单位清查数，第二、三产业为单位普查数（下表同）。2. 按经济类型分组中，2018年股份制经济含股份有限公司，2019年股份制经济含股份有限公司和其它有限责任公司。

Note: 1. The data of primary industry in 2018 are from the fourth economic census, and the data of secondary industry and tertiary industry are from the department census(the same as in the following tables). 2. Grouped by economic type, the sharing economy in 2018 includes joint stock limited companies, and the sharing economy in 2019 includes joint stock limited companies and other limited liability companies.

1-4 按行业分法人单位数

Number of Legal Entities Grouped by Sector

单位：个 (unit)

行业门类	Item	2018	2019	2020	2021	2022
全省总计	**Total**	**455227**	**471133**	**543603**	**634478**	**753198**
农、林、牧、渔业	Farming , Forestry, Animal Husbandry, Fishery	108581	103738	110156	117625	134015
采矿业	Mining	4326	4280	4757	5313	6007
制造业	Manufacturing	46302	47820	52591	58383	67048
电力、热力、燃气及水生产和供应业	Production and Supply of Electricity, Heat, Gas and Water	2089	2181	2445	2671	3149
建筑业	Construction	19521	23301	33578	43491	55323
批发和零售业	Wholesale and Retail Trades	91682	97147	119765	151233	191704
交通运输、仓储和邮政业	Transport,Storage and Post	7709	8270	10370	12607	15248
住宿和餐饮业	Hotels and Catering services	17053	17207	18625	20470	24445
信息传输、软件和信息技术服务业	Information Transmission, Software and Information Technology	8179	9344	11738	15089	19420
金融业	Financial Intermediation	1509	1502	1641	1813	2091
房地产业	Real Estate	11596	12923	15427	18310	20776
租赁和商务服务业	Leasing and Business Services	35243	39748	49635	64217	77322
科学研究和技术服务业	Scientific Research and Technical Services	11100	11836	13804	17507	20735
水利、环境和公共设施管理业	Management of Water Conservancy, Environment and Public Facilities	3373	3613	4231	5499	6554
居民服务、修理和其他服务业	Services to Households ,Repairs and Other Services	13950	14726	17383	20015	25188
教育	Education	15828	16440	18456	20146	21094
卫生和社会工作	Health and Social Service	5569	5621	5964	6248	7331
文化、体育和娱乐业	Culture, Sports and Entertainment	9258	9162	10059	11518	13522
公共管理、社会保障和社会组织	Public Management, Social Security and Social Organization	42359	42274	42978	42323	42226

注：行业分类按《国民经济行业分类》(GB/T4754-2017)执行。

Note: The industry classification is implemented according to Classification of National Economy Industry（GB/T4754-2017）.

1-5 国民经济和社会发展主要指标

指　标	Item	总量指标 1978	2000	2010
人口	**Population**			
年末常住人口(万人)	Total Population at the Year-end (10000 persons)	2686.40	3755.72	3479.00
#城镇人口	Urban Population	323.97	896.49	1176.25
乡村人口	Rural Population	2362.43	2859.23	2302.75
#男性人口	Male	1364.82	1968.00	1797.43
女性人口	Female	1321.58	1787.72	1681.57
年平均人口(万人)	Annual Average Population(10000 persons)	2663.27	3732.89	3508.00
就业	**Employment**			
就业人员(万人)	Year-end Employees (10000 persons)	1053.67	1866.28	1779.00
#非私营单位在岗职工人数	Staff and Workers	171.19	193.96	210.67
城镇登记失业人数 (万人)	Urban Registration Unemployment (10000 persons)		10.23	12.18
国民经济核算	**National Accounting**			
地区生产总值(亿元)	Gross Domestic Product (100 million yuan)	46.62	1029.92	4518.95
第一产业增加值	Value-added of Primary Industry	19.42	270.99	602.80
第二产业增加值	Value-added of Secondary Industry	18.73	391.20	1820.67
第三产业增加值	Value-added of Tertiary Industry	8.47	367.73	2095.48
人均地区生产总值(元)	Per capita GDP(yuan)	175	2759	12882
对外贸易	**Foreign Trade**			
进出口总额 (亿美元)	Total Value of Imports and Exports(USD 100 million)	0.16	6.60	31.47
#出口额	Total Exports	0.03	4.21	19.20
利用外资	**Utilization of Foreign Capital**			
实际利用外资金额(万美元)	Foreign Capital Actually Absorbed(USD 10000)	※148	19545	34026
财政	**Government Finance**			
财政总收入(亿元)	Total Financial Revenue(100 million yuan)	14.20	153.04	969.57
#一般公共预算收入(亿元)	General Public Budget Revenue (100 million yuan)	6.26	85.23	533.73
一般公共财政支出(亿元)	General Public Financial Expenditure (100 million yuan)	12.30	201.57	1631.48
价格指数(上年=100)	**Price Indices(preceding year=100)**			
居民消费价格总指数	Consumer Price Index	100.3	99.5	102.9
商品零售价格总指数	Retail Price Index	100.3	97.3	103.0
工业生产者出厂价格指数	Ex-Factory Price Index of Industrial Producer		100.4	104.7
工业生产者购进价格指数	Purchasing Price Index of Industrial Producer		102.9	109.8

Major Indicators on National Economic and Social Development

Aggregate Indicators		增长速度 (%) Indices and Growth Rates (%)						
		2022年比以下各年增长 Increase Rate in 2022over the Following Years				平均增长速度 Average Annual Growth Rate		
2020	2022	1978	2000	2010	2020	1979-2022	2001-2022	2021-2022
3858.00	3856.00	43.5	2.7	10.8	-0.1	0.8	0.1	0.9
2050.53	2114.00	552.5	135.8	79.7	3.1	4.4	4.0	5.0
1807.47	1742.00	-26.3	-39.1	-24.4	-3.6	-0.7	-2.2	-2.3
1971.44	1971.00	44.4	0.2	9.7	0.0	0.8	0.0	0.8
1886.56	1885.00	42.6	5.4	12.1	-0.1	0.8	0.2	1.0
3853.00	3854.00	44.7	3.2	9.9	0.0	0.8	0.1	0.8
1892.00	1878.00	78.2	0.6	5.6	-0.7	1.3	0.0	0.5
303.36	303.13	77.1	56.3	43.9	-0.1	1.3	2.1	3.1
19.50	32.87		221.3	169.9	68.6		5.4	8.6
17860.41	20164.58	5686.9	770.8	195.5	9.4	9.7	10.3	9.5
2539.93	2861.18	748.0	191.7	99.3	11.6	5.0	5.0	5.9
6262.98	7113.03	10022.2	961.5	228.2	9.5	11.1	11.3	10.4
9057.51	10190.37	12243.1	1004.4	197.6	8.6	11.6	11.5	9.5
46355	52321	3909.8	742.7	168.8	9.3	8.8	10.2	8.6
79.08	117.74	71474.3	1683.9	274.2	48.9	16.1	14.0	11.6
62.27	77.27	271028.4	1737.2	302.4	24.1	19.7	14.1	12.3
43907	53141		171.9	56.2	21.0		4.7	3.8
3082.03	3192.69	22383.7	1986.2	229.3	3.6	13.1	14.8	10.4
1786.80	1886.41	30034.4	2113.3	253.4	5.6	13.9	15.1	11.1
5739.50	5851.36	47472.0	2802.9	258.7	1.9	15.0	16.5	11.2
102.6	101.6							
101.6	103.0							
98.3	105.7							
98.6	111.2							

1-5 续表1

指标	Item	总量指标 1978	2000	2010
能源生产与消费	**Total Production and Consumption of Energy**			
一次能源生产总量 (万吨标准煤)	Total Production of Primary Energy(10000 tons of SCE)	1204.51	3288.83	13100.00
能源消费总量(万吨标准煤)	Total Energy Consumption(10000 tons of SCE)	674.50	4278.60	8175.43
农业	**Agriculture**			
主要农产品产量(万吨)	Output of Major Farm Products(10000 tons)			
粮　食	Grain	643.36	1161.30	1112.30
油　料	Oil-bearing Crops	9.89	74.34	60.34
#油菜籽	Rapeseed	7.34	66.20	51.62
烤　烟	Flue-cured Tobacco	8.11	31.09	37.02
肉类总产量	Meat	12.80	124.06	179.09
水产品	Aquatic Products	0.37	6.24	8.79
工业	**Industry**			
规模以上工业企业	Industrial Enterprises above Designated Size			
增加值 (亿元)	Added Value(100 million yuan)		216.99	1227.17
轻工业	Light Industry		82.16	413.99
重工业	Heavy Industry		134.83	813.18
主营业务收入(亿元)	Revenue from Principal Business(100 million yuan)		593.80	3926.01
利税总额(亿元)	Total Profits(100 million yuan)		87.44	671.39
主要工业产品产量	Output of Major Industrial Products			
发电量(亿千瓦小时)	Electricity(100 million kwh)	41.43	404.70	1358.69
原铝(万吨)	Aluminum(10000 tons)	2.32	27.19	88.79
成品钢材(万吨)	Rolled Steel(10000 tons)	4.95	150.93	391.04
水泥(万吨)	Cement(10000 tons)	130.93	783.88	3694.84
磷矿石(万吨)	Phosphorite(10000 tons)	169.02	588.70	1579.21
卷烟(万箱)	Cigarettes(10000 cases)	31.60	187.40	239.24
建筑业	**Construction**			
建筑业总产值(亿元)	Gross Output Value of Construction(100 million yuan)	4.40	109.06	622.96
房屋建筑施工面积(万平方米)	Floor Space of Buildings under Construction(10000 sq.m)	313	1792	5756
房屋建筑竣工面积(万平方米)	Floor Space of Buildings Completed(10000 sq.m)	164	824	1350
交通运输业	**Transportation**			
运输线路长度(公里)	Length of Transportation Routes(km)			
铁路营业里程	Length of Railways	1365	1641	2002
公路线路里程	Length of Highways in Operation	25954	34643	151644
客运量(万人)	Passenger Traffic(10000 persons)	3294	53032	97793
旅客周转量(亿人公里)	Passenger-Kilometers(100 million passenger-km)	25.50	238.36	514.41
货运量(万吨)	Freight Traffic(10000 tons)	3467	15615	40310
货物周转量(亿吨公里)	Freight Ton-Kilometers(100 million ton-km)	79.60	404.07	1012.20

continued

Aggregate Indicators		增长速度 (%) Indices and Growth Rates (%)						
		2022年比以下各年增长 Increase Rate in 2022 over the Following Years				平均增长速度 Average Annual Growth Rate		
2020	2022	1978	2000	2010	2020	1979-2022	2001-2022	2021-2022
11171.06	10989.94	812.4	234.2	-16.1	-1.6	5.2	5.6	-1.5
10621.44	10980.64	1528.0	156.6	34.3	3.4	6.5	4.4	2.5
1057.63	1114.64	73.3	-4.0	0.2	5.4	1.3	-0.2	0.0
103.40	105.57	967.5	42.0	75.0	2.1	5.5	1.6	4.8
76.17	94.73	1190.6	43.1	83.5	24.4	6.0	1.6	5.2
21.14	21.63	166.8	-30.4	-41.6	2.4	2.3	-1.6	-4.4
207.86	241.03	1783.0	94.3	34.6	16.0	6.9	3.1	2.5
24.87	26.84	7154.1	330.1	205.3	7.9	10.2	6.9	9.7
			1278.0	231.3	12.3		12.7	10.5
			1597.9	341.0	37.9		13.7	13.2
			1033.5	167.3	-3.9		11.7	8.5
9120.36	10061.12		1594.4	156.3	10.3		13.7	8.2
2043.71	2342.07		2578.5	248.8	14.6		16.1	11.0
2174.34	2184.06	5171.7	439.7	60.7	0.4	9.4	8.0	4.0
135.58	140.61	5960.8	417.1	58.4	3.7	9.8	7.8	3.9
741.09	607.33	12169.3	302.4	55.3	-18.0	11.6	6.5	3.7
10797.36	6428.02	4809.5	720.0	74.0	-40.5	9.3	10.0	4.7
2132.89	1902.15	1025.4	223.1	20.4	-10.8	5.7	5.5	1.6
232.01	235.52	645.3	25.7	-1.6	1.5	4.7	1.0	-0.1
4080.24	4820.24	109450.9	4319.8	673.8	18.1	17.2	18.8	18.6
17167	16415	5151.0	815.8	185.2	-4.4	9.4	10.6	9.1
3952	3375	1958.7	309.6	150.0	-14.6	7.1	6.6	7.9
3873	4030	195.2	145.6	101.3	4.1	2.5	4.2	6.0
206693	209617	707.6	505.1	38.2	1.4	4.9	8.5	2.7
40137	20323	517.0	-61.7	-79.2	-49.4	4.2	-4.3	-12.3
524.47	319.87	1154.4	34.2	-37.8	-39.0	5.9	1.3	-3.9
86444	94999	2640.1	508.4	135.7	9.9	7.8	8.6	7.4
1265.12	1417.27	1680.5	250.7	40.0	12.0	6.8	5.9	2.8

1-5 续表2

指标	Item	总量指标 1978	总量指标 2000
邮电通信业	**Post and Telecommunication**		
邮政业务总量(亿元)	Business Volume of Postal Services (100 million yuan)		
邮路网路总长度(公里)	Length of Postal Network(km)		63538
函件(万件)	Number of Letters(10000 pcs)	3880	6943
交换机容量(万门)	Capacity of Telephone Exchanges(10000 lines)	8.95	260.46
年末固定电话用户(万户)	Number of Fixed Telephones Subscribers at the Year-end (10000 subscribers)	3.80	153.70
移动电话用户(万户)	Number of Mobile Telephones Subscribers(10000 subscribers)		79.70
互联网宽带接入端口(万个)	Number of Subscribers of Internet Service(10000 subscribers)		
旅游业	**Tourism**		
旅游总人数(万人次)	Total Number of Visitors(10000 person-time)		1980
#入境旅游人数	Number of International Tourists Inbound		18.39
旅游总收入(亿元)	Total Tourism Income(100 million yuan)		57.95
#国际旅游外汇收入(万美元)	International Earnings from Tourism (USD 10000)		6092.23
金融业	**Financial Intermediation**		
全部金融机构人民币各项存款余额(亿元)	Total Savings Deposit Balance(100 million yuan)	18.05	1106.64
#个人储蓄存款	Personal Savings Deposits	1.84	539.49
全部金融机构人民币各项贷款余额(亿元)	Total Loan Balance (100 million yuan)	21.62	1064.82
教育	**Education**		
专任教师数	Full-time Teachers		
普通高等学校(万人)	Regular Institutions of Higher Education (10000 persons)	0.28	0.72
普通中学(万人)	Regular Secondary Schools (10000 persons)	5.42	8.12
小学(万人)	Primary Schools(10000 persons)	15.59	17.48
在校学生数	Students Enrollment		
普通高等学校(万人)	Regular Institutions of Higher Education (10000 persons)	1.33	7.55
普通中学(万人)	Regular Secondary Schools(10000 persons)	137.17	157.20
小学(万人)	Primary Schools(10000 persons)	423.60	500.21
小学学龄儿童入学率(%)	Enrollment Rate of School-age Children (%)	89.5	98.5
文化	**Culture**		
图书总印数(万册)	Number of Books Printed Copies (10000 copies)	5842	10289
杂志总印数(万册)	Number of Magazines Printed Copies(10000 copies)	69	994
报纸总印数(万份)	Number of Newspapers Printed Copies(10000 copies)	11930	28799
家庭	**Household**		
城镇居民平均每户常住家庭人口(人)	Average Persons Per Urban Household(person)	5.41	3.11
农村居民平均每户常住人口(人)	Average Persons Per Rural Household(person)	5.80	4.52
婚姻	**Marital**		
准予登记结婚(万对)	Marriage Registration Permitted(10000 couples)	△7.02	28.02
离婚人数(万人)	Divorce(10000 persons)	△0.38	1.54
居住	**Residence**		
城镇人均住宅建筑面积(平方米)	Per Capita Building Space in Urban Areas(sq.m)	5.45	17.60
农村居民人均年末使用房屋面积(平方米)	Per Capita Living Space in Rural Areas(sq.m)		19.75
收入	**Income**		
城镇常住居民人均可支配收入(元)	Per Capita Annual Disposable Income of Urban Residents(yuan)	261	5121
农村常住居民人均可支配收入(元)	Per Capita Annual Disposable Income of Rural Residents(yuan)	109	1374

continued

Aggregate Indicators			增长速度 (%) Indices and Growth Rates (%)						
			2022年比以下各年增长 Increase Rate in 2022 over the Following Years				平均增长速度 Average Annual Growth Rate		
2010	2020	2022	1978	2000	2010	2020	1979–2022	2001–2022	2021–2022
15.50	85.48	96.27			521.1	12.6			16.4
96174	175412	169044		166.1	75.8	-3.6		4.5	4.8
5939	3809	2409	-37.9	-65.3	-59.4	-36.8	-1.1	-4.7	-7.2
3673.01	6731.36								
432.61	223.14	235.70	6102.6	53.4	-45.5	5.6	9.8	2.0	-4.9
1964.40	4386.92	4447.90		5480.8	126.4	1.4		20.1	7.0
231.69	1744.46	2386.40			930.0	36.8			21.5
12913.02	61781.49	49206.88		2385.2	281.1	-20.4		15.7	11.8
50.01	4.36	4.87		-73.5	-90.3	11.7		-5.9	-17.6
1061.23	5785.09	5245.64		8952.0	394.3	-9.3		22.7	14.2
12957.88	2110.80	1708.07		-72.0	-86.8	-19.1		-5.6	-15.5
7363.92	28276.31	32761.05	181401.7	2860.4	344.9	15.9	18.6	16.6	13.2
3244.99	11280.79	14377.56	781288.9	2565.0	343.1	27.5	22.6	16.1	13.2
5747.53	32235.75	40223.09	185945.8	3677.5	599.8	24.8	18.7	17.9	17.6
2.04	3.94	4.3403	1476.6	499.5	113.3	10.1	6.5	8.5	6.5
14.31	19.81	20.32	274.8	150.4	42.0	2.6	3.0	4.3	3.0
19.79	21.50	20.05	28.6	14.7	1.3	-6.7	0.6	0.6	0.1
32.33	84.02	89.47	6627.3	1085.1	176.7	6.5	10.0	11.9	8.9
276.75	275.59	284.9129	107.7	81.2	2.9	3.4	1.7	2.7	0.2
433.50	397.27	357.6094	-15.6	-28.5	-17.5	-10.0	-0.4	-1.5	-1.6
97.9	99.9	99.9	11.7	1.5	2.1	0.0	0.3	0.1	0.2
8069	13052	13632	133.3	32.5	68.9	4.4	1.9	1.3	4.5
1300	1436	1425	1964.6	43.3	9.6	-0.8	7.1	1.6	0.8
37004	23440	21150	77.3	-26.6	-42.8	-9.8	1.3	-1.4	-4.6
3.03	3.46	3.49	-35.5	12.2	15.2	0.9	-1.0	0.5	1.2
4.34	3.70	3.61	-37.8	-20.1	-16.8	-2.4	-1.1	-1.0	-1.5
37.51	31.76	29.28		4.5	-21.9	-7.8		0.2	-2.0
12.79	32.29	24.04		1458.5	87.9	-25.6		13.3	5.4
27.42	40.41	42.64	682.4	142.3	55.5	5.5	4.8	4.1	3.7
27.26	49.23	45.44		130.1	66.7	-7.7		3.9	4.4
14143	36096	41086	15626.1	702.3	190.5	13.8	12.2	9.9	9.3
3472	11642	13707	12440.7	897.5	294.8	17.7	11.6	11.0	12.1

1-5 续表3

指标	Item	总量指标		
		1978	2000	2010
社会保险	**Social Insurance**			
社会保险基金收入(亿元)	Revenue of Social Insurance Fund (100 million yuan)		22.87	201.56
社会保险基金支出(亿元)	Expenses of Social Insurance Fund (100 million yuan)		23.41	151.41
参加城镇职工基本养老保险人数(万人)	Number of Urban Employees Basic Pension Insurance (10000 persons)		165.42	257.31
参加失业保险人数(万人)	Number of Unemployment Insurance (10000 persons)		131.33	152.48
卫　生	**Health Care**			
医院、卫生院(个)	Number of Hospitals and Health Centers(unit)	4510	1878	2005
执业(助理)医师(万人)	Number of Licensed (Assistant) Doctors (10000 persons)	2.12	4.57	4.22
医院、卫生院床位数(万张)	Number of Beds(10000 beds)	3.75	5.51	9.75
城市市政建设	**Municipal Construction**			
供水总量(万立方米)	Volume of Tap Water Supply(10000 cu.m)	5389	45693	63572
城市排水管道长度(公里)	Length of Sewer Pipelines(km)	214	1665	5507
出租汽车(辆)	Taxi(unit)	☆33	7352	15087
年末公共交通运营车辆数(辆)	Number of Public Vehicles under Operation at Year-end (unit)	326	4144	4984
年末实有道路长度(公里)	Length of Paved Roads at Year-end(km)	184	1679	4081
城市绿化覆盖面积(公顷)	Urban Green Coverage (hectare)	1037	9939	45500
环　境	**Environment**			
环保资金投入(亿元)	Environment Protection Investment(100 million yuan)	0.17	10.98	89.52
环境污染事故(起)	Accident of Environment Pollution(case)			4
火灾、交通事故	**Basic Statistics on Fires and Traffic Accidents**			
火灾发生数(起)	Number of Fires(case)	2501	1608	1630
直接财产损失(万元)	Direct Property Loss(10000 yuan)	1734.21	2814.70	4416.80

注:1.年末常住人口及分项指标1978,2000年为常住一年口径。2.规模以上工业统计口径2000-2010年为年主营业务收入500万元及以上的工业企业,2011年起为年主营业务收入2000万元及以上工业企业。3.本表速度指标中,地区生产总值、工业增加值和城乡居民收入及分项指标均按可比价格计算。4.储蓄存款2010年及以前为城乡居民储蓄存款。5.农村常住居民人均可支配收入2013年及以前为农民人均纯收入。6."△"为1979年数据;"☆"为1981年数据;"※"为1985年数据。

continued

Aggregate Indicators		增长速度(%)　Indices and Growth Rates (%)						
2020	2022	2022年比以下各年增长 Increase Rate in 2022 over the Following Years				平均增长速度 Average Annual Growth Rate		
		1978	2000	2010	2020	1979-2022	2001-2022	2021-2022
1307.04	1735.51		7489.7	761.1	32.8		21.7	19.7
1219.31	1478.33		6214.1	876.4	21.2		20.7	20.9
713.98	770.07		365.5	199.3	7.9		7.2	9.6
297.93	338.70		157.9	122.1	13.7		4.4	6.9
2755	2826	-37.3	50.5	40.9	2.6	-1.1	1.9	2.9
9.86	10.94	415.4	139.6	159.5	11.0	3.8	4.1	8.3
27.58	30.97	725.1	461.6	217.7	12.3	4.9	8.2	10.1
127035	138807	2475.7	203.8	118.3	9.3	7.7	5.2	6.7
17650	24528	11361.5	1373.1	345.4	39.0	11.4	13.0	13.3
42221	46196		528.3	206.2	9.4		8.7	9.8
11013	11271	3357.4	172.0	126.1	2.3	8.4	4.7	7.0
17267	22838	12312.0	1260.2	459.6	32.3	11.6	12.6	15.4
122693	169730	16267.4	1607.7	273.0	38.3	12.3	13.8	11.6
200.52								
11	5			25.0	-54.5			1.9
13327	15014	500.3	833.7	821.1	12.7	4.2	10.7	20.3
12988	11592	568.4	311.8	162.5	-10.7	4.4	6.6	8.4

Note:1.As to permanent population at the year-end and subitems in this table,the year 1978 - 2000 refer to permanent population in one year scope. 2.The scale above industrial enterprises statistics was the industrial of main business income of 5 million yuan and above in2000 to 2010. And from 2011, it is the industrial of main business income of 20 million yuan and above. 3.As to growth rates in the table,GDP,value-added of industry, per capita annual disposable income of urban households and per capita annual net income of rural residents and their sub items were calculated at constant price. 4.The year 2010 and before,savings deposit refer to savings deposit of urban and rural residents. 5.The year 2013 and before, per capita disposable income of rural permanent residents refer to rural percapita net income. 6.Data with "△" refer to the year 1979, with "☆" refer to the year 1981, with "※" refer to the year 1985.

1-6 国民经济和社会发展主要指标结构

Composition Indicators on National Economic and Social Development

单位：%　　　　(%)

指　标	Item	2018	2019	2020	2021	2022
人　口	**Population**					
城镇、乡村	Grouped by Urban and Rural Area					
城　镇	Urban Population	47.5	49.0	53.2	54.3	54.8
乡　村	Rural Population	52.5	51.0	46.9	45.7	45.2
性　别	Grouped by Sex					
男　性	Male	51.7	51.2	51.1	51.2	51.1
女　性	Female	48.3	48.8	48.9	48.8	48.9
就业人员	**Employment**					
第一产业	Primary Industry	40.5	37.1	33.5	32.8	36.9
第二产业	Secondary Industry	22.2	23.5	25.0	25.2	23.6
第三产业	Tertiary Industry	37.3	39.4	41.5	42.0	39.5
国民经济核算	**National Accounting**					
地区生产总值	GDP					
第一产业增加值	Value-added of Primary Industry	14.0	13.6	14.2	14.0	14.2
第二产业增加值	Value-added of Secondary Industry	35.9	35.6	35.1	35.2	35.3
第三产业增加值	Value-added of Tertiary Industry	50.1	50.8	50.7	50.8	50.5
投资	**Investment**					
全社会固定资产投资	Structure of Total Investment in Fixed Assets in the Whole Province					
中　央	Central	1.3	4.0	4.1	2.1	3.9
地　方	Local	98.7	96.0	95.9	97.9	96.1
#国有经济	State-owned Economic Unit	52.4	44.8	41.4	36.8	36.8
非国有经济	Non-State-owned Economic Unit	47.6	55.2	58.6	63.2	63.2
资金来源结构	Grouped by Source of Funds					
国家预算资金	State Budgetary Appropriation	7.3	5.4	6.1	6.5	8.1
国内贷款	Domestic Loans	19.4	15.0	14.6	11.8	12.2
利用外资	Foreign Investment	0.1	0.2	0.1	0.1	0.1
自筹资金	Self-raising Funds	47.0	50.6	50.6	54.9	55.2
其他资金	Others	26.2	28.8	28.7	26.7	24.4
对外贸易	**Foreign Trade**					
出　口	Total Exports	67.4	72.2	78.9	74.5	65.6
进　口	Total Imports	32.6	27.8	21.1	25.5	34.4
财　政	**Government Finance and Tax**					
一般公共预算收入	General Public Budget Revenue					
省　级	Provincial Level	19.8	25.4	26.3	31.5	30.9
市　级	Prefectural Level	20.9	20.5	22.0	19.2	19.5
县　级	County level	50.1	47.5	45.7	42.9	43.7
乡　级	Township Level	9.2	6.7	6.0	6.3	5.9

注：2018年起投资统计口径为计划总投资500万元及以上的固定资产项目投资和房地产开发项目投资。

Note: Starting from 2018, the investment statistics cover fixed asset project investment and real estate development project investment with a total planned investment of 5 million yuan or more.

1-6 续表1 continued

单位:% (%)

指 标	Item	2018	2019	2020	2021	2022
能 源	**Energy**					
一次能源生产总量	Structure of Total Energy Production					
原 煤	Coal	77.9	76.5	72.2	74.6	73.0
水 电	Hydro-power	21.4	22.7	26.5	24.0	24.8
能源终端消费总量	Structure of Total Energy Consumption					
#原 煤	Coal	31.7	30.9	29.1	23.6	20.5
天然气	Natural Gas	3.9	4.2	4.5	5.3	6.0
电 力	Electricity	43.5	44.1	44.6	46.8	48.0
农 业	**Agriculture**					
农林牧渔业总产值	Gross Value of Farming, Forestry, Animal Husbandry and Fishery					
农 业	Farming	63.2	65.2	63.8	66.6	67.5
林 业	Forestry	7.0	7.1	6.7	6.8	6.9
畜牧业	Animal Husbandry	23.4	21.3	23.4	20.4	19.2
渔 业	Fishery	1.5	1.5	1.4	1.5	1.6
农林牧渔专业及辅助性活动	Farming, Forestry, Animal Husbandry, Fishery and Auxiliary Activities	4.9	4.9	4.7	4.7	4.8
工 业	**Industry**					
规模以上工业增加值	In the Industrial Enterprises above Designated Size					
轻工业	Light Industry	45.1	47.2	49.8	41.8	45.8
重工业	Heavy Industry	54.9	52.8	50.2	58.2	54.2
#大型企业	Large Industry	41.2	44.8	52.3	44.8	54.0
中型企业	Medium-sized Industry	19.5	18.4	17.5	23.2	20.3
小型企业	Small Industry	35.0	33.3	26.1	29.3	25.7
建筑业	**Construction**					
建筑业总产值	Structure of Gross Output Value of Construction					
国有及国有控股	State-owned	56.3	53.9	51.2	62.4	68.0
非国有经济	Non-state-owned	43.7	46.1	48.8	37.6	32.0
交通运输业	**Transportation**					
货运量	Structure of Freight Traffic					
铁 路	Railways	5.4	6.6	6.7	7.5	7.0
公 路	Highways	93.0	91.4	91.9	91.9	92.5
水 运	Waterways	1.6	2.0	1.4	0.6	0.5
客运量	Structure of Passenger Traffic					
铁 路	Railways	7.3	7.7	13.8	25.1	22.5
公 路	Highways	90.3	89.9	83.7	73.5	76.5
水 运	Waterways	2.4	2.4	2.5	1.4	1.0
旅游业	**Tourism**					
来黔境外旅游人数	Structure of Tourists Visiting Guizhou					
外 国 人	Foreigners	54.3	49.8	44.5	41.9	45.4
港澳同胞	Compatriots from Hong Kong and Macao	24.4	20.6	34.4	39.4	37.0
台湾同胞	Compatriots from Taiwan	21.3	29.6	20.9	18.7	17.7
金融业	**Financial Intermediation**					
金融机构人民币各项存款余额	Structure of Total Savings Deposit Balance					
#财政存款	Treasury Deposit	2.8	1.7	2.2	2.6	2.5
个人储蓄存款	Personal Savings Deposit	40.0	42.4	45.1	47.3	49.8

注:省交通运输厅对部分历史数据作校对和修订。(以下相关表同)

Note: Some of the historical data were proofread and revised by the Department of transportation of Guizhou Province.(the related tables in the chapter are the same)

1-6 续表2 continued

单位:% (%)

指　标	Item	2018	2019	2020	2021	2022
金融机构人民币各项贷款余额	Structure of Total Loan Balance					
#短期贷款	Short-Term Loan	17.3	17.1	16.6	16.3	16.6
中长期贷款	Middle-Term & Long-Term Loan	81.0	81.0	81.0	81.7	80.7
教育(学历教育口径)	**Education**					
在校学生	Structure of Students Enrollment					
#高等教育阶段	Higher Education	10.3	11.0	11.9	12.3	12.1
高中阶段	Senior Secondary Schools	19.0	17.9	17.0	16.8	17.8
初中阶段	Junior Secondary Schools	23.1	22.4	22.0	22.1	22.9
小学阶段	Primary Schools	47.6	48.6	49.1	48.8	47.2
专任教师	Structure of Full-time Teachers					
#高等教育阶段	Higher Education	8.0	8.2	8.4	8.7	9.1
高中阶段	Senior Secondary Schools	18.4	18.4	18.3	18.6	18.7
初中阶段	Junior Secondary Schools	28.1	27.6	27.5	27.5	27.4
小学阶段	Primary Schools	45.5	45.8	45.8	45.1	44.9
人民生活	**People´s Living Conditions**					
城镇居民消费性支出	Consumption Structure of Urban Residents					
#食品烟酒	Food, Alcohol and Tobacco	32.4	32.2	31.9	30.7	31.3
衣　着	Clothing	7.6	7.6	7.0	7.2	6.9
居　住	Residence	17.9	18.1	18.1	17.7	18.0
生活用品及服务	Articles and Services for Daily Use	6.7	6.7	6.9	6.3	6.2
医疗保健	Medicines and Medical Services	5.9	5.9	6.3	7.7	7.7
交通通信	Transport and Communications	14.1	14.0	13.9	15.1	15.6
教育文化娱乐	Education, Cultural and Recreation Services	13.4	13.6	13.6	12.9	12.0
农村居民生活消费支出	Consumption Structure of Rural Residents					
#食品烟酒	Food, Alcohol and Tobacco	36.9	36.7	36.8	31.3	31.3
衣　着	Clothing	5.5	5.4	5.5	5.4	5.3
居　住	Residence	19.9	19.4	19.9	21.6	20.5
生活用品及服务	Articles and Services for Daily Use	5.5	5.6	5.6	5.9	6.1
医疗保健	Medicines and Medical Services	7.7	8.0	8.9	7.5	7.5
交通通信	Transport and Communications	13.3	13.4	12.2	14.6	14.6
教育文化娱乐	Education, Culture and Recreation	9.6	9.8	9.5	11.9	12.9
卫　生	**Health Care**					
卫生机构床位数	Structure of Beds of Health Care Institutions					
#医院、卫生院	Hospitals and Health Centers	94.7	94.7	94.4	94.0	93.8
卫生技术人员	Medical Technical Personnels					
#执业(助理)医师	Licensed(Assistant) Doctors	33.2	33.6	34.1	34.1	34.0
环　境	**Environment**					
环保相关资金投入	Structure of Environment Protection Investment					
#老工业污染源治理资金	Old Industry Pollute Fountain Treatment	3.7	5.4	7.7	4.9	
城市环境基础设施建设	Urban Environment Infrastructure Investment	46.0	45.1	39.9	63.1	

1-7 国民经济和社会发展主要指标比例、效益

Major Indicators on Proportions and Efficiency in National Economic and Social Development

指 标	Item	2018	2019	2020	2021	2022
人口与就业	**Population and Employment**					
城镇人口比重(%)	Proportion of Urban Population(%)	47.52	49.02	53.15	54.33	54.81
人口出生率(‰)	Birth Rate(‰)	13.90	13.65	13.70	12.17	11.03
人口死亡率(‰)	Death Rate(‰)	6.85	6.95	7.17	7.19	7.32
人口自然增长率(‰)	Natural Growth Rate(‰)	7.05	6.70	6.53	4.98	3.71
城镇登记失业率(%)	Registered Unemployment Rate in Urban Areas(%)	3.16	3.11	3.75	4.45	
国民经济核算	**National Accounting**					
新经济增加值占GDP比重(%)	Added Value in New Economic Share of GDP(%)	18.9	19.7	20.1	20.9	21.7
民营经济增加值占GDP比重(%)	Added Value in Non-public-owned Economic Share of GDP(%)	54.1	53.7	52.7	53.1	52.6
人均地区生产总值(元)	Per Capita Gross Domestic Product(yuan)	40271	43727	46355	50476	52321
固定资产投资	**Investment in Fixed Assets**					
固定资产交付使用率(%)	Rate of Fixed Assets Available for Use(%)	41.2	40.8	35.7	46.9	50.4
项目投产竣工率(%)	Completed Rate of Projects Put into Production(%)	45.9	52.7	51.5	62.1	64.7
消 费	**Consumption**					
人均社会消费品零售额(元)	Per Capita Retail Sales of Consumer Goods(yuan)	19736	20613	20314	23116	22074
对外贸易	**Foreign Trade**					
进出口总额相当于地区生产总值比例(%)	Proportion of Total Value of Imports and Exports as Percentage to GDP(%)	3.4	2.7	3.1	3.3	3.9
财 政	**Government Finance**					
财政总收入相当于地区生产总值比例(%)	Proportion of Total Financial Revenues to GDP(%)	19.4	18.2	17.3	17.6	15.8
一般公共预算支出相当于地区生产总值比例(%)	Proportion of General Budget Expenditure to GDP (%)	32.8	35.5	32.0	28.7	29.0
能 源	**Energy**					
电力生产弹性系数	Elasticity Ratio of Electricity Production	0.57	0.76	0.49	0.33	
能源消费弹性系数	Elasticity Ratio of Energy Consumption	0.21	0.47	0.42	0.74	
电力消费弹性系数	Elasticity Ratio of Electricity Consumption	0.77	0.48	0.64	1.22	0.06
每万元地区生产总值能耗(吨标准煤/万元)(可比价)	Energy Consumption Per Unit of GDP (ton of SCE/10000 yuan) (equivalent value)	0.7166	0.6880	0.6712	0.5836	0.5621
农 业	**Agriculture**					
每亩播种面积农产品产量	Output of Farm Crops Per Mu of Sowning Area					
粮 食(公斤)	Grain(kg)	258	259	256	262	266
油 料(公斤)	Oil-bearing Crops(kg)	115	115	119	126	128

注:每万元地区生产总值能耗2018年按2015年不变价计算,2021年起按2020年不变价计算。

Note: Energy consumption per 10000 yuan of regional GDP in 2018 is calculated at constant prices in 2015 and that from 2021 is calculated at constant prices in 2020.

1-7 续表1 continued

指 标	Item	2018	2019	2020	2021	2022
工业(规模以上)	**Industry (above Designated Size)**					
总资产贡献率(%)	Ratio of Total Assets to Industrial Output Value (%)	13.57	12.46	12.89	13.27	12.53
资本保值增值率(%)	Capital Maintenance and Appreciation Rate (%)	106.81	106.43	105.25	98.27	115.22
流动资产周转次数(次/年)	Turnover Times of Circulating Assets (times/year)	1.42	1.35	1.23	1.36	1.17
成本费用利润率(%)	Ratio of Profits to Industrial Cost (%)	12.22	11.77	15.21	13.64	14.57
建筑业	**Construction**					
技术装备率(元/人)	Value of Machinery Per Laborer (yuan/person)	7705	6443	6181	5562	5115
产值利税率(%)	Ratio of Per-tax Profits to Gross Output Value (%)	7.5	5.8	6.4	3.6	3.8
交通运输业	**Transportation**					
铁路网密度(公里/万平方公里)	Railway Density (km/10000 sq.km)	202.08	213.04	219.85	219.85	228.78
公路网密度(公里/万平方公里)	Highway Density (km/10000 sq.km)	11177	11621	11737	11765	11903
邮电通信业	**Postal and Telecommunication Services**					
电话普及率(包括移动电话)(部/百人)	Popularization Rate of Telephone (set/100 persons)	125.36	128.94	127.25	130.92	121.60
移动电话普及率(部/百人)	Popularization Rate of Mobile Telephone (set/100 persons)	118.68	122.52	121.09	124.31	115.50
旅游业	**Tourism**					
来黔境外旅游者人均消费支出(美元/人·天)	Daily Expenditure of Per Tourists Visiting Guizhou (USD/person and day)	231.90	181.41	127.44	172.61	
金 融	**Finance**					
金融机构人民币各项存款余额相当于地区生产总值比例(%)	Deposit of Financial Institutions as Percentage of GDP (%)	172.4	162.0	158.3	154.4	162.5
金融机构人民币各项贷款余额相当于地区生产总值比例(%)	Loans of Financial Institutions as Percentage of GDP (%)	161.0	169.6	180.5	184.1	199.5

1-7 续表2 continued

指 标	Item	2018	2019	2020	2021	2022
教 育	**Education**					
学龄儿童入学率(%)	Enrollment Rate of School-age Children (%)	99.7	99.7	99.9	99.9	99.9
初中阶段毛入学率(%)	Enrollment Rate of Primary School Graduates Entering into Junior Secondary Schools (%)	109.7	109.9	109.8	111.1	110.2
九年义务教育巩固率(%)	The Consolidation Rate of Nine Year Compulsory Education (%)	91.0	93.0	95.0	95.5	95.6
高中阶段毛入学率(%)	Enrollment Rate of Junior secondary School Graduates Entering into Senior secondary Schools (%)	88.0	89.0	90.7	91.5	91.8
高等教育毛入学率(%)	Enrollment Rate of Senior secondary School Graduates Entering into Institution of Higher Learning (%)	36.0	38.2	41.6	45.7	47.8
教师负担学生系数(学生/教师)	Student-Teacher Ratio (student/teacher)					
普通高校	Regular Institution of Higher Education	18.97	20.28	18.48	21.50	20.61
普通高中	Regular Senior Secondary Schools	15.13	14.57	13.80	13.70	13.25
普通初中	Regular Junior Secondary Schools	14.10	13.98	14.12	13.90	14.44
小 学	Primary Schools	17.89	18.27	21.32	18.60	18.19
城乡收入比例	**Urban-rural Income Ratio**					
城乡居民收入比(以农村常住居民人均可支配收入=1)	Ratio of Annual Income of Urban Residents to Rural (rural resident=1)	3.25	3.20	3.10	3.05	3.00
卫 生	**Health Care**					
每万人拥有执业(助理)医师数(人)	Number of Licensed(Assistant) Doctors Per 10000 Persons (person)	22.6	24.8	25.6	27.4	28.4
每万人拥有床位数(张)	Number of Beds in Hospitals and Health Centers Per 10000 Persons (bed)	68.2	73.1	71.5	77.1	80.3
城市建设	**City Construction**					
人均公园绿地面积(平方米)	Per Capita Area of Parks and Green Land (sq.m)	13.54	14.72	15.38	15.29	15.93
用水普及率(%)	Percentage of Population with Access to Tap Water (%)	93.8	95.3	97.3	97.8	98.2
燃气普及率(%)	Percentage of Households with Access to Tap Gas (%)	85.7	81.2	88.0	86.4	88.8
环境、灾害	**Environment and Disaster**					
环保投入相当于地区生产总值比例(%)	Environment Protection Investment as Percentage to GDP (%)	1.2	1.0	1.1	1	
亿元地区生产总值生产安全事故死亡人率(人/亿元)	Deaths of Industrial Accidents per Unit of GDP (person/100 million yuan)	0.076	0.057	0.042	0.029	0.023

1-8 贵州经济社会主要指标占全国比重

Proportion of Guizhou´s Main Economic and Social Indicators to the Whole Country

指 标	Item	全 国 China		贵 州 Guizhou		贵州占全国比重(%) Proportion of Guizhou to China(%)	
		2021	2022	2021	2022	2021	2022
土地面积(万平方公里)	**Area of Territory(10000 sq.km)**	**960**		**17.62**		**1.8**	
人 口	**Population**						
年末总人口(万人)	Total Population at the Year-end (10000 persons)	141260	141175	3852	3856	2.7	2.7
就 业	**Employment**						
就业人员(万人)	Employees(10000 persons)	74652	73351	1886	1878	2.5	2.6
非私营单位在岗职工年平均工资(元)	Average Wage of Staff and Workers (yuan)	110221	117177	99324	99598	90.1	
国民经济核算	**National Accounting**						
地区生产总值(亿元)	Gross Domestic Product (100million yuan)	1149237.0	1210207.2	19458.60	20164.58	1.7	1.7
第一产业增加值	Value-added of Primary Industry	83216.5	88345.1	2730.92	2861.18	3.3	3.2
第二产业增加值	Value-added of Secondary Industry	451544.1	483164.5	6850.52	7113.03	1.5	1.5
第三产业增加值	Value-added of Tertiary Industry	614476.4	638697.6	9877.16	10190.37	1.6	1.6
人均地区生产总值(元)	Per Capita Gross Domestic Product (yuan)	81370	85698	50476	52321	62.0	61.1
对外贸易	**Foreign Trade**						
进出口总额(亿美元)	Total Value of Imports and Exports (USD 100 million)	59957.9	62701.1	101.24	117.74	0.2	0.2
#出口	Total Exports	33160.2	35605.4	75.40	77.27	0.2	0.2
财 政	**Government Finance**						
一般公共预算收入(亿元)	General Public Budget Revenue (100 million yuan)	202554.64	203649.29	1969.39	1886.41	1.0	0.9
一般公共预算支出(亿元)	General Public Budget Expenditure (100 million yuan)	245673.00	260552.12	5590.01	5851.36	2.3	2.2
能 源	**Energy**						
一次能源生产总量(万吨标准煤)	Total Production of Primary Energy (10000 tons of SCE)	427115	466000	11640.07	10989.94	2.7	2.4
能源消费总量(万吨标准煤)	Consumption of Energy (10000 tons of SCE)	525896	541000	11263.82	10980.64	2.1	2.0
农 业	**Agriculture**						
粮食产量(万吨)	Output of Grain(10000 tons)	68284.75	68652.77	1094.86	1114.64	1.6	1.6
油料产量(万吨)	Output of Oil-bearing Crops(10000tons)	3613.17	3654.21	94.88	105.57	2.6	2.9
工 业	**Industry**						
发电量(亿千瓦小时)	Output of Electricity (100 million kwh)	85342.50	88487.12	2238.99	2184.06	2.6	2.5
水 泥(万吨)	Cement (10000 tons)	237724.49	212927.16	9328.35	6428.02	3.9	3.0

1-8 续表 continued

指 标	Item	全 国 China 2021	全 国 China 2022	贵 州 Guizhou 2021	贵 州 Guizhou 2022	贵州占全国比重(%) Proportion of Guizhou to China(%) 2021	贵州占全国比重(%) Proportion of Guizhou to China(%) 2022
交通运输业	**Transportation**						
铁路营业里程(万公里)	Length of Railways(10000 km)	15.07	15.49	0.39	0.40	2.6	2.6
公路里程(万公里)	Length of Highways(10000 km)	528.07	535.48	20.72	20.96	3.9	3.9
旅客周转量(亿人公里)	Passenger-Kilometers (100 million passenger-km)	19758.15	12921.54	410.17	319.87	2.1	2.5
货物周转量(亿吨公里)	Freight Ton-Kilometers(100 million ton-km)	223600.38	231782.70	1435.90	1417.27	0.6	0.6
邮电通信业	**Post and Telecommunication**						
电信业务总量(亿元)	Business Revenue of Telecommunications (100 million yuan)	17197.45	17501.05	431.10	447.60	2.5	2.6
邮政业务总量(亿元)	Business Volume of Postal Services (100 million yuan)	13698.32	14316.73	87.81	96.27	0.6	0.7
旅游业	**Tourism**						
国际旅游外汇收入(亿美元)	International Earnings from Tourism (USD 100 million)			0.19	0.17		
金融业	**Finance**						
金融机构人民币各项存款余额(亿元)	Total Savings Deposit Balance (100 million yuan)	2322500	2584998	30048.12	32761.05	1.3	1.3
金融机构人民币各项贷款余额(亿元)	Total Loan Balance(100 million yuan)	1926903	2139853	35829.38	40223.09	1.9	1.9
教 育	**Education**						
普通高等学校(所)	Regular Institutions of Higher Education(unit)	2756	2760	75	77	2.7	2.8
普通高等学校专任教师(万人)	Full-time Teachers of Regular Institutions of Higher Education(10000 persons)	187	196	4.07	4.34	2.2	2.2
普通高校在校大学生(万人)	Students Enrollment of Regular Institutions of Higher Education(10000 persons)	3496.1	3659.4	88.16	89.47	2.5	2.4
文 化	**Culture**						
图书总印数(亿册)	Number of Books Printed Copies (100 million copies)	118.64	113.98	1.27	1.28	1.1	1.1
期刊总印数(亿册)	Number of Magazines Printed Copies (100 million copies)	20.09	19.31	0.14	0.14	0.7	0.7
报纸总印数(亿份)	Number of Newspapers Printed Copies (100million copies)	283.02	270.99	2.22	2.12	0.8	0.7
卫 生	**Health Care**						
医疗卫生机构(万个)	Number of Health Institutions(10000 unit)	103.09	103.29	2.93	2.92	2.8	2.8
执业(助理)医师(万人)	Number of Licensed(Assistant) Doctors (10000 persons)	428.76	443.47	10.54	10.94	2.5	2.5
医院床位(万张)	Number of Beds in Hospitals(10000 beds)	741.42	766.29	27.90	29.05	3.8	3.8
人民生活	**People´s Livelihood**						
城镇常住居民人均可支配收入(元)	Per Capita Annual Disposable Income of Urban Permanent Households(yuan)	47412	49283	39211	41086	82.7	83.4
农村常住居民人均可支配收入(元)	Per Capita Annual Disposable Income of Rural Residents(yuan)	18931	20133	12856	13707	67.9	68.1

注:贵州占全国比重中,非私营单位职工平均工资、人均地区生产总值、城乡居民人均收入占比表示贵州相当于全国的比例。

Note: In the proportion of Guizhou to China, the ratio in average wage of workers in non-private units, in per capita gross domestic product, and in per capita income of urban and rural households shows the ratio of Guizhou to China.

主要统计指标解释

行政区划 国家对行政区域的划分。

国民经济行业分类 2017年起统计定期报表使用国民经济行业分类(GB/T 4754—2017)。该分类是由国家统计局、国家标准化研究院起草,国家统计局组织修订,经国家质量监督检验检疫总局和国家标准化管理委员会批准,于2017年6月30日发布,10月1日起实施。该次修订是在2011年分类标准的基础上,参照联合国《国际标准产业分类》修订第四版(ISIC/Rev.4)进行的。修订后的《国民经济行业分类》(GB/T4754-2017)共有门类20个,大类97个,中类473个,小类1381个。

可比价格 指计算各种总量指标所采用的扣除价格变动因素的价格,可进行不同时期总量指标的对比。按可比价格计算总量指标有两种方法:一种是直接用产品产量乘某一年的不变价格计算;另一种是用价格指数进行换算。

平均增长速度 **反映社会经济指标在较长时期内各期(年)平均增长程度的相对数。以倍数或百分数表示。**我国计算平均增长速度有两种方法:一种是"水平法",又称几何平均法,是以间隔期最后一年的水平同基期水平对比来计算平均每年增长(或下降)速度;另一种是"累计法",又称代数平均法或方程法,是以间隔期内各年水平的总和同基期水平对比来计算平均每年增长(或下降)速度。在一般正常情况下,两种方法计算的平均每年增长速度比较接近;但在经济发展不平衡、出现大起大落时,两种方法计算的结果差别较大。

本《年鉴》内所列的平均增长速度,均用"水平法"计算。从某年到某年平均增长速度的年份,均不包括基期年在内。如改革开放以来年平均增长速度是以1978年为基期计算的,则写为1979-2022年平均增长速度。

Explanatory Notes on Main Statistical Indicators

Divisions of Administrative Areas refers to the division of administrative areas by the state.

Industrial Classification of the National Economy The statistics of periodic statements has been classified by Industrial Classification of the National Economy (GB/T 4754 - 2017) since 2017. The classification was drafted by the National Bureau of Statistics as well as the National Institute of Standardization, and then revised by the National Bureau of Statistics. It was approved by the General Administration of Quality Supervision, Inspection and Quarantine of the State and the Standardization Administration of the State, which was released on June 30, 2017 and came into effect on October 1, 2017. The revision was based on the 2011 classification, with reference to the revised fourth edition of the United Nations International Standard Industrial Classification (ISIC / Rev.4). The revised version of the Industrial Classification of the National Economy (GB/T4754-2017) is composed of 20 sections, 97 divisions, 472 major groups and 1381 classes.

Comparable Price refers to the price that is used to calculate various aggregate indicators after deducting price change factors, which can be used to compare aggregate indicators in different periods. There are two ways to calculate the total amount of the total index: one is that the output of the product is directly used for one year. The other is to use the price index for conversion.

Average Annual Growth Rate refers to the relative number reflecting the average growth of socio–economic indicators in each period (year) over a rather long period, expressed in multiples or percentages. There are two methods for calculating the average growth rate of our country: one is "horizontal", also known as the geometric mean method is to last year´s levels of interval compared with the base period level to calculate the average annual growth (or decline) speed; another is the "cumulative method", also known as algebraic average method and equation method is combined with a interval in each level compared with the base period level to calculate average annual growth (or decline) speed. In the normal case, two methods for calculating the average annual growth rate is close to; but when the unbalanced economic development, the emergence of big ups and downs, two methods to calculate the results vary greatly.

The average annual growth rates listed in the Yearbook are calculated by the level approach. The base year is not listed in the duration for which average annual growth rates are computed. For instance, the average annual growth rate of the 36 years since 1978 is shown as the average annual growth rate of 1979–2022 without showing the base year 1978.

国民经济核算

National Accounts 2

简 要 说 明

一、主要内容

国民经济核算资料主要包括地区生产总值及其有关资料。

二、地区生产总值

地区生产总值数据是根据不同产业部门、不同支出构成的特点和资料来源情况而采用不同方法计算的。

本年鉴公布的地区生产总值数据，如遇普查，在能够获得更详细的基础资料的情况下，会对地区生产总值的历史数据进行修订。

地区生产总值是一个价值量指标，其价值的变化受价格变化和物量变化两大因素影响。不变价地区生产总值是把按当期价格计算的地区生产总值换算成按某个固定期（基期）价格计算的价值，从而使两个不同时期的价值进行比较时，能够剔除价格变化的影响，以反映物量变化，反映生产活动成果的实际变动。随着经济的不断发展，各行业的价格结构也会不断发生变化，为了更好地反映这种变化对于经济的影响，计算不变价国内生产总值需要每隔若干年调整一次基期。我国自开始核算国内生产总值以来，共有1952年、1957年、1970年、1980年、1990年、2000年、2005年、2010年、2015年、2020年10个不变价基期，目前的基期是2020年。按照国家统计局要求，根据地区生产总值核算方法的调整变动，从2016年起将研发支出计入地区生产总值核算，同时对2011-2015年地区生产总值及各行业数据进行修订。

三、资料来源

本篇资料由省统计局根据产业部门资料加工计算。

Brief Introduction

I. Main Contents

Statistics on national accounts mainly include Gross Domestic Product and other related data.

II. Gross Domestic Product

Data on Gross Domestic Product (GDP) are computed based on different approaches in the light of the different features of various sectors, various expenditure structures and different data sources.

Gross Domestic Product (GDP) data published in this Yearbook are subject to revision of historical data when more detailed underlying information is available in the case of censuses.

Gross Domestic Product (GDP) is a measurement of value which changes depending on changes of price and production. GDP at constant prices converts the gross domestic product based on the current price into a value based on the price of the base period. When adjusted for price changes, the values of two different periods can be compared to reflect changes of both products and production activities. As economy grows, changes takes place in the price structures of various industries, and the base period for the measurement of constant−price GDP thus needs to be adjusted every few years in order to better reflect the impact of price changes on the economy. Since China started GDP calculation, ten constant−price base periods have been used, i.e., 1952, 1957, 1970, 1980, 1990, 2000, 2005, 2010, 2015 and 2020,and the current base period is 2020. According to the requirements of the National Bureau of Statistics, based on the adjustment and changes of GDP accounting method, R&D expenditure has been included in GDP accounting from 2016, and GDP as well as industry data from 2011 to 2015 have been revised.

III. Sources of Data

The data in this chapter which are based on various industry sectors are computed by Guizhou Provincial Bureau of Statistics.

2-1 地区生产总值

Gross Domestic Product

单位:亿元 (100 million yuan)

指 标	Item	2018	2019	2020	2021	2022	2022年比2021年增长(%) Increase Rate in 2022 over 2021(%)
地区生产总值	**Gross Domestic Product**	**15353.21**	**16769.34**	**17860.41**	**19458.60**	**20164.58**	**1.2**
按产业分	**By Three Strata of Industry**						
第一产业增加值	Primary Industry	2156.02	2280.56	2539.93	2730.92	2861.18	3.6
第二产业增加值	Secondary Industry	5506.24	5971.45	6262.98	6850.52	7113.03	0.5
第三产业增加值	Tertiary Industry	7690.95	8517.33	9057.51	9877.16	10190.37	1.0
按国民经济行业分	**By Sector**						
农林牧渔业	Farming, Forestry, Animal Husbandry and Fishery	2272.97	2408.03	2675.64	2877.74	3020.35	3.8
#农林牧渔专业及辅助性活动	Professional and Support Activities for Farming, Forestry, Animal Husbandry and Fishery	116.95	127.47	135.71	146.82	159.18	7.4
工 业	Industry	4165.48	4458.97	4666.20	5231.27	5493.13	0.7
#金属制品、机械和设备修理业	Repair Service of Metal Products,Machinery and Equipment	3.48	3.80	3.78	4.21	5.45	2.7
建筑业	Construction	1344.94	1517.06	1601.33	1624.40	1626.24	-0.1
批发和零售业	Wholesale and Retail Trades	1181.19	1269.90	1386.75	1562.50	1582.22	-0.5
交通运输、仓储和邮政业	Transport, Storage and Post	655.29	709.88	708.14	821.78	838.20	-0.9
住宿和餐饮业	Hotels and Catering Services	378.42	417.18	383.41	471.18	449.40	-5.7
金融业	Financial Intermediation	992.28	1060.02	1083.76	1122.30	1193.49	3.8
房地产业	Real Estate	572.33	644.24	827.62	899.72	863.13	-3.8
其 他	Others	3790.31	4284.06	4527.56	4847.71	5098.42	2.5
人均地区生产总值(元)	**Per Capita Gross Domestic Product(yuan)**	**40271**	**43727**	**46355**	**50476**	**52321**	**1.2**

注:1. 2016年起地区生产总值含研发支出(R&D)的数据。2. 增长速度已扣除价格因素。3. 2018年前数据根据四经普数据进行修订。(以下表同)

Note: 1. Since 2016, the data of gross domestic product has included the data of research and development expenditure (R&D). 2. The growth rate has ruled out the influence of price. 3.The data before 2018 were revised according to the fourth economic census.(the same as in the following table)

2-2 地区生产总值构成
Composition of Gross Domestic Product

单位:% (%)

指 标	Item	2018	2019	2020	2021	2022
地区生产总值	**Gross Domestic Product**	**100.0**	**100.0**	**100.0**	**100.0**	**100.0**
按产业分	**By Three Strata of Industry**					
第一产业增加值	Primary Industry	14.0	13.6	14.2	14.0	14.2
第二产业增加值	Secondary Industry	35.9	35.6	35.1	35.2	35.3
第三产业增加值	Tertiary Industry	50.1	50.8	50.7	50.8	50.5
按国民经济行业分	**By Sector**					
农林牧渔业	Agriculture, Forestry, Animal Husbandry and Fishery	14.8	14.4	15.0	14.8	15.0
#农林牧渔专业及辅助性活动	Professional and Support Activities for Farming, Forestry, Animal Husbandry and Fishery	0.8	0.8	0.8	0.8	0.8
工 业	Industry	27.1	26.6	26.1	26.9	27.2
建筑业	Construction	8.8	9.0	9.0	8.3	8.1
批发和零售业	Wholesale and Retail Trade	7.7	7.6	7.8	8.0	7.8
交通运输、仓储和邮政业	Transport, Storage and Post	4.3	4.2	4.0	4.2	4.2
住宿和餐饮业	Hotel and Catering Services	2.5	2.5	2.1	2.4	2.2
金融业	Financial Intermediation	6.5	6.3	6.1	5.8	5.9
房地产业	Real Estate	3.7	3.8	4.6	4.6	4.3
其 他	Others	24.7	25.5	25.3	24.9	25.3

2-3 三次产业对地区生产总值增长的贡献率

Share of the Contributions of the Three Strata of Industry to the Increase of the GDP

单位:% (%)

指　标	Item	2018	2019	2020	2021	2022
地区生产总值	**Gross Domestic Product**	**100.0**	**100.0**	**100.0**	**100.0**	**100.0**
第一产业增加值	Primary Industry	10.9	9.8	19.7	13.6	42.3
第二产业增加值	Secondary Industry	40.3	41.3	37.0	39.2	14.9
#工　业	Industry	29.7	30.0	24.1	37.5	16.0
第三产业增加值	Tertiary Industry	48.9	48.9	43.3	47.2	42.8

2-4 三次产业对地区生产总值增长的拉动

Contribution of the Three Strata of Industry to GDP Growth

单位:百分点 (percentage point)

指　标	Item	2018	2019	2020	2021	2022
地区生产总值	**Gross Domestic Product**	**9.1**	**8.3**	**4.5**	**8.1**	**1.2**
第一产业增加值	Primary Industry	1.0	0.8	0.9	1.1	0.5
第二产业增加值	Secondary Industry	3.7	3.4	1.7	3.2	0.2
#工　业	Industry	2.7	2.5	1.1	3.0	0.2
第三产业增加值	Tertiary Industry	4.4	4.1	1.9	3.8	0.5

2-5 历年地区生产总值

Gross Domestic Product Over the Years

单位:亿元 (100 million yuan)

年 份 Year	地 区 生产总值 Gross Domestic Product	第一产业 增加值 Primary Industry	第二产业 增加值 Secondary Industry	#工 业 Industry	#建筑业 Construction	第三产业 增加值 Tertiary Industry	#交通运输、仓储和邮政业 Transport, Storage and Post	人均地区 生产总值(元) Per Capita GDP(yuan)
1978	46.62	19.42	18.73	15.24	3.49	8.47	1.68	175
1979	55.28	23.29	22.41	18.33	4.08	9.58	1.86	204
1980	60.26	24.86	24.00	19.37	4.63	11.40	2.01	219
1981	67.89	29.90	24.95	20.36	4.59	13.04	2.56	242
1982	79.39	37.37	27.44	22.58	4.86	14.58	2.74	278
1983	87.38	37.76	33.14	28.16	4.98	16.48	3.76	303
1984	108.27	45.73	43.51	36.85	6.66	19.03	4.66	371
1985	123.92	50.45	49.88	41.96	7.92	23.59	5.86	420
1986	139.57	56.46	50.96	43.57	7.39	32.15	7.34	467
1987	165.50	66.46	60.11	49.93	10.18	38.93	7.74	543
1988	211.79	85.20	78.63	68.32	10.31	47.96	9.78	683
1989	235.84	92.88	86.74	77.26	9.48	56.22	12.36	749
1990	260.14	100.10	92.83	82.15	10.68	67.21	11.69	808
1991	295.90	115.71	101.54	88.96	12.58	78.65	13.98	899
1992	339.91	121.18	122.08	106.41	15.67	96.65	19.00	1018
1993	417.69	133.40	155.03	135.40	19.63	129.26	25.45	1234
1994	524.46	183.52	194.80	173.03	21.77	146.14	18.02	1527
1995	636.21	227.06	232.52	208.75	23.77	176.63	22.77	1826
1996	723.18	254.43	255.09	225.36	29.73	213.66	26.79	2048
1997	805.79	271.83	288.99	251.10	37.89	244.97	23.51	2250
1998	858.39	264.86	319.40	273.82	45.58	274.13	29.14	2364
1999	937.50	267.57	350.41	294.42	55.99	319.52	59.17	2545
2000	1029.92	270.99	391.20	328.73	62.47	367.73	65.86	2759
2001	1133.27	274.17	433.52	360.73	72.79	425.58	73.47	3000
2002	1243.43	280.82	481.96	395.45	86.51	480.65	79.48	3257
2003	1428.97	290.90	570.70	474.48	96.22	567.37	84.51	3708
2004	1649.40	335.10	667.02	565.13	101.89	647.28	94.64	4244
2005	1939.94	362.49	797.87	679.00	118.87	779.58	113.84	5218
2006	2264.09	367.15	952.97	806.98	145.99	943.97	131.57	6103
2007	2847.46	430.64	1187.17	1000.86	186.31	1229.65	164.12	7778
2008	3504.48	522.55	1437.70	1206.98	230.72	1544.23	195.73	9697
2009	3856.66	531.20	1574.87	1296.98	277.89	1750.59	212.21	10814
2010	4518.95	602.80	1820.67	1484.88	335.79	2095.48	244.9	12882
2011	5615.55	699.56	2258.85	1822.94	435.91	2657.14	297.88	16024
2012	6742.24	862.69	2716.80	2185.79	531.01	3162.75	335.58	18947
2013	7973.06	999.34	3170.99	2533.25	638.67	3802.73	383.07	22089
2014	9173.13	1281.52	3582.36	2840.26	743.14	4309.25	421.92	25101
2015	10541.00	1641.98	4026.71	3195.95	833.43	4872.31	454.72	28547
2016	11792.35	1861.81	4468.73	3501.68	969.97	5461.81	503.33	31589
2017	13605.42	2032.27	4970.85	3821.40	1152.64	6602.30	576.27	35988
2018	15353.21	2156.02	5506.24	4165.48	1344.94	7690.95	655.29	40271
2019	16769.34	2280.56	5971.45	4458.97	1517.06	8517.33	709.88	43727
2020	17860.41	2539.93	6262.98	4666.20	1601.33	9057.51	708.14	46355
2021	19458.60	2730.92	6850.52	5231.27	1624.40	9877.16	821.78	50476
2022	20164.58	2861.18	7113.03	5493.13	1626.24	10190.37	838.2	52321

注:1. 三次产业划分1978-1991年按老行业分类标准计算,1992年起采用2017年国民经济行业分类和三次产业划分标准计算。2. 2005年起人均地区生产总值按常住半年人口计算,以往年份按常住一年人口计算。3. 2003-2018数据根据四经普数据进行修订。(以下表同)

Note: 1. From 1978 to 1991, the three industries were calculated according to the old industry classification standard. Since 1992, the 2017 national economic industry classification and the three industries classification standard were used for all the calculations. 2. Since 2005, per capita GDP is calculated by resident population of six months, and in previous years, it was calculated by resident population of one year. 3. Data from 2003 to 2018 are revised according to the fourth economic census. (the same as in the following table)

2-6 历年地区生产总值增长速度

Growth Rate of Gross Domestic Product Over the Years

单位:% (%)

年 份 Year	地 区 生产总值 Gross Domestic Product	第一产业 增加值 Primary Industry	第二产业 增加值 Secondary Industry	工 业 Industry	建筑业 Construction	第三产业 增加值 Tertiary Industry	交通运输、仓储和邮政业 Transport, Storage and Post	人均地区 生产总值 Per Capita GDP
1978	23.7	6.6	37.3	39.7	23.7	32.7	33.6	21.1
1979	11.0	2.8	17.3	19.1	5.2	11.4	7.2	9.2
1980	4.4	0.4	4.3	6.9	-14.4	11.7	6.5	3.0
1981	6.5	9.9	1.7	-0.9	12.7	9.5	9.8	4.6
1982	15.8	23.0	9.3	11.4	1.3	12.6	3.6	14.0
1983	12.6	4.6	22.9	26.4	8.8	12.3	34.6	11.1
1984	19.8	18.2	23.8	23.8	23.5	14.9	37.6	18.6
1985	7.9	-1.2	12.8	12.0	16.6	17.8	24.3	6.7
1986	5.6	6.1	-2.0	-0.3	-9.5	20.9	8.7	3.8
1987	10.8	2.9	16.2	13.8	28.6	14.8	13.9	8.9
1988	8.6	-1.0	13.2	15.5	3.1	15.0	8.3	7.0
1989	4.5	6.3	3.9	6.8	-10.6	3.3	13.0	2.9
1990	4.3	1.7	6.1	5.6	8.8	4.6	-15.1	2.0
1991	9.2	13.2	3.5	3.5	3.8	11.2	6.8	6.9
1992	8.1	-0.7	15.0	16.0	8.0	12.6	21.2	6.5
1993	10.4	3.9	13.5	15.8	-4.8	14.8	15.1	8.9
1994	8.4	3.7	11.8	12.4	5.8	9.8	11.9	6.9
1995	7.5	2.4	10.5	11.1	4.0	9.3	7.8	5.9
1996	8.9	3.8	12.6	12.1	17.8	9.2	11.1	7.4
1997	9.0	4.2	12.3	11.8	18.0	9.3	12.5	7.5
1998	8.5	1.5	11.8	10.4	26.4	10.5	17.5	7.0
1999	8.8	3.4	13.2	11.8	25.1	7.3	14.5	7.3
2000	8.4	3.6	7.6	7.5	8.3	13.7	17.5	6.9
2001	8.8	1.1	9.4	9.2	10.7	13.6	5.3	7.5
2002	9.1	2.2	13.2	11.0	24.5	9.3	3.6	7.9
2003	10.1	3.0	13.3	13.3	13.5	11.0	3.8	9.1
2004	10.4	5.3	13.3	14.8	6.5	10.1	16.0	9.5
2005	12.7	5.2	12.0	13.0	7.4	17.6	26.5	17.9
2006	12.8	2.9	13.4	13.8	11.2	16.8	29.6	13.0
2007	14.8	3.3	13.2	14.0	8.6	21.2	29.4	16.4
2008	11.3	6.8	8.1	8.6	4.7	15.9	19.4	12.8
2009	11.4	4.3	12.1	10.1	24.9	13.2	5.3	12.9
2010	12.8	4.7	16.6	15.7	22.1	12.0	15.2	14.7
2011	15.4	1.2	18.8	18.9	18.5	16.5	15.3	15.5
2012	13.0	8.6	16.1	15.1	20.8	11.3	13.8	11.3
2013	12.4	5.8	14.1	13.1	18.7	12.5	12.4	10.8
2014	10.8	6.6	12.3	11.0	17.8	10.3	9.3	9.4
2015	10.7	6.5	11.4	9.7	17.8	11.1	9.4	9.6
2016	10.5	6.0	11.3	9.9	16.6	11.4	10.1	9.3
2017	10.2	6.3	10.1	9.0	14.1	11.4	10.6	8.8
2018	9.1	6.8	9.5	9.0	11.2	9.4	8.3	8.2
2019	8.3	5.7	8.8	8.3	10.6	8.5	6.8	7.6
2020	4.5	6.3	4.2	3.6	6.4	4.1	1.9	4.0
2021	8.1	7.7	9.0	11.6	1.7	7.5	13.3	8.0
2022	1.2	3.6	0.5	0.7	-0.1	1.0	-0.9	1.2

2-7 历年地区生产总值指数(1978年=100)

Indices of Gross Domestic Product Over the Years (year of 1978=100)

年 份 Year	地区生产总值 Gross Domestic Product	第一产业增加值 Primary Industry	第二产业增加值 Secondary Industry	工 业 Industry	建筑业 Construction	第三产业增加值 Tertiary Industry	人均地区生产总值 Per Capita GDP
1978	100.0	100.0	100.0	100.0	100.0	100.0	100.0
1979	111.0	102.8	117.3	119.1	105.2	111.4	109.2
1980	115.9	103.2	122.3	127.3	90.1	124.5	112.5
1981	123.5	113.4	124.4	126.2	101.5	136.3	117.6
1982	142.9	139.5	135.9	140.6	102.8	153.5	134.1
1983	161.0	146.0	167.0	177.7	111.9	172.4	149.0
1984	192.8	172.6	206.7	219.9	138.1	198.0	176.7
1985	208.1	170.6	233.2	246.3	161.1	233.3	188.5
1986	219.8	180.9	228.6	245.6	145.8	282.1	195.7
1987	243.6	186.2	265.7	279.5	187.5	324.0	213.2
1988	264.5	184.4	300.9	322.8	193.3	372.4	228.1
1989	276.5	196.1	312.5	344.8	172.8	384.7	234.8
1990	288.3	199.5	331.5	364.1	188.0	402.3	239.4
1991	315.0	225.9	343.2	376.8	195.2	447.3	256.0
1992	340.5	224.2	394.9	437.0	210.9	503.7	272.6
1993	375.8	232.9	448.3	505.9	200.7	578.5	296.9
1994	407.5	241.5	501.1	568.5	212.3	635.3	317.3
1995	437.9	247.2	553.8	631.8	220.7	694.1	336.0
1996	476.7	256.7	623.6	708.4	260.0	758.1	360.9
1997	519.7	267.5	700.4	792.1	306.8	828.8	387.8
1998	563.6	271.4	783.2	874.4	387.8	915.6	414.8
1999	613.1	280.5	886.5	978.1	485.3	982.7	445.0
2000	664.6	290.7	953.5	1051.1	525.4	1117.6	475.8
2001	722.7	294.0	1043.6	1147.9	581.6	1269.8	511.3
2002	788.2	300.6	1181.1	1274.1	724.2	1387.9	551.7
2003	867.7	309.6	1338.6	1443.6	821.9	1540.3	601.7
2004	957.9	326.0	1516.9	1657.1	875.3	1696.5	658.6
2005	1079.9	343.0	1699.4	1871.9	940.1	1995.5	776.4
2006	1218.1	353.1	1927.3	2130.2	1045.4	2329.9	877.6
2007	1398.8	364.7	2181.8	2428.5	1134.8	2823.4	1021.3
2008	1557.1	389.5	2358.2	2638.1	1188.2	3272.3	1151.6
2009	1735.3	406.3	2644.1	2904.9	1484.4	3702.6	1300.6
2010	1958.2	425.4	3083.7	3359.6	1812.5	4147.3	1491.9
2011	2260.0	430.5	3664.3	3994.6	2147.8	4833.1	1723.2
2012	2553.8	467.5	4255.5	4597.2	2594.2	5380.3	1917.9
2013	2871.2	494.6	4855.2	5197.2	3078.8	6053.2	2125.0
2014	3180.8	527.3	5454.2	5768.4	3625.7	6675.8	2324.8
2015	3521.9	561.6	6073.6	6329.2	4270.5	7414.2	2548.0
2016	3892.1	595.5	6759.2	6956.0	4979.2	8257.5	2784.9
2017	4287.3	633.1	7443.4	7584.4	5679.5	9199.7	3030.0
2018	4676.2	676.4	8150.5	8268.0	6318.0	10065.0	3278.5
2019	5062.0	714.9	8867.7	8954.2	6987.7	10920.5	3527.6
2020	5289.8	760.0	9240.2	9276.6	7434.9	11368.2	3668.7
2021	5718.3	818.5	10071.8	10352.6	7561.3	12220.9	3962.2
2022	5786.9	848.0	10122.2	10425.1	7553.7	12343.1	4009.8

主要统计指标解释

国内生产总值(GDP) 指一个国家所有常住单位在一定时期内生产的全部最终产品和服务的价值总和。国内生产总值有三种表现形态,即价值形态、收入形态和产品形态。从价值形态看,它是所有常住单位在一定时期内生产的全部产品和服务价值减去同期投入的全部产品和服务价值的差额,即所有常住单位的增加值之和;从收入形态看,它是所有常住单位在一定时期内的生产活动所形成的原始收入之和;从产品形态看,它是所有常住单位在一定时期内最终使用的产品和服务减去进口的产品和服务的价值总和。在实际核算中,国内生产总值有三种计算方法,即生产法、收入法和支出法。三种方法分别从不同的方面反映国内生产总值及其构成。

对于一个地区来说,称为地区生产总值。

三次产业 三次产业的划分:

第一产业指农业、林业、畜牧业、渔业(不含农林牧渔服务业)。

第二产业指采矿业(不含开采辅助活动),制造业(不含金属制品、机械和设备修理业),电力、热力、燃气及水的生产和供应业,建筑业。

第三产业指除第一、二产业以外的其他行业。

Explanatory Notes on Main Statistical Indicators

Gross Domestic Product (GDP) refers to the final products and services produced by all resident units in a country (or a region) during a certain period of time. Gross domestic product is expressed in three different perspectives, namely value, income, and products respectively. GDP in its value perspective refers to the balance of total value of all goods and services produced by all resident units during a certain period of time, minus the total value of input of goods and services of the nature of non-fixed assets; in other words, it is the sum of the added value of all resident units. GDP from the perspective of income includes the sum of the primary income formed by the production activities of all resident units in a certain period of time. GDP from the perspective of products refers to the sum of the value of the products and services ultimately used by all resident units minus the imported products and services in a certain period of time. In the practice of national accounting, gross domestic product is calculated from three approaches, namely production approach, income approach and expenditure approach, which reflect gross domestic product and its composition from different angles.

For a region, it is called as Gross Regional Product.

Three Strata of Industry Classification of economic activities into three strata of industry:

Primary industry refers to farming, forestry, animal husbandry and fishery (excluding services in support of these industries).

Secondary industry refers to mining and quarrying (excluding support activities for mining), manufacturing (excluding repair services of metal products, machinery and equipment), production and supply of electricity, heat, gas and water, and construction.

Tertiary industry refers to all other economic activities not included in the primary or secondary industries.

人 口

Population 3

简 要 说 明

一、主要内容

本篇资料反映全省人口方面的基本情况，包括全省七次人口普查数据；年末常住人口数、城镇人口、乡村人口；出生率、死亡率、自然增长率、人口受教育程度、婚姻等。

二、统计调查方法

目前由省统计局人口和就业统计处实施的人口统计调查有：在逢“0”的年份进行全省人口普查；在逢“5”的年份进行全省1%人口抽样调查；其余年份进行全省人口变动情况抽样调查，其样本量约占总人口的1‰左右。人口抽样调查是以全省为总体，市级单位为次总体，采用分层、多阶段、整群概率比例抽样方法抽取样本。

三、资料来源

本篇资料由省统计局整理。年末常住人口数据资料来源于人口普查和年度人口变动抽样调查数据，计划生育数据资料由省卫生健康委员会提供，婚姻数据资料由省民政厅提供。

Brief Introduction

I. Main Contents

The data in this chapter show the basic condition of the population in Guizhou Province, which include data from seven censuses across the province; The main statistical indicators include provincial residential population at the year-end, urban population and rural population over the years, as well as birth rates, death rates, natural growth rates, population dependency coefficient and education attainments of the population, marriages etc.

II. Sampling Methodology

The statistical surveys on population which are conducted by Department of Population and Employment Statistics of Guizhou Provincial Bureau of Statistics are as follows: the provincial population census is conducted in the year ending with 0; the provincial 1 percent population sample survey is conducted in the year ending with 5; sample surveys on population changes are conducted in the rest of the years which cover about 1 thousandth of the total population of the province. The sample survey on population change takes the whole province as the population and each city, autonomous region or municipality as sub–populations, and the stratified, multi–stage and cluster probability proportional sampling method is used to extract samples.

III. Sources of Data

The data in this chapter are prepared by Guizhou Provincial Bureau of Statistics. The year–end resident population data were obtained from the census and the annual population change sample survey. Family planning data in the table are provided from the Provincial Health Committee, and the marriage data are provided by the Department of Civil Affairs of Guizhou Province.

3-1　全省历次人口普查主要指标

Main Indicators on Province Population Census in 1953,1964,1982,1990,2000 ,2010 and 2020

单位：万人　(10000 persons)

指　　标	Item	第一次 (1953年) The First	第二次 (1964年) The Second	第三次 (1982年) The Third	第四次 (1990年) The Forth	第五次 (2000年) The Fifth	第六次 (2010年) The Sixth	第七次 (2020年) The Seventh
总人口	**Total Population**	**1503.73**	**1714.05**	**2855.29**	**3239.11**	**3524.77**	**3474.65**	**3856.21**
按城镇、乡村分	**Grouped by Residence**							
城镇人口	Urban population	109.91	203.55	540.22	623.17	844.51	1174.78	2049.59
乡村人口	Rural population	1393.82	1510.51	2315.07	2615.94	2680.25	2299.87	1806.62
城镇人口比重(%)	The proportion of urban population(%)	7.31	11.88	18.92	19.24	23.96	33.81	53.15
按性别分	**Grouped by Gender**							
男	Male	759.80	868.48	1464.08	1676.88	1846.45	1795.15	1970.53
女	Female	743.93	845.57	1391.21	1562.22	1678.32	1679.50	1885.69
性别比(以女性为100)	Sex Ratio(female=100)	102.13	102.71	105.24	107.34	110.02	106.89	104.50
人口年平均增长率(%)	The growth rate of Annual Average Population(%)		1.32	2.89	1.59	0.82	-0.14	1.05
家庭总户数(万户)	Total Number of Household (10000 households)	340.15	390.96	565.93	721.04	923.94	1038.96	1269.66
户均规模(人/户)	Average Family Size(person/household)	4.42	4.38	4.93	4.41	3.74	3.24	2.81
人口自然变动(‰)	**Natural Change of Population(‰)**							
出生率	Birth Rate	38.43	52.62	24.81	23.09	20.59	13.96	13.70
死亡率	Death Rate	17.61	20.66	7.60	7.90	7.53	6.55	7.17
自然增长率	Natural Growth Rate	20.82	31.96	17.21	15.19	13.06	7.41	6.53
年龄结构(%)	**Age Composition (%)**							
0-14岁	Ages 0-14	37.88	38.82	40.88	32.68	30.17	25.22	23.97
15-64岁	Ages 15-64	58.52	58.42	54.45	62.71	63.87	66.21	64.47
65岁及以上	Ages 65 and Above	3.59	2.76	4.66	4.61	5.97	8.57	11.56
民　族	**Population by Ethnicity**							
汉　族	Han	1109.84	1312.89	2112.95	2114.88	2191.17	2219.85	2451.19
占总人口比重(%)	Percentage to Total Population(%)	73.81	76.61	74.00	65.29	62.16	63.89	63.56
年均增长率(%)	Annual average growth rate(%)		0.37	-0.35	-1.24	-0.49	0.27	1.00
少数民族	Ethnic Minorities	393.89	401.16	742.35	1124.23	1333.60	1254.80	1405.03
占总人口比重(%)	Percentage to Total Population(%)	26.19	23.39	26.00	34.71	37.84	36.11	36.44
年均增长率(%)	Annual average growth rate(%)		-1.12	1.06	2.93	0.87	-0.46	1.14
受教育程度	**Education Attainments**							
小　学	Primary School		352.71	822.65	1210.75	1535.30	1368.07	1230.93
初　中	Junior Secondary School		53.80	325.86	475.78	727.48	1035.07	1174.76
高　中	Senior Secondary School		13.38	84.72	127.50	199.67	253.02	383.74
大专以上	College and Higher Level		3.96	11.09	25.06	67.49	183.88	422.33
文盲人口	Illiterate Population			1202.24	969.11	598.58	303.85	257.43
文盲率(%)	Illiterate Rate(%)			42.11	29.92	16.98	8.74	6.68
每十万人口拥有的各种受教育程度人口(人)	**Population with Various Education Attainments Per 100000 Persons(person)**							
小　学	Primary School				37379	43557	39373	31921
初　中	Junior Secondary School				14688	20639	29789	30464
高中/中专	Senior Secondary School and Technical Secondary School				3973	5665	7282	9951
大专及以上	College and Higher Level				774	1915	5292	10952

注：数据来源于历次人口普查公报。
Note:The data in this table are from the communique of the seven national population censuses.

3-2 人口普查全省世居民族人口数

National Population Census of Ethnic Groups lived for generations in the province.

单位：万人 (10000 persons)

指 标	Item	第六次人口普查(2010年) The Sixth Population Census(2010)	第七次人口普查(2020年) The Sixth Population Census(2020)
总人口	Total Population	3474.8556	3856.2148
男	Male	1790.5471	1970.5293
女	Female	1684.3085	1885.6855
汉族	Han	2234.4156	2451.1882
男	Male	1151.7873	1253.3161
女	Female	1082.6283	1197.8721
蒙古族	Mongolian	4.1561	4.9780
男	Male	2.3203	2.7024
女	Female	1.8358	2.2756
回族	Hui	18.4788	20.4962
男	Male	9.5009	10.4295
女	Female	8.9779	10.0667
苗族	Miao	396.8400	450.6912
男	Male	204.0932	229.0519
女	Female	192.7468	221.6393
彝族	Yi	83.4461	95.9302
男	Male	42.9553	48.6529
女	Female	40.4908	47.2773
壮族	Zhuang	5.2577	6.7845
男	Male	2.6500	3.1525
女	Female	2.6077	3.6320
布依族	Bouyei	251.0565	271.0606
男	Male	127.1051	136.7517
女	Female	123.9514	134.3089
满族	Manchu	2.3086	2.6817
男	Male	1.1932	1.3900
女	Female	1.1154	1.2917
侗族	Dong	143.1928	165.0871
男	Male	75.0208	85.6037
女	Female	68.1720	79.4834
瑶族	Yao	4.0879	4.6759
男	Male	2.1428	2.3801
女	Female	1.9451	2.2958
白族	Bai	17.9510	21.4802
男	Male	9.5923	11.2979
女	Female	8.3587	10.1823
土家族	Tujia	143.6977	169.6664
男	Male	73.6526	86.5330
女	Female	70.0451	83.1334
畲族	She	3.6558	4.1794
男	Male	1.9096	2.1557
女	Female	1.7462	2.0237
水族	Shui	34.8746	37.1367
男	Male	18.0317	19.2167
女	Female	16.8429	17.9200
仫佬族	Mulam	2.4956	4.6066
男	Male	1.3293	2.3798
女	Female	1.1663	2.2268
羌族	Qiang	0.1605	0.2089
男	Male	0.0899	0.1128
女	Female	0.0706	0.0961
毛南族	Maonan	2.7332	2.9766
男	Male	1.4243	1.5112
女	Female	1.3089	1.4654
仡佬族	Gelao	49.5182	55.0322
男	Male	25.8935	28.5682
女	Female	23.6247	26.4640
其他未识别的民族	Others	61.2780	69.8234
男	Male	32.0125	36.3838
女	Female	29.2655	33.4396

注：数据来源于第六次、第七次人口普查机器汇总数。
Note:The data in this table are obtained from machine summary number of the sixth and the seventh population census.

3-3 常住人口主要指标

Main indicators of Permanent Resident Population

单位：万人 (10000 persons)

指 标	Item	2018	2019	2020	2021	2022
年末总人口	Total Population at the Year-end	3822.00	3848.00	3858.00	3852.00	3856.00
家庭年末总户数(万户)	Total Number of Household at the Year-end (10000 households)	1101.08	1112.03	1269.66	1274.30	1271.50
家庭户规模(人/户)	Average Family Size(person/household)	3.21	3.20	2.81	2.80	2.83
人口自然变动	Natural Change of Population					
出生人数	Number of Birth	49.90	49.30	52.79	46.92	42.50
出生率(‰)	Birth Rate(‰)	13.90	13.65	13.70	12.17	11.03
死亡人数	Number of Death	24.59	25.10	27.63	27.72	28.20
死亡率(‰)	Death Rate(‰)	6.85	6.95	7.17	7.19	7.32
自然增长人数	Natural Increase of Population	25.31	24.20	25.16	19.20	14.30
自然增长率(‰)	Natural Growth Rate(‰)	7.05	6.70	6.53	4.98	3.71

3-4 常住人口年龄结构和抚养比

Age Composition and Dependency Ratio of Permanent Resident Population

单位：万人 (10000 persons)

指 标	Item	2018	2019	2020	2021	2022
年末总人口	Total population (year-end)	3822.00	3848.00	3858.00	3852.00	3856.00
0-14岁人口数	Population ages 0-14	877.53	902.36	924.76	906.00	889.00
占总人口比重(%)	Proportion of total (%)	22.96	23.45	23.97	23.52	23.05
15-64岁人口数	Population ages 15-64	2529.02	2513.51	2487.25	2493.00	2499.00
占总人口比重(%)	Proportion of total (%)	66.17	65.32	64.47	64.72	64.81
65岁及以上人口数	Population ages 65 and above	415.45	432.13	445.98	453.00	468.00
占总人口比重(%)	Proportion of total (%)	10.87	11.23	11.56	11.76	12.14
总抚养比(%)	Gross Dependency Ratio (%)	51.13	53.09	55.11	54.51	54.30
少儿抚养比(%)	Children Dependency Ratio (%)	34.70	35.90	37.18	36.34	35.57
老年抚养比(%)	Old-age Dependency Ratio (%)	16.43	17.19	17.93	18.17	18.73

3-5 3岁及以上人口受教育程度构成

Population Ages 3 and above by Education

单位:% (%)

指标	Item	2020	2021	2022
3岁及以上人口	Population Ages 3 and above			
未上过学	No schooling	8.01	7.77	7.42
学前教育	Preschool Education	4.81	4.15	5.09
小学	Primary schools	33.41	32.50	33.06
初中	Junior Secondary schools	31.89	30.75	30.40
高中	Senior Secondary schools	10.42	10.86	10.44
大专	College Students	11.46	13.98	13.59
15岁及以上人口平均受教育年限(年)	Average Years of Education for People Ages 15 and above (year)	8.75	8.93	9.00

注:2020年数据根据第七次全国人口普查机器汇总数计算得出,2021年及以后数据则根据年度人口变动情况抽样调查数据推算得出。
Note: The data in 2020 is calculated based on the machine summary of the seventh national census, and the data in 2021 and beyond is extrapolated from the annual population change sample survey data.

3-6 婚 姻

Marriages and Divorces

指标	Item	2018	2019	2020	2021	2022
准予登记结婚(对)	**Registered Marriages(couple)**	**400272**	**361397**	**317557**	**292779**	**293841**
#初婚(人)	First Marriages(person)	671777	575289	497455	445712	455304
再婚(人)	Remarriages(person)	128767	147505	137659	139846	132378
#女性	Female	69920	83409	78754	81169	78291
涉外婚姻(对)	**Registered Marriages with Foreigner and the Citizen of Hong Kong, Macao, Taiwan(couple)**	**450**	**350**	**117**	**109**	**155**
#国内公民(人)	Domestic Citizen(person)	450			109	230
#女性	Female	262				107
离婚人数(人)	**Divorces(person)**	**303488**	**331758**	**322936**	**220220**	**240378**
民政部门批准	Permitted by Civil Administration Department	241246	268172	265616	148386	159974
法院调判	Court Mediation and Judgment	62242	63586	57320	71834	80404

注:1.资料来源于省民政厅、省高级人民法院。2.民政部门批准离婚人数为内地居民离婚人数。
Note: 1.The data in the table are provided by the Civil Affairs Department of Guizhou Province and Guizhou Provincial Higher People´s Court. 2.The number of divorce Permitted by Civil Administration Department refers to the number of divorce among the residents in China Mainland.

3-7 残疾人事业基本情况

Basic Statistics on the Work for Person with Disabilities

单位:人 (person)

指 标	Item	2018	2019	2020	2021	2022
康 复	**Rehabilitation**					
视力残疾康复	**Rehabilitation of Persons with Visual Disability**					
贫困白内障患者免费手术(例)	Free Surgeries for Poor Cataract Patients(case)	297	1386			
盲人定向行走训练	Blind Persons Receiving Orientation Skill Training		558	623	20086	12895
低视力者配用助视器	Persons with Low-vision Fitted with Vision-aids	9731	4779	10614	513	657
聋儿康复	**Rehabilitation of Children with Hearing Disability**					
年收训聋儿	Deaf Children Trained in the year	353	634	398	903	869
培训家长	Parents Trained	—	634	399	903	869
精神病防治康复	**Prevention and Rehabilitation of Mental Illness (PRMI)**					
开展精神病防治康复工作市县数(个)	Cities and Counties Carried on the Works of Prevention and Rehabilitation of Mental Illness(unit)	88	88	88	77	97
接受治疗的精神病患者	Treatment Provided for Patients with Sever Psychiatric Diseases	15733	20699	5015	3803	3860
孤独症儿童训练	Children with Autism Trained	221	475	1284	2107	2972
肢体残疾康复	**Rehabilitation of Persons with Physical Disability**					
肢体残疾人社区康复训练	Persons with Mobility Impairment Receiving Rehabilitation Training in Communities	90053	84970	97338	62666	52547
脑瘫儿童机构康复训练	Rehabilitation Training Institutions for Children with Cerebral Palsy	749	671	2025	3432	2371
贫困肢体残疾儿童矫治手术	Rehabilitation of Children with Physical Disability in Poverty	121	121	560	309	178
智力残疾康复	**Rehabilitation of Persons with Intellectual Disability**					
智残儿童社区康复训练	Children with Intellectual Disability Receiving Rehabilitation Training at Community	414	3213	2025	1968	1991
智残儿童机构康复训练	Children with Intellectual Disability Receiving Rehabilitation Training at Institutions	650	504	970	2993	2952
辅助器具供应服务数(件)	**Provision of Assistive Devices (piece)**	**89351**	**56912**	**41186**	**61446**	**34925**
贫困残疾人假肢装配例数(例)	**Prosthesis Installed for Poor Disabled(case)**	**770**	**10211**	**31369**	**100**	**1049**
社区康复协调员培训	**Workers Trained for Disabled person at Community**	**6194**	**9707**	**18708**	**7915**	**3429**
教 育	**Education**					
高中阶段特殊教育	Special education in Senior High School					
机构数(个)	Number of Institutions (unit)	6	6	6	7	7
在校生人数(人)	Number of students in attendance (person)	718	657	569	1503	1323
普通高等院校当年录取残疾考生数(人)	Number of disabled candidates admitted by ordinary institutions of higher learning(person)	731	638	857	889	856

注:1.资料来源于省残联。2. 2017年统计方法制度调整,“贫困白内障患者免费手术、盲人定向行走训练”整合为“复明手术、定向行走等训练”,“低视力者配用助视器”更名为“盲杖、助视器等适配服务”。3.“智残儿童机构康复训练”统计口径为0-6岁智残儿童。

Note: 1. The data in the table are provided by the Disabled Federation of Guizhou Province. 2. According to the Adjustment of statistical methods and systems in 2017, "Free Surgeries for Poor Cataract Patients" and " Blind Persons Receiving Orientation Skill Training" are combined into "Rehabilitation Surgery, Directional Walking and Other Training", and "Persons with Low-vision Fitted with Vision-aids" is renamed as "Tactile Sticks, Visual Aids and Other Ancillary Services". 3. The statistical caliber of "Children with Intellectual Disability Receiving Rehabilitation Training at Institutions" is 0-6 years old children with intellectual disability.

3-7 续表 Continued

单位:人 (person)

指　标	Item	2018	2019	2020	2021	2022
就　业	**Employment**	**343664**	**331707**	**333935**	**365930**	**399947**
城镇残疾人就业	Employed PWDs in Urban Areas	35984	34262	33845	37654	38865
农村残疾人就业	Employed PWDs in Rural Areas	307680	297445	300090	328276	361082
按比例就业	Employed by Quote Scheme	9212	8492	8702	9730	10885
#城镇残疾人	Urban disabled	5292	4601	4482	4984	5098
农村残疾人	Rural disabled	3920	3891	4220	4746	5787
集中就业	Employed in Collective Form	6137	6220	6399	6719	6836
#城镇残疾人	Urban disabled	1545	1402	1408	1466	1432
农村残疾人	Rural disabled	4592	4818	4991	5253	5404
个体及其他形式就业	Self-employed or Employed in Other Forms	19132	19040	19357	21165	22835
#城镇残疾人	Urban disabled	4895	4488	4397	4603	4528
农村残疾人	Rural disabled	14237	14552	14960	16562	18307
公益性岗位安置	Employed at Public Institution	1645	2054	3036	4024	5231
#城镇残疾人	Urban disabled	803	787	778	784	790
农村残疾人	Rural disabled	842	1267	2258	3240	4441
辅助性就业	Auxiliary employment	2986	2866	2860	2926	2887
#城镇残疾人	Urban disabled	648	589	566	541	481
农村残疾人	Rural disabled	2338	2277	2294	2385	2406
从事农业种养就业	Engaged in agricultural breeding and employment	203914	191885	186164	198597	207989
#城镇残疾人	Urban disabled	6948	6734	6448	6941	6909
农村残疾人	Rural disabled	196966	185151	179716	191656	201080
灵活就业	Flexible employment	50647	53259	107417	122769	143284
#城镇残疾人	Urban disabled	10237	10403	15766	18335	19627
农村残疾人	Rural disabled	40410	42856	91651	104434	123657
社区就业	Community employment	1860	1897			
#城镇残疾人	Urban disabled	873	774			
农村残疾人	Rural disabled	987	1123			
居家就业	Home employment	48131	45994			
#城镇残疾人	Urban disabled	4743	4484			
农村残疾人	Rural disabled	43388	41510			
残疾人就业服务机构(个)	Employment Service Institutions for Handicapped (unit)	88	88	97	84	85
省	Provinces	1	1	1	1	1
市、州	Prefectures, Autonomous Prefectures	8	8	9	9	9
县、市、区	County, Cities	79	79	87	74	75
盲人按摩	**Massage by Persons with Visual Disability**					
保健按摩人员培训	Massage Therapists Training	717	412	206	435	554
医疗按摩人员培训	Keep-fit Massage Training	169	136		174	199
残联组织建设	**Organization Development of the Disabled Persons´ Federation**					
残联机关工作人员	Workers Working for the Disabled	2650	2567	2600	2606	2754

3-8 历年年末常住人口

Permanent Population at the Year End over the Years

单位：万人 (10000 persons)

年 份 Year	合 计 Total	按城镇、乡村分 Grouped by Urban and Rural		按性别分 Grouped by Sex		性别比 Sex Ratio (女=100) (female=100)	年平均人口 Annual Average Population
		城 镇 Urban	乡 村 Rural	男 Male	女 Female		
1978	2686.40	323.97	2362.43	1364.82	1321.58	103.27	2663.27
1979	2730.99	520.82	2210.17	1386.93	1344.06	103.19	2708.70
1980	2776.67	543.18	2233.49	1409.61	1367.06	103.11	2753.83
1981	2826.78	528.41	2298.37	1439.89	1386.89	103.82	2801.73
1982	2875.21	542.13	2333.08	1470.43	1404.78	104.67	2851.00
1983	2901.46	550.96	2350.50	1484.73	1416.73	104.80	2888.33
1984	2931.85	854.14	2077.71	1501.55	1430.30	104.98	2916.65
1985	2972.18	883.18	2089.00	1522.93	1449.25	105.08	2952.02
1986	3025.86	909.55	2116.31	1550.90	1474.96	105.15	2999.02
1987	3072.58	1002.93	2069.65	1576.23	1496.35	105.34	3049.22
1988	3127.27	951.23	2176.04	1599.01	1528.26	104.63	3099.93
1989	3171.00	1000.26	2170.74	1628.85	1542.15	105.62	3149.14
1990	3267.53	1083.67	2183.86	1684.53	1583.00	106.41	3219.27
1991	3314.63	1238.48	2076.15	1709.31	1605.32	106.48	3291.08
1992	3360.96	2256.05	1104.91	1735.46	1625.50	106.76	3337.80
1993	3408.69	2324.92	1083.77	1761.65	1647.04	106.96	3384.83
1994	3458.41	2371.06	1087.35	1789.32	1669.09	107.20	3433.55
1995	3508.08	2408.78	1099.30	1815.63	1692.45	107.28	3483.25
1996	3555.41	2457.33	1098.08	1840.38	1715.03	107.31	3531.75
1997	3605.81	2503.75	1102.06	1866.48	1739.33	107.31	3580.61
1998	3657.60	2539.76	1117.84	1893.29	1764.31	107.31	3631.70
1999	3710.06	2539.80	1170.26	1920.40	1789.66	107.30	3683.83
2000	3755.72	896.49	2859.23	1968.00	1787.72	110.08	3732.89
2001	3798.51	910.12	2888.39	1973.41	1825.10	108.13	3777.12
2002	3837.28	932.11	2905.17	1993.15	1844.13	108.08	3817.90
2003	3869.66	958.52	2911.14	2010.22	1859.44	108.11	3853.47
2004	3903.70	1025.89	2877.81	2022.22	1881.48	107.48	3886.68
2005	3730	1002.25	2727.75	1920.55	1809.45	106.14	3717.61
2006	3690	1013.27	2676.73	1908.85	1781.15	107.17	3710
2007	3632	1025.68	2606.32	1879.70	1752.30	107.27	3661
2008	3596	1046.79	2549.21	1868.73	1727.27	108.19	3614
2009	3537	1057.21	2479.79	1827.56	1709.44	106.91	3567
2010	3479	1176.25	2302.75	1797.43	1681.57	106.89	3508
2011	3530	1236.56	2293.44	1832.88	1697.12	108.00	3505
2012	3587	1302.08	2284.92	1872.41	1714.59	109.20	3559
2013	3632	1376.16	2255.84	1890.15	1741.85	108.50	3610
2014	3677	1479.62	2197.38	1905.49	1771.51	107.56	3655
2015	3708	1592.96	2115.04	1912.44	1795.56	106.54	3693
2016	3758	1712.14	2045.86	1938.14	1819.86	106.50	3733
2017	3803	1816.31	1986.69	1960.90	1842.10	106.45	3781
2018	3822	1893.42	1928.58	1974.65	1847.35	106.89	3813
2019	3848	1980.95	1867.05	1971.54	1876.46	105.07	3835
2020	3858	2050.53	1807.47	1971.44	1886.56	104.50	3853
2021	3852	2092.79	1759.21	1971.00	1881.00	104.78	3855
2022	3856	2114.00	1742.00	1971.00	1885.00	104.56	3854

注：1. 1984年前数据为公安、统计共同数据，1985年起为统计局抽样调查推算数据。2. 2000年及以后的城镇、乡村人口的划分标准按国家统计局1999年发布的《关于统计上划分城乡的规定》计算，与以前年份数据不可比。3. 2005年及以后为常住半年口径。4. 2006-2009年常住总人口数据已根据第六次人口普查资料进行修订、2011-2019年常住人口数据已根据第七次全国人口普查资料进行修订（下表同）。

Note: 1.The data before 1984 were the common data from public security and statistics, and since 1985, they have been the calculated data of sampling survey of the Bureau of statistics. 2.Since 2000, standards of grouping rural and urban residents have been calculated on the basis of Statistical Partition Ordain about Urban or Rural that had been issued by National Bureau of Statistics in 1999, so the data are not comparable with the preceding years. 3. Population caliber refers to permanent population in half a year scope from 2005. 4. The data of total permanent population from 2006 to 2009 were revised according to the sixth national population census, and the data of permanent population from 2011 to 2019 were revised according to the seventh national population census (the same applies to the next table).

3-9 历年人口自然变动

Natural Change of Population over the Years

单位:万人 (10000 persons)

年 份 Year	出 生 Birth		死 亡 Death		自然增长 Natural Growth	
	人 数 Number of Persons	率(‰) Rate(‰)	人 数 Number of Persons	率(‰) Rate(‰)	人 数 Number of Persons	率(‰) Rate(‰)
1978	76.22	28.62	19.65	7.38	56.57	21.24
1979	72.84	26.89	19.23	7.10	53.61	19.79
1980	68.02	24.70	19.39	7.04	48.63	17.66
1981	66.46	23.72	21.07	7.52	45.39	16.20
1982	70.73	24.81	21.67	7.60	49.06	17.21
1983	60.11	20.81	26.46	9.16	33.65	11.65
1984	54.98	18.85	21.29	7.30	33.69	11.55
1985	59.97	20.33	17.43	5.91	42.54	14.42
1986	72.04	24.11	18.08	6.05	53.96	18.06
1987	71.77	23.69	25.87	8.54	45.90	15.15
1988	73.76	23.81	18.62	6.01	55.14	17.80
1989	67.08	21.23	21.58	6.83	45.50	14.40
1990	74.13	23.09	25.36	7.90	48.77	15.19
1991	72.96	22.42	26.39	8.11	46.57	14.31
1992	73.61	22.40	28.00	8.52	45.61	13.88
1993	74.96	22.6	28.19	8.50	46.77	14.10
1994	76.93	22.92	27.32	8.14	49.61	14.78
1995	76.14	21.86	26.47	7.60	49.67	14.26
1996	77.88	22.05	27.16	7.69	50.72	14.36
1997	79.31	22.15	27.46	7.67	51.85	14.48
1998	79.97	22.02	28.18	7.76	51.79	14.26
1999	80.75	21.92	28.29	7.68	52.46	14.24
2000	76.86	20.59	28.11	7.53	48.75	13.06
2001	70.10	18.56	27.31	7.23	42.79	11.33
2002	68.57	17.96	27.53	7.21	41.04	10.75
2003	61.31	15.91	26.47	6.87	34.84	9.04
2004	58.61	15.08	24.68	6.35	33.93	8.73
2005	54.00	14.59	25.00	7.21	29.00	7.38
2006	51.83	13.97	24.89	6.71	26.94	7.26
2007	48.62	13.28	24.16	6.60	24.46	6.68
2008	48.75	13.49	24.47	6.77	24.28	6.72
2009	48.68	13.65	23.86	6.69	24.82	6.96
2010	48.52	13.96	22.76	6.55	25.76	7.41
2011	46.24	13.31	24.07	6.93	22.17	6.38
2012	46.13	13.27	24.20	6.96	21.93	6.31
2013	45.58	13.05	24.97	7.15	20.61	5.90
2014	45.50	12.98	25.17	7.18	20.33	5.80
2015	45.74	13.00	25.34	7.20	20.40	5.80
2016	47.40	13.43	24.46	6.93	22.94	6.50
2017	50.05	13.98	24.63	6.88	25.42	7.10
2018	49.90	13.90	24.59	6.85	25.31	7.05
2019	49.30	13.65	25.10	6.95	24.20	6.70
2020	52.79	13.70	27.63	7.17	25.16	6.53
2021	46.92	12.17	27.72	7.19	19.20	4.98
2022	42.50	11.03	28.20	7.32	14.30	3.71

主要统计指标解释

总人口　指一定时间、一定地区范围内的有生命的个人的总和。年度统计的年末人口数指每年12月31日24时的人口数。

城镇人口和乡村人口　城镇人口是指居住在城镇范围内的全部常住人口；乡村人口是除上述人口以外的全部人口。

出生率(又称粗出生率)　指在一定时期内(通常为一年)一定地区的出生人数与同期内平均人数之比，用千分率表示。本资料中的出生率指年出生率，其计算公式为：

$$出生率=\frac{年出生人数}{年平均人数}\times 1000‰$$

公式中：出生人数指活产婴儿，即胎儿脱离母体时(不管怀孕月数)，有过呼吸或其他生命现象。年平均人数指年初、年底人口数的平均数，也可用年中人口数代替。

死亡率(又称粗死亡率)　指在一定时期内(通常为一年)一定地区的死亡人数与同期内平均人数之比，用千分率表示。本资料中的死亡率指年死亡率，其计算公式为：

$$死亡率=\frac{年死亡人数}{年平均人数}\times 1000‰$$

人口自然增长率　指在一定时期内(通常为一年)人口自然增加数(出生人数减死亡人数)与该时期内平均人数之比，用千分率表示。计算公式为：

$$人口自然增长率=\frac{本年出生人数-本年死亡人数}{年平均人数}\times 1000‰$$
$$=人口出生率-人口死亡率$$

Explanatory Notes on Main Statistical Indicators

Total Population　refers to the total number of living individuals within a given time and area. The annual statistics on total population is taken at midnight, the 31st of December.

Urban Population and Rural Population　Urban population refers to all people residing in cities and towns, while rural population refers to population other than urban population.

Birth Rate (or Crude Birth Rate)　refers to the ratio of the number of births to the average population during a certain period of time (usually a year), expressed in ‰. Birth rate in the chapter refers to annual birth rate. The following formula is used:

$$\text{Birth Ratio}=\frac{\text{Number of Births}}{\text{Annual Average Population}}\times 1000‰$$

Number of births in the formula refers to live births, i.e. when a baby has breathed or showed any vital phenomena regardless of the length of pregnancy.

Annual average population is the average of the number of population at the beginning of the year and that at the end of the year. Sometimes it is substituted by the mid-year population.

Death Rate(or Crude Death Rate) refers to the ratio of the number of deaths to the average population during a certain period of time (usually a year), expressed in ‰. Death rate in the chapter refers to annual death rate. The following formula is used:

$$\text{Death Ratio}=\frac{\text{Number of Death}}{\text{Annual Average Population}}\times 1000‰$$

Natural Growth Rate of Population refers to the ratio of natural increase in population (number of births minus number of deaths) in a certain period of time (usually a year) to the average population of the same period, expressed in ‰. The following formula is applied:

$$\text{Natural Growth Rate of Population}=\frac{\text{Number of Births}-\text{Number of Death}}{\text{Annual Average Population}}\times 1000‰$$

$$=\text{Birth Rate}-\text{Death Rate}$$

就业人员和职工工资

Employment and Wages

4

简要说明

一、主要内容

本篇资料反映劳动经济方面的基本情况,如:经济活动人口数,就业人员数,城镇登记失业人数,就业人员工资总额,平均工资等。

二、统计范围及统计调查方法

《劳动工资统计报表制度》的调查范围为城镇地区全部法人单位;《劳动力调查制度》的调查范围为全省16岁及以上人口;《农林牧渔业统计调查制度》的调查范围为全省乡镇以下农村地区;《培训就业统计报表制度》的填报范围为全省就业服务和职业介绍机构;私营企业及个体工商业统计范围为全社会。

本篇"城镇单位"均指"城镇非私营单位"。

劳动工资统计中,城镇非私营单位采用全面调查方法,城镇私营单位采用抽样调查方法;劳动力调查采用抽样调查方法;就业统计及私营企业和个体工商业统计利用行政登记资料加工整理。

三、资料来源

1.就业基本情况及分组资料、工资总额等资料,由省统计局人口和就业统计处根据《劳动工资统计报表制度》、《劳动力调查制度》及《农林牧渔业统计调查制度》搜集资料,加工整理。

2.城镇新增就业、城镇登记失业人数,由省人力资源社会保障厅整理提供。

3.私营企业及个体工商业就业人员。

Brief Introduction

I. Main Contents

Data in this chapter show the basic conditions of the labour economy, such as the economically active population, number of employed persons, number of registered unemployed persons in urban areas, total wages bills of employed persons and average wages, etc.

II. Scope and Methodology of Statistics

The Reporting Form System on Labour Wage Statistics covers corporate units in all urban area. The scope of survey of The Sample Survey System on Labour Force are the population aged 16 and over of the whole province. The System of Rural Social and Economic Surveys covers all rural areas below township level in Guizhou. The Reporting Form System on Training and Employment Statistics covers all agencies and units providing employment services and job centers. The scope of statistics on private enterprises and self-employed individuals covers the whole province.

In this chapter, urban corporate units refer to non-private urban corporate units.

A complete reporting form system from lower-level statistical bureaus to higher level statistical bureaus is used in the labour wage statistics of urban non-private enterprises, and sampling methods is used in the statistics of urban private enterprises. The Sample Survey on Labour Force is conducted by using sampling methods. Statistics on employment, private enterprises and self-employed individuals are collected and compiled on basis of administrative registering records.

III. Sources of Data

(1) Data on basic conditions of employment, data by groups, total wage bills of staff and workers are collected and compiled through The Reporting Form System on Labour Wage Statistics, The Sample Survey System on Labour Force, and The System of Rural Social and Economic Surveys by the Department of Population and Employment Statistics of Guizhou Provincial Bureau of Statistics.

(2) Data on the urban new employment conditions and on the number of registered unemployed persons in urban areas are provided by the Ministry of Human Resources and Social Security of Guizhou Province.

(3) Data on the number of persons refer to the employed persons in private enterprises and self-employed individuals.

4-1 全社会就业人员

Number of Employed Personnels

指 标	Item	2018	2019	2020	2021	2022	2022年比2021年增长(%) Increase Rate in 2022 over 2021(%)
就业人员(万人)	**Number of Employed Persons (10000 persons)**	**1886.00**	**1888.00**	**1892.00**	**1886.00**	**1878.00**	**-0.42**
按产业分	**Grouped by Three Strata of Industry**						
第一产业	Primary Industry	764.96	700.45	634.00	618.00	693.00	12.14
第二产业	Secondary Industry	417.94	443.49	472.00	475.00	444.00	-6.53
第三产业	Tertiary Industry	703.10	744.06	786.00	793.00	741.00	-6.56
按城乡分	**Grouped by Urban and Rural Areas**						
城镇	Urban Area	856.07	909.90	977.00	995.00	981.00	-1.41
乡村	Rural Area	1029.93	978.10	915.00	891.00	897.00	0.67

4-2 城镇单位就业人员及平均工资

Number of Employed Personnels and Average Wages in Urban Units

指 标	Item	2018	2019	2020	2021	2022	2022年比2021年增长(%) Increase Rate in 2022 over 2021(%)
城镇单位就业人数(万人)	**Number of Employed Persons in Urban Units (10000 persons)**	**443.29**	**458.93**	**481.02**	**480.99**	**473.45**	**-1.6**
非私营单位就业人数(万人)	Number of Employed Persons in Non-private Units(10000 persons)	308.54	321.08	335.29	336.71	327.35	-2.8
非私营单位在岗职工人数(万人)	Total Number of Staff and Workers of Non-privately-owned Unit (10000 persons)	274.96	290.39	303.36	307.58	301.53	-0.5
私营单位就业人数(万人)	Number of Engaged Persons in Private Units(10000 persons)	134.75	137.85	145.73	144.28	146.10	1.3
城镇单位就业人员平均工资(元)	**Average Wage of Employed Persons in Urban Units (yuan)**	**67952**	**72113**	**76547**	**81570**	**82291**	**0.9**
非私营单位就业人员平均工资(元)	Average Wage of Employed Persons in Non-private Units(yuan)	78316	83298	89228	94487	95410	1.0
非私营单位在岗职工平均工资(元)	Average Wage of Staff and Workers of Non-privately-owned Unit (yuan)	82597	87970	94276	99324	99598	0.3
私营单位就业人员平均工资(元)	Average Wage of Engaged Persons in Private Units(yuan)	43582	45526	47381	51557	52922	2.6

注：在岗职工包含劳务派遣人员（以下相关表同）。

Note:The staff at work include labor dispatching personnels (the related tables in the chapter are the same).

4-3 非私营单位就业人员年末人数(2022)

Number of Employed Persons in Non-private Units at the Year End (2022)

单位:人 (person)

指 标	Item	就业人员 Number of Employed Persons	国有单位 Stateowned Units	集体单位 Collective-owned Units	其他单位 Unit of Other Type of Ownership
总 计	**Total**	**3273493**	**1713318**	**24641**	**1535534**
按执行会计标准类别分组	**By Enterprises,Institutions and Agencies**				
企 业	Enterprises	1709448	165982	19604	1523862
政 府	Governments	1546381	1543891	1287	1203
民间非营利组织	Private Non-profit Organizations	17027	3166	3705	10155
其 他	Others	637	278	45	314
按产业分	**By Three Strata of Industry**				
第一产业	Primary Industry	12865	2507	467	9891
第二产业	Secondary Industry	922715	75054	6105	841556
第三产业	Tertiary Industry	2337913	1635756	18070	684087
按国民经济行业分	**By Sector**				
农、林、牧、渔业	Farming, Forestry, Animal Husbandry and Fishery	12865	2507	467	9891
采矿业	Mining	167052	2338	179	164535
制造业	Manufacturing	326407	4367	790	321250
电力、热力、燃气及水生产和供应业	Production and Supply of Electricity, Heat, Gas and Water	88888	44701	242	43946
建筑业	Construction	340368	23649	4894	311825
批发和零售业	Wholesale and Retail Trades	117299	19421	717	97161
批发业	Wholesale	58441	17954	465	40022
零售业	Retail Trades	58858	1467	252	57139
交通运输、仓储和邮政业	Transport,Storage and Post	120861	11989	370	108501
住宿和餐饮业	Hotels and Catering Services	31109	2832	417	27861
信息传输、软件和信息技术服务业	Information Transmission, Software and Information Technology	45151	4172	16	40963
金融业	Financial Intermediation	130379	2831	3395	124153
房地产业	Real Estate	87415	1949	454	85011
租赁和商务服务业	Leasing and Business Services	78374	9344	5048	63982
租赁业	Leasing Services	1223	7	0	1216
商务服务业	Business Services	77152	9337	5048	62767
科学研究、技术服务业	Scientific Research and Technic Services	53212	24720	463	28030
水利、环境和公共设施管理业	Management of Water Conservancy, Environment and Public Facilities	52714	15862	6	36845
居民服务、修理和其他服务业	Services to Households, Repair and Other Services	19562	3460	289	15813
教 育	Education	580497	550093	4893	25511
卫生和社会工作	Health and Social Services	296034	273249	1870	20915
卫 生	Health	291164	269815	1583	19765
社会工作	Social Services	4871	3434	287	1150
文化、体育和娱乐业	Culture,Sports and Entertainment	23809	14473	38	9298
#新闻和出版业	News Publishing Companies	5346	3818	0	1528
广播、电视、电影和影视录音制作业	Radio, Television, Movies and Video Recordings	4426	3040	0	1386
体 育	Sports	2840	1151	25	1664
公共管理、社会保障和社会组织	Public Management, Social Securities and Social Organizations	701497	701359	95	43

4-4 非私营单位女性就业人员年末人数(2022)

Number of Employed Female in Non-private Units at the Year End (2022)

单位:人 (person)

行业	Sector	女性就业人员数 Number of Employed Female	国有单位 Stateowned Units	集体单位 Collective-owned Units	其他单位 Unit of Other Type of Ownership
总计	**Total**	**1327742**	**818219**	**9650**	**499873**
农、林、牧、渔业	Farming,Forestry,Animal Husbandry and Fishery	4443	674	193	3576
采矿业	Mining and Quarrying	14867	188	20	14659
制造业	Manufacturing	112631	1321	332	110978
电力、热力、燃气及水生产和供应业	Production and Supply of Electricity, Heat, Gas and Water	23512	11529	59	11924
建筑业	Construction	54582	3262	1205	50115
批发和零售业	Wholesale and Retail Trades	54552	4812	270	49470
批发业	Wholesale	19954	4110	165	15679
零售业	Retail Trades	34598	703	105	33791
交通运输、仓储和邮政业	Transport,Storage and Post	34620	3628	118	30875
住宿和餐饮业	Hotels and Catering Services	19647	1796	333	17518
信息传输、软件和信息技术服务业	Information Transmission, Software and Information Technology	17778	1794	10	15974
金融业	Financial Intermediation	64627	1177	1433	62017
房地产业	Real Estate	34990	855	178	33957
租赁和商务服务业	Leasing and Commerce Services	28885	3574	460	24851
租赁业	Leasing Services	403	4	0	399
商务服务业	Commerce Services	28482	3570	460	24452
科学研究、技术服务业	Scientific Research,Technic Services	15723	7672	99	7952
水利、环境和公共设施管理业	Management of Water Conservancy, Environment and Public Facilities	28516	7562	4	20950
居民服务、修理和其他服务业	Services to Households Repair and Other Services	11091	1691	122	9278
教育	Education	343177	323360	3490	16326
卫生和社会工作	Health and Social Services	201767	185578	1261	14929
卫生	Health	198645	183457	1112	14076
社会工作	Social Services	3123	2120	149	853
文化、体育和娱乐业	Culture,Sports and Entertainment	11408	6893	15	4500
#新闻和出版业	News Publishing Companies	2543	1821	0	722
广播、电视、电影和影视录音制作业	Broadcasting,Television,Film and Video Trade	2037	1395	0	642
体育	Sports	1269	498	9	762
公共管理、社会保障和社会组织	Public Administration Social Securities and Social Organizations	250926	250852	49	24

4-5 非私营单位各行业在岗职工年末人数(2022)

Working Staff and Workers in Non-private Units at the Year End by Sector(2022)

单位:人 (person)

指 标	Item	职工人数 Number of Staff and Workers	国有单位 Stateowned Units	集体单位 Collective-owned Units	其他单位 Unit of Other Type of Ownership
总 计	**Total**	**3031323**	**1568933**	**23542**	**1438847**
按企事业、机关分	**By Enterprises,Institutions and Agencies**				
企 业	Enterprises	1601007	154917	18533	1427557
政 府	Governments	1413407	1410933	1287	1187
民间非营利组织	Private Non-profit Organizations	16277	2805	3678	9793
其 他	Others	632	278	44	310
按产业分	**By Three Strata of Industry**				
第一产业	Primary Industry	11043	2202	265	8575
第二产业	Secondary Industry	870440	70253	5444	794743
第三产业	Tertiary Industry	2149840	1496477	17834	635529
按国民经济行业分	**By Sector**				
农、林、牧、渔业	Farming,Forestry,Animal Husbandry and Fishery	11043	2202	265	8575
采矿业	Mining	164854	2326	179	162349
制造业	Manufacturing	322323	4125	735	317463
电力、热力、燃气及水生产和供应业	Production and Supply of Electricity, Heat, Gas and Water	87296	44049	239	43009
建筑业	Construction	295967	19753	4291	271922
批发和零售业	Wholesale and Retail Trades	113918	17794	706	95418
批发业	Wholesale	56471	16603	455	39413
零售业	Retail Trades	57446	1190	251	56005
交通运输、仓储和邮政业	Transport,Storage and Post	116575	11887	359	104330
住宿和餐饮业	Hotels and Catering Services	30390	2825	416	27150
信息传输、软件和信息技术服务业	Information Transmission,Software and Information Technology	44004	4078	16	39911
金融业	Financial Intermediation	96367	2805	3384	90178
房地产业	Real Estate	85882	1770	398	83714
租赁和商务服务业	Leasing and Business Services	75970	8699	4946	62326
租赁业	Leasing Services	1190	7	0	1183
商务服务业	Business Services	74780	8692	4946	61143
科学研究、技术服务业	Scientific Research and Technic Services	51380	23606	446	27329
水利、环境和公共设施管理业	Management of Water Conservancy, Environment and Public Facilities	46566	10785	6	35775
居民服务、修理和其他服务业	Services to Households Repair and Other Services	18887	3238	289	15360
教 育	Education	537830	508288	4871	24671
卫生和社会工作	Health and Social Services	279257	256829	1870	20558
卫 生	Health	275031	254031	1583	19417
社会工作	Social Services	4226	2798	287	1141
文化、体育和娱乐业	Culture,Sports and Entertainment	22075	13267	37	8770
#新闻和出版业	News Publishing Company	5124	3634	0	1490
广播、电视、电影和影视录音制作业	Radio, Television, Movies and Video Recordings	4020	2945	0	1075
体 育	Sports	2409	727	24	1658
公共管理、社会保障和社会组织	Public Management, Social Securities and Social Organizations	630738	630608	90	40

4-6 非私营单位在岗职工工资总额(2022)

Total Wages of Working Staff and Workers in Non-private Units(2022)

单位:亿元 (100 million yuan)

指标	Item	工资总额 Total Wage Bill	国有单位 Stateowned Units	集体单位 Collective-owned Units	其他单位 Unit of Other Type of Ownership
总计	**Total**	**3003.17**	**1622.38**	**18.92**	**1361.87**
按企事业、机关分	**By Enterprises,Institutions and Agencies**				
企业	Enterprises	1550.42	181.99	15.09	1353.34
政府	Governments	1441.29	1438.22	1.48	1.58
民间非营利组织	Private non-profit organizations	11.06	1.93	2.32	6.80
其他	Else	0.40	0.24	0.02	0.14
按产业分	**By Three Strata of Industry**				
第一产业	Primary Industry	7.11	2.06	0.10	4.95
第二产业	Secondary Industry	788.02	85.02	2.79	700.20
第三产业	Tertiary Industry	2208.04	1535.30	16.02	656.72
按国民经济行业分	**By Sector**				
农、林、牧、渔业	Farming,Forestry,Animal Husbandry and Fishery	7.11	2.06	0.10	4.95
采矿业	Mining	145.58	2.45	0.09	143.04
制造业	Manufacturing	314.64	3.07	0.42	311.14
电力、热力、燃气及水生产和供应业	Production and Supply of Electricity,Heat,Gas and Water	117.63	63.74	0.10	53.79
建筑业	Construction	210.17	15.77	2.18	192.22
批发和零售业	Wholesale and Retail Trades	109.82	31.19	0.35	78.28
批发业	Wholesale	71.51	30.39	0.23	40.90
零售业	Retail Trades	38.31	0.81	0.12	37.39
交通运输、仓储和邮政业	Transport,Storage and Post	123.78	8.31	0.38	115.08
住宿和餐饮业	Hotels and Catering Services	14.81	1.68	0.16	12.97
信息传输、软件和信息技术服务业	Information Transmission,Software and Information Technology	58.53	5.90	0.01	52.62
金融业	Financial Intermediation	188.48	3.83	7.35	177.29
房地产业	Real Estate	70.83	1.56	0.31	68.96
租赁和商务服务业	Leasing and Business Services	53.67	5.85	2.28	45.53
租赁业	Leasing Services	0.88	0.01		0.87
商务服务业	Business Services	52.79	5.85	2.28	44.66
科学研究、技术服务业	Scientific Research and Technic Services	61.57	26.84	0.36	34.37
水利、环境和公共设施管理业	Management of Water Conservancy, Environment and Public Facilities	25.43	7.21	0.00	18.22
居民服务、修理和其他服务业	Services to Households Repair and Other Services	9.79	2.78	0.13	6.88
教育	Education	545.55	523.51	2.86	19.18
卫生和社会工作	Health and Social Service	326.13	304.26	1.73	20.13
卫生	Health	323.50	302.28	1.60	19.62
社会工作	Social Service	2.63	1.98	0.13	0.51
文化、体育和娱乐业	Culture,Sports and Entertainment	19.31	12.14	0.01	7.15
#新闻和出版业	News Publishing Company	4.93	2.65		2.28
广播、电视、电影和影视录音制作业	Radio,Television,Movies and Video Recordings	3.96	3.07		0.89
体育	Sports	1.68	0.64	0.01	1.03
公共管理、社会保障和社会组织	Public Management Social Securities and Social Organization	600.35	600.24	0.08	0.03

4-7 非私营单位各行业在岗职工平均工资(2022)

Average Wages of Working Staff and Workers in Non-private Units by Sector(2022)

单位:元 (yuan)

指标	Item	平均工资 Average Wage	国有单位 Stateowned Units	集体单位 Collective-owned Units	其他单位 Unit of Other Type of Ownership
总 计	**Total**	**99598**	**103798**	**81125**	**95305**
按企事业、机关分	**By Enterprises, Institutions and Agencies**				
企 业	Enterprises	97596	119599	82108	95436
政 府	Governments	102194	102154	119296	131624
民间非营利组织	Private Non-profit Organizations	69891	71832	63696	71724
其 他	Others	75880	90128	37400	66366
按产业分	**By Three Industries**				
第一产业	Primary Industry	64628	91531	39422	58263
第二产业	Secondary Industry	92414	120606	53956	90113
第三产业	Tertiary Industry	102623	103021	89587	102063
按国民经济行业分	**By Sector**				
农、林、牧、渔业	Farming, Forestry, Animal Husbandry and Fishery	64628	91531	39422	58263
采矿业	Mining	90102	110575	53549	89857
制造业	Manufacturing	100069	74413	57521	100512
电力、热力、燃气及水生产和供应业	Production and Supply of Electricity, Heat , Gas and Water	132780	141403	44040	124286
建筑业	Construction	72945	82634	53911	72538
批发和零售业	Wholesale and Retail Trades	95538	174475	48844	81238
批发业	Wholesale	125464	182183	50441	102596
零售业	Retail Trades	66104	67210	45938	66170
交通运输、仓储和邮政业	Transport,Storage and Post	104806	88929	64822	106396
住宿和餐饮业	Hotels and Catering Services	49020	59438	41818	48038
信息传输、软件和信息技术服务业	Information Transmission, Software and Information Technology	132602	145567	34500	131329
金融业	Financial Intermediation	195659	134611	216235	196810
房地产业	Real Estate	79275	84863	75879	79173
租赁和商务服务业	Leasing and Business Services	71476	68430	46893	73838
租赁业	Leasing Services	74696	88571		74613
商务服务业	Business Services	71425	68413	46893	73823
科学研究、技术服务业	Scientific Research and Technic Services	121356	113878	81306	128611
水利、环境和公共设施管理业	Management of Water Conservancy, Environment and Public Facilities	53854	67230	30000	49929
居民服务、修理和其他服务业	Services to Households Repair and Other Services	52605	87424	43369	45462
教 育	Education	101973	103533	59610	78137
卫生和社会工作	Health and Social Services	118144	119809	94976	99365
卫 生	Health	119009	120355	103799	102566
社会工作	Social Services	62330	70825	46473	45252
文化、体育和娱乐业	Culture,Sports and Entertainment	83817	91905	30651	73124
#新闻和出版业	News Publishing Company	86436	72646		110962
广播、电视、电影和影视录音制作业	Radio, Television, Movies and Video Recordings	100249	106832		82748
体 育	Sports	65019	90288	22640	55877
公共管理、社会保障和社会组织	Public Management Social Securities and Social Organizations	94873	94875	90608	76122

4-8 非私营单位各行业从业人员平均工资(2022)

Average Wages of Employees in Non-private Units by Sector (2022)

单位:元 (yuan)

指　　标	Item	平均工资 Average Wage	国有单位 Stateowned Units	集体单位 Collective-owned Units	其他单位 Unit of Other Type of Ownership
总　计	**Total**	**95410**	**98275**	**79510**	**92455**
按企事业、机关分	**By Enterprises,Institutions and Agencies**				
企　业	Enterprises	94689	116141	80064	92566
政　府	Governments	96489	96444	119296	130169
民间非营利组织	Private Non-profit Organizations	69157	68793	63651	71333
其　他	Others	74726	89798	37065	64600
按产业分	**By Three Industries**				
第一产业	Primary Industry	58137	83063	34250	52885
第二产业	Secondary Industry	90856	118107	53529	88638
第三产业	Tertiary Industry	97374	97388	88974	97562
按国民经济行业分	**By Sector**				
农、林、牧、渔业	Farming, Forestry, Animal Husbandry and Fishery	58137	83063	34250	52885
采矿业	Mining	89635	110273	53549	89390
制造业	Manufacturing	99608	72927	56826	100088
电力、热力、燃气及水生产和供应业	Production and Supply of Electricity, Heat, Gas and Water	131613	140412	43753	122997
建筑业	Construction	71926	82586	53477	71411
批发和零售业	Wholesale and Retail Trades	94807	167353	48494	80560
批发业	Wholesale	124204	175731	49891	101792
零售业	Retail Trades	65521	62912	45915	65674
交通运输、仓储和邮政业	Transport,Storage and Post	103547	88231	63979	105064
住宿和餐饮业	Hotels and Catering Services	48740	59368	41770	47758
信息传输、软件和信息技术服务业	Information Transmission,Software and Information Technology	131111	143987	34500	129851
金融业	Financial Intermediation	152872	133873	215675	151590
房地产业	Real Estate	78456	78556	70573	78495
租赁和商务服务业	Leasing and Business Services	70424	65799	46600	72961
租赁业	Leasing Services	73798	88571		73712
商务服务业	Business Services	70371	65782	46600	72947
科学研究、技术服务业	Scientific Research and Technic Services	119281	112267	79463	126218
水利、环境和公共设施管理业	Management of Water Conservancy, Environment and Public Facilities	51190	54840	30000	49633
居民服务、修理和其他服务业	Services to Households Repair and Other Services	52327	84524	43369	45495
教　育	Education	97021	98265	59631	77339
卫生和社会工作	Health and Social Services	114343	115666	94976	98718
卫　生	Health	115287	116336	103799	101833
社会工作	Social Services	58358	63600	46473	45512
文化、体育和娱乐业	Culture,Sports and Entertainment	80512	87993	30455	70374
#新闻和出版业	News Publishing Company	85047	71657		109666
广播、电视、电影和影视录音制作业	Radio, Television, Movies and Video Recordings	92165	104634		66707
体　育	Sports	61297	71301	22615	55909
公共管理、社会保障和社会组织	Public Management, Social Securities and Social Organizations	88771	88772	87234	74023

4-9 按行业分私营企业户数(2022)

Number of Private Enterprise Households by Industry(2022)

指 标	Item	私营企业户数(户) Number of Private Enterprises (household)		
		期末实有 The Final Actual	本期登记 This Registration	本期注销 This Cancellation
总 计	**Total**	**914828**	**159788**	**64287**
农、林、牧、渔业	Farming,Forestry,Animal Husbandry and Fishery	109697	19403	6509
采矿业	Mining and Quarrying	7617	566	324
制造业	Manufacturing	75022	7675	4497
电力、热力、燃气及水生产和供应业	Production and Supply of Electricity, Heat, Gas and Water	3447	691	191
建筑业	Construction	92055	16595	5162
批发和零售业	Wholesale and Retail Trades	282115	53022	19455
交通运输、仓储和邮政业	Transport,Storage and Post	19335	3133	1684
住宿和餐饮业	Hotels and Catering Services	28647	5223	2562
信息传输、软件和信息技术服务业	Information Transmission, Software and Information Technology	39253	5766	3138
金融业	Financial Intermediation	2800	149	149
房地产业	Real Estate	24163	2889	1768
租赁和商务服务业	Leasing and Commerce Services	113440	18598	9140
科学研究、技术服务业	Scientific Research,Technic Services	39487	10008	2916
水利、环境和公共设施管理业	Management of Water Conservancy, Environment and Public Facilities	4739	596	285
居民服务、修理和其他服务业	Services to Households, Repair and Other Services	38897	8027	3268
教 育	Education	9113	1069	1348
卫生和社会工作	Health and Social Services	4657	1721	292
文化、体育和娱乐业	Culture,Sports and Entertainment	19494	4619	1562
其他行业	Others	850	38	37

注:资料来源于省市场监管局(下表同)。

Note: The data in the table are obtained from the Administration of Market Regulation of Guizhou Province (the same applies to the next table).

4-10 按行业分城乡个体工商户数(2022)

The Number of Individual Industrial and Commercial Households by Industry(2022)

指标	Item	个体工商户数(户) Number of Individual Industrial and Commercial Households(Household)		
		期末实有 The Final Actual	本期登记 This Registration	本期注销 This Cancellation
总计	**Total**	**3278687**	**565077**	**197864**
农、林、牧、渔业	Farming,Forestry,Animal Husbandry and Fishery	160217	58834	9513
采矿业	Mining and Quarrying	1898	30	88
制造业	Manufacturing	132093	16515	5091
电力、热力、燃气及水生产和供应业	Production and Supply of Electricity, Heat, Gas and Water	775	100	55
建筑业	Construction	15217	3433	1014
批发和零售业	Wholesale and Retail Trades	1717321	278335	96704
交通运输、仓储和邮政业	Transport,Storage and Post	43435	10408	2653
住宿和餐饮业	Hotels and Catering Services	573037	112214	49677
信息传输、软件和信息技术服务业	Information Transmission, Software and Information Technology	175324	4487	5179
金融业	Financial Intermediation	277	29	19
房地产业	Real Estate	1033	298	193
租赁和商务服务业	Leasing and Commerce Services	105513	13372	4499
科学研究、技术服务业	Scientific Research,Technic Services	5082	2195	630
水利、环境和公共设施管理业	Management of Water Conservancy, Environment and Public Facilities	1061	114	52
居民服务、修理和其他服务业	Services to Households, Repair and Other Services	309347	56341	20061
教育	Education	2214	216	228
卫生和社会工作	Health and Social Services	5591	1019	464
文化、体育和娱乐业	Culture,Sports and Entertainment	23113	7099	1573
其他行业	Others	6139	38	171

4-11 城镇新就业人数和失业人数

Number of Newly Employed Persons and Unemployed Persons in Urban Areas

单位:万人 (10000 persons)

指 标	Item	2018	2019	2020	2021	2022
新就业人数总计	Total Incremental Employed Personnels	82.69	81.25	67.52	71.22	70.10
#新增就业人数	Number of Newly Incremental employed persons	77.71	78.49	61.64	64.75	60.92
城镇登记失业人数	Number of Registered Unemployed Persons in Urban Areas	15.06	15.33	19.50	32.04	32.87

注:资料来源于省人力资源社会保障厅(以下相关表同)。

Note: The data in the table are obtained from Guizhou Human Resources and Social Security (the related tables in the chapter are the same).

4-12 下岗失业人员享受再就业优惠政策情况

Statistics of Re-employment Preferential Policies for Laid-off Workers

单位:人 (person)

指 标	Item	2018	2019	2020	2021	2022
下岗失业人员实现再就业	Laid-off Workers	145381	146589	143727	144684	151556
#就业困难对象实现就业	Residents Experiencing Employment Difficulty	77881	79276	75856	77212	74941
消除零就业家庭(户)	Number of Households rased Zero-employment Families (household)	58	18	100	40	85
促进零就业家庭成员就业	Promoting Zero-employment Families Employed	87	18	100	51	115
期末从事城镇公益性岗位人数	Number of Persons Engaged in Urban Public-service Jobs	60182	63133	55931	47330	45179
享受职业培训补贴人数	Number of Persons Receiving Professional Training Subsidies	429938	612449	380492	377875	401610
享受技能鉴定补贴人数	Number of Persons Receiving Skill Identification Subsidies	62888	60176	23872	17230	35943
享受社会保险补贴人数	Number of Persons Receiving Social Insurance Subsidies	58431	50321	65743	62064	74420
使用就业再就业资金(万元)	Using Employment and Re-employment Funds(10000 yuan)	220345	273009	248483	261501	248580
#社会保险补贴	Social Insurance Subsidies	48620	48790	43260	50591	58286
岗位补贴	Post Subsidies	85588	76155	60586	73817	66400
职业培训补贴	Professional Training	59814	65640	34744	34759	32787

4-13 职业技能鉴定

Occupation Skill Appraisal

单位:人 (person)

指 标	Item	2018	2019	2020	2021	2022
参加职业技能鉴定	Number of Persons Joining in Occupation Skill Appraisal	195109	152025	99452	154272	298703
获取证书人数	Number of Persons with Qualification Certificates	175326	136074	89271	85901	233948
#高级技工	Advanced Mechanic	27125	20943	15122	19511	74188
#技 师	Technician	799	969	1234	2457	3074
#高级技师	Advanced Technician	312	302	361	630	560

4-14 历年就业人员

Employed Persons over the Years

单位：万人 (10000 persons)

年 份 Year	就业人员 Total Employed Persons	第一产业 Primary Industry	第二产业 Secondary Industry	第三产业 Tertiary Industry
1978	1053.67	872.89	108.26	72.52
1979	1060.62	873.88	105.63	81.11
1980	1109.63	919.69	102.01	87.93
1981	1152.95	954.55	102.64	95.76
1982	1207.06	989.78	109.53	107.75
1983	1234.18	1014.15	109.99	110.04
1984	1285.32	1037.71	122.12	125.49
1985	1335.17	1018.38	185.98	130.81
1986	1383.17	1053.26	197.09	132.82
1987	1435.85	1115.35	180.53	139.97
1988	1501.32	1172.51	185.80	143.01
1989	1570.84	1228.64	163.19	179.01
1990	1651.75	1292.30	169.10	190.35
1991	1701.47	1329.56	177.72	194.19
1992	1739.03	1359.00	173.35	206.68
1993	1779.01	1374.00	171.00	234.01
1994	1828.30	1365.00	181.90	281.40
1995	1812.20	1312.80	268.80	230.60
1996	1783.20	1235.60	278.50	269.10
1997	1796.70	1251.10	256.60	289.00
1998	1844.43	1284.72	251.57	308.14
1999	1832.50	1299.90	201.40	331.20
2000	1866.28	1305.28	221.80	339.20
2001	2068.01	1692.33	133.88	241.80
2002	2106.14	1698.39	108.89	298.86
2003	2145.00	1671.20	120.49	353.31
2004	2186.00	1672.29	124.60	389.11
2005	1944.29	1497.26	164.00	283.04
2006	1953.24	1487.40	174.17	291.67
2007	1872.64	1388.02	172.31	312.31
2008	1867.20	1350.32	180.73	336.15
2009	1841.92	1299.29	197.60	345.03
2010	1779.00	1215.06	204.41	359.54
2011	1772.00	1149.85	226.64	395.51
2012	1780.00	1092.21	252.05	435.74
2013	1796.00	1039.88	278.20	477.92
2014	1820.00	990.81	306.12	523.07
2015	1842.00	937.58	335.06	569.36
2016	1859.00	883.03	362.32	613.66
2017	1881.00	828.02	391.81	661.17
2018	1886.00	764.96	417.94	703.10
2019	1888.00	700.45	443.49	744.06
2020	1892.00	634.00	472.00	786.00
2021	1886.00	618.00	475.00	793.00
2022	1878.00	693.00	444.00	741.00

注：2010年数据是根据第六次人口普查长表数据推算，2020年根据第七次全国人口普查长表数据推算。2005-2009年数据根据第六次人口普查结果采用趋势离差法进行修订，2011-2019年数据根据第七次全国人口普查结果采用趋势离差法进行修订。

Note: The data in 2010 were calculated according to the 6th national population census and the data in 2020 were calculated according to the 7th national population census. The data from 2005 to 2009 were revised by the trend deviation method according to the result of the 6th national population census, and the data from 2011 to 2019 were revised by the trend deviation method according to the result of the 7th national population census.

4-15 历年非私营单位在岗职工人数

Number of Working Staff and Workers in Non-private Units over the Years

单位：万人 (10000 persons)

年 份 Year	合 计 Total	国有单位 State-owned Units	集体单位 Collective-owned Units	其他单位 Units of Other Types of Ownership
1978	171.19	137.66	33.53	
1979	175.56	142.32	33.24	
1980	178.18	146.14	32.04	
1981	185.73	153.50	32.23	
1982	191.03	158.08	32.95	
1983	193.33	160.54	32.79	
1984	197.13	159.53	37.60	
1985	202.33	162.11	40.03	0.19
1986	206.69	167.81	38.78	
1987	211.92	172.58	38.88	0.46
1988	214.43	176.32	37.56	0.55
1989	216.70	180.10	35.90	0.70
1990	225.48	185.35	39.19	0.94
1991	231.88	190.45	40.49	0.94
1992	235.80	193.61	40.94	1.25
1993	233.11	192.83	38.35	1.93
1994	230.88	194.47	34.87	1.54
1995	226.55	193.36	29.63	3.56
1996	231.64	196.60	30.45	4.59
1997	232.80	196.08	31.33	5.39
1998	207.01	167.14	23.98	15.89
1999	197.80	156.86	21.03	19.91
2000	193.96	153.55	19.00	21.41
2001	189.18	148.87	15.73	24.58
2002	188.47	146.96	14.39	27.12
2003	188.70	141.75	13.71	33.24
2004	192.67	139.57	12.77	40.33
2005	202.02	140.50	9.81	51.71
2006	201.87	137.86	8.86	55.15
2007	207.53	141.48	8.10	57.95
2008	199.76	140.97	7.42	51.37
2009	206.44	141.79	6.69	57.96
2010	210.67	146.81	6.41	57.45
2011	225.91	158.26	7.17	60.47
2012	249.67	161.19	6.16	82.32
2013	273.27	152.41	5.49	115.37
2014	278.63	153.30	5.27	120.07
2015	277.62	152.36	4.62	120.64
2016	278.57	154.79	4.15	119.63
2017	285.46	152.10	4.02	129.34
2018	274.96	149.72	3.61	121.64
2019	290.39	142.66	2.58	145.15
2020	303.36	154.68	2.74	145.93
2021	307.58	156.88	2.48	148.23
2022	303.13	156.89	2.35	143.88

4-16 历年非私营单位在岗职工平均工资

Average Wages of Working Staff and Workers in Non-private Units over the Years

单位：元 (yuan)

年 份 Year	在岗职工平均工资 Average Wages of Staff and Workers	国有单位 State-owned Units	集体单位 Collective-owned Units	其他单位 Units of Other Types of Ownership
1978	616	642	450	
1979	654	692	448	
1980	755	797	502	
1981	774	804	535	
1982	783	815	562	
1983	801	830	608	
1984	913	949	708	
1985	1066	1132	787	
1986	1216	1297	859	1236
1987	1319	1395	961	1204
1988	1531	1627	1072	1389
1989	1676	1777	1158	1647
1990	1947	2070	1347	2281
1991	2090	2214	1489	2527
1992	2406	2543	1717	3286
1993	2823	2958	2104	3375
1994	3870	4085	2618	4475
1995	4475	4672	3061	5369
1996	4917	5125	3456	5613
1997	5206	5434	3556	6461
1998	5775	5819	4426	7289
1999	6595	6695	5008	7456
2000	7453	7594	5444	8325
2001	8991	9308	6218	8831
2002	9810	10150	6566	9680
2003	11037	11390	7504	10975
2004	12431	12870	8630	12103
2005	14344	14681	10506	14161
2006	16815	17638	12873	15365
2007	20668	22106	16893	17668
2008	24602	25874	20914	21659
2009	28245	29956	22167	24772
2010	31458	32718	24703	29006
2011	37331	38914	31601	33851
2012	42733	45825	40420	36816
2013	49087	52327	50545	44819
2014	54685	56918	59458	51627
2015	62591	69068	69106	54087
2016	69678	77585	75197	59231
2017	75109	84470	84410	63644
2018	82597	90529	91710	72525
2019	87970	93814	60996	82619
2020	94276	100992	67611	87572
2021	99324	104471	71308	94275
2022	99598	103798	81125	95305

主要统计指标解释

就业人员 指在16周岁及以上，从事一定社会劳动并取得劳动报酬或经营收入的人员。这一指标反映了一定时期内全部劳动力资源的实际利用情况，是研究我国基本国情国力的重要指标。

单位就业人员 指在各级国家机关、政党机关、社会团体及企业、事业单位中工作，取得工资或其他形式的劳动报酬的全部人员。包括在岗职工、再就业的离退休人员、民办教师以及在各单位中工作的外方人员和港澳台方人员、兼职人员、借用的外单位人员和第二职业者。不包括离开本单位仍保留劳动关系的职工。各单位的就业人员反映了各单位实际参加生产或工作的全部劳动力。

在岗职工 指在本单位工作并由单位支付工资的人员，以及有工作岗位，但由于学习、病伤产假等原因暂未工作，仍由单位支付工资的人员。

国有单位职工指在国有经济单位及其附属机构工作，并由其支付工资的各类人员。

城镇集体单位职工指在城镇集体经济单位及其管理部门工作，并由其支付工资的各类人员。

其他单位职工指在联营经济、股份制经济、外商投资经济、港、澳、台投资经济单位工作，并由其支付工资的各类人员。

工资总额 指各单位在一定时期内直接支付给本单位全部就业人员的劳动报酬总额。工资总额的计算原则应以直接支付给就业人员的全部劳动报酬为根据。各单位支付给就业人员的劳动报酬以及其他根据有关规定支付的工资，不论是计入成本的还是不计入成本的，不论是按国家规定列入计征奖金税项目的，还是未列入计征奖金税项目的，不论是以货币形式支付的还是以实物形式支付的，均包括在工资总额内。

平均工资 指企业、事业、机关单位的就业人员在一定时期内平均每人所得的货币工资额。它表明一定时期职工工资收入的高低程度，是反映就业人员工资水平的主要指标。计算公式为：

$$平均工资=\frac{报告期实际支付的全部就业人员工资总额}{报告期全部就业人员平均人数}$$

城镇登记失业人员 是指在劳动年龄(年满16周岁及以上至依法享受基本养老保险待遇)内，有劳动能力，有就业需求，处于无业状态，并在城镇区域办理失业登记的人员。

Explanatory Notes on Main Statistical Indicators

Employed Persons refer to persons aged 16 and over who are engaged in social working and receive remuneration payment or earn business income. This indicator reflects the actual utilization of total labour force during a certain period of time and is often used for the research on China's economic situation and national power.

Persons Employed in Various Units refer to all the persons working in government agencies of various levels, political and party organizations, social organizations, enterprises and institutions, and receiving wages or other forms of payment. They include fully-employed staff and workers, re-employed retirees, teachers in the schools run by the local people, foreigners and Chinese compatriots from Hong Kong, Macao, and Taiwan working in various units, part-time employees, employees of other units working temporarily at current posts, and employees holding the second job, but exclude staff and workers who have left their working units while keeping their labour contract (employment relation) unchanged. This indicator reflects the total number of laborers actually engaged in production or other operations in various units.

Employed Staff and Workers refer to persons who work in, and receive wages from their working units, including persons who have their work posts but are temporarily absent from work for reasons of study or on sick, injury or maternal leave and still receive wages from their working units.

Staff and Workers in State-Owned Unit refer to the person who work in the state-owned economic units and their subsidiary bodies, and all kinds of personnel to pay wages.

Staff and Workers of Collective Owned Units in Urban Areas refers to the person who work in collective owned units in urban areas and their management department and receive payment therefrom

Staff and Workers in Units of Other types of Ownership refers to the joint venture, the joint stock economy, foreign investment in the economy, Hong Kong, Macao, Taiwan investment economic units, and by the payment of all kinds of personnel.

Total Wage Bill refers to the total remuneration payment to employed persons in various units during a certain period of time. The calculation of total wage bill is based on the total remuneration payment to employed persons . Therefore, all the wages and salaries and other payments to employed persons are included in the total wage bill regardless of sources, reckoning the cost of production or not, category, listing as items of premium taxation or not, and forms, paying in cash or in kind.

Average Wage refers to the average wage in money terms per person during a certain period of time for employed persons in enterprises, institutions, and government agencies, which reflects the general level of wage income during a certain period of time and is calculated as follows:

$$\text{Average Wage}=\frac{\begin{array}{c}\text{Total Wage Bill of Employed}\\\text{Per son sat Reference Time}\end{array}}{\begin{array}{c}\text{Average Number of Per son s}\\\text{Employed at Re ference Time}\end{array}}\times 100\%$$

Registered Unemployed Persons in Urban Areas refer to the persons of working age (16 years old and above to enjoy basic endowment insurance according to law), who are capable of working, have employment needs, are unemployed, and have registered as unemployed in urban areas.

固定资产投资

Investment in Fixed Assets

5

简 要 说 明

一、主要内容

本篇资料通过对一定时期建造和购置固定资产活动的数量方面的描述，反映报告期内固定资产投资的规模、速度、结构和比例关系，以及固定资产投资的资金来源和投资效果等。

二、统计口径

固定资产投资统计口径为全省计划总投资500万元及以上的固定资产项目投资和房地产开发项目投资。房地产开发企业统计范围包括全省纳入基本单位名录的所有房地产开发企业。

三、资料来源

本篇资料由省统计局提供。

Brief Introduction

I. Main Contents

Statistics in this chapter describe activities on the construction and purchase of fixed assets of the whole country during a given period of time, and reflect the size, growth, structure, ratio, financing and results of the investment in fixed assets during the reference period.

II. Scope of Statistics

The total investment in fixed assets refers to fixed asset project investment and real estate development project investment with total planned investment of 5 million yuan or above. The statistics scope of real estate evelopment enterprises are the whole real estate development enterprises in Guizhou Province which are included in the basic unit directory.

III. Sources of Data

The data in this chapter are provided by Guizhou Provincial Bureau of Statistics.

5-1 固定资产投资增速

Growth Rate in Fixed Assets Investment

单位:% %

指 标	Item	2018	2019	2020	2021	2022
固定资产投资额	**Investment in Fixed Assets**	**15.8**	**1.0**	**3.2**	**-3.1**	**-5.1**
按产业分	**Grouped Strata of Industry**					
第一产业	Primary Industry	29.0	2.8	45.5	33.1	-0.4
第二产业	Secondary Industry	13.2	32.2	11.4	19.6	9.1
第三产业	Tertiary Industry	15.6	-3.8	-0.4	-10.7	-10.0
#基础设施投资	Infrastructure Investment	15.8	-10.5	-2.5	-15.5	2.0
#铁路投资	Railway Investment	8.2	-17.6	-4.6	-40.1	48.0
公路投资	Highway Investment	7.1	-16.1	2.6	-21.9	17.2
工业投资	Industry Investment	13.1	32.6	11.8	19.7	9.1
按构成分	**Grouped by Structure**					
#建筑工程	Construction	15.5	-1.2	4.6	-3.4	-3.4
安装工程	Installation	2.0	-26.3	1.8	32.4	-24.9
设备工器具购置	Purchase of Equipment	24.3	4.0	4.3	-2.2	9.6
本年资金来源小计	**Sources of Funds This Year**	**4.4**	**-7.0**	**1.1**	**5.7**	**2.0**
#国家预算资金	State Budget	0.6	-30.9	12.6	13.1	27.6
国内贷款	Domestic Loans	-0.5	-28.2	-1.9	-14.3	5.3
自筹资金	Self-raising Funds	-0.8	0.2	1.0	14.8	2.5
利用外资	Foreign Investment	-45.2	9.7	-58.9	144.0	-30.8

注:本表统计口径为计划总投资500万元及以上的固定资产项目投资和房地产开发项目投资(以下表同)。

Note: The statistical caliber of this table is total planned investment of 5 million yuan and above in the fixed assets investment projects and investment in real estate development projects (the same as in the following tables).

5-2 按行业分固定资产投资增速

Growth Rate of Investment in Fixed Assets by Sector

单位:% %

指 标	Item	2018	2019	2020	2021	2022
固定资产投资	**Investment in Fixed Assets**	**15.8**	**1.0**	**3.2**	**-3.1**	**-5.1**
农、林、牧、渔业	Farming, Forestry, Animal Husbandry and Fishery	29.8	2.2	48.1	30.0	4.7
采矿业	Mining	11.3	58.0	14.1	41.1	5.9
#煤炭开采和洗选业	Mining and Washing of Coal	17.3	51.3	6.3	39.7	6.0
制造业	Manufacturing	14.6	19.3	-0.8	18.3	28.0
#农副食品加工业	Processing of Food from Agricultural Products	33.6	25.6	0.9	16.1	-0.5
食品制造业	Manufacture of Foods	33.2	21.2	-1.6	31.9	-5.2
酒、饮料和精制茶制造业	Manufacture of Liquor, Beverages and Refined Tea	8.2	23.0	4.3	56.8	35.3
烟草制品业	Manufacture of Tobacco	9.9	-21.0	27.6	-66.3	-24.5
石油加工、炼焦和核燃料加工业	Processing of Petroleum, Coking, Processing of Nuclear Fuel	-10.5	-5.1	-30.9	-43.7	586.4
化学原料和化学制品制造业	Manufacture of Raw Chemical Materials and Chemical Products	-3.5	21.3	-30.0	90.3	0.9
医药制造业	Manufacture of Medicines	14.6	24.7	-4.9	65.4	42.9
非金属矿物制品业	Manufacture of Non-metallic Mineral Products	0.7	0.4	25.5	0.6	-10.0
黑色金属冶炼和压延加工业	Smelting and Pressing of Ferrous Metals	-6.8	2.7	-52.6	-19.1	26.9
有色金属冶炼和压延加工业	Smelting and Pressing of Non-ferrous Metals	9.1	4.8	9.8	-10.8	-12.1
汽车制造业	Manufacture of Automobiles	16.6	35.5	-26.1	-58.9	8.7
电气机械和器材制造业	Manufacture of Electrical Machinery and Apparatus	73.8	-6.0	4.2	27.1	69.4
计算机、通信和其他电子设备制造业	Manufacture of Computer,Communication and Other Electronic Equipment	31.5	30.0	-33.6	36.1	224.5
电力、热力、燃气及水生产和供应业	Production and Supply of Electricity, Heat, Gas and Water	9.9	51.9	36.6	9.8	-19.7
#电力、热力生产和供应业	Production and Supply of Electric Power and Heat Power	9.3	22.8	59.5	-4.6	-23.6
建筑业	Construction	7.9	-13.1	-90.7	75.0	-85.7
交通运输、仓储和邮政业	Transport, Storage and Post	6.0	-11.7	4.2	-25.0	19.6
#铁路运输业	Railway Transport	8.2	-17.6	-4.6	-40.1	48.0
道路运输业	Road Transport	9.9	-11.5	1.9	-24.5	18.9
仓储业	Storage	-15.8	-3.8	23.2	-12.3	17.6
信息传输.软件和信息技术服务业	Information Transmission, Software and Information Technology	49.7	5.3	31.4	-2.5	26.7
#电信、广播电视和卫星传输服务业	Telecommunication Radio and Television and Satellite Transmission Services	38.5	4.6	-13.4	54.8	14.6
批发和零售业	Wholesale and Retail Trades	24.5	-14.1	-3.5	1.3	2.1
住宿和餐饮业	Hotels and Catering Services	29.7	-6.0	-16.3	-4.3	-36.5
金融业	Financial Intermediation	15.9	4.1	52.0	4.7	6.4
房地产业	Real Estate	10.3	8.3	1.5	-3.9	-24.8
租赁和商务服务业	Leasing and Business Services	39.8	16.5	-2.3	-10.9	-35.5
科学研究和技术服务业	Scientific Research and Technical Service	18.0	15.9	2.3	-43.3	95.8
水利、环境和公共设施管理业	Management of Water Conservancy, Environment and Public Facilities	20.5	-17.9	-17.3	-17.3	-3.8
#水利管理业	Management of Water Conservancy	47.4	-3.1	-9.3	-10.5	-15.2
居民服务、修理和其他服务业	Services to Households, Repair and Other Services	14.1	-7.6	0.7	-20.5	-6.8
教 育	Education	35.9	1.5	11.7	1.6	1.0
卫生和社会工作	Health and Social Service	38.9	1.7	69.7	-15.0	3.3
#卫 生	Health	44.0	2.6	80.4	-16.9	4.8
文化、体育和娱乐业	Culture, Sports and Entertainment	34.0	-4.9	-11.8	13.1	-20.5
公共管理、社会保障和社会组织	Public Management, Social Security and Social Organization	15.1	3.6	74.8	-24.8	-28.9

5-3 房地产开发企业基本情况(2022)

单位:亿元

指　标	Item	总 计 Total
企业个数(个)	**Number of Enterprises(unit)**	**2673**
年末从业人员总计(人)	**Number of Employed Persons at the Year-end (person)**	**92805**
本年实际到位资金(资金来源小计)	**Actual Funds This Year (Source of Funds)**	**1834.71**
#国内贷款	Domestic Loans	58.31
自筹资金	Self-raising Funds	669.61
定金及预收款	Deposits and Advance Payment	485.92
个人按揭贷款	Individual Mortgage Loans	534.72
其他资金来源	Others	86.15
土地购置费	Land Acquisition Costs	332.61
待开发土地面积(万平方米)	Land Space Pending Development (10000 sq.m)	1815.77
本年土地购置面积(万平方米)	Land Space Purchased This Year(10000 sq.m)	136.31
房屋施工面积(万平方米)	Floor Space of Buildings under Construction(10000 sq.m)	26243.02
本年房屋竣工面积(万平方米)	Floor Space of Buildings Completed This Year (10000 sq.m)	962.6
房屋建筑面积竣工率(%)	Rate of Floor Space of Buildings Completed(%)	3.67
新开工房屋面积(万平方米)	**Floor Space Started This Year(10000 sq.m)**	**2155.41**
住　宅	Residential Buildings	1584.65
办公楼	Office Buildings	44.28
商业营业用房	Houses for Business Use	144.84
其　他	Others	381.64

Basic Conditions of Real Estate Development Enterprises(2022)

(100 million yuan)

内资企业 Domestic Funded Enterprises	#国有企业 State-owned Enterprises	#私营有限责任公司 Private Limited Liability Company	#私营股份有限公司 Private Share-holding Corporations Limited	港澳台商投资企业 Enterprises with Funds from HongKong, Macao and Taiwan	外商投资企业 Foreign Funded Enterprises
2650	**14**	**1740**	**16**	**17**	**6**
91980	**265**	**52605**	**389**	**685**	**140**
1832.15	**7.97**	**842.55**	**7.33**	**1.31**	**1.24**
58.31		12.10	0.80		
668.68	5.78	319.97	1.36		0.93
484.98	1.87	222.12	2.65	0.65	0.28
534.47	0.33	252.44	2.31	0.22	0.03
85.72		35.91	0.20	0.44	
332.56	0.16	56.19	0.07		0.06
1815.77	23.53	775.98	12.79		
136.31	15.21	53.21			
25937.03	91.00	13433.82	145.14	260.62	45.38
958.64		463.34	13.50	3.96	
3.70		3.45	9.30	1.52	
2133.65	**11.42**	**1192.22**	**12.48**	**20.58**	**1.19**
1569.29	9.53	887.14	9.78	14.27	1.09
44.28		8.47			
143.95	0.43	87.46	0.10	0.80	0.09
376.12	1.46	209.15	2.60	5.51	0.01

5-4 房地产开发投资主要指标

Main Indicators on Real Estate Development

指　　标	Item	2022
本年土地购置面积(万平方米)	**Land Space Purchased This Year (10000 sq.m)**	**136.31**
本年实际到位资金(资金来源小计)(亿元)	**Actual Funds This Year (Source of Funds) (100 million yuan)**	**1834.71**
#国内贷款	Domestic Loans	58.31
自筹资金	Self-raising Funds	669.61
房屋建筑面积(万平方米)	**Floor Space of Buildings (10000 sq.m)**	
房屋施工面积	Floor Space under Construction	26243
#本年新开工面积	Floor Space Started This Year	2155
#住　宅	Residential Buildings	18362
本年房屋竣工面积	Floor Space Completed This Year	963
#住　宅	Residential Buildings	684

5-5 房地产开发企业商品房销售面积(2022)

Floor Space of Commercialized Buildings Sold of Enterprises for Real Estate Development(2022)

单位:万平方米 (10000 sq.m)

指标	Item	本年商品房销售面积 Floor Space of Commercialized Buildings Sold This Year	#住宅 Residential Buildings
总计	**Total**	**2908.17**	**2614.67**
现房	Existing House	327.38	231.68
期房	Forward House	2580.79	2383.00
按登记注册类型分	**Grouped by status of Registration**		
#内资企业	Domestic-funded Enterprises	2884.46	2599.6
#国有企业	State-owned Enterprises	12.59	12.27
其他有限责任公司	Other Limited Liability Corporations	1261.66	1123.25
股份有限公司	Share-holding Corporations Ltd.	3.35	3.35
私营独资企业	Private-funded Enterprises		
私营有限责任公司	Private Limited Liability Corporations	1435.46	1315.46
私营股份有限公司	Private Share-holding Corporations Ltd.	9.37	8.62
港澳台商投资企业	Enterprises with Funds from Hong Kong, Macao and Taiwan	22.91	14.71
#与港澳台商合资经营企业	Joint-venture Enterprises	5.68	5.68
港澳台商独资经营企业	Enterprises with Sole Fund	17.22	9.02
外商投资企业	Foreign Funded Enterprises	0.8	0.36

5-6 房地产开发企业商品房销售额(2022)

Total Sales of Commercialized Buildings Sold of Enterprises for Real Estate Development (2022)

单位:亿元 (100 million yuan)

指 标	Item	本年商品房销售额 Total Sale of Commercialized Buildings Sold This Year	#住宅 Residential Buildings
总 计	**Total**	**1686.45**	**1501.93**
现 房	Existing House	150.79	109.50
期 房	Forward House	1535.66	1392.42
按登记注册类型分	**Grouped by Status of Registration**		
#内资企业	Domestic-funded Enterprises	1665.92	1489.20
#国有企业	State-owned Enterprises	5.08	4.67
其他有限责任公司	Other Limited Liability Corporations	896.86	809.04
股份有限公司	Share-holding Corporations Ltd.	1.49	1.49
私营独资企业	Private-funded Enterprises		
私营有限责任公司	Private Limited Liability Corporations	652.66	580.51
私营股份有限公司	Private Share-holding Corporations Ltd.	3.91	3.34
港澳台商投资企业	Enterprises with Funds from Hong Kong, Macao and Taiwan	19.93	12.55
#与港澳台商合资经营企业	Joint-venture Enterprises	2.04	2.04
港澳台商独资经营企业	Enterprises with Sole Fund	17.89	10.51
外商投资企业	Foreign Funded Enterprises	0.6	0.18

主要统计指标解释

固定资产投资 是以货币形式表现的在一定时期内建造和购置固定资产的工作量以及与此有关的费用的总称。该指标是反映固定资产投资规模、结构和发展速度的综合性指标,又是观察工程进度和考核投资效果的重要依据。

房地产开发投资 指各种登记注册类型的房地产开发公司、商品房建设公司及其他房地产开发法人单位和附属于其他法人单位实际从事房地产开发或经营活动的单位统一开发的包括统代建、拆迁还建的住宅、厂房、仓库、饭店、宾馆、度假村、写字楼、办公楼等房屋建筑物和配套的服务设施,土地开发工程(如道路、给水、排水、供电、供热、通讯、平整场地等基础设施工程)的投资;不包括单纯的土地开发和交易活动。

固定资产投资的资金来源 根据固定资产投资的资金来源不同,分为国家预算资金、国内贷款、利用外资、自筹资金和其他资金。

(1)国家预算资金 指各级政府用于固定资产投资的财政资金。国家预算包括一般预算、政府性基金预算、国有资本经营预算和社保基金预算。各类预算中用于固定资产投资的资金全部作为国家预算资金填报,其中一般预算中用于固定资产投资的部分包括基建投资、车购税、灾后恢复重建基金和其他财政投资。各级政府债券也应归入国家预算资金。

(2)国内贷款 指报告期固定资产投资项目单位向银行及非银行金融机构借入用于固定资产投资的各种国内借款,包括银行利用自有资金及吸收存款发放的贷款、上级主管部门拨入的国内贷款、国家专项贷款(包括煤代油贷款、劳改煤矿专项贷款等),地方财政专项资金安排的贷款、国内储备贷款、周转贷款等。

(3)利用外资 指报告期收到的境外(包括外国及港澳台地区)资金(包括设备、材料、技术在内)。包括对外借款(外国政府贷款、国际金融组织贷款、出口信贷、外国银行商业贷款、对外发行债券和股票)、外商直接投资、外商其他投资(包括补偿贸易、加工装配由外商提供的设备价款、国际租赁,外商投资收益的再投资资金)。不包括我国自有外汇资金(国家外汇、地方外汇、留成外汇、调济外汇和中国境内银行自有资金发放的外汇贷款等)。各类外资按报告期的外汇牌价(中间价)折成人民币计算。

(4)自筹资金 指在报告期内筹集的用于项目建设和购置的资金。包括自有资金、股东投入资金和借入资金,但不包括各类财政性资金、从各类金融机构借入资金和国外资金。

(5)其他资金来源 指在报告期收到的除以上各种资金之外的用于固定资产投资的资金。

固定资产投资按国民经济行业分 根据建设项目建成投产后的主要产品种类或主要用途及社会经济活动种类来填报,不根据项目单位本身的行业类别来划分。一般情况下,一个建设项目或一个企业、事业单位只能属于一种国民经济行业。

固定资产投资按隶属关系分 是按照建设单位或企业、事业、行政单位的主管上级机关确定的。

(1)中央 是由中共中央、人大常委会和国务院各部、委、局、总公司以及直属机构直接领导的建设项目和企业、事业、行政单位。这些单位的固定资产投资计划由国务院各部门直接编制和下达,统一组织或委托下级实施。

(2)地方 是由省(自治区、直辖市)、地区(州、盟、省辖市)、县(旗、县级市)三级政府及业务主管部门直接领导和管理的建设项目、企业、事业、行政单位。地方项目还包括不隶属以上各级政府及主管部门的建设项目和企业、事业单位,如外商投资企业和无主管部门的企业等。

固定资产投资按构成分 固定资产投资活动按其工作内容和实现方式分为建筑安装工程,设备、工具、器具购置,其他费用三个部分。

(1)建筑安装工程(建筑安装工作量):指各种房屋、建筑物的建造工程和各种设备、装置的安装工程。包括各种房屋建造工程；各种用途设备基础和各种工业窑炉的砌筑工程及金属结构工程；为施工而进行的各种准备工作和临时工程以及完工后的清理工作等；铁路、道路的铺设，矿井的开凿及石油管道的架设等；水利工程；防空地下建筑等特殊工程；列入房屋工程预算内的暖气、卫生、通风、照明、煤气等设备的价值及装设油饰工程；列入建筑工程预算内的各种管道(蒸汽、压缩空气、石油、给排水等管道)、电力、电讯电缆导线等的敷设工程；以及各种机械设备的安装工程；为测定安装工程质量，对设备进行的试运工作；房地产开发单位进行的商品房屋开发建设工程、土地开发工程。

在建筑安装工程中，不包括被安装设备本身的价值。

(2)设备、工具、器具购置：指报告期内购置或自制的，达到固定资产标准的设备、工具、器具的价值。新建单位及扩建单位的新建车间，按照设计或计划要求购置或自制的全部设备、工具、器具，不论是否达到固定资产标准均计入“设备、工具、器具购置”中。

(3)其他费用：指在固定资产建造和购置过程中发生的，除建筑安装工程和设备、工器具购置投资完成额以外的应当分摊计入固定资产投资的费用，不指经营中财务上的其他费用。

房屋施工面积 指报告期内施工的全部房屋建筑面积。包括本期新开工的房屋建筑面积、上期跨入本期继续施工的房屋建筑面积、上期停缓建在本期恢复施工的房屋建筑面积、本期竣工的房屋建筑面积以及本期施工后又停缓建的房屋建筑面积。多层建筑应填各层建筑面积之和。

房屋竣工面积 指报告期内房屋建筑按照设计要求已全部完工，达到住人和使用条件，经验收鉴定合格或达到竣工验收标准，可正式移交使用的各栋房屋建筑面积的总和。

竣工面积以房屋单位工程(栋)为核算对象，在整栋房屋符合竣工条件后按其全部建筑面积一次性计算，而不是按各栋施工房屋中已完成的部分或层次分割计算。

计算房屋竣工面积，要求严格执行房屋竣工验收标准。民用建筑一般应按设计要求在土建工程和房屋本身附属的水、电、卫(包括设计中有的煤气、暖气)工程已经完工，通风、电梯等设备已经安装完毕，做到水通、灯亮，经验收鉴定合格，并正式交付给使用单位后，才能计算竣工面积。工业及科研等生产性房屋建筑一般应按设计要求在土建工程(包括水、暖、电、卫、通风)及属于房屋组成部分的生活间、操作间等已经完成(不包括安装设备的基础工程)，可以进行工艺设备和管线安装时，方可计算房屋竣工面积。

商品房销售面积 指报告期内出售商品房屋的合同总面积(即双方签署的正式买卖合同中所确定的建筑面积)。由现房销售建筑面积和期房销售建筑面积两部分组成。

商品房销售额 指报告期内出售商品房屋的合同总价款(即双方签署的正式买卖合同中所确定的合同总价)。该指标与商品房销售面积同口径，由现房销售额和期房销售额两部分组成。

Explanatory Notes on Main Statistical Indicators

Total Investment in Fixed Assets in the Whole Country refers to the volume of activities in construction and purchases of fixed assets of the whole province and related fees, expressed in monetary terms during the reference period. It is a comprehensive indicator which shows the size, structure and growth of the investment in fixed assets, providing a basis for observing the progress of construction projects and evaluating results of investment. Total investment in fixed assets in the whole province includes investment in fixed assets , investment in real estate development and rural household investment. Total investment in fixed assets in the whole provirce includes, by type of ownership, the investment by State-owned units, collective-owned units, individuals, joint ownership units, share-holding units, as well as investments by entrepreneurs from foreign investors and from Hong Kong, Macao and Taiwan, and by other units.

Investment in Real Estate Development refers to investment by real estate development companies, commercialized buildings construction companies and other real estate development legal entities and units attached to other legal entities that are actually engaged in real estate development or business activities, including houses built by the general agent, housing of demolition and reconstruction, factories, warehouses, restaurants, hotels, resorts, office buildings, office buildings and other buildings and supporting services, and land development projects, such as roads, water supply, water drainage, power supply, heating supply, telecommunications, land leveling and other infrastructural projects. It does not include activities in pure land transactions.

Sources of Funds for Investment in Fixed Assets are categorized as funds from the State budget, domestic loans, bonds , foreign investment, self-raised funds, and others, depending on the sources of investment.

(1)Fund from the State budget: the financial funds of all levels of government that is using for investment in fixed assets are budget funds. State budget consists of general budget, government fund budget, operation budget of state-owned assets and social security fund budget. Funds for investment in fixed assets from various budgets are reported as fund from the state budget, of which, the general budget utilized on fixed assets investment includes investment on infrastructure construction, vehicle purchase tax, post-disaster restoration and reconstruction funds and other financial investment. Government bonds at all levels should also be included.

(2) Domestic loans refer to loans of various forms borrowed by investing units from banks and non-bank financial institutions during the reference period for the purpose of investment in fixed assets, including loans issued by banks from their self-owned funds and deposit, loans appropriated by higher authorities, special loans by government(Including loan for substituting petroleum with coal, special loans for reform- though- labour coal mines), loans arranged by local government from special funds, domestic reserve loan, and revolving loan, etc.

(3) Foreign investment refers to foreign overseas (including foreign countries ,Hong Kong, Macao and Taiwan) funds received during the reference period (covering equipment, materials and technology), including foreign borrowings (loans from foreign governments and international financial institutions, export credit, commercial loans from foreign banks, issue of bonds and stocks overseas), foreign direct investment and other foreign investments(including funds from foreign direct investment income that are reinvested in fixed assets domestically). Excluded from this category is capital in foreign exchanges owned by China (foreign exchanges owned by the central and local governments, foreign exchanges retained by enterprises, foreign exchanges by enterprises through the regulating mechanism, loans in foreign exchanges issued by the Bank of China with its own fund, etc.). In calculating the utilization of foreign capital, foreign currencies are converted into Chinese Renminbi applying the exchange rate (central parity rate) at the end of the reference period.

(4) Self-raised funds refer to funds for investment in fixed assets received during the reference period by investing units, including investment in fixed assets using own funds of various enterprises and institutions or funds raised from other units other than financial funds, funds borrowed from financial institutions and overseas funds.

(5) Others refer to funds for investment in fixed assets received from sources other than those listed above,funds raised from individuals and through donations, and funds transferred from other units.

Investment in Fixed Assets by Sector refer to the classification of construction projects by sector is determined by the major products or the purpose of the projects when they are put into production or use, and by the nature of their social economic activities. In general, one project or one enterprise or institution can only be classified into one sector.

Investment in Fixed Assets by Jurisdiction of Management refers to the classification of investment by the competent authorities under which investment is made by construction units, enterprises, institutions or administrative units.

(1)Central investment refers to the investment in projects or by enterprises, institutions or administrative units which are under the direct leadership and management of the State Council and of the national commissions, ministries, agencies and State−owned large corporations. Various ministries and departments of the State Council prepare and implement plans through unified organization or lower−level commissions.

(2) Local investment refers to the investment in projects or by enterprises, institutions or administrative units which are under the direct leadership and management of competent departments and governments at the level of province (autonomous regions and municipalities directly under the Central Government), prefecture (prefectures, cities and leagues) and county (districts, cities and banners). Also included are projects by foreign−invested enterprises and enterprises without competent managing authorities.

Investment in Fixed Assets by Structure By their contents and the mode of implementation, investment activities are classified into 3 categories, i.e. construction and installation, purchase of equipment and instrument, and other expenses.

(1)Construction and installation (work volume of construction and installation): refers to the construction of houses and buildings and the installation of various kinds of equipment and instruments, including construction of houses, equipment foundations, industrial kilns and stoves, and metal structure work, preparation works and temporary works for project construction, and clearing up works after project construction, pavement of railways and roads, drilling of mines and putting up of oil pipes, construction of water conservancy, construction of underground air−raid shelters and construction of other special projects, value of heating, sanitation, ventilation, lighting and gas equipment and the installation of oil decoration works that are covered by the budget of housing projects, laying out of various pipelines (for steam, compressed air, petroleum, tap water and sewage) and wiring and cabling for electric power and for communications, installation of various machinery and equipment, testing operation for the quality of installation projects, and commercial housing development and construction projects, land development projects conducted by real estate developers.

The value of equipment installed itself is not included in the value of installation projects.

(2) Purchase of equipment and instruments: refers to the total value of equipment, tools, and instruments purchased or self−produced which come up to the cut−off point for fixed assets by the construction units or investing enterprises or institutions. Equipment, tools and instruments purchased or self−produced for new workshops by newly established or expanded units are categorized as "purchase of equipment and instruments" no matter whether they come up to the cut−off point for fixed assets.

(3) Other expenses: refer to expenses arising during the construction or purchase of fixed assets other than those those expenses on construction, installation and purchase of equipment and instruments. Other financial expenses arising in operation are not included.

Floor Space of Buildings under Construction refers to the total floor space area of all the buildings in the reference period, It includes buildings started in the year, continued from the previous year, suspended in earlier years but restarted in the year, completed in the year, and started in the year but suspended in the year as well. The floor space of a multi−storied building should be the sum of floor space of all the stories.

Floor Space of Buildings Completed refers to the total floor space area of the buildings completed in the reference period, which meet the requirements as designed, reach the criteria set for people to live in or use, have passed the acceptance checks, and are ready for delivery or use.

The accounting object of the completion of the area is unit of housing project (building), the entire houses meet the completed conditions, in accordance with all construction area to disposable calculated, rather than divisional calculated in accordance with the construction of the building house which finished part or hierarchical.

In calculating the size of houses completed this year is demanded strictly enforced housing completion and acceptance criteria. Civil construction should generally be in accordance with the design requirements of civil works and the house itself attached water, electricity, health (including the design of some gas, heating) project has been completed, Ventilation, elevators and other equipment has been installed, to water and lights, through acceptance accreditation, and formally delivered to the use of the unit, in order to calculate the completion of the area. Industry and research and other production of housing construction general design requirements should be in the civil works (including water, heating, electricity, health, ventilation) and are an integral part of life, housing, the operating room, etc. which have been completed (not including the installation of foundation engineering equipment), process equipment and piping can be installed, then we can calculate the area of housing construction this year.

Housing construction area completion rate refers to the rate of total gross floor area of completed housing area accounted for housing construction area during the reference period.

Area of Commercialized Housing Sold refers to total contracted area of commercialized housing (i.e. area of floor space as designated in the formal contracts signed by both sides) during the reference time. It constitutes floor space of completed housing and floor space of future housing.

Value of Commercialized Housing Sold refers to the total contracted value (i.e. value of sales/purchase for selling/purchase of commercialized housing as designated in the contract signed by both sides) during the reference time. This indicator has the same coverage as the area of commercialized housing sold, which constitutes floor space of completed housing and floor space of housing yet to be completed.

对外经济贸易

6

Foreign Trade and Economic Cooperation

简 要 说 明

一、主要内容

本篇资料综合反映全省对外贸易、利用外资、对外直接投资、对外经济合作等情况。

对外贸易主要内容包括:进出口总额、按地区分进出口商品总额、进出口商品分类等项目。

利用外资主要内容包括:外商直接投资和外商其他投资,外商投资企业登记注册情况。

二、统计范围

对外贸易统计范围:按照联合国的国际贸易统计原则制定,即凡能引起中华人民共和国关境内物质资源存量增加或减少的进出口货物,除制度另有规定者外,均列入该项统计。调查方法为全面调查。

利用外资统计范围:凡经工商行政管理机关核准登记,在贵州省所有利用外资的单位和部门,经批准设立的中外合资经营企业、合作经营企业、外资企业、外商投资股份制企业、合作开发项目等具有法人资格的独立核算企业(包括港澳台地区投资企业),在贵州省从事经营活动的外国及港澳台地区企业及外国公司在贵州省境内设立的分支机构。

对外直接投资统计范围:包括境内投资主体通过直接投资在境外设立的各类公司型企业和非公司型企业。

三、资料来源

对外贸易统计资料来源于贵阳海关。

利用外资统计资料来源于省发展改革委、省商务厅。

对外直接投资资料来源于省商务厅。

Brief Introduction

I. Main Contents

The data in this chapter comprehensive reflected the province situation of foreign trade, utilization of foreign capital, overseas direct investment and overseas economic cooperation etc.

The data on foreign trade include: total value of imports and exports, total value of imports and exports of goods by region, imports and exports of goods classification etc.

Utilization of foreign capitals includes: foreign direct investments and other foreign investments, and the basic condition of registration of foreign funded enterprises.

II. Statistics Coverage

The scope of foreign trade statistics is designed according to United Nations' principles on international trade statistics, that is: all imports or exports that will lead to stock changes of material resources with the territory of People's Republic of China; excluding goods by escape clause. The survey method is overall statistical survey.

The utilization of foreign capitals' statistics cover all the units and departments which have utilized foreign capitals, all the Sino-foreign joint ventures, Sino-foreign cooperative enterprises, ventures exclusively with foreign investment, foreign-funded stock companies, Sino-foreign cooperative development projects (including the enterprises funded by the entrepreneurs from Hong Kong, Macao and Taiwan) with independent accounting system and legal person status, and all foreign enterprises or enterprises funded by the entrepreneurs from Hong Kong, Macao and Taiwan which are engaged in business activities, and branches of foreign companies which have been approved to be set up within the boundaries of Guizhou Province after verification and registration through administrative authorities for industry and commerce.

The overseas direct investment statistics cover all types of overseas corporate and non-corporate enterprises by direct investment of domestic investors.

III. Sources of Data

The data on foreign trade are from Guiyang Customs.

The data on utilization of foreign capitals are from Guizhou Development & Reform Commission and the Department of Commerce.

The data on overseas direct investment are from the Department of Commerce of Guizhou Province.

6-1 进出口总额

Total Value of Imports and Exports

指 标	Item	2018	2019	2020	2021	2022	2022年比2021年增长(%) Increase Rate in 2022 over 2021(%)
进出口总额(万元)	**Total Value of Imports and Exports (RMB 10000 yuan)**	**5028661**	**4531977**	**5465225**	**6539382**	**7922802**	**21.1**
出口总额	Total Exports	3385298	3271469	4312090	4871164	5198054	6.7
进口总额	Total Imports	1643363	1260509	1153135	1668218	2724748	63.2
进出口差额	Balance	1741935	2010960	3158955	3202946	2473306	-22.8
进出口总额(万美元)	**Total Value of Imports and Exports (USD 10000)**	**763133**	**656817**	**790784**	**1012382**	**1177397**	**16.3**
出口总额	Total Exports	513725	474028	622674	753977	772716	2.5
进口总额	Total Imports	249409	182789	168110	258405	404681	56.5
进出口差额	Balance	264316	291239	454564	495572	368035	-25.7

注:资料来源于贵阳海关(以下相关表同)。

Note: The data in the table are obtained from Guiyang Customs(the same applies to the relative tables below) .

6-2 按地区分的进口商品总额

Total Value of Imports by Region

单位:万美元 (USD 10000)

地 区	Region	2018	2019	2020	2021	2022
总 计	Total	249409	182789	168110	258405	404681
亚 洲	Asia	194796	127298	114816	165403	273999
非 洲	Africa	9746	12764	10841	17453	27784
欧 洲	Europe	11421	10292	15135	13596	14828
拉丁美洲	Latin America	1863	2741	2202	5735	27162
北 美 洲	North America	13028	10025	7905	10014	18991
大 洋 洲	Oceanic	18554	19667	17022	45935	41680
其 他	Others		1	189	270	237

6-3 海关出口商品分类

单位:万美元

指 标	Item
总 计	**Total**
#活动物;动物产品	Live Animals; Animal Products
植物产品	Vegetable Products
动、植物油、脂及其分解产品;精制的食用油脂;动、植物蜡	Animal or Vegetable Fats and Oil and their Cleavage Products; Refined Edible Oil; Animal or Vegetable Waxes
食品;饮料、酒及醋;烟草及烟草代用品的制品	Prepared Foodstuffs; Beverages, Spirits And Vinegar; Tobacco and Manufactured Tobacco Substitutes
矿产品	Mineral Products
化学工业及其相关工业的产品	Products of the Chemical or Industries Allied
塑料及其产品;橡胶及其制品	Plastics and Articles Thereof; Rubber and Articles Thereof
生皮、皮革、毛皮及其制品;鞍具及挽具;旅行用品、手提包及类似品; 动物肠线(蚕胶丝除外)制品	Raw Hides and Skins, Leather, Fur Skins and Articles Thereof; Saddlery and Harness; Travel Goods, Handbags and Similar Containers; Articles of Animal Gut (Other Than Silk-Worm Gut)
木及木制品;木炭;软木及软木制品;稻草、秸秆、针茅或其他编结材料制品;篮筐及柳条编结品	Wood and Articles of Wood; Wood Charcoal; Cork and Articles of Cork; Manufactures of Straw, of Esparto or of Other Plaiting Materials; Basket Ware and Wickerwork
木浆及其他纤维状纤维素浆;纸及纸板的废碎品;纸、纸板及其制品	Pulp of Wood or of Other Fibrous Cellulosic Material; Waste and Scrap of Paper or Paperboard; Paper and Paperboard and Articles Thereof
纺织原料及纺织制品	Textiles and Textile Articles
鞋、帽、伞、杖、鞭及其零件;已加工的羽毛及其制品;人造花;人发制品	Footwear, Headgear, Umbrellas, Sun Umbrellas, Walking-Sticks, Seat-Sticks, Whips, Riding-Crops and Parts Thereof; Prepared Feathers and Articles Made Therewith; Artificial Flowers; Articles of Human Hair
石料、石膏、水泥、石棉、云母及类似材料的制品;陶瓷产品;玻璃及其制品	Articles of Stone, Plaster, Cement, Asbestos, Mica or Similar Materials; Ceramic Products; Glass and Glassware
天然或养殖珍珠、宝石或半宝石、贵金属、包贵金属及其制品;仿首饰;硬币	Natural or Cultured Pearls, Precious or Semi-Precious Stones, Precious Metals, Metals Clad With Precious Metal and Stones, Precious Metals, Metals Clad With Metal and Articles Thereof; Imitation Jewellery; Coin
贱金属及其制品	Base Metals and Articles of Base Metal
机器、机械器具、电气设备机器及其零件、录音机及放声机、电视图象、声音的录制和重放设备及其零件、附件	Machinery and Mechanical Appliances; Electrical Equipment; Parts Thereof; Sound Recorders and Reproducers, Television Image and Sound Recorders and Reproducers; and Parts and Accessories of Recorders and Reproducers; and Parts and Accessories of Such Articles
车辆、航空器、船舶及有关运输设备	Vehicles, Aircraft, Vessels and Associated Transport Equipment
光学、照相、电影、计量、检验、医疗或外科用仪器及设备、精密仪器及设备;钟表;乐器及上述物品的零件、附件	Optical, Photographic, Cinematographic, Measuring, Checking, Precision, Medical or Surgical Instruments and Apparatus; Clocks and Watches; Musical Instruments; Parts and Accessories Thereof
杂项制品	Miscellaneous Manufactured Articles
艺术品、收藏品及古物	Works of Art, Collectors´ Pieces and Antiques

Classfication of Customs Export Commodities

(USD 10000)

2018	2019	2020	2021	2022	2022年比2021年增长(%) Increase Rate in 2022 over 2021(%)
513725	**474028**	**622674**	**753977**	**772716**	**2.5**
152	163	173	326	1055	223.6
4425	6110	10872	23876	9663	-59.5
109	216	71	164	92	-43.9
55674	59378	40624	52466	71723	36.7
14376	9334	7740	9440	12722	34.8
101919	93555	94031	164215	176503	7.5
23505	21854	25550	30687	48635	58.5
5038	6863	6944	5410	8342	54.2
734	1161	861	923	1764	91.1
1754	1807	2369	1129	4411	290.7
11950	13085	22693	18316	24457	33.5
3917	6527	9032	7111	14637	105.8
4213	4370	3361	3669	12098	229.7
749	685	1203	754	734	-2.7
27939	22444	18603	29743	49407	66.1
224618	155618	309836	330043	211245	-36.0
4172	4162	3232	5489	8021	46.1
17439	50754	34502	33071	36469	10.3
9583	15721	20924	23117	63505	174.7
34	76	257	30	0	-100.0

6-4 按国别(地区)分的进出口总额

Imports and Exports by Countries or Regions

单位:万美元 (USD 10000)

国别(地区)	Country (Region)	进出口总额 Total Imports and Exports		进口 Imports		出口 Exports	
		2021	2022	2021	2022	2021	2022
进出口贸易总额	**Total Import-Export Value**	**1012382**	**1177397**	**258405**	**404681**	**753977**	**772716**
亚洲	Asia	591461	733718	129495	273999	461966	459719
#香港	Hong Kong	288020	140271	5	1634	288014	138637
印度	India	30371	39160	652	5798	29719	33362
印度尼西亚	Indonesia	13102	85736	557	65637	12545	20099
澳门	Macau	2558	2990	0	0	2558	2990
马来西亚	Malaysia	47502	59933	17892	34661	29609	25272
巴基斯坦	Pakistan	3695	3395	0	90	3695	3305
菲律宾	Philippines	9291	19136	558	474	8733	18662
沙特阿拉伯	Saudi Arabia	15152	10865	11812	2591	3340	8274
新加坡	Singapore	3655	23245	216	160	3439	23085
韩国	South Korea	32589	57320	2806	6887	29783	50433
泰国	Thailand	39423	41472	21809	16118	17615	25354
阿拉伯联合酋长国	UAE	16594	119157	6875	8229	9719	110928
越南	Vietnam	19659	27163	1872	3926	17787	23237
台湾	Taiwan	69849	72217	64440	66826	5408	5391
非洲	Africa	16551	62486	9044	27784	7507	34702
#南非	South Africa	16551	17814	9044	10151	7507	7663
欧洲	Europe	43618	114211	7905	14828	35714	99383
#比利时	Belgium	5190	8271	358	267	4832	8004
英国	UK	11427	12609	768	3054	10659	9555
德国	Germany	9298	12243	3977	4471	5321	7772
法国	France	13212	15207	2006	1581	11206	13626
俄罗斯	Russia	4491	17313	796	847	3696	16466
拉丁美洲	Latin America	25609	67534	2001	27162	23607	40372
#巴西	Brazil	19915	20307	1141	11750	18774	8557
墨西哥	Mexico	5694	8002	861	688	4834	7314
北美洲	North America	55548	100240	10014	18991	45534	81249
#加拿大	Canada	7773	14971	1435	6151	6338	8820
美国	USA	47774	85269	8579	12840	39196	72429
大洋洲	Oceania	84951	98971	45935	41680	39017	57291
#澳大利亚	Australia	70457	74453	45871	30911	24586	43542
新西兰	New Zealand	14494	15983	63	3176	14431	12807
东盟组织	ASEAN	141272	264632	43029	121076	98243	143556
欧盟组织	European Union	59107	78129	10462	9570	48646	68559

注:东盟组织为东盟10国,欧盟组织不含英国。

Note: The ASEAN organization is the 10 countries of the Association of South East Asian Nations, and the European Union does not include the UK.

6-5 海关进口商品分类

Customs Import Commodities by Category

单位:万美元 (USD 10000)

指 标	Item	2018	2019	2020	2021	2022
总 计	**Total**	**249409**	**182789**	**168110**	**258405**	**404681**
#活动物产品	Live Animals; Animal Products	3496	752	768	2164	24250
植物产品	Vegetable Products	50	414	2537	9626	6534
动、植物油、脂及分解品;精制的食用油脂;动、植物蜡	Animal or Vegetable Fats and Oil and their Cleavage Products; Refined Edible Oil; Animal or Vegetable Waxes		40	35	15	94
食品;饮料、酒及醋;烟草及烟草代用品的制品	Prepared Foodstuffs; Beverages,Spirits And Vinegar; Tobacco and Manufactured Tobacco Substitutes	29	82	136	207	318
矿产品	Mineral Products	42784	43447	37173	88625	80443
化学工业及其相关工业的产品	Products of the Chemical or Industries Allied	805	438	668	2370	1087
塑料及其产品;橡胶及其产品	Plastics and Articles Thereof Rubber and Articles Thereof	14052	11110	15628	17666	18018
生皮、皮革、毛皮及其制品;鞍具及挽具;旅行用品、手提包及类似品;动物肠线(蚕胶丝除外)制品	Raw Hides and Skins, Leather, Fur Skins and Articles Thereof; Saddlery and Harness; Travel Goods, Handbags and Similar Containers; Articles of Animal Gut (Other Than Silk-Worm Gut)	1	1	11	10	15
木及木制品;木炭;软木及软木制品;稻草、秸秆、针茅或其他缠结材料制品;篮筐及柳条编结品	Wood and Articles of Wood; Wood Charcoal; Cork and Articles of Cork; Manufactures of Straw, of Esparto or of Other Plaiting Materials; Basket Ware and Wickerwork	65	804	441	347	336
木浆及其他纤维状纤维素浆;纸及纸板的废碎品;纸、纸板及其制品	Pulp of Wood or of Other Fibrous Cellulosic Material; Waste and Scrap of Paper or Paperboard; Paper and Paperboard and Articles Thereof	213	30	546	770	2061
纺织原料及纺织制品	Textiles and Textile Articles	96	220	827	144	143
鞋、帽、伞、杖、鞭及其零件;已加工的羽毛及其制品;人造花;人发制品	Footwear, Headgear, Umbrellas, Sun Umbrellas, Walking-Sticks, Seat-Sticks, Whips, Riding-Crops and Parts Thereof; Prepared Feathers and Articles Made Therewith; Artificial Flowers; Articles of Human Hair	2	1	2	2	0

6-5 续表 continued

单位：万美元 (USD 10000)

指 标	Item	2018	2019	2020	2021	2022
石料、石膏、水泥、石棉、云母及类似材料的制品；陶瓷产品；玻璃及其制品	Articles of Stone, Plaster, Cement, Asbestos, Mica or Similar Materials; Ceramic Products; Glass and Glassware	1097	47	59	151	261
天然或养殖珍珠、宝石或半宝石、贵金属、包贵金属及其制品；仿首饰;硬币	Natural or Cultured Pearls, Precious or Semi-Precious Stones, Precious Metals, Metals Clad With Precious Metal and Stones, Precious Metals, Metals Clad With Precious Metal and Articles Thereof; Imitation Jewellery; Coin	209	260	130	115	318
贱金属及其制品	Base Metals and Articles of Base Metal	5916	6746	5920	7668	93305
机器、机械器具、电气设备及其零件；录音机及放声机、电视图象、声音的录制和重放设备及其零件、附件	Machinery and Mechanical Appliances; Electrical Equipment; Parts Thereof; Sound Recorders and Reproducers, Television Image and Sound Recorders and Reproducers; and Parts and Accessories of Recorders and Reproducers; and Parts and Accessories of Such Articles	152610	96058	78223	91719	132019
车辆、航空器、船舶及有关运输设备	Vehicles, Aircraft, Vessels And Associated Transport Equipment	3534	771	691	554	239
光学、照相、电影、计量、检验、医疗或外科用仪器及设备、精密仪品及设备；钟表；乐器；上述物品的零件、附件	Optical, Photographic, Cinematographic, Measuring, Checking, Precision, Medical or Surgical Instruments and Apparatus; Clocks And Watches; Musical Instruments; Parts and Accessories Thereof	24173	19104	23488	35759	30289
杂项制品	Miscellaneous Manufactured Articles	279	1108	554	221	14714
艺术品、收藏品及古物	Works of Art, Collectors´ Pieces and Antiques			0		

6-6 利用外资

Foreign Capital Utilization

指　标	Item	2018	2019	2020	2021	2022
企业数(个)	**Number of Enterprises(unit)**	**123**	**91**	**116**	**144**	**105**
#外商直接投资	Direct Foreign Investment	123	91	116	144	105
中外合资企业	Sino-Foreign Equity Joint Venture	67	45	34	85	63
中外合作企业	Sino-Foreign Contractual Joint Venture	4	2			
外资企业	Wholly Foreign-owned Enterprise	52	43	78	54	35
外商投资股份制	Foreign-invested Shareholding System				1	5
合伙企业	Partnership		1	3	3	2
其它	Others			1	1	
合同外资金额(万美元)	**Contracted Foreign Capital (USD 10000)**	**410791**	**265108**	**176470**	**131914**	**354359**
#外商直接投资	Direct Foreign Investment	410791	265108	176470	131914	354359
中外合资企业	Sino-Foreign Equity Joint Venture	141941	84684	3654	45253	199343
中外合作企业	Sino-Foreign Contractual Joint Venture	123655	90			
外资企业	Wholly Foreign-owned Enterprise	144964	173639	159641	85207	145110
外商投资股份制	Foreign-invested Shareholding System				1370	9840
合伙企业	Partnership		7176	12225	69	66
其他	Others			950	15	
实际使用外资额(万美元)	**Foreign Capital Actually Utilized (USD 10000)**	**60845**	**67887**	**43907**	**23778**	**53141**
#外商直接投资	Direct Foreign Investment	60845	67887	43907	23778	53141
中外合资企业	Sino-Foreign Equity Joint Venture	13953	9505	2417	876	2499
中外合作企业	Sino-Foreign Contractual Joint Venture	1460	2604		30	5
外资企业	Wholly Foreign-owned Enterprise	45432	55705	41490	22872	50637
合伙企业	Partnership		73			
外商投资企业基本情况	**Registered Foreign-funded Enterprise**					
期末实有外商投资法人企业(户)	Number of Foreign-funded Enterprises at the Year-end(unit)	852	920	890	876	1179
#本年登记户数(户)	Number of Registered Enterprises at the Year-end(unit)	121	106	48	57	64
期末投资总额(万美元)	Total Investment(USD 10000)	4463920	5111911	4973921	5603356	21556800
期末注册资本(万美元)	Registered Capital(USD 10000)	2466047	2909223	3039118	3668823	16696423
#外　方	Capital from Foreign Partners	2060083	2397952	2621467	3287334	15388499

注：1.资料来源于省商务厅。2.实际利用外资统计口径为直接利用外资、外商投资企业投注差外债实际到位资金和外商投资企业境内投资实际到位资金三部分，2019年起我省实际使用外资金额统计口径为外商直接投资。(以下相关表同)

Note:1.The data in this table come from Guizhou Provincial Department of Commerce; 2.The actual utilization of foreign capital includes three parts: direct utilization of foreign capital, investment deficit of foreign-funded enterprises and actual investment of foreign-funded enterprises in China. The actual amount of foreign capital used in our province from 2019 onwards is counted as foreign direct investment (the relative tables in this chapter are the same).

6-7 外商直接投资按行业分项目个数

Number of Projects for Contracted Foreign Direct Investment by Sector

单位:个 (unit)

行业	Sector	2018	2019	2020	2021	2022
总计	**Total**	**123**	**91**	**116**	**144**	**105**
农、林、牧、渔业	Farming,Forestry,Animal Husbandry and Fishery	13	7	16	7	3
采矿业	Mining	4				2
制造业	Manufacturing	23	16	9	25	16
电力、热力、燃气及水生产和供应业	Production and Supply of Electricity,Gas and Water	2	2	3	5	3
建筑业	Construction	1	2	1	3	
交通运输、仓储和邮政业	Transport, Storage and Post	1	4	5	1	2
信息传输、软件和信息服务业	Information Transmission, Software and Information Technology	9	1	10	13	9
批发和零售业	Wholesale and Retail Trades	17	14	17	31	32
住宿和餐饮业	Hotels and Catering Services	9	3	6	4	5
金融业	Financial Intermediation	2	2			1
房地产业	Real Estate	11	4	3	3	2
租赁和商务服务业	Leasing and Business Services	17	18	22	24	13
科学研究和技术服务业	Scientific Research and Technical Service	9	9	10	14	12
水利、环境和公共设施管理业	Management of Water Conservancy, Environment and Public Facilities		1	2		
居民服务、修理和其他服务业	Services to Households, Repair and Other Services	3	3	6	2	2
文化、体育和娱乐业	Culture, Sports and Entertainment		1	2	9	3
教育	Education	2	1	3	3	
卫生和社会工作	Health and Social work		3	1		
公共管理、社会保障和社会组织	Public Management, Social Security and Social Organization					

6-8 按行业分外商直接投资协议金额

Agreement Value of Foreign Direct Investment by Sector

单位:万美元 (USD 10000)

行业	Sector	2018	2019	2020	2021	2022
总计	**Total**	**410791**	**265108**	**176470**	**131914**	**354359**
农、林、牧、渔业	Farming,Forestry,Animal Husbandry and Fishery	25123	21323	2798	5947	2248
采矿业	Mining	2549				4
制造业	Manufacturing	41367	15011	10799	-14916	36085
电力、热力、燃气及水的生产和供应业	Production and Supply of Electricity,Gas and Water	5967	-2848	14171	15095	500
建筑业	Construction	19	10480	10150	3872	7
交通运输、仓储和邮政业	Transport, Storage and Post	47	8765	6142	-134	1392
信息传输、软件和信息技术服务业	Information Transmission, Software and Information Technology Services	76958	202	2796	12071	73191
批发和零售业	Wholesale and Retail Trades	2290	1786	2296	6161	4640
住宿和餐饮业	Hotels and Catering Services	3102	44	44	335	208
金融业	Financial Intermediation	18543	13050	12195		5000
房地产业	Real Estate	171390	6278	16660	12703	-1017
租赁和商务服务业	Leasing and Business Services	14647	56610	81538	35310	151888
科学研究和技术服务业	Scientific Research and Technical Service	32800	3362	2694	13537	69914
水利、环境和公共设施管理业	Management of Water Conservancy, Environment and Public Facilities			13547	6144	
居民服务、修理和其他服务业	Services to Households, Repair and Other Services	15513	45006	274	32512	130
文化、体育和娱乐业	Culture, Sports and Entertainment		70	189	1878	10169
教育	Education	76	7534	141	1399	
公共管理、社会保障和社会组织	Public Management, Social Security and Social Organization					
卫生和社会工作	Health and Social Work	400	78435	36		

6-9 按行业分外商实际直接投资额

Actually Used Amount of Foreign Direct Investment by Sector

单位:万美元 (USD 10000)

指 标	Item	2018	2019	2020	2021	2022
总 计	**Total**	**60845**	**67887**	**43907**	**23778**	**53141**
农、林、牧、渔业	Farming, Forestry, Animal Husbandry and Fishery	30	4719	1024	1045	1150
采矿业	Mining	289	140	116	30	
制造业	Manufacturing	3706	2590	508	1821	1697
电力、热力、燃气及水的生产和供应业	Production and Supply of Electricity, Gas and Water	12792	9228	24267	4295	1611
建筑业	Construction					
交通运输、仓储和邮政业	Transport, Storage and Post		2029	1650	1861	1893
信息传输、软件和信息技术服务业	Information Transmission, Software and Information Technology	16820	35527	14128	7335	36
批发和零售业	Wholesale and Retail Trades	851	382		295	317
住宿和餐饮业	Hotels and Catering Services					
金融业	Financial Intermediation	11550	5106	2000		1900
房地产业	Real Estate	3074	5260		4588	8140
租赁和商务服务业	Leasing and Business Services	896	53	115	1594	33722
科学研究和技术服务业	Scientific Research and Technical Service	10837	1048	99	904	2663
水利、环境和公共设施管理业	Management of Water Conservancy, Environment and Public Facilities		384		10	
居民服务、修理和其他服务业	Services to Households, Repair and Other Services					
教育	Education					
卫生和社会工作	Health and Social Work		517			12
文化、体育和娱乐业	Culture, Sports and Entertainment		904			

6-10 对外经济合作

Economic Cooperation with Foreign Countries or Regions

指 标	Item	2018	2019	2020	2021	2022
境外经济合作	**Economic Cooperation with Foreign Countries or Territories**					
签订合同项目(个)	Number of Contracts(unit)	35	13	5	3	31
#对外承包工程	Contracted Projects	35	13	5	3	31
签订合同金额(万美元)	Contracted Value (USD 10000)	57077	22508	23170	15831	98669
#对外承包工程	Contracted Projects	57077	22508	23170	15831	98669
实际营业额(万美元)	Actual Turnover (USD 10000)	120795	128367	97471	103770	80010
#对外承包工程	Contracted Projects	100185	128367	97471	103770	80010
年末在外人员(人)	Persons Abroad by the End of Year (person)	3297	1829	2388	1299	1370
#对外承包工程	Contracted Projects	3289	1829	2388	1299	1370
省外经济合作	**Economic Cooperation with Other Provinces**					
引进省外项目(个)	Number of Contracted Projects (unit)	7317	5210	6183	7473	5931
引进省外资金(亿元)	Contracted Value (100 million yuan)	10129	5000	5701	6376	5013

注:表中数据不含铝镁设计院及国内国际标的项目。
Note: The data in the table don´t contain the bidding projects of the Aluminum Magnesium and Design Institute and the domestic and international.

6-11 历年进出口总额、实际利用外资

Total Value of Imports and Exports and Total Amount of Foreign Investment Actually Utilized

年 份 Year	进出口总额(万美元) Total Value of Imports and Exports (USD 10000)	#出口额 Exports	实际利用外资额(万美元) Total Amount of Foreign Investment Actually Utilized (USD 10000)	#国外贷款 Foreign Loans	#外商直接投资 Foreign Direct Investments
1978	1645	285			
1979	2111	703			
1980	2797	1641			
1981	4782	3617			
1982	5455	4522			
1983	5238	4186			
1984	6997	4548	61	61	
1985	8720	4010	286	12	148
1986	8605	6361	1276	38	74
1987	12488	9296	376	127	101
1988	15527	11586	1408	425	440
1989	18681	13322	2102	826	747
1990	21802	15358	2983	1925	463
1991	24614	18958	2845	1436	1034
1992	33907	22424	3574	1595	1979
1993	36470	24491	4922	628	4294
1994	53595	37346	8363	2000	6363
1995	68144	43023	9637	3934	5703
1996	64240	43554	10628	7490	3138
1997	67660	48239	13834	8857	4977
1998	62243	38794	18100	13565	4535
1999	54763	35780	19532	15442	4090
2000	66002	42060	19545	17044	2501
2001	64978	42170	14010	11181	2829
2002	69141	44181	9383	5684	3700
2003	98477	58834	13191	7565	5626
2004	151442	86709	13932	7399	6533
2005	140425	85925	19568	8800	10768
2006	161745	103874	18413	9029	9384
2007	227285	146513	15333	2682	12651
2008	337037	190084	17379	2475	14904
2009	230732	135856	18027	4663	13364
2010	314680	192018	34026	4480	29546
2011	488758	298509	71674	4353	51541
2012	663156	495223	109805	5223	49116
2013	829009	688598	157415	4853	57673
2014	1077133	939726	213053	6524	46565
2015	1222142	994862	262747	10324	41941
2016	569962	474279	363331	41700	96739
2017	816231	579371	430032	40970	82439
2018	763133	513725	474403	25820	60845
2019	656817	474028	67887		
2020	790784	622674	43907		
2021	1012382	753977	23778		
2022	1177397	772716	53141		

注:1.进出口总额1997年及以前数据来源于原省对外贸易经济合作厅,1998年起数据来源于贵阳海关。2.本表实际利用外资额数据来源于省发展改革委、省商务厅。实际利用外资额=省商务厅数据+发展改革委国外贷款。2019-2021年仅为商务厅数据。

Note:1.The total amount of import and export were obtained from the former provincial department of foreign trade and economic cooperation in 1997 and before, while after 1998 they were obtained from Guiyang Customs. 2. In this table, the data of foreign capital actually utilized are obtained from Guizhou Provincial Development and Reform Commission and Guizhou Provincial Department of Commerce. Foreign capital actually utilized consists of the data from Guizhou Provincial Department of Commerce and the foreign loans of Development and Reform Commission. But from 2019 to 2021, it only includes the data from the Department of Commerce.

主要统计指标解释

进出口总额 指实际进出我国国境并引起我国物质资源存量增加或者减少的货物金额。包括我国境内法人和其他组织、个人进出口的一般贸易、易货贸易、加工贸易、补偿贸易、保税区和保税仓库进出境货物、国际援助物资或捐赠品。我国规定出口货物按离岸价格统计，进口货物按到岸价格统计。

外商直接投资 指外国企业和经济组织或个人(包括华侨、港澳台胞以及我国在境外注册的企业)按我国有关政策、法规，用现汇、实物、技术等在我国境内开办外商独资企业、与我国境内的企业或经济组织共同举办中外合资经营企业、合作经营企业或合作开发资源的投资(包括外商投资收益的再投资)，以及经政府有关部门批准的项目投资总额内企业从境外借入的资金。

对外承包工程 指各对外承包公司以招标议标承包方式承揽的下列业务：(1)承包国外工程建设项目；(2)承包我国对外经援项目；(3)承包我国驻外机构的工程建设项目；(4)承包我国境内利用外资进行建设的工程项目；(5)与外国承包公司合营或联合承包工程项目时我国公司分包部分；(6)对外承包兼营的房屋开发业务。对外承包工程的营业额是以货币表现的本期内完成的对外承包工程的工作量，包括以前年度签订的合同和本年度新签订的合同在报告期内完成的工作量。

Explanatory Notes on Main Statistical Indicators

Total imports and exports refers to the actual cause of out of our borders and the stock of material resources to increase or decrease the amount of goods, including my own country legal persons and other organizations, individuals, import and export of general trade, barter trade, processing trade, compensation trade, bonded and bonded warehouse entry and exit of goods, international aid or donations. China provides export goods at FOB, CIF value of imported goods according to statistics.

Foreign Direct Investment refers to the investments inside China by foreign enterprises and economic organizations or individuals (including overseas Chinese, compatriots from Hong Kong, Macao and Taiwan, and Chinese enterprises registered abroad), following the relevant policies and laws of China, for the establishment of ventures exclusively with foreign own investment, Sino-foreign joint ventures and cooperative enterprises or for co-operative exploration of resources with enterprises or economic organizations in China. It includes the re- investment of the foreign entrepreneurs with the profits gained from the investment and the funds that enterprises borrow from abroad in the total investment of projects which are approved by the relevant department of the government.

Overseas Contracted Project refers to projects undertaken by Chinese contractors (project contracting companies) through bidding process. They include: (1) overseas civil engineering construction projects financed by foreign investors; (2) overseas projects financed by the Chinese government through its foreign aid programs; (3) construction projects of Chinese diplomatic missions, trade offices and other institutions stationed abroad; (4) construction projects in China financed by foreign investment; (5) sub-contracted projects to be taken by Chinese contractors through a joint umbrella project with foreign contractor(s); (6) housing development projects. The business income from international contracted projects is the work volume of contracted projects completed during the reference period, expressed in monetary terms, including completed work on projects signed in previous years.

能 源

Energy 7

简 要 说 明

一、主要内容

本篇资料主要包括能源生产、消费及品种构成，能源生产和消费弹性系数，综合能源平衡表和主要能源品种的单项平衡表，分行业、分主要能源品种的消费量，能源加工转换效率及生活用能源消费量等。

二、统计范围、统计口径和计算方法

本篇资料的统计范围为全社会。

1.一次能源生产量与能源产品产量统计数字一致。

2.能源生产与消费弹性系数分别以能源生产、消费增长速度与地区生产总值增长速度相比求得。

3.综合能源平衡表中，电力折算标准煤系数按平均发电煤耗计算。

4.效率表中，规模以上工业能源消费量电力折算标准煤系数采用当量值计算，每千瓦小时折0.1229千克标准煤。

5.GDP按可比价格计算。

三、资料来源

本篇资料由省统计局根据《贵州省能源统计报表制度》加工整理。

Brief Introduction

I. Main Contents

The data in this chapter cover mainly energy production, consumption, and composition; elasticity ratio of energy production and consumption; overall balance sheet of energy and balance sheets by different types of energy; consumption of energy by sector and by types of energy; efficiency of energy processing and conversion; and the consumption of energy for non-production uses.

II. The Scope, Notes on Coverage and Compilation of Data

The scope of data in this chapter is the whole province.

(1) The data on production of primary energy are the same as the corresponding data on output of energy products.

(2) The elasticity ratio of energy production is calculated as the quotient of the growth rate of energy production divided by the growth rate of GDP; and the elasticity ratio of energy consumption is calculated as the quotient of the growth rate of energy consumption divided by the growth rate of GDP.

(3) In the energy balance sheet, the coefficient for conversion of electric power into the standard coal equivalent is calculated according to the average consumption of coal for generating electricity.

(4) In the table on the efficiency of energy conversion, Above scale industrial energy consumption electric power conversion standard coal coefficient calculated by the equivalent value. One kilowatt is equal to 0.1229 kg SCE.

(5) Gross domestic product is calculated at constant prices.

III. Sources of Data

The data in this chapter are collected and compiled by Guizhou Provincial Bureau of Statistics in accordance with the Guizhou Provincial energy statistics report system.

7-1 能源生产、消费总量及构成

Total Production and Consumption of Energy and Its Composition

单位：万吨标准煤 (10000 tons of SCE)

指 标	Item	2018	2019	2020	2021	2022
绝对数	**Absolute Figure**					
一次能源生产量	Total Production of Primary Energy	12186.03	11630.38	11171.06	11640.07	10989.94
#原 煤	Coal	9497.72	8895.09	8066.67	8687.20	8026.17
一次电力	Primary Electricity	2610.84	2644.37	2965.81	2795.25	2726.11
终端能源消费量	Final Consumption of Energy	9656.73	10074.14	10111.12	10732.26	10407.20
#原 煤	Coal	3060.83	3112.61	2940.68	2535.64	2137.55
天然气	Natural Gas	379.60	425.03	450.32	565.84	627.96
电 力	Electricity	4200.53	4438.77	4509.73	5022.13	4991.70
构成(%)	**Composition(%)**					
一次能源生产量	Total Production of Primary Energy	100.0	100.0	100.0	100.0	100.0
#原 煤	Coal	77.9	76.5	72.2	74.6	73.0
一次电力	Primary Electricity	21.4	22.7	26.5	24.0	24.8
终端能源消费量	Final Consumption of Energy	100.0	100.0	100.0	100.0	100.0
#原 煤	Coal	31.7	30.9	29.1	23.6	20.5
天然气	Natural Gas	3.9	4.2	4.5	5.3	6.0
电 力	Electricity	43.5	44.1	44.6	46.8	48.0

注：1.电力按等价热值折算。2.本表数据根据第四次经济普查资料进行修订(以下各表同)。

Note: 1.Electricity is converted on the basic of equal caloric value. 2.The data in this table are revised according to the fourth national economic census (the same as in the following tables).

7-2 综合能源平衡表

Overall Energy Balance Sheet

单位：万吨标准煤 (10000 tons of SCE)

指　　标	Item	2018	2019	2020	2021	2022
可供消费的能源总量	**Total Energy Available for Consumption**	**10120.77**	**10332.86**	**10862.82**	**11391.71**	**10621.91**
一次能源生产量	Primary Energy Output	12186.03	11630.38	11171.06	11640.07	10989.94
省外调入	Inflow from Other Provinces	2772.82	3037.56	3494.95	3487.80	3342.98
调出省外	Outflow from Guizhou Province	4670.79	4464.43	3659.49	3822.51	3750.31
年初年末库存差额	Stock Changes in the Year	-164.92	129.35	-148.08	86.40	39.30
能源消费总量	**Total Energy Consumption**	**10035.92**	**10423.27**	**10621.44**	**11263.82**	**10980.64**
农、林、牧、渔、水利业	Farming, Forestry, Animal Husbandry, Fishery and Water Conservancy	207.51	214.76	226.92	243.03	247.40
工　业	Industry	4968.43	5143.80	5199.04	5423.30	5005.17
建筑业	Construction	186.59	193.74	185.22	188.92	184.76
交通运输、仓储和邮政业	Transport,Storage and Post	849.84	907.64	929.09	1043.37	1033.98
批发、零售业和住宿、餐饮业	Wholesale and Retail Trades, Hotels and Catering Services	966.70	972.62	1008.29	958.90	978.06
其　他	Other Sectors	1353.49	1320.33	1329.17	1609.97	1655.03
生活消费	Household Consumption	1503.35	1670.37	1743.71	1796.34	1876.24
终端消费	End-use Consumption	9656.73	10074.14	10111.12	10732.26	10407.20
#工　业	Industry	4589.22	4794.68	4688.71	4891.74	4431.73
加工转换损失量	Losses During the Process of Energy Conversion	50.27	88.80	187.24	269.12	265.29
#炼　焦	Coking	49.28	30.47	24.04	23.31	18.24
损失量	Energy Losses	328.93	260.33	323.08	262.44	308.15
平衡差额	Balance	84.85	-90.41	241.38	127.89	-358.73

7-3 煤炭平衡表

Coal Balance Sheet

单位：万吨 (10000 tons)

指　　标	Item	2018	2019	2020	2021	2022
可供量	**Total Energy Available for Consumption**	**12119.18**	**12086.03**	**12041.52**	**12598.70**	**11696.94**
生产量	Output	14335.01	13167.94	12055.33	13231.89	13068.98
调出省外	Outflow from Guizhou Province	2947.15	2346.51	1385.38	1919.78	2156.15
年初年末库存差额	Stock Changes in the Year	-247.63	105.73	-202.49	54.57	61.19
消费量	**Total Energy Consumption**	**12008.03**	**12204.16**	**11658.89**	**12480.17**	**12219.99**
农、林、牧、渔、水利业	Farming,Forestry,Animal Husbandry,Fishery and Water Conservancy	200.44	183.67	171.17	147.67	144.97
工　业	Industry	9751.90	10168.08	9584.90	10913.52	10677.00
建筑业	Construction	6.49	3.80	3.00	2.50	2.08
交通运输、仓储和邮政业	Transport,Storage and Post	1.28	1.50	0.01	0.01	…
批发、零售业和住宿、餐饮业	Wholesale and Retail Trades, Hotels and Catering Services	850.01	788.34	818.73	534.45	536.39
其　他	Other Sectors	650.50	564.77	568.13	401.15	395.00
生活消费	Household Consumption	547.42	494.00	512.95	480.87	464.55
终端消费	End-use Consumption	4470.84	4377.96	4203.78	3587.74	3088.03
#工　业	Industry	2214.71	2341.87	2129.78	2021.09	1545.04
中间消费(用于加工转换)	Intermediate Consumption (Consumed in Conversion)	7537.20	7826.21	7455.12	8892.43	9131.96
#发　电	Power Generation	6483.53	6839.91	6601.30	7253.26	7377.22
炼　焦	Coking	554.83	531.38	568.54	562.52	434.50
平衡差额	**Balance**	**111.14**	**-118.14**	**382.63**	**118.53**	**-523.05**

7-4 电力平衡表

Electricity Balance Sheet

单位:亿千瓦小时 (100 million kwh)

指标	Item	2018	2019	2020	2021	2022
可供量	**Total Energy Available for Consumption**	**1482.12**	**1540.68**	**1586.07**	**1742.75**	**1743.97**
生产量	Output	2117.03	2256.61	2305.45	2368.40	2299.02
水电、风电、太阳能发电等	Hydropower, Wind Power, Solar Power, etc.	854.31	867.00	973.34	921.82	897.05
火电	Thermal Power	1262.72	1389.61	1332.11	1446.58	1401.97
调出省外	Outflow from Guizhou Province	634.99	717.75	720.31	625.75	555.05
消费量	**Total Energy Consumption**	**1482.12**	**1540.68**	**1586.07**	**1742.75**	**1743.96**
农、林、牧、渔、水利业	Farming, Forestry,Animal Husbandry,Fishery and Water Conservancy	7.11	10.90	14.88	19.70	21.01
工业	Industry	983.61	982.07	996.83	1029.74	987.53
建筑业	Construction	33.58	34.93	32.14	32.46	30.23
交通运输、仓储和邮政业	Transport,Storage and Post	35.39	36.78	37.64	44.15	40.90
批发、零售业和住宿、餐饮业	Wholesale and Retail Trades, Hotels and Catering Services	42.86	46.26	52.12	78.38	86.00
其他	Other Sectors	95.09	90.35	89.80	170.40	184.16
生活消费	Household Consumption	284.48	339.40	362.66	367.92	394.13
终端消费	End-use Consumption	1374.49	1455.32	1480.04	1656.20	1642.56
#工业	Industry	875.98	896.71	890.80	943.19	886.13
输配损失量	Losses in Transmission	107.63	85.35	106.03	86.55	101.40

7-5 分行业能源消费总量

Total Consumption of Energy by Sector

单位：万吨标准煤 (10000 tons of SCE)

行 业	Sector	2018	2019	2020	2021	2022
工 业	**Industrial**	**4968.43**	**5143.80**	**5199.04**	**5423.30**	**5005.17**
采矿业	Mining and Quarrying	469.10	542.97	614.91	693.29	668.75
#煤炭开采和洗选业	Mining and Washing of Coal	347.54	426.88	534.53	613.50	587.64
黑色金属矿采选业	Mining and Processing of Ferrous Metal Ores	15.84	19.05	6.29	11.13	13.52
有色金属矿采选业	Mining and Processing of Non-Ferrous Metal Ores	16.30	17.46	14.01	14.08	14.46
非金属矿采选业	Mining and Processing of Nonmetal Ores	39.56	35.60	30.31	31.63	32.18
制造业	Manufacturing	3841.21	3929.16	3923.67	4038.84	3624.28
#农副食品加工业	Processing of Food from Agricultural Products	36.58	36.62	36.40	39.17	39.92
食品制造业	Manufacture of Foods	12.90	15.43	16.23	18.13	18.61
酒、饮料和精制茶制造业	Manufacture of Liquor, Beverages and Refined Tea	32.36	32.82	37.94	55.35	68.45
烟草制品业	Manufacture of Tobacco	9.00	10.30	9.44	10.53	9.48
纺织业	Manufacture of Textile	5.49	5.39	6.40	9.12	13.22
纺织服装、服饰业	Manufacture of Textile, Wearing Apparel and Accessories	2.47	2.10	2.33	2.90	3.58
皮革、毛皮、羽毛及其制品和制鞋业	Manufacture of Leather, Furs, Feather and Related Products and Footwear	2.12	2.04	1.66	1.88	1.88
木材加工和木、竹、藤、棕、草制品业	Processing of Timber, Manufacture of Wood, Bamboo, Rattan, Palm and Straw Products	13.01	14.19	12.74	14.19	14.10
家具制造业	Manufacture of Furniture	6.91	5.89	6.00	5.84	5.63
造纸和纸制品业	Manufacture of Paper and Paper Products	16.31	15.93	18.43	37.60	38.16
印刷业和记录媒介复制业	Printing and Reproduction of Recording Media	3.11	3.17	3.34	3.52	3.48
文教、工美、体育和娱乐用品制造业	Manufacture of Articles for Culture, Education, Arts and Crafts, Sports and Entertainment Activities	2.56	2.78	1.88	2.43	2.67
油加工、炼焦和核燃料加工业	Processing of Petroleum, Coking and Processing of Nuclear Fuel	66.47	43.50	21.63	91.71	99.82
化学原料和化学制品制造业	Manufacture of Raw Chemical Materials and Chemical Products	708.04	708.70	655.28	634.84	603.94
医药制造业	Manufacture of Medicines	17.81	18.00	17.30	19.09	19.71
化学纤维制造业	Manufacture of Chemical Fiber	1.90	1.46	1.26	1.26	1.24

7-5 续表 continued

单位：万吨标准煤 (10000 tons of SCE)

行 业	Sector	2018	2019	2020	2021	2022
橡胶和塑料制品业	Manufacture of Rubber and Plastics Products	37.59	36.68	42.74	48.50	47.89
非金属矿物制品业	Manufacture of Non-metallic Mineral Products	1181.76	1238.19	1204.83	1019.70	735.92
黑色金属冶炼和压延加工业	Smelting and Pressing of Ferrous Metals	532.41	467.74	528.94	733.86	583.34
有色金属冶炼和压延加工业	Smelting and Pressing of Non-ferrous Metals	951.92	1050.44	1119.89	1086.02	1041.00
金属制品业	Manufacture of Metal Products	78.27	96.72	51.32	43.28	45.41
通用设备制造业	Manufacture of General Purpose Machinery	26.20	21.34	14.25	11.53	12.05
专用设备制造业	Manufacture of Special Purpose Machinery	7.45	8.27	7.49	5.51	6.15
汽车制造业	Manufacture of Automobiles	6.46	6.06	5.78	5.52	10.31
铁路、船舶、航空航天和其他运输设备制造业	Manufacture of Railway, Ship, Aerospace and Other Transportation Equipment	10.34	10.80	10.94	12.89	15.80
电气机械和器材制造业	Manufacture of Electrical Machinery and Apparatus	13.65	16.44	22.82	48.12	96.22
计算机、通信和其他电子设备制造业	Manufacture of Computers,Communication and Other Electronic Equipment	8.13	7.40	11.97	18.20	25.44
仪器仪表制造业	Manufacture of Measuring Instruments and Machinery	3.59	2.04	1.66	2.52	2.44
其他制造业	Other Manufacture	25.17	28.35	30.96	36.61	40.00
废弃资源综合利用业	Utilization of Waste Resources	11.38	11.68	16.34	14.71	14.08
金属制品、机械和设备修理业	Repair Service of Metal Products, Machinery and Equipment	9.84	8.67	5.48	4.33	4.33
电力、热力、燃气及水生产和供应业	Electric Power, Heat, Gas and Water Production and Supply	658.12	671.67	660.46	691.17	712.13
电力、热力生产和供应业	Production and Supply of Electric Power and Heat Power	625.57	633.45	620.91	643.11	651.50
燃气生产和供应业	Production and Supply of Gas	3.80	2.95	2.52	3.14	5.85
水的生产和供应业	Production and Supply of Water	28.74	35.26	37.03	44.92	54.78
建筑业	**Construction**	**186.60**	**193.74**	**185.22**	**188.92**	**184.76**
交通运输、仓储及邮政	**Transport,Storage and Post**	**849.84**	**907.64**	**929.09**	**1043.37**	**1033.98**
批发、零售业和住宿、餐饮业	**Wholesale,Retail Trade and Hotel, Restaurants**	**966.70**	**972.62**	**1008.29**	**958.90**	**978.06**
其他行业	**Others**	**1353.49**	**1320.33**	**1329.17**	**1609.97**	**1655.03**
生活消费	**Residential Consumption**	**1503.35**	**1670.37**	**1743.71**	**1796.34**	**1876.24**

7-6 能源生产消费弹性系数

Elasticity Ratio of Energy Production and Consumption

指 标	Item	2018	2019	2020	2021	2022
地区生产总值比上年增长(%)	Growth Rate of Gross Domestic Product(GDP) over Preceding Year(%)	9.1	8.3	4.5	8.1	1.2
能源生产比上年增长(%)	Growth Rate of Energy Production over Preceding Year(%)	-5.5	-4.6	-3.9	4.2	-5.6
能源消费总量比上年增长(%)	Growth Rate of Energy Consumption over Preceding Year(%)	1.9	3.9	1.9	6.0	-2.4
电力生产比上年增长(%)	Growth Rate of Electricity Production over Preceding Year(%)	5.2	6.3	2.2	2.7	-2.9
电力消费比上年增长(%)	Growth Rate of Electricity Consumption over Preceding Year(%)	7	4.0	2.9	9.9	0.1
能源生产弹性系数	Elasticity Ratio of Energy Production				0.52	
能源消费弹性系数	Elasticity Ratio of Energy Consumption	0.21	0.47	0.42	0.74	
电力生产弹性系数	Elasticity Ratio of Electricity Production	0.57	0.76	0.49	0.33	
电力消费弹性系数	Elasticity Ratio of Electricity Consumption	0.77	0.48	0.64	1.22	0.06

7-7 生活能源消费量

Energy Consumption for Households

能源品种	Item	2018	2019	2020	2021	2022
生活能源消费量（万吨标准煤）	**Energy Consumption for Households (10000 tons of SCE)**	**1503.35**	**1670.37**	**1743.71**	**1796.34**	**1876.24**
煤炭(万吨)	Coal (10000 tons)	547.42	494.00	512.95	480.87	464.55
煤油(万吨)	Kerosene (10000 tons)	…	…	…	…	…
液化石油气(万吨)	Liquefied Petroleum Gas (10000 tons)	15.20	16.94	18.59	18.50	18.70
天然气(亿立方米)	Natural Gas(100 million cu.m)	8.95	9.78	10.82	13.22	14.47
煤气(亿立方米)	Coal Gas (100 million cu.m)	…	0.96	1.19	0.83	0.80
电力(亿千瓦小时)	Electricity (100 million kwh)	284.48	339.40	362.66	367.92	394.13

7-8 人均生活能源消费量

Annual Average per Capita Energy Consumption of Households

指　标	Item	2018	2019	2020	2021	2022
平均每人生活消费能源（千克标准煤/人）	Average per Capita Energy Consumption of Households（kg of SCE/Person）	418	461	452	466	487
煤炭（千克）	Coal（kg）	152	136	133	125	121
电力（千瓦小时）	Electricity（kwh）	790	937	940	954	1023
液化石油气（千克）	Liquefied Petroleum Gas（kg）	4	5	5	5	5
煤气（立方米）	Coal Gas（cu.m）	…	3	3	2	2

7-9 能源利用效率

Using Efficiency of Energy

指　标	Item	2018	2019	2020	2021	2022
每万元地区生产总值能源消费量（吨标准煤/万元）（可比价）	**Energy Consumption Per Unit of GDP（ton of SCE/10000 yuan）（at comparable prices）**	**0.717**	**0.688**	**0.671**	**0.584**	**0.562**
每万元地区生产总值能耗上升或下降（%）	**Energy Consumption Rise or Fall Per Unit of GDP（%）**	**-6.55**	**-4.06**	**-2.45**	**-1.9**	**-3.7**
每万元地区生产总值电力消费量（千瓦小时/万元）	**Electricity Consumption Per Unit of GDP（kwh/10000 yuan）**	**1058**	**1017**	**1002**	**903**	**893**
每万元地区生产总值煤炭消费量（吨/万元）	**Coal Consumption Per Unit of GDP（ton/10000 yuan）**	**0.82**	**0.73**	**0.65**	**0.64**	**0.61**
能源消费总量（万吨标准煤）	Total Energy Consumption（10000 tons of SCE）	10035.92	10423.27	10621.44	11263.82	10980.64
每吨能源生产的地区生产总值（万元/吨标准煤）	GDP Produced by Per Unit of Energy（10000 yuan/ton of SCE）	1.40	1.45	1.49	1.71	1.78
规模以上工业能源消费量（万吨标准煤）	Energy Consumption of Industry above Designated Size（10000 tons of SCE）	5520.64	5812.18	5825.21	6134.84	5749.40
规模以上工业万元增加值能耗上升或下降（%）	Ten-thousand-yuan Added Value Energy Consumption Rise or Fall of Industry above Designated Size（%）	-5.87	-3.4	-4.5	-7.4	-7.0

注：地区生产总值2018-2020年以2015年不变价计算，2021年起以2020年不变价计算。

Note: GDP is calculated at constant prices in 2015 from 2018 to 2020 and at constant prices in 2020 from 2021 onwards.

7-10 平均每天能源消费量

Average Daily Energy Consumption by Type of Energy

能源品种	Item	2018	2019	2020	2021	2022
合计(万吨标准煤)	Total (10000 tons of SCE)	27.496	28.557	29.100	30.860	30.084
煤炭(万吨)	Coal (10000 tons)	32.899	33.436	36.054	34.192	33.479
焦炭(万吨)	Coke (10000 tons)	0.574	0.613	0.681	0.722	0.739
燃料油(万吨)	Fuel Oil (10000 tons)	0.001	0.000	0.001	0.002	0.002
汽油(万吨)	Gasoline (10000 tons)	1.200	1.276	1.327	1.635	1.659
煤油(万吨)	Kerosene (10000 tons)	0.155	0.162	0.135	0.136	0.089
柴油(万吨)	Diesel Oil (10000 tons)	1.565	1.598	1.638	1.997	2.007
天然气(亿立方米)	Natural Gas(100million cu.m)	0.082	0.098	0.107	0.132	0.148
电力(亿千瓦小时)	Electricity (100million kwh)	4.061	4.221	4.345	4.775	4.778

7-11 规模以上工业企业水消费

Water Consumption of Scale Industry

单位:万立方米 (10000 cu.m)

行 业	Sector	2018	2019	2020	2021	2022
取水总量	the Total Amount of Water	156977.83	174785.49	185325.87	199081.58	213886.56
#地表水	Surface Water	131238.37	150005.95	160402.81	173816.98	184594.71
地下水	Groundwater	8354.49	6733.58	6893.28	2229.77	3554.55
自来水	Tap Water	13701.97	13942.95	13612.78	17323.99	19308.71
中 水	Reclaimed Water	429.24	421.56	411.23	443.09	631.05
其他水	Other Water	652.99	636.45	568.45	965.18	738.65
重复用水	Repeated Water	992742.45	1009750.53	1136970.56	1234895.41	1215676.43
工业企业污水排放量	Discharge of Industrial Sewage	66651.65	77587.82	118583.63	118856.04	161589.94

注:工业企业污水排放量统计口径发生变化,2020年前为企业污水处理量,2020年起为污水处理量,即所有装有污水处理设备可以处理污水的企业均要填报污水处理量。

Note: The statistical caliber of discharge of industrial sewage has changed. Before 2020, it was the sewage disposal capacity of enterprises. From 2020, it is the sewage disposal capacity, that is, all enterprises equipped with sewage disposal equipment to dispose sewage should report the sewage disposal capacity.

7-12 发电装机容量

Installed Capacity of Power Generation

单位:万千瓦 (10000 kw)

能源品种	Item	2018	2019	2020	2021	2022
发电装机容量	Installed Capacity of Power Generation	5754	6314	7137	7226	7730
火 电	Thermal Power	3263	3410	3504	3511	3721
水 电	Hydropower	1927	1938	1996	1998	1997
风 电	Wind Power	386	457	580	580	592
太阳能发电	Solar Power	178	510	1057	1137	1420

注:数据源于省电力行业协会,本表统计口径为6000千瓦及以上电厂期末设备容量。

Note: The data come from Guizhou Electric Power AssociationThe statistical calibre of this table is the terminal equipment capacity of power plants of 6000 kw and above.

主要统计指标解释

能源生产总量 指一定时期内全省一次能源生产量的总和。一次能源生产量包括原煤、原油、天然气、水电、核能及其他动力能(如风能、地热能等)发电量,不包括低热值燃料生产量、生物质能、太阳能等的利用和由一次能源加工转换而成的二次能源产量。

能源消费总量 指一定时期内全省各行业和居民生活消费的各种能源的消费总量指标。能源消费总量分为终端能源消费量、能源加工转换损失量和损失量三部分。

终端能源消费量:指一定时期内全省各行业和居民生活消费的各种能源在扣除了用于加工转换二次能源消费量和损失量以后的数量。

能源加工转换损失量:指一定时期内全省投入加工转换的各种能源数量之和与产出各种能源产品之和的差额,是观察能源在加工转换过程中损失量变化的指标。

能源损失量:指一定时期内能源在输送、分配、储存过程中发生的损失和由客观原因造成的各种损失量,不包括各种气体能源放空、放散量。

能源生产弹性系数 是能源生产量的增长与国民经济增长速度之间的比值。计算公式为:

$$\text{能源生产弹性系数}=\frac{\text{能源生产总量年平均增长速度}}{\text{地区生产总值年平均增长速度}}$$

电力生产弹性系数 是电力生产量的增长与国民经济增长速度之间的比值。计算公式为:

$$\text{电力生产弹性系数}=\frac{\text{电力生产量年平均增长速度}}{\text{地区生产总值年平均增长速度}}$$

能源消费弹性系数 是能源消费增长速度与国民经济增长速度之间的比值。计算公式为:

$$\text{能源消费弹性系数}=\frac{\text{能源消费量年平均增长速度}}{\text{地区生产总值年平均增长速度}}$$

电力消费弹性系数 是电力消费增长速度与国民经济增长速度之间的比值。计算公式为:

$$\text{电力消费弹性系数}=\frac{\text{电力消费量年平均增长速度}}{\text{地区生产总值年平均增长速度}}$$

单位地区生产总值能源消耗量 指一定时期内,每生产一个计量单位的地区生产总值所消耗的能源。计算公式为:

$$\text{每万元地区生产总值能源消耗量}=\frac{\text{能源消费总量}}{\text{地区生产总值}}$$

单位地区生产总值电力消耗量 指一定时期内,每生产一个计量单位的地区生产总值所消耗的电力。计算公式为:

$$\text{每万元地区生产总值电力消耗量}=\frac{\text{全社会用电量}}{\text{地区生产总值}}$$

Explanatory Notes on Main Statistical Indicators

Total Energy Production refers to the total production of primary energy by all energy producing enterprises in the country in a given period of time. The production of primary energy includes that of coal, crude oil, natural gas, hydro-power and electricity generated by nuclear energy and other means such as wind power and geothermal power. However, it excludes the production of fuels of low calorific value, bio-energy, solar energy and the secondary energy converted from the primary energy.

Total Energy Consumption refers to the total energy consumption indexes of various industries and residents in our province in a given period of time. Total energy consumption can be divided into three parts: end-use energy consumption; loss during the process of energy conversion; and energy loss.

End-use Energy Consumption refers to the total energy consumption by material production sectors, non material production sectors and households in the country(region) in a given period of time, but excludes the consumption during the conversion of primary energy into the secondary energy and the loss in the process of energy conversion.

Loss During the Process of Energy Conversion refers to the total input of various kinds of energy for conversion, minus the total output of various kinds of energy in the country in a given period of time. It is an indicator to show the loss that occurs during the process of energy conversion.

Energy Loss refers to the total of the loss of energy during the course of energy transport, distribution and storage and the loss caused by any objective reason in a given period of time. The loss of various kinds of gas due to gas discharges and stocktaking is excluded.

Elasticity Ratio of Energy Production is an indicator to show the relationship between the growth rate of energy production and the growth rate of the national economy. The formula is:

$$\text{Elasticity Ratio of Energy Production}=\frac{\text{Average Annual Growth Rate of Energy Production}}{\text{Average Annual Growth Rate of National Economy}}$$

Elasticity Ratio of Electricity Production is an indicator to show the relationship between the growth rate of electricity production and the growth rate of the national economy. Its formula is:

$$\text{Elasticity Ratio of Electricity Production}=\frac{\text{Average Annual Growth Rate of Electricity Production}}{\text{Average Annual Growth Rate of National Economy}}$$

Elasticity Ratio of Energy Consumption is an indicator to show the relationship between the growth rate of energy consumption and the growth rate of the national economy. The formula is:

$$\text{Elasticity Ratio of Energy Consumption}=\frac{\text{Average Annual Growth Rate of Energy Consumption}}{\text{Average Annual Growth Rate of National Economy}}$$

Elasticity Ratio of Electricity Consumption is an indicator to show the relationship between the growth rate of electricity consumption and the growth rate of the national economy. The formula is:

$$\text{Elasticity Ratio of Electricity Consumption}=\frac{\text{Average Annual Growth Rate of Electricity Consumption}}{\text{Average Annual Growth Rate of National Economy}}$$

Energy Consumption per Unit of GDP (ton of SCE/10000 yuan) refers to the energy consumption per unit of Gross Domestic Product in a country or the Gross Regional Product in a region in the same reference period. The formula is:

$$\text{Energy Consumption per Unit of GDP}=\frac{\text{Total Energy Consumption}}{\text{Gross Domestic Product}}$$

Electricity Consumption per Unit of GDP (KWh/10000 yuan) refers to the electricity consumption per unit of Gross Domestic Product in a country or the Gross Regional Product in a region in the same reference period. The formula is:

$$\text{Electricity Consumption per Unit of GDP}=\frac{\text{Total Electricity Consumption}}{\text{Gross Domestic Product}}$$

财政税收

Government Finance and Taxation

8

简 要 说 明

一、主要内容

本篇反映全省财政收支状况、税收情况。

一般公共预算收支是指政府凭借国家政治权力，以社会管理者身份筹集以税收为主体的财政收入，用于保障和改善民生、维持国家机构正常运转、保障国家安全等方面的各项收支。

二、统计口径

2007年起财政收支科目实施了较大改革，特别是财政支出项目口径变化很大，与以前年度数据不可比。从2011年开始，预算外资金全部纳入预算内管理。

三、资料来源

财政资料来源于省财政厅，税收资料来源于国家税务总局贵州省税务局。

Brief Introduction

I. Main Contents

Data in this chapter shows the government revenue and expenditure situation, as well as the tax collection.

The General Public Budget Revenue and Expenditure refers to the revenues and expenditures mainly in a form of taxes collected by the government as the administration of the society using its state political power for the purposes of assuring and improving the people's life, maintaining the regular operation of the government, and defending the national security.

II. Scope of Data

Compared with the previous years, the classifications of revenue and expenditure accounts have been adjusted largely in 2007. Therefore, the data on the state revenue and expenditure and the data on general public budget revenue and expenditure after 2007 are not comparable with the data of earlier years. Starting from 2011, the extra-budgetary funds is included in the budgetary management.

Ⅲ. Sources of Data

Data on finance are from Department of Finance of Guizhou Province.

Data on tax are from Guizhou Provincial Tax Service and State Taxation Administration.

8-1 财政收入
Financial Revenue

单位:亿元 (100 million yuan)

指　标	Item	2018	2019	2020	2021	2022	2022年比2021年增长(%) Increase Rate in 2022 over 2021(%)
财政总收入	**Total Government Revenue**	**2973.36**	**3051.52**	**3082.03**	**3415.19**	**3192.69**	**6.2**
#一般公共预算收入	General Public Budget Revenue	1726.85	1767.47	1786.80	1969.39	1886.41	6.8
#增值税(含改征增值税)	Value-added Tax	486.39	474.21	417.54	453.77	293.79	12.0
企业所得税	Corporate Income Tax	184.46	215.41	206.39	251.71	261.78	4.0
个人所得税	Individual Income Tax	69.31	40.32	42.26	45.10	46.88	3.9
资源税	Resource Tax	32.60	34.00	29.57	39.21	44.40	13.3
城市维护建设税	City Maintenance and Construction Tax	85.53	82.79	83.80	91.44	93.93	2.7
房产税	House Property Tax	35.36	36.88	37.38	38.90	39.70	2.1
契　税	Deed Tax	96.11	103.66	94.26	98.30	91.33	-7.1
土地增值税	Land Appreciation Tax	98.34	89.23	62.89	54.21	43.67	-19.4
国有资本经营收入	Operation Income from Government Capital	18.28	85.75	168.83	247.97	257.95	4.0
罚没收入	Penalty Receipts	48.32	66.32	71.88	79.10	73.63	-6.9
行政事业性收费	Charge of Administrative and Institutional Units	73.12	80.95	75.36	91.16	74.61	-18.1
专项收入	Special Program Receipts	125.22	123.87	109.41	120.17	111.18	-7.5

注:1.资料来源于省财政厅(以下相关表同)。2. 2017年财务制度改革,增值税和营业税合并统计。3.增幅为剔除增值税留抵退税因素后同口径增幅。

Note: 1.The data in the table are provided by Guizhou Provincial Finance Bureau(the relative tables in this chapter are the same). 2.According to the new financial system in 2017, the value-added tax and business tax are combined to count. 3. The increase rate is the same caliber increase after excluding the value -added tax refund factors.

8-2 财政支出
Financial Expenditure

单位:亿元 (100 million yuan)

指　标	Item	2018	2019	2020	2021	2022	2022年比2021年增长(%) Increase Rate in 2022 over 2021(%)
一般公共预算支出	General Public Budget Expenditure	5029.68	5948.74	5739.50	5590.01	5851.36	4.7
#一般公共服务	General Public Services	496.47	573.06	497.36	485.12	442.30	-8.8
国　防	National Defense	4.12	3.25	3.89	4.40	3.96	-10.1
公共安全	Public Security	282.70	280.06	273.71	274.27	261.45	-4.7
教　育	Education	985.95	1067.62	1073.34	1129.35	1155.33	2.3
科学技术	Science and Technology	102.88	114.13	113.19	88.34	88.86	0.6
文化体育与传媒	Culture, Sports and Media	60.80	68.76	72.76	117.08	123.58	5.5
文化旅游体育与传媒	Culture, Tourism, Sports and Media						
社会保障和就业	Social Safety Net and Employment Effort	537.71	589.03	678.48	688.64	738.46	7.2
卫生健康	Hygiene and Health	481.80	534.78	565.66	542.07	583.59	7.7
节能环保	Energy Saving and Environment Protection	134.38	188.53	146.15	158.74	118.00	-25.7
城乡社区	Urban and Rural Community Affairs	246.21	439.93	209.70	260.03	254.49	-2.1
农林水	Farming, Forestry and Water Conservancy	664.84	998.90	1024.31	730.74	692.15	-5.3
交通运输	Transportation	381.49	347.79	341.50	336.45	372.48	10.7

8-3 分级一般公共预算收入(2022)

General Public Budget Revenue by Level(2022)

单位:亿元 (100 million yuan)

指 标	Item	总 计 Total	省 级 Province	地 级 Prefecture	县 级 County	乡镇级 Villages and Towns
一般公共预算收入	**General Public Budget Revenue**	**1886.41**	**582.46**	**367.29**	**824.91**	**111.75**
税收收入	**Tax Revenue**	**1021.76**	**246.42**	**207.00**	**466.92**	**101.42**
#增值税	Value-added Tax	293.79	65.67	78.87	123.88	25.37
企业所得税	Corporate Income Tax	261.78	148.73	34.05	64.67	14.33
个人所得税	Individual Income Tax	46.88	9.38	10.49	24.05	2.97
资源税	Resource Tax	44.40	15.00	6.29	16.04	7.07
城市维护建设税	City Maintenance and Construction Tax	93.93	0.04	36.39	34.87	22.63
房产税	House Property Tax	39.70		0.30	35.24	4.16
契 税	Deed Tax	91.33		22.38	62.40	6.56
土地增值税	Land Appreciation Tax	43.67		2.19	38.36	3.12
非税收入	**Non-tax Revenue**	**864.66**	**336.04**	**160.30**	**357.99**	**10.33**
#专项收入	Special Program Receipts	111.18	27.66	31.57	49.83	2.11
行政事业性收费	Charge of Administrative and Institutional Units	74.61	12.85	26.33	34.15	1.28
罚没收入	Penalty Receipts	73.63	8.63	24.77	38.97	1.26
国有资本经营收入	Operation Income of State-owned Assets	257.95	248.42	0.22	9.11	0.20

8-4 分级一般公共预算支出(2022)

General Public Budget Expenditure by Level(2022)

单位:亿元 (100 million yuan)

指 标	Item	总 计 Total	省 级 Province	地 级 Prefecture	县 级 County	乡镇级 Villages and Towns
一般公共预算支出	**General Public Budget Expenditure**	**5851.36**	**1433.84**	**871.89**	**3229.26**	**316.37**
#一般公共服务	General Public Services	442.30	41.25	59.52	251.58	89.95
国 防	National Defense	3.96	0.63	1.23	1.99	0.11
公共安全	Public Security	261.45	51.34	78.04	129.98	2.09
教 育	Education	1155.33	144.99	108.07	877.13	25.14
科学技术	Science and Technology	88.86	24.92	8.18	53.77	1.99
文化旅游体育与传媒	Culture, Tourism, Sports and Media	123.58	63.94	15.91	40.94	2.78
社会保障和就业	Social Safety Net and Employment Effort	738.46	194.16	129.43	389.87	25.01
卫生健康	Hygiene and Health	583.59	31.82	265.25	273.80	12.71
节能环保	Energy Saving ang Environment Protection	118.00	15.02	16.50	81.62	4.85
城乡社区	Urban and Rural Community Affairs	254.49	30.76	16.70	196.82	10.22
农林水	Farming, Forestry and Water Conservancy	692.15	138.02	30.16	400.96	123.00
交通运输	Transportation	372.48	288.83	27.18	54.73	1.74

8-5 历年财政收支

Financial Revenue and Expenditure Over the Years

单位:亿元 (100 million yuan)

年 份 Year	财政总收入 Total Financial Revenue		一般公共预算收入 General Public Budget Revenue		一般公共预算支出 General Public Budget Expenditure	
	绝对数 Absolute Numbers	比上年增长(%) Growth Rates(%)	绝对数 Absolute Numbers	比上年增长(%) Growth Rates(%)	绝对数 Absolute Numbers	比上年增长(%) Growth Rates(%)
1978	14.20	48.2	6.26	157.6	12.30	39.9
1979	14.26	0.4	6.54	4.5	13.30	8.1
1980	13.23	-7.2	6.69	2.3	12.66	-4.8
1981	13.74	3.9	6.32	-5.5	13.28	4.9
1982	16.00	16.4	7.70	21.8	15.11	13.8
1983	18.26	14.1	9.56	24.2	16.38	8.4
1984	21.81	19.4	11.81	23.5	22.28	36.0
1985	26.71	22.5	15.17	28.5	24.55	10.2
1986	31.38	17.5	17.01	12.1	30.43	24.0
1987	36.80	17.3	21.37	25.6	31.43	3.3
1988	39.55	7.5	25.96	21.5	36.14	15.0
1989	45.37	14.7	32.14	23.8	45.89	27.0
1990	49.36	8.8	35.37	10.0	47.87	4.3
1991	55.71	12.9	42.80	21.0	53.42	11.6
1992	60.98	9.5	47.28	10.5	60.63	13.5
1993	68.43	12.2	56.50	19.5	67.39	11.1
1994	77.30	13.0	31.24	-44.7	74.23	10.1
1995	87.40	13.1	38.80	24.2	85.33	15.0
1996	103.92	18.9	49.46	27.5	99.58	16.7
1997	116.19	11.8	57.90	17.1	113.79	14.3
1998	136.31	17.3	65.34	12.8	133.09	17.0
1999	133.75	-1.9	74.26	13.7	170.72	28.3
2000	153.04	14.4	85.23	14.8	201.57	18.1
2001	177.04	15.7	99.75	17.0	275.20	36.5
2002	203.03	14.7	108.28	8.6	316.67	15.1
2003	236.64	16.6	124.56	15.0	332.35	5.0
2004	296.48	25.3	149.29	19.9	418.42	25.9
2005	366.16	23.5	182.50	22.2	520.73	24.5
2006	448.88	22.6	226.82	24.3	610.64	17.3
2007	556.98	24.1	285.14	25.7	795.40	30.3
2008	674.58	21.1	349.55	22.6	1055.39	32.7
2009	779.59	15.6	416.48	19.1	1372.27	30.0
2010	969.57	24.4	533.73	28.2	1631.48	18.9
2011	1329.99	37.2	773.08	44.8	2249.40	37.9
2012	1644.48	23.6	1014.05	31.2	2755.68	22.5
2013	1918.23	16.7	1206.41	19.0	3082.66	11.9
2014	2130.90	11.1	1366.67	13.3	3542.80	14.9
2015	2291.82	7.6	1503.38	10.0	3939.50	11.2
2016	2409.35	5.1	1561.34	8.1	4262.36	7.9
2017	2648.31	9.9	1613.84	7.2	4612.52	8.2
2018	2973.36	12.3	1726.85	7.0	5029.68	9.0
2019	3051.52	2.6	1767.47	2.4	5948.74	18.3
2020	3082.03	1.0	1786.80	1.1	5739.50	-3.5
2021	3415.19	10.8	1969.39	10.2	5590.01	-2.6
2022	3192.69	6.2	1886.41	6.8	5851.36	4.7

注：2022年增幅为剔除增值税留抵退税因素后同口径增幅。

Note: The increase rate is the same caliber increase after excluding the value -added tax refund factors in 2022.

8-6 税收收入(按税种分)

Tax Revenue (by Tax Category)

单位:亿元 (100 million yuan)

指 标	Item	2018	2019	2020	2021	2022
总 计	**Total**	**2510.20**	**2484.42**	**2377.83**	**2619.99**	**2325.69**
国内增值税	Domestic Value-added Tax	971.58	949.45	860.99	914.25	461.25
国内消费税	Domestic Consumption Tax	302.80	355.77	412.40	478.42	636.80
车辆购置税	Vehicle Purchasing Tax	83.32	76.75	74.00	71.21	48.59
企业所得税	Corporate Income Tax	451.23	527.91	504.10	615.78	641.13
个人所得税	Individual Income Tax	173.27	100.80	106.76	114.03	118.62
土地增值税	Land Appreciation Tax	98.34	89.23	62.89	54.21	43.67
城镇土地使用税	Urban Land Use Tax	36.49	31.75	29.42	33.32	33.04
城市维护建设税	Maintenance and Construction Tax	85.47	82.78	83.75	91.50	94.00
印花税	Stamp Tax	18.10	17.24	19.54	22.83	19.86
房产税	House Property Tax	35.36	36.88	37.38	38.90	39.70
契税	Deed Tax	96.11	103.66	94.26	98.30	91.33
资源税	Resource Tax	32.60	34.00	29.57	39.21	44.40
车船税	Vehicle and Vessel Tax	13.71	15.07	16.95	18.19	19.21
环境保护税	Environmental Protection Tax	4.57	6.35	5.94	5.85	5.14
烟叶税	Tobacco Tax	11.90	12.73	12.22	12.81	15.15
耕地占用税	Cultivated Land Use Tax	93.14	44.71	28.13	11.89	13.98
其他税收	Other Tax	2.22	-0.65	-0.46	-0.71	-0.18

注:2018年国地税合并,统计方法制度随之改革,本表按现行统计方法制度表设制(以下表同)。
Note: In 2018, the national Taxation Bureau and local taxation bureau were merged, and the statistical method system was reformed accordingly. This table is based on the current statistical method (the same as the following table).

8-7 税收收入(按企业类型分)

Tax Revenue (by Business Entity)

单位:亿元 (100 million yuan)

指 标	Item	2018	2019	2020	2021	2022
总 计	**Total**	**2510.20**	**2484.42**	**2377.83**	**2619.99**	**2325.69**
内资企业	Domestic Funded Enterprises	2270.04	2259.97	2169.74	2354.16	2133.64
国有企业	State-owned Enterprises	239.05	181.81	173.50	196.31	232.68
集体企业	Collective-owned Enterprises	14.77	15.62	13.01	10.99	8.12
股份合作企业	Cooperative Enterprises	15.77	20.27	17.15	21.51	9.58
联营企业	Joint Ownership Enterprises	0.62	0.37	0.45	0.03	0.05
股份公司	Joint-stock Company	1761.73	1834.57	1790.01	1962.46	1739.99
私营企业	Private Enterprises	162.74	163.31	142.75	161.74	142.23
其它企业	Other Enterprises	75.36	44.03	32.87	1.12	1.00
港澳台投资企业	Enterprises with funds from Hong Kong, Macao and Taiwan	27.44	22.05	23.26	21.63	9.81
外商投资企业	Foreign-invested Enterprises	34.93	37.99	30.22	27.79	21.49
个体经营	Self-employed Individuals	177.79	164.41	154.60	8.36	7.54
非企业单位	Non-enterprise unit				208.05	153.21

8-8 税收收入(按产业分)

Tax Revenue (by Industry)

单位:亿元 (100 million yuan)

指　标	Item	2018	2019	2020	2021	2022
税收收入合计	**Total Tax Revenue**	**2510.20**	**2484.42**	**2377.83**	**2619.99**	**2325.69**
第一产业	Primary Industry	5.61	2.67	2.83	2.93	1.00
第二产业	Secondary Industry	1074.06	1051.94	1054.26	1169.85	1387.41
采矿业	Mining	123.51	115.35	89.25	121.33	147.13
制造业	Manufacturing	588.76	616.90	660.64	757.48	1043.85
电力、燃气及水的生产和供应业	Production and Supply of Electricity, Gas and Water	75.00	72.46	72.84	67.62	29.04
建筑业	Construction	286.79	247.23	231.53	223.42	167.39
第三产业	Tertiary Industry	1430.53	1429.81	1320.74	1447.21	937.28
批发和零售业	Wholesale and Retail Trades	431.76	507.88	509.53	568.21	557.81
交通运输、仓储及邮政业	Transport, Storage and Post	31.88	30.93	21.90	16.12	-198.83
住宿和餐饮业	Hotel and Catering Services	9.20	8.23	5.03	6.27	0.69
信息传输、计算机服务和软件业	Information Transmission, Computer Services and Software	19.70	24.09	27.55	30.19	22.47
金融业	Finance	193.91	238.07	223.51	254.95	243.80
房地产业	Real Estate	284.78	353.23	315.13	276.75	158.28
租赁和商务服务业	Leasing and Business Services	191.54	95.46	73.66	130.16	53.45
科学研究和技术服务业	Scientific Research and Technical Services	22.43	22.23	22.56	22.07	20.01
水利、环境和公共设施管理业	Water Conservancy, Environment and Public Utilities Management	12.95	7.99	8.33	5.43	1.77
居民服务、修理和其他服务业	Services to Households and Other Services	38.91	25.39	16.28	17.45	11.05
教　育	Education	7.75	5.41	4.87	6.61	6.80
卫生和社会工作	Health and Social Works	9.35	5.99	5.91	7.94	8.59
文化、体育和娱乐业	Culture, Sports and Entertainment	7.14	5.92	3.10	3.14	1.98
公共管理和社会组织	Public Management and Social Organization	95.03	30.98	18.44	39.40	6.53
其他行业	Others	74.20	68.01	64.94	62.52	42.88

主要统计指标解释

一般公共预算收入 指政府为履行职能,按国家法律法规规定收取的纳入预算内管理的各项税收及非税收入总和。1994年我国实行分税制改革后,一般公共预算收入划分为中央固定收入、地方固定收入、中央与地方共享收入三部分。其中,地方一般公共预算收入(习惯上称地方财政收入)由地方固定收入和中央与地方共享收入地方分成部分组成,具体又可分为税收收入和非税收入两类。

一般公共预算支出 指地方政府为履行职能需要,通过预算内资金安排的用于维持政权运转及支持各项社会事业发展等方面的支出。主要包括:

(1)一般公共服务:指政府提供基本公共管理与服务的支出,包括人大事务、政协事务、政府办公厅(室)及相关机构事务、发展与改革事务、统计信息事务、财政事务、税收事务、审计事务、海关事务、纪检监察事务、商贸事务、知识产权事务、民族事务、港澳台事务、档案事务、民主党派事务及工商联事务、群众团体事务、党委办公厅(室)及相关机构事务、组织事务、宣传事务、统战事务、对外联络事务、其他共产党事务支出、网信事务、市场监督管理事务、其他一般公共预算支出等。

(2)国防:指政府用于国防方面的支出,包括军费、国防科研事业、专项工程、国防动员等方面的支出。

(3)公共安全:指政府维护社会公共安全方面的支出,包括武装警察部队、公安、国家安全、检察、法院、司法、监狱、强制隔离戒毒、国家保密、缉私警察等。

(4)教育:指政府教育事务支出,包括教育管理事务、普通教育、职业教育、成人教育、广播电视教育、留学教育、特殊教育、进修及培训、教育费附加安排的支出等。

(5)科学技术:指用于科学技术方面的支出,包括科学技术管理事务、基础研究、应用研究、技术研究与开发、科技条件与服务、社会科学、科学技术普及、科技交流与合作、科技重大项目等。

(6)文化旅游体育与传媒:指政府在文化与旅游、文物、体育、新闻出版电影、广播电视等方面的支出。

(7)社会保障和就业:指政府在社会保障与就业方面的支出,包括人力资源和社会保障管理事务、民政管理事务、补充全国社会保障基金、行政事业单位养老、企业改革补助、就业补助、抚恤、退役安置、社会福利、残疾人事业、红十字事业、最低生活保障、临时救助、特困人员救助供养、补充道路交通事故社会救助基金、其他生活救助、财政对基本养老保险基金的补助、财政对其他社会保险基金的补助、退役军人管理事务、财政代缴社会保险费支出等。

(8)卫生健康:指政府医疗卫生方面的支出,包括卫生健康管理事务支出、公立医院、基层医疗卫生机构、公共卫生、中医药、计划生育事务、行政事业单位医疗、财政对基本医疗保险基金的补助、医疗救助、优抚对象医疗、医疗保障管理事务、老龄卫生健康事务支出等。

(9)城乡社区事务:指政府城乡社区事务支出,包括城乡社区管理事务支出、城乡社区规划与管理支出、城乡社区公共设施支出、城乡社区环境卫生支出、建设市场管理与监督支出等。

(10)农林水事务:指政府农林水事务支出,包括农业农村支出、林业和草原支出、水利支出、巩固脱贫攻坚成果衔接乡村振兴支出、农村综合改革、普惠金融发展、目标价格补贴支出等。

(11)交通运输:指政府交通运输和邮政业方面的支出,包括公路水路运输支出、铁路运输支出、民用航空运输支出、邮政业支出、车辆购置税支出等。

Explanatory Notes on Main Statistical Indicators

General Public Finance Budget Revenue refer to the sum of various tax and non-tax revenue which is charged into the budget management according to the national laws and regulations for the government to fulfill its functions. After the implementation of the tax reform in our country in 1994, General public revenue divided into the central fixed income, local fixed-income, central and local revenue sharing three parts. Among them, the local General public revenue (customarily known as local revenues) consists of Local fixed income and revenue sharing between central and local areas into parts, Specifically, it can be divided into tax revenues and non-tax revenue categories.

General Public Finance Budget Expenditure refers to local governments in order to fulfill functional needs, through budgetary funding arrangements for the operation and maintenance of the regime to support the development of social undertakings and other spending. It includes the following main items:

(1) Expenditure for general public services: It refers to the spending on the basic public management and services which provided by governments, including the expense on affairs of People's Congress, affairs of People's Political Consultative Conference, affairs of government general office and relative institutions, affairs of development and reform, affairs of statistics, affairs of finance, affairs of taxation, affairs of audit, affairs of customs, affairs of discipline inspection and supervision, affairs of commerce and trade, affairs of intellectual property, ethnic affairs, affairs of Hong Kong, Macao, Taiwan, affairs of archives administration, affairs of democratic parties and federation of industry and commerce, affairs of mass organization, affairs of Party Committee (General) Office and related institutions, affairs of organization, affairs of propaganda, affairs of united front, affairs of liaison, other affairs of Communist Party, affairs of network information, affairs of market supervision and management, and other general public budgets, etc.

(2) Expenditure for national defence: It refers to the spending of government on national defence, including the expense on military, scientific research on national defence, special projects, mobilization of national defence, etc.

(3) Expenditure for public security: It refers to the spending of government on maintaining social and public security, including the expense on armed police force, public security, state security, prosecution, courts, justice, prison, compulsory isolated detoxification, protection of state secrecy, anti-smuggling police, etc.

(4) Expenditure for education: It refers to the spending of government on education, including the expense on education management, regular?education, vocational education, adult?education,, radio and television education, student abroad education, special education, further education and training, arrangement of education surcharge, etc.

(5) Expenditure for science and technology: It refers to the spending on science and technology (S&T), including the expense on the administration of S&T, basic research, applied research, research and development, conditions and services of S&T, social science, popularization of science and technology, exchanges and cooperation of S&T, major scientific and technological projects, etc.

(6) Expenditure for culture, tourism sports and media: It refers to the spending of government on culture and tourism, cultural heritage, sports, press?and?publication, radio and film, television, etc.

(7) Expenditure for social safety net and employment effort: It refers to the spending of government on social safety net and employment, including the expense on administration of human resources and social security, civil affairs, subsidy on National Social Security Fund, pensions of administrative units and institutions, subsidy on enterprise reform, subsidy on employment effort, pension, placement of ex-serviceman, social welfare, the handicapped undertakings, affairs of Red Cross Society, minimum subsistence allowance, temporary assistance, assistance and support for extremely poor individuals, supplementary social assistance funds for road traffic accidents, other living assistance, financial subsidies for basic pension insurance funds, financial subsidies for other social insurance funds, affairs of retired soldiers management, financial payment of social insurance premiums, etc.

(8) Expenditure for sanitation?and?health: It refers to the spending of government on medical and health care, including the expense on administration of sanitation?and?health, public hospitals, basic medical and health institutions, public health, traditional Chinese medicine, affairs of family planning, medical treatment in administrative institutions, subsidies from the government to the basic medical insurance fund, medical assistance, medical treatment for entitled?groups, affairs of medical security management, affairs of elderly health, etc.

(9) Expenditure for urban and rural community affairs: It refers to the spending of government on urban and rural community affairs, including the expense on administration of urban and rural community, planning and management of urban and rural community, public facilities of urban and rural community, sanitation of urban and rural community, management and supervision on the construction market, etc.

(10) Expenditure for agriculture, forestry and water conservancy: It refers to the spending of government on agriculture, forestry and water conservancy, including the expense on agriculture and country, forestry and grassland, water conservancy, consolidating the achievements of poverty alleviation, connect with rural revitalization, comprehensive rural reform, inclusive financial development, and target price subsidies, etc.

(11) Expenditure for transportation: It refers to the spending of government on transportation and postal services, including the expense on road and waterway transportation, railway transportation, civil aviation transportation, postal services, vehicle purchase tax, etc.

价格指数

Price Indices

9

简 要 说 明

一、主要内容

本篇资料主要反映生产、流通、消费与投资等环节的价格变动趋势和变动幅度。包括居民消费价格指数、商品零售价格指数、工业生产者出厂价格指数、工业生产者购进价格指数等。

二、统计范围及调查方法

1. 居民消费、商品零售价格指数：编制居民消费、商品零售价格指数的资料采用抽样调查和重点调查相结合的方法取得。

目前，居民消费价格调查按用途划分为8大类，268个基本分类，各调查市县每月调查1500多个规格品价格；商品零售价格按用途划分为16个大类，197个基本分类，各地每月调查340多个规格品价格。

2. 工业生产者出厂价格指数：反映工业生产者出厂价格的变化趋势及变动幅度。工业生产者出厂价格是工业企业产品第一次出售时的出厂价格。该项调查采用重点调查与典型调查相结合的调查方法。调查对象为年主营业务收入2000万元及以上的企业。经国家统计局审定，可酌情补充部分年主营业务收入2000万元以下的企业。工业生产者出厂价格统计调查41个工业行业大类，207个工业行业中类，666个工业行业小类的工业产品。

3. 工业生产者购进价格指数：反映工业生产者购进价格的变化趋势及变动幅度。工业生产者购进价格是工业企业作为中间投入的原材料、燃料、动力购进价格。调查项目由上述出厂调查目录的大部分和部分农副产品两部分组成，确定为854个基本分类。

三、资料来源

本篇资料由国家统计局贵州调查总队依据国家统计局统一制定的价格统计调查制度从基层采集原始数据加工整理后提供。

Brief Introduction

I. Main Contents

The data on price indices in this chapter show the changing trends and the change rates in the prices of production, trade, consumption and investment, including mainly consumer price indices, retail price indices, producer price indices for industrial products and purchasing price indices for industrial producers.

II. Statistical Coverage and Survey Methods

1. Consumer Price Indices and Retail Price Indices: The data for compilation of the consumer price indices and the retail price indices in China are collected through a combination of sample surveys and surveys of key units.

At present, the data of the consumer price survey is divided into 8 categories and 268 basic classifications according to use, and each survey city and county surveys more than 1,500 specifications and prices every month. For the retail price surveys, the data are collected on more than 340 specifications each month under 197 basic headings in 16 categories.

2. Producer Price Indices for Industrial Products: The data reflect the trend and magnitude of changes in the producer prices for industrial products. Producer prices for industrial products refer to the ex-factory price of manufactured goods when they are first sold. The survey program is a combined use of the key units' survey and typical units' survey methods. Key units refer to those industrial enterprises with annual revenue from the primary activities at and above 20 million yuan. Typical units refer to the industrial enterprises approved by the National Bureau of Statistics with annual revenue from the primary activities below 20 million yuan. The statistical survey of producer prices for industrial products includes 41 industrial categories, 207 industrial medium-categories, and 666 industrial sub-categories.

3. Price Indices for Investment in Fixed Assets: The data reflect the trend and range of changes in the producer price for industrial products. It is the purchase price of raw materials, fuels and power used as intermediate inputs by industrial enterprises. The survey items are composed of most of the above-mentioned factory survey catalogue and some agricultural and sideline products, and 854 basic classifications have been determined.

III. Sources of Data

The data in this chapter are provided by the Guizhou survey team of National Bureau of Statistics after collecting raw data from the grass-roots level and processing according to the price survey system formulated by the NBS.

9-1 居民消费价格分类指数

Consumer Price Indices by Category

（上年=100） (preceding year=100)

指 标	Item	2018	2019	2020	2021	2022
居民消费价格总指数	**General Consumer Price Index**	**101.8**	**102.4**	**102.6**	**100.1**	**101.6**
非食品烟酒价格指数	Non-Food Price Index	102.2	100.6	98.9	101.0	101.8
服务价格指数	Services Price Index	102.7	101.3	99.4	100.4	100.6
消费品价格指数	**Consumer Goods Price Index**	**101.3**	**103.0**	**104.2**	**99.9**	**102.2**
非食品价格指数	Non-Food Price Index	102.1	100.9	99.6	101.1	101.7
食品烟酒	Food, Alcohol and Tobacco	100.7	106.4	110.3	97.7	101.0
食品	Food	100.3	108.3	113.3	95.8	100.9
粮食	Grain	101.6	99.8	99.9	100.4	100.6
薯类	Tubers	105.0	104.1	107.9	99.2	108.8
豆类	Beans	99.8	100.6	105.8	105.6	103.6
食用油	Edible Oil and Fats	95.1	106.1	124.6	100.4	101.0
菜及食用菌	Vegetables and Edible Fungus	103.7	102.1	106.0	101.9	102.4
畜肉类	Livestock for Slaughtering	94.7	122.7	141.2	80.7	93.4
禽肉类	Poultry Meat	106.2	107.4	101.1	92.8	102.7
水产品	Aquatic Products	102.7	100.4	103.7	112.0	99.5
蛋类	Eggs	109.0	105.0	94.5	103.1	107.4
奶类	Milk	102.1	100.0	100.8	100.4	99.3
干鲜瓜果类	Dried and Fresh Melons and Fruits	102.8	111.2	91.2	99.4	107.5
糖果糕点类	Candy and Cake	101.9	100.0	101.5	101.4	103.3
调味品	Flavoring	101.1	100.4	99.9	101.3	103.8
其他食品类	Other Foods	101.2	102.1	102.3	99.6	103.2
茶及饮料	Tea and Beverages	100.6	100.9	100.8	100.4	100.9
烟酒	Tobacco and Liquor	100.7	100.4	100.2	101.7	101.8
卷烟	Cigarettes	100.0	100.0	100.1	100.3	100.7
酒类	Liquor	102.4	101.2	100.4	106.0	105.0
白酒	White Spirit	103.2	101.9	100.1	108.3	106.5
啤酒	Beer	100.4	97.8	101.4	99.0	99.9
在外餐饮	Dining Out	102.0	103.9	106.1	101.1	101.1

注：新基期年(2021年)后,“菜”改为“菜及食用菌”、“烟草”改为“卷烟”。

Note: After the new base year (2021), "Vegetables" was changed to "Vegetables and Edible Fungus", and "Tobacco" was changed to "Cigarettes".

9-1 续表1 continued

（上年=100） (preceding year=100)

指 标	Item	2018	2019	2020	2021	2022
衣着	Clothing	100.9	100.2	98.4	99.3	100.6
服装	Garments	101.2	100.1	98.4	99.3	100.4
衣着材料及配件	Clothing Material	105.1	103.1	99.2	99.7	100.8
其他衣着材料及配件	Other Clothing Materials and Accessories	100.4	100.2	99.8	99.7	101.9
衣着服务费	Clothing Manufacturing Services	102.1	105.2	103.0	100.6	100.2
鞋类	Footwear	100.0	99.9	98.1	99.4	101.7
居住	Residence	102.9	101.1	98.4	100.0	100.5
租赁房房租	Renting	104.6	101.7	97.7	99.0	98.8
住房保养维修及管理	Housing Maintenance and Management	101.9	101.4	99.7	101.7	102.0
水电燃料	Water, Electricity and Fuels	101.4	100.8	99.2	101.3	103.4
自有住房	Private Housing	103.6	101.1	97.7	99.3	99.4
生活用品及服务	Daily Supplies and Services	100.9	100.1	99.6	99.7	100.8
家具及室内装饰品	Furniture and Interior Decorations	101.2	99.4	100.0	100.6	100.7
家用器具	Household Appliances	100.5	98.8	98.0	99.5	101.3
家用纺织品	Home Textiles	100.3	99.6	99.4	100.0	99.3
家庭日用杂品	Daily Use Household Articles	100.9	100.7	100.2	99.5	100.4
个人护理用品	Personal Care Products	100.9	100.5	99.6	98.9	100.9
家庭服务	Household Services	103.1	103.6	101.2	101.9	102.5
交通和通信	Transportation and Communication	102.1	98.5	95.7	103.9	105.4
交通	Transportation	104.0	98.1	94.0	105.3	107.7
交通工具	Transportation Facility	99.0	96.8	98.0	98.2	99.9
交通工具用燃料	Fuels	112.6	94.2	86.1	116.5	120.2
交通工具使用和维修	Fees for Vehicles Use and Maintenance	101.0	101.3	101.0	99.6	100.0
交通费	Incity Traffic Fare	99.3	103.2	97.4	103.8	103.4
通信	Communication	99.4	99.2	98.2	100.2	98.8
通信工具	Communication Facility	98.0	95.9	94.6	102.1	96.6
通信服务	Communication Service	99.6	100.1	99.0	99.5	99.7
邮递服务	Post Service	100.4	100.0	99.7	99.2	99.4

注：新基期年（2021年）后，“其他衣着及配件”改为“其他衣着材料及配件”。

Note: After the new base year (2021), "Other Clothing and Accessories" was changed to "Other Clothing Materials and Accessories".

9-1 续表2 continued

（上年=100） (preceding year=100)

指　　标	Item	2018	2019	2020	2021	2022
教育文化和娱乐	Recreation, Education and Culture Articles	103.4	100.6	100.8	101.3	101.5
教育	Education	101.7	102.4	101.3	100.9	101.5
教育用品	Teaching Materials and Reference Books	102.5	101.6	101.0	100.7	102.0
教育服务	Education Services	101.7	102.5	101.4	100.9	101.4
文化娱乐	Culture and Recreational Articles	105.4	98.5	100.1	102.2	101.6
文娱耐用消费品	Entertainment Durable Consumer Goods	99.0	97.7	98.2	100.0	99.0
其他文娱用品	Other Recreational Items	101.4	101.9	100.9	100.7	100.7
文化娱乐服务	Culture and Recreational Articles Services	100.0	99.7	97.6	106.1	101.0
旅游	Touring and Outing	115.9	96.8	102.7	100.2	104.7
医疗保健	Health Care	102.0	102.9	100.8	100.4	100.3
药品及医疗器具	Medicine and Medical Instrument	103.2	103.7	101.1	100.6	100.4
中药	Traditional Chinese Medicine	102.0	103.1	100.7	101.2	101.5
西药	Western Medicine	104.3	105.0	101.7	100.3	100.1
滋补保健品	Health Care Appliances and Articles	102.7	100.9	100.4	103.0	101.1
医疗卫生器具	Medical Instrument	101.2	101.1	99.7	97.4	98.5
保健器具	Health Care Appliances	100.2	101.1	99.8	100.0	100.1
医疗服务	Health Care Services	101.1	102.4	100.5	100.3	100.3
综合医疗类	Comprehensive Medical	101.9	105.9	102.2	100.7	101.0
诊断类	Diagnostic	100.7	101.1	98.6	99.8	99.9
治疗类	Treatment	101.4	101.2	103.5	101.0	100.4
康复类	Rehabilitation	100.1	102.5	102.4	100.3	101.0
中医医疗服务类	Traditional Chinese Medicine Services	101.3	102.8	100.4	100.1	101.1
其他医疗服务	Other Medical Services	100.8	100.3	100.8	101.8	98.9
其他用品和服务	Other Articles and Services	100.6	101.9	103.0	100.2	101.4
其他用品类	Other Articles	99.7	102.7	106.9	100.2	102.1
首饰手表	Jewelry and Watch	98.8	105.4	114.4	101.8	102.1
其他杂项用品	Other Articles	100.5	100.6	101.0	99.2	100.8
其他服务类	Other Services	101.4	101.2	99.8	100.2	100.8
在外住宿	Accommodation Outside	104.9	96.8	91.9	99.5	99.6
美容美发洗浴	Beauty Salons and Bathing	101.4	101.6	101.1	101.7	102.6
养老服务	Services for the Aged	101.9	103.2	102.7	101.0	100.3
金融及保险服务	Financial and Insurance Services	100.7	102.0	100.9	99.6	100.5
中介法律及其他服务	Intermediary, Legal and Other Services	99.2	102.3	101.0	99.8	100.0

注：新基期年（2021年）后，"旅馆住宿"改为"在外住宿"、"金融保险"改为"金融及保险服务"、"其他服务类"改为"中介法律及其他服务"。
Note: After the new base year (2021), "Hotel Accommodation" was changed to "Accommodation Outside", "Financial Insurance" was changed to "Financial and Insurance Services", and "Other Services" was changed to "Intermediary, Legal and Other Services".

9-2 商品零售价格分类指数

Retail Price Indices by Category

（上年=100） （preceding year=100）

指 标	Item	2018	2019	2020	2021	2022
商品零售价格指数	**Retail Price Index**	**101.8**	**101.7**	**101.6**	**101.2**	**103.0**
食品	Food	100.8	107.5	111.8	96.6	101.2
粮食	Grain	101.6	99.9	100.2	100.5	101.4
薯类	Tubers	104.0	103.1	106.8	99.8	107.7
豆类	Beans	100.3	101.3	107.1	105.5	104.1
食用油	Edible Oil and Fats	95.9	104.7	119.5	101.3	101.6
菜及食用菌	Vegetables and Edible Fungus	103.5	101.5	105.7	101.4	102.5
畜肉类	Livestock for Slaughtering	95.0	123.4	141.7	79.9	94.4
禽肉类	Poultry Meat	105.4	107.5	100.6	92.7	102.9
水产品	Aquatic Products	102.6	101.0	103.9	113.4	99.3
蛋类	Eggs	109.7	104.9	95.0	103.8	107.0
奶类	Milk	102.7	100.0	101.2	100.2	99.2
干鲜瓜果类	Dried and Fresh Melons and Fruits	102.2	111.0	90.5	99.6	107.6
糖果糕点类	Candy and Cake	102.4	100.2	102.0	102.3	103.7
调味品	Flavoring	101.6	100.9	100.3	101.6	103.1
其他食品类	Other Foods	101.8	102.2	102.9	99.9	103.4
餐饮业零售	Catering and Retail	102.2	103.6	105.8	101.0	101.3
饮料、烟酒	Beverages,Tobacco and Liquor	101.0	100.6	100.3	101.9	101.6
服装、鞋帽	Garments,Shoes and Hats	100.7	100.2	98.2	99.3	100.5
纺织品	Textiles	100.6	99.3	99.3	101.1	99.1
家用电器及音像器材	Household Appliances, Music and Video Equipment	99.7	97.9	97.8	100.0	99.6
文化办公用品	Cultural and Office Appliances	100.7	99.7	99.5	101.4	100.7
日用品	Articles for Daily Use	100.9	100.5	100.1	99.3	101.1
体育娱乐用品	Sports and Recreation Articles	100.6	100.5	100.0	101.8	101.3
交通、通信用品	Transportation and Communication Appliances	100.7	99.2	98.3	100.5	99.8
家具	Furniture	101.2	99.4	100.7	101.6	101.7
化妆品	Cosmetics	101.6	101.3	100.3	99.0	100.5
金银饰品	Gold, Silver and Jewelry	98.2	106.8	116.6	102.4	101.9
中西药品及医疗保健用品	Traditional Chinese and Western Medicines and Health Care Articles	103.4	104.6	101.7	101.0	100.4
书报杂志及电子出版物	Books, Newspapers, Magazines and Electronic Publications	103.4	104.3	101.6	100.2	101.5
燃料	Fuels	109.7	96.7	89.6	114.0	118.7
建筑材料及五金电料	Building Materials and Hardware	101.3	100.6	99.5	101.6	101.3

注：新基期年（2021年）后，“菜”改为“菜及食用菌”、“在外餐饮”改为“餐饮业零售”。
Note: After the new base year (2021), "Vegetables" was changed to "Vegetables and Edible Fungus", and "Dining Out" was changed to "Catering and Retail".

9-3 工业生产者出厂价格分类指数
Producer Price Indices for Industrial Products by Category

(上年=100) (preceding year =100)

指　标	Item	2018	2019	2020	2021	2022
工业生产者出厂价格指数	**Producer Price Indices for Industrial Products**	**101.8**	**99.8**	**98.3**	**106.5**	**105.7**
按轻、重工业分	**Grouped by Light or Heavy Industries**					
轻工业	Light Industry	102.0	101.1	101.4	101.1	102.0
重工业	Heavy Industry	101.8	99.4	97.4	108.9	107.1
按用途分	**Grouped by Use**					
生产资料	Means of Production	101.9	99.2	97.4	109.4	107.6
采掘工业	Mining & Quarrying Industry	103.0	106.3	98.2	108.1	111.5
原材料工业	Raw Materials Industry	100.4	99.5	98.0	106.7	104.5
加工工业	Processing Industry	103.7	98.0	96.4	111.7	107.7
生活资料	Consumer Goods	101.6	101.4	101.1	100.1	101.1
食品类	Food	101.8	101.8	101.8	100.5	101.9
衣着类	Clothing	100.9	98.1	99.8	100.8	102.5
一般日用品	Articles for Daily Use	101.2	99.5	100.6	98.9	100.8
耐用消费品	Durable Consumer Goods	99.6	99.4	92.1	98.6	96.8
按工业大类行业分	**Grouped by Sector**					
#煤炭开采和洗选业	Mining and Washing of Coal	100.1	100.2	95.9	107.7	112.4
有色金属矿采选业	Mining and Processing of Non-Ferrous Metal Ores	100.9	96.6	96.2	122.6	106.1
非金属矿采选业	Mining and Processing of Non-metal Ores	103.8	107.9	94.9	103.1	111.9
农副食品加工业	Processing of Food from Agricultural Products	100.2	101.4	106.5	99.8	102.4
食品制造业	Processing of Foods	101.1	99.9	101.8	102.4	105.4
饮料制造业	Manufacture of Beverages	103.9	101.4	102.1	101.3	101.7
烟草制品业	Manufacture of Tobacco	100.6	102.3	100.7	100.0	101.9
纺织业	Manufacture of Textile	100.0	103.8	97.9	112.1	103.7
纺织服装、鞋、帽制造业	Manufacture of Textile Wearing Apparel,Footwear and Caps	102.3	99.8	99.6	100.1	99.9
皮革、毛皮、羽毛(绒)及其制品业	Manufacture of Leather, Fur, Feather and Related Products	99.2	96.0	100.0	101.0	103.5

注：工业大类行业按国民经济行业分类(GB/T4754-2011)划分。

Note: Industrial sectors are classified by Sector of the National Economy (GB/T4754-2011).

9-3 续表 Continued

（上年=100） (preceding year=100)

指 标	Item	2018	2019	2020	2021	2022
木材加工及木、竹、藤、棕、草制品业	Processing of Timber,Manufacture of Wood, Bamboo,Rattan,Palm and Straw Products	99.6	101.8	100.9	99.0	101.1
家具制造业	Manufacture of Furniture	113.2	91.7	103.2	109.2	100.0
造纸及纸制品业	Manufacture of Paper and Paper Products	114.5	95.8	98.6	107.0	105.6
印刷业和记录媒介的复制	Printing,Reproduction of Recording Media	100.3	98.5	98.8	96.5	101.0
文教体育用品制造业	Manufacture of Articles For Culture,Education and Sports Activities	99.3	100.0	97.3	106.0	105.9
石油加工、炼焦及核燃料加工业	Processing of Petroleum,Coking,Processing of Nuclear Fuel	107.9	100.5	92.2	127.3	101.9
化学原料及化学制品制造业	Manufacture of Raw Chemical Materials and Chemical Products	103.2	98.2	95.4	115.7	118.7
医药制造业	Manufacture of Medicines	100.9	102.7	99.7	99.3	100.9
橡胶制品业	Manufacture of Rubber	101.8	97.3	97.3	104.4	105.7
非金属矿物制品业	Manufacture of Non-metallic Mineral Products	109.0	95.8	94.1	108.1	111.1
黑色金属冶炼及压延加工业	Smelting and Pressing of Ferrous Metals	102.4	94.4	91.9	133.9	97.4
有色金属冶炼及压延加工业	Smelting and Pressing of Non-ferrous Metals	102.9	101.6	102.4	122.8	105.4
金属制品业	Manufacture of Metal Products	104.5	102.2	98.5	105.2	100.1
通用设备制造业	Manufacture of General Purpose Machinery	103.7	101.9	101.8	99.1	100.2
专用设备制造业	Manufacture of Special Purpose Machinery	102.0	101.6	100.8	101.0	100.1
交通运输设备制造业	Manufacture of Transport Equipment	100.2	101.1	99.7	100.3	100.5
电气机械及器材制造业	Manufacture of Electrical Machinery and Equipment	101.4	100.1	95.7	104.9	109.8
通信设备、计算机及其他电子设备制造业	Manufacture of Communication Equipment, Computers and Other Electronic Equipment	99.4	98.9	97.4	99.9	98.5
仪器仪表及文化、办公用机械制造业	Manufacture of Measuring Instruments and Machinery for Cultural Activity and Office Work	101.3	101.1	101.0	100.8	100.6
电力、热力的生产和供应业	Production and Supply of Electric Power and Heat Power	99.5	99.5	100.0	100.1	102.5
燃气生产和供应业	Production and Supply of Gas	104.7	100.7	94.5	100.7	117.2
水的生产和供应业	Production and Supply of Water	104.6	100.1	100.6	100.9	100.9

9-4 工业生产者购进价格指数

Purchasing Price Index for Industrial Producers

(上年=100) (preceding year =100)

指 标	Item	2018	2019	2020	2021	2022
工业生产者购进价格指数	**Purchasing Price Indices for Industrial Producers**	**103.4**	**99.4**	**98.6**	**112.0**	**111.2**
燃料、动力类	Fuel and Power	103.0	99.8	96.3	108.9	118.7
黑色金属材料类	Ferrous Metals	101.7	101.6	104.3	119.5	96.3
#钢 材	Rolled-steel	105.3	101.5	99.5	113.3	101.7
有色金属材料和电线类	Non-ferrous Metals	101.7	97.2	93.0	115.4	105.9
化工原料类	Raw Chemical Materials	108.2	97.4	92.6	124.3	116.8
木材及纸浆类	Timber and Paper Pulp	100.6	98.2	97.9	103.6	98.5
建筑材料及非金属矿类	Building Materials and Non-metal Minerals Processing	108.0	97.8	96.6	108.1	113.5
其他工业原材料及半成品类	Other Industrial Raw Materials and Semi-products	101.8	100.3	105.0	108.7	103.0
农副产品类	Agricultural Products	100.2	101.0	103.4	107.6	101.9
纺织原料类	Textile Materials	99.6	98.7	99.6	104.1	98.2

主要统计指标解释

居民消费价格指数 是反映一定时期内城乡居民所购买的生活消费品价格和服务项目价格变动趋势和程度的相对数。

商品零售价格指数 是反映城乡商品零售价格变动趋势和程度的相对数。零售物价的变动直接反映城乡居民的生活支出和国家的财政收入,影响居民购买力和市场供需平衡,影响消费与积累的比例关系。

工业生产者价格指数 工业生产者价格包括工业企业产品第一次出售时的出厂价格和企业作为中间投入的原材料、燃料、动力购进价格(简称工业生产者购进价格)。工业生产者价格调查的目的在于及时、准确、科学地反映各工业行业产品价格水平及其变动趋势和幅度,为国民经济核算、计算工业发展速度、宏观经济分析和调控、理顺价格体系等提供科学、准确的依据。

农业生产资料价格指数 是反映一定时期内农业生产资料价格变动趋势和程度的相对数。农业生产资料价格指数分为农用手工工具、饲料、仔畜幼玩禽及产品畜、半机械化农具、机械化农具、化学肥料、农药及农药器械、农机用油、其他农业生产资料、农业生产服务。

Explanatory Notes on Main Statistical Indicators

Consumer Price Index reflects the trend and degree of changes in prices of consumer goods and services purchased by urban and rural residents during a given period.

Retail Price Index reflects the trend and degree of change in retail prices of commodities. The change and adjustment in retail prices directly affect the living expenditure of urban and rural residents, government revenue, purchasing power of residents and the equilibrium of market supply and demand, and the ratio of consumption to accumulation.

Price Index of Industrial Producer enterprises and enterprises as the prices of intermediate inputs of raw materials, fuel and power purchase price (hereinafter referred to as industrial producer price). Industrial producer prices survey was designed to timely, accurate and scientifically reflect various industrial products industry trends and changes in the price level and the magnitude of national accounts to calculate the speed of industrial development, macroeconomic analysis and control, rationalize the price system to provide scientific and accurate basis.

Price Index of Means of Agricultural Production reflects the trend and degree of changes in prices of means of agricultural production during a given period. Price indices of means of agricultural production are composed of 10 categories including hand tools, feeds, newborn animal and domestic animals for meat, semi-mechanized farm machinery, mechanized farm machinery, chemical fertilizers, pesticides and spraying machinery, fuels for farm machinery, other means of agricultural production and services.

人民生活

People's Living Conditions

10

简要说明

一、主要内容

本篇资料反映人民生活现状及变化情况。

二、调查方法

2013年起，按照城乡一体化住户收支与生活状况调查制度，国家统计局贵州调查总队每年收集调查户12个月的记账数据，在此基础上汇总计算出当年的全省居民可支配收入、城镇居民可支配收入、农村居民可支配收入等收支数据。

城乡一体化住户收支与生活状况调查是以省为总体，采用分层、多阶段、与人口规模大小成比例的概率抽样方法，随机抽选调查住宅，确定调查户。

城乡一体化住户收支与生活状况调查是在95%置信度下，全省居民人均可支配收入抽样误差小于1%。采用调查户日记账的方式采集居民收支数据，同时辅之以统一的调查问卷，收集与收入支出有关的其他调查内容。

三、资料来源

本篇资料由国家统计局贵州调查总队依据国家统计局统一制定的统计调查制度从基层采集原始数据加工整理后提供。

Brief Introduction

I. Main Contents

The data in this chapter show Chinese people's living conditions and their changes.

II. Methodology of Data

In terms of the system of Integrated Urban and Rural Households on Income and Expenditures as well as Living Conditions conducted since 2013, the Department of Guizhou Survey, NBS collected accounts of 160,000 households about 12 months, and on this basis, NBS tabulated comparable national disposable income and expenditures of urban and rural households.

The integrated household survey is conducted by selecting sampled houses randomly, deciding surveyed households, with all households in the province as the population, with stratified sampling, multi-stage sampling, probability sampling in proportion to population scale.

Survey on Income and Expenditures as well as Living Conditions is required that the sampling error should not exceed ±1%, with a confidence probability as 95%. Methods of collecting income and expenditure data are keeping diaries of the households, and questionnaires as assistance to collect other relevant data.

Ⅲ. Sources of Data

Data in this chapter are provided by the Guizhou survey team of the National Bureau of Statistics. According to the statistical survey system formulated by the NBS, the original data collected at the grass-roots level are processed and collated.

10-1 城乡居民生活水平

People´s Livelihood in Urban and Rural Areas

指标	Item	2018	2019	2020	2021	2022
就业	**Employment**					
城镇居民家庭每户就业人口(人)	Average Number of Employed Persons per Urban Household(person)	1.68	1.65	1.59	1.71	1.67
城镇居民家庭每个就业者赡养人口(人)	Number of Dependents per Employee of Urban Household(person)	2.06	2.11	2.18	2.06	2.09
城镇平均每户就业面(%)	Proportion of Employment per Urban Household(%)	0.49	0.47	0.46	0.48	0.48
城镇登记失业人数(万人)	Number of Registered Unemployment Persons in Urban Areas(10000 persons)	15.06	15.33	19.50	32.04	32.87
农村平均每户整、半劳动力(人)	Average Number of Full/Semi Laborer Force per Rural Household(person)	2.25	2.20	2.18	2.21	2.22
农村居民家庭每一劳动力赡养人口(人)	Number of Dependents per Laborer of Rural Household(person)	1.61	1.68	1.70	1.65	1.63
收入与支出	**Income and Expenditure**					
城镇常住居民人均可支配收入(元)	Annual Per Capita Disposable Income of Urban Households(yuan)	31592	34404	36096	39211	41086
城镇常住居民人均消费性支出(元)	Annual Per Capita Consumption Expenditure of Urban Households(yuan)	20788	21402	20587	25333	24230
在岗职工平均工资(元)	Average Wage of Staff and Workers in their Posts(yuan)	82597	87970	94276	99324	99598
农村常住居民人均可支配收入(元)	Annual Per Capita Disposable Income of Rural Households (yuan)	9716	10756	11642	12856	13707
农村常住居民人均生活消费支出(元)	Annual Per Capita Living Consumption Expenditure of Rural Households (yuan)	9170	10222	10818	12557	13172
生活质量	**Life Quality**					
居民家庭恩格尔系数(%)	**Household Engle´s Coefficient(%)**					
城镇	Urban	32.4	32.2	31.9	30.7	31.3
农村	Rural	36.9	36.7	36.8	31.3	31.3
居住条件	**Residence Condition**					
城镇居民人均住宅建筑面积(平方米)	Per Capita Floor Space of Residential Building in Urban Areas(sq.m)	37.93	38.19	40.41	42.02	42.64
农村居民人均住房面积(平方米)	Per Capita Floor Space of Residential Building in Rural Areas(sq.m)	34.99	35.31	49.23	44.80	45.44
交通条件	**Traffic Condition**					
城市人均拥有道路面积(平方米)	Per Capita Area of Paved Roads in City(sq.m)	13.44	14.54	20.15	21.03	24
每百户城镇居民拥有家用汽车(辆)	Number of Family Vehicles Per 100 Urban Households(unit)	39.88	43.19	45.25	52.90	54.85
每百户农村居民拥有家用摩托车(辆)	Number of Motorcycles Per 100 Rural Households(unit)	54.21	54.31	52.83	55.91	57.90
通信条件	**Communication Condition**					
每百户拥有移动电话(部)	Mobile Telephones Per 100 Households(set)					
城镇	Urban	282	288	288	299	299
农村	Rural	288	299	301	313	320
城市公用设施普及占有率	City Public Utility Rate					
用水普及率(%)	Rate of Access to Tap Water(%)	93.8	95.3	97.3	97.8	98.17
燃气普及率(%)	Rate of Access to Gas(%)	74.6	81.2	88.0	86.4	88.79
人均公园绿地面积(平方米)	Per Capita Green Area(sq.m)	13.54	14.72	15.38	15.29	15.93

10-1 续表 continued

指 标	Item	2018	2019	2020	2021	2022
文化、教育和卫生	**Culture, Education and Health Care**					
文化	**Culture**					
广播节目综合人口覆盖率(%)	Radio Coverage Rate of the Population (%)	93.9	94.6	95.5	96.0	99.0
电视节目综合人口覆盖率(%)	TV Coverage Rate of the Population(%)	96.8	97.0	97.5	97.8	99.24
每百户彩色电视机拥有量(部/百户)	Number of Color TV per 100 Households(set/100 households)					
城 镇	Urban	106.58	107.84	107.87	105.21	106.27
农 村	Rural	104	102.52	102.10	98.37	100.00
每百户家用电脑拥有量(部/百户)	Number of Computers per 100 Households(set/100 households)					
城 镇	Urban	64.55	64.35	59.33	51.92	53.38
农 村	Rural	11.09	13.47	13.60	11.00	12.11
居民家庭文教娱乐支出比重(%)	Percentage of Household Expenditure on Education,Culture and Entertainment(%)					
城 镇	Urban	13.4	13.6	13.6	12.9	12.0
农 村	Rural	9.6	9.8	9.5	11.9	12.9
教 育	**Education**					
学龄儿童入学率(%)	Enrollment Rate of School-age Children(%)	99.7	99.7	99.9	99.9	99.9
初中阶段毛入学率(%)	Enrollment Rate of Primary School Graduates Entering into Junior Secondary Schools(%)	109.7	109.9	109.8	111.1	110.2
高中阶段毛入学率(%)	Enrollment Rate of Junior Secondary School Graduates Entering into Senior Secondary Schools (%)	88.0	89.0	90.7	91.5	91.8
高等教育毛入学率(%)	Enrollment Rate of Senior Secondary School Graduates Entering into Institution of Higher Education(%)	36.0	38.2	41.6	45.7	47.8
卫 生	**Health Care**					
居民家庭医疗保健支出比重(%)	Percentage of Resident Expenditure on Health Care(%)					
城 镇	Urban	5.9	5.9	6.3	7.7	7.7
农 村	Rural	7.7	8.0	8.9	7.5	7.5
社会保障	**Social Security**					
城镇职工基本养老保险参保人数(万人)	Number of Urban Employees Joining in Basic Pension Insurance(10 000 persons)	639.81	677.50	713.98	755.84	770.07
#参保职工	Number of Employees	490.09	521.72	553.51	590.97	598.87
城镇职工基本医疗保险参保人数(万人)	Number of Urban Employees Joining in Urban Basic Medical Care System (10 000 persons)	431.97	462.04	475.49	479.44	494.07
失业保险参保人数(万人)	Number of Employees Joining in Unemployment Insurance (10 000 persons)	257.33	276.07	297.93	320.92	338.70
工伤保险参保人数(万人)	Number of Employees Joining in Work Injury Insurance (10 000 persons)	355.75	408.51	463.78	529.94	593.84
生育保险参保人数(万人)	Number of Employees Joining in Maternity Insurance(10 000 persons)	325.90	349.61	383.66	341.75	348.64
社会保险基金收入(亿元)	Revenue of Social Insurance Fund (100 million yuan)	1127.29	1359.75	1307.04	1594.61	1085.71

注：1.因机构改革，2019年基本医疗保险和生育保险数据来源于贵州省医疗保障局。2.2019年起社会保险基金仅包括城镇职工基本养老保险、城乡居民基本养老保险、失业保险、工伤保险。

Note: 1.Due to the institutional reform, the data of the basic medical care insurance and maternity insurance in 2019 were obtained from Guizhou Provincial Healthcare Security Administration. 2. From 2019, the social insurance fund only includes basic endowment insurance for urban employees, basic endowment insurance for urban and rural residents, unemployment insurance, and work-related injury insurance.

10-2 城镇居民家庭生活基本情况

Basic Conditions of Urban Households Life

指 标	Item	2018	2019	2020	2021	2022
调查户数(户)	**Number of Households Surveyed (household)**	**2220**	**2220**	**2220**	**2220**	**2220**
平均每户常住家庭人口(人)	Average Number of Permanent Residents(person)	3.46	3.47	3.46	3.54	3.49
平均每户就业人员(人)	Average Number of Employed Persons Per Household (person)	1.68	1.65	1.59	1.71	1.67
平均每户就业面(%)	Average Proportion of Employment per Household (%)	0.49	0.47	0.46	0.48	
平均每个就业者赡养人口(人)	Average Number of Dependents per Employee (person)	2.06	2.11	2.18	2.06	2.09
城镇常住居民人均年可支配收入(元)	**Per Capita Annual Disposable Income of Urban Household (yuan)**	**31592**	**34404**	**36096**	**39211**	**41086**
平均每人消费性支出(元)	**Per Capita Annual Consumption Expenditure (yuan)**	**20788**	**21402**	**20587**	**25333**	**24230**
食品烟酒	Food	6744	6894	6568	7765	7573
衣 着	Clothing	1588	1625	1436	1827	1673
居 住	Residence	3718	3865	3729	4490	4352
生活用品及服务	Household Facilities, Articles and Services	1385	1425	1420	1591	1514
医疗保健	Health Care and Medical Services	1218	1257	1307	1952	1876
交通通信	Transport and Communication	2921	2999	2868	3832	3786
教育文化娱乐	Education, Culture and Recreation Services	2795	2908	2801	3271	2906
其他用品与服务	Miscellaneous Goods and Services	420	429	458	606	550
平均每人消费性支出构成(%)(人均消费性支出=100)	**Composition of Per Capita Annual Consumption Expenditure (%)**					
食品烟酒	Food	32.4	32.2	31.9	30.7	31.3
衣 着	Clothing	7.6	7.6	7.0	7.2	6.9
居 住	Residence	17.9	18.1	18.1	17.7	18.0
生活用品及服务	Household Facilities, Articles and Services	6.7	6.7	6.9	6.3	6.2
医疗保健	Health Care and Medical Services	5.9	5.9	6.3	7.7	7.7
交通通信	Transport and Communication	14.1	14.0	13.9	15.1	15.6
教育文化娱乐	Education, Culture and Recreation Services	13.4	13.6	13.6	12.9	12.0
其他用品与服务	Miscellaneous Goods and Services	2.0	2.0	2.2	2.4	2.3

10-3 城镇居民人均收支情况

Per Capita Income and Consumption Expenditure of Urban Households

单位：元 (yuan)

指 标		2018	2019	2020	2021	2022
城镇居民人均收入	**Per Capita Income of Urban Households**					
可支配收入	**Disposable Income**	**31592**	**34404**	**36096**	**39211**	**41086**
工资性收入	Income of Wages and Salaries	17392	18960	20472	22490	23448
经营净收入	Net Business Income	5262	5714	5808	6755	7232
财产净收入	Net Income from Property	3066	3433	3252	3405	3309
转移净收入	Net Income from Transfer	5871	6298	6564	6561	7097
现金可支配收入	**Cash Disposable Income**	**30787**	**33311**	**34759**	**37465**	**39330**
工资性收入	Income of Wages and Salaries	17353	18880	20379	22251	23208
经营净收入	Net Business Income	5864	6299	6234	6997	7481
财产净收入	Net Income from Property	2043	2317	2076	2161	2049
转移净收入	Net Income from Transfer	5527	5815	6070	6056	6592
家庭现金总支出	**Total Households Cash Expenditure**	**29923**	**31619**	**29873**	**40447**	**38540**
#消费支出	Consumption Expenditure	18225	18515	17549	21873	20819
财产性支出	Expenses on Properties	160	219	156	191	149
转移性支出	Expenses on Transfers	1432	1704	1767	2289	2384
#交纳的个人收入税	Individual Income Tax	79	62	70	61	89
其他转移性支出	Other Expenses on Transfers	99	79	67	88	77
社会保障支出	Expenses on Social Security	1079	1409	1498	1911	2001
购房与建房支出	Expenses on Purchasing or Building House	841	1806	1439	512	711

10-4 城镇居民家庭人均消费性支出

Per Capita Consumption Expenditure of Urban Household

单位:元 (yuan)

指 标	Item	2018	2019	2020	2021	2022
消费性支出	**Consumption Expenditure**	**20788**	**21402**	**20587**	**25333**	**24230**
食品烟酒	**Food**	**6744**	**6894**	**6568**	**7765**	**7573**
#粮 食	Grain	651	644	616	621	601
糖、烟、酒、饮料类	Sugar, Cigarette,Liquor and Beverage	1174	1025	1071	1306	1389
在外饮食	Dining Out	1190	1385	1151	1784	1735
衣 着	**Clothing**	**1588**	**1625**	**1436**	**1827**	**1673**
居 住	**Residence**	**3718**	**3865**	**3729**	**4490**	**4352**
#房 租	Rent	190			96	69
水 费	Water	153			127	138
电 费	Electricity	591			588	624
燃料费	Fuels	173			152	154
生活用品及服务	**Household Facilities, Articles and Services**	**1385**	**1425**	**1420**	**1591**	**1514**
#耐用消费品	Durable Consumer Goods	242			264	263
医疗保健	**Health Care and Medical Services**	**1218**	**1257**	**1307**	**1952**	**1876**
交通通信	**Transport and Communications**	**2921**	**2999**	**2868**	**3832**	**3786**
交 通	Transport	1971	2060	1878	2965	2892
通 信	Communications	950	940	990	867	894
教育文化娱乐	**Education, Culture and Recreation Services**	**2795**	**2908**	**2801**	**3271**	**2906**
#文化娱乐用品	Recreation Articles	351			412	466
书报杂志	Books, Newspaper and Magazines	24			26	25
文化娱乐服务	Recreation Services	831	768	575	312	181
其他用品和服务	**Miscellaneous Goods and Services**	**420**	**429**	**458**	**606**	**550**
恩格尔系数(%)	**Engel´s Coefficient(%)**	**32.4**	**32.2**	**31.9**	**30.7**	**31.3**

注:2019年统计方法制度调整,统计指标统计口径变化较大,2019年空缺数据皆是指标统计口径发生变化,与往年指标不可比。

Note: In 2019, the statistical methods and systems were adjusted, and the statistical caliber of statistical indicators changed greatly. The vacant data are all due to the change of the index statistical caliber, which are not comparable with indicators of previous years.

10-5 城镇居民家庭人均购买主要商品数量

Per Capita Annual Purchases of Major Commodities of Urban Households

单位：公斤 (kg)

指　标	Item	2018	2019	2020	2021	2022
粮　食	Grain	82.89	78.50	95.23	94.64	86.48
食用植物油	Edible Vegetable Oil	6.80	6.29	5.92	7.61	7.41
猪　肉	Pork	27.19	23.51	22.49	32.07	30.58
牛、羊肉	Beef and Mutton	2.88	2.05	2.02	2.30	2.32
禽　类	Poultry	6.60	7.63	8.35	7.96	8.18
蛋　类	Eggs	4.48	4.67	5.73	5.16	5.75
水产品类(元)	Aquatic Products(yuan)	108.22	141.72	141.85	149.57	172.37
鲜　菜	Fresh Vegetables	83.23	80.79	79.18	70.40	69.11
糖　类(元)	Sugar(yuan)	30.59	30.72	29.58	30.90	32.33
烟草类(元)	Cigarettes(yuan)	526.99	575.79	622.73	751.58	788.48
酒　类	Liquor	4.72	4.27	4.82	5.10	
糕点类	Cake	3.48	3.38	3.59	4.33	
干鲜瓜果类	Dried and Fresh Melons and Fruits	46.74	46.63	45.92	53.47	46.98
奶类及制品(元)	Milk and Dairy Products(yuan)	284.84	296.16	305.93	329.74	302.73

10-6 每百户城镇居民家庭耐用消费品拥有量

Number of Durable Goods Owned Per 100 Urban Households

单位：台 (set)

指　标	Item	2018	2019	2020	2021	2022
摩托车(辆)	Motorcycle(unit)	25.51	24.01	23.52	22.34	22.61
家用汽车(辆)	Automobile(unit)	39.88	43.19	45.25	52.90	54.85
洗衣机	Washing Machine	101.61	103.48	103.54	104.13	105.23
电冰箱	Refrigerator	101.20	103.19	103.68	104.18	105.23
彩色电视机	Color TV Set	106.58	107.84	107.87	105.21	106.27
家用电脑	Household Computer	64.55	64.35	59.33	51.92	53.38
照相机(架)	Camera(unit)	9.30	9.61	9.44	7.99	7.98
微波炉	Microwave Oven	39.95	42.39	43.54	43.87	46.24
空调器	Air Conditioner	34.51	37.23	38.50	48.04	50.86
淋浴热水器	Water Heater for Shower	94.26	96.91	99.87	100.56	101.73
健身器材(套)	Healthy Equipment(unit)	5.60	7.04	7.27	7.15	7.52
移动电话(部)	Mobile Phone(unit)	282.26	287.75	287.80	298.83	299.28

10-7 农村居民家庭生活基本情况

Basic Conditions of Rural Households Life

指 标	Item	2018	2019	2020	2021	2022
调查户数(户)	**Number of Households Surveyed (household)**	**2180**	**2180**	**2180**	**2180**	**2180**
平均每户常住人口(人)	Average Number of Permanent Residents Per Household (person)	3.62	3.70	3.70	3.64	3.61
平均每户整、半劳动力(人)	Average Number of Full/Semi Labour Force Per Household (person)	2.25	2.20	2.18	2.21	2.22
平均每一劳动力赡养人口(人)	Average Number of Dependents per Labour Force(person)	1.61	1.68	1.70	1.65	1.63
平均每人年收入(元)	**Per Capita Annual Income (yuan)**					
总收入	**Total Income**	**13314**	**10756**	**11127**	**19110**	**19472**
工资性收入	Income from Wages and Salaries	4276	4774	4822	5331	5585
家庭经营收入	Income from Household Operations	6525	3427	2929	9592	9352
财产性收入	Income from Properties	190	121	188	203	184
转移性收入	Income from Transfers	2323	2434	3187	3985	4351
现金收入	**Cash Income**	**9213**	**10096**	**10792**	**16740**	**17478**
工资性收入	Income from Wages and Salaries	4257	4747	4787	5255	5517
家庭经营收入	Income from Household Operations	2940	3070	2939	7708	7860
财产性收入	Income from Properties	126	121	188	203	184
转移性收入	Income from Transfers	1889	2158	2877	3574	3917
平均每人年总支出(元)	**Per Capita Annual Expenditure (yuan)**	**16818**	**18647**	**17985**	**23177**	**22914**
#人均生活消费支出	Per Capita Consumption Expenditure	9170	10222	10818	12557	13172
人均年末使用房屋面积(平方米)	**Average Per Capita Living Space at the Year-end(sq.m)**	**35**	**35**	**49**	**50**	**45**

10-8 农村居民家庭人均可支配收入

Per Capita Annual Net Income of Rural Households

单位：元 (yuan)

指　标	Item	2018	2019	2020	2021	2022
农村常住居民人均可支配收入	**Per Capita Disposable Income of Rural Households**	**9716**	**10756**	**11642**	**12856**	**13707**
工资性收入	Income from Wages and Salaries	4276	4774	4822	5331	5585
家庭经营收入	Income from Household Operation	3227	3427	3445	3912	4219
第一产业	Primary Industry	1615	1808	1962	2211	2418
农业收入	Farming	1013	1126	1126	1533	1629
林业收入	Forestry	55	35	115	198	121
牧业收入	Animal Husbandry	546	645	723	471	659
渔业收入	Fishery	1	1	-2	8	9
第二产业	Secondary Industry	358	334	415	414	448
制造业收入	Manufacturing	112	123	132	234	231
建筑业收入	Construction	234	201	280	176	207
第三产业	Tertiary Industry	1253	1285	1067	1287	1353
#交通运输仓储和邮政业收入	Transport, Post and Telecommunication Services	324	282	251	275	275
批发和零售业	Wholesale and Retail Trades	508	540	527	540	524
住宿和餐饮业	Hotels and Catering Services	210	244	123	226	246
居民服务修理和其他服务业	Service to Households,Repair and Other Services	104	117	93	189	225
转移性收入	Income from Transfer	2087	2434	3187	3489	3787
财产性收入	Income from Property	126	121	188	125	117

10-9 农村居民家庭人均年总支出

Per Capita Annual Gross Expenditures of Rural Households

单位:元 (yuan)

指　标	Item	2018	2019	2020	2021	2022
全年总支出	**Gross Expenditure**	**16818**	**18647**	**17985**	**23177**	**22914**
#生活消费支出	Living Consumption Expenditure	9170	10222	10818	12557	13172
食品烟酒	Food	3384	3755	3976	3934	4118
衣　着	Clothing	502	553	596	675	696
居　住	Residence	1827	1988	2149	2709	2704
生活用品及服务	Household Facilities,Articles and Services	509	572	604	737	802
医疗保健	Health Care and Medical Services	703	817	959	941	993
交通通信	Transport and Communications	1223	1371	1318	1833	1930
教育文化娱乐	Culture,Education and Recreation Articles and Services	881	997	1030	1499	1694
其他用品和服务	Miscellaneous Goods and Services	141	169	186	228	237
家庭经营费用支出	Expenditure for Household Operation	2909	2935	3305	5274	4803
#牧业生产支出	Animal Husbandry Costs	1079	1295	1316	2055	1634
购置生产用固定资产支出	Expenditure for Purchasing of Productive Fixed Assets	262	168	243	240	217
转移性支出	Expenses on Transfers	236	435	306	496	563
财产性支出	Expenses on Properties	64	68	53	78	68
恩格尔系数(%)	**Engel´s Coefficient(%)**	**36.9**	**36.7**	**36.8**	**31.3**	**31.3**

10-10 农村居民家庭人均年现金收支

Per Capita Annual Cash Income and Expenditure of Rural Households

单位:元 (yuan)

指　标	Item	2018	2019	2020	2021	2022
现金可支配收入合计	**Total Cash Disposable Income**	**9213**	**10096**	**10792**	**11303**	**12483**
工资性收入	Income of Wages and Salaries	4257	4747	4787	5255	5517
家庭经营现金收入	Income from Household Operations	2941	3070	2939	2845	3496
#第一产业收入	Primary Industry	1123	1241	1283	972	1560
建筑业收入	Construction	256	223	293	194	213
批发和零售业	Wholesale and Retail Trades	552	589	556	587	568
交通运输仓储和邮政业收入	Transport, Post and Telecommunication Services	491	347	315	338	320
住宿和餐饮业	Hotels and Catering Services	252	290	166	240	261
居民服务修理和其他服务业	Service to Households, Repair and Other Services	118	124	99	202	236
转移性现金收入	Transfer Cash Income	1889	2158	2877	3078	3354
#抚恤金	Pension	30	37	37	43	73
财产性现金收入	Property Cash Income	126	121	189	125	116
非收入所得合计	**Reward From Other Way**	**1774**	**2573**	**1688**	**2108**	**2256**
#银行、信用社贷款	Loans of Bank and Credit Union	655	921	—	813	764
借入款	Borrowed Money	893	796	580	629	439
收回借出款	Drawing Back Loan	185	91	56	91	78
从银行、信用社取回存款	Drawing Money from Banks and Credit Union	971	953	761	984	852
现金支出合计	**Total Cash Expenditure**	**14493**	**16366**	**15319**	**19647**	**1959**
#生产费用支出	Expenditure for Operating Costs	2595	2723	3073	4863	4364
生活消费支出	Living Consumption Expenditure	7160	8153	8384	9438	10286
转移性支出	Transfer Expenditures	236	435	306	496	563
借出款	Loan	34	35	18	76	12
归还借款	Loan Recession	474	532	352	522	344
存入银行、信用社	Deposit of Bank and Credit Union	35	35	28	19	20

10-11 农村居民家庭每人主要消费品消费量

Per Capita Annual Consumption of Major Consumer Goods in Rural Households

单位:公斤 (kg)

指　　标	Item	2018	2019	2020	2021	2022
粮　食	Grain	118.11	118.67	127.14	146.49	135.77
#大　米	Rice	84.95	85.99	90.57	106.44	97.79
食用油	Edible Oil	6.61	6.54	7.50	6.55	6.55
肉禽及其制品	Meat,Poultry and Related Product	33.79	32.22	27.69	32.12	37.16
#猪 肉	Pork	29.32	26.95	21.46	25.14	30.03
家 禽	Poultry	3.41	4.02	4.69	5.16	4.91
蛋类及蛋制品	Eggs and Processed Products	2.54	2.84	3.89	4.24	4.45
水产品	Aquatic Products	1.28	1.78	2.00	2.56	2.52
#鱼 类	Fish	1.13	1.53	1.78	2.19	2.09
蔬　菜	Vegetables	72.36	71.38	78.08	90.79	79.61
瓜　果	Melon and Fruits	24.14	27.00	25.62	33.28	
食　糖	Sugar	0.76	0.67	0.79	0.96	0.94
卷　烟	Cigarette	33.76	35.83	33.59	41.35	
酒	Liquor	6.83	6.41	6.42	7.54	

10-12 每百户农村居民家庭年末耐用消费品拥有量

Number of Durable Consumer Goods Owned By Per 100 Rural Households at the Year End

单位:台 (set)

指　　标	Item	2018	2019	2020	2021	2022
彩色电视机	Color TV Set	104.0	102.5	102.1	98.4	100.0
电冰箱	Refrigerator	86.4	91.9	94.4	99.0	101.8
洗衣机	Washing Machine	93.6	96.8	98.1	98.5	100.0
热水器	Water Heater	52.8	61.9	66.8	77.6	81.3
摩托车(辆)	Motorcycle(set)	54.2	54.3	52.8	58.7	57.9
电话机(部)	Fixed Telephone(unit)	2.4	0.3	0.4	0.4	0.2
移动电话(部)	Mobile Phone(unit)	287.5	298.7	301.2	312.8	319.8

10-13 农村居民家庭人均经营费用和生产性固定资产购置

Per Capita Expenditure for Household Operations and Expenditure for Purchasing Productive Fixed Assets of Rural Households

单位：元 (yuan)

指 标	Item	2018	2019	2020	2021	2022
家庭经营费用支出	**Expenditure for Household Operations**	**2909.26**	**2935.05**	**3305.34**	**5273.66**	**4803.12**
#农业生产支出	Farming	649.63	611.98	584.90	634.38	744.00
林业生产支出	Forestry	34.29	15.23	14.30	18.26	9.60
牧业生产支出	Animal Husbandry	1078.86	1295.14	1315.60	2054.83	1634.08
渔业生产支出	Fishery	13.31	4.91	7.80	10.64	5.26
制造业支出	Manufacturing	102.86	141.62	219.42	383.88	484.62
建筑业支出	Construction	238.43	198.85	493.96	116.89	105.26
批发和零售业支出	Wholesale and Retail Trades	422.82	271.93	283.28	1335.42	1083.69
交通运输仓储和邮政业支出	Transport, Post and Telecommunication	169.33	156.34	216.61	401.50	389.36
住宿和餐饮业支出	Hotels and Catering Services	93.97	130.87	54.03	154.24	139.75
居民服务修理和其他服务业支出	Service to Households, Repair and Other Services	37.40	49.85	55.43	136.86	156.63
购置生产用固定资产支出	**Expenditure for Purchasing Productive Fixed Assets**	**261.54**	**167.75**	**156.63**	**158.55**	**126.57**
役畜、产品畜	Draught Animals and Commodity Animals	51.73	38.50	82.11	80.69	69.68

10-14 历年城乡居民人均收支

单位：元

年 份 Year	城镇常住居民人均可支配收入 Per Capita Disposable Income of Urban Households	比上年增长(%) Year-on-year Increase Index (%)	指 数 (1978年=100) Index (year of 1978=100)	城镇常住居民人均消费性支出 Per Capita Consumption Expenditures of Urban Households	#食 品 #Food
1978	261.26	1.2	100.0	246.53	150.15
1979	279.66	5.2	105.2	273.60	176.64
1980	343.83	11.9	117.7	334.32	202.32
1981	434.10	22.5	144.1	393.24	237.60
1982	459.73	3.8	149.6	403.92	243.96
1983	483.33	3.5	154.8	426.36	258.72
1984	558.00	12.3	173.8	480.36	279.48
1985	682.27	10.9	192.7	617.52	324.24
1986	824.40	13.6	218.8	722.28	381.84
1987	912.26	0.9	220.7	788.76	431.40
1988	1101.84	-0.6	219.4	1050.24	554.52
1989	1275.45	-1.8	215.4	1102.56	640.20
1990	1399.36	8.5	233.8	1163.25	658.19
1991	1593.54	9.6	256.2	1338.86	750.79
1992	1887.51	9.7	281.0	1564.34	886.89
1993	2300.38	5.1	295.4	1876.24	1021.42
1994	3196.06	14.1	337.2	2531.78	1353.13
1995	3916.25	2.2	344.5	3250.55	1752.41
1996	4210.74	-2.9	334.4	3572.78	1923.49
1997	4438.05	1.8	340.4	3555.69	1819.90
1998	4566.17	2.3	348.3	3799.38	1839.64
1999	4935.47	9.0	379.6	3964.35	1683.38
2000	5121.22	5.1	399.0	4278.28	1847.63
2001	5451.91	3.9	414.5	4492.25	1832.26
2002	5944.02	9.8	455.1	4598.30	1788.61
2003	6568.91	9.5	498.4	4947.62	1967.67
2004	7322.04	7.7	536.8	5494.43	2260.46
2005	8147.13	10.6	593.7	6156.27	2457.09
2006	9116.61	10.1	653.7	6848.39	2649.02
2007	10678.40	10.6	723.0	7758.69	3122.46
2008	11758.76	2.9	744.0	8349.21	3597.94
2009	12862.53	10.9	825.1	9048.29	3755.61
2010	14142.74	7.0	882.9	10058.29	4013.67
2011	16495.01	10.8	978.3	11352.88	4565.85
2012	18700.51	10.4	1080.0	12585.70	4992.85
2013	20667.07	7.4	1159.9	13702.87	4915.02
2014	22548.21	7.0	1241.1	15254.64	5319.60
2015	24579.64	7.4	1332.9	16914.20	5757.29
2016	26742.62	7.2	1428.9	19201.68	6382.64
2017	29079.84	7.5	1536.1	20347.79	6722.91
2018	31591.93	6.5	1635.5	20787.93	6743.61
2019	34404.17	6.6	1743.4	21402.38	6893.71
2020	36096.19	2.5	1787.0	20587.04	6568.36
2021	39211.24	8.6	1941.2	25333.01	7765.32
2022	41085.71	4.8	2034.4	24229.93	7572.51

注：1.表中增长速度及指数已扣除价格因素。2.城镇常住居民人均可支配收入、人均消费性支出2013年及以前为城镇居民人均数，农村常住居民人均可支配收入2013年及以前为农民人均纯收入，农村常住居民人均消费性支出2013年及以前为农村居民数据。

Per Capita Income and Expenditures of Urban and Rural Households Over the Years

(yuan)

农村常住居民人均可支配收入 Per Capita Net Income of Rural Households	比上年增长(%) Year-on-year Increase Index (%)	指 数 (1978年=100) Index (year of 1978=100)	农村常住居民人均生活消费支出 Per Capita Consumption Expenditures of Rural Households	#食 品 #Food
109.30	3.5	100.0	104.52	72.20
131.09	15.4	115.4	116.23	82.44
161.50	16.6	134.5	139.24	96.45
208.87	27.3	171.2	162.51	105.16
223.13	5.3	180.3	187.02	121.67
224.87	0.5	181.1	185.20	126.01
262.81	15.5	209.1	208.87	144.00
302.14	8.8	227.5	254.58	177.83
303.57	-3.9	218.6	271.60	190.60
341.84	6.4	232.5	304.22	212.90
397.74	-0.8	230.7	359.73	254.32
430.34	-7.3	213.9	407.28	282.92
435.14	-1.3	211.0	403.28	281.92
465.53	3.5	218.4	420.44	286.60
506.13	2.0	222.9	454.47	309.77
579.67	-1.4	219.8	550.11	390.45
786.84	6.6	234.2	684.27	484.41
1086.62	6.6	249.6	930.59	661.85
1276.67	5.5	263.3	1068.09	774.62
1298.54	4.2	274.4	1065.70	742.16
1334.46	4.4	286.5	1094.39	757.55
1363.07	4.7	299.9	1069.81	722.16
1374.16	3.6	310.7	1096.59	687.32
1411.73	3.7	322.2	1098.39	659.37
1489.91	4.3	336.1	1137.56	661.35
1564.66	4.7	353.2	1185.17	674.71
1721.55	5.6	373.0	1296.34	754.39
1876.96	5.2	392.4	1552.39	819.87
1984.62	4.7	410.8	1627.07	838.42
2373.99	11.6	458.5	1913.50	998.39
2796.93	8.9	499.3	2165.70	1119.64
3005.41	9.2	545.2	2421.95	1093.94
3471.93	12.6	613.9	2852.48	1319.43
4145.35	14.0	699.8	3455.76	1646.51
4753.00	11.5	780.3	3901.71	1740.58
5434.00	12.4	877.2	4740.18	2036.22
6671.22	10.3	967.5	5970.25	2488.50
7386.87	10.5	1069.1	6644.93	2644.56
8090.28	8.3	1157.8	7533.29	2915.38
8869.10	8.9	1260.9	8298.98	3153.61
9716.10	8.1	1362.9	9170.24	3383.82
10756.30	7.9	1470.5	10221.65	3755.44
11642.35	4.9	1542.6	10817.55	3975.84
12856.14	10.4	1703.4	12556.96	3934.35
13706.67	6.6	1815.8	13172.46	4118.04

Note: 1.The increase index and the index in the table have deducted price factors. 2. Per capita disposable income and per capita consumption expenditure of urban households in 2013 and before were per capita urban residents. Per capita net income of rural households in 2013 and before was per-capita net income of farms. Per capita consumption expenditure of rural households in 2013 and before was rural residents data.

主要统计指标解释

住户 指居住在一个住宅内，共同分享生活开支或收入的一群人。居住在同一房间内、不共同分享生活开支的人群，每个人都视为一个住户。住家保姆、住家家庭帮工视为单独的住户。

常住成员 指住户成员中，经常在家居住、或者调查期内居住时间超过一半的人员，以及本住户供养的学生。

季度调查的常住成员包括：

①过去三个月已经居住或未来三个月打算居住时间超过1.5个月的住户成员。

②过去三个月内每月至少在调查住宅居住一天以上，且没有在其他自有或独自租借的普通住宅中住过的人。或者说，在外与人合住或住在工棚、集体宿舍、工作地或其他临时性住所、又定期回家居住的人，也是本住户常住成员。

③由本住户供养的在校学生（包括大中专学生和研究生）。

就业面 指就业人口占家庭人口的百分比。

就业者赡养人口 指家庭人口与就业人口之比。

整、半劳动力 整劳动力指男子18周岁到50周岁，女子18周岁到45周岁；半劳动力指男子16周岁到17周岁，51周岁到60周岁；女子16周岁到17周岁，46周岁到55周岁，同时具有劳动能力的人。虽然在劳动年龄之内，但已丧失劳动能力的人，不应算为劳动力；超过劳动年龄，但能经常参加劳动的人，计入半劳动力数内。常住人口中的职工，若这些职工为劳动力，就包括在本户的整半劳动力中。

可支配收入 指调查户在调查期内获得的、可用于最终消费支出和储蓄的总和，即调查户可以用来自由支配的收入。可支配收入既包括现金，也包括实物收入。按照收入的来源，可支配收入包含四项，分别为：工资性收入、经营净收入、财产净收入和转移净收入。计算公式为：

可支配收入=工资性收入+经营净收入+财产净收入+转移净收入

其中：经营净收入=经营收入-经营费用-生产性固定资产折旧-生产税

财产净收入=财产性收入-财产性支出

转移净收入=转移性收入-转移性支出

工资性收入 指就业人员通过各种途径得到的全部劳动报酬和各种福利，包括受雇于单位或个人、从事各种自由职业、兼职和零星劳动得到的全部劳动报酬和福利。

经营净收入 指住户或住户成员从事生产经营活动所获得的净收入，是全部经营收入中扣除经营费用、生产性固定资产折旧和生产税之后得到的净收入。

财产净收入 指住户或住户成员将其所拥有的金融资产、住房等非金融资产和自然资源交由其他机构单位、住户或个人支配而获得的回报并扣除相关的费用之后得到的净收入。财产净收入包括利息净收入、红利收入、储蓄性保险净收益、转让承包土地经营权租金净收入、出租房屋净收入、出租其他资产净收入和自有住房折算净租金等。

财产净收入不包括转让资产所有权的溢价所得，这应该计入“非收入所得”。

转移性收入 指国家、单位、社会团体对住户的各种经常性转移支付和住户之间的经常性收入转移。包括政府、非行政事业单位、社会团体对居民转移的养老金或退休金、社会救济和补助、惠农补贴、政策性生活补贴、救灾款、经常性捐赠和赔偿以及报销医疗费等；住户之间的赡养收入、经常性捐赠和赔偿以及农村地区（村委会）在外（含国外）工作的本住户非常住成员寄回带回的收入等。

转移性收入不包括住户之间的实物馈赠。

城镇居民人均可支配收入（老口径） 指城镇家庭总收入扣除交纳的个人所得税和个人交纳的各项社会保障支出之后，按照城镇居民家庭人口平均的收入水平。其中家庭总收入是指该家庭中生活在一起的所有家庭人员从各种渠道得到的所有收入之和。更详细的解释可参照《城镇住户调查方案（2011年统计年报和2012年定期报表）》。

农村居民人均纯收入（老口径） 指农村住户当年从各个来源得到的家庭总收入扣除有关费用性支出后，最终归农村居民所有的收入总和，按照农村住户人口平均的纯收入水平。更详细的解释可参照《农村住户调查方案（2011年统计年报和2012年定期报表）》

消费支出 指住户用于满足家庭日常生活消费需要的全部支出，包括用于消费品的支出和用于服务性消费的支出。根据用途不同，消费支出可划分为食品烟酒、衣着、居住、生活用品及服务、交通通信、教育文化娱乐、医疗保健、其他用品及服务八大类。根据来源不同，消费支出可划分为现金消费支出、实物消费支出（含自产自用、来自单位、来自政府和其他社会组织）。

家庭收入分组方法 将所有调查户依户人均可支配收入由低到高排队，按20%，20%，20%，20%，20%的比例依次分成：低收入户、中低收入户、中等收入户、中高收入户、高收入户等五组。

恩格尔系数 指食物支出金额在生活消费总支出金额中所占的比例。计算公式为：

$$\text{恩格尔系数}=\frac{\text{食品支出金额}}{\text{生活消费总支出金额}}\times 100\%$$

Explanatory Notes on Main Statistical Indicators

Household refer to a group of people who live in a house, share a living expenses or income. Living in the same room, not to share the living expenses of the crowd, everyone is considered as a household. Nanny, home family workers are treated as a separate household。

Household Members refer to a member of the household who is living in a house, all of which share the expenses or income of the household.

Permanent Members refer to the members of the household who is often at home, or in the residence time of more than half of the residence time, and the students who support.

Quarterly Survey of Permanent Members include:

①The household members who have been living over the past three months or will live longer than 1.5 months in the next three months.

②People who have lived for at least one day per month in the surveyed house in the past three months and who have not lived in other ordinary houses owned or rented by themselves. Or, people who live together with others or live in sheds, collective dormitories, workplaces or other temporary residences, and regularly return home to live, are also permanent members of their own households.

③Students supported by the household.

Proportion Employment refers to the percentage of the population in the family.

Number of Dependents per Employee refers to the ratio of the household population to the employment population.

Full/Semi Labour Force refers to persons capable of work, aged 18–50 for males and 18–45 for females. Semi labour force refers to persons capable of work, aged 16–17 and 51–60 for males and 16–17 and 46–55 for females. Persons at their working ages but not capable of work are not to be included as labour force. Persons not at working ages but participating regularly in work are included in semi labour force. For staff and workers who are usual residents, are included as full or semi labour force of the household if they are in the labour force.

Disposable Income refers to the income of the household survey period, which can be used for final consumption and savings, or the income of the household can be used for free. Disposable income includes both cash, but also in kind. According to the sources of income, disposable income includes four items, respectively, income from wages and salaries, net business income, net income from properties and net income from transfer. Calculation formula:

Disposable income = wage income + net income + property net income + transfer net income

Where: operating net income = operating income − operating expenses − production of fixed assets depreciation− production tax

Property net income = property income − property expenses

Transfer of net income = transfer income−transfer expenditure

Income from Wages and Salaries refers to remuneration of labour and salaries from all kinds of sources, including those employed by other units or individuals, freelance work, part-time jobs, and sporadic labour.

Net Business Income refers to the income earned by households and their members engaged in the production and business activities. It refers to the net income of operating revenue minus operating costs, depreciation of productive fixed assets, and production tax.

Property Net Income refers to the net income received as returns by the household or household members of the financial assets, non-financial assets such as housing, to other institutions, households or individuals, and minus relevant costs. Net income from properties includes net income of interest, bonus income, net income of saving insurance, net income of rents of transferring management right of contract land, income of renting housing, income of renting other assets, net converted rents of self-owned housing. Net income from properties do not include premium of transferring ownership of assets.

Property net income does not include the premium income from the transfer of property rights, which should be included in the "non income".

Transfer Income refers to the regular transfer from country, institutions, social communities to households and between households. Including the government, the non-administrative institutions, social groups of residents to move pension or retirement benefits, social benefits and subsidies, subsidies benefit farmers, policy subsidy, relief funds, regular donation and compensation and reimbursement of medical expenses; between tenants alimony income, often donations and compensation and rural areas (Village) (including foreign) of the households in non-resident members return back to the income.

The transfer of income does not include the physical gifts between households.

The Per Capita Disposable Income of Urban Residents (old caliber) refers to the income tax and the average income level of the residents in urban families after the deduction of the income tax and the social security expenditure. The total household income is the sum of all the income of the family who lives in a variety of ways. More detailed explanation can be referred to the《urban household survey (2011 statistical report and 2012 periodic report)》.

The Per Capita Net Income of Rural Residents (old caliber) refers to the total income of rural households in the year from various sources of household income after deducting the cost of the total income of rural residents, according to the average net income of rural households. A more detailed explanation can be referred to the《Rural Household Survey Programme (2011 statistical report and the 2012 periodic report)》.

Consumer Spending refers to all the expenses that the household is used to meet the needs of the daily life of the family, including the expenses for the consumer goods and the expenses for the service. According to different purposes, the consumption expenditure can be divided into tobacco and food, clothing, housing, daily necessities and services, transportation and communication, education culture and entertainment, health care and other goods and services eight categories. According to different sources, consumer spending can be divided into cash consumption, real consumer spending (including self−produced their own, from the unit, from the government and other social organizations).

Household income grouping method according to the households, the average income per household was low to high, according to 20%, 20%, 20%, 20%, 20% of the proportion were divided into: low−income households, middle and low income households, middle income households, middle and high income, high income households and other five groups.

Engel Coefficient refers to the percentage of expenditure on food in the total consumption expenditure, using the following formula:

$$\text{Engel Coefficient} = \frac{\text{exp enditure on food}}{\text{total consumption exp enditure}} \times 100\%$$

城市概况

General Survey of Cities

11

简要说明

一、主要内容

本篇资料主要反映城市公用事业概况，包括：城市公用事业、城市气象、市政建设及设施、公共交通、城市绿化、环境卫生等。

二、统计范围

全省所有设市城市在建成区范围内所有的城市规划管理、投资、建设或经营管理相关设施的单位。

三、资料来源

本篇资料由省住房和城乡建设厅、省交通运输厅、省气象局等提供。

Brief Introduction

I. Main Contents

This chapter presents the basic status of urban public utilities, including city public utility, city weather, municipal building and infrastructure, public transportation, urban greening, and urban sanitation.

II. Scope of Statistics

It covers all units under the jurisdiction of cities which are engaged in urban planning and management, investment, construction and operation of relevant facilities.

III. Sources of Data

Data in this chapter are collected by the Provincial Department of Housing and Urban-Rural Development, Provincial Department of Traffic and Transportation, Provincial Bureau of Meteorological Service.

11-1 城市公用事业

City Public Utilities

指 标	Item	2018	2019	2020	2021	2022
城市建设	**City Areas and Floor Space of Buildings**					
城区面积(平方公里)	Urban Area (sq.km)	6070.44	6586.61	6822.84		
建成区面积(平方公里)	Area of Built Districts (sq.km)	1823.99	1914.21	2010.38		
城市建设用地面积(平方公里)	Area of Land Used for Urban Construction (sq.km)	1686	1760	1811		
征用土地面积(平方公里)	Area of Land Put in Requisition for State Construction Projects (sq.km)	78.11	56.91	48.15		
城市人口密度(人/平方公里)	Population Density of City Districts (person/sq.km)	2323	2253	2247	2307	2257
城市供水、燃气	**Supply of Water and Gas**					
年末供水综合生产能力(万立方米/日)	Production Capacity of Tap Water Supply at Year-end (10000 cu.m/day)	532.12	625.11	640.27	661.44	709.04
供水管道长度(公里)	Length of Water Pipelines (km)	24393	26702	27502	32223	36243
建成区城市供水管道密度(公里/平方公里)	Water Pipelines density of Built Districts of city(km/sq.km)	10.26	9.97	8.33	7.94	15.55
供水总量(万立方米)	Volume of Tap Water Supply(10000cu.m)	114633	123811	127035	134405	138807
用水人口(万人)	Number of Residents with Access to Tap Water (10000 persons)	1322.42	1414.19	1492.13	1540.63	1552.81
人均日生活用水(升)	Per Capita Daily Consumption of Tap Water for Residential Use (liter)	154.14	145.77	141.26	145.93	153.89
用水普及率(%)	Coverage Rate of Urban Population with Access to Tap Water (%)	93.8	95.3	97.3	97.8	98.17
管道长度(公里)	Length of Gas Pipelines (km)	9071	11054	12552	14042	
液化石油气	Liquefied Petroleum Gas	92	—	—	—	26.49
天然气	Natural Gas	8979	11054	12552	14042	15471.25
全年供气总量	Annual Volume of Gas Supply					
液化石油气(吨)	Liquefied Petroleum Gas(ton)	164317	185120	175561	170792	170523.15
#家庭用量	Consumption of Natural Gas for Residential Use	134642	109733	96338	96232	97371.45
天然气(万立方米)	Natural Gas Supply (10 000 cu.m)	95207	119603	150895	193540	227804.92
#家庭用量	Consumption of Natural Gas for Residential Use	26333	36573	48635	57127	65357.22
用气人口(万人)	Population with Access to Gas (10000 persons)	1052.41	1204.89	1349.77	1361.75	1404.51
液化石油气	Liquefied Petroleum Gas	616.58	669.61	700.05	655.68	625.36
天然气	Natural Gas	435.83	535.28	649.72	706.07	779.15
燃气普及率(%)	Coverage Rate of Urban Population with Access to Gas (%)	74.6	81.2	88.0	86.4	88.79
城市市政设施	**Municipal Infra-structure**					
年末实有道路长度(公里)	Length of Paved Roads at Year-end (km)	9657	10608	17267	18189	22838

11-1 续表 continued

指 标	Item	2018	2019	2020	2021	2022
年末实有道路面积(万平方米)	Area of Paved Roads at Year-end (10 000sq.m)	18949	21567	30891	32556	38568
人均拥有道路面积(平方米)	Per Capita Area of Paved Roads (sq.m)	13.44	14.54	20.15	21.03	24
城市排水管道长度(公里)	Length of City Sewage Pipes (km)	13872	16338	17650	20738	24528
城市污水日处理能力(万立方米)	Daily Disposal Capacity of City Sewage (10 000 cu.m)	332	366	431	449	524
建城区城市排水管道密度(公里/平方公里)	Density of City Sewage Pipes (km/sq.km)	5.26	6.77	6.98	8.09	9.67
城市桥梁(座)	Number of City Bridges (unit)	1222	1290	1479	1739	1985
城市道路照明灯(千盏)	Number of Street Lights (1 000 units)	944	1017	1166	1233	1327895
城市公共交通	**Public Traffic**					
年末公共交通运营车辆数(辆)	Number of Public Vehicles under Operation at Year-end (unit)	9900	10287	11013	11586	11271
运营线路网长度(公里)	Length under Operation (km)	18704	19607	22245	27611	27047
公共交通客运总量(万人次)	Passengers Transported by Public Vehicles (10 000person-times)	187797	177276	152438	163917	119722
出租汽车(辆)	Number of Taxi (unit)	30696	36378	42221	45310	46196
城市绿化和园林	**City Greening**					
城市绿化覆盖面积(公顷)	Urban green coverage area (hectare)	109676	116111	122693	166589	169730
公园绿地面积(公顷)	Park Green Areas (hectare)	19095	21846	23585	24096	25205
人均公园绿地面积(平方米)	Per Capita Area of Parks and Green Land (sq.m)	13.54	14.72	15.38	15.29	15.93
公园个数(个)	Number of Parks and Zoos (unit)	471	528	607	758	838
公园面积(公顷)	Area of Parks (hectares)	19307	21523	22825	24781	26196
建成区绿化覆盖率(%)	Green Covered Area as % of Completed Area (%)	35.2	36.9	39.0	40.1	41.1
城市环境卫生	**Environmental Sanitation**					
清扫保洁面积(万平方米)	Area under Cleaning Program (10 000 sq.m)	23871	25161	27110	28951	31846
生活垃圾清运量(万吨)	Volume of Garbage Disposal (10 000 tons)	580.28	608.40	615.41	648.96	687.11
市容环卫专用车辆设备总数(台)	Number of Special Vehicles for Environmental Sanitation (unit)	7867	8886	8909	9853	10066
公共厕所(座)	Number of Public Lavatories (unit)	3673	3798	4223	6835	7676
#三类以上	Third Grade and Above	3252	3268	3564	5379	6345

注：资料来源于省住房城乡建设厅、省交通运输厅(以下相关表同)。

Note: The data are provided by the Housing and Urban-Rural Development Department of Guizhou Province and the Department of Transportation of Guizhou Province(the relative tables in the chapter are the same).

11-2 城市气象（2022）

Climate of Major Cities (2022)

城市名称	City	年平均气温(℃) Annual Average Temperature(℃)	年降水量(毫米) Annual Precipitation(mm)	年日照时数(小时) Annual Sunshine Hours(hour)	年平均相对湿度(%) Annual Average Relative Humidity(%)
全省平均	Provincial Average	16.1	1014.2	1409.9	78
贵 阳 市	Guiyang	15.0	1054.4	1492.1	79
六盘水市	Liupanshui	13.2	1092.9	1258.9	83
遵 义 市	Zunyi	15.9	723.9	1543.6	77
安 顺 市	Anshun	13.6	1196.8	1013.3	83
毕 节 市	Bijie	14.0	657.7	1478.8	78
铜 仁 市	Tongren	18.2	838.6	1801.3	71
兴 义 市	Xingyi	16.8	1387.9	1526.0	82
凯 里 市	Kaili	17.0	960.8	1380.6	74
都 匀 市	Duyun	15.5	1063.9	1078.8	80
清 镇 市	Qingzhen	14.7	983.3	1028.8	83
盘 州 市	Panzhou	12.4	1140.8	1702.4	83
赤 水 市	Chishui	19.2	1139.3	1380.6	80
仁 怀 市	Renhuai	17.2	785.3	1540.0	74
黔 西 市	Qianxi	14.7	780.7	1229.6	79
兴 仁 市	Xingren	15.9	1291.6	1814.3	80
福 泉 市	Fuquan	15.9	847.1	1612.4	79

注：资料来源于省气象局(下表同)。

Note:The data in the table are provided by Guizhou Meteorological Administration (the same applies to the next table).

11-3 城市平均气温（2022）

Monthly Average Temperature of Major Cities (2022)

单位：℃ (℃)

城市名称	City	1月 Jan.	2月 Feb.	3月 Mar.	4月 Apr.	5月 May	6月 June	7月 July	8月 Aug.	9月 Sept.	10月 Oct.	11月 Nov.	12月 Dec.
全省平均	Provincial Average	5.8	3.9	15.0	16.1	17.8	22.8	25.9	26.4	21.9	17.2	15.0	5.7
贵 阳 市	Guiyang	4.7	2.6	14.2	14.9	16.8	21.6	24.6	25.1	20.6	16.3	14.2	4.7
六盘水市	Liupanshui	5.1	2.5	13.9	13.2	14.8	19.2	21.8	21.8	17.0	13.7	13.1	2.6
遵 义 市	Zunyi	4.6	3.1	14.6	15.8	17.6	22.5	26.4	27.7	21.6	17.3	14.4	4.9
安 顺 市	Anshun	4.4	1.8	13.1	13.7	15.4	20.0	22.3	22.6	18.7	14.5	13.1	3.4
毕 节 市	Bijie	4.1	2.6	13.9	13.8	15.8	20.0	23.8	24.4	18.2	14.7	12.9	3.3
铜 仁 市	Tongren	5.8	4.5	14.9	18.3	19.4	25.7	29.6	31.1	26.8	19.3	16.1	7.2
兴 义 市	Xingyi	8.8	5.9	17.5	17.4	18.2	22.5	24.5	23.9	20.9	17.1	17.4	7.0
凯 里 市	Kaili	5.3	3.5	14.8	16.8	18.5	24.3	27.9	28.2	23.8	18.3	15.7	6.3
都 匀 市	Duyun	4.8	2.7	14.0	15.6	17.2	22.5	25.7	25.4	21.7	17.0	14.5	5.4
清 镇 市	Qingzhen	4.7	2.7	14.0	14.6	16.4	21.1	24.1	24.5	20.0	15.7	13.9	4.5
盘 州 市	Panzhou	5.6	3.4	13.7	12.6	13.6	17.7	19.6	19.1	15.6	12.5	13.2	2.1
赤 水 市	Chishui	8.6	8.7	18.3	18.9	20.7	24.9	29.9	32.7	23.3	19.0	16.7	8.1
仁 怀 市	Renhuai	6.1	4.9	16.6	17.0	18.8	23.4	27.9	29.4	22.2	18.1	16.0	6.3
黔 西 市	Qianxi	4.4	2.2	14.4	14.6	16.5	21.1	24.6	25.4	19.6	15.5	13.6	3.9
兴 仁 市	Xingren	7.8	5.1	16.6	16.2	17.5	21.9	23.8	23.6	20.0	16.3	16.4	5.9
福 泉 市	Fuquan	4.9	3.0	14.4	15.7	17.6	23.0	26.5	26.5	22.0	17.4	14.3	5.3

11-4 城市建设(2022)

Basic Statistics on City Construction (2022)

单位:平方公里 (sq.km)

城市名称	City	城区面积 Urban Area	建成区面积 Area of Built Districts	城市建设用地面积 Area of Land Used for Urban Construction
贵 阳 市	Guiyang	1230.00	369.00	326.12
六盘水市	Liupanshui	560.13	83.45	75.26
遵 义 市	Zunyi	638.00	158.70	155.95
安 顺 市	Anshun	197.61	76.00	57.08
铜 仁 市	Tongren	70.95	55.50	54.67
兴 义 市	Xingyi	104.00	66.60	65.56
毕 节 市	Bijie	170.60	63.85	52.59
凯 里 市	Kaili	182.62	75.86	69.66
都 匀 市	Duyun	517.00	62.80	18.54
清 镇 市	Qingzhen	99.23	42.76	59.13
盘 州 市	Panzhou	330.60	27.60	27.60
赤 水 市	Chishui	75.40	15.92	15.89
仁 怀 市	Renhuai	89.00	30.60	31.58
黔 西 市	Qianxi	30.00	24.50	24.50
兴 仁 市	Xingren	40.40	21.68	10.63
福 泉 市	Fuquan	20.45	19.98	19.38

11-5 城市设施水平(2022)

Basic Statistics on Level of Public Facilities in Cities (2022)

城市名称	City	城市用水普及率 (%) Coverage Rate of Urban Population with Access to Tap Water (%)	城市燃气普及率 (%) Coverage Rate of Urban Population with Access to Gas (%)	人均城市道路面积 (平方米) Per Capita Area of Paved Roads (sq.m)	人均公园绿地面积 (平方米) Per Capita Area of Park and Green Land (sq.m)
贵 阳 市	Guiyang	99.38	95.57	26.69	17.95
六盘水市	Liupanshui	100.00	92.30	30.10	12.14
遵 义 市	Zunyi	99.50	95.03	25.74	13.36
安 顺 市	Anshun	100.00	83.27	37.93	27.70
铜 仁 市	Tongren	100.00	86.55	23.54	15.97
兴 义 市	Xingyi	100.00	84.34	29.55	15.12
毕 节 市	Bijie	97.60	93.50	21.86	16.58
凯 里 市	Kaili	87.00	95.43	28.37	15.31
都 匀 市	Duyun	100.00	89.09	39.97	22.87
清 镇 市	Qingzhen	100.00	94.20	18.70	12.68
盘 州 市	Panzhou	100.00	97.02	28.18	13.83
赤 水 市	Chishui	99.57	98.01	25.63	13.79
仁 怀 市	Renhuai	96.87	97.32	15.84	10.03
黔 西 市	Qianxi	100.00	99.17	16.79	15.78
兴 仁 市	Xingren	100.00	90.85	22.88	14.78
福 泉 市	Fuquan	100.00	91.28	23.65	18.77

11-6 城市供水（2022）

Tap Water Supply in Cities（2022）

城市名称	City	年末供水综合生产能力（万立方米/日）Production Capacity of Tap Water Supply (year-end)（10 000cu.m/day）	年末供水管道长度（公里）Length of Water Supply Pipelines (year-end)（km）	全年供水总量（万立方米）Total Annual Volume of Water Supply（10 000 cu.m）	用水人口（万人）Number of Residents with Access to Tap Water（10 000 persons）	人均日生活用水量（升）Per Capita Daily Consumption of Tap Water for Residential Use(liter)
贵阳市	Guiyang	174.50	7293.13	42928.65	295.66	243.77
六盘水市	Liupanshui	48.68	2673.95	5433.53	57.82	148.29
遵义市	Zunyi	50.46	4090.40	11631.27	146.00	134.25
安顺市	Anshun	30.80	699.31	4104.00	44.06	150.60
铜仁市	Tongren	24.50	398.00	5457.00	47.74	179.53
兴义市	Xingyi	26.10	1385.00	4544.90	48.97	150.48
毕节市	Bijie	12.00	577.50	3715.62	52.56	100.73
凯里市	Kaili	22.90	917.99	4124.64	36.19	191.76
都匀市	Duyun	15.54	1319.50	2619.88	33.90	145.38
清镇市	Qingzhen	15.18	340.53	3069.96	23.44	117.62
盘州市	Panzhou	11.78	699.00	1049.00	22.45	67.24
赤水市	Chishui	5.00	410.00	1311.88	11.49	237.73
仁怀市	Renhuai	20.60	2700.62	2664.36	25.98	227.44
黔西市	Qianxi	5.50	241.78	1280.76	24.12	94.75
兴仁市	Xingren	7.00	252.00	960.01	17.38	85.68
福泉市	Fuquan	4.00	380.00	1036.95	13.53	131.70

11-7 城市燃气(2022)

Supply of Gas in Cities（2022）

城市名称	City	管道长度（公里）Length of Gas Pipelines(km)	全年供气总量 Volume of Gas Supply		用气人口（万人）Population with Access to Gas（10000 persons）	
		天然气 Natural Gas	液化石油气(吨) Liquefied Petroleum Gas(ton)	天然气(万立方米) Natural Gas（10000cu.m）	液化石油气 Liquefied Petroleum Gas	天然气 Natural Gas
贵阳市	Guiyang	4484.27	54000.00	55694.00	28.00	256.32
六盘水市	Liupanshui	1068.84	1490.00	7977.03	4.12	49.25
遵义市	Zunyi	1112.66	8115.99	27816.53	53.77	85.67
安顺市	Anshun	408.11	10747.82	6317.56	13.32	23.37
铜仁市	Tongren	232.03	2568.00	2180.46	13.92	27.40
兴义市	Xingyi	326.50	4759.00	2725.88	27.80	13.50
毕节市	Bijie	360.10	6188.16	3414.33	20.52	29.83
凯里市	Kaili	208.99	7012.27	20456.80	16.25	23.45
都匀市	Duyun	586.80	2680.54	4830.26	9.76	20.44
清镇市	Qingzhen	611.44	1489.80	12820.04	1.50	20.58
盘州市	Panzhou	175.80	1459.10	1001.00	9.18	12.60
赤水市	Chishui	563.18	122.00	3194.80	0.34	10.97
仁怀市	Renhuai	372.01	4732.00	31052.00	10.47	15.63
黔西市	Qianxi	103.11	3123.00	308.00	19.68	4.24
兴仁市	Xingren	31.20	1247.00	122.39	12.48	3.31
福泉市	Fuquan	120.68	1550.00	379.00	1.88	10.47

11-8 城市市政设施（2022）

Municipal Infrastructure in Cities (2022)

城市名称	City	年末实有道路长度（公里）Length of Paved Roads (year-end) (km)	年末实有道路面积（万平方米）Area of Paved Roads (year-end) (10 000 sq.m)	城市桥梁（座）Number of City Bridges (unit)	城市排水管道长度（公里）Length of City Sewage Pipes (km)	城市污水日处理能力（万立方米）Daily Disposal Capacity of City Sewage (10 000 cu.m)	城市道路照明灯（千盏）Number of Street Lights (1 000 units)
贵阳市	Guiyang	5815.00	7939.28	456	3792.20	214.80	264.74
六盘水市	Liupanshui	735.03	1740.54	33	1199.90	18.00	55.03
遵义市	Zunyi	2063.85	3777.33	170	2763.30	51.30	152.59
安顺市	Anshun	691.50	1671.23	82	1133.40	17.10	73.04
铜仁市	Tongren	686.40	1123.57	54	568.30	12.00	51.90
兴义市	Xingyi	583.20	1447.00	52	806.50	14.00	20.39
毕节市	Bijie	562.56	1177.08	61	839.80	16.50	16.76
凯里市	Kaili	607.05	1180.01	48	486.20	14.20	57.83
都匀市	Duyun	762.15	1355.00	54	650.60	11.00	40.20
清镇市	Qingzhen	242.46	438.25	32	461.90	11.50	12.47
盘州市	Panzhou	298.57	632.74	8	536.30	3.50	47.64
赤水市	Chishui	142.36	295.81	4	195.20	4.00	7.80
仁怀市	Renhuai	226.71	424.78	37	988.70	9.30	16.05
黔西市	Qianxi	247.30	405.00	40	191.60	5.50	24.88
兴仁市	Xingren	229.61	397.71	3	246.90	2.60	4.21
福泉市	Fuquan	190.00	320.00	14	174.10	3.00	13.65

11-9　城市绿地和园林(2022)

Parks and Green Areas in Cities(2022)

城市名称	City	建成区园林绿地面积(公顷) Area of Parks and Green Land(hectare)	公园绿地面积(公顷) Park Green Areas(hectare)	公园(个) Number of Parks(unit)	公园面积(公顷) Area of Parks(hectare)	建成区绿化覆盖率(%) Green Covered Area as of Completed Area(%)
贵阳市	Guiyang	15230.00	5339.00	127	5339.00	43.30
六盘水市	Liupanshui	3205.00	702.00	26	2333.00	40.86
遵义市	Zunyi	6504.00	1961.00	52	2122.00	41.45
安顺市	Anshun	3063.00	1221.00	31	642.00	43.30
铜仁市	Tongren	2249.00	763.00	24	763.00	42.75
兴义市	Xingyi	2665.00	740.00	24	740.00	41.45
毕节市	Bijie	2592.00	893.00	21	747.00	42.01
凯里市	Kaili	3104.00	637.00	38	608.00	42.41
都匀市	Duyun	2489.00	775.00	12	452.00	41.98
清镇市	Qingzhen	1456.00	297.00	16	297.00	36.56
盘州市	Panzhou	1090.00	311.00	8	351.00	41.50
赤水市	Chishui	631.00	159.00	11	142.00	42.95
仁怀市	Renhuai	1168.00	269.00	9	269.00	40.00
黔西市	Qianxi	883.00	381.00	8	370.00	39.98
兴仁市	Xingren	844.00	257.00	8	156.00	42.23
福泉市	Fuquan	815.00	254.00	36	254.00	45.53

11-10　城市市容环境卫生(2022)

Urban Sanitation in Cities(2022)

城市名称	City	清扫保洁面积(万平方米) Area under Cleaning Program (10 000 sq.m)	生活垃圾清运量(万吨) Volume of Garbage Disposal (10 000 tons)	市容环卫专用车辆设备总数(台) Number of Special Vehicles for Environmental Sanitation (unit)	公共厕所(座) Number of Public Lavatories (unit)	三类以上 Third Grade and Above	生活垃圾无害化处理率(%) Garbage harmless treatment rate (%)
贵阳市	Guiyang	7539	154.51	2201	665	665	100.0
六盘水市	Liupanshui	1518	20.14	327	408	408	99.9
遵义市	Zunyi	3001	55.36	788	677	547	100.0
安顺市	Anshun	1550	30.57	598	630	310	100.0
铜仁市	Tongren	784	16.47	201	207	207	100.0
兴义市	Xingyi	1342	23.77	285	197	197	100.0
毕节市	Bijie	778	19.26	263	258	258	100.0
凯里市	Kaili	492	20.87	176	235	235	98.1
都匀市	Duyun	872	12.86	203	192	79	99.8
清镇市	Qingzhen	396	14.56	229	209	209	100.0
盘州市	Panzhou	630	9.34	39	118	118	100.0
赤水市	Chishui	222	3.76	54	87	87	100.0
仁怀市	Renhuai	648	12.34	364	125	125	100.0
黔西市	Qianxi	364	9.52	120	109	77	99.9
兴仁市	Xingren	215	6.49	36	91	16	99.4
福泉市	Fuquan	281	5.92	110	116	97	99.8

主要统计指标解释

用水普及率 指报告期末城区用水人口数与总人口的比率。计算公式：

$$用水普及率=\frac{城区用水人口（含暂停人口）}{城区人口+城区暂停人口}\times 100\%$$

人工煤气生产能力 指报告期末人工煤气生产厂制气、净化、输送等环节的综合生产能力，不包括备用设备能力。一般按设计能力计算，如果实际生产能力大于设计能力时，应按实际测定的生产能力计算。测定时应以制气、净化、输送三个环节中最薄弱的环节为主。

供气管道长度 指报告期末从气源厂压缩机的出口或门站出口至各类用户引入管之间的全部已经通气投入使用的管道长度。不包括煤气生产厂、输配站、液化气储存站、灌瓶站、储配站、气化站、混气站、供应站等厂(站)内的管道。按不同的材质、管径分别统计。

供气总量 指报告期燃气企业(单位)向用户供应的燃气数量。包括销售量和损失量。

燃气普及率 指报告期末使用燃气的人口与总人口的比率。计算公式为：

$$燃气普及率=\frac{城区用水人口（含暂停人口）}{城区人口+城区暂停人口}\times 100\%$$

桥梁 指为跨越天然或人工障碍物而修建的构筑物。包括跨河桥、立交桥、人行天桥以及人行地下通道等。

排水管道长度 指所有排水总管、干管、支管、检查井及连接井进出口等长度之和。计算时应按单管计算，即在同一条街道上如有两条或两条以上并排的排水管道时，应按每条排水管道的长度相加计算。

污水处理能力 指污水处理厂(或处理装置)每昼夜处理污水量的设计能力。

年末公共交通运营车辆数 指年末公交企业(单位)用于运营业务的全部车辆数。以企业(单位)固定资产台账中已投入运营的车辆数为准。

绿地面积 指报告期末用作园林和绿化的各种绿地面积。包括公园绿地、生产绿地、防护绿地、附属绿地和其他绿地的面积。其中公园绿地指城市中向公众开放的、以游憩为主要功能，有一定的游憩设施和服务设施，同时兼有健全生态、美化景观、防灾减灾等综合作用的绿化用地。它是城市建设用地、城市绿地系统和城市市政公用设施的重要组成部分。

公共绿地 指向公众开放的市级、区级、居住区级各类公园、街旁游园，包括其范围内的水域。其中居住区级公园应不小于1万平方米，街旁游园的宽度不小于8米，面积不小于400平方米。

生活垃圾清运量 指报告期收集和运送到各生活垃圾处理场(厂)和生活垃圾最终消纳点的生活垃圾的数量。统计时仅计算从生活垃圾源头和从生活垃圾转运站直接送到处理场和最终消纳点的清运量，对于二次中转的清运量不要重复计算。

供水综合生产能力 指按供水设施取水、净化、送水、出厂输水干管等环节设计能力计算的综合生产能力。包括在原设计能力的基础上，经挖、革、改增加的生产能力。计算时，以四个环节中最薄弱的环节为主确定能力。原则上按设计能力填报，对于经过更新改造后，实际生产能力与设计能力相差很大的，按实际能力填报。

供水管道长度 指从送水泵至用户水表之间所有管道的长度。不包括新安装尚未使用、水厂内以及用户建筑物内的管道。在同一条街道埋设两条或两条以上管道时,应按每条管道的长度计算。

供水总量 指报告期供水企业(单位)供出的全部水量。包括有效供水量和漏损水量。其中有效供水量指水厂将水供出厂外后,各类用户实际使用到的水量。包括售水量和免费供水量。

气温 指空气的温度,我国一般以摄氏度(℃)为单位表示。气象观测的温度表是放在离地面约1.5米处通风良好的百叶箱里测量的,因此,通常说的气温指的是离地面1.5米处百叶箱中的温度。其统计计算方法为:月平均气温是将全月各日的平均气温相加,除以该月的天数而得。年平均气温是将12个月的月平均气温累加后除以12而得。

相对湿度 指空气中实际所含水蒸气密度和同温度下饱和水蒸气密度的百分比值。其统计方法与气温相同。

降水量 指从天空降落到地面的液态或固态(经融化后)水,未经蒸发、渗透、流失而在地面上积聚的深度。其统计计算方法为:月降水量是将全月各日的降水量累加而得。年降水量是将12个月的月降水量累加而得。

日照时数 指太阳实际照射地面的时间。其统计方法与降水量相同。

Explanatory Notes on Main Statistical Indicators

Water supply popularizing rate refers to the ratio of the urban population with access to tap water to the total urban population at the end of reference period. The formula is:

$$\text{Coverage of urban population with access to tap water} = \frac{\text{Urban population with access to tap water}}{\text{Urban population}} \times 100\%$$

Production Capacity of Manufactured Gas refers to the comprehensive production capacity of gas production, purification, transportation and other links in the artificial gas plant at the end of the reporting period, excluding capacity of the reserved facilities. In general, it is determined by the designed capacity, and when actual production capacity is larger than the designed capacity, the capacity is determined by the actual measurement on the weakest segment in the production, purification and delivery.

Length of Gas Pipelines refers to the total length of pipelines in use between the outlet of the compressor of gas-work or outlet of gas stations and the leading pipe of users, excluding pipelines within gasworks, delivery stations, LPG storage stations, refilling stations, gas-mixing stations and supply stations. It is according to different material, diameter, respectively statistics.

Volume of Gas Supply refers to the total volume of gas provided to users by gas-producing enterprises (units) during the reporting period, including the volume sold and the volume lost.

Coverage Rate of Urban Population with Access to Gas refers to the ratio of the urban population with access to gas?to the total urban population at the end of the reference period. The formula is:

$$\text{Coverage rate of urban population with access to gas} = \frac{\text{Urban population with access to gas}}{\text{Urban population}} \times 100\%$$

Bridges refer to bridges built to cross over natural or man-made barriers, including bridges over rivers, overpasses for traffic and for pedestrians, underpasses for pedestrians, etc.

Length of Sewage Pipes refers to the total length of general drainage, trunks, branch and inspection wells, connection wells, inlets and outlets, etc. In the calculation, calculation shall be single-tube that is on the same street if two or more side by side drains, they should be added to the length of each drainage calculations.

Disposal Capacity of Sewage refers to the designed 24-hour capacity of sewage disposal by the sewage treatment works or facilities.

Number of Vehicles under Operation at Year-end refers to the total number of vehicles under operation by public transport enterprises (units) at the end of the year, based on the records of operational vehicles by the enterprises (units).

Area of Green Land refers to the end of the reporting period used for landscaping and green area. Including the park green land, production green land, protection green land, green land attached to institutions, and other green area. Park green area refers to open to the public amusement and rest with the facilities of amusement, rest and services. Its function includes perfecting ecology, beautifying landscape, and preventing and reducing disaster. It is an important part of urban construction land, urban green space system and urban public facilities.

Public Green Area refers to green areas open to the public such as municipal, community and neighborhood parks and roadside parks, including waters within parks. Neighborhood parks should occupy an area larger than 10,000 square meters, and the width of roadside parks should occupy an area larger than 400 square meters, with a width of more that 8 meters.

Consumption Wastes Transported refers to volume of consumption wastes collected and transported to disposal factories or sites during the reference period. The statistical calculations of the clearance volume is only from garbage and garbage transfer station directly to the treatment plant and the final consumer satisfaction point, for the secondary transit clearance volume, it cannot be duplicated.

Production Capacity of Water Supply refers to the designed overall production capacity of water facilities, covering the four segments of water collection, purification, conveyance, and outflow through trunk pipelines. Increased capacity through transformation and innovation projects is included as well. The capacity is determined mainly on the weakest of the above-mentioned four segments. In principle, according to the design capacity reporting, for after renovation, the actual production capacity and design capabilities are vary greatly. It is according to the actual ability reported.

Length of Water Supply Pipelines refers to the total length of all the pipelines between the water pumps and the user water meters, excluding pipelines newly installed but not used yet, pipeline in the water factory, and pipeline in the user's buildings. Buried in the same street two or more pipes, each pipe length shall be calculated.

Total Volume of Water Supply refers to the total volume of water supplied by water-works (units) during the reference period, including both the effective water supply and loss during the water supply. The effective water supply refers to the water supply for the water supply factory, the actual use of various types of water users. Including the sale of water and free water supply.

Temperature refers to the air temperature, China uses centigrade?as the unit. The thermometry used for water observation is put in a breezy shutter, which is 1.5 metres high from the ground. There fore the commonly used temperature refers to the temperature in the breezy shutter 1.5 metres away from the ground. The calculation method is as follows.

Monthly average temperature is the summation of average daily temperature of one moth divided by the actual days of the particular month.

Annual average temperature is the summation of monthly average of a year divided by 12 months.

Relative Humidity refers to the ratio of actual water vapour pressure to the saturation water vapour pressure under the current temperature. The calculation method is the same as that of temperature.

Volume of Precipitation refers to the deepness of liquid state or solid state (thawed) water falling from the sky to the ground that has not been evaporated, infiltrated or run off. The calculation method is as follows: monthly precipitation is the summation of daily precipitation of month. Annual precipitation is the summation of 12 months precipitation of a year.

Sunshine Hours refer to the actual hours of sun irradiating the earth. The calculation method is the same as that of the precipitation.

资源和环境

Resources and Environment 12

简 要 说 明

一、主要内容

本篇资料主要反映全省自然资源状况和环境保护事业发展情况。

自然资源包括河流、矿产资源、森林资源、水资源等资料。

环境保护事业发展情况主要包括环保资金投入、废水治理、空气质量及污染治理、固体废物处理利用情况、环境污染事故、自然灾害等。

二、资料来源

河流、矿产资源、森林资源、水资源等资料分别由省水利厅、省自然资源厅、省林业局提供,

环境保护资料由省生态环境厅、省住房城乡建设厅提供,自然灾害资料由省民政厅提供。

Brief Introduction

I. Main Contents

This chapter contains information that reflects natural resource conditions and the development of environment protection in Guizhou Province.

Data on natural resources cover rivers, mineral resources, forest resources, and water resources.

The development of environment protection mainly includes environmental protection capital investment, waste water treatment, air quality and pollution treatment, treatment and utilization of solid wastes; environment pollution, loss of natural calamities, etc.

II. Sources of Data

The data on rivers, mineral resources, forest resources and water resources, etc. are provided respectively by Department of Water Conservancy of Guizhou Province, Department of Natural Resources of Guizhou Province and Guizhou Provincial Bureau of Forestry. Data on environmental protection are provided by Department of Ecology and Environment of Guizhou Province and Department of Housing and Urban-Rural of Guizhou Province. Besides, the data on natural calamities are provided by the Department of Civil Affairs of Guizhou Province.

12-1 主要河流（省内部分）主要特征值（2022）

Major Characteristics of the Main River in the Province（2022）

水　系	Water System	流域面积（平方公里） Drainage Area（sq.km）	河长（千米） Length of River（1000 m）	平均坡降（‰） Average Slope Falling（‰）
长江流域	**Changjiang River Drainage**			
#赤水河	Chishuihe	11412	299	3.57
乌　江	Wujiang	66807	889	2.05
清水江	Qingshuijiang	17145	459	2.80
洪州河	Hongzhouhe	975	81	2.08
㵲阳河	Wuyanghe	6474	258	4.60
锦　江	Jinjiang	4017	168	2.87
松桃河	Songtaohe	1536	88	9.83
松坎河	Songkanhe	2321	56	14.40
牛栏江	Niulanjiang	2014	79	4.40
横江（洛泽河）	Hengjiang（Luozehe）	2874	120	8.30
珠江流域	**Zhujiang River Drainage**			
#南盘江	Nanpanjiang	7651	263	1.98
北盘江	Beipanjiang	20982	352	4.23
红水河	Hongshuihe	15978	106	0.57
都柳江	Duliujiang	11586	330	1.28
打狗河	Dagouhe	4184	139	5.74

注：资料来源于省水利厅。

Note: The data in the table are provided by the Water Resources Department of Guizhou Province.

12-2 主要矿产资源(2022)

Major Mineral Resources (2022)

指 标	Item	计量单位 Unit	保有资源储量 Reserves	居全国位次 Order in Whole Country
饰面用灰岩	Limestone for Decoration	万立方米(10000 cubic meters)	228115.36	1
锰矿	Manganese Ore	万吨(10000tons)	83935.12	1
重晶石	Barite Ore	万吨(10000tons)	22281.69	1
化肥用砂岩	Sandstone for Fertilizer	万吨(10000tons)	10621.76	1
砖瓦用砂岩	Sandstone for Brick and Tile	万立方米(10000 cubic meters)	1774.69	1
光学水晶	Optical Crystal	千克(kg)	175.00	1
玻璃用灰岩	Limestone for Glass	万吨(10000tons)	38.70	1
汞矿	Mercury Ore	万吨(10000tons)	3.04	1
冶金用砂岩	Gritstone for Metallurgy	万吨(10000tons)	8787.17	1
陶瓷用砂岩	Sandstone for Ceramics	万吨(10000tons)	1042.50	4
饰面用辉绿岩	Diabase for Decoration	万立方米(10000 cubic meters)	455.96	4
硫铁矿	Pyrite	亿吨(100million tons)	9.66	2
铸型用砂岩	Sandstone for Cast	万吨(10000tons)	2105.00	1
熔炼水晶	Melting Crystal	吨(ton)	1110.00	3
钒矿	Vanadium	万吨(10000tons)	583.22	3
稀土矿	Rare-earth Ore	万吨(10000tons)	117.08	6
磷矿	Phosphorus Ore	亿吨(100million tons)	53.63	2
化工用白云岩	Dolomite for Chemical	万吨(10000tons)	2417.00	5
锑矿	Antimony Ore	万吨(10000tons)	38.28	5
铝土矿	Bauxite Ore	亿吨(100million tons)	11.60	3
砖瓦用粘土	Clay Rock for Brick	万立方米(10000 cubic meters)	1539.39	8
金刚石	Diamond	克(g)	755.00	5
煤炭	Coal	亿吨(100million tons)	803.79	5
钛矿	Titanium Ore	万吨(10000tons)	101.72	7
水泥配料用粘土	Clay Rock for Cement	万吨(10000tons)	11528.55	6
砖瓦用页岩	Shale for Brick and Tile	万立方米(10000 cubic meters)	4578.76	9
镍矿	Nickel Ore	万吨(10000tons)	63.98	5
凹凸棒石粘土	Attapulgite Clay	万吨(10000tons)	79.44	5
压电水晶	Piezoelectric Quartz	千克(kg)	6201.00	6
玻璃用砂岩	Sandstone for Class	万吨(10000tons)	5122.83	9
金矿	Gold Ore	吨(ton)	490.81	11
镁矿	Magnesium	万吨(10000tons)	11729.33	9
含钾砂页岩	Potassium Sandshale	万吨(10000tons)	5084.02	8
水泥配料用砂岩	Sandstone for Cement	万吨(10000tons)	12149.91	9
制灰用石灰岩	Limestone for Ash	万吨(10000tons)	6880.50	12
钼矿	Molybdenum Ore	万吨(10000tons)	91.14	9
耐火粘土	Refractory Clay	万吨(10000tons)	8051.25	9
玉石	Jade	万吨(10000tons)	2.20	13
锌矿	Zinc Ore	万吨(10000tons)	933.08	6
玻璃用白云岩	Dolomite for Glass	万吨(10000tons)	280.00	13

注:1.资料来源于省自然资源厅;2.金矿(岩金)无全国排位修改为金矿,金矿(含岩金、砂金、伴生金三类资源)。

Note: 1.The data in this table are obtained from the Department of Natural Resources of Guizhou Province. 2. Gold ore (rock gold) having no national ranking is modified to gold mines (including three types of resources — rock gold, placer gold and associated gold).

12-3 森林资源

Forest Resources

指 标	Item	2018	2019	2020	2021	2022
森林面积(万公顷)	**Forest Area (10000 Ha.)**	**1004.16**	**1056.13**	**1083.62**	**1093.33**	**1106.16**
森林覆盖率(%)	Forest Coverage Rate (%)	57.0	60.0	61.5	62.1	62.8
森林蓄积量(亿立方米)	Total Standing Forest Stock (100 million cubic meters)	4.68	5.97	6.09	6.37	6.55
完成造林面积(万公顷)	Area of Fulfilled Forestation (10000 Ha.)	34.67	34.70	28.00	24.10	18.33
封山育林面积(万公顷)	Area of Closing Hillsides for Afforestation (10000 Ha.)	8.43	10.16	—	1.33	0.33
天然林保护工程中:	**In Natural Forest Protection Project**					
封山育林(万公顷)	Closing Hillsides for Afforestation (10000 Ha.)	0.33	0.49	—		—
森林保护	**Forest Protection**					
森林火灾(起)	Forest Fire (unit)	29	10	16	9	10
森林火灾受害率(‰)	Rate of Fall Victim for Forest Fire (‰)	0.0077	0.0019	0.0059	0.0045	0.0290
森林病虫鼠害面积(万公顷)	Area of Fall Victim for Disease, Pest and Rat Plague (10000 Ha.)	20.50	18.64	17.79	18.01	17.93
森林病虫鼠害防治面积(万公顷)	Prevention Area of Forest Disease, Pest and Rat Plague (10000 Ha.)	19.57	17.50	16.36	16.74	17.01
林业有害生物无公害防治率(%)	Prevention Rate of Forest Disease, Pest and Rat Plague (%)	95.5	93.9	91.9	99.4	98.0

注:2019年起"森林蓄积量"来源于省自然资源厅,"森林保护"中"森林火灾"和"森林火灾受害率"来源于省应急厅,其余资料来源于省林业局。
Note:Since 2019, the data of "Total Standing Forest Stock" comes from the Department of Natural Resources of Guizhou Province. The data of "Forest Fire" and "Rate of Fall Victim for Forest Fire" in "Forest Protection" are provided by the Department of Emergency Management of Guizhou Province. Other data in this table are all obtained from the Forestry Administration of Guizhou Province.

12-4 自然保护区

Natural Reserves

指　　标	Item	2018	2019	2020	2021	2022
自然保护区个数(个)	**Number of Nature Reserves (unit)**	**106**	**106**	**89**	**89**	**88**
#国家级自然保护区	Nature Reserves of National-level	11	11	11	11	11
省级自然保护区	Nature Reserves of Guizhou Province	7	7	7	7	7
地市级自然保护区	Nature Reserves of Region	16	16	16	16	16
县级自然保护区	Nature Reserves of County	72	72	55	55	54
自然保护区面积(万公顷)	Area of Nature Reserves (10000 hectares)	88.55	86.05	85.08	84.96	84.70
自然保护区面积占全省国土面积(%)	Percentage of Nature Reserves in Guizhou Province Land (%)	5.03	4.88	4.83	4.82	4.81
自然保护区中:	**In Nature Reserves**					
森林生态系统、野生动、植物类型(个)	Forest Biogeocenose,Wildness Animal and Plant (unit)	102	103	85	85	84
内陆湿地类型(个)	Wetlands inside Land(unit)	3	2	3	3	3
古生物遗迹类型(个)	Ancient Biology Relic(unit)	1	1	1	1	1
地质地貌类型(个)	Geological features(unit)	0	0	0	0	0

注:数据来源于省林业局。(下表同)

Note: The data in the table are obtained from the Forestry Administration of Guizhou Province.

12-5 森林公园

Forest Parks

指　　标	Item	2018	2019	2020	2021	2022
森林公园(个)	Number of Forest Park (unit)	97	97	95	89	88
#国家级森林(生态)公园	Forest Park of National-level	30	30	30	28	28
省级森林公园	Forest Park of Guizhou Provincial-level	45	46	46	45	45
森林公园面积(万公顷)	Area of Forest Park (10000 Ha.)	27.99	28.10	27.80	27.43	27.26
森林公园面积约占全省国土面积(%)	Percentage of Forest Park Area to Guizhou Total Land Area(%)	1.6	1.6	1.6	1.6	1.6

12-6 水资源和水质监测

Water Resource and Monitoring of Water Quality

指　　标	Item	2018	2019	2020	2021	2022
水资源总量(亿立方米)	**Total Amount of Water Resources (100 million cu.m)**	**978.68**	**1116.99**	**1329**	**1091.40**	**912.42**
#地表水	Surface Water	978.68	1116.99	1329	1091.40	912.42
人均水资源量(立方米)	Per Capita Water Resources (cu.m)	2718.57	3083.00	3446.00	2829.00	2366.00
供水总量(亿立方米)	Water Supply(100 million cu.m)	106.79	108.06	90.08	104.06	96.32
#地表水	Surface Water	101.25	104.87	87.08	100.58	96.32
用水总量(亿立方米)	Water Use (100 million cu.m)	106.79	108.06	90.08	104.06	117.00
河流水质	**Water Quality of River**					
监测河流(条)	Monitored River (unit)	79	79	79	114	114.00
监测河段断面(个)	Monitored Section of River (unit)	151	151	151	222	222.00
监测断面水质优良(达到或优于Ⅲ类)比例(%)	Proportion of Monitoring Sections with Excellent Water Quality (reaching or surpassing Class III) (%)	97.4	98.0	99.3	97.7	98.2
水质良好的出境断面(个)	Number of Favorable Water Quality Section (unit)	14	15	15	23	23
湖泊水质	**Water Quality of Lake**					
监测湖库(个)	Monitored Lake (unit)	8	8	8	24	24
监测点(个)	Monitored Point (unit)	25	25	25	25	25
水质优良(达到或优于Ⅲ类)的监测点位(个)	Monitoring Points with Excellent Water Quality (reaching or surpassing Class III)	23	22	23	23	23
占总监测点百分比(%)	As Percentage of total Monitored Points (%)	92.0	88.0	92.0	92.0	92.0

注:资料来源于省水利厅、省生态环境厅。

Note:The data in the table are provided by the Water Resources Department of Guizhou Province and the Department of Ecology and Environment of Guizhou Province.

12-7 废水治理

Waste Water Treatment

指　　标	Item	2018	2019	2020	2021	2022
废水排放总量(亿吨)	**Total Waste Water Discharged (100 million tons)**	**12.84**	**14.60**	**12.53**	**12.56**	**13.89**
#工　业	Industrial Waste Water Discharged	1.80	1.84	2.00	2.14	2.42
生　活	Living Waste Water Discharged	11.03	12.74	10.51	10.40	11.45
废水中化学需氧排放量(万吨)	**Emission in Waste Water(10000 tons)**	**27.47**	**27.88**	**116.78**	**118.35**	**117.95**
#工　业	Industrial COD Emission	1.18	1.04	0.47	0.39	0.32
生　活	Living COD Emission	26.10	26.74	24.42	22.69	23.14
当年完成工业废水治理项目(个)	Item of Industry Waste Water Treatment Completed This Year(unit)	12	13	26	14	23
新增废水治理能力(万吨/日)	Newly Designed Treatment and Utilization Capacity of Waste Water(10000 tons/day)	1.80	3.97	7.09	11.42	15.01
城市污水处理率(%)	Treatment Rate of City Waste Water (%)	93.8	94.6	96.0	97.48	98.41

注:资料来源于省生态环境厅、省住建厅。

Note: Data in the table are provided by Provincial Department of Ecology and Environment and the Department of Housing and Urban-Rural Development of Guizhou Province .

12-8 环保系统机构、人员数

Number of Environmental Protection Agencies and Persons Engaged

指　标	Item	2018	2019	2020	2021	2022
机构总数(个)	**Number of Agencies(unit)**	**711**	**436**	**396**	**394**	**393**
省	Province	14	13	22	20	20
地	Prefecture	128	71	289	55	56
县	County	569	352	85	319	317
年末人员总数(人)	**Number of Staff and Workers at the Year-end(person)**	**6511**	**5781**	**4290**	**4425**	**4544**
省	Province	403	360	775	833	825
地	Prefecture	1057	887	2533	1108	1044
县	County	2519	2724	982	2209	2669
#科研人员	Scientific and Technical Personnel	105	98	91	117	124
监测人员	Monitoring Personnel	1143	1221	1374	1387	1486
监察人员	Supervising and Administrative Personnel	1284	1352	1358	1361	1493

注：1.资料来源于省生态环境厅(以下相关表同)。2. 2021年将各市(州)派驻县级的机构及人员统计在相应的县级层面，因此较2020年数据有较大变化。

Note: 1. The data come from the Department of Ecology and Environment of Guizhou Province (the following relevant tables are the same). 2. When the data is counted in 2021, the institutions and personnel assigned to the county level of each city (state) are counted at the corresponding county level, so there is a big change from the data in 2020.

12-9 环境保护资金投入

Investment in Environmental Protection

单位：亿元 (100 million yuan)

指　标	Item	2018	2019	2020	2021	2022
环保相关资金投入：	**In Investment of Environmental Protection**					
老工业污染源治理	Treatment of Old Industry Pollution	6.61	8.96	15.49	9.78	20.39
建设项目“三同时”污染防治	"Three Simultaneities" Environmental Investment for New Project	15.91	12.11	15.08	8.45	22.11
城市环境基础设施建设	Investment in Urban Environmental Infrastructure	82.61	74.52	79.99	120.68	93.77
环境管理能力建设	Construction of Environment Management Capacity	26.86	22.10	21.14	13.96	
工业污染治理设施运行费用	Operating Expense of Industry Pollution Treatment Facilities	47.67	47.43	68.82	40.97	43.17
以上环保相关资金投入合计占地区生产总值比重(%)	**Total Proportion of the Environmental Protection-related Capital Investment above in the Regional GDP (%)**	**1.2**	**1**	**1.1**	**1**	
征收排污费总额	**Pollutant Discharge Fees**					
环境保护税	**Environmental Protection Tax**	**4.57**	**6.35**	**5.94**	**5.85**	

注：“城市环境基础设施建设”数据由省住房和城乡建设厅提供。2018年起征收排污费总额变更为环境保护税，数据来源省税务局。

Note: The data of investment in urban environmental infrastructure are provided by the Department of Housing and Urban-Rural Development of Guizhou Province. Since 2018, the total amount of pollutant discharge fees collected has been changed to environmental protection tax, and the data come from Guizhou Provincial Tax Service, State Taxation Administration.

12-10 空气质量及污染治理

Air Quality and Treatment of Industrial Waste Gas

指　　标	Item	2018	2019	2020	2021	2022
城市空气质量	**Air Quality of City**					
达到国家环境空气质量二级标准城市(个)	Number of Cities Reaching the National Grade Ⅱ Standard of Air Quality of City (unit)	13	13	14	9	9
占统计城市数(%)	Percentage in Total (%)	100	100	100	100	100
城市空气污染物	**Contamination in City Atmosphere**					
二氧化硫年均浓度值(毫克/立方米)	Annual Average Concentration of SO2 (mg/cu.m)	0.015	0.013	0.010	0.008	0.007
达到国家空气质量二级标准城市(个)	Number of Cities Reaching the National Grade Ⅱ Standard of Air Quality of City (unit)	13	13	14	9	9
二氧化氮年均浓度值(毫克/立方米)	Annual Average Concentration of NO2 (mg/cu.m)	0.019	0.016	0.014	0.015	0.012
达到国家空气质量一级标准城市(个)	Number of Cities Reaching the National Grade Ⅰ Standard of Air Quality of City (unit)	13	13	14	9	9
城市可吸入颗粒物年均浓度值(毫克/立方米)	Average Chroma of City Suspend Grain (mg/cu.m)	0.049	0.040	0.032	0.035	0.030
达到国家空气质量二级标准城市(个)	Number of Cities Reaching the National Grade Ⅱ Standard of Air Quality of City (unit)	13	13	14	9	9
废气中污染物排放	**Pollutant Emission in Waste Gas**					
二氧化硫排放总量(万吨)	Total Volume of SO2 Emission (10000 tons)	55.61	41.90	17.74	14.31	12.25
#工　业	Industry	37.53	24.47	14.36	11.08	9.01
生活及其它废气中二氧化硫排放量	Volume of SO2 from Living and Other Waste Gas Emission	18.08	17.43	3.37	3.22	3.23
烟(粉)尘排放总量(万吨)	Total Volume of Smoke and Dust Emission (10000 tons)	18.02	14.76	18.21	11.59	9.26
#工业	Industry	13.92	10.67	14.24	7.88	5.55
生活及其它废气中烟(粉)尘排放量	Discharged Volume of Smoke and Dust from Living and Other Waste Gas Emission	3.37	3.95	3.75	3.59	3.59
空气污染治理	**Air Pollution Treatment**					
工业废气中:	In Industrial Waste Gas					
二氧化硫去除率(%)	Rate of SO2 Removed (%)	89.0	94.1	96.7	97.0	97.6
烟(粉)尘去除率(%)	Rate of Smoke and Dust Removed (%)	99.7	99.7	99.5	99.7	99.8
当年完成废气治理项目(个)	Item of Waste Gas Treatment Fulfilled This Year (unit)	32	33	53	27	37
新增废气治理能力(万标立方米/小时)	Newly Waste Gas Treatment Capacity This Year (10000 stere/hour)	1750.64	928.52	920.68	1028.50	1216.69
城市燃气普及率(%)	City Gas Penetration Rate (%)	85.7	81.2	88.0	86.4	88.79

注:1."城市燃气普及率"数据来源于省住建厅,其他数据均来源于省生态环境厅。2."烟(粉)尘排放总量"为原"烟尘排放总量","烟(粉)尘去除率"为原"烟尘去除率"。3.2021年城市环境空气质量相关数据采用9个中心城市共计33个国控环境空气质量自动监测点位进行统计。

Note: 1". The data on the "City Gas Penetration Rate" comes from the Department of Housing and Urban-Rural Development of Guizhou Province, and other data come from the Department of Ecology and Environment of Guizhou Province. 2"Total Volume of Smoke and Dust Emission" is the original "Total Volume of Smoke Emissions", "Rate of Smoke and Dust Removed" is the original "soot removal rate". 3. The data related to Air Quality of City in 2021 are counted using a total of 33 state-controlled environmental air quality automatic monitoring points in 9 central cities.

12-11 固体废物生产及处理

Production and Treatment of Industrial Solid Wastes

指　标	Item	2018	2019	2020	2021	2022
工业固体废物产生量（万吨）	**Volume of Industrial Solid Wastes Produced（10000 tons）**	**10549.80**	**11125.97**	**9516.39**	**10911.24**	**11497.12**
工业固体废物倾倒丢弃量	Volume of Industrial Solid Waste Discharged	0.79	0.01	0.02	0.00	0.0
工业固体废物治理	**Industrial Solid Wastes Treatment**					
当年完成工业固体废物治理项目（个）	Item of Industrial Solid Wastes Treatment Fulfilled in This Year（unit）	4	1	6	10	8
工业固体废物综合利用量（万吨）	Volume of Industrial Solid Wastes Comprehensively Utilized（10000 tons）	7010.68	7247.36	6609.94	7828.37	7569.39
工业固体废物处置量（万吨）	Volume of Industrial Solid Wastes Disposed（10000 tons）	2136.46	1690.80	1493.71	1623.73	1975.49
工业固体废物综合利用率（%）	Ratio of Industrial Solid Wastes Utilized（%）	64.6	63.6	67.1	70.1	64.5
生活垃圾处理	**Consumption Wastes Treatment**					
生活垃圾清运总量(万吨)	Consumption Wastes Collected and Transported（10000 tons）	580.28	608.40	615.41	648.96	687.11
生活垃圾处理总量(万吨)	Consumption Wastes Treatment（10000 tons）	534.12	566.37	582.64	638.35	684.12
#无害化处理量	Volume of Wastes Disposed	534.12	566.37	582.64	638.35	684.09
城市生活垃圾无害化处理率（%）	Treatment Rate of Consumption Wastes in Cities（%）	92.0	93.1	94.7	98.4	99.56

注：“工业固体废物倾倒丢弃量”为原“工业固体废物排放量”。

Note: "Volume of Industrial Solid Waste Discharged" refers to original "Volume of Industrial Solid Waste Emission".

12-12 环境污染事故

Accidents of Environment Pollution

指 标	Item	2018	2019	2020	2021	2022
环境污染事故(起)	**Number of Environmental Pollution Accidents (unit)**	**8**	**8**	**11**	**4**	**5**
#重大事故	Fatal Accident	—	—	1	—	1
较大事故	Major Accident	1	—	—	—	0
一般事故	Ordinary Accident	7	8	10	4	4
#水污染事故	Water Pollution Accident	8	7	9	3	5
空气污染事故	Air Pollution Accident	—	1	2	1	0

12-13 自然灾害

Natural Disasters

指 标	Item	2018	2019	2020	2021	2022
遭受自然灾害县个数(个)	Number of Counties Suffering from Natural Disasters (unit)	86	85	88	87	86
受灾人口(万人次)	The Population Affected by Natural Disasters (10000 person-times)	581.92	288.62	475.65	245.75	592.93
农作物受灾面积(万公顷)	Area of Crop Affected by Natural Disasters (10000 hectares)	33.47	14.62	23.34	14.43	42.05
#绝收面积	The Gainless Area of Crop for Natural Disasters	5.87	2.45	5.01	2.43	4.71
因自然灾害造成直接经济损失(亿元)	The Direct Economy Loss for Natural Disasters (100 million yuan)	45.81	47.94	90.53	31.26	81.87

注:资料来源于省应急管理厅。

Note: Data in the table are provided by the Department of Emergency Management of Guiyang Province.

主要统计指标解释

流域 每条河流都有自己的干流和支流，干支流共同组成这条河流的水系。每条河流都有自己的集水区域，这个集水区域就称为该河流的流域。

矿产资源 矿产指由地质作用形成，富集于地壳中或出露于地表达到工农业利用要求的有用矿物。矿产是一种重要的自然资源，是社会发展的重要物质基础。

矿产保有储量 指探明的矿产储量（包括工业储量和远景储量），扣除已开采部分和地下损失量后的年末实有储量，是反映国家矿产资源现状的重要指标。

森林面积 指由乔木树种构成，郁闭度0.2以上(含0.2)的林地或冠幅宽度10米以上的林带的面积，即有林地面积。森林面积包括天然起源和人工起源的针叶林面积、阔叶林面积、针阔混交林面积和竹林面积，不包括灌木林地面积和疏林地面积。

森林覆盖率 指一个国家或地区森林面积占土地总面积的百分比。森林覆盖率是反映森林资源的丰富程度和生态平衡状况的重要指标。在计算森林覆盖率时，森林面积包括郁闭度0.2以上的乔木林地面积和竹林地面积，国家特别规定的灌木林地面积、农田林网以及四旁(村旁、路旁、水旁、宅旁)林木的覆盖面积。计算公式为：

$$\text{森林覆盖率} = \frac{\text{森林面积}}{\text{土地总面积}} \times 100\%$$

造林面积 指报告期内在荒山、荒地、沙丘、退耕地等一切可以造林的土地上，采用人工播种、飞机播种、植苗造林、分植造林等方法新植成片乔木林和灌木林，经过检查验收符合《造林技术规程》要求的单位面积株数，并按《中华人民共和国森林法实施条例》规定，成活率达85%以上(含85%，年降雨量在400毫米以下且无浇灌条件的地区造林成活率达70%以上)的总面积。四旁植树如一侧在四行以上，连片面积0.066公顷(一亩)以上，应统计在造林面积内。造林面积，通常按所有制(国有、国有集体合作、集体和个人)、造林方式(人工、飞机播种)、主要林种用途(用材林、经济林、防护林、薪炭林、特种用途林)分组进行统计。

水资源 水在自然界中以固体、液体和气态三种聚集状态存在，分布于海洋、陆地(包括土壤)以及大气之中，通过水循环形成水资源。水资源包括经人类控制并直接可供灌溉、发电、给水、航运、养殖等用途的地表水和地下水，以及江河、湖泊、井、泉、潮汐、港湾和养殖水域等。水资源是发展国民经济不可缺少的重要自然资源。

地表水和地下水 陆地上的水因空间分布不同，分为地表水和地下水。地表水指分别存在于河流、湖泊、沼泽、冰川和冰盖等水体中水分的总称，又称陆地水。地下水指储存在地面以下饱和岩土孔隙、裂隙及溶洞中的水。

水资源总量 一定区域内的水资源总量指当地降水形成的地表和地下产水量，即地表径流量与降水入渗补给量之和，不包括过境水量。

用水总量 指分配给用户的包括输水损失在内的毛用水量。

工业废水排放量 指经过企业厂区所有排放口排到企业外部的工业废水量。包括生产废水、外排的直接冷却水、超标排放的矿井地下水和与工业废水混排的厂区生活污水，不包括外排的间接冷却水(清污不分流的间接冷却水应计算在内)。

废水中化学需氧量（COD）排放量 指每年排放的废水中的COD的量。

工业SO2排放量 指报告期内企业在燃料燃烧和生产工艺过程中排入大气的SO_2总量，计算公式为：

工业SO_2排放量=燃料燃烧过程中SO_2排放量+生产工艺过程中SO_2排放量

生活及其他SO2排放量 以生活及其他煤炭消费量和其含硫量为基础，根据以下公式计算：

生活及其他SO_2排放量=生活及其他煤炭消费量×含硫量×0.8×2

工业烟尘排放量 指企业厂区内燃料燃烧过程中产生的烟气中夹带的颗粒物排放量。

工业粉尘排放量 指企业在生产工艺过程中排放的能在空气中悬浮一定时间的固体颗粒物排放量。如钢铁企业的耐火材料粉尘、焦化企业的筛焦系统粉尘、烧结机的粉尘、石灰窑的粉尘、建材企业的水泥粉尘等。不包括电厂排入大气的烟尘。

生活及其他烟尘排放量 指除工业生产活动以外的所有社会、经济活动及公共设施的经营活动中燃烧所排放的烟尘纯重量。以生活及其他煤炭消费量为基础进行测算。

工业固体废物产生量 指报告期内企业在生产过程中产生的固体状、半固体状和高浓度液体状废弃物的总量，包括危险废物、冶炼废渣、粉煤灰、炉渣、煤矸石、尾矿、放射性废物和其他废物等；不包括矿山开采的剥离废石和掘进废石(煤矸石和呈酸性或碱性的废石除外)。酸性或碱性废石指采掘的废石其流经水、雨淋水的PH值小于4或PH值大于10.5者。

工业固体废物综合利用量 指报告期内企业通过回收、加工、循环、交换等方式，从固体废物中提取或者使其转化为可以利用的资源、能源和其他原材料的固体废物量(包括当年利用往年的工业固体废物贮存量)，如用作农业肥料、生产建筑材料、筑路等。综合利用量由原产生固体废物的单位统计。

工业固体废物综合利用率 指工业固体废物综合利用量占工业固体废物产生量(包括综合利用往年贮存量)的百分率。计算公式为：

$$\text{工业固体废物综合利用率}=\frac{\text{工业固体废物综合利用量}}{\text{工业固体废物产生量}+\text{综合利用往年贮存量}}\times 100\%$$

工业固体废物处置量 指报告期内企业将固体废物焚烧或者最终置于符合环境保护规定要求的场所，并不再回取的工业固体废物量(包括当年处置往年的工业固体废物贮存量)。处置方式有填埋(其中危险废物应安全填埋)、焚烧、专业贮存场(库)封场处理、深层灌注、回填矿井及海洋处置(经海洋管理部门同意投海处置)等。

生活垃圾清运量 指报告期收集和运送到各生活垃圾处理场(厂)和生活垃圾最终消纳点的生活垃圾的数量。统计时仅计算从生活垃圾源头和从生活垃圾转运站直接送到处理场和最终消纳点的清运量，对于二次中转的清运量不要重复计算。

生活垃圾无害化处理率 指报告期内生活垃圾无害化处理量与生活垃圾产生量的比率。计算公式为：

$$\text{生活垃圾无害化处理率}=\frac{\text{生活垃圾无害化处理率}}{\text{生活垃圾产生量}}\times 100\%$$

在统计时，由于生活垃圾产生量不易取得，可用清运量代替。“垃圾清运量”在审核时要与总人口(包括暂住人口)对应，一般城市人均日产生垃圾为1kg左右。

环境污染事故 指由于违反环境保护法规的经济、社会活动与行为，以及意外因素的影响或不可抗拒的自然灾害等原因，致使环境受到污染，国家重点保护的野生动植物、自然保护区受到破坏，人体健康受到危害，社会经济和人民财产受到损失，造成不良社会影响的突发性事件。

Explanatory Notes on Main Statistical Indicators

Drainage Area Each river has its own main stream and branches to form the water system of the river. Each river has its own catchment's area, which is also called as the drainage area of the river.

Mineral Resources refer to useful minerals that can be used for industrial or agricultural purposes enriched in lithosphere or on earth due to the geological process. Minerals resource is an important natural resources, and is the important material foundation for social development.

Mineral Reserves refer to proven mineral reserves (including industrial reserves and prospective reserves), after deducting the amount of mining and underground loss of the end of the year after the real reserves, it is an important indicator of the state of mineral resources.

Forest Area refers to the area of forest where trees and bamboo grow with canopy density above 0.2, including land of natural woods and planted woods, but excluding bush land and thin forest land.

Forest Coverage Rate refers to the ratio of area of afforested land to total land area. It is a very important indicator that reflects the status of abundance of forest resource and ecosystem balance. Forest area includes the area of trees and bamboo grow with canopy density above 0.2, the area of shrubby tree according to regulations of the government, the area of forest land inside farm land and the area of trees planted by the side of villages, farm houses and along roads and rivers. The formula for calculating forest coverage rate is as follows:

$$\text{Forestrycoverage rate (\%)} = \frac{\text{Area of Afforested Land}}{\text{Area of Total Land}} \times 100\%$$

Total Area of Afforestation refers to the total area of land suitable for afforestation, including barren hills, idle land, sand dunes, rain for green land, on which acres of arbores or bushes are planted through manual planting, airplane planting, plant seedlings, etc. in accordance with the required density standards of the Technical Procedures of Afforestation, and with a survival rate of over 85% in line with the Implementing Rules of the Forest Law of the People´s Republic of China (or a survival rate of 75% in areas with less that 400 mm of annual rainfall and without irrigation facilities). Included in the this category are trees planted alone the roadsides, riversides, or next to houses that occupy an area over 0.066 hectares, or where more than 4 lines of trees are planted. Total area of afforestation is further classified by ownership (state-owned, state-collective, collective or private), by approach of planting (manual, airplane), and by type of forests (timber, by-products, protection, fuel, special use, etc.).

Water Resources Water exists in the nature in solid, liquid and gaseous states, is distributed in the ocean, land (including earth) and air, and constitutes the water resource through the circulation of water. Water resource includes the surface water and underground water that is controlled by the human being for irrigation, power-generation, water supply, navigation and cultivation. It also includes rivers, lakes, wells, springs, tides, gulf and water area for cultivation. Water resource as an important natural resource is indispensable for the development of the national economy.

Surface Water and Underground Water Water on earth can be divided into surface water and underground water according to its distribution. Surface water refers to moisture exists in rivers, lakes, swamps, glaciers, icecaps and so on. It is also called land water. The underground water refers to water deposited underground in the cranny and the hole of saturated rock soil and in the water-eroded cave.

Total Water Resources refers to total volume of water resources measured as run-off for surface water from rainfall and recharge for groundwater in a given area, excluding transit water.

Water Use refers to gross water use distributed to users, including loss during transportation, broken down with use by agriculture, industry, living consumption and biological protection.

Waste Water Discharged by Industry refers to the volume of waste water discharged by industrial enterprises through all their outlets, including waste water from production process, directly cooled water, groundwater from mining wells which does not meet discharge standards and sewage from households mixed with waste water produced by industrial activities, but excluding indirectly cooled water discharged (It should be included if the discharge is not separated with waste water).

Volume of Chemical Oxygen Demand(COD) Generated by Waster Water refers to chemical oxygen demand generated through the annual discharge of waste water

SO2 Emission through Industrial Activities refers to volume of sulphur dioxide emission from fuel burning and production process by enterprises during a given period of time. It is calculated as:

SO_2 emission through industrial activities = SO_2 emission from fuel burning + SO_2 emission from production process

SO_2 Emission through Non-industrial and Other Activities is calculated on the basis of consumption of coal by households and other activities and the sulphur content of coal with the following formula:

SO_2 emission through non-industrial and other activities = consumption of coal by households and other activities×

sulphur content×0.8×2

Industrial Soot Emission refers to volume of soot in smoke emitted in process of fuel burning in premises of enterprises.

Industrial Dust Emission refers to volume of dust emitted by production process of enterprises and suspended in the air for a given period of time, including dust from refractory material of iron and steel works, dust from coke-screening systems and sintering machines of coke plants, dust from lime kilns and dust from cement production in building material enterprises, but excluding soot and dust emitted from power plants.

Soot Emission by Consumption and Others refers to net volume of soot emitted by fuel burning from all social and economic activities and operation of public facilities other than industrial activities. It is calculated on the basis of coal consumption by households and others.

Industrial Solid Wastes Produced refers to total volume of solid, semi-solid and high concentration liquid residues produced by industrial enterprises from production process in a given period of time, including hazardous wastes, slag, coal ash, gangue, tailings, radioactive residues and other wastes, but excluding stones stripped or dug out in mining (gangue and acid or alkaline stones not included). A stone is acid or alkaline depending on the pH value of the water below 4 or above 10.5 when the stone is in, or soaked by, the water.

Industrial Solid Wastes Utilized refers to volume of solid wastes from which useful materials can be extracted or which can be converted into usable resources, energy or other materials by means of reclamation, processing, recycling and exchange (including utilizing in the year the stocks of industrial solid wastes of the previous year). Examples of such utilizations include fertilizers, building materials and road materials. The information shall be collected by the producing units of the wastes.

Rate of Utilization of Industrial Solid Wastes refers to the percentage of industrial solid wastes utilized over industrial solid wastes produced (including stocks of the previous years). It is calculated as:

$$\text{Rage of utilization of industrial solid wastes} = \frac{\text{volume of industrial solid wastes utilized}}{\text{industrial solid wastes produced} + \text{stock of previous years}} \times 100\%$$

Industrial Solid Wastes Disposed refers to quantity of industrial solid wastes which are burnt or placed ultimately in the sites meeting the requirements for environmental protection and not salvaged or recycled (including disposition in the year of those wastes of previous years). The disposition includes landfill (Safe landfills should be conducted for hazardous wastes), incineration, containment spaces, deep underground disposal, backfill in mining pits and disposal at sea.

Consumption Wastes Transported refers to volume of consumption wastes collected and transported to disposal factories or sites. Statistical calculations only when the source from garbage and garbage transfer station directly to the treatment plant and the final consumer satisfaction point clearance volume, for the secondary transit clearance volume can not be duplicated.

Ratio of Consumption Wastes Treated refers to consumption wastes treated over that produced. It is calculated as:

$$\text{Ratio of consumption wastes treated} = \frac{\text{consumption wastes treated}}{\text{consumption wastes produced}} \times 100\%$$

In practical statistics, as it is difficult to estimate, the volume of consumption wastes produced is replaced with that transported. During the audit, "Garbage clearance volume" and the total population to be (including temporary residents) corresponds, generally, urban waste generated per capital is about 1kg.

Environment Pollution and Destruction Accidents refer to sudden accidents due to economic or social activities that are in contrast to environment protection laws or due to unforeseen factors or natural disasters that lead to the environment pollution, the destruction of protected wild animals, plants or nature reserves, the damage to human health, the economic and property losses, and the negative impact on the society.

农 业

Agriculture 13

简 要 说 明

一、主要内容

本篇资料反映我省农业生产和农村经济的基本情况，包括农村基本情况、农业生产条件、农业机械拥有量、水利灌溉与除涝、农林牧渔业产值、主要农产品产量等。

二、统计范围

农业统计范围包括全社会除军马生产及农业科研机构进行的农业生产以外的所有农业生产活动。即农村各种经济组织和农户经营的农林牧渔业生产活动；各种专业性农、林、牧、渔场的农业生产活动；国家各级机关、团体、学校、部队进行的农业生产活动；集体所有制的乡、镇、村办农场的农业生产活动；以及工矿企业经营的农、林、牧、渔业生产活动。

三、资料来源

本篇资料由省统计局、国家统计局贵州调查总队、省农业农村厅、省水利厅、省应急管理厅、省林业局提供。

Brief Introduction

I. Main Contents

The data in this chapter show the basic conditions of agricultural production and rural economy, including basic situation of rural, conditions for agricultural production, quantity of agricultural machinery, facilities of water conservancy and efforts to eliminate water-logging, output of agriculture, forestry, animal husbandry and fishery, output of major products, etc.

II. The Scope of Data

Statistics on agriculture cover all agricultural production activities except horse raising for military purpose and agricultural production activities undertaken by agriculture research institutions. In other words, what are included in agriculture statistics are production activities in agriculture, forestry, animal husbandry and fishery undertaken by rural economic units of various types and by rural households; production activities of farms specializing in agriculture, forestry, animal husbandry and fishery; production activities in agriculture undertaken by government agencies, institutions, schools and military units; production activities in agriculture undertaken by collective farms run by townships and villages; and production activities in agriculture, forestry, animal husbandry and fishery undertaken by manufacturing and mining enterprises.

Ⅲ. Data Sources

Data in this chapter are provided by Guizhou Provincial Bureau of Statistics, Guizhou Survey Brigade of the National Bureau of Statistics, Department of Agriculture and Rural Affairs of Guizhou Province, the Water Resources Department of Guizhou Province, the Department of Emergency Management of Guizhou Province, and the Forestry Bureau of Guizhou Province.

13-1 农村基本情况及农业生产条件

Basic Conditions of Rural Areas and Agricultural Production

指　　标	Item	2018	2019	2020	2021	2022
农村基层组织	**Rural Grassroots Units**					
乡镇个数(个)	Number of Township and Town Governments (unit)	1154	1152	1149	1145	1145
村委会个数(个)	Number of Villagers´ Committees (unit)	13295	13231	13196	13216	13675
农村社会基础设施	Basic Facilities in Rural Areas					
自来水受益村数(个)	Number of Villages with Access to Tap Water (unit)	13187	14077	13861		
通有线电视的村数(个)	Villages Wired for Cable Television(unit)	11843	13058	13243		
通宽带的村数(个)	Villages with Broadband Access(unit)	13047	13618	13653		
农业机械化	**Agricultural Mechanization**					
农用机械总动力(万千瓦)	Total Power of Agricultural Machinery (10000 kw)	2910.52	2962.71	3001.00	3020.08	3049.13
柴油机	Diesel Engine	2053.74	2091.80	1943.60	1921.09	1227.03
汽油机	Gas Engine	309.28	325.31	399.00	402.01	416.92
电动机	Electromotor	547.50	545.59	658.40	696.98	766.93
其他机械	Others	—	—	—	—	—
农业主要物质消耗	**Main Materials Consumption for Agricultural Use**					
农用化肥施用量(折纯)(万吨)	Consumption of Chemical Fertilizer (pure) (10000 tons)	89.59	83.18	78.78	75.98	75.41
农药使用量(吨)	Consumption of Chemical Pesticides (ton)	11312	9210	8423	7048	6748
农用塑料薄膜使用量(吨)	Consumption of Farm Plastic Membrane (ton)	54830	44121	45411	44224	38770

注:1."农业机械化"资料来源于省农业农村厅。"农村基层组织"来自省民政厅。2. 2021年国家统计制度取消"农村社会基础设施"

Note: 1.The data of "agricultural mechanization" are provided by the Department of Agriculture and Rural Affairs of Guizhou Province. The data of "Rural Grassroots Units" are provided by the Department of Civil Affairs of Guizhou Province. 2. National statistical system eliminates "rural social infrastructure" in 2021.

13-2 年末主要农业机械拥有量

Major Agricultural Machinery at the Year End

指标	Item	2018	2019	2020	2021	2022	2022年比2021年增长(%) Increase Rate in 2022over2021(%)
大型拖拉机(万台)	Large Sized Tractors (10000 unit)	0.02	0.02	0.02	0.03	0.04	52.6
中型拖拉机(万台)	Medium Sized Tractors (10000 unit)	1.79	1.84	1.90	1.64	1.64	−0.5
小型拖拉机(万台)	Small Tractors (10000 unit)	12.41	12.41	11.70	10.73	10.16	−4.6
拖拉机配套农具(万部)	Tractor Towing Farm Machinery (10000 unit)	2.39	2.39	2.14	2.15	2.22	4.6
农用水泵(万台)	Agricultural Water Pump (10000 unit)	61.53	61.83	61.75	62.46	64.14	2.7
联合收割机(台)	Combine Harvesters (unit)	3055	3369	3870	4200	4851	15.5

注:1.资料来源于省农业农村厅。2.新统计制度中大型、中型、小型拖拉机动力分段采用新标准:动力＜22.1千瓦为小型,22.1≤动力＜73.5千瓦为中型,动力≥73.5为大型。原有制度中大中型、小型拖拉机分段为:动力＜14.7千瓦为小型,14.7≤动力为大中型。新制度中的小型含旧制度中的部分中型。

Note:1.The data in this table are provided by the Department of Agriculture and Rural Affairs of Guizhou Province. 2. In new statistic system, large, medium, small tractor power segment uses new standard: power < 22.1 kw for small; 22.1≤power<73.5 kw for medium; power≥73.5 kw for large. In the original system, the power segment of large and medium, and small are as follows: power < 14.7 kw for small; power ≥14.7 kw for large and medium. Small in the new system contains some medium in the old system.

13-3 灌溉、除涝治水

Irrigation, Flood Prevention, Water and Soil Conservation

项目	Item	2018	2019	2020	2021	2022
水利投入(亿元)	Input of Water Conservancy (100 million yuan)	390.93	327.71	339.49	317.58	307.16
有效灌溉面积(千公顷)	Effective Irrigated Area(1000 Ha.)	1606.09				
节水灌溉面积(千公顷)	Water-saving Irrigated Area (1000 Ha.)	341.01				
除涝面积(千公顷)	Areas with Flood Prevention Measures(1000 Ha.)	124.07	125.16	125.9	128.58	137.64
水土流失治理面积(千公顷)	Area of Soil Erosion under Control(1000 Ha.)	7052.95	7321.37	258.85	322.87	321.38
堤防长度(公里)	Total Length of Dikes(km)	4041.04	4331.21	4575.43	4981.07	5246.83
堤防保护面积(千公顷)	Area of Land Protected by Dikes (1000 Ha.)	391.63	391.52	397.68	413.76	431.28
旱涝保收面积(千公顷)	Area that Ensure Stable Yields Despite Drought or Excessive Rain (1000 hectares)	747.43				
高标准农田建设投入(亿元)	Input of High-standard Farmland Construction (100 million yuan)	67.42	49.7	42.49	39.63	39
高标准农田建设面积(万亩)	High-standard Farmland Area (10000 mu)	238.57	186.85	206.62	268.22	266.2
高效节水灌溉面积(万亩)	Efficient Water-saving Irrigation Area (10000 mu)	19.55	16.43	50.03	38.39	27.3

注:1.资料来源于省水利厅、省农业农村厅。2.水土流失治理面积(千公顷)2020年起改为当年数。

Note: 1.The data in this table are provided by the Guizhou Water Resources Department and Department of Agriculture and Rural Affairs of Guizhou Province.2. The data of area of soil erosion under control(1000 Ha.) have been changed to the current year data since 2020.

13-4 农林牧渔业总产值

Gross Output Value of Farming, Forestry, Animal Husbandry and Fishery

单位:亿元 (100 million yuan)

指 标	Item	2018	2019	2020	2021	2022
农林牧渔业总产值	**Gross Output Value of Farming, Forestry, Animal Husbandry and Fishery**	**3619.52**	**3888.99**	**4358.62**	**4691.97**	**4908.67**
农 业	Farming	2288.71	2535.68	2781.80	3123.71	3313.70
林 业	Forestry	253.30	275.44	293.66	319.82	340.00
畜牧业	Animal Husbandry	846.27	829.58	1019.01	958.96	941.40
渔 业	Fishery	54.77	57.70	61.09	69.83	79.60
农、林、牧、渔专业及辅助性活动	Farming, Forestry, Animal Husbandry, Fishery and Auxiliary Activities	176.47	190.59	203.05	219.65	233.97
农林牧渔业总产值增长速度(%)	**Growth Rate of the Gross Output Value of Farming, Forestry, Animal Husbandry and Fishery (%)**	**7.0**	**5.9**	**6.5**	**9.2**	**4.2**
农 业	Farming	8.4	8.4	7.7	8.8	3.5
林 业	Forestry	8.4	8.0	8.2	7.9	3.9
畜牧业	Animal Husbandry	4.5	-1.5	2.8	10.3	5.7
渔 业	Fishery	-4.8	6.4	6.4	14.6	6.5
农、林、牧、渔专业及辅助性活动	Farming, Forestry, Animal Husbandry, Fishery and Auxiliary Activities	5.3	5.9	5.8	7.9	6.3

13-5 主要农作物播种面积

Sown Areas of Major Farm Crops

单位：千公顷 (1000 hectares)

指标	Item	2018	2019	2020	2021	2022	2022年比2021年增长(%) Increase Rate in 2022 over 2021(%)
农作物总播种面积	**Total Sown Areas**	**5477.18**	**5481.56**	**5475.35**	**5422.90**	**5359.45**	**-1.2**
#粮食作物	Grain Crops	2740.20	2709.41	2754.13	2787.71	2788.70	0.0
#稻　谷	Rice	671.78	664.72	665.12	645.23	613.77	-4.9
小　麦	Wheat	141.62	137.22	138.05	135.30	114.25	-15.6
玉　米	Corn	602.12	530.59	501.46	550.39	622.20	13.0
大　豆	Soja	198.90	191.82	211.77	211.71	231.78	9.5
薯　类	Tubers	901.97	948.56	988.08	950.67	908.26	-4.5
#马铃薯	Potato	730.06	782.15	826.88	758.08	742.89	-2.0
油　料	Oil-bearing Crops	651.92	598.14	579.36	502.56	551.34	9.7
#油菜籽	Rapeseeds	497.69	445.69	430.88	446.73	506.46	13.4
花　生	Peanuts	51.93	50.24	47.27	46.47	39.41	-15.2
糖　料	Sugar Crops	10.74	10.59	10.47	9.07	7.35	-19.0
#甘　蔗	Sugarcane	10.58	10.58	10.23	9.06	7.35	-18.9
烟　叶	Tobacco	145.73	138.98	133.11	136.82	131.78	-3.7
#烤　烟	Flue-cured Tobacco	134.48	129.98	126.63	130.22	126.21	-3.1
药材类	Medicinal Materials	174.60	219.99	168.72	169.51	157.21	-7.3
蔬　菜	Vegetable	1401.01	1435.60	1511.33	1514.41	1458.67	-3.7

注：药材类面积为收获面积。
Note: The area of medicinal materials is the harvest area.

13-6 主要农作物产品产量

Yields of Major Farm Crops

单位：万吨 (10000 tons)

指 标	Item	2018	2019	2020	2021	2022	2022年比2021年增长(%) Increase Rate in 2022 over 2021 (%)
粮食作物	**Grain Crops**	**1059.70**	**1051.24**	**1057.63**	**1094.86**	**1114.64**	**1.8**
#稻 谷	Rice	420.73	423.83	415.98	417.35	395.00	-5.4
小 麦	Wheat	33.18	32.98	33.37	33.25	28.86	-13.2
玉 米	Corn	258.96	232.30	220.34	256.57	299.79	16.8
大 豆	Soja	19.72	18.46	22.35	23.14	27.20	17.5
薯 类	Tubers	291.18	302.87	319.40	303.16	293.95	-3.0
#马铃薯	Potato	241.37	254.94	269.78	244.17	244.06	0.0
油料作物	**Oil-bearing Crops**	**112.62**	**103.01**	**103.40**	**94.88**	**105.57**	**11.3**
#油菜籽	Rapeseeds	86.22	77.25	76.17	80.87	94.73	17.1
花 生	Peanuts	11.46	11.62	11.74	11.90	9.77	-17.9
甘 蔗	**Sugarcane**	**62.48**	**62.80**	**61.26**	**53.65**	**41.32**	**-23.0**
烤 烟	**Flue-cured Tobacco**	**22.77**	**21.58**	**21.14**	**21.99**	**21.63**	**-1.6**
蔬菜及食用菌	**Vegetable and Edible Mushrooms**	**2613.40**	**2734.84**	**2990.87**	**3280.09**	**3355.73**	**2.3**

13-7 主要农作物单产

Yields of Major Farm Crops Per Mu

单位：公斤/亩 (kg/mu)

指 标	Item	2018	2019	2020	2021	2022	2022年比2021年增长(%) Increase Rate in 2022 over 2021 (%)
粮食作物	Grain Crops	258	259	256	262	266	1.8
#稻 谷	Rice	418	425	417	431	429	-0.5
小 麦	Wheat	156	160	161	164	168	2.8
玉 米	Corn	287	292	293	311	321	3.4
大 豆	Soja	66	64	70	73	78	7.4
薯 类	Tubers	215	213	216	213	216	1.5
#马铃薯	Potato	220	217	218	215	219	2.0
油料作物	Oil-bearing Crops	115	115	119	126	128	1.4
#油菜籽	Rapeseed	115	116	118	121	125	3.3
花 生	Peanuts	147	154	166	171	165	-3.2
甘 蔗	Sugarcane	3936	3957	3994	3948	3750	-5.0
烤 烟	Flue-cured Tobacco	113	111	111	113	114	1.5

13-8 茶叶、水果面积及产量

Total Sown Areas and Yields of Tea, Fruit

指标	Item	2018	2019	2020	2021	2022	2022年比2021年增长(%) Increase Rate in 2022 over 2021 (%)
面　积(千公顷)	**Area(1000 Ha.)**						
茶　园	Tea Field Area	465.81	464.42	476.42	472.23	470.60	-0.3
果　园	Orchards Field Area	579.62	684.50	779.47	802.14	772.76	-3.7
产　量(万吨)	**Yield(10000 tons)**						
茶　叶	Tea	18.03	19.78	21.10	24.59	26.62	8.3
水　果	Fruits	369.01	441.98	548.11	653.66	698.87	6.9
#园林水果	Garden Fruit	293.27	366.90	478.58	583.40	629.37	7.9
#苹　果	Apples	9.11	20.30	34.46	38.12	31.54	-17.3
梨	Pears	35.91	39.75	44.78	51.70	53.30	3.1
柑　桔	Citrus	47.75	52.37	67.77	94.11	107.02	13.7
香　蕉	Bananas	3.66	6.64	7.81	9.00	10.44	16.0
猕猴桃	Chinese Gooseberries	16.08	20.50	26.01	32.35	34.01	5.1
柿　子	Persimmons	1.24	1.77	1.47	1.81	1.90	5.4

注：水果产量含果用瓜。

Note: The yield of fruits includes melons.

13-9 造林及林产品产量

Areas of Forestation and Output of Forest Products

单位：吨　　(ton)

指标	Item	2018	2019	2020	2021	2022
当年造林面积(千公顷)	Areas of Forestation This Year (1000 hectares)	346.70	346.97	280.04	241.02	183.30
林产品产量	Output of Forest Products					
生　漆	Lacquer	7392	1295	1039	1137	47
油桐籽	Tung-oil Seed	44470	18991	20558	25221	24259
油茶籽	Tea-oil Seed	83090	70750	77788	89133	102877
乌桕籽	Tallow Seed	1248	1106	1140	708	111
五倍籽	Nutgall	9536	2484	2185	2026	4111
棕　片	Palm-flake	6577	1290	1210	788	284
松　脂	Pine Resin	16708	59448	53822	42016	8954
核　桃	Walnut	142398	97234	87892	94718	119559
板　栗	Chestnut	87668	81033	87036	87640	98958

注：数据来源于省林业局。

Note: The data in the table are obtained from the Forestry Administration of Guizhou Province.

13-10 畜牧业生产及水产品

Livestock Production and Aquatic Products

指 标	Item	2018	2019	2020	2021	2022	2022年比2021年增长(%) Increase Rate in 2022 over 2021 (%)
当年出栏数	**Number of Slaughtered Fattened Hogs, Ox, Goats and Sheep**						
猪(万头)	Slaughtered Fattened Hogs (10000 heads)	1869.87	1678.56	1661.77	1849.70	1984.73	7.3
牛(万头)	Ox by Sold and Killed (10000 heads)	157.53	168.56	176.14	180.06	173.91	-3.4
羊(万头)	Goats by Sold and Killed (10000 heads)	297.12	293.55	297.37	279.97	267.44	-4.5
肉类总产量(万吨)	**Total Yield of Meat (10000 tons)**	**213.73**	**205.87**	**207.86**	**228.23**	**241.03**	**5.6**
#猪 肉	Pork	164.84	150.32	146.26	166.21	178.85	7.6
牛 肉	Beef	19.90	21.51	23.10	23.59	22.84	-3.2
羊 肉	Mutton	5.03	4.98	4.98	4.88	4.68	-4.2
禽 肉	Poultry	20.04	25.68	30.78	31.12	32.69	5.1
其他畜产品产量	**Others**						
牛 奶(万吨)	Cow Milk (10000 tons)	4.58	5.29	5.25	4.92	3.73	-24.1
禽 蛋(万吨)	Poultry Eggs (10000 tons)	20.03	22.95	26.43	27.97	33.80	20.9
蜂 蜜(吨)	Honey (ton)	3793	4018	4307	3940	3621	-8.1
大牲畜年末存栏数(万头)	**Large Animals (year-end) (10000 heads)**	**482.99**	**508.18**	**533.90**	**493.85**	**505.80**	**2.4**
#牛	Cattle and Buffaloes	465.32	492.96	517.71	479.35	492.24	2.7
猪年末存栏数(万头)	**Hogs (year-end) (10000 heads)**	**1549.30**	**1171.27**	**1364.06**	**1530.48**	**1542.67**	**0.8**
羊年末存栏数(万只)	**Sheep and Goats (year-end) (10000 heads)**	**401.53**	**380.25**	**382.38**	**386.59**	**359.15**	**-7.1**
水产品(万吨)	**Aquatic Products (10000 tons)**	**23.73**	**24.36**	**24.87**	**26.20**	**26.84**	**2.4**

注:"水产品"数据来源于省农业农村厅。

Note: The data of "Aquatic Products" are obtained from Guizhou Provincial Department of Agriculture and Rural Affairs.

13-11 历年主要农产品产量

Output of Major Farm Products Over the Years

单位：万吨 (10000 tons)

年份 Year	粮食 Grain	油料 Oil-Bearing Crops	烤烟 Flue-Cured Tobacco	水果 Fruits	肉类总产量 Total Yield of Meat	水产品 Aquatic Products
1978	643.36	9.89	8.11	4.82	12.80	0.37
1979	623.05	10.90	9.54	4.68	22.84	0.38
1980	648.35	15.59	5.56	4.97	26.67	0.55
1981	567.36	34.04	11.93	6.23	31.61	0.58
1982	654.00	48.10	16.41	6.58	35.26	0.60
1983	703.00	28.50	13.62	7.19	38.58	0.81
1984	757.80	30.59	21.48	9.23	44.76	1.22
1985	594.96	31.97	26.55	10.14	50.46	1.35
1986	672.34	41.90	19.24	13.88	57.09	1.40
1987	673.17	46.34	21.19	15.19	62.26	1.80
1988	635.68	39.87	29.15	15.63	68.73	1.86
1989	708.25	32.93	31.58	16.80	71.82	2.01
1990	721.00	43.87	28.66	16.68	74.47	2.24
1991	885.50	61.79	38.53	17.17	81.65	2.29
1992	788.90	53.38	44.90	14.18	85.59	2.36
1993	869.50	43.28	49.66	16.53	88.91	2.55
1994	938.70	47.32	33.04	16.47	95.02	2.80
1995	948.85	58.83	33.53	20.97	105.69	3.27
1996	1002.60	55.62	52.27	19.46	103.65	3.50
1997	1025.90	58.97	68.66	25.14	106.77	4.21
1998	1100.00	62.24	29.19	27.50	113.33	5.02
1999	1125.21	67.31	32.32	32.57	117.09	5.50
2000	1161.30	74.34	31.09	58.33	124.06	6.24
2001	1100.30	71.32	26.38	62.93	131.70	6.89
2002	1034.20	72.48	30.65	71.57	145.02	7.46
2003	1104.30	72.31	28.72	78.75	156.99	7.96
2004	1149.58	82.71	29.98	87.17	171.06	8.85
2005	1152.06	84.89	34.45	95.96	187.01	9.46
2006	1038.00	68.24	30.71	109.19	163.70	6.71
2007	1100.86	89.87	31.22	111.19	150.60	7.68
2008	1158.00	86.81	37.71	110.95	161.46	7.80
2009	1168.27	98.26	36.90	114.75	169.60	8.03
2010	1112.30	74.14	37.00	117.21	179.09	8.79
2011	876.90	95.32	32.48	121.81	179.97	10.88
2012	1079.50	103.94	37.28	139.89	190.27	13.47
2013	1029.99	107.12	41.75	159.23	199.74	16.70
2014	1175.90	112.89	35.30	187.34	201.80	20.99
2015	1214.57	114.80	32.89	216.89	201.94	24.98
2016	1264.26	115.28	27.46	235.84	199.28	24.65
2017	1242.45	115.52	24.45	280.14	207.57	25.48
2018	1059.70	112.62	22.77	369.01	213.73	23.73
2019	1051.24	103.01	21.58	441.98	205.87	24.36
2020	1057.63	103.40	21.14	548.11	207.86	24.87
2021	1094.86	94.88	21.99	653.66	228.54	26.20
2022	1114.64	105.57	21.63	698.87	241.03	26.84

注：1.肉类总产量1978-1984年为猪牛羊肉产量，1985-1988年为猪牛羊禽肉产量，1989年起为猪牛羊禽肉产量和其他肉(如：马肉、狗肉、兔肉等)产量。2. 2000年起水果产量含果用瓜。3. 2007-2017年油料、烤烟、水果为第三次农业普查修订数。

Note:1.The data of total yield of meat included output of pork, beef and mutton from 1978 to 1984; it included output of pork, beef, mutton and meat of poultry from 1985 to 1988; after 1989,it includes output of pork, beef, mutton, meat of poultry and other meat (e.g. horse meat, dog meat, rabbit meat and so on). 2. After 2000, the data of yield of fruits include output of melons. 3. The data of oil-bearing crops, flue-cured tobacco and fruits of 2007-2017 are the revision of the third agricultural census.

主要统计指标解释

农业机械总动力 指主要用于农、林、牧、渔业的各种动力机械的动力总和。包括耕作机械、排灌机械、收获机械、农用运输机械、植物保护机械、牧业机械、林业机械、渔业机械和其他农业机械〔内燃机按引擎马力折成瓦(特)计算、电动机按功率折成瓦(特)计算〕。不包括专门用于乡、镇、村、组办工业、基本建设、非农业运输、科学试验和教学等非农业生产方面用的动力机械与作业机械。

农用化肥施用量 指本年内实际用于农业生产的化肥数量,包括氮肥、磷肥、钾肥和复合肥。化肥施用量要求按折纯量计算数量。折纯量是指把氮肥、磷肥、钾肥分别按含氮、含五氧化二磷、含氧化钾的百分之一百成份进行折算后的数量。复合肥按其所含主要成分折算。

有效灌溉面积 指具有一定的水源,地块比较平整,灌溉工程或设备已经配套,在一般年景下当年能够进行正常灌溉的耕地面积。

农林牧渔业总产值 指以货币表现的农、林、牧、渔业全部产品和对农林牧渔业生产活动进行的各种支持性服务活动的价值总量,它反映一定时期内农业生产总规模和总成果。农业总产值的计算方法通常是按农林牧渔业产品及其副产品的产量分别乘以各自单位产品价格求得;然后将四业产品产值及农林牧渔服务业产值相加即为农业总产值。

农作物播种面积 指实际播种或移植有农作物的面积。凡是实际种植有农作物的面积,不论种植在耕地上还是种植在非耕地上,均包括在农作物播种面积中。在播种季节基本结束后,因遭灾而重新改种和补种的农作物面积,也包括在内。

粮食产量 指全社会的产量。包括国有经济经营的、集体统一经营的和农民家庭经营的粮食产量,还包括工矿企业办的农场和其他生产单位的产量。粮食除包括稻谷、小麦、玉米、高粱、谷子及其他杂粮外,还包括薯类和豆类。其产量计算方法,豆类按去豆荚后的干豆计算;薯类(包括甘薯和马铃薯,不包括芋头和木薯)1963年以前按每4公斤鲜薯折1公斤粮食计算,从1964年开始改为按5公斤鲜薯折1公斤粮食计算。城市郊区作为蔬菜的薯类(如马铃薯等)按鲜品计算,并且不作粮食统计。其他粮食一律按脱粒后的原粮计算。

油料产量 指全部油料作物的生产量。包括花生、油菜籽、芝麻、向日葵籽、胡麻籽(亚麻籽)和其他油料。不包括大豆、木本油料和野生油料。花生以带壳干花生计算。

猪、牛、羊肉产量 指当年出栏并已屠宰、除去头蹄下水后带骨肉(即胴体重)的重量。

期初(末)畜禽存栏头(只)数 指报告期初(末)农村各种合作经济组织和国营农场、农民个人、机关、团体、学校、工矿企业、部队等单位以及城镇居民饲养的大牲畜、猪、羊、家禽等畜禽的存栏数。

水产品产量 指人工养殖的水产品和天然生长的水产品的捕捞量。包括海水的鱼类、虾蟹类、贝类和藻类等以及内陆水域的鱼类、虾蟹类和贝类等,不包括淡水生植物。

Explanatory Notes on Main Statistical Indicators

Total Power of Agricultural Machinery refers to total mechanical power of machinery used in farming, forestry, animal husbandry and fishery, including machinery for ploughing, irrigation and drainage, harvesting, transport, plant protection, animal husbandry, forestry and fishery and other agricultural machinery. (for the power of internal combustion engines, it is converted from its horsepower into watts while for electric motors the output power is converted into watts.) Machinery employed for non–agricultural purposes, such as the machines used in township–run and village–run industry, construction, non–agricultural transport, scientific experiments and teaching, are not included.

Consumption of Chemical Fertilizers in Agriculture refers to the quantity of chemical fertilizers applied in agriculture in the year, including nitrogenous fertilizer, phosphate fertilizer, potash fertilizer, and compound fertilizer. The consumption of chemical fertilizers is calculated in terms of volume of effective components by means of converting the gross weight of the respective fertilizers into weight containing effective component ?(e.g. nitrogen content in nitrogenous fertilizer, phosphorous pentoxide?contents in phosphate fertilizer, and potassium oxide contents in potash fertilizer). Compound fertilizer is converted in regard to its major components.

Effective Irrigated Area refers to area of land that are effectively irrigated, i.e. relatively level land, where there are water sources or complete sets of irrigation facilities to lift and move adequate water for irrigation purpose under normal conditions.

Gross Output Value of Farming, Forestry, Animal Husbandry and Fishery refers to the total value of products of farming, forestry, animal husbandry and fishery, and total value of services in support of farming, forestry, animal husbandry and fishery activities. It reflects the total scale and results of agricultural production during a given period. Gross output value of agriculture is obtained by multiplying the output of each product or by–product by its price, resulting in the output value of each single item. The sum of output values of all products of farming, forestry, animal husbandry and fishery and services in support to those industries is then equal to the gross output value of agriculture.

Sown Area of Crops refers to area of land sown or transplanted with crops regardless of being in cultivated area or non–cultivated area. Area of land re–sown due to natural disasters is also included.

Grain Output refers to the total output in the whole country including grains produced by State farms, collective units, rural households, as well as by farms affiliated to industrial and mining enterprises and other production units. Grain includes rice, wheat, corn, sorghum, millet and other miscellaneous grains as well as tubers and beans. Output of beans refers to dry beans without pods. The output of tubers (sweet potatoes and potatoes, not including taros and cassava) are converted into that of grain at the ratio 4∶1, i.e. 4 kilograms of fresh tubers were equivalent to 1 kilogram of grain up to 1963. Since 1964 the ratio for conversion has been 5∶1. Tubers supplied as vegetables (such as potatoes) in cities and suburbs are calculated as fresh vegetables and their output is not included in the output of grain. Output of all other grains refers to husked grain.

Output of Oil-bearing Crops refers to the total production of oil-bearing crops of various kinds, including peanuts (dry, in shell), rapeseeds, sesame, sunflower seeds, flax seeds, and other oil-bearing crops. Soybeans, oil-bearing woody plants, and wild oil-bearing crops are not included.

Output of Pork, Beef, and Mutton refers to the meat of slaughtered hogs, cattle, sheep and goats with head, feet, and offal taken away.

Number of Livestock or Poultry in Stock at Beginning (or End) of Period refers to the total number of large animals, pigs, sheep, fowls, etc. raised by rural cooperative organizations, State farms, rural individuals, government agencies, schools, industrial and mining enterprises, army, and urban residents at the beginning (or end) of the reference period.

Output of Aquatic Products refers to the amount of cultured aquatic products and naturally grown aquatic products caught, including marine fish, shrimp, crabs, shellfish, algae, etc. and freshwater fish, shrimp, crabs, shellfish and so on, excluding freshwater plants.

工 业

Industry 14

简 要 说 明

一、主要内容

本篇资料反映全省工业生产情况，包括规模以上工业企业主要经济指标、规模以上大中型工业企业按工业行业大类和按地区分组的主要经济指标和效益指标、规模以上工业主要工业产品产量。

二、统计范围

本篇资料中的统计范围按企业规模划分，其中2011年至2020年为年主营业务收入2000万元及以上的工业法人单位，2021年及以后年份为年主营业务收入2000万元及以上的工业法人单位、个体经营户。

企业规模划分按《统计上大中小微型企业划分办法(2017)》标准执行。

三、调查方法

根据工业统计年度报表有关资料整理汇总。2018年起根据第四次经济普查数据修定。

四、资料来源

本篇资料由省统计局根据《贵州省工业统计报表制度》加工整理。

Brief Introduction

I. Main Contents

Data in this chapter reflect the basic conditions of the industrial production, including main economic indicators of industrial enterprises above designated size; main economic indicators and efficiency indicators of large and medium-sized industrial enterprises above designated size classified by branch of industry and by city; output and production capacity of key industrial above designated size products.

II. Scopes of Statistics

The statistical scope in this article is divided by enterprise size. The statistical scope from 2011 to 2020 refers to the industrial legal entities of which main business revenue achieve 20 million yuan and above. But from 2021, it refers to the industrial legal entities and individual enterprises of which main business revenue achieve 20 million yuan and above.

Data by size of enterprise are based on the standards *of Statistics issued by the division of the large, medium, small and micro-enterprises (2017)*.

III. Methods of Survey

The data on industrial enterprises in this Chapter are compiled mainly on the basis of annual industrial statistics reporting forms. Starting in 2018, it was revised based on data from the fourth economic Census.

IV. Sources of Data

Data in this chapter are processed and sorted out by the Provincial Bureau of Statistics according to the *Industrial Statistical Statement System of Guizhou Province.*

14-1 规模以上工业企业单位数

Number of Industrial Enterprises above Designated Size

单位：个 (unit)

指 标	Item	2018	2019	2020	2021	2022
规模以上工业企业单位数	**Number of Industrial Enterprises above Designated Size**	**5311**	**4686**	**4482**	**5090**	**5332**
#国有控股企业	State-holding Enterprises	523	553	595	743	786
按轻重工业分	**Grouped by Type of Light and Heavy Industries**					
轻工业	Light Industry	1887	1560	1534	1794	1866
重工业	Heavy Industry	3424	3126	2948	3296	3466
按企业规模分	Grouped by Size of Enterprises					
大型企业	Large Enterprises	73	77	82	84	84
中型企业	Medium-sized Enterprises	396	376	360	395	389
小型企业	Small Enterprises	4101	3579	3337	3644	3333
微型企业	Mini-sized Enterprises	741	654	703	967	1526
按登记注册类型分	**Grouped by Status of Registration**					
内资企业	Domestic Funded Enterprises	5214	4593	4377	4985	5214
国有企业	State-owned Enterprises	31	43	77	76	70
集体企业	Collective-owned Enterprises	13	10	9	7	7
股份合作企业	Cooperative Enterprises	5	4	7	7	6
联营企业	Joint Ownership Enterprises				1	2
有限责任公司	Limited Liability Corporations	1356	1281	1029	1230	1385
股份有限公司	Share-holding Corporations Limited	139	128	97	89	87
私营企业	Private Enterprises	3656	3126	3158	3573	3654
其他企业	Other Enterprises	14	1		2	3
港、澳、台商投资企业	Enterprises with Funds from Hong Kong, Macao and Taiwan	57	56	57	57	63
外商投资企业	Foreign Funded Enterprises	40	37	48	48	55

注：1. 2021年及以后年份的规模以上工业统计口径为年主营业务收入2000万元及以上工业法人单位、个体经营户。2. 企业规模按国家统计局新制定的《统计上大中小微企业划分办法(2017)》执行。3.2018年为第四次经济普查数。(以下相关表除特殊标注外，均同)

Note: 1.The statistical caliber for industrial enterprises above designated size from 2021 refers to industrial legal entities and individual enterprises of which main business revenue achieve 20 million yuan and above. 2.The standard of size is executed according to "Statistics issued by the division of the large, medium, small and micro-enterprises (2017)" which is newly established by National Bureau of Statistics. 3. Data of 2018 are from the fourth economic census (the following tables are the same except for special notes).

14-2 按行业分规模以上工业企业单位数

Number of Industrial Enterprises above Designated Size by Industrial Sector

单位：个 (unit)

指 标	Item	2018	2019	2020	2021	2022
规模以上工业企业单位数	**Number of Industrial Enterprises above Designated Size**	**5311**	**4686**	**4482**	**5090**	**5332**
采矿业	Mining	802	637	544	624	640
#煤炭开采和洗选业	Mining and Washing of Coal	492	386	332	372	392
黑色金属矿采选业	Mining and Processing of Ferrous Metal Ores	32	23	19	25	22
有色金属矿采选业	Mining and Processing of Non-Ferrous Metal Ores	33	31	29	31	36
非金属矿采选业	Mining and Processing of Non-metal Ores	242	196	164	195	189
制造业	Manufacturing	4238	3755	3600	4060	4243
#农副食品加工业	Processing of Food from Agricultural Products	365	297	315	392	410
食品制造业	Manufacture of Foods	141	108	104	127	123
酒、饮料和精制茶制造业	Manufacture of Liquor, Beverages and Refined Tea	475	370	355	420	435
烟草制品业	Manufacture of Tobacco	3	3	3	3	3
纺织业	Manufacture of Textile	23	21	24	31	36
纺织服装、服饰业	Manufacture of Textile, Wearing Apparel and Accessories	66	46	52	56	58
皮革、毛皮、羽毛及其制品和制鞋业	Manufacture of Leather,Fur,Feather and Related Products and Footwear	46	42	43	49	53
木材加工和木、竹、藤、棕、草制品业	Processing of Timber, Manufacture of Wood, Bamboo, Rattan,Palm and Straw Products	85	70	65	89	114
家具制造业	Manufacture of Furniture	58	49	43	43	40
造纸和纸制品业	Manufacture of Paper and Paper Products	74	67	69	90	103
印刷业和记录媒介复制业	Printing and Reproduction of Recording Media	41	32	37	61	64
文教、工美、体育和娱乐用品制造业	Manufacture of Articles for Culture, Education, Arts and Crafts, Sports and Entertainment Activities	72	56	36	41	34
石油、煤炭及其他燃料加工业	Processing of petroleum, coal, and other fuels	24	16	20	17	20
化学原料和化学制品制造业	Manufacture of Raw Chemical Materials and Chemical Products	226	208	201	219	229
医药制造业	Manufacture of Medicines	157	144	142	141	142
橡胶和塑料制品业	Manufacture of Rubber and Plastics Products	185	171	163	178	193
非金属矿物制品业	Manufacture of Non-metallic Mineral Products	1031	1006	942	1018	1006
黑色金属冶炼和压延加工业	Smelting and Pressing of Ferrous Metals	102	90	79	92	97
有色金属冶炼和压延加工业	Smelting and Pressing of Non-ferrous Metals	92	88	95	111	122
金属制品业	Manufacture of Metal Products	201	188	182	210	222
通用设备制造业	Manufacture of General Purpose Machinery	102	90	78	93	102
专用设备制造业	Manufacture of Special Purpose Machinery	84	84	78	94	92
汽车制造业	Manufacture of Automobiles	72	62	55	52	59
铁路.船舶.航空航天和其他运输设备制造业	Manufacture of Railway, Ship, Aerospace and Other Transportation Equipment	54	48	55	52	55
电气机械和器材制造业	Manufacture of Electrical Machinery and Apparatus	190	172	168	184	192
计算机、通信和其他电子设备制造业	Manufacture of Computers, Communication and Other Electronic Equipment	208	175	143	132	157
仪器仪表制造业	Manufacture of Measuring Instruments and Machinery	21	18	17	17	18
其他制造业	Others	17	15	16	17	18
废弃资源综合利用业	Utilization of Waste Resources	18	16	15	25	37
电力、热力、燃气及水生产和供应业	Production and Supply of Electric Power, Heat Power, Gas and Water	271	294	338	406	449
#电力、热力生产和供应业	Production and Supply of Electric Power and Heat Power	178	188	217	254	274
燃气生产和供应业	Production and Supply of Gas	36	39	44	51	61
水的生产和供应业	Production and Supply of Water	57	67	77	101	114

注：数据按国民经济行业分类(GB/T4754-2017)划分(以下相关表同)

Note: The data from 2017 onwards are classified according to the national economy industry classification (GB/T4754-2017) (the relative tables in the chapter are the same).

14-3 规模以上工业增加值比重

Added Value of Industry above Designated Size

单位:% (%)

指 标	Item	2018	2019	2020	2021	2022	2022年比2021年增长(%) Increase Rate in 2022 over 2021(%)
规模以上工业增加值	**Added Value of Industry above Designated Size**	**100.0**	**100.0**	**100.0**	**100.0**	**100.0**	**-0.5**
#国有控股企业	State-holding Industry	52.6	56.2	61.1	55.2	63.0	17.8
#私营企业	Private Enterprises	26.1	26.5	22.9	27.3	23.1	-28.8
按轻重工业分	**Grouped by Type of Light and Heavy Industries**						
轻工业	Light Industry	45.1	47.2	49.8	41.8	45.8	15.1
重工业	Heavy Industry	54.9	52.8	50.2	58.2	54.2	-11.2
按企业规模分	**Grouped by Size of Enterprises**						
大型企业	Large Enterprises	41.2	44.8	52.3	44.8	54.0	23.0
中型企业	Medium-sized Enterprises	19.5	18.4	17.5	23.2	20.3	-7.3
小型企业	Small Enterprises	35.0	33.3	26.1	29.3	21.7	-26.0
微型企业	Mini-sized Enterprises	4.3	3.6	4.1	2.7	4.0	-26.7
按登记注册类型分	**Grouped by Status of Registration**						
国有企业	State-owned Enterprises	5.2	5.3	5.3	5.5	6.1	4.1
集体企业	Collective-owned Enterprises	0.1	0.2	0.1	…	…	-74.2
股份合作企业	Cooperative Enterprises	0.1	0.1	…	0.1	…	-60.8
股份制企业	Share-holding Enterprises	87.1	88.5	89.6	89.3	89.0	-0.3
外商及港澳台商投资企业	Enterprises with Funds from Foreign, Hong Kong, Macao and Taiwan	2.3	2.8	2.9	4.0	3.9	3.8
其他企业	Other Enterprises	5.2	3.2	2.2	1.1	0.9	-36.4

注:比重按现价工业增加值计算,增长速度按可比价计算(以下相关表同)。

Note:The proportion is calculated at the industrial added value at the current price and the increase rate is calculated at the comparable price(the relative tables in the chapter are the same).

14-4 规模以上分行业工业增加值比重

Added Value of Industry above Designated Size by Sector

单位:% (%)

指 标	Item	2018	2019	2020	2021	2022	2022年比2021年增长(%) Increase Rate in 2022 over 2021(%)
规模以上工业增加值	Added Value of Industry above Designated Size	100.0	100.0	100.0	100.0	100.0	-0.5
采矿业	Mining	17.4	16.9	15.1	18.1	17.0	-18.4
#煤炭开采和洗选业	Mining and Washing of Coal	14.4	14.1	12.6	16.3	15.4	-17.6
黑色金属矿采选业	Mining and Processing of Ferrous Metal Ores	0.2	0.1	0.1	0.2	0.1	-49.8
有色金属矿采选业	Mining and Processing of Non-Ferrous Metal Ores	0.8	0.8	0.6	0.1	0.2	-26.4
非金属矿采选业	Mining and Processing of Non-metal Ores	2.0	1.9	1.7	1.5	1.2	-27.8
制造业	Manufacturing	70.6	71.9	73.1	68.3	69.7	4.1
#农副食品加工业	Processing of Food from Agricultural Products	1.4	1.2	1.0	1.2	0.8	-25.3
食品制造业	Manufacture of Foods	1.3	1.2	1.1	1.1	1.1	-7.8
酒、饮料和精制茶制造业	Manufacture of Liquor, Beverages and Refined Tea	26.0	28.8	31.2	22.4	27.0	32.6
烟草制品业	Manufacture of Tobacco	8.2	8.4	9.2	10.5	11.2	6.7
纺织业	Manufacture of Textile	0.2	0.1	0.2	0.2	0.1	-28.5
纺织服装、服饰业	Manufacture of Textile, Wearing Apparel and Accessories	0.5	0.3	0.2	0.2	0.2	-5.4
皮革、毛皮、羽毛及其制品和制鞋业	Manufacture of Leather,Fur,Feather and Related Products,and Footwear	0.3	0.3	0.2	0.2	0.2	-22.9
木材加工及木、竹、藤、棕、草制品业	Processing of Timber, Manufacture of Wood, Bamboo, Rattan, Palm and Straw Products	0.4	0.3	0.3	0.4	0.3	-29.6
家具制造业	Manufacture of Furniture	0.4	0.4	0.4	0.2	0.1	-50.0
造纸及纸制品业	Manufacture of Paper and Paper Products	0.5	0.6	0.6	0.8	0.5	-33.1
印刷和记录媒介复制业	Printing and Reproduction of Recording Media	0.3	0.3	0.3	0.4	0.4	0.2
文教、工美、体育和娱乐用品制造业	Manufacture of Articles for Culture, Education, Arts and Crafts, Sports and Entertainment Activities	0.2	0.2	0.2	0.1	0.1	-36.7
石油、煤炭及其他燃料加工业	Processing of petroleum, coal, and other fuels	0.5	0.8	0.8	1.3	1.3	-5.2
化学原料及化学制品制造业	Manufacture of Raw Chemical Materials and Chemical Products	3.4	3.0	2.8	4.4	3.7	-14.4
医药制造业	Manufacture of Medicines	3.3	3.1	2.9	2.6	2.2	-12.6
橡胶和塑料制品业	Manufacture of Rubber and Plastics Products	1.2	1.3	1.3	1.2	1.0	-25.0
非金属矿物制品业	Manufacture of Non-metallic Mineral Products	8.9	8.1	6.9	5.8	3.6	-40.2
黑色金属冶炼及压延加工业	Smelting and Pressing of Ferrous Metals	1.5	1.8	1.9	2.2	1.4	-26.0
有色金属冶炼及压延加工业	Smelting and Pressing of Non-ferrous Metals	3.2	3.2	3.9	5.5	4.4	-9.6
金属制品业	Manufacture of Metal Products	1.1	1.5	1.7	1.7	1.1	-30.2
通用设备制造业	Manufacture of General Purpose Machinery	0.4	0.6	0.7	0.7	0.6	-21.2
专用设备制造业	Manufacture of Special Purpose Machinery	0.5	0.6	0.6	0.5	0.5	-3.5
汽车制造业	Manufacture of Automobiles	1.2	0.9	0.7	0.6	0.4	-8.3
铁路、船舶、航空航天和其他运输设备制造业	Manufacture of Railroad, Ship, Aerospace and Other Transportation Equipment	1.5	1.3	1.2	1.2	1.4	12.8
电气机械及器材制造业	Manufacture of Electrical Machinery and Apparatus	1.6	1.1	1.0	1.1	1.6	31.2
计算机、通信和其他电子设备制造业	Manufacture of Computers, Communication and Other Electronic Equipment	1.9	1.8	1.2	1.5	3.8	45.9
仪器仪表制造业	Manufacture of Measuring Instruments and Machinery	0.2	0.2	0.1	0.1	0.1	-6.3
其他制造业	Other Manufacture	0.1	0.1	0.1	0.1	0.1	-18.8
废弃资源综合利用业	Utilization of waste Resources	0.1	0.1	0.1	0.1	0.2	-21.8
电力、热力、燃气及水生产和供应业	Production and Supply of Electric Power, Heat Power, Gas and Water	12.0	11.2	11.8	13.6	13.3	2.6
#电力、热力生产和供应业	Production and Supply of Electric Power and Heat Power	11.0	10.2	11.0	12.5	11.9	2.8
燃气生产和供应业	Production and Supply of Gas	0.4	0.4	0.2	0.4	0.5	9.2
水的生产和供应业	Production and Supply of Water	0.5	0.6	0.6	0.8	0.9	-2.7

14-5 规模以上工业总产值

Gross Output Value of Industry above Designated Size

单位：亿元 (100 million yuan)

指 标	Item	2022
规模以上工业总产值	**Gross Output Value of Industry above Designated Size**	**10014.15**
#国有控股企业	State-holding Enterprises	5800.02
按轻重工业分	**Grouped by Type of Light and Heavy Industries**	
轻工业	Light Industry	2947.30
重工业	Heavy Industry	7066.85
按企业规模分	**Grouped by Size of Enterprises**	
大型企业	Large Enterprises	4515.95
中型企业	Medium-sized Enterprises	2230.45
小型企业	Small Enterprises	2712.57
微型企业	Mini-sized Enterprises	555.18
按登记注册类型分	**Grouped by Status of Registration**	
内资企业	Domestic Funded Enterprises	9660.97
国有企业	State-owned Enterprises	1007.51
集体企业	Collective-owned Enterprises	1.91
股份合作企业	Cooperative Enterprises	1.73
联营企业	Joint Ownership Enterprises	0.23
有限责任公司	Limited Liability Corporations	4508.59
股份有限公司	Share-holding Corporations Limited	1811.05
私营企业	Private Enterprises	2329.06
其他企业	Other Enterprises	0.89
港、澳、台商投资企业	Enterprises with Funds from Hong Kong, Macao and Taiwan	183.73
外商投资企业	Foreign Funded Enterprises	169.45

14-6 按行业分规模以上工业总产值

Gross Output Value of Industry above Designated Size by Sector

单位：亿元 (100 million yuan)

指　标	Item	2018	2019	2020	2021	2022
规模以上工业总产值	Gross Output Value of Industry above Designated Size	10234.05	10445.19	10301.81	11346.92	10014.15
采矿业	Mining	1365.47	1215.75	1106.59	1400.54	1020.61
#煤炭开采和洗选业	Mining and Washing of Coal	1106.00	983.21	905.29	1192.49	881.30
黑色金属矿采选业	Mining and Processing of Ferrous Metal Ores	25.72	22.56	19.26	25.48	5.81
有色金属矿采选业	Mining and Processing of Non-Ferrous Metal Ores	58.87	77.38	68.25	38.39	31.30
非金属矿采选业	Mining and Processing of Non-metal Ores	172.56	128.97	113.79	143.98	98.02
制造业	Manufacturing	7449.75	7706.67	7576.00	8257.05	7200.31
#农副食品加工业	Processing of Food from Agricultural Products	298.40	259.39	285.87	347.30	236.48
食品制造业	Manufacture of Foods	166.21	159.46	174.04	182.84	113.91
酒、饮料和精制茶制造业	Manufacture of Liquor, Beverages and Refined Tea	1187.64	1284.73	1396.29	1042.76	1273.92
烟草制品业	Manufacture of Tobacco	371.27	405.86	424.92	456.84	496.55
纺织业	Manufacture of Textile	22.60	19.29	24.99	31.47	23.80
纺织服装、服饰业	Manufacture of Textile, Wearing Apparel and Accessories	50.57	26.52	25.48	29.80	21.49
皮革、毛皮、羽毛及其制造业和制鞋业	Manufacture of Leather,Fur,Feather and Related Products,and Footwear	47.52	43.16	42.00	40.13	21.81
木材加工和木、竹、藤、棕、草制品业	Processing of Timber, Manufacture of Wood, Bamboo, Rattan, Palm and Straw Products	62.93	64.28	51.14	65.07	33.70
家具制造业	Manufacture of Furniture	49.40	44.93	32.90	33.23	6.93
造纸和纸制品业	Manufacture of Paper and Paper Products	89.33	90.37	121.84	163.79	95.63
印刷和记录媒介复制业	Printing and Reproduction of Recording Media	38.50	35.25	37.53	56.08	46.20
文教、工美、体育和娱乐用品制造业	Manufacture of Articles for Culture, Education, Arts and Crafts, Sports and Entertainment Activities	40.54	32.21	21.83	24.35	10.21
石油、煤炭及其他燃料加工业	Processing of petroleum, coal, and other fuels	122.58	130.67	148.75	218.59	129.23
化学原料和化学制品制造业	Manufacture of Raw Chemical Materials and Chemical Products	651.58	608.51	544.83	789.46	600.88
医药制造业	Manufacture of Medicines	344.62	361.08	339.27	332.45	230.28
橡胶和塑料制品业	Manufacture of Rubber and Plastics Products	243.11	251.99	249.59	237.55	154.07
非金属矿物制品业	Manufacture of Non-metallic Mineral Products	1263.69	1140.84	997.07	1029.85	539.27
黑色金属冶炼和压延加工业	Smelting and Pressing of Ferrous Metals	369.16	412.34	449.09	653.94	377.27
有色金属冶炼和压延加工业	Smelting and Pressing of Non-ferrous Metals	474.01	528.35	571.66	749.72	769.19
金属制品业	Manufacture of Metal Products	200.71	219.91	233.46	270.18	134.01
通用设备制造业	Manufacture of General Purpose Machinery	91.61	109.19	104.04	108.89	84.54
专用设备制造业	Manufacture of Special Purpose Machinery	68.28	82.44	76.55	78.19	55.96
汽车制造业	Manufacture of Automobiles	143.86	151.63	160.73	147.09	184.87
铁路、船舶、航空航天和其它运输设备制造业	Manufacture of Railway, ship, Aerospace and Other Transport Equipment	95.23	202.71	248.19	282.92	302.81
电气机械和器材制造业	Manufacture of Electrical Machinery and Apparatus	283.88	343.84	275.71	300.42	384.82
计算机、通信和其他电子设备制造业	Manufacture of Computers, Communication and Other Electronic Equipment	612.54	632.76	470.39	510.37	807.44
仪器仪表制造业	Manufacture of Measuring Instruments and Machinery	21.87	18.21	14.11	11.72	10.56
其他制造业	Other Manufacture	21.07	30.77	38.87	38.55	23.36
废弃资源综合利用业	Utilization of Waste Resources	11.94	11.02	8.68	16.48	27.59
电力、热力、燃气及水生产和供应业	Production and Supply of Electric Power, Heat Power, Gas and Water	1416.53	1522.78	1619.23	1689.30	1793.23
电力、热力生产和供应业	Production and Supply of Electric Power and Heat Power	1324.71	1413.40	1508.91	1529.21	1611.30
燃气生产和供应业	Production and Supply of Gas	53.60	65.10	59.61	93.68	116.53
水的生产和供应业	Production and Supply of Water	38.22	44.28	50.72	66.41	65.40

14-7 规模以上工业企业主要经济指标

Major Economic Indicators of Industrial Enterprises above Designated Size

指 标	Item	2018	2019	2020	2021	2022
固定资产净值年平均余额(亿元)	Average Balance of Net Value of Fixed Assets (100 million yuan)	5486.53	5635.71	5521.27	5886.78	6186.44
流动资产年平均余额(亿元)	Average Balance of Circulating Funds (100 million yuan)	6788.78	7146.58	7441.28	7681.44	8291.06
营业收入(亿元)	Revenue (100 million yuan)	9978.94	9764.26	9342.21	10517.17	10352.63
利税总额(亿元)	Total Pre-tax Profits(100 million yuan)	1950.62	1853.77	2043.71	2198.87	2342.07
#利润总额	Total Profits	1036.16	976.30	1174.41	1249.64	1295.86
产值利税率(%)	Ratio of Pre-tax Profits to Output Value(%)	19.06	17.75	19.84	19.38	23.39
资金利税率(%)	Ratio of Pre-tax Profit to Assets(%)	16.19	14.95	15.77	16.21	16.18
营业利税率(%)	Ratio of Pre-Tax Profit to Business(%)	19.55	18.99	21.88	20.91	22.62
资本保值增值率(%)	Rate of Capital Accumulation(%)	106.81	106.43	105.25	98.27	115.22
总资产贡献率(%)	Contribution rate of Total Assets(%)	13.57	12.46	12.89	13.27	12.53
资产负债率(%)	Ratio of Debts to Assets(%)	61.49	60.47	60.50	62.69	61.55
流动资产周转次数(次/年)	Turnover of Current Assets (time/year)	1.42	1.35	1.23	1.36	1.17
成本费用利润率(%)	Ratio of Profits to Costs(%)	12.22	11.77	15.21	13.64	14.57
产销率(%)	Sales as Percentage of Output(%)	98.5	98.1	95.8	95.6	95.8

14-8 大中型工业企业主要经济指标

Major Economic Indicators of Large and Medium-sized Industrial Enterprises

指 标	Item	2018	2019	2020	2021	2022
固定资产净值年平均余额(亿元)	Average Balance of Net Value of Fixed Assets(100 million yuan)	3691.83	3784.59	3766.03	3917.39	3880.74
流动资产年平均余额(亿元)	Average Balance of Circulating Funds (100 million yuan)	4685.95	4948.56	5206.94	5185.08	5315.88
营业收入(亿元)	Revenue(100 million yuan)	5572.41	5785.00	5793.69	6196.81	6903.19
利税总额(亿元)	Total Pre-tax Profits(100 million yuan)	1438.74	1470.26	1691.89	1754.34	2100.10
#利润总额	Total Profits	719.56	751.33	951.06	964.32	1202.39
资本保值增值率(%)	Rate of Capital Accumulation(%)	107.45	110.88	108.22	92.63	107.69
总资产贡献率(%)	Contribution Rate of Total Assets(%)	14.75	14.08	15.49	16.04	18.17
资产负债率(%)	Ratio of Debts to Assets(%)	61.05	59.63	57.55	60.19	58.76
流动资产周转次数(次/年)	Turnover of Current Assets (time/year)	1.16	1.13	1.09	1.22	1.24
成本费用利润率(%)	Ratio of Profits to Costs(%)	16.24	16.36	21.50	18.61	21.46
产销率(%)	Sales as Percentage of Output(%)	98.12	98.32	95.18	94.89	95.14

14-9 规模以上工业主要产品产量

Output of Major Industrial Products above Designated Size

单位:万吨 (10000 tons)

指　标	Item	2022
粗钢	Crude Steel	**461.92**
成品钢材	Rolled Steel	607.33
铁合金	Ferroalloys	198.00
原铝	Electrolyzed Aluminium	140.61
氧化铝	Aluminium Oxide	502.78
铝材	Aluminium Material	32.44
磷矿石	Phosphate Rock	1902.15
生铁	Pig Iron	380.63
农用化肥	Chemical Fertilizer	247.37
轮胎外胎(万条)	Tires(10000 units)	659.42
水泥	Cement	6428.02
发电量(亿千瓦小时)	Electricity(100 million kwh)	2184.06
#水电	Hydropower	586.07
卷烟(万箱)	Cigarettes(10000 cases)	235.52
饮料酒(万千升)	Alcohol Beverages(10000 kiloliters)	97.28
#白酒	White Spirit	28.89
食用植物油	Edible Vegetable Oil	6.05
中成药	Traditional Chinese Medicine	6.34
家用电冰箱(万台)	Household Refrigerators(10000 sets)	156.64
彩色电视机(万台)	Color Television (10000 sets)	283.71

14-10 规模以上工业企业主要经济指标(2022)

Major Economic Indicators of Industrial Enterprises above Designated Size(2022)

单位:亿元 (100 million yuan)

指 标	Item	工业总产值 Total Output Value of Industry	资产合计 Total Assets	营业收入 Revenue	利税总额 Total Profits and Taxes	#利润总额 Total Profits
总 计	**Total**	**10014.15**	**19977.77**	**10352.63**	**2342.07**	**1295.86**
#国有控股企业	State-holding Enterprises	5800.02	12589.32	5950.83	1875.45	1047.86
按登记注册类型分	**Grouped by Status of Registration**					
内资企业	Domestic Funded Enterprises	9660.97	19088.99	9967.84	2257.55	1236.50
国有企业	State-owned Enterprises	1007.51	1518.58	1036.29	43.44	14.48
中央企业	Central Enterprises	963.70	1410.36	993.65	38.93	13.28
地方企业	Local Enterprises	43.82	108.22	42.64	4.50	1.20
集体企业	Collective-owned Enterprises	1.91	1.88	1.83	0.01	-0.07
股份合作企业	Cooperative Enterprises	1.73	6.71	1.81	0.02	-0.03
联营企业	Joint Ownership Enterprises	0.23	0.67	0.20		-0.01
有限责任公司	Limited Liability Corporations	4508.59	9710.92	4738.12	628.85	95.41
股份有限公司	Share-holding Corporations Limited	1811.05	4142.82	1763.78	1331.09	1007.80
私营企业	Private Enterprises	2329.06	3706.38	2425.08	254.11	118.89
其他企业	Other Enterprises	0.89	1.03	0.74	0.04	0.02
港.澳.台商投资企业	Enterprises with Funds from Hong Kong,Macao and Taiwan	183.73	451.82	204.28	35.75	27.36
外商投资企业	Foreign Invested Enterprises	169.45	436.96	180.51	48.78	32.01
按轻重工业分	**Grouped by Type of Light and Heavy Industry**					
轻工业	Light Industry	2947.30	5617.36	2888.39	1797.83	1050.91
重工业	Heavy Industry	7066.85	14360.40	7464.24	544.24	244.95
按企业规模分	**Grouped by Size of Enterprises**					
大型企业	Large Enterprises	4515.95	7652.41	4630.93	1937.80	1146.06
中型企业	Medium-sized Enterprises	2230.45	4400.92	2272.26	162.29	56.33
小型企业	Small Enterprises	2712.57	6380.50	2900.96	245.65	118.01
微型企业	Mini-sized Enterprises	555.18	1543.94	548.48	-3.67	-24.54

14-11 规模以上工业企业分行业主要经济指标(2022)

单位:亿元

指 标	Item	企业单位数(个) Number of Enterprises(unit)
总 计	**Total**	**5332**
采矿业	Mining	640
#煤炭开采和洗选业	Mining and Washing of Coal	392
黑色金属矿采选业	Mining and Processing of Ferrous Metal Ores	22
有色金属矿采选业	Mining and Processing of Non-Ferrous Metal Ores	36
非金属矿采选业	Mining and Processing of Non-metal Ores	189
制造业	Manufacturing	4243
#农副食品加工业	Processing of Food from Agricultural Products	410
食品制造业	Manufacture of Foods	123
酒、饮料和精制茶制造业	Manufacture of Liquor, Beverages and Refined Tea	435
#白酒制造	Manufacture of Liquors	177
烟草制品业	Manufacture of Tobacco	3
纺织业	Manufacture of Textile	36
纺织服装、服饰业	Manufacture of Textile, Wearing Apparel and Accessories	58
皮革、毛皮、羽毛及其制品和制鞋业	Manufacture of Leather,Fur,Feather and Related Products, and Footwear	53
木材加工和木、竹、藤、棕、草制品业	Processing of Timber, Manufacture of Wood, Bamboo, Rattan, Palm and Straw Products	114
家具制造业	Manufacture of Furniture	40
造纸和纸制品业	Manufacture of Paper and Paper Products	103
印刷和记录媒介复制业	Printing and Reproduction of Recording Media	64
文教、工美、体育和娱乐用品制造业	Manufacture of Articles for Culture, Education, Arts and Crafts,Sports and Entertainment Activities	34
石油、煤炭及其他燃料加工业	Processing of petroleum, coal, and other fuels	20
化学原料和化学制品制造业	Manufacture of Raw Chemical Materials and Chemical Products	229
医药制造业	Manufacture of Medicines	142
橡胶和塑料制品业	Manufacture of Rubber and Plastics Products	193
非金属矿物制品业	Manufacture of Non-metallic Mineral Products	1006
黑色金属冶炼和压延加工业	Smelting and Pressing of Ferrous Metals	97
有色金属冶炼和压延加工业	Smelting and Pressing of Non-ferrous Metals	122
金属制品业	Manufacture of Metal Products	222
通用设备制造业	Manufacture of General Purpose Machinery	102
专用设备制造业	Manufacture of Special Purpose Machinery	92
汽车制造业	Manufacture of Automobiles	59
铁路、船舶、航空航天和其他运输设备制造业	Manufacture of Railroad, Ship, Aerospace and Other Transportation Equipment	55
电气机械和器材制造业	Manufacture of Electrical Machinery and Apparatus	192
计算机、通信和其他电子设备制造业	Manufacture of Computers, Communication and Other Electronic Equipment	157
仪器仪表制造业	Manufacture of Measuring Instruments and Machinery	18
其他制造业	Other Manufacture	18
废弃资源综合利用业	Utilization of Waste Resources	37
电力、热力、燃气及水生产和供应业	Production and Supply of Electric Power, Heat Power, Gas and Water	449
#电力、热力生产和供应业	Production and Supply of Electric Power and Heat Power	274
#电力生产	Production of Electric Power	253
电力供应	Distribution of Electric Power	15
燃气生产和供应业	Production and Supply of Gas	61
水的生产和供应业	Production and Supply of Water	114

Main Economic Indicators of Industrial Enterprises above Designated Size by Sector (2022)

(100 million yuan)

工业总产值 Total Output Value of Industry	资产合计 Total Assets	营业收入 Revenue	利税总额 Total Profits and Taxes	利润总额 Total Profits
10014.15	**19977.77**	**10352.63**	**2342.07**	**1295.86**
1020.61	2796.67	1058.74	228.99	107.52
881.30	2470.07	908.24	195.64	89.96
5.81	22.36	5.90	0.38	-0.16
31.30	58.41	40.77	4.16	1.85
98.02	204.53	97.91	27.72	15.84
7200.31	12152.37	7369.31	2022.65	1161.82
236.48	293.03	256.66	4.35	1.67
113.91	174.61	112.90	9.06	5.50
1273.92	3511.17	1182.63	1333.73	977.49
1163.73	3221.83	1062.68	1319.48	969.20
496.55	369.47	497.28	367.89	20.59
23.80	59.30	24.52	1.03	0.43
21.49	24.11	21.15	0.98	0.31
21.81	27.12	18.68	0.92	0.26
33.70	40.72	30.47	0.54	-0.38
6.93	11.55	7.76	0.62	0.26
95.63	144.57	94.14	6.66	4.28
46.20	73.51	51.22	4.64	3.18
10.21	12.06	9.47	0.41	0.21
129.23	151.49	136.26	-1.26	-4.61
600.88	1423.70	697.24	74.62	56.48
230.28	515.67	234.78	41.89	21.69
154.07	260.60	160.65	10.61	7.53
539.27	1187.21	557.52	11.86	-8.69
377.27	386.71	435.21	-45.50	-53.22
769.19	674.47	810.42	33.39	14.88
134.01	191.67	149.50	8.28	4.85
84.54	147.22	76.73	10.64	7.72
55.96	134.38	69.43	5.86	3.40
184.87	207.31	188.62	0.95	-4.87
302.81	638.17	255.15	12.44	6.69
384.82	401.29	381.36	28.19	18.96
807.44	992.12	832.95	91.27	72.96
10.56	21.84	11.35	0.88	0.36
23.36	37.36	21.92	0.83	0.46
27.59	34.19	39.11	6.64	3.57
1793.23	5028.73	1924.59	90.42	26.52
1611.30	4044.78	1716.33	72.78	12.53
677.19	2772.51	738.50	65.25	25.26
931.15	1255.39	973.57	6.67	-13.51
116.53	193.49	127.40	4.59	3.18
65.40	790.46	80.85	13.06	10.81

14-12 规模以上国有控股工业企业主要经济指标(2022)

单位:亿元

指 标	Item	企业单位数(个) Number of Enterprises(unit)
总 计	**Total**	**786**
按轻重工业分	**Grouped by Type of Light and Heavy Industry**	
轻工业	Light Industry	139
重工业	Heavy Industry	647
按企业规模分	**Grouped by Scale of Enterprise**	
大型企业	Large Enterprises	52
中型企业	Medium-sized Enterprises	121
小型企业	Small Enterprises	428
微型企业	Mini-sized Enterprises	185
按工业行业分	**Grouped by Industrial Sector**	
采矿业	Mining	68
#煤炭开采和洗选业	Mining and Washing of Coal	49
黑色金属矿采选业	Mining and Processing of Ferrous Metal Ores	4
有色金属矿采选业	Mining and Processing of Non-ferrous Metal Ores	5
非金属矿采选业	Mining and Processing of Non-metal Ores	9
制造业	Manufacturing	422
#农副食品加工业	Processing of Food from Agricultural Products	35
食品制造业	Manufacture of Food	12
酒、饮料和精制茶制造业	Manufacture of Wine,Soft Drinks and Refined Tea	41
烟草制品业	Manufacture of Tobacco	3
纺织业	Manufacture of Textile	3
纺织服装、服饰业	Manufacture of Textile, Wearing Apparel and Accessories	12
皮革、毛皮、羽毛及其制品和制鞋业	Manufacture of Leather, Fur, Feather, and Related Products and Footwear	1
木材加工和木、竹、藤、棕、草制品业	Processing of Timber, Manufacture of Wood, Bamboo , Rattan, Palm and Straw Products Fiber and Straw Products	4
家具制造业	Manufacture of Furniture	1
造纸和纸制品业	Manufacture of Paper and Paper Products	4
印刷和记录媒介复制业	Printing and Reproduction of Recording Media	6
石油、煤炭及其他燃料加工业	Processing of petroleum, coal, and other fuels	4
化学原料和化学制品制造业	Manufacture of Raw Chemical Materials and Chemical Products	37
医药制造业	Manufacture of Medicines	4
橡胶和塑料制品业	Manufacture of Rubber and Plastics Products	10
非金属矿物制品业	Manufacture of Non-metallic Mineral Products	90
黑色金属冶炼和压延加工业	Smelting and Pressing of Ferrous Metals	7
有色金属冶炼和压延加工业	Smelting and Pressing of Non-ferrous Metals	28
金属制品业	Manufacture of Metal Products	11
通用设备制造业	Manufacture of General Purpose Machinery	12
专用设备制造业	Manufacture of Special Purpose Machinery	13
汽车制造业	Manufacture of Automobiles	12
铁路、船舶、航空航天和其他运输设备制造业	Manufacture of Railway, Ship, Aerospace and Other Transportation Equipment	29
电气机械和器材制造业	Manufacture of Electrical Machinery and Apparatus	11
计算机、通信和其他电子设备制造业	Manufacture of Computers, Communication and Other Electronic Equipment	18
仪器仪表制造业	Manufacture of Measuring Instruments and Machinery	5
其他制造业	Other Manufacture	1
电力、热力、燃气及水生产和供应业	Production and Supply of Electric Power, Heat Power, Gas and Water	296
#电力、热力生产和供应业	Production and Supply of Electric Power and Heat Power	192
燃气生产和供应业	Production and Supply of Gas	14
水的生产和供应业	Production and Supply of Water	90

Major Economic Indicators of State-controlled Industrial Enterprises (2022)

(100 million yuan)

工业总产值 Total Output Value of Industry	资产合计 Total Assets	营业收入 Revenue	利税总额 Total Profits and Taxes	#利润总额 Total Profits
5800.02	**12589.32**	**5950.83**	**1875.45**	**1047.86**
1597.66	3191.15	1543.09	1611.06	954.09
4202.36	9398.17	4407.74	264.39	93.77
3678.31	6243.06	3767.11	1770.66	1041.52
1117.77	2379.11	1128.08	23.69	-20.54
719.97	3203.32	808.16	90.45	49.34
283.98	763.83	247.47	-9.35	-22.46
332.23	1274.23	350.88	66.87	22.37
286.68	1131.12	296.29	56.66	19.03
2.59	11.02	2.15	-0.08	-0.26
7.62	17.36	15.24	1.49	0.97
31.17	73.43	31.28	7.71	2.59
3795.00	6951.60	3830.87	1737.53	1015.64
11.34	60.95	18.71	-0.38	-0.69
28.70	50.61	30.32	2.00	1.60
977.94	2591.48	908.67	1234.62	929.17
496.55	369.47	497.28	367.89	20.59
1.01	1.29	1.16	0.04	0.01
3.41	7.81	4.08	0.39	0.05
8.58	11.76	5.35	0.43	0.26
1.51	10.17	1.44	-0.72	-0.74
3.26	3.43	4.61	0.54	0.25
17.84	32.81	17.62	1.22	0.21
7.24	20.08	7.18	1.13	0.97
114.94	129.07	118.07	0.39	-2.72
326.52	1019.61	407.48	47.84	34.98
6.15	12.80	6.33	1.01	0.64
84.52	167.10	89.68	5.11	3.90
135.55	347.55	153.44	1.63	-4.60
195.57	265.17	214.20	-44.61	-49.89
518.58	478.50	538.62	28.87	16.26
44.80	59.99	45.63	2.24	0.37
48.08	90.45	41.85	5.58	4.19
27.78	75.39	36.82	4.54	2.92
20.26	53.54	20.49	0.77	0.24
287.87	613.92	243.75	10.69	5.35
52.17	48.84	49.06	5.21	3.98
348.55	369.57	342.06	56.79	44.79
5.70	13.33	5.92	0.22	-0.02
13.86	27.34	13.16	0.58	0.42
1672.79	4363.49	1769.09	71.05	9.86
1565.88	3599.70	1650.28	62.96	4.13
55.86	108.38	59.64	1.75	1.35
51.05	655.41	59.17	6.34	4.37

14-13 规模以上集体工业企业主要经济指标(2022)

Main Economic Indicators of Collective-owned Industrial Enterprises above Designated Size (2022)

单位:亿元 (100 million yuan)

指标	Item	企业单位数(个) Number of Enterprises (unit)	工业总产值 Total Output Value of Industry	资产合计 Total Assets	营业收入 Revenue	利税总额 Total Profits and Taxes	#利润总额 Total Profits
总计	**Total**	**7**	**1.91**	**1.88**	**1.83**	**0.01**	**-0.07**
按轻重工业分	**Grouped by Type of Light and Heavy Industry**						
轻工业	Light Industry	2	0.50	0.32	0.51	0.03	0.01
重工业	Heavy Industry	5	1.41	1.56	1.32	-0.02	-0.08
按企业规模分	**Grouped by Size of Enterprises**						
#小型企业	Medium-sized Enterprises	6	1.91	1.85	1.81	0.01	-0.07
微型企业	Small Enterprises	1		0.02	0.02		
按工业行业分	**Grouped by Industries Sector**						
采矿业	Mining	3	0.50	0.91	0.54	0.02	-0.02
#黑色金属矿采选业	Mining and Processing of Ferrous Metal Ores	2	0.13	0.64	0.13		-0.02
制造业	Manufacturing	4	1.40	0.97	1.29	-0.01	-0.04
#食品制造业	Manufacture of Foods	1	0.15	0.12	0.15	0.01	
印刷和记录媒介复制业	Printing, Reproduction of Recording Media	1	0.35	0.20	0.35	0.01	0.01
有色金属冶炼和压延加工业	Manufacture of Raw Chemical Materials and Chemical Products	1	0.70	0.43	0.58	-0.05	-0.06
金属制品业	Smelting and Pressing of Non-ferrous Metals	1	0.20	0.22	0.20	0.02	

14-14 规模以上外商投资和港澳台商投资工业企业主要经济指标(2022)

Major Economic Indicators of Industrial Enterprises Funded by Foreigners and Hong kong, Macao and Taiwan above Designated Size (2022)

单位:亿元 (100 million yuan)

指 标	Item	企业单位数(个) Number of Enterprises (unit)	工业总产值 Gross Value of Industrial Output	资产合计 Total Assets	营业收入 Revenue	利税总额 Total Profits and Taxes	#利润总额 Total Profits
总 计	**Total**	**118**	**353.18**	**888.78**	**384.79**	**84.52**	**59.37**
#港、澳、台商投资企业	Enterprises with Funds from Hong kong, Macao and Taiwan	63	183.73	451.82	204.28	35.75	27.36
合资经营企业(港或澳、台资)	Joint Venture Enterprises(with Funds from Hong Kong, Macao and Taiwan)	24	132.68	279.61	143.79	26.93	20.69
港澳台商独资经营企业	Enterprises with Sole Funds from Hong Kong,Macao and Taiwan	37	47.93	168.82	57.39	8.39	6.36
外商投资企业	Foreign Funded Enterprises	55	169.45	436.96	180.51	48.78	32.01
中外合资经营企业	Cooperation Enterprises	20	29.31	110.51	31.04	6.32	4.59
外资企业	Foreign Funded Enterprises	32	105.44	244.52	113.07	17.45	9.19
按轻重工业分	**Grouped by Type of Light and Heavy Industry**						
轻工业	Light Industry	47	121.00	188.17	132.68	40.41	28.39
重工业	Heavy Industry	71	232.18	700.61	252.11	44.11	30.97
按企业规模分	**Grouped by Size of Enterprise**						
大型企业	Large Enterprises	5	88.00	259.88	91.23	48.10	34.75
中型企业	Medium-sized Enterprises	16	76.41	211.21	81.26	10.42	6.78
小型企业	Small Enterprises	80	175.40	363.21	196.67	23.06	15.56
微型企业	Mini-sized Enterprises	17	13.37	54.48	15.63	2.94	2.28
按工业行业分	**Grouped by Industrial Sector**						
采矿业	Mining	5	56.88	206.00	57.41	22.82	16.00
#煤炭开采和洗选业	Mining and Washing of Coal	4	56.83	204.88	57.37	22.88	16.06
制造业	Manufacturing	85	229.98	353.46	246.31	48.38	32.42
#农副食品加工业	Processing of Food from Agricultural Products	3	10.52	4.67	10.40	0.31	0.30
食品制造业	Manufacture of Food	3	0.56	1.33	0.36	0.01	0.01
酒、饮料和精制茶制造业	Manufacture of Liquor, Beverages and Refined Tea	15	60.81	98.60	72.84	31.81	23.09
皮革、毛皮、羽毛及其制品和制鞋业	Manufacture of Leather,Fur,Feather and Related Products, and Footwear	2	0.10	0.18	0.10		
文教、工美、体育和娱乐用品制造业	Manufacture of Articles for Culture, Education, Arts and Crafts,Sports and Entertainment Activities	3	3.30	4.20	3.12	0.14	0.14
石油、煤炭及其他燃料加工业	Processing of petroleum, coal, and other fuels	2	33.83	9.55	36.58	1.46	0.09
化学原料和化学制品制造业	Manufacture of Raw Chemical Materials and Chemical Products	4	7.13	20.17	7.37	3.06	2.48
医药制造业	Manufacture of Medicines	8	23.52	49.64	22.28	4.31	2.11
橡胶和塑料制品业	Manufacture of Rubber and Plastics Products	3	11.98	15.53	12.53	2.55	2.02
非金属矿物制品业	Manufacture of Non-metallic Mineral Products	12	23.77	63.10	24.66	1.20	-0.13
汽车制造业	Manufacture of Automobiles	4	8.02	7.02	8.43	0.25	0.09
铁路、船舶、航空航天和其他运输设备制造业	Manufacture of Railway, Ship, Aerospace and other Transport Equipment	2	3.00	5.53	2.83	0.31	0.29
电气机械和器材制造业	Manufacture of Electrical Machinery and Apparatus	4	7.67	14.42	9.48	0.69	0.63
计算机、通信和其他电子设备制造业	Manufacture of Computers,Communication and Other Electronic Equipment	8	14.12	24.24	14.30	-1.65	-1.65
电力、热力、燃气及水生产和供应业	Production and Supply of Electric Power, Heat Power, Gas and Water	28	66.31	329.32	81.07	13.32	10.95
#电力、热力生产和供应业	Production and Supply of Electric Power and Heat Power	12	44.44	179.68	53.29	6.11	4.43
燃气生产和供应业	Production and Supply of Gas	2	4.72	5.72	5.54	0.85	0.78
水的生产和供应业	Production and Supply of Water	14	17.16	143.92	22.24	6.36	5.74

14-15 规模以上工业企业主要经济效益指标(2022)

Main Indicators on Economic Efficiency of Industrial Enterprises above Designated Size(2022)

单位:%　　(%)

指　标	Item	产值利税率 Ratio of Pre-Tax Profit to Output Value	成本费用利润率 Ratio of Profit to Cost	营业利税率 Ratio of Pre-Tax Profit to Revenue
总　计	**Total**	**23.4**	**14.6**	**22.6**
内资企业	Domestic Funded Enterprises	23.4	14.4	22.7
国有企业	State-owned Enterprises	4.3	1.4	4.2
中央企业	Central Enterprises	4.0	1.4	3.9
地方企业	Local Enterprises	10.3	3.0	10.6
集体企业	Collective-owned Enterprises	0.4	-3.7	0.5
股份合作企业	Cooperation Enterprises	1.1	-1.8	1.1
联营企业	Joint-owned Enterprises	-1.2	-6.4	-1.4
有限责任公司	Limited Liability Corporations	14.0	2.3	13.3
股份有限公司	Share-holding Corporations Enterprises	73.5	95.4	75.5
私营企业	Private Enterprises	10.9	5.2	10.5
其他企业	Others	4.5	2.8	5.5
港、澳、台商投资企业	Enterprises with Funds from Hong kong,Macao and Taiwan	19.5	15.2	17.5
外商投资企业	Foreign Invested Enterprises	28.8	21.4	27.0
在总计中:	**of the Total:**			
#国有控股企业	State-controlled Enterprises	32.3	21.8	31.5
按轻重工业分	**Grouped by type of Light and Heavy Industry**			
轻工业	Light Industry	61.0	58.5	62.2
重工业	Heavy Industry	7.7	3.5	7.3
按企业规模分	**Grouped by Size of Enterprises**			
大型企业	Large Enterprises	42.9	33.6	41.8
中型企业	Medium-sized Enterprises	7.3	2.6	7.1
小型企业	Small Enterprises	9.1	4.3	8.5
微型企业	Mini-sized Enterprises	-0.7	-4.6	-0.7
按工业行业分	**Grouped by Industrial Sector**			
采矿业	Mining	22.4	12.3	21.6
#煤炭开采和洗选业	Mining and Washing of Coal	22.2	11.8	21.5
黑色金属矿采选业	Mining and Processing of Ferrous Metal Ores	6.6	-2.8	6.5
有色金属矿采选业	Mining and Processing of Non-Ferrous Metal Ores	13.3	4.9	10.2
非金属矿采选业	Mining and Processing of Non-metal Ores	28.3	23.6	28.3
制造业	Manufacturing	28.1	19.0	27.5
#农副食品加工业	Processing of Food from Agricultural Products	1.8	0.7	1.7
食品制造业	Manufacture of Food	8.0	5.1	8.0
酒、饮料和精制茶制造业	Manufacture of Liquor, Beverages and Refined Tea	104.7	200.9	112.8
烟草制品业	Manufacture of Tobacco	74.1	12.7	74.0
纺织业	Manufacture of Textile	4.3	1.8	4.2
纺织服装、服饰业	Manufacture of Textile, Wearing Apparel and Accessories	4.6	1.5	4.7
皮革、毛皮、羽毛及其制品和制鞋业	Manufacture of Leather,Fur,Feather and Related Products, and Footwear	4.2	1.4	5.0

14-15 续表 continued(2022)

单位:% (%)

指 标	Item	产值利税率 Ratio of Pre-Tax Profits to Output Value	成本费用利润率 Ratio of Profit to Cost	营业利税率 Ratio of Pre-Tax Profit to Revenue
木材加工和木、竹、藤、棕、草制品业	Processing of Timber, Manufacture of Wood, Bamboo,Rattan, Palm and Straw Products	1.6	-1.2	1.8
家具制造业	Manufacture of Furniture	8.9	3.5	8.0
造纸和纸制品业	Manufacture of Paper and Paper Products	7.0	4.8	7.1
印刷和记录媒介复制业	Printing and Reproduction of Recording Media	10.1	6.7	9.1
文教、工美、体育和娱乐用品制造业	Manufacture of Articles for Culture, Education, Arts and Crafts,Sport and Entertainment Activities	4.0	2.2	4.3
石油、煤炭及其他燃料加工业	Processing of petroleum, coal, and other fuels	-1.0	-3.3	-0.9
化学原料和化学制品制造业	Manufacture of Raw Chemical Materials and Chemical Products	12.4	8.8	10.7
医药制造业	Manufacture of Medicines	18.2	10.6	17.8
橡胶和塑料制品业	Manufacture of Rubber and Plastics Products	6.9	4.9	6.6
非金属矿物制品业	Manufacture of Non-metallic Mineral Products	2.2	-1.5	2.1
黑色金属冶炼和压延加工业	Smelting and Pressing of Ferrous Metals	-12.1	-11.6	-10.5
有色金属冶炼和压延加工业	Smelting and Pressing of Non-ferrous Metals	4.3	1.9	4.1
金属制品业	Manufacture of Metal Products	6.2	3.4	5.5
通用设备制造业	Manufacture of General Purpose Machinery	12.6	11.7	13.9
专用设备制造业	Manufacture of Special Purpose Machinery	10.5	5.2	8.4
汽车制造业	Manufacture of Automobiles	0.5	-2.5	0.5
铁路、船舶、航空航天和其他运输设备制造业	Manufacture of Railway, Ship, Aerospace and other Transport Equipment	4.1	2.8	4.9
电气机械和器材制造业	Manufacture of Electrical Machinery and Apparatus	7.3	5.2	7.4
计算机、通信和其他电子设备制造业	Manufacture of Computers,Communication and Other Electronic Equipment	11.3	9.6	11.0
仪器仪表制造业	Manufacture of Measuring Instruments and Machinery	8.4	3.2	7.8
其他制造业	Other Manufacture	3.5	2.1	3.8
废弃资源综合利用业	Utilization of Waste Resources	24.1	9.4	17.0
电力、热力、燃气及水生产和供应业	Production and Supply of Electric Power, Heat Power, Gas and Water	5.0	1.4	4.7
#电力、热力生产和供应业	Production and Supply of Electric Power and Heat Power	4.5	0.7	4.2
燃气生产和供应业	Production and Supply of Gas	3.9	2.5	3.6
水的生产和供应业	Production and Supply of Water	20.0	14.8	16.2

14-16 规模以上国有控股工业企业主要经济效益指标(2022)

Major Indicators on Economic Efficiency of State-controlled Industrial Enterprises above Designated Size (2022)

单位:% (%)

指 标	Item	产值利税率 Ratio of Pre-Tax Profits to Output Value	成本费用利润率 Ratio of Profit to Cost	营业利税率 Ratio of Pre-Tax Profit to Revenue
总 计	**Total**	**32.3**	**21.8**	**31.5**
按轻重工业分	**Grouped by Type of Light and Heavy Industry**			
轻工业	Light Industry	100.8	165.7	104.4
重工业	Heavy Industry	6.3	2.2	6.0
按企业规模分	Grouped by Size of Enterprises			
大型企业	Large Enterprises	48.1	39.0	47.0
中型企业	Medium-sized Enterprises	2.1	-1.8	2.1
小型企业	Small Enterprises	12.6	6.5	11.2
微型企业	Mini-sized Enterprises	-3.3	-9.7	-3.8
按工业行业分	**Grouped by Industrial sector**			
采矿业	Mining	20.1	7.9	19.1
#煤炭开采和洗选业	Mining and Washing of Coal	19.8	7.8	19.1
黑色金属矿采选业	Mining and Processing of Ferrous Metal Ores	-2.9	-11.1	-3.5
有色金属矿采选业	Mining and Processing of Non-Ferrous Metal Ores	19.6	6.9	9.8
非金属矿采选业	Mining and Processing of Non-metal Ores	24.7	14.9	24.7
制造业	Manufacturing	45.8	36.8	45.4
#农副食品加工业	Processing of Food from Agricultural Products	-3.3	-3.5	-2.0
食品制造业	Manufacture of Foods	7.0	5.6	6.6
酒、饮料和精制茶制造业	Manufacture of Liquor, Beverages and Refined Tea	126.3	331.3	135.9
烟草制品业	Manufacture of Tobacco	74.1	12.7	74.0
皮革、毛皮、羽毛及其制品和制鞋业	Manufacture of Leather,Fur,Feather and Related Products, and Footwear	5.0	5.1	8.0
木材加工和木、竹、藤、棕、草制品业	Processing of Timber, Manufacture of Wood, Bamboo,Rattan, Palm and Straw Products	-47.4	-34.9	-49.8
家具制造业	Manufacture of Furniture	16.7	5.7	11.8
印刷和记录媒介复制业	Printing, Reproduction of Recording Media	15.6	15.6	15.8

14-16　续表　continued(2022)

单位:%　　(%)

指　　标	Item	产值利税率 Ratio of Pre-Tax Profits to Output Value	成本费用利润率 Ratio of Profit to Cost	营业利税率 Ratio of Pre-Tax Profit to Revenue
石油、煤炭及其他燃料加工业	Processing of petroleum, coal, and other fuels	0.3	-2.3	0.3
化学原料和化学制品制造业	Manufacture of Raw Chemical Materials and Chemical Products	14.7	9.4	11.7
医药制造业	Manufacture of Medicines	16.4	11.4	16.0
橡胶和塑料制品业	Manufacture of Rubber and Plastics Products	6.0	4.6	5.7
非金属矿物制品业	Manufacture of Non-metallic Mineral Products	1.2	-2.9	1.1
黑色金属冶炼和压延加工业	Smelting and Pressing of Ferrous Metals	-22.8	-21.2	-20.8
有色金属冶炼和压延加工业	Smelting and Pressing of Non-ferrous Metals	5.6	3.1	5.4
金属制品业	Manufacture of Metal Products	5.0	0.8	4.9
通用设备制造业	Manufacture of General Purpose Machinery	11.6	12.3	13.3
专用设备制造业	Manufacture of Special Purpose Machinery	16.3	8.9	12.3
汽车制造业	Manufacture of Automobiles	3.8	1.2	3.7
铁路、船舶、航空航天和其他运输设备制造业	Manufacture of Railway, Ship, Aerospace and Other Transportation Equipment	3.7	2.3	4.4
电气机械和器材制造业	Manufacture of Electrical Machinery and Apparatus	10.0	8.9	10.6
计算机、通信和其他电子设备制造业	Manufacture of Computers, Communication and Other Electronic Equipment	16.3	15.2	16.6
仪器仪表制造业	Manufacture of Measuring Instruments and Machinery	3.8	-0.3	3.7
其他制造业	Other Manufacture	4.2	3.2	4.4
电力、热力、燃气及水生产和供应业	Production and Supply of Electric Power, Heat Power, Gas and Water	4.3	0.6	4.0
电力、热力生产和供应业	Production and Supply of Electric Power, Heat Power	4.0	0.3	3.8
燃气生产和供应业	Production and Supply of Gas	3.1	2.3	2.9
水的生产和供应业	Production and Supply of Water	12.4	7.6	10.7

14-17 规模以上集体工业企业主要经济效益指标(2022)

Main Indicators on Economic Efficiency of Collective-owned Industrial Enterprises above Designated Size (2022)

单位:% (%)

指　标	Item	产值利税率 Ratio of Pre-Tax Profits to Output Value	成本费用利润率 Ratio of Profit to Cost	营业利税率 Ratio of Pre-Tax Profit to Revenue
总　计	**Total**	**0.4**	**-3.7**	0.5
按轻重工业分	**Grouped by Type of Light and Heavy Industry**			
轻工业	Light Industry	5.9	1.8	5.7
重工业	Heavy Industry	-1.5	-5.6	-1.6
按企业规模分	**Grouped by Size of Enterprises**			
小型企业	Small Enterprises	0.5	-3.6	0.5
微型企业	Micro-enterprises		-7.3	-3.2
按工业行业分	**Grouped by Industrial Sector**			
采矿业	Mining	3.1	-4.4	2.9
#黑色金属矿采选业	Mining and Processing of Ferrous Metal Ores	-2.1	-10.8	-2.1
制造业	Manufacturing	-0.5	-3.4	-0.6
#食品制造业	Manufacture of Foods	9.7	0.3	9.5
印刷和记录媒介复制业	Printing, Reproduction of Recording Media	4.2	2.4	4.1
有色金属冶炼和压延加工业	Smelting and Pressing of Non-ferrous Metals	-7.6	-9.3	-9.2

14-18 大中型工业企业主要经济指标占全省规模以上工业比重(2022)

Percentages of Main Indicators of Large and Medium Industrial Enterprises as the whole Industrial Enterprises above Designated Size (2022)

单位:亿元 (100 million yuan)

指 标	Item	规模以上工业 Industrial Enterprises above Designated Size	#大中型工业企业 Large and Medium Industrial Enterprises	
			绝对数 Absolute Figure	占规模以上工业比重(%) Percentage Taken to Industrial Enterprises above Designated Size(%)
企业单位数(个)	Number of Industrial Enterprises(unit)	5332	473	8.9
#亏损企业个数(个)	Number of Loss Making Industrial Enterprises(unit)	1988	171	8.6
工业总产值	Gross Value of Industrial Output	10014.15	6746.40	67.4
资产总计	Total Assets	19977.77	12053.33	60.3
流动资产合计	Total Current Assets	8844.77	5569.47	63.0
固定资产净额	Net Fixed Assets	6257.78	3741.07	59.8
负债总计	Total Liabilities	12296.02	7082.79	57.6
营业收入	Revenue	10352.63	6903.19	66.7
营业成本	Operating Costs	7763.99	4885.12	62.9
税金及附加	Taxes and Surcharges	646.93	598.24	92.5
亏损企业亏损额	Total Deficit of Loss Making Industrial Enterprises	333.26	170.93	51.3
利税总额	Total Profits and Taxes	2342.07	2100.09	89.7
营业利税率(%)	Ratio of Pre-Tax Profit to Revenue(%)	22.62	30.42	-

14-19 规模以上大中型工业企业分行业主要经济指标(2022)

单位:亿元

指 标	Item	企业单位数(个) Number of Enterprises(unit)
总 计	**Total**	**473**
采矿业	Mining	137
#煤炭开采和洗选业	Mining and Washing of Coal	134
有色金属矿采选业	Mining and Processing of Non-ferrous Metal Ores	2
制造业	Manufacturing	303
#农副食品加工业	Processing of Food from Agricultural Products	3
食品制造业	Manufacture of Food	8
酒、饮料和精制茶制造业	Manufacture of Liquor, Beverages and Refined Tea	35
烟草制品业	Manufacture of Tobacco	2
纺织业	Manufacture of Textile	3
纺织服装、服饰业	Manufacture of Textile, Wearing Apparel and Accessories	7
皮革、毛皮、羽毛及其制品和制鞋业	Manufacture of Leather, Fur, Feathers and other Products and Footwear	9
木材加工和木、竹、藤、棕、草制品业	Processing of Timber, Manufacture of Wood, Bamboo,Rattan, Palm and Straw Products	4
造纸和纸制品业	Manufacture of Paper and Paper Products	7
印刷和记录媒介复制业	Printing, and Reproduction of Recording Media	9
文教、工美、体育和娱乐用品制造业	Manufacture of Articles for Culture, Education, Arts and Crafts, Sports and Entertainment Activities	4
石油、煤炭及其他燃料加工业	Processing of petroleum, coal, and other fuels	3
化学原料和化学制品制造业	Manufacture of Raw Chemical Materials and Chemical Products	24
医药制造业	Manufacture of Medicines	13
橡胶和塑料制品业	Manufacture of Plastics and Rubber	5
非金属矿物制品业	Manufacture of Non-metallic Mineral Products	29
黑色金属冶炼和压延加工业	Smelting and Pressing of Ferrous Metals	9
有色金属冶炼和压延加工业	Smelting and Pressing of Non-ferrous Metals	17
金属制品业	Manufacture of Metal Products	6
通用设备制造业	Manufacture of General Purpose Machinery	13
专用设备制造业	Manufacture of Special Purpose Machinery	6
汽车制造业	Manufacture of Automobiles	11
铁路、船舶、航空航天和其他运输设备制造业	Manufacture of Railway, Ship, Aerospace and Other Transportation Equipment	20
电气机械和器材制造业	Manufacture of Electrical Machinery and Apparatus	19
计算机、通信和其他电子设备制造业	Manufacture of Computers,Communication and Other Electronic Equipment	30
仪器仪表制造业	Manufacture of Measuring Instruments and Machinery	2
其他制造业	Other Manufacture	4
电力、热力、燃气及水生产和供应业	Production and Supply of Electric Power, Heat Power, Gas and Water	33
#电力、热力的生产和供应业	Production and Supply of Electric Power, Heat Power	25
燃气生产和供应业	Production and Supply of Gas	1
水的生产和供应业	Production and Supply of Water	7

Main Indicators on Economic of Large and Medium Industrial Enterprises by Sector (2022)

(100 million yuan)

工业总产值 Gross Value of Industrial Output	资产合计 Total Assets	营业收入 Revenue	利税总额 Total Profits and Taxes	#利润总额 Total Profits
6746.40	**12053.33**	**6903.19**	**2100.09**	**1202.39**
677.45	2083.27	700.88	188.32	95.20
648.14	2020.42	671.97	181.27	92.96
1.78	12.28	1.51	0.17	0.03
4786.86	7807.05	4823.76	1920.01	1152.68
4.08	8.38	5.52	0.58	0.39
69.94	98.02	67.42	7.38	4.74
1094.01	2379.26	996.86	1281.23	951.99
495.43	364.40	496.08	367.80	20.61
14.86	37.84	15.54	1.20	0.88
7.43	7.91	7.33	0.15	0.01
12.55	14.60	9.43	0.52	0.08
6.48	4.91	5.80	0.04	-0.06
49.15	105.34	47.51	5.12	3.47
18.71	38.16	21.34	2.34	1.54
4.94	4.59	4.69	0.26	0.06
84.96	128.05	88.90	-1.69	-3.60
440.02	1186.51	529.42	57.65	43.74
125.44	229.91	128.64	24.58	12.70
88.47	174.35	92.80	6.64	5.12
129.73	257.49	142.89	7.65	2.17
216.24	272.70	246.47	-10.91	-15.71
484.76	537.89	498.79	26.31	14.19
47.18	85.87	50.04	4.03	2.86
55.77	99.46	48.28	8.90	6.95
23.66	56.05	31.62	3.83	2.79
101.93	147.39	104.18	-1.46	-4.01
212.20	425.09	177.66	14.38	11.96
301.31	282.17	290.71	24.45	17.14
674.91	820.76	694.14	88.42	72.46
4.35	7.24	4.25	-0.17	-0.23
17.58	32.51	16.68	0.72	0.45
1282.09	2163.01	1378.55	-8.24	-45.49
1241.35	1863.74	1329.86	-11.27	-47.89
23.31	77.73	26.10	0.20	0.09
17.43	221.53	22.59	2.83	2.31

14-20 规模以上工业用工人数(2022)

The Number of Employment of Industrial Enterprises above Designated Size (2022)

单位:万人 (10000 persons)

指　　标	Item	平均用工人数 Average Number of Employment	期末用工人数 Number of Employment at Year-end
总　　计	**Total**	**80.23**	**80.27**
#国有控股企业	State-controlled Enterprises	34.81	34.81
按登记注册类型分	**By status of Registration**		
内资企业	Domestic Funded Enterprises	76.73	76.78
国有企业	State-owned Enterprises	6.01	5.82
中央企业	Central Enterprises	5.42	5.34
地方企业	Local Enterprises	0.59	0.48
集体企业	Collective-owned Enterprises	0.05	0.04
股份合作企业	Cooperation Enterprises	0.03	0.01
联营企业	Joint-owned Enterprises		
有限责任公司	Limited Liability Corporations	30.00	30.26
股份有限公司	Share-holding Corporations Limited	11.14	11.45
私营企业	Private Enterprises	29.49	29.19
其他企业	Others	0.01	0.01
港、澳、台商投资企业	Enterprises with Funds from Hong kong,Macao and Taiwan	1.62	1.55
外商投资企业	Foreign Funded Enterprises	1.88	1.94
按轻重工业分	**Grouped by Type of Light and Heavy Industry**		
轻工业	Light Industry	24.10	24.63
重工业	Heavy Industry	56.14	55.64
按企业规模分	**Grouped by Scale of Enterprises**		
大型企业	Large Enterprises	29.29	29.80
中型企业	Medium-sized Enterprises	21.04	21.41
小型企业	Small Enterprises	25.81	25.90
微型企业	Mini-sized Enterprises	4.08	3.15

14-21　高技术产业基本情况

Basic Statistics on High-tech Industry

指　标	Item	2018	2019	2020	2021	2022
规模以上高技术企业数(个)	Number of High-tech Enterprises (unit)	475	428	399	387	407
从业人员年平均人数(万人)	Annual Average Number of Employees(10000 persons)	12.71	11.83	11.12	9.94	9.71
工业总产值(亿元)	Gross Value of Industrial Output (100 million yuan)	1164.95	1380.87	1181.00	1212.14	1532.11
营业收入(亿元)	Revenue (100 million yuan)	1198.35	1150.63	975.46	973.49	1514.61
利税总额(亿元)	Pre-Tax Profits (100 million yuan)	119.90	92.57	93.19	109.45	157.12
利润总额(亿元)	Profits (100 million yuan)	73.66	57.85	62.43	76.93	109.89

注：2021年及以后年份的高技术产业统计口径为年主营业务收入2000万元及以上工业法人单位、个体经营户。

Note: High tech industry's statistics caliber from 2021 refers to industrial legal entities and individual enterprises of which main business revenue achieve 20 million yuan and above.

14-22 历年工业增加值增长速度

Growth Rate of Added Value of Industry Over the Years

单位:% (%)

年 份 Year	全部工业增加值 Total Added Value of Industry	#规模以上工业增加值 Added Value of Industry above Designated Size	轻工业 Light Industry	重工业 Heavy Industry
1996	12.1	10.3	11.0	9.8
1997	11.8	9.0	6.0	11.1
1998	10.4	10.2	8.1	11.5
1999	11.8	6.2	0.8	9.3
2000	7.5	13.8	12.2	14.7
2001	9.2	12.6	6.4	13.6
2002	11.0	16.2	13.4	17.6
2003	13.3	16.9	9.8	20.3
2004	15.9	20.1	22.1	19.2
2005	13.0	17.0	25.3	13.3
2006	13.8	17.5	13.1	19.7
2007	14.0	16.8	13.9	18.1
2008	8.6	10.1	14.0	8.4
2009	10.2	10.6	11.6	10.2
2010	15.7	15.8	15.9	15.7
2011	18.9	21.0	22.7	20.1
2012	15.5	16.2	17.6	15.5
2013	13.1	13.6	12.7	14.1
2014	11.1	11.3	11.5	11.2
2015	9.8	9.9	8.3	10.9
2016	9.9	9.9	10.1	9.8
2017	9.0	9.5	12.2	7.7
2018	9.0	9.0	13.0	6.0
2019	8.3	9.6	10.7	8.6
2020	3.6	5.0	5.4	4.7
2021	11.6	12.9	19.8	8.2
2022	0.7	-0.5	15.1	-11.2

14-23 历年规模以上工业主要经济指标

Main Indicators of Industrial Enterprises above Designated Size Over the Years

单位：亿元 (100 million yuan)

年 份 Year	主营业务收入 Revenue from Principal Business	轻工业 Light Industry	重工业 Heavy Industry	利税总额 Total Profits and Taxes	轻工业 Light Industry	重工业 Heavy Industry
1996	434.00	129.12	304.88	50.61	29.73	20.88
1997	419.82	128.07	291.75	60.82	38.42	22.40
1998	463.24	149.81	313.43	62.25	37.38	24.87
1999	507.55	162.34	345.21	65.81	40.47	25.34
2000	593.80	178.54	415.26	87.44	45.66	41.78
2001	646.01	193.35	452.66	94.30	51.27	43.03
2002	752.97	213.50	539.47	104.43	57.76	46.67
2003	974.30	248.48	725.82	135.87	72.15	63.72
2004	1325.95	274.04	1051.91	201.21	85.43	115.78
2005	1577.16	338.02	1239.14	232.49	113.50	118.99
2006	1948.57	389.38	1559.19	299.09	137.05	162.04
2007	2430.62	486.28	1944.34	403.49	187.27	216.22
2008	2922.35	567.80	2354.55	453.53	233.66	219.87
2009	3234.59	674.36	2560.23	470.60	252.25	218.35
2010	3926.01	807.13	3118.88	671.39	326.72	344.67
2011	5022.11	1091.79	3930.32	901.36	463.03	438.33
2012	5966.52	1299.99	4666.53	1172.15	608.19	563.96
2013	7357.43	1697.41	5660.02	1268.68	722.35	546.33
2014	8655.87	2064.97	6590.89	1310.38	781.12	529.27
2015	9876.81	2471.60	7405.20	1460.84	844.46	616.38
2016	11172.44	2939.85	8232.59	1625.14	939.70	685.44
2017	10647.55	3023.56	7623.99	1756.78	1100.63	656.15
2018	9791.34	2863.54	6927.80	1950.62	1272.59	678.03
2019	9619.12	2933.88	6685.24	1853.77	1323.03	530.74
2020	9120.36	3069.74	6050.62	2043.71	1495.19	548.52
2021	10217.80	2800.07	7417.73	2198.87	1438.78	760.10
2022	10061.12	2832.81	7228.32	2342.07	1797.83	544.24

14-23 续表 continued

年 份 Year	利润总额 Total Profits	轻工业 Light Industry	重工业 Heavy Industry	资产合计 Total Assets	轻工业 Light Industry	重工业 Heavy Industry
1996	-3.57	-2.47	-1.10	960.79	257.78	703.01
1997	0.76	0.65	0.11	1076.72	294.65	782.07
1998	1.64	-0.65	2.29	1166.76	312.79	853.97
1999	0.65	1.14	-0.49	1328.55	357.12	971.43
2000	12.56	4.48	8.08	1517.13	371.83	1145.30
2001	18.59	6.98	11.61	1698.58	412.57	1286.01
2002	21.41	10.82	10.59	1797.46	404.54	1392.92
2003	37.52	19.00	18.52	1958.57	409.35	1549.22
2004	61.99	18.03	43.96	2441.52	430.64	2010.88
2005	70.79	34.31	36.48	2734.05	458.41	2275.64
2006	110.91	48.52	62.39	3214.39	514.26	2700.13
2007	174.41	81.29	93.12	3521.19	541.49	2979.70
2008	181.83	108.56	73.27	4566.10	700.92	3865.18
2009	191.73	109.42	82.31	5066.17	819.69	4246.48
2010	317.63	149.62	168.01	5960.13	1007.10	4953.03
2011	456.20	220.40	235.80	6990.58	1200.82	5789.76
2012	627.02	307.74	319.28	8302.29	1458.24	6844.05
2013	636.59	370.74	265.85	10339.87	1989.29	8350.58
2014	628.68	397.58	231.10	11747.39	2338.93	9408.46
2015	732.76	426.74	306.02	13540.06	2853.81	10686.25
2016	847.02	491.66	355.36	14319.98	3507.17	10812.81
2017	903.43	600.99	302.44	15228.11	3793.01	11435.10
2018	1036.16	696.99	339.17	15724.71	4238.28	11486.43
2019	976.30	722.05	254.24	16346.93	4418.96	11927.96
2020	1174.41	864.84	309.57	17244.62	5163.75	12080.87
2021	1249.64	791.71	457.94	17864.25	4417.28	13446.98
2022	1295.86	1050.91	244.95	19977.77	5617.36	14360.40

主要统计指标解释

工业 指从事自然资源的开采，对采掘品和农产品进行加工和再加工的物质生产部门。具体包括：(1)对自然资源的开采，如采矿、晒盐等(但不包括禽兽捕猎和水产捕捞)；(2)对农副产品的加工、再加工，如粮油加工、食品加工、缫丝、纺织、制革等；(3)对采掘品的加工、再加工，如炼铁、炼钢、化工生产、石油加工、机器制造、木材加工等，以及电力、自来水、煤气的生产和供应等；(4)对工业品的修理、翻新，如机器设备的修理、交通运输工具(如汽车)的修理等。

工业统计调查单位为独立核算法人工业企业。

独立核算法人工业企业指从事工业生产经营活动的单位。独立核算法人工业企业应同时具备以下条件：①依法成立，有自己的名称、组织机构和场所，能够承担民事责任；② 独立拥有和使用资产、承担负债、有权与其他单位签订合同；③独立核算盈亏，并能够编制资产负债表。

国有控股企业 包括：(1)在企业的全部实收资本中，国有经济成分的出资人拥有的实收资本(股本)所占企业全部实收资本(股本)的比例大于50%的国有绝对控股。(2)在企业的全部实收资本中，国有经济成分的出资人拥有的实收资本(股本)所占比例虽未大于50%，但相对大于其他任何一方经济成分的出资人所占比例的国有相对控股；或者虽不大于其他经济成分，但根据协议规定拥有企业实际控制权的国有协议控股。(3)投资双方各占50%，且未明确由谁绝对控股的企业，若其中一方为国有经济成分的，一律按国有控股处理。

本篇涉及的其他企业登记注册类型的解释详见综合篇。

资产总计 指企业过去的交易或者事项形成的、由企业拥有或者控制的、预期会给企业带来经济利益的资源。资产一般按流动性分为流动资产和非流动资产。其中流动资产可分为货币资金、交易性金融资产、应收票据、应收账款、预付款项、其他应收款、存货等；非流动资产可分为长期股权投资、固定资产、无形资产及其他非流动资产等。根据会计“资产负债表”中“资产总计”项目的期末余额数填报。

流动资产合计 资产满足以下条件之一应归为流动资产：(1)预计在一个正常营业周期中变现、出售或耗用，主要包括存货、应收账款等；(2)主要为交易目的而持有；(3)预计在资产负债表日起一年内(含一年)变现；(4)自资产负债日起一年内，交换其他资产或清偿负债的能力不受限制的现金或现金等价物。包括货币资金、应收票据、应收账款、存货等项目。根据会计“资产负债表”中“流动资产合计”项目的期末余额数填报。

负债合计 指企业过去的交易或者事项形成的，预期会导致经济利益流出企业的现时义务。负债一般按偿还期长短分为流动负债和非流动负债。根据会计“资产负债表”中“负债合计”项目的期末余额数填报。

营业收入 指企业从事销售商品、提供劳务和让渡资产使用权等生产经营活动形成的经济利益流入。根据会计“利润表”中“营业收入”项目的本年累计数填报。

营业成本 指企业从事销售商品、提供劳务和让渡资产使用权等生产经营活动发生的实际成本。根据会计“利润表”中“营业成本”项目的本年累计数填报。

税金及附加 指企业因从事生产经营活动按税法规定应缴纳的消费税、城市维护建设税、资源税、环境保护税、教育费附加、房产税、城镇土地使用税、车船税、印花税等相关税费。根据会计“利润表”中“税金及附加”项目的本年累计数填报。

利润总额 指企业在一定会计期间的经营成果，是生产经营过程中各种收入扣除各种耗费后的盈余，反映企业在报告期内实现的盈亏总额。根据会计“利润表”中“利润总额”项目的本年累计数填报。

应交增值税 按照税法规定，以销售货物、服务、无形资产、不动产或提供加工、修理修配劳务的增值额和货物进口金额为计税依据而课征的一种流转税。

总资产贡献率 反映企业全部资产的获利能力，是企业经营业绩和管理水平的集中体现，是评价和考核企业盈利能力的核心指标。计算公式为：

总资产贡献率(%)=(利润总额+税金及附加+利息净支出+应交增值税)÷资产总额×100%

资产负债率 该指标既反映企业经营风险的大小，也反映企业利用债权人提供的资金从事经营活动的能力。计算公式为：

资产负债率(%)=负债合计÷资产合计×100%

资产与负债均为报告期期末数。

流动资产周转次数 指一定时期内流动资产完成的周转次数、反映投入工业企业流动资金的周转速度。计算公式为：

流动资产周转次数=营业收入÷流动资产合计

成本费用利润率 反映企业投入的生产成本及费用的经济效益，同时也反映企业降低成本所取得的经济效益。计算公式为：

成本费用利润率(%)=利润总额 ÷成本费用总额×100%

公式中：成本费用总额为营业成本、销售费用、管理费用、研发费用、财务费用之和。

Explanatory Notes on Main Statistical Indicators

Industry refers to the material production sector which is engaged in the extraction of natural resources and processing and re-processing of minerals and agricultural products, including (1) extraction of natural resources, such as mining, salt production (but not including hunting and fishing); (2) processing and reprocessing of farm and sideline produces, such as rice husking, flour milling, wine making, oil pressing, silk reeling, spinning and weaving, and leather making; (3) manufacture of industrial products, such as steel making, iron smelting, chemicals manufacturing, petroleum processing, machine building, timber processing; water and gas production and electricity generation and supply; (4)repairing of industrial products such as the repairing of machinery and means of transport (including cars).

In industrial statistics surveys, the units of enquiry are corporate industrial enterprises with independent accounting systems.

Corporate industrial enterprises with independent accounting systems refer to enterprises engaging in industrial production activities, which meet the following requirements: (1) They are established legally, having their own names, organizations, location and able to take civil liability; (2) They possess and use their assets independently, assume liabilities and are entitled to sign contracts with other units; (3) They are financially independent and compile their own balance sheets.

State-holding Enterprises include: (1) Absolute state-holding in which the contributors of state-owned parts possess more than 50% of all the paid-in capital (stocks) of the enterprises; (2) Relative state-holding in which the contributors of state-owned parts possess no more than 50% of the paid-in capital (stocks) of the enterprises, but more than that of any other contributors; or Agreed state-holding in which the contributors of state-owned parts possess no more than other contributors but have actual control over the enterprises according to agreements; (3) In the case both contributors possess 50% and it is not clear which one is in absolute holding position, the enterprise is regarded as state-holding enterprise if one of the contributor has state-owned elements.

Total Assets refer to all resources that are owned or controlled by enterprises through previous trades or transactions with expectation of making economic profits. Classified by the degree of liquidity, total assets include current assets, and non-current assets. Current assets can be classified into monetary assets, trading financial assets, notes receivable, accounts receivable, advanced payments, other prepaid money and inventories. Non-current assets can be divided into long-term equity investment, fixed assets, intangible assets and other non-current assets. Date on this indicator can be obtained by the year-end figures of total assets in the Assets and Liability Table of accounting records of enterprises.

Total Current Assets refers to the assets that meet one of the following requirements: (1) expected to be cashed, sold or used in a normal operation cycle, mainly including inventory and accounts receivable; (2) be owned for trading purpose mainly; (3) expected to be cashed in one year (including one year) from the day of the Assets and Liability Table; (4) unlimited cash or cash equivalents that can be exchanged with other assets or being capable of settling debts during one year since the day of Assets and Liability Table. Included are monetary assets, notes receivable, accounts receivable and inventories. Data on this indicator can be obtained by the year-end figures of total current assets in the Assets and Liability Table of the accounting records of enterprises.

Total Liabilities refer to payable liabilities of enterprises that accumulated from previous trades or transactions with expectation of economic profits leaking out. In terms of payment, it can be divided into liquid liabilities and long-term liabilities. Data on this item is obtained from the year-end figures on total liabilities from the Assets and Liability Table of the accounting record of the enterprises.

Revenue from Business refers to the inflow of economic interests formed by enterprises engaged in production and operation activities such as selling goods, providing labor services, and alienating asset use rights, which was obtained according to the cumulative amount of the "operating income" in the "profit statement" of the accounting record for the current year.

Cost of Business refers to the actual costs incurred by enterprises engaged in production and operation activities such as selling goods, providing labor services, and alienating asset use rights, which was obtained according to the cumulative amount of the "operating cost" in the "profit statement" of the accounting record for the current year.

Tax and Extra Charges refers to the consumption tax, urban maintenance and construction tax, resource tax, environmental protection tax, education surcharge, property tax, urban land use tax, vehicle and vessel tax, stamp tax and other related taxes that enterprises are required to pay in accordance with tax laws for their production and business activities, which were obtained according to the cumulative amount of the "tax and extra charges" in the "profit statement" of the accounting record for the current year.

Total Profits refers to the operation results in a certain accounting period, and it is the balance of various incomes minus various spending in the course of operation, which reflect the total profits and losses of enterprises in reference period and are obtained according to the cumulative amount of the "tax and extra charges" in the "profit statement" of the accounting record for the current year.

Value-added Tax Payable refers to the turnover tax payable tax levied on the basis of the value-added amount of goods, services, intangible assets, immovable property or the provision of processing, repair and installation services, and the amount of goods according to the provisions of the tax law.

Total Asset Contribution Rate reflects the profit-making capability of all assets, manifests the performance and management of the enterprise, and is a key indicator for evaluating the profit-making potential of the enterprise. It is calculated as follows:

$$\text{Total Asset Contribution Rate}(\%)=\frac{\text{total profits tax and extra charges interest payment value} - \text{added tax payable}}{\text{total assets}}\times 100\%$$

Ratio of Debts to Assets reflects both the operation risk and the capability of the enterprise in making use of the capital from the creditors. It is calculated as follows:

$$\text{Ratio of Debts to Assets}(\%)=\frac{\text{total debts}}{\text{total assets}}\times 100\%$$

Both assets and debts are figures at the end of the reference period.

Current Asset Turnover Times refers to the number of times of turnover of current assets in a given period of time, which reflects the speed of the turnover of current assets of industrial enterprises, and is calculated as follows:

$$\text{Current Asset Turnover Times} = \frac{\text{revenue from business}}{\text{total current asset}}$$

Ratio of Profits to Total Industrial Costs reflects the economic benefits of the production costs and expenses invested by the enterprise, as well as the economic efficiency achieved by the enterprise in reducing costs and is calculated as follows:

$$\text{Ratio of Profits to Total Industrial Cost}(\%) = \frac{\text{total profits}}{\text{total costs}} \times 100\%$$

Total costs in the above formula are the sum of cost of business, marketing, management, research and development and finance.

建筑业

Construction 15

简 要 说 明

一、主要内容

本篇资料主要反映全省建筑业发展情况。包括企业数、从业人员、建筑业总产值、房屋建筑面积、利润税金、劳动生产率等。

二、统计范围

建筑业统计范围是全省具有总承包或专业承包建筑业资质的所有独立核算建筑业企业及所属产业活动单位。

三、统计调查方法

根据国家统计局制定的《建筑业统计报表制度》整理汇总。

四、资料来源

本篇资料由省统计局提供。

Brief Introduction

I. Main Contents

The data in this chapter show the general situation and the development of the construction industry in Guizhou Province, including the number of enterprises, number of employed persons, gross output value of the construction industry, floor space of buildings under construction, profits and taxes, labour productivity, etc.

II. Scope of Statistics

The scope of construction industry data in this chapter refers to all independent accounting construction enterprises and affiliated industrial activity units with the qualification of general contracting or professional contracting construction industry in the whole province.

III. Methods of Survey

Data on construction enterprises are collected in accordance with the Statistical Reporting System of Construction stipulated by the National Bureau of Statistics.

IV. Sources of Data

The data in this chapter are provided by Guizhou Provincial Bureau of Statistics.

15-1 建筑业主要指标

Main Economic Indicators on Construction Enterprises

指　　标	Item	2022
建筑业企业个数(个)	**Number of Construction Enterprises (unit)**	**2110**
年末从业人员(万人)	Number of Employed Persons at the Year-end (10000 persons)	64.55
自有固定资产原价(亿元)	Fixed Assets Owned(original value) (100 million yuan)	222.34
自有固定资产净价(亿元)	Fixed Assets Owned (net value) (100 million yuan)	126.50
自有机械设备台数(万台)	Number of Machinery and Equipment Owned (10000 sets)	3.39
自有机械设备净值(亿元)	Net Value of Machinery and Equipment Owned (100 million yuan)	33.02
自有机械设备总功率(万千瓦)	Total Power of Machinery and Equipment Owned (10000 kw)	257.90
建筑业总产值(亿元)	**Gross Output Value of Construction (100 million yuan)**	**4260.24**
#本年固定资产折旧	Depreciation of Fixed Assets	15.52
应付职工薪酬	Wages Payable	290.86
工程结算税金及附加	Taxes and Extra Charges on Project Settle Accounts	13.17
营业利润	Operating Profits	67.81
房屋建筑施工面积(万平方米)	**Floor Space of Buildings under Construction (10000 sq.m)**	**16335**
房屋建筑竣工面积(万平方米)	**Floor Space of Buildings Completed (10000 sq.m)**	**3342**
利润总额(亿元)	Total Profits (100 million yuan)	67.19
税金总额(亿元)	Total Taxes (100 million yuan)	96.57
劳动生产率(元/人)	**Overall Labor Productivity (yuan/person)**	
按总产值计算	In Terms of Gross Output Value	487159
技术装备率(元/人)	Value of Machines Per Laborer (yuan/person)	5115
动力装备率(千瓦/人)	Power of Machines Per Laborer (kw/person)	3.99
房屋建筑面积竣工率(%)	Ratio of Floor Space of Buildings Completed (%)	20.46
产值利润率(%)	Ratio of Profit to Gross Output Value (%)	1.6
产值利税率(%)	Ratio of Pre-tax Profit to Gross Output Value (%)	3.8

注：建筑业个数为有工作量的企业数据(以下表同)。

Note: The number of construction is the enterprises with work load . (the same as in the following table)

15-2 建筑业主要生产指标(2022)

指 标	Item	企业个数(个) Number of Construction Enterprises (unit)	年末从业人员(万人) Number of Persons Engaged (10000 persons)	签订合同额(亿元) Value of Signed Contract (100 million yuan)	#本年新签合同额 New Value of Signed Contract This Year
总 计	**Total**	**2110**	**64.55**	**13741.85**	**5874.26**
#国有及国有控股	State-owned and State-controlled Construction Enterprises	322	37.05	9609.26	4148.40
#施工总承包企业	General Contractors	1778	61.90	13286.02	5605.47
专业承包企业	Special Contractors	332	2.65	455.83	268.80
按登记注册类型分组	**By Registration Status**				
#内资企业	Domestic Funded	2108	64.55	13740.75	5873.85
#国有企业	State-owned	33	2.03	379.04	98.05
集体企业	Collective-owned	32	0.66	66.03	25.84
股份有限公司	Company Limited with Share Holding	10	0.48	78.97	61.55
私营企业	Private Enterprises	1549	18.72	2829.09	1148.10
按国民经济行业分组	**By Sector**				
房屋和土木工程建筑业	Building and Civil Engineering Construction	1812	59.79	12963.00	5514.66
房屋工程建筑	Building Engineering Construction	1291	40.93	8128.80	3358.74
土木工程建筑	Civil Engineering Construction	521	18.86	4834.20	2155.93
建筑安装业	Construction Installation	145	1.54	331.23	187.36
建筑装饰业	Construction Decoration	106	2.69	236.93	112.51
其他建筑业	Others	47	0.53	210.68	59.73

Main Production Indicators on Construction Enterprises (2022)

建筑业总产值 (亿元) Total Output Value of Construction (100 million yuan)	#在外省完成的产值 Value of Construction Fulfilled outside of Guizhou Province	#建筑工程 Output Value of Construction	#安装工程 Output Value of Installation	房屋建筑施工面积 (万平方米) Floor Space of Buildings under Construction (10000 sq.m)	#本年新开工面积 Floor Space Started This Year
4260.24	**1413.97**	**3636.61**	**457.57**	**16334.84**	**3723.34**
2896.52	1249.78	2483.77	319.78	9031.20	1808.18
4084.27	1391.47	3510.91	416.02	16139.00	3633.56
175.96	22.50	125.70	41.56	195.85	89.78
4259.48	1413.97	3635.96	457.47	16332.04	3723.34
109.64	29.77	87.51	3.18	832.93	98.44
22.75		20.65	1.53	231.45	74.89
29.91	0.80	25.06	3.60	63.67	5.92
932.33	73.77	789.50	101.18	4253.13	1133.08
3911.71	1300.82	3454.62	317.72	16059.60	3625.61
2399.79	605.02	2191.12	101.38	15598.58	3444.09
1511.91	695.80	1263.50	216.34	461.02	181.52
216.35	92.94	58.22	135.28	43.55	4.04
72.21	1.60	67.20	3.70	215.51	90.75
59.98	18.61	56.58	0.87	16.19	2.94

15-3 建筑业企业房屋建筑(2022)

House Buildings by Construction Enterprises (2022)

指 标	Item	竣工面积(万平方米) Floor Space of Buildings Completed (10000sq.m)	厂房及建筑物 Workshop Storehouse	仓 库 Warehouse	住 宅 Residential Buildings	科研、教育、医疗用房 Buildings for Scientific Research, Education,and Medical Care
总 计	**Total**	**3341.99**	**297.17**	**39.15**	**2141.52**	**202.97**
#国有及国有控股	Construction Enterprises of State-owned and State-controlled	1289.10	135.24	7.49	751.39	92.69
#施工总承包企业	General Contractors	3311.89	291.38	39.15	2124.79	201.20
专业承包企业	Special Contractors	30.10	5.79		16.73	1.77
按登记注册类型分组	**By Registration Status**					
#内资企业	Domestic Funded	3341.64	297.17	39.15	2141.52	202.62
#国有企业	State-owned	179.15	53.67	5.82	68.70	33.33
集体企业	Collective-owned	88.24	0.06		82.35	1.13
股份有限公司	Company Limited with Share Holding	12.98			10.77	1.30
私营企业	Private Enterprises	1318.27	81.60	6.96	944.34	61.00
按国民经济行业分组	**By Sector**					
#房屋和土木工程建筑业	Building and Civil Engineering Construction	3215.39	270.86	39.15	2068.58	200.25
房屋工程建筑	Building Engineering Construction	3133.67	263.69	39.13	2023.60	185.47
土木工程建筑	Civil Engineering Construction	81.72	7.17	0.02	44.97	14.78
建筑安装业	Construction Installation	95.78	25.75		46.09	0.44

主要统计指标解释

建筑业总产值 是以货币形式表现的建筑业企业在一定时期内生产的建筑业产品和提供服务的总和。建筑业总产值包括：

(1)建筑工程产值：指列入建筑工程预算内的各种工程价值。

(2)安装工程产值：指设备安装工程价值，不包括被安装设备本身价值。

(3)其他产值：建筑业总产值中除建筑工程、安装工程以外的产值。包括房屋构筑物修理产值、非标准设备制造产值、总包企业向分包企业收取的管理费以及不能明确划分的施工活动所完成的产值。

a.房屋构筑物修理产值：指房屋和构筑物修理所完成的产值，但不包括被修理房屋、构筑物本身价值和生产设备的修理价值。

b.非标准设备制造产值：指加工制造没有定型的非标准生产设备的加工费和原材料价值(如化工厂、炼油厂用的各种罐、槽、矿井生产统一使用的各种漏斗、三角槽、阀门等)以及附属加工厂为本企业承建工程制作的非标准设备的价值。

在外省完成的产值 指建筑业企业在其他省份施工所完成的建筑业产值。

签订合同额 指建筑业企业在报告期直接同建设单位签订的各种国内工程合同的总价款和以前年度同建设单位签订的各种国内工程合同的未完成工程转入本年度继续施工工程合同的总价款余额。

房屋建筑施工面积 指在报告期内施工的全部房屋建筑面积，包括本期新开工的房屋面积、上期施工跨入本期继续施工的房屋面积、上期停缓建在本期恢复施工的房屋面积、本期竣工的房屋面积及本期施工后又停缓建的房屋面积。

房屋建筑竣工面积 指在报告期内房屋建筑按照设计要求全部完工，达到了住人和使用条件，经验收鉴定合格，正式移交使用单位的房屋建筑面积。

Explanatory Notes on Main Statistical Indicators

Gross Output Value of Construction refers to total of construction products and services, expressed in money terms, produced or rendered by construction and installation enterprises during a given period of time. It includes:

(1) Output value of construction projects: the value of projects covered by the project budgets;

(2) Output value of installation projects: the value of the installation of equipment, (excluding the value of the equipment to be installed);

(3) Other output values: the output value of construction industry apart from that of construction projects and installation projects. It includes: output value of repair of buildings and structures; output value of non-standard equipment manufacturing; overhead expenses received by contracted enterprises from the sub-contracted enterprises and the completed output value of construction activities for which there is no clear definition.

a. Output value of repair of buildings and structures: the value created through the repairs of buildings or structures. It does not include the value of buildings or structures being repaired and the value of the repair of production equipment;

b. Output value of manufactured non-standard equipment: the value of non-standard production equipment, including raw materials and manufacturing cost, made for the construction project (i.e., chemical plant; kettles or tanks used by refineries; various fillers, triangle tanks, valves used by mines). It also includes the output value of equipment manufactured by subsidiary workshops.

The Output Value in Other Provinces refers to the output value produced by the construction enterprises in other provinces .

The Total Amount of the Contract refers to the construction company in the reporting period directly with the construction unit signed a variety of domestic engineering contracts and the total price of the previous year with the construction unit signed a variety of domestic engineering contracts to complete the project transferred to the current year to continue construction contract price Balance.

Floor Space of Buildings Under Construction refers to floor space of buildings under construction during the reference period, including the space of buildings for which construction has newly started, buildings for which construction has started earlier and is continuing during the reference period, and buildings for which construction has been suspended earlier but has restarted during the reference period, buildings completed during the reference period, and buildings under construction but construction has subsequently been during the reference period.

Floor Space of Buildings Completed refers to the total floor space of each of the buildings that are completed in the reference period in accordance with the requirements of the design, up to the standard for being resided in and put into use, and have been checked and accepted by concerned departments as qualified ones.

运输和邮电

16

Transport, Postal and Telecommunication Services

简要说明

一、主要内容

本篇资料反映全省交通运输业、邮政和电信业、大数据等方面发展的基本状况。

交通运输业资料主要包括：铁路、公路、水运、航空四种运输方式的线路里程、各种运输方式完成的货物运输量和旅客运输量等资料。

邮政、电信业资料主要包括：营业网点及邮政邮路情况，电信主要通信能力，主要的邮电业务完成情况等资料。

大数据资料主要包括：互联网发展情况，软件和信息技术服务业等资料。

二、统计范围

1. 铁路资料：包括国家铁路（含控股合资）、地方铁路和非控股合资铁路运营情况，不含军用铁路及由厂矿企事业单位自建的铁路专用线和不办理公共营业的专用铁路。

2. 公路、水运资料：(1)公路和水路线路里程为年末通车和通航里程数，不含未正式投入使用的公路和航道里程；(2)民用汽车拥有量根据省公安厅交通管理局车管部门登记注册的车辆资料整理；(3)公路、水路客货运输量资料，由省交通运输厅负责收集整理；(4)公路、水路运输量统计包括全面调查和非全面调查两种方式，统计范围是在省交通运输主管部门登记注册的从事公路、水路客、货运输的营业性的车辆和船舶所完成的运输量。

3. 民航运输资料：统计对象为在贵州境内注册从事民用航空运输飞行和通用飞行的航空运输企业和定期航班通航机场，不包括在贵州境内运输飞行的外国航空公司。统计范围为各航空公司从事国内运输、港澳台运输、国际运输的定期航班航线条数及里程、运输量及飞机构成和运营情况、通用航空飞行完成情况等。

4. 邮政和电信业资料：包括邮政企业和获得快递业务经营许可的快递企业，以及从事电信运营的中国电信、中国移动、中国联通三家基础电信企业（不含专用网业务资料），主营业务收入100万元以上的软件和信息技术服务业等企业。邮电业务量按业务种类分为邮政业务量和电信业务量。

三、资料来源

本篇资料由省统计局根据部门资料加工、整理、编辑。

Brief Introduction

I. Main Contents

Data in this chapter present the development of transportation, post and telecommunications industry and big data in Guizhou.

Data on transport cover mainly the length of the routes of four means of transportation (railway, road, water and air), freight traffic, passenger traffic accomplished by various means of transportation etc.

Data on post and telecommunications industry cover mainly the situation of post and telecommunication offices and postal routes, main telecommunication capacity, business volume of postal and telecommunication services achieved.

Big Data mainly cover the development of Internet, services of software, information technology, etc.

II. Scope of Statistics

1. Data on railway transportation include the operation and management of the national, local and joint-venture railways, but not railways for military purpose, lines built by industrial and mining enterprises and special railways not for commercial use.

2. Data on highways and waterways: (1) The length of highways and waterways refers to the length open to traffic or navigation at the end of the year, not including the highways and waterways under construction or not officially having been put into use. (2) Data on the possession of civil motor vehicles are provided by the Divisions of Vehicle Management, which is subordinate to the Traffic Management Bureau of Guizhou Public Security. (3) Data on passenger traffic and freight traffic by highways and waterways are collected and prepared by the Ministry of Transport of Guizhou Province. (4) Data on highway and waterway transportation are collected through both comprehensive reporting system and non-comprehensive reporting system. The statistical scope encompasses all the enterprises, institutional units and individuals (including joint-households) registered in the Guizhou Provincial Transportation Department and engaged in highway or waterway freight or passenger transport business.

3. Data on civil aviation transport: The targets of statistical collection are enterprises registered for engagement in civil aviation transport flights and flights for general purposes and general aviation airports with scheduled

flights. Excluded are foreign companies which operate flights within Guizhou territory. The scope of statistics encompasses number of lines, mileage flown, transport volume, composition of the fleets operational situation of the airlines, performance of general purpose flights in respect of province transport, transport between China mainland and Hong Kong, Macao and Taiwan, and international transport.

4. Data on post and telecommunications industry: Data in this category include postal enterprises and express delivery companies with annual revenue above 2 million yuan, the three major enterprises of telecommunication: China Telecom, China Mobile and China Unicom (not including services provided through dedicated networks), and enterprises of software and IT services with turnover from primary activities above one million yuan. By types of business, the business volume of post and telecommunications is divided into postal services and telecommunication services; by coverage it is divided into province service, international service, and service between mainland and Hong Kong as well as Macao (business volume of the service to Taiwan is covered in that for Hong Kong and Macao).

III. Sources of Data

The data in this chapter are processed, collasorted out and edited by the Guizhou Provincial Bureau of Statistics according to departmental data.

16-1 境内运输线路长度

Length of Domestic Transportation Routes

单位：公里 (km)

指 标	Item	2018	2019	2020	2021	2022	2022年比2021年增长(%) Increase Rate in 2022over 2021(%)
铁路营业里程	**Length of Railways in Operation**	**3560**	**3753**	**3873**	**3873**	**4030**	**4.1**
#复线里程	Double-tracking Length	1941	2129	2344	2344	2439	4.1
#高速铁路营运里程	Length of High-speed Railways	1127	1337	1457	1457	1457	持平
公路线路里程	**Length of Highways**	**196908**	**204723**	**206693**	**207190**	**209617**	**1.2**
按行政等级分	**Classified by Administrative Level**						
国 道	State Road	11910	11875	12069	12080	12127	0.4
#国家高速公路	Expressway	3458	3441	3647	3661	3714	1.4
省 道	Provincial Road	20877	21422	21657	22091	22343	1.1
县 道	County Road	34648	36422	36729	35898	36040	0.4
乡 道	Township Road	45898	48568	49117	48603	48711	0.2
村 道	Village Road	83575	86436	87122	88519	90396	2.1
按技术等级分	**Classified by Technical Grade**						
等级公路	Expressway and Class I to IV Highways	156559	170883	183245	188797	193886	2.7
高速公路	Expressway	6453	7005	7607	8010	8331	4.0
#四车道	Four-lane	6116	6668	7178	7563	7711	2.0
一 级	First Class	1464	1397	1438	1459	1528	4.7
二 级	Second Class	8433	9280	10283	10670	11164	4.6
三 级	Third Class	6918	6937	6727	6350	6383	0.5
四 级	Fourth Class	133291	146264	157190	162308	166480	2.6
等外公路	Highways Below Class IV	40349	33840	23448	18392	15731	-14.5
按路面类型分	**Classified by Pavement**						
有铺装路面(高级)	Paved Road (advanced)	110799	132720	161353	170244	175123	2.9
沥青混凝土	Asphalt Concrete	21305	24729	30817	33740	35528	5.3
水泥混凝土	Cement Concrete	89494	107991	130536	136504	139594	2.3
简易铺装路面	Simple Paved Road	31959	31426	27903	25970	25221	-2.9
未铺装路面	Not-paved Road	54150	40577	17437	10975	9273	-15.5
可绿化里程	Greening Mileage	186105	191353	191986	190755	192794	1.1
养护里程	Maintained Road	195224	202992	206547	207190	209617	1.2
内河航道里程	**Length of Navigable Inland Waterways**	**3745**	**3755**	**3954**	**3954**	**3954**	**-**

注：1.资料来源于省交通运输厅、中国铁路成都局集团有限公司（以下相关表同）。2.公路线路里程包括村道里程。3.铁路复线里程数据为成都铁路局管辖范围内贵州省的数据。4.2016年路网调整，将专用公路调整到类似省道、县道、乡道、村道。

Note:1. The data in the table are obtained from the Department of Transportation of Guizhou Province and China Railway Chengdu Group Co., Ltd (the relative tables in the chapter are the same). 2. Length of Highways includes the length of village road. 3. The data of Double-tracking Railway Length belongs to Guizhou Province under the jurisdiction of Chengdu Railway Bureau. 4. According to the road network adjustment in 2016, accommodation highway has been classified into the level of provincial road, county road, township road and village road.

16-2 民用航空运输

Civil Aviation Transportation

指　　标	Item	2018	2019	2020	2021	2022
机场个数(个)	**Number of Civil Airports(unit)**	**11**	**11**	**11**	**11**	**11**
起降架次(架次)	**Take-off and Landing Flights(unit)**	**247792**	**262487**	**226224**	**237474**	**168886**
#贵阳/龙洞堡机场	Guiyang/Longdongbao Airport	158567	167063	134606	134639	84451
铜仁/凤凰机场	Tongren/Phoenix Airport	13506	8278	5842	6052	22179
兴义/万峰林机场	Xingyi/Wanfenglin Airport	12383	14814	12536	11783	7198
安顺/黄果树机场	Anshun/Huangguoshu Airport	6978	6836	1396	967	238
黎平机场	Liping Airport	1128	3651	4407	10004	4080
黔南/荔波机场	Qiannan/Libo airport	3500	2398	1286	952	182
遵义/新舟机场	Zunyi/Xinzhou Airport	18902	20759	15639	13743	9210
毕节/飞雄机场	Bijie/Feixiong Airport	13622	14220	10415	7490	2976
凯里/黄平机场	Kaili/Huangping Airport	3191	2596	19174	33617	29876
六盘水/月照机场	Liupanshui/Yue Zhao Airport	5536	4502	3078	2123	282
遵义/茅台机场	Zunyi/Maotai Airport	10479	17370	17845	16104	8214
旅客吞吐量(人次)	**Throughput of Passengers(person-times)**	**27995046**	**30308964**	**22531598**	**22215015**	**12315673**
#贵阳/龙洞堡机场	Guiyang/Longdongbao Airport	20094681	21910911	16583878	16964158	9797755
铜仁/凤凰机场	Tongren/Phoenix Airport	1276640	924490	601073	528431	274356
兴义/万峰林机场	Xingyi/Wanfenglin Airport	1120857	1384614	1042558	1001683	516808
安顺/黄果树机场	Anshun/Huangguoshu Airport	441391	368934	110843	69293	4307
黎平机场	Liping Airport	50747	20064	37670	50456	14810
黔南/荔波机场	Qiannan/Libo airport	182668	155182	82762	71783	10716
遵义/新舟机场	Zunyi/Xinzhou Airport	2033587	2257147	1531287	1292664	767553
毕节/飞雄机场	Bijie/Feixiong Airport	1216557	1217071	777257	552352	203438
凯里/黄平机场	Kaili/Huangping Airport	141478	94791	119004	155964	36812
六盘水/月照机场	Liupanshui/Yue Zhao Airport	430977	323636	194846	114850	19203
遵义/茅台机场	Zunyi/Maotai Airport	1005463	1652124	1450420	1413381	669915
货邮吞吐量(吨)	**Throughput of cargo(tons)**	**117967.1**	**127360.8**	**118121.7**	**119934.4**	**84764.2**
#贵阳/龙洞堡机场	Guiyang/Longdongbao Airport	112396.2	120110.2	113452.0	115242.6	81105.7
铜仁/凤凰机场	Tongren/Phoenix Airport	173.9	93.4	50.8	44.6	118.5
兴义/万峰林机场	Xingyi/Wanfenglin Airport	1139.0	1364.2	782.9	2039.6	1218.4
安顺/黄果树机场	Anshun/Huangguoshu Airport	730.0	347.0	9.5	2.3	12.1
黎平机场	Liping Airport	1.8	0.0	0.0	0.0	0.0
黔南/荔波机场	Qiannan/Libo airport	1.1	27.4	2.1	2.8	1.4
遵义/新舟机场	Zunyi/Xinzhou Airport	2315.9	3611.9	2167.5	1461.6	1089.5
毕节/飞雄机场	Bijie/Feixiong Airport	835.1	743.2	575.0	250.9	135.1
凯里/黄平机场	Kaili/Huangping Airport	1.7	4.5	60.2	5.6	0.0
六盘水/月照机场	Liupanshui/Yue Zhao Airport	63.4	55.3	50.9	55.4	1.6
遵义/茅台机场	Zunyi/Maotai Airport	309.1	1003.7	970.8	829.1	1081.9

注：资料来源于贵州民航产业集团有限公司。

Note: The data in the table are provided by Guizhou Civil Aviation Industry Group Co., Ltd.

16-3 汽车保有量

Possession of Civil Vehicles

单位：万辆 (10000 units)

指　标	Item	2018	2019	2020	2021	2022	2022年比2021年增长(%) Increase Rate in 2022over 2021(%)
汽车保有量	Total	480.60	533.70	577.05	622.76	660.89	6.1
#载客汽车	Passenger Vehicles	414.49	463.59	504.02	544.02	580.94	6.8
载货汽车	Trucks	62.13	67.62	71.63	76.04	77.27	1.6
#私人汽车	Private Vehicles	437.70	488.91	533.46	575.49	613.10	6.5

注：资料来源于省交警总队车辆管理所。
Note:The data in the table are obtained from the Vehicle Management Office of the Provincial Traffic Police Corps.

16-4 快递业务量

Business Volume of Express Services

指　标	Item	2018	2019	2020	2021	2022
快递(万件)	**Pieces of Express Mail Services (10000 pcs)**	**21193.68**	**24584.40**	**28156.99**	**39787.06**	**49204.64**
国内同城快递	Local Express Service	6848.08	6141.45	5058.01	8819.68	9479.76
国内异地快递	National Express Service	14331.46	18420.78	23048.96	30909.09	39628.77
国际及港澳台	Hong Kong, Macao, Taiwan and International Express Service	14.14	22.17	50.03	58.29	96.11
快递业务收入(亿元)	**Revenue from Express Service (100 million yuan)**	**40.45**	**46.11**	**52.21**	**66.68**	**72.67**

注：资料来源于省邮政管理局。
Note: The data in this table are provided by Guizhou Provincial Postal Administration.

16-5 旅客运量及周转量

Passenger Traffic and Passenger-Kilometers

指　标	Item	2018	2019	2020	2021	2022
旅客运量(万人)	**Passenger Traffic (10000 persons)**	**93025**	**93756**	**40137**	**25855**	**20323**
铁　路	Railways	6761	7196	5536	6481	4580
公　路	Highways	84053	84255	33584	19004	15537
水　运	Waterways	2211	2305	1017	370	205
旅客周转量(亿人公里)	**Passenger-Kilometers (100 million passenger-km)**	**798.67**	**832.94**	**524.47**	**410.17**	**319.87**
铁　路	Railways	322.82	353.97	224.98	255.39	207.20
公　路	Highways	469.08	471.47	295.84	153.89	112.24
水　运	Waterways	6.77	7.50	3.65	0.89	0.43

16-6 货物运输量及周转量

Freight Traffic and Ton-Kilometers

指　标	Item	2018	2019	2020	2021	2022
货物运输量(万吨)	**Freight Traffic (10000 tons)**	**102535**	**83455**	**86444**	**96990**	**94999**
铁　路	Railways	5511	5523	5801	7276	6672
公　路	Highways	95354	76258	79412	89154	87870
水　运	Waterways	1670	1674	1231	560	456
货物周转量(亿吨公里)	**Freight Ton-Kilometers (100 million ton-km)**	**1797.68**	**1235.31**	**1265.12**	**1435.90**	**1417.27**
铁　路	Railways	606.10	641.64	617.79	685.85	680.18
公　路	Highways	1146.51	548.48	609.80	726.31	722.91
水　运	Waterways	45.07	45.19	37.53	23.73	14.18

注：2019年开展货运专项调查，2019年公路货物运输量、公路货物周转量为专项调查数。
Note:The data of highway freight traffic and highway freight ton-kilometers in 2019 are obtained from the special investigation on freight transportation which was carried out in 2019.

16-7 电信主要指标

Major Indicators of Telecommunications

指 标	Item	2018	2019	2020	2021	2022	2022年比2021年增长(%) Increase Rate in 2022over 2021(%)
电信业务总量(亿元)	**Business Volume of Telecommunication Services(100 million yuan)**	**2191.17**	**3874.88**	**5077.71**	**431.10**	**447.60**	**3.8**
交换机总容量(万门)	Capacity of Telephone Exchanges (10000 line)	5938.50	6597.10	—	—	—	—
移动电话交换机容量(万户)	Capacity of Mobile Telephone Exchanges (10000 subscribers)	5605	6565	—	—	—	—
长途光缆线路长度(万公里)	Length of Long Distance Optical Cable Lines (10000km)	96.90	114.14	123.05	134.63	167.00	24.0
年末固定电话用户数(万户)	Number of Fixed Line Telephone at the Year-end (10000 subscribers)	238.94	229.71	223.14	239.47	235.70	-1.6
#农村电话用户	Rural Fixed Telephone Subscribers	43.11	—	—	—	—	—
城市电话用户	Urban Fixed Telephone Subscribers	195.83	—	—	—	—	—
#公 用	Public Telephone	6.03	—	—	—	—	—
移动电话用户(万户)	Number of Mobile Telephone Subscribers (10000 subscribers)	4248.90	4386.24	4386.92	4503.84	4447.90	-1.2
移动短信业务量(亿条)	Business Volume of Short Message Services (100 million messages)	126.62	199.19	244.91	260.62	291.90	12.0
互联网宽带接入端口(万个)	Broadband Subscribers Port of Internet (10 000 ports)	1575.13	1759.85	1744.46	2045.11	2386.40	16.7
电话普及率(包括移动电话)(部/百人)	Popularization Rate of Telephone (Include Mobile Telephone) (set/100 persons)	125.36	128.94	127.25	130.92	121.60	-7.1
#移动电话普及率	Popularization Rate of Mobile Telephone	118.68	122.52	121.09	124.31	115.50	-7.1
已通电话的行政村比重(%)	Percentage of Administrative Villages Already on Call (%)	100	100	100	100	100	持平
国内长途电话(万分钟)	Number of Long Distance Telephone Calls Inside Country (10000 minutes)	95241	—	—	—	—	—
国际及港澳长途电话(万分钟)	Number of Long Distance Telephone Calls outside Country or to Macao and Hong Kong (10000 minutes)	14.89	—	—	—	—	—

注:1.资料来源于省通信管理局。2.电信业务总量,2017—2020年按2015年不变价计算,2021年采用2020年不变单价计算。3.电信业务总量增速均按照当年可比口径进行计算。

Note: 1.The data in the table are obtained from the Guizhou Communications Administration. 2. Business volume of telecommunication services in 2016 is calculated at constant prices of 2010, that from 2017 to 2020 is calculated at constant prices of 2015, and that in 2021 is calculated at constant prices of 2020. 3. The growth rate of total telecommunications services is calculated according to the comparable caliber of the year.

16-8 邮政主要指标

Major Indicators of Post

指标	Item	2018	2019	2020	2021	2022	2022年比2021年增长(%) Increase Rate in 2022over 2021(%)
邮电局所总数(处)	**Number of Post and Telecommunication Offices (unit)**	**21082**	**18393**	**17277**	**19158**	**18434**	**-3.8**
#邮 政	Post	1830	1830	1826	1829	1831	0.1
电 信	Telecommunication	19252	16563	15451	17329	16603	-4.2
邮路网路总长度 (公里)	Length of Postal Routes (km)	147277	150032	175412	161501	169044	4.7
#汽车邮路	Highway Routes	55721	57207	80928	99039	73466	-25.8
邮政业务总量 (亿元)	Business Volume of Postal Services (100 million yuan)	63.07	76.05	85.48	87.81	96.27	9.6
函件(万件)	Number of Letters (10000 pcs)	9288	6092	3809	2481	2409	-2.9
报刊、杂志累计订销数(万份)	Number of Newspapers and Magazines Sold and Booked (10000 copies)	41063	39610	38537	38082	38128	0.1
国内快递 (万件)	Pieces of Express Mail Services inside Nation (10000 pcs)	21180	24562	28107	39729	49109	23.6
国际及港澳台快递(万件)	Pieces of Express Mail Services outside Nation (10000 pcs)	14.14	22.17	50.03	58.29	96.11	64.9
集邮业务 (万枚)	Stamps for Collection (10000 pcs)	3356.45	2769.3	1773.0	1289.4	1119.2	-13.2

注：1. 资料来源于省邮政管理局、省通信管理局。2. 邮电局所总数含授权代理点、电信部门特约代理点。3. 邮路网路总长度为邮路总长度。4. 国内、国际特快专递含快递企业数据。5. 2021年邮政业务总量按2020年不变单价计算，同比增长按可比口径计算。

Note: 1. The data in this table are from Guizhou Provincial Postal Administration and Guizhou Communications Administration. 2. The total number of the post offices contains the authorized agencies and the special agencies of the telecom department. 3.The total length "postal" index changes to Length of Postal Routes. 4.Domestic and international express mail include data of delivery enterprise. 5.Total postal business volume in 2021 is calculated at constant unit price in 2020, and year-on-year growth is calculated at comparable caliber.

16-9 历年交通运输

Transportation over the Years

年 份 Year	铁路营业里程(公里) Length of Railways in Operation (km)	公路线路里程(公里) Length of Highways(km)	客运量(万人) Passenger Traffic (10000 persons)			货运量(万吨) Freight Traffic (10000 tons)			
				铁路 Railway	公路 Highway	水运 Waterway		铁路 Railway	公路 Highway	水运 Waterway
1978	1365	25954	3294	977	2260	57	3467	1320	2083	64
1979	1373	26166	4608	1083	3462	63	3599	1314	2209	76
1980	1374	27367	5950	1164	4700	86	3424	1395	1953	76
1981	1373	27422	7175	1224	5873	78	3541	1481	1991	69
1982	1396	27499	8026	1288	6648	90	3825	1581	2164	80
1983	1396	27675	8259	1456	6707	96	4233	1665	2488	80
1984	1411	27872	9915	1620	8184	111	4600	1777	2735	88
1985	1419	27999	10874	1638	9102	134	5717	1874	3758	85
1986	1419	28383	11033	1458	9387	188	6551	1949	4510	92
1987	1420	29823	13512	1461	11854	197	7613	2043	5479	91
1988	1420	30445	14361	1633	12564	164	8570	2074	6413	83
1989	1420	30716	14923	1530	13125	268	9459	2178	7170	111
1990	1420	31157	17048	1256	15682	110	9840	2315	7414	111
1991	1419	31588	19081	1255	17718	108	10008	2365	7551	92
1992	1423	31889	21641	1251	20262	128	11349	2498	8752	99
1993	1423	32092	23494	1366	22010	118	11495	2537	8851	107
1994	1423	32398	27076	1515	25313	248	12189	2599	9453	137
1995	1423	32487	36151	1572	34304	275	12586	2657	9806	123
1996	1423	32700	42429	1843	40245	341	12182	2770	9192	220
1997	1640	33211	46644	1957	44416	271	13077	2739	10117	221
1998	1648	33604	48468	2048	45987	433	13577	3044	10219	314
1999	1654	33973	49457	2194	46807	456	14065	3272	10449	344
2000	1641	34643	53032	2251	50313	468	15615	3577	11684	354
2001	1644	34618	54665	2017	52154	494	16344	3875	12114	355
2002	1893	44220	55980	1947	53478	555	17399	4356	12685	358
2003	1900	45304	55074	1796	52695	583	18224	4971	12886	367
2004	1891	46128	58707	1855	56077	775	19439	5504	13541	394
2005	1986	46893	64450	2191	61414	845	21771	6169	15082	520
2006	2014	113277	69270	2536	65786	948	24709	6826	17284	599
2007	2012	123247	74440	2979	70377	1084	26788	7289	18834	665
2008	1962	125365	80056	3199	73550	1507	33576	6683	26156	737
2009	1983	142561	84981	3204	80044	1733	34844	6997	27031	816
2010	2002	151644	97793	3437	65452	1930	40310	7991	30834	910
2011	2070	157820	120554	3939	66303	2186	44890	7219	36684	987
2012	2058	164542	142809	3902	77172	2453	52765	6665	44892	1098
2013	2093	172564	83435	4322	77359	1755	72700	6458	65100	1142
2014	2373	179079	86572	4409	80231	1931	85673	6319	78017	1338
2015	2810	186407	87541	4901	80621	2019	84540	5736	77341	1463
2016	3270	191626	89464	5169	82198	2096	89525	5634	82237	1654
2017	3285	194379	91804	5797	93909	1958	96241	5278	89298	1500
2018	3560	196908	93025	6761	84053	2211	102536	5511	95354	1670
2019	3753	204723	93756	7196	84255	2305	83455	5523	76258	1674
2020	3873	206693	40137	5536	33584	1017	86444	5801	79412	1231
2021	3873	207190	25855	6481	19004	370	96990	7276	89154	560
2022	4030	209617	20323	4580	15537	205	94999	6672	87870	456

注：1.资料来源于省交通运输厅、中国铁路成都局集团有限公司。2.2006年起，公路线路里程包括村道里程；2008年公路、水路运输量采用全国公路水路运输量专项调查数据(下表同)。3.2013年由于交通运输部对公路、水运运输量统计方案进行调整，相关数据统计口径发生变化，相同指标数据与以往年份不可比(下表同)。

Note: 1. The data in the table are obtained from the Department of Transportation of Guizhou Province and China Railway Chengdu Group Co., Ltd. 2.From 2006, the total length of highways contained the length of village road; the data of highways and waterways freight traffic have been adapted to special volume investigation data in 2008 (the same applies to the next table). 3.Because the statistics schemes of highway, waterway transport volume are adjusted by the Ministry of Transport of the People's Republic of China in 2013, and the related data statistics caliber changed, and the same indicators can not compare with those of previous years (the same applies to the next table).

16-10 历年旅客周转量和货物周转量

Passenger-kilometers and Freight Ton-kilometers over the Years

年份 Year	旅客周转量(亿人公里) Passenger-kilometers (100 million passenger-km)	铁路 Railway	公路 Highway	水运 Waterway	货物周转量(亿吨公里) Freight Ton-kilometers (100 million ton.km)	铁路 Railway	公路 Highway	水运 Waterway
1978	25.50	16.04	9.26	0.20	79.60	72.30	6.57	0.73
1979	31.54	19.66	11.68	0.20	93.99	86.49	6.59	0.91
1980	37.69	22.77	14.67	0.25	96.03	88.99	5.91	1.13
1981	43.28	25.32	17.73	0.23	100.43	93.19	6.23	1.01
1982	46.93	26.70	19.99	0.24	109.69	98.99	9.50	1.20
1983	52.35	30.69	21.40	0.26	117.22	104.86	10.97	1.39
1984	61.04	36.21	24.55	0.28	132.72	119.19	11.61	1.92
1985	74.07	45.11	28.64	0.32	151.42	133.22	16.32	1.88
1986	76.45	47.39	28.70	0.36	171.03	148.13	20.44	2.46
1987	93.19	53.22	39.60	0.37	186.09	156.33	26.87	2.89
1988	105.67	61.20	44.14	0.33	196.04	159.75	33.50	2.79
1989	105.73	58.08	47.16	0.49	216.45	174.59	38.96	2.90
1990	102.90	49.20	53.34	0.36	224.31	179.72	41.84	2.75
1991	117.61	54.84	62.52	0.25	232.91	186.96	42.51	3.44
1992	136.77	66.62	69.84	0.31	268.80	214.88	49.84	4.08
1993	156.26	80.86	75.12	0.28	292.96	239.40	49.12	4.44
1994	173.71	88.72	84.53	0.46	298.44	243.87	50.06	4.51
1995	180.09	91.23	88.32	0.54	301.28	245.76	51.34	4.18
1996	185.94	88.32	96.84	0.78	317.70	261.99	51.07	4.64
1997	191.02	97.97	92.52	0.53	336.08	277.95	54.06	4.07
1998	201.77	101.13	99.97	0.67	330.30	270.40	54.84	5.06
1999	229.20	118.37	109.95	0.88	370.03	305.68	60.28	4.07
2000	238.36	120.79	116.54	1.03	404.07	334.11	65.86	4.10
2001	251.06	124.22	125.76	1.08	439.30	364.71	70.36	4.23
2002	250.79	116.10	133.60	1.09	486.03	407.26	74.25	4.52
2003	248.55	112.08	135.31	1.16	547.01	465.92	76.63	4.46
2004	278.21	125.87	150.79	1.55	610.88	520.70	84.27	5.91
2005	312.40	145.71	164.91	1.78	646.55	544.31	94.15	8.09
2006	349.82	160.98	186.91	1.93	680.96	557.70	114.48	8.78
2007	369.20	160.51	206.40	2.29	721.26	583.85	127.99	9.42
2008	407.59	163.00	241.15	3.44	809.93	564.31	234.96	10.66
2009	430.56	162.41	264.06	4.09	897.38	644.41	241.60	11.37
2010	514.41	189.38	281.02	4.57	1012.20	706.45	286.72	12.75
2011	631.74	204.58	343.17	5.15	1060.69	696.36	350.09	14.23
2012	718.22	199.20	426.80	5.85	1177.78	693.68	464.56	16.47
2013	593.62	211.21	377.87	4.54	1292.11	655.85	610.64	25.62
2014	635.50	217.39	412.92	5.19	1442.24	634.35	776.95	30.94
2015	658.23	229.92	422.79	5.52	1379.00	561.27	782.47	35.26
2016	674.86	226.00	443.10	5.76	1482.00	566.40	873.23	42.37
2017	720.15	249.50	463.93	6.03	1656.25	602.60	1008.58	40.59
2018	798.67	322.82	469.08	6.77	1797.68	606.10	1146.51	45.07
2019	832.94	353.97	471.47	7.50	1235.31	641.64	548.48	45.19
2020	524.47	224.98	295.84	3.65	1265.12	617.79	609.80	37.53
2021	410.17	255.39	153.89	0.89	1435.90	685.85	726.31	23.73
2022	319.87	207.20	112.24	0.43	1417.27	680.18	722.91	14.18

16-11 互联网主要指标发展情况(年底数)

Main Indicators on Internet Development at the Year End

指　标	Item	2017	2018	2019	2020	2021
互联网宽带接入端口(万个)	Broadband Subscribers Port of Internet (10000 ports)	1325.6	1535.4	1759.9	1744.5	2045.1
移动互联网用户(万户)	Mobile Internet Subscribers (10000 subscribers)	2938.5	3323.1	3520.1	3597.4	3811.0
移动互联网接入流量(万GB)	Flow Accessed to Mobile Internet (10000 GB)	84612.3	250673.2	461004.4	638807.0	739174.8
互联网宽带接入用户(万户)	Broadband Subscribers of Internet (10000 subscribers)	568.6	732.0	892.9	1002.4	1187.4
#城市宽带接入用户	Urban Broadband Subscribers	436.7	568.0	715.6	778.1	815.2
农村宽带接入用户	Rural Broadband Subscribers	131.9	164.1	177.2	224.3	372.2
#家庭宽带接入用户	Household Broadband Subscribers	517.4	632.5	768.6	873.9	1043.4
单位宽带接入用户	Institution Broadband Subscribers	51.2	99.5	124.3	128.5	144.0
域名数(万个)	Number of Domain Names (10000 units)	25.5	39.8	119.9	110.1	230.3
网页数(万个)	Number of Webpages (10000 pages)	17166.7	15726.2	25034.4	11949.1	12663.8
IPv4地址数(万个)	IPv4 Addresses (10000)	149.0	149.1	149.2	149.9	149.7

注:数据来源于《中国统计年鉴》。(下表同)

Note: The data come from China Statistical Yearbook.

16-12 软件和信息技术服务业主要经济指标

Main Indicators on Software and Information Technology Services

单位:亿元　　(100 million yuan)

指　标	Item	2017	2018	2019	2020	2021
软件业务收入	Software Income	129.73	176.73	212.34	267.83	408.04
#软件产品收入	Software Products Income	19.11	29.96	23.98	30.38	29.21
#信息技术服务收入	Income from IT Service	102.71	143.95	182.83	228.94	368.31
#信息安全收入	Information Safety Income		0.87	4.11	4.83	4.40
#嵌入式系统软件收入	Embedded System and Software Income	7.90	1.96	1.40	3.68	6.13

注:1.本表统计口径为主营业务收入500万元以上的软件和信息技术服务业等企业。2.数据来源于《中国统计年鉴》。

Note: The data in the table cover enterprises with revenue from principal business of over 5 million yuan of software and information technology services etc.

主要统计指标解释

铁路营业里程 又称营业长度，指投入客货运输营业或临时营业的线路长度。

公路线路里程 指报告期末公路的实际长度。包括城间、城乡间、乡（村）间能行驶汽车的公共道路，公路通过城镇街道的里程，公路桥梁长度、隧道长度、渡口宽度。不包括城市街道里程，断头路里程，农（林）业生产用道路里程，工（矿）企业等内部道路里程。按已竣工验收或交付使用的实际里程计算；两条或多条公路共同经由同一路段的重复里程，只计算一次。

内河航道里程 指在一定时期内，能通航运输船舶及排筏的天然河流、湖泊水库、运河及通航渠道的长度。包括全年季节性通航累计三个月以上的航道，不包括仅供零散流放竹、木排的河道。两省以河为界的航道里程，双方均按一半计算，以免重复。该指标可以反映内河水运网的规模、水平和发展情况。

货(客)运量 指在一定时期内，各种运输工具实际运送的货物(旅客)数量。货运按吨计算，客运按人计算。货物不论运输距离长短、货物类别，均按实际重量统计。旅客不论行程远近或票价多少，均按一人一次客运量统计；半价票、小孩票按一人统计。

货物(旅客)周转量 指在一定时期内，由各种运输工具运送的货物(旅客)数量与其相应运输距离的乘积之总和。计算货物周转量通常按发出站与到达站之间的最短距离，也就是计费距离计算。计算公式为：

货物(旅客)周转量＝∑货物(旅客)运输量×运输距离

移动电话用户 指通过移动电话交换机进入移动电话网、占用移动电话号码的电话用户。用户数量以报告期末在移动电话营业部门实际办理登记手续进入移动电话网的户数进行计算，一部移动电话统计为一户。

固定电话用户 指在电信运营企业营业网点办理开户登记手续并已接入固定电话网上的全部电话用户。包括普通电话用户、公用电话用户、窄带综合业务数字网(N—ISDN)用户、智能网专用接入终端用户等。按行政区划分为城市电话用户和农村电话用户。1997年以前，市内电话用户是指接入县城及县以上城市的电话网上的电话用户；农村电话用户是指接入县邮电局农话台及县以下农村电话交换点，以县城为中心(除市话用户外)联通县、乡(镇)、行政村、村民小组的用户。从1997年起，电话用户数分组以用户所在区域划分，调整为城市电话用户和乡村电话用户，与过去的按市内电话和农村电话划分方法不同。电话用户总数、电话机总部数统计范围不变。

城市电话用户 指按行政区划属于中央直辖市、省辖市、地级市、县级市的市区、市郊区及县城区范围内的电话用户数。包括分布在农村地区但以县团级以上建制的独立工矿区、林区、驻军的电话用户。

农村电话用户 指按行政区划属于城市范围以外的乡（镇）、村电话用户。

Explanatory Notes on Main Statistical Indicators

Length of Railways in Operation also is known as operating length and refers to the total length of the trunk line for passenger and freight transportation in full operation or temporary operation.

Length of Highways refers to the actual length of highways at the end of reference period. It covers public roads running vehicles among cities, city and rural areas, township (villages), highways passing through streets at small cities and towns, length of bridges and tunnels, width of ferry piers. It does not include the length of streets in cities, dead end highways, the length of streets built for agricultural (forest) production and inside factories (mines). It can only be calculated with the actual mileage having been completed, checked and accepted or put into operation. If two or more highways go the same section of the way, the length of the section is only calculated for once and no duplication is allowed.

Length of Navigable Inland Waterways refers to the length of the natural rivers, lakes, reservoirs and canals that are open to navigation for ships and rafts during a given period. It includes the channels with annual seasonal navigation for more than three months other than the waterways only for scattered bamboo and wooden rafts. If two provinces share one river as the border, the length of waterways will be half divided for each province to avoid duplication. This indicator can reflect the scale, level and development situation of the inland waterway network.

Freight (Passenger) Traffic refers to the weight of freight (number of passenger) transported with various means within a specific period of time. Freight transport is calculated in tons and passenger traffic is calculated in the number of persons. Despite the type of freight and travelling distance, the freight transport is calculated in the actual weight of the goods: and despite the travelling distance and ticket price, the passenger traffic is calculated by the principle that one person can be counted only once in one travel. The passenger who travel with a half price ticket or a child ticket is also calculated as one person.

Freight Ton-kilometers (Passenger-kilometers) refer to the sum of the products of the volume of transported cargo (passengers) multiplying by the transport distance. Normally, the shortest distance between the departure station and the destination station (i.e., the payable distance) is the basis to calculate the freight ton-kilometers. The formula is as follows:

$$\text{Freight Ton-kilometers (Passenger-kilometers)} = \sum \{\text{Freight (Passenger) Traffic} \times \text{Distance of Transportation}\}$$

Mobile Telephone Subscribers refer to the persons who are connected with the mobile telephone communication network through the mobile telephone switchboards and occupy mobile phone numbers. In the reporting period the number of users in the mobile phone operating divisions actual registration number of households into the mobile phone network to calculate, a mobile phone is counted as a household.

Local Telephone Subscribers refers to all subscribers who have gone through registration procedures in the operation points of enterprises engaged in telecommunications and are hence connected to the local telecommunications service provider through fixed line network. Included are general subscribers, public telephones subscribers, N-ISDN subscribers and intelligent network terminal subscribers. They are also classified in terms of administrative districts as urban telephone subscribers and rural telephone subscribers according to location. Before 1997, the "local phone users" refers to access cities above county and county telephone line telephone subscribers; "Rural Telephone User" refers to access the post office, if farmers Taiwan county and below county rural telephone exchange points, to the county as the center (except local subscriber outside) Unicom county and township (town), administrative villages, village groups of users. From 1997 onwards, the number of telephone users adjust to the user group area classified as "urban telephone subscribers" and "rural telephone subscribers," with the past by local and rural telephone divided in different ways. But the number of telephone users and telephone statistical range are unchanged.

Urban Telephone Subscribers refers to the number of telephone users in the urban area, suburban area and county area, which are under the jurisdiction of central municipalities, municipalities directly under the central government, municipalities directly under the provincial government, prefecture-level cities, county-level cities, including telephone users in rural areas, but in the independent industrial and mining areas, forest areas and military garrison established at or above the county and regiment level.

Rural Telephone Subscribers refers to the telephone users of townships (towns) and villages outside the city limits according to the administrative divisions.

批发和零售、住宿和餐饮业

Wholesale and Retail Trades, Hotels and Catering Services

17

简 要 说 明

一、主要内容

本篇资料主要反映全省批发和零售业、住宿和餐饮业的基本情况和经营状况。包括:社会消费品零售总额、限额以上批发和零售业的基本情况、商品交易、限额以上住宿和餐饮业基本情况。

二、统计范围

限额以上批发和零售业的法人企业、个体经营户,零售连锁集团,成交额在亿元以上的商品交易市场,以及参与商品零售、餐饮经营活动的各行业法人企业、产业活动单位和个体经营户。限额以上批发和零售业统计单位指:批发业,年主营业务收入2000万元及以上;零售业,年主营业务收入500万元及以上。

限额以上住宿和餐饮业法人企业、个体经营户;餐饮连锁集团;旅行社、星级饭店和旅游者。限额以上住宿和餐饮业统计单位为年主营业务收入200万元及以上。

三、统计调查方法

限额以上单位采用全面调查方法。

四、资料来源

本篇资料由省统计局提供。

Brief Introduction

I. Main Contents

The data in this chapter reflect the development and operation of wholesale and retail trades, as well as hotel and catering services.

The main contents of data on wholesale and retail trades include total retail sales of consumer goods, basic conditions, operation and financial status of the wholesale and retail trades above designated size, commodity trading.

The data on hotel and catering services mainly include the basic conditions, operation and financial status of hotel and catering services above the designated size, etc.

II. Scope of Statistics

Included in this chapter are the registered enterprises and self-employed individuals of wholesale and retail trades, chain enterprises, large commodity markets with transaction value over 100 million yuan. corporation enterprises, economic active establishments and self-employed individuals involved in retail trades, as well as catering services. The criteria for wholesale and retail sale trades above designated size are as follows: wholesale trade with annual principal business sales over 20 million yuan; retail trade with annual principal business sales over 5 million yuan.

The data in this chapter cover the corporate enterprises of hotel and catering services above the designated size, self-employed households of hotel and catering services; chain catering services, travel agencies, star-rated hotels and tourists; The statistical unit of the enterprises of hotel and catering services above the designated size is the annual income of main business at and over 2 million yuan.

III. Methods of Survey

The data on all corporate enterprises of wholesale and retail trades above designated size, all corporate enterprises of hotel and catering services above designated size, are collected through comprehensive reporting system.

IV. Sources of Data

The data in this chapter are collected and processed by Guizhou Provincial Bureau of Statistics.

17-1 社会消费品零售总额

Total Retail Sales of Consumer Goods

年份 Year	社会消费品零售总额(亿元) Total Retail Sales of Consumer Goods (100 million yuan)	按地域分 By Area		按行业分 By Sector	
		城镇 Urban	乡村 Rural	批发和零售业 Wholesale and Retail Trade	住宿和餐饮业 Hotel and Catering Services
1978	21.23	14.83	6.40		
1979	23.57				
1980	26.73	15.07	11.66		
1981	30.48				
1982	34.55				
1983	38.43				
1984	43.64				
1985	52.25	35.58	16.67		
1986	57.25				
1987	66.39				
1988	83.40				
1989	83.84				
1990	85.90	59.44	26.46		
1991	92.92				
1992	106.75				
1993	143.09				
1994	165.01				
1995	204.45	156.48	47.97		
1996	241.57	184.14	57.43		
1997	274.68	209.43	65.25		
1998	299.97	227.26	72.71		
1999	324.67	247.84	76.83		
2000	355.58	273.27	82.31	322.73	24.23
2001	391.14	302.50	88.64	352.09	30.04
2002	430.64	334.07	96.57	384.66	37.34
2003	474.57	370.01	104.56	422.31	43.24
2004	535.31	420.64	114.67	467.28	58.64
2005	615.75	485.50	130.25	539.60	65.63
2006	710.00	558.10	151.90	619.35	78.29
2007	858.15	667.83	190.32	720.80	121.43
2008	1075.24	838.81	236.43	952.04	106.90
2009	1265.46	971.37	275.88	1114.40	132.85
2010	1531.64	1233.74	297.90	1373.41	158.23
2011	1899.92	1561.07	338.85	1710.15	189.77
2012	2266.27	1863.59	402.68	2049.70	216.57
2013	2601.20	2148.26	452.94	2370.95	230.25
2014	2936.85	2425.25	511.60	2679.29	257.56
2015	3283.02	2711.57	571.45	2991.84	291.18
2016	3708.99	3030.73	678.26	3386.39	322.61
2017	4154.00	3388.54	765.46	3784.41	369.58
2018	7105.02	6227.66	877.36		
2019	7468.15	6609.31	858.84	6754.92	713.23
2020	7833.37	6886.90	946.47	7140.62	692.75
2021	8904.27	7782.20	1122.07	8034.11	870.16
2022	8507.14	7400.88	1106.26		

注：2018年因经普调整，国家未反馈行业数。2022年起，社零总额不再划分批发和零售业、住宿和餐饮业数据。

Note: Due to the adjustment of national economic census in 2018, the data by sector were not provided by the country. Starting from 2022, the total retail sales of consumer goods will no longer be divided into wholesale and retail trade, hotel and catering services.

17-2 限额以上批发业和零售业法人企业

Basic Conditions of Enterprises above Designated Size of Wholesale and Retail Trades

指　标	Item	2018	2019	2020	2021	2022
批发业	**Wholesale Trade**					
法人企业数(个)	Number of Corporation Enterprises (unit)	1232	1375	1483	1797	2156
从业人员期末人数(人)	Engaged Persons at Year-end (person)	65559	62734	64797	71905	75318
商品购进额(亿元)	Total Purchases Value (100 million yuan)	2843.01	3275.06	4121.73	5331.3	6495.4
商品销售额(亿元)	Total Sales Value (100 million yuan)	3899.79	4577.42	5474.27	6703.7	7559.8
期末商品库存额(亿元)	Total Stock at Year-end (100 million yuan)	231.93	288.64	286.34	357.5	435.6
零售业	**Retail Trade**					
法人企业数(个)	Number of Corporation Enterprises (unit)	2451	2393	2373	2479	2591
从业人员期末人数(人)	Engaged Persons at Year-end (person)	104969	104822	104148	106638	103235
商品购进额(亿元)	Total Purchases Value (100 million yuan)	1528.59	1774.34	1744.62	1948.54	2022.59
商品销售额(亿元)	Total Sales value (100 million yuan)	2062.63	2413.28	2241.89	2497.49	2533.51
期末商品库存额(亿元)	Total Stock at Year-end (100 million yuan)	175.58	244.88	233.52	173.45	198.16
年末零售营业面积(万平方米)	Retail Operating Area at Year-end (10000 sq.m)	544.45	600.46	690.51	719.63	765.76

17-3 限额以上批发业法人企业(2022)

单位:万元

指　标	Item	法人企业数(个) Number of Corporation Enterprises (Unit)
合　计	**Total**	**2156**
按登记注册类型分	**by Status of Registration Status**	
内资企业	**Domestic-funded Enterprises**	**2145**
国有企业	State-owned Enterprises	39
集体企业	Collective-owned Enterprises	8
联营企业	Associated Enterprises	2
国有联营企业	State-owned Associated Enterprises	2
有限责任公司	Limited Liability Corporations	569
国有独资公司	State Sole Funded Corporations	158
其他有限责任公司	Other Limited Liability Corporations	411
股份有限公司	Share-holding Corporations Ltd.	8
私营企业	Private Enterprises	1519
私营独资企业	Private-funded Enterprises	4
私营有限责任公司	Private Limited Liability Corporations	1507
私营股份有限公司	Private Share-holding Corporations Ltd.	8
港、澳、台商投资企业	**Enterprises with Funds From HongKong, Macao and Taiwan**	**9**
与港澳台商合资经营企业	Joint-venture with Hong Kong, Macao and Taiwan	2
港澳台商独资企业	Hong Kong, Macao and Taiwan Private-funded Enterprises	7
外商投资企业	Foreign-invested Enterprises	2
外资企业	Foreign-funded Enterprises	2
按国民经济行业分	**by Sector**	
农、林、牧、渔产品批发	**Wholesale of Farming, Forestry, Animal Husbandry and Fishery Products**	**72**
谷物、豆及薯类批发	Wholesale of Cereal, Bean and Tubers	39
种子批发	Wholesale of Seeds	3
畜牧渔业饲料批发	Wholesale of Animal Husbandry and Fishery Feed	10
棉、麻批发	Wholesale of Cotton and Linen	2
林业产品批发	Wholesale of Forestry Products	7
牲畜批发	Wholesale of Livestock	7
其他农牧产品批发	Other Farm and Ranch Products	4
食品、饮料及烟草制品批发	**Wholesale of Food, Beverages and Tobacco**	**422**
米、面制品及食用油批发	Wholesale of Rice, Flour and Edible Oil	68
糕点、糖果及糖批发	Wholesale of Pastries, Candy and Sugar	7
果品、蔬菜批发	Wholesale of Fruits and Vegetables	47
肉、禽、蛋、奶及水产品批发	Wholesale of Meat, Poultry, Eggs, Milk and Aquatic Products	68
盐及调味品批发	Wholesale of Salts and Condiments	15
营养和保健品批发	Wholesale of Nutrition and Health Products	2
酒、饮料及茶叶批发	Wholesale of Wine, Beverages and Tea	184
烟草制品批发	Wholesale of Tobaccos	11
其他食品批发	Wholesale of Other Food	20

Basic Conditions of Enterprises above Designated Size of Wholesale Trade (2022)

(10000 yuan)

从业人员期末人数(人) Engaged Persons at Year-end (person)	商品购进额 Total Purchase Value	商品销售额 Total Sales Value	#零售额 Retail Sales	期末商品库存额 Stock(year-end)
75318	**64953913.1**	**75598229.8**	**1249627.4**	**4356192.1**
73892	**64528014.8**	**75059608.4**	**1239368.0**	**4340707.1**
16547	7051639.6	9207583.8	19114.5	893032.6
127	22437.6	23712.8	231.4	3315.5
28	125714.6	126886.4		886.5
28	125714.6	126886.4		886.5
24855	41975666.4	48976730.3	812911.4	2458597.5
6609	13217587.3	14270390.8	612698.1	594053.4
18246	28758079.1	34706339.5	200213.3	1864544.1
410	831571.0	865368.9	234.9	46324.6
31925	14520985.6	15859326.2	406875.8	938550.4
40	11301.3	11453.3	506.0	2252.3
31287	14278641.3	15604231.1	400525.5	930077.3
598	231043.0	243641.8	5844.3	6220.8
1245	**415253.4**	**523103.4**	**10259.4**	**14081.9**
431	106427.3	113586.3	3216.1	4243.1
814	308826.1	409517.1	7043.3	9838.8
181	10644.9	15518.0		1403.1
181	10644.9	15518.0		1403.1
1527	**764291.1**	**808809.5**	**4986.7**	**171689.7**
834	424107.3	443470.9	4542.4	150272.9
52	3833.0	6438.0	444.3	2972.8
125	154532.8	161896.2		2471.8
7	24547.8	24570.8		
32	23770.0	25963.9		103.5
405	75174.0	86119.0		15256.4
72	58326.2	60350.7		612.3
38083	**22755274.7**	**31929320.7**	**727756.2**	**2702293.9**
2757	1272669.6	1238808.1	78222.6	119379.6
459	147341.2	152224.2	9481.2	1368.0
1563	352049.2	381316.5	21427.1	7438.8
1933	697317.8	717540.1	27230.6	22730.0
1193	689053.1	734067.4	134255.3	22590.2
42	2051.6	2959.0		8.4
14520	14005348.9	21111543.7	456008.1	1709742.8
15062	5492051.2	7490391.2		812577.3
554	97392.1	100470.5	1131.3	6458.8

17-3 续表(2022)

单位:万元

指 标	Item	法人企业(个) Number of Corporation Enterprises (Unit)
纺织、服装及家庭用品批发	**Wholesale of Textiles, Garments and Household Articles**	**49**
纺织品、针织品及原料批发	Wholesale of Textiles, Knitwear and Raw Materials	2
服装批发	Wholesale of Garments	8
鞋帽批发	Wholesale of Shoes and Hats	1
化妆品及卫生用品批发	Wholesale of Cosmetics and Sanitary Articles	8
厨具卫具及日用杂品批发	Wholesale of Kitchen Utensils, Sanitary Wares and Daily Groceries	2
灯具、装饰物品批发	Wholesale of Lamps and Decorative Items	3
日用家电批发	Wholesale of Household Appliances	19
其他家庭用品批发	Wholesale of Other Household Articles	6
文化、体育用品及器材批发	**Wholesale of Cultural, Sports Articles and Equipment**	**13**
文具用品批发	Wholesale of Stationery	3
图书批发	Wholesale of Books	6
其他文化用品批发	Wholesale of Other Cultural Articles	4
医药及医疗器材批发	**Wholesale of Medicines and Medical Appliances**	**220**
西药批发	Wholesale of Western Medicines	117
中药批发	Wholesale of Traditional Chinese Medicines	29
动物用药品批发	Wholesale of Veterinary Drugs	1
医疗用品及器材批发	Wholesale of Medical Articles and Appliances	73
矿产品、建材及化工产品批发	**Wholesale of Mineral Products, Building Materials and Chemical Products**	**1152**
煤炭及制品批发	Wholesale of Coal and Related Products	380
石油及制品批发	Wholesale of Petroleum and Related Products	42
非金属矿及制品批发	Wholesale of Nonmetal Minerals and Related Products	48
金属及金属矿批发	Wholesale of Metal Materials and Metal Minerals	285
建材批发	Wholesale of Building Materials	285
化肥批发	Wholesale of Fertilizer	43
农药批发	Wholesale of Farm Chemicals	2
其他化工产品批发	Wholesale of Other Chemical Products	67
机械设备、五金产品及电子产品批发	**Wholesale of Machinery, Hardware and Electronic Products**	**201**
农业机械批发	Wholesale of Agricultural Machinery	2
汽车及零配件批发	Wholesale of Automobiles Fittings	85
摩托车及零配件批发	Wholesale of Motorcycles and Fittings	6
五金产品批发	Wholesale of Hardware Products	7
电气设备批发	Wholesale of Electrical Equipments	7
计算机、软件及辅助设备批发	Wholesale of Computer, Software and Assistance Appliances	13
通讯设备批发	Wholesale of Communication Equipments	38
其他机械设备及电子产品批发	Wholesale of Other Machinery and Electric Products	43
贸易经纪与代理	**Trade Brokering and Agency**	**1**
贸易代理	Trade Agency	1
其他批发业	**Other Wholesales**	**26**
再生物资回收与批发	Recycling and Wholesale of Recycled Materials	9
互联网批发	Wholesale of Internet	3
其他未列明批发业	Other Wholesale Not Classified Elsewhere	14

continued

(10000 yuan)

从业人员期末人数(人) Engaged Persons at Year-end (person)	商品购进额 Total Purchase Value	商品销售额 Total Sales Value	#零售额 Retail Sales	期末商品库存额 Stock (year-end)
1817	**385864.8**	**410367.2**	**23282.3**	**52899.5**
14	5773.4	6105.4		149.9
1025	92699.5	111065.4	14986.3	31371.2
8	3475.0	3436.4		
125	21374.0	22328.4	472.8	2623.0
85	3733.0	4769.9	673.3	664.3
10	6573.3	6775.7	137.4	2366.3
432	178946.6	180190.0	6643.0	10426.5
118	73290.0	75696.0	369.5	5298.3
539	**338431.9**	**274474.0**	**3281.0**	**74237.4**
63	26877.5	29374.4	1206.2	3950.4
399	301051.3	234157.9	1541.9	69457.3
77	10503.1	10941.7	532.9	829.7
12667	**4275210.2**	**4679379.3**	**31997.2**	**425947.1**
9080	3131831.5	3356389.1	27368.8	295734.1
1295	449800.5	500115.0		44314.8
33	3997.4	5026.1		173.0
2259	689580.8	817849.1	4628.4	85725.2
15939	**33925958.3**	**34744176.2**	**349175.6**	**730305.7**
4563	8079492.0	8362454.5	162225.2	147758.4
1432	859164.7	889423.0	76864.8	62028.8
543	975900.2	1022737.9		7058.0
3228	15540966.8	15722959.5	99158.8	224253.5
3015	2484461.7	2612646.0	4199.5	126871.4
1060	3689863.9	3788016.0	231.4	130336.3
200	26624.3	26969.2	5725.9	3937.1
1898	2269484.7	2318970.1	770.0	28062.2
4140	**2045260.4**	**2207648.9**	**83972.3**	**195991.9**
26	7212.7	8039.3	1673.3	1671.6
1526	950738.6	977796.5	66014.3	68150.6
143	97536.0	102860.6	4892.1	10034.5
101	44384.3	51314.5	800.8	3961.4
86	43616.3	47406.2		541.5
270	115687.5	116773.1	6261.1	5501.4
319	366976.4	382750.2	4330.7	13536.1
1669	419108.6	520708.5		92594.8
5	**15121.1**	**15213.0**		
5	15121.1	15213.0		
601	**448500.6**	**528841.0**	**25176.1**	**2826.9**
285	224723.1	234083.0	2685.6	748.4
83	137230.6	198614.9	20591.2	1401.3
233	86546.9	96143.1	1899.3	677.2

17-4 限额以上批发业法人企业主要财务指标(2022)

Main Financial Indicators of Enterprises above Designated Size of Wholesale Trade(2022)

单位:万元 (10000 yuan)

指标	Item	营业收入 Operating Revenue	营业成本 Operating Costs	税金及附加 Tax and Surcharges	销售费用 Selling Expenses	营业利润 Operating Profits
总计	**Total**	**68143168.0**	**57222980.4**	**864385.5**	**2133595.3**	**7467603.4**
按登记注册类型分	**by Status of Registration**					
内资企业	**Domestic Funded Enterprises**	**67659596.6**	**56816243.9**	**863079.5**	**2088635.7**	**7442555.8**
国有企业	State-owned Enterprises	8301723.3	6449139.1	702209.4	316530.8	808031.5
集体企业	Collective-owned Enterprises	21885.7	19246.0	15.5	911.9	222.7
联营企业	Associated Enterprises	112524.7	111126.6	177.1	1094.9	-439.4
国有联营企业	State-owned Associated Enterprises	112524.7	111126.6	177.1	1094.9	-439.4
有限责任公司	Limited Liability Corporations	44021717.6	36497797.7	135265.6	1065681.7	6233475.5
国有独资公司	State Sole Funded Corporations	12922770.9	11276242.0	32867.7	444442.9	981848.8
其他有限责任公司	Other Limited Liability Corporations	31098946.7	25221555.7	102397.9	621238.8	5251626.7
股份有限公司	Share-holding Corporations Ltd.	790286.5	757002.2	1592.3	8928.9	19622.8
私营企业	Private Enterprises	14411458.8	12981932.3	23819.6	695487.5	381642.7
私营独资企业	Private-funded Enterprises	8978.5	8728.9	10.0	160.7	39.2
私营有限责任公司	Private Limited Liability Corporations	14181334.3	12765817.4	23577.1	688440.3	379231.1
私营股份有限公司	Private Share-holding Corporations Ltd.	221146.0	207386.0	232.5	6886.5	2372.4
港、澳、台商投资企业	**Enterprises with Funds from HongKong, Macao and Taiwan**	**469058.6**	**395017.1**	**1256.0**	**41474.0**	**27092.9**
合资经营企业(港或澳、台资)	Joint-venture Enterprises (HongKong, Macao or Taiwan)	102502.9	93965.8	129.0	5029.5	1959.3
港、澳、台商独资经营企业	Hong Kong, Macao and Taiwan Private-funded Enterprises	366555.7	301051.3	1127.0	36444.5	25133.6
外商投资企业	**Foreign-invested Enterprises**	**14512.8**	**11719.4**	**50.0**	**3485.6**	**-2045.3**
外资企业	Foreign-funded Enterprises	14512.8	11719.4	50.0	3485.6	-2045.3
按国民经济行业分	**by Sector**					
农、林、牧、渔产品批发	**Wholesale of Farming , Forestry, Animal Husbandry and Fishery Products**	**776112.8**	**727246.5**	**372.2**	**12542.2**	**-8465.1**
谷物、豆及薯类批发	Wholesale of Cereal, Bean and Tubers	424074.1	386716.9	139.8	10219.8	-4643.1
种子批发	Wholesale of Seeds	6480.3	5069.0	19.3	166.2	326.7
畜牧渔业饲料批发	Wholesale of Animal Husbandry and Fishery Feed	154859.2	150973.8	81.4	1301.4	1015.5
棉、麻批发	Wholesale of Cotton and Linen	21077.5	21060.1	0.1	2.0	-1.6
林业产品批发	Wholesale of Forestry Products	24167.8	23791.4	21.5	103.5	-143.4
牲畜批发	Wholesale of Livestock	86118.8	82144.3	102.4	52.8	-4954.5
其他农牧产品批发	Other Farm and Ranch Products	59335.1	57491.0	7.7	696.5	-64.7
食品、饮料及烟草制品批发	**Wholesale of Food, Beverages and Tobacco**	**28634591.0**	**19245014.8**	**817954.7**	**1563667.3**	**7148328.5**
米、面制品及食用油批发	Wholesale of Rice, Flour and Edible Oil	1206126.1	1133082.4	861.7	41024.8	2328.9
糕点、糖果及糖批发	Wholesale of Pastries, Candy and Sugar	137586.2	131523.1	133.4	2935.8	915.1
果品、蔬菜批发	Wholesale of Fruits and Vegetables	365565.2	344500.0	357.3	11942.5	-8320.3
肉、禽、蛋、奶及水产品批发	Wholesale of Meat, Poultry, Eggs, Milk and Aquatic Products	709334.4	677261.3	367.6	11325.9	2992.6
盐及调味品批发	Wholesale of Salts and Condiments	654411.8	579647.1	1952.6	14064.9	42068.9
营养和保健品批发	Wholesale of Nutraceutical Products	2636.3	2190.4	4.6	507.4	-781.5
酒、饮料及茶叶批发	Wholesale of Wine, Beverages and Tea	18705273.2	11278069.0	114782.7	1194425.2	6395845.8
烟草制品批发	Wholesale of Tobaccos	6762783.8	5017691.4	699407.7	283889.4	711857.7
其他食品批发	Wholesale of Other Food	90874.0	81050.1	87.1	3551.4	1421.3

17-4 续表 continued(2022)

单位:万元 (10000 yuan)

指 标	Item	营业收入 Operating Revenue	营业成本 Operating Costs	税金及附加 Tax and Surcharges	销售费用 Selling Expenses	营业利润 Operating Profits
纺织、服装及家庭用品批发	**Wholesale of Textiles, Garments and Household Articles**	**372364.5**	**339167.0**	**493.9**	**21920.5**	**1276.3**
纺织品、针织品及原料批发	Wholesale of Textiles, Knitwear and Raw Materials	5677.5	5380.5	2.8	60.9	64.6
服装批发	Wholesale of Garments	101798.2	86686.2	176.0	12701.5	-1254.9
鞋帽批发	Wholesale of Shoes and Hats	3436.4	3308.4	0.5	90.0	-24.3
化妆品及卫生用品批发	Wholesale of Cosmetics and Sanitary Articles	17387.8	16166.5	22.8	626.2	-28.3
厨具卫具及日用杂品批发	Wholesale of Kitchen Utensils, Sanitary Ware and Daily Groceries	4507.1	3179.8	30.5	624.6	32.8
灯具、装饰物品批发	Wholesale of Lamps and Decorative Items	6362.9	6414.5	0.8	7.2	-91.4
日用家电批发	Wholesale of Household Appliances	162854.5	152723.1	209.9	5986.9	1204.0
其他家庭用品批发	Wholesale of Other Household Articles	70340.1	65308.0	50.6	1823.2	1373.8
文化、体育用品及器材批发	**Wholesale of Cultural, Sports Articles and Equipment**	**270837.8**	**243126.8**	**203.2**	**8444.2**	**6993.7**
文具用品批发	Wholesale of Stationery	25995.1	23875.1	15.2	864.7	790.0
图书批发	Wholesale of Books	235105.3	210263.8	182.5	7162.6	6376.0
其他文化用品批发	Wholesale of Other Cultural Articles	9737.4	8987.9	5.5	416.9	-172.3
医药及医疗器材批发	**Wholesale of Medicines and Medical Appliances**	**4215400.3**	**3779629.3**	**9948.4**	**194855.1**	**92604.2**
西药批发	Wholesale of Western Medicines	3015398.0	2756540.6	6892.7	117331.7	50668.4
中药批发	Wholesale of Traditional Chinese Medicines	455949.2	400918.4	1057.5	26760.9	9612.9
动物用药品批发	Wholesale of Veterinary Drugs	4489.6	3997.4	23.3	13.8	39.0
医疗用品及器材批发	Wholesale of Medical Articles and Appliances	739563.5	618172.9	1974.9	50748.7	32283.9
矿产品、建材及化工产品批发	**Wholesale of Mineral Products, Building Materials and Chemical Products**	**31373667.9**	**30556810.9**	**31420.7**	**257649.7**	**198187.1**
煤炭及制品批发	Wholesale of Coal and Related Products	7512911.8	7228244.1	7117.9	125872.9	51334.7
石油及制品批发	Wholesale of Petroleum and Related Products	769769.3	708361.7	1088.8	20370.1	4974.2
非金属矿及制品批发	Wholesale of Nonmetal Minerals and Related Products	956709.8	907649.3	1344.0	12457.6	23825.4
金属及金属矿批发	Wholesale of Metal Materials and Metal Minerals	14144979.4	13936440.6	14098.3	31274.9	68120.8
建材批发	Wholesale of Building Materials	2407301.0	2302251.5	2712.5	28137.6	-3159.6
化肥批发	Wholesale of Fertilizer	3434655.2	3378505.3	3601.5	21827.1	44132.0
农药批发	Wholesale of Farm Chemicals	29341.6	22113.5	86.2	2072.7	1264.9
其他化工产品批发	Wholesale of Other Chemical Products	2117999.8	2073244.9	1371.5	15636.8	7694.7
机械设备、五金产品及电子产品批发	**Wholesale of Machinery, Hardware and Electronic Products**	**1993570.7**	**1888733.9**	**2587.6**	**55054.8**	**-9636.6**
农业机械批发	Wholesale of Agricultural Machinery	7903.4	7230.3	5.8	367.9	35.5
汽车及零配件批发	Wholesale of Automobiles Fittings	878264.4	838376.4	942.5	16578.1	-1541.8
摩托车及零配件批发	Wholesale of Motorcycles and Fittings	91527.4	86069.0	61.3	1464.3	1925.3
五金产品批发	Wholesale of Hardware Products	45130.6	42236.5	65.6	1458.2	272.7
电气设备批发	Wholesale of Electrical Equipments	41982.4	39628.6	45.3	330.5	661.6
计算机、软件及辅助设备批发	Wholesale of Computer, Software and Assistance Appliances	107153.0	102711.3	111.3	1441.4	735.0
通讯设备批发	Wholesale of Communication Equipments	340119.3	327479.1	134.8	3215.7	-431.8
其他机械设备及电子产品批发	Wholesale of Other Machinery and Electric Products	481490.2	445002.7	1221.0	30198.7	-11293.1
贸易经纪与代理	**Trade Brokering and Agency**	**13602.0**	**13485.2**	**0.7**		**55.8**
贸易代理	Trade Agency	13602.0	13485.2	0.7		55.8
其他批发业	**Other Wholesales**	**493021.0**	**429766.0**	**1404.1**	**19461.5**	**38259.5**
再生物资回收与批发	Recycling and Wholesale of Recycled Materials	227311.2	224078.9	399.9	1376.0	487.9
互联网批发	Wholesale of Internet	176918.9	124397.9	931.5	14510.8	36044.1
其他未列明批发业	Other Wholesale Not Classified Elsewhere	88790.9	81289.2	72.7	3574.7	1727.5

17-5 限额以上零售业法人企业(2022)

单位:万元

指 标	Item	法人企业(个) Number of Corporations Enterprises (Unit)
合 计	**Total**	**2591**
按登记注册类型分	**by Status of Registration**	
内资企业	**Domestic Funded Enterprises**	**2548**
国有企业	State-owned Enterprises	12
集体企业	Collective-owned Enterprises	10
股份合作企业	Cooperative Enterprises	3
联营企业	Associated Enterprises	1
集体联营企业	Collective Associated Enterprises	1
有限责任公司	Limited Liability Corporations	485
国有独资公司	State Sole Funded Corporations	72
其他有限责任公司	Other Limited Liability Corporations	413
股份有限公司	Share-holding Corporations Ltd.	19
私营企业	Private Enterprises	2017
私营独资企业	Private-funded Enterprise	309
私营合伙企业	Private Partnership Enterprises	68
私营有限责任公司	Private Limited Liability Corporations	1638
私营股份有限公司	Private Share-holding Corporations Ltd.	2
其他企业	Other Enterprises	1
港、澳、台商投资企业	Enterprises with Funds From HongKong, Macao and Taiwan	17
与港澳台商合资经营企业	Joint-venture Enterprises with Hong Kong, Macao and Taiwan	5
港澳台商独资企业	Hong Kong, Macao and Taiwan Private-funded Enterprises	11
港澳台商投资股份有限公司	Hong Kong, Macao and Taiwan Investment Co., Ltd.	1
外商投资企业	Foreign-invested Enterprises	26
中外合资经营企业	Joint-venture Enterprises	2
外资企业	Foreign-funded Enterprises	20
外商投资股份有限公司	Foreign-invested Limited Liability Companies	4
按国民经济行业分	**by Sector**	
综合零售	**Integrated Retail**	**334**
百货零售	Retail of General Merchandise	74
超级市场零售	Retail of Supermarkets	239
便利店零售	Retail of Convenience Stores	6
其他综合零售	Other Integrated Retail	15
食品、饮料及烟草制品专门零售	**Retail of Food, Beverages and Tobaccos**	**331**
粮油零售	Retail of Grain and Oil	54
糕点、面包零售	Retail of Pastries and Bread	2
果品、蔬菜零售	Retail of Fruits and Vegetables	66
肉、禽、蛋、奶及水产品零售	Retail of Meat, Poultry, Eggs,Milk and Aquatic Products	47
营养和保健品零售	Retail of Nutrition and Health Products	2
酒、饮料及茶叶零售	Retail of Wine, Beverages and Tea	139
其他食品零售	Retail of Other Food	21
纺织、服装及日用品专门零售	**Special Retail of Textiles,Wearing Apparel and Household Articles**	**24**
服装零售	Retail of Costumes	13
鞋帽零售	Retail of Shoes and Hats	1
化妆品及卫生用品零售	Retail of Cosmetics and Hygiene Products	3

Basic Conditions of Enterprises above Designated Size in Retail Trade (2022)

(10000 yuan)

从业人员期末人数(人) Engaged Persons at Year-end (person)	购进总额 Total Purchases	销售总额 Total Sales	#零售 Retail Trade	年末库存额 Stock (year-end)
103235	**20225887.9**	**25335087.5**	**19746219.8**	**1981611.5**
94986	**17823398.1**	**19269027.9**	**15642291.1**	**1678648.1**
435	36182.1	43009.6	41893.8	3808.4
108	14478.3	17983.0	12273.5	419.6
184	6607.0	10094.0	10035.7	215.0
10	498.3	584.3	584.3	43.6
10	498.3	584.3	584.3	43.6
30200	7231764.0	7667751.4	6793369.3	662553.0
2739	702298.5	782680.0	454953.2	41508.2
27461	6529465.5	6885071.4	6338416.1	621044.8
5838	1893635.4	2281531.2	1549048.3	61035.6
58200	8639176.3	9247139.1	7234150.9	949688.2
3477	274498.5	305367.8	250211.3	13934.0
959	86321.0	104125.1	83485.1	4243.3
53655	8263282.5	8822611.4	6886033.9	927645.0
109	15074.3	15034.8	14420.6	3865.9
11	1056.7	935.3	935.3	884.7
2088	371741.0	412843.9	375995.9	17533.3
535	177201.0	205151.4	178248.0	9204.3
1512	191844.9	204997.4	195052.8	8329.0
41	2695.1	2695.1	2695.1	
6161	2030748.8	5653215.7	3727932.8	285430.1
283	140432.7	142702.7	141207.6	13585.6
3275	1201331.9	2601508.6	1601283.2	47373.4
2603	688984.2	2909004.4	1985442.0	224471.1
28033	**2292048.0**	**2448094.2**	**2374979.5**	**252637.4**
4067	623041.3	740454.6	687899.2	38396.0
23419	1636633.9	1668290.5	1650606.9	211802.1
61	5832.8	6713.3	5447.0	733.1
486	26540.0	32635.8	31026.4	1706.2
9266	**3078543.4**	**3584985.7**	**2181031.7**	**241914.6**
2004	142857.9	152295.4	151612.7	28846.4
50	1444.8	2329.5	2329.5	97.7
2417	186865.0	221475.8	199121.2	5150.6
1844	148307.9	165555.0	161899.1	2801.6
89	3056.7	4840.7	4266.4	149.9
2168	2533827.9	2964722.0	1596596.0	202755.9
694	62183.2	73767.3	65206.8	2112.5
1849	**124485.1**	**155414.1**	**125827.4**	**26813.5**
1095	89773.1	114870.2	91465.5	18853.1
288	12968.4	13817.9	13817.9	2289.6
320	15956.3	19952.7	14254.8	4341.7

17-5 续表(2022)

单位:万元

指 标	Item	法人企业(个) Number of Corporations Enterprises (Unit)
钟表、眼镜零售	Retail of Horologe and Spectacles	3
自行车等代步设备零售	Retail of Bicycles	1
其他日用品零售	Retail of Other Daily Consumer Use	3
文化、体育用品及器材专门零售	**Retail of Cultural, Sports Appliances and Equipment**	**44**
文具用品零售	Retail of Stationery	17
图书、报刊零售	Retail of Books, Newspaper and Periodicals	15
珠宝首饰零售	Retail of Jewelry	10
工艺美术品及收藏品零售	Retail of Arts and Handicrafts and Collections	2
医药及医疗器材专门零售	**Retail of Medicines and Medical Appliances**	**103**
西药零售	Retail of Western Medicines	99
中药零售	Retail of Traditional Chinese Medicine	3
医疗用品及器材零售	Retail of Medical Applies and Equipment	1
汽车、摩托车、零配件和燃料及其他动力销售	**Retail of Motor Vehicles, Motorcycles, Fuel and Parts**	**1448**
汽车新车零售	Retail of New Cars	888
汽车旧车零售	Retail of Used Cars	6
汽车零配件零售	Retail of Automobile Fittings	3
摩托车及零配件零售	Retail of Motorcycles and Parts	47
机动车燃油零售	Retail of Motor Vehicle Fuel	498
机动车燃气零售	Retail of Motor Vehicle Gas	6
家用电器及电子产品专门零售	**Special Retail of Household Electrical Appliances and Electronic Products**	**190**
家用视听设备零售	Retail of Household Audio and Video Appliances	15
日用家电零售	Retail of Household Appliances	102
计算机、软件及辅助设备零售	Retail of Computer, Software and Assistant Appliances	51
通信设备零售	Retail of Communication Equipment	19
其他电子产品零售	Retail of Other Electronic Products	3
五金、家具及室内装饰材料专门零售	**Special Retail of Hardware, Furniture and Interior Decoration Materials**	**48**
五金零售	Retail of Hardware	5
灯具零售	Retail of Light Fittings	1
家具零售	Retail of Furniture	27
涂料零售	Retail of Paint	1
卫生洁具零售	Retail of Sanitary Wares	1
陶瓷、石材装饰材料零售	Retail of Ceramics, Stone Decorative Materials	4
其他室内装饰材料零售	Retail of Other Indoor Decoration Materials	9
货摊、无店铺及其他零售业	**Stalls, Non-shop and Other Retails**	**69**
互联网零售	E-commerce Retail	49
邮购及电视、电话零售	Retails by Post, TV and Telephone	1
生活用燃料零售	Retail of Fuel for Daily Use	14
其他未列明零售业	Other Retails Not Classified Elsewhere	5

continued

(10000 yuan)

从业人数(人) Engaged Persons (person)	购进总额 Total Purchases	销售总额 Total Sales	#零售 Retail Trade	年末库存额 Stock(year-end)
62	2112.5	2935.6	2935.6	1066.6
5	1216.8	1311.5	1311.5	119.0
79	2458.0	2526.2	2042.1	143.5
1717	**257968.7**	**260722.2**	**255738.8**	**26822.8**
159	9365.7	8355.2	7735.5	2510.6
1383	245605.9	249202.4	244838.7	18641.4
122	2766.0	3032.0	3032.0	5587.8
53	231.1	132.6	132.6	83.0
15301	**626246.6**	**809021.0**	**784814.9**	**113986.3**
15109	619497.1	800755.8	777576.8	112965.6
179	6405.2	7767.2	6740.1	1017.2
13	344.3	498.0	498.0	3.5
41802	**12195371.4**	**16313391.4**	**12463214.9**	**1197283.6**
27484	7775452.8	7775415.1	6947498.2	875949.4
124	22613.2	28628.7	27345.2	2741.5
36	8014.0	8259.4	7160.7	1339.8
394	49311.1	52073.2	46565.8	9911.1
13639	4331928.0	8440180.4	5427805.5	307183.0
125	8052.3	8834.6	6839.5	158.8
3243	**422479.5**	**457325.8**	**342670.3**	**64487.6**
232	20326.6	20373.0	19373.5	2840.3
1704	283422.2	306491.2	216620.4	26332.9
588	43339.1	46792.4	38190.9	4282.0
570	68337.5	74233.0	59049.3	3842.2
149	7054.1	9436.2	9436.2	27190.2
533	**37213.7**	**44386.7**	**34283.1**	**9145.2**
29	5175.7	5660.2	2633.4	1135.1
7	610.8	678.0	678.0	14.7
302	18910.1	24287.0	22315.4	2998.6
29	1229.6	1470.9		965.4
113	4182.6	5012.6	3317.5	3586.1
53	7104.9	7278.0	5338.8	445.3
1491	**1191531.5**	**1261746.4**	**1183659.2**	**48520.5**
899	1125530.6	1172207.1	1101338.0	45118.9
154	36384.3	55388.8	55388.8	2163.1
395	19555.4	23808.1	16590.0	1196.4
43	10061.2	10342.4	10342.4	42.1

17-6 限额以上零售业法人企业主要财务指标(2022)

Main Financial Indicators of Enterprises above Designated Size of Retail Trade (2022)

单位:万元 (10000 yuan)

指 标	Item	营业收入 Operating Revenue	营业成本 Operating Costs	税金及附加 Tax and Surcharges	销售费用 Selling Expenses	营业利润 Operating Profits
总 计	**Total**	**22840476.7**	**20221144.1**	**53039.7**	**1242995.0**	**857005.8**
按登记注册类型分	**by Status of Registration**					
内资企业	**Domestic Funded Enterprises**	**17544865.0**	**15479706.7**	**42099.0**	**1027384.6**	**605803.6**
国有企业	State-owned Enterprises	43717.4	40152.5	93.6	2410.0	19.8
集体企业	Collective-owned Enterprises	16022.2	13494.5	31.1	725.9	745.0
股份合作企业	Cooperative Enterprises	9175.9	8618.2	19.7	440.1	-1156.8
联营企业	Associated Enterprises	571.1	475.6	2.7	59.0	47.0
集体联营企业	Collective Associated Enterprises	571.1	475.6	2.7	59.0	47.0
有限责任公司	Limited Liability Corporations	6992557.1	6106134.1	17840.5	432005.5	466636.6
国有独资公司	State Sole Funded Corporations	718486.6	633834.6	1201.5	23634.7	34839.6
其他有限责任公司	Other Limited Liability Corporations	6274070.5	5472299.5	16639.0	408370.8	431797.0
股份有限公司	Share-holding Corporations Ltd.	2023867.0	1846288.7	3150.2	123062.6	43103.8
私营企业	Private Enterprises	8458094.7	7463963.4	20961.2	468583.9	96408.9
私营独资企业	Private-funded Enterprises	274275.1	232046.7	1437.3	14622.5	9559.6
私营合伙企业	Private Partnership Enterprises	92928.6	76605.3	331.4	6122.2	3078.0
私营有限责任公司	Private Limited Liability Corporations	8077042.4	7142198.4	19155.2	447608.3	83969.6
私营股份有限公司	Private Share-holding Corporations Ltd.	13848.6	13113.0	37.3	230.9	-198.3
其他企业	Other Enterprises	**859.6**	**579.7**		**97.6**	**-0.7**
港、澳、台商投资企业	**Enterprises with Funds From HongKong, Macao and Taiwan**	**257137.2**	**208294.5**	**1746.9**	**32647.3**	**8411.6**
合资经营企业(港或澳、台资)	Joint-venture Enterprises(with Hong Kong, Macao and Taiwan)	62208.4	36975.0	1438.4	8182.7	10321.4
港、澳、台商独资经营企业	Hong Kong, Macao and Taiwan Private-funded Enterprises	191355.3	168534.3	257.9	24173.1	-1969.6
港、澳、台商投资股份有限公司	Hong Kong, Macao and Taiwan investment share-holding Co., Ltd.	3573.5	2785.2	50.6	291.5	59.8
外商投资企业	**Foreign-invested Enterprises**	**5038474.5**	**4533142.9**	**9193.8**	**182963.1**	**242790.6**
中外合资经营企业	Joint-venture Enterprises	133018.9	114527.9	1709.2	5296.1	6278.8
外资企业	Foreign-funded Enterprises	2325815.5	2018901.4	4526.4	93185.7	156035.1
外商投资股份有限公司	Foreign-invested Limited Liability Companies	2579640.1	2399713.6	2958.2	84481.3	80476.7
按国民经济行业分	**by Sector**					
综合零售	**Integrated Retail**	**2147082.6**	**1758532.3**	**8289.9**	**316346.9**	**-115012.7**
百货零售	Retail of General Merchandise	510034.2	394917.0	5491.6	64413.9	4071.6
超级市场零售	Retail of Supermarkets	1599516.5	1333174.1	2695.3	247251.8	-118546.6
便利店零售	Retail of Convenience Stores	6002.3	5032.5	12.6	119.1	-105.8
其他综合零售	Other Integrated Retail	31529.6	25408.7	90.4	4562.1	-431.9
食品、饮料及烟草制品专门零售	**Retail of Food, Beverages and Tobaccos**	**3243430.1**	**2718727.7**	**9989.3**	**59061.4**	**640268.3**
粮油零售	Retail of Grain and Oil	148640.0	132228.3	322.5	7556.0	-4079.5
糕点、面包零售	Retail of Pastries and Bread	2250.1	1889.9	1.9	698.7	149.4
果品、蔬菜零售	Retail of Fruits and Vegetables	219929.5	190464.6	244.2	9398.9	-522.9
肉、禽、蛋、奶及水产品零售	Retail of Meat, Poultry, Eggs, Milk and Aquatic Products	162475.9	141677.3	676.2	5866.2	3839.0
营养和保健品零售	Retail of Nutrition and Health Products	4671.2	3431.9	6.2	600.0	321.9
酒、饮料及茶叶零售	Retail of Wine, Beverages and Tea	2638697.4	2188146.1	8631.8	31591.1	638979.6
其他食品零售	Retail of Other Food	66766.0	60889.6	106.5	3350.5	1580.8
纺织、服装及日用品专门零售	**Special Retail of Textiles, Wearing Apparel and Household Articles**	**144160.5**	**111229.9**	**1116.9**	**27950.6**	**-1877.0**
服装零售	Retail of Costumes	108421.8	85679.9	998.6	19845.2	-2643.2
鞋帽零售	Retail of Shoes and Hats	12321.6	7832.0	62.9	2904.8	1371.6
化妆品及卫生用品零售	Retail of Cosmetics and Hygiene Products	17712.8	12703.6	20.9	4696.7	-357.9

17-6 续表 continued(2022)

单位:万元 (10000 yuan)

指　标	Item	营业收入 Operating Revenue	营业成本 Operating Costs	税金及附加 Tax and Surcharges	销售费用 Selling Expenses	营业利润 Operating Profits
钟表、眼镜零售	Retail of Horologe and Spectacles	2632.2	1966.8	33.2	386.4	-131.5
自行车等代步设备零售	Retail of Bicycles	1160.7	1076.8	0.1	5.7	21.1
其他日用品零售	Retail of Other Daily Consumer Use	1911.4	1970.8	1.2	111.8	-137.1
文化、体育用品及器材专门零售	**Retail of Cultural, Sports Appliances and Equipment**	**259642.0**	**211384.3**	**604.7**	**11862.4**	**16722.3**
文具用品零售	Retail of Stationery	8516.2	7059.7	9.2	283.9	-548.8
图书、报刊零售	Retail of Books, Newspaper and Periodicals	248222.2	202274.6	495.1	11158.4	17104.7
珠宝首饰零售	Retail of Jewelry	2774.3	1977.9	93.6	406.8	149.4
工艺美术品及收藏品零售	Retail of Arts and Handicrafts and Collections	129.3	72.1	6.8	13.3	17.0
医药及医疗器材专门零售	**Retail of Medicines and Medical Appliances**	**765841.4**	**560631.7**	**2915.6**	**126353.7**	**19095.6**
西药零售	Retail of Western Medicines	758330.7	555676.2	2905.8	124801.2	19098.5
中药零售	Retail of Traditional Chinese Medicine	7070.0	4766.8	8.2	1485.2	-70.1
医疗用品及器材零售	Retail of Medical Applies and Equipment	440.7	188.7	1.6	67.3	67.2
汽车、摩托车、零配件和燃料及其他动力销售	**Retail of Motor Vehicles, Motorcycles, Fuel and Parts**	**14735483.7**	**13506108.5**	**27797.5**	**577404.5**	**295931.9**
汽车新车零售	Retail of New Cars	7201422.8	6674941.9	17754.1	291666.1	-23315.1
汽车旧车零售	Retail of Used Cars	25787.4	22490.6	35.9	1338.9	833.4
汽车零配件零售	Retail of Automobile Fittings	7317.8	6527.6	15.6	353.4	94.7
摩托车及零配件零售	Retail of Motorcycles and Parts	47532.4	43814.1	78.8	1147.9	564.6
机动车燃油零售	Retail of Motor Vehicle Fuel	7444876.7	6751519.9	9827.5	282560.9	317322.7
机动车燃气零售	Retail of Motor Vehicle Gas	8546.6	6814.4	85.6	337.3	431.6
家用电器及电子产品专门零售	**Special Retail of Household Electrical Appliances and Electronic Products**	**417703.1**	**384751.1**	**604.8**	**26667.2**	**-9258.4**
家用视听设备零售	Retail of Household Audio and Video Appliances	18625.0	16580.4	76.2	1389.2	16.1
日用家电零售	Retail of Household Appliances	270138.5	251137.1	354.3	19101.6	-8741.5
计算机、软件及辅助设备零售	Retail of Computer, Software and Assistant Appliances	43105.4	38243.0	112.2	1181.3	79.0
通信设备零售	Retail of Communication Equipment	75323.3	69799.5	49.3	3452.1	-126.4
其他电子产品零售	Retail of Other Electronic Products	10510.9	8991.1	12.8	1543.0	-485.6
五金、家具及室内装饰材料专门零售	**Special Retail of Hardware, Furniture and Interior Decoration Materials**	**41899.5**	**35535.6**	**361.1**	**2700.0**	**-2241.8**
五金零售	Retail of Hardware	4972.1	4672.7	2.5	30.5	83.3
灯具零售	Retail of Light Fittings	600.0	420.0	1.9	58.8	64.3
家具零售	Retail of Furniture	23183.7	18545.2	338.0	1794.0	-3073.3
涂料零售	Retail of Paint	1842.4	1586.7	0.9	149.4	6.5
卫生洁具零售	Retail of Sanitary Wares					
陶瓷、石材装饰材料零售	Retail of Ceramics, Stone Decorative Materials	4431.4	3830.0	4.3	558.2	-308.2
其他室内装饰材料零售	Retail of Other Indoor Decoration Materials	6869.9	6481.0	13.5	109.1	985.6
货摊、无店铺及其他零售业	**Stalls, Non-shop and Other Retails**	**1085233.8**	**934243.0**	**1359.9**	**94648.3**	**13377.6**
互联网零售	E-commerce Retail	997948.2	875448.7	1108.2	73979.5	8096.2
邮购及电视、电话零售	Retails by Post, TV and Telephone	54841.1	31994.6	183.3	19564.7	3735.4
生活用燃料零售	Retail of Fuel for Daily Use	22803.4	17805.8	64.4	981.5	785.1
其他未列明零售业	Other Retails Not Classified Elsewhere	9641.1	8993.9	4.0	122.6	760.9

17-7 商品交易市场

Commodity Exchange Markets

单位：个 (unit)

指 标	Item	2018	2019	2020	2021	2022
商品交易市场数	**Number of Commodity Trading Markets**	**1626**	**1666**	**1307**	**1268**	**1513**
消费品市场数	**Number of Consumable Markets**	**1530**	**1566**	**1225**	**1189**	**1420**
消费品综合市场	Consumable Comprehensive Markets	652	474	441	391	497
农副产品市场	Agricultural Subproduct Markets	642	866	553	604	628
工业消费品市场	Industrial Consumable Markets	44	54	49	36	39
其他消费品市场	Other Consumable Markets	192	172	182	158	256
生产资料市场数	**Number of Production Markets**	**96**	**100**	**82**	**79**	**93**
生产资料综合市场	Production Comprehensive Markets	32	48	12	15	21
工业生产资料市场	Industrial Production Markets	20	8	17	16	26
农业生产资料市场	Agricultural Production Markets	41	35	33	30	27
其他生产资料市场	Others	3	9	20	18	19

注：资料来源于省市场监督管理局。

Note: The data in the table are provided by the Administration for Market Regulation of Guizhou Province.

17-8 限额以上住宿业和餐饮业法人企业

Basic Conditions of Enterprises above Designated Size in Hotels and Catering Services

指　标	Item	2018	2019	2020	2021	2022
住宿业	**Hotels**					
法人企业数(个)	Number of Corporation Enterprises (unit)	704	776	808	876	937
从业人员期末人数(人)	Engaged Persons at Year-end (person)	39965	41868	37691	37533	37592
营业额(亿元)	Business Revenue (100 million yuan)	73.43	79.71	73.63	85.31	63.84
#客房收入	From Hotel Rooms	47.97	52.36	49.04	57.97	43.77
餐费收入	From Meals	19.66	20.08	17.39	17.86	13.29
客房数(万间)	Number of Rooms (10000 rooms)	14.76	18.63	12.94	11.66	12.23
床位数(万张)	Number of Beds (10000 beds)	23.81	29.41	20.31	19.46	19.15
年末餐饮营业面积(万平方米)	Business Area of Catering Services at Year-end (10000 sq.m)	138.65	262.02	256.58	179.92	141.04
餐饮业	**Catering Services**					
法人企业数(个)	Number of Corporation Enterprises(unit)	611	607	645	721	825
从业人员期末人数(人)	Engaged Persons at Year-end (person)	21651	24266	23416	24522	26584
营业额(亿元)	Business Revenue (100 million yuan)	41.89	45.95	46.92	62.41	56.27
#餐费收入	From Meals	37.49	41.42	41.77	55.66	52.05
年末餐饮营业面积(万平方米)	Business Area of Catering Services at Year-end (10000 sq.m)	79.81	101.37	99.60	127.40	137.79

17-9 限额以上住宿业法人企业(2022)

单位:万元

指　　标	Item	法人企业数（个）Number of Corporations Enterprises (unit)	从业人员平均人数（人）Engaged Persons at Year-end (person)	营业额 Business Revenue	#客房收入 from Hotel Rooms	#餐费收入 from Meals
合　计	**Total**	**937**	**37613**	**638397.8**	**437683.5**	**132908.8**
按登记注册类型分	**by Status of Registration**					
内资企业	**Domestic Funded Enterprises**	**934**	**37554**	**637861.1**	**437166.5**	**132889.1**
国有企业	State-owned Enterprises	21	1517	22690.2	9026.7	7670.2
集体企业	Collective-owned Enterprises	1	103	1915.5	950.1	965.4
有限责任公司	Limited Liability Corporations	166	12368	216551.1	118384.0	58815.4
国有独资公司	State Sole Funded Corporations	49	3207	54814.3	25330.9	13093.8
其他有限责任公司	Other Limited Liability Corporations	117	9161	161736.8	93053.1	45721.6
私营企业	Private Enterprises	746	23566	396704.3	308805.7	65438.1
私营独资企业	Private-funded Enterprises	65	1061	15149.5	11994.6	2278.0
私营合伙企业	Private Partnership Enterprises	10	293	4711.0	4303.2	316.6
私营有限责任公司	Private Limited Liability Corporations	669	22094	372611.3	290593.9	61755.9
私营股份有限公司	Private Share-holding Corporations Ltd.	2	118	4232.5	1914.0	1087.6
港、澳、台商投资企业	**Enterprises with Funds From HongKong, Macao and Taiwan**	**2**	**30**	**217.3**	**217.3**	
港澳台商独资企业	Hong Kong, Macao and Taiwan Private-funded Enterprises	1	12	56.1	56.1	
港澳台商投资股份有限公司	Hong Kong, Macao and Taiwan Investment Co., Ltd.	1	18	161.2	161.2	
外商投资企业	**Foreign-invested Enterprises**	**1**	**29**	**319.4**	**299.7**	**19.7**
中外合资经营企业	Joint-venture Enterprises	1	29	319.4	299.7	19.7
按国民经济行业分	**by Sector**					
旅游饭店	Tourist Hotel	521	26492	447116.8	280766.3	109535.9
一般旅馆	Fonda	373	9789	174763.6	142624.4	21617.8
经济型连锁酒店	Economical Chain Hotel	78	2054	43738.8	40676.6	1872.0
其他一般旅馆	Other Ordinary Hotel	295	7735	131024.8	101947.8	19745.8
民宿服务	Homestay Service	12	276	3418.9	2869.6	493.1
露营地服务	Campsite Service	1	39	102.3	46.9	49.5
其他住宿业	Others	30	1017	12996.2	11376.3	1212.5

Basic Conditions of Enterprises above Designated Size in Hotel Services (2022)

(10000 yuan)

营业收入 Operating Revenue	营业成本 Operating Costs	税金及附加 Tax and Surcharges	利润总额 Total profit	资产总计 Total Assets	#流动资产合计 Current Assets	#固定资产原价 Fixed Assets Original cost	负债合计 Total iabilities	所有者权益 Total Owners′ Equities
644037.8	**369621.5**	**8549.7**	**-112209.8**	**4258835.0**	**1816195.1**	**1870005.8**	**3092593.5**	**725310.9**
643501.1	**369591.2**	**8525.8**	**-112003.9**	**4249618.8**	**1815137.6**	**1863385.2**	**3088522.6**	**720165.6**
21769.4	16077.8	968.1	-15832.8	225841.1	48970.3	159201.0	224122.5	1718.6
1812.1	342.0	1.9	19.6	1318.6	1235.7	98.5	1251.7	66.9
244969.1	155755.1	4106.3	-38779.8	2555141.4	1118791.3	991304.0	1591231.7	525979.3
52940.6	35875.3	822.5	-11411.5	426035.5	150091.8	143071.2	304422.3	121613.2
192028.5	119879.8	3283.8	-27368.3	2129105.9	968699.5	848232.8	1286809.4	404366.1
374950.5	197416.3	3449.5	-57410.9	1467317.7	646140.3	712781.7	1271916.7	192400.8
13813.5	7948.7	219.1	-78.6	46447.1	18414.6	37460.9	16373.1	29431.0
4506.1	2745.9	44.2	-242.2	19646.3	5365.8	16025.5	3885.4	15538.4
352645.9	182305.5	3045.9	-54922.7	1375432.5	619321.9	640133.4	1224241.3	149181.3
3985.0	4416.2	140.3	-2167.4	25791.8	3038.0	19161.9	27416.9	-1749.9
217.3	**8.7**	**17.8**	**-260.6**	**2953.2**	**708.2**	**5923.8**	**1200.2**	**1753.0**
56.1	1.8	5.1	-12.4	477.0	314.2	1032.9	934.0	-457.0
161.2	6.9	12.7	-248.2	2476.2	394.0	4890.9	266.2	2210.0
319.4	**21.6**	**6.1**	**54.7**	**6263.0**	**349.3**	**696.8**	**2870.7**	**3392.3**
319.4	21.6	6.1	54.7	6263.0	349.3	696.8	2870.7	3392.3
461905.8	272064.2	6987.5	-95960.6	3540660.9	1511496.3	1549227.8	2591310.0	520353.5
166175.3	88218.1	1331.6	-10667.1	544086.1	278266.8	225122.0	441884.1	90268.8
40190.1	20332.9	220.8	-710.5	88026.7	43166.0	43195.3	54370.3	33656.4
125985.2	67885.2	1110.8	-9956.6	456059.4	235100.8	181926.7	387513.8	56612.4
3371.9	1612.3	12.1	-652.7	13669.8	4975.1	1875.0	9385.2	4284.6
102.3	63.0	0.1		2734.6	2389.7	133.0	2870.0	-135.4
12482.5	7663.9	218.4	-4929.4	157683.6	19067.2	93648.0	47144.2	110539.4

17-10 限额以上餐饮业法人企业(2022)

单位:万元

指　标	Item	法人企业数(个) Number of Corporation Enterprises (unit)	从业人员平均人数(人) Average number of Engaged Persons (person)	营业额 Business Revenue	#餐费收入 From Meals
合计	**Total**	**825**	**26543**	**562698.9**	**520457.0**
按登记注册类型分	**by Status of Registration**				
内资企业	**Domestic Funded Enterprises**	**820**	**26321**	**559711.1**	**518274.8**
国有企业	State-owned Enterprises	8	376	5513.7	3926.6
集体企业	Collective-owned Enterprises	7	243	5513.1	5511.1
有限责任公司	Limited Liability Corporations	120	6477	145977.1	123748.1
国有独资公司	State Sole Funded Corporations	48	2171	54743.6	45185.0
其他有限责任公司	Other Limited Liability Corporations	72	4306	91233.5	78563.1
私营企业	Private Enterprises	685	19225	402707.2	385089.0
私营独资企业	Private-funded Enterprises	120	1398	22914.8	22091.6
私营合伙企业	Private Partnership Enterprises	6	257	6318.1	5582.0
私营有限责任公司	Private Limited Liability Corporations	557	17166	367498.9	352114.0
私营股份有限公司	Private Share-Holding Co.Ltd.	2	404	5975.4	5301.4
港、澳、台商投资企业	**Enterprises with Funds From HongKong, Macao and Taiwan**	**4**	**193**	**2398.9**	**2087.8**
与港澳台商合资经营企业	Joint-venture Enterprises with HongKong, Macao and Taiwan	2	18	849.4	849.4
港澳台商独资企业	Hong Kong, Macao and Taiwan Private-funded Enterprises	1	142	708.6	423.8
其他港澳台投资企业	Other Enterprises with Funds From HongKong, Macao and Taiwan	1	33	840.9	814.6
外商投资企业	Foreign-invested Enterprises	1	29	588.9	94.4
外资企业	Foreign-funded Enterprises	1	29	588.9	94.4
按国民经济行业分	**by Sector**				
正餐服务	Restaurant	762	22050	449916.2	410160.4
快餐服务	Fast Food	20	396	10029.3	8944.5
饮料及冷饮服务	Beverages and Cold Drinks	11	604	20146.0	19378.0
咖啡馆服务	Coffee Shop Services	3	130	8936.4	8337.1
酒吧服务	Bar Services	4	114	1697.1	1657.6
其他饮料及冷饮服务	Other Beverages and Cold Drinks Services	4	360	9512.5	9383.3
餐饮配送及外卖送餐服务	Food and Beverage Delivery and Delivery Services	23	3255	73567.9	73567.9
餐饮配送服务	Food and Beverage Delivery Services	23	3255	73567.9	73567.9
其他餐饮业	Others	9	238	9039.5	8406.2
小吃服务	Snack Services	7	202	8529.9	7914.7
其他未列明餐饮业	Other Food and Beverage Industry Not Listed	2	36	509.6	491.5

Basic Conditions of Enterprises above Designated Size in Catering Services (2022)

(10000 yuan)

营业收入 Operating Revenue	营业成本 Operating Costs	税金及附加 Tax and Surcharges	利润总额 Total Profit	资产总计 Total Assets	#流动资产合计 Current Assets	#固定资产原价 Fixed Assets Original cost	负债合计 Total Liabilities	所有者权益 Total Owners' Equities
553855.7	**400673.6**	**1488.8**	**-15513.4**	**880982.9**	**625106.1**	**140711.1**	**678121.2**	**194896.2**
544652.2	**393516.4**	**1406.2**	**-15467.4**	**869200.9**	**621940.8**	**135273.7**	**676790.9**	**184456.4**
5226.1	3006.7	13.7	-706.1	7817.9	7095.4	605.3	5995.0	1779.0
5513.1	4635.3		46.7	189.2	105.0	34.8	26.3	162.9
159780.3	124113.1	372.9	-10380.6	472264.5	366349.1	40546.3	415611.7	56941.2
67299.2	55858.2	182.6	-3672.3	203009.2	168855.4	13165.4	179199.3	23973.5
92481.1	68254.9	190.3	-6708.3	269255.3	197493.7	27380.9	236412.4	32967.7
374132.7	261761.3	1019.6	-4427.4	388929.3	248391.3	94087.3	255157.9	125573.3
19754.9	14380.9	92.1	1285.4	27750.0	17608.8	5967.7	17085.6	10619.2
6080.0	2400.2	29.3	605.9	5735.6	3561.5	2928.5	1802.7	3932.9
342371.7	240004.5	894.9	-6258.6	341517.2	214048.1	84009.8	224271.1	109093.2
5926.1	4975.7	3.3	-60.1	13926.5	13172.9	1181.3	11998.5	1928.0
8599.4	**6991.7**	**77.0**	**-302.7**	**10764.1**	**2313.0**	**3998.0**	**3334.9**	**7417.3**
778.6	608.5	3.6	-37.2	307.5	304.2	138.5	354.3	-58.7
7027.6	6083.3	73.3	-219.6	10188.1	1875.7	3809.9	2716.2	7471.9
793.2	299.9	0.1	-45.9	268.5	133.1	49.6	264.4	4.1
604.1	165.5	5.6	256.7	1017.9	852.3	1439.4	-2004.6	3022.5
604.1	165.5	5.6	256.7	1017.9	852.3	1439.4	-2004.6	3022.5
444184.2	316891.8	1305.7	-15539.6	820559.3	581899.5	128044.3	632928.0	179829.9
9743.1	7598.0	50.9	554.8	3205.9	2920.3	747.5	2769.4	436.5
19411.7	11465.7	6.6	-67.6	6776.1	3797.3	1246.4	6199.7	598.5
8432.1	6579.0	4.0	1378.1	1590.5	642.1	16.4	1392.8	197.7
1678.7	1576.3	1.0	-1094.3	887.0	549.8	4.6	1881.4	-972.3
9300.9	3310.4	1.6	-351.4	4298.6	2605.4	1225.4	2925.5	1373.1
71519.5	58771.8	104.9	-955.1	43146.0	30883.1	10199.8	31123.6	12022.4
71519.5	58771.8	104.9	-955.1	43146.0	30883.1	10199.8	31123.6	12022.4
8997.2	5946.3	20.7	494.1	7295.6	5605.9	473.1	5100.5	2008.9
8517.7	5643.9	19.2	532.3	6424.7	4884.3	195.9	4589.6	1824.1
479.5	302.4	1.5	-38.2	870.9	721.6	277.2	510.9	184.8

主要统计指标解释

社会消费品零售总额 指企业(单位、个体户)通过交易直接售给个人、社会集团非生产、非经营用的实物商品金额,以及提供餐饮服务所取得的收入金额。个人包括城乡居民和入境人员,社会集团包括机关、社会团体、部队、学校、企事业单位、居委会或村委会等。

社会消费品零售总额包括:(1)售给城乡居民作为生活用的商品和修建房屋用的建筑材料;(2)售给社会集团的各种办公用品和公用消费品;(3)售给机关、团体、学校、部队、企业、事业单位的职工食堂和旅店(招待所)附设专门供本店旅客食用,不对外营业的食堂的各种食品、燃料;企业、单位和国营农场直接售给本单位职工和职工食堂的自己生产的产品;(4)售给部队干部、战士生活用的粮食、副食品、衣着品、日用品、燃料;(5)售给来华的外国人、华侨、港澳台同胞的消费品;(6)居民自费购买的中、西药品、中药材及医疗用品;(7)报社、出版社直接售给居民和社会集团的报纸、图书、杂志,集邮公司出售的新、旧纪念邮票、特种邮票、首日封、集邮册、集邮工具等;(8)旧货寄售商店自购、自销部分的商品;(9)煤气公司、液化石油气站售给居民和社会集团的煤气灶具和罐装液化石油气;(10)农民售给非农业居民和社会集团的商品。不包括售给国民经济各部门企业、事业单位(包括国有经济的农场)生产经营用的各种原材料、燃料、设备、工具等和售给批发和零售贸易业、住宿和餐饮业作为转卖用的商品,旧货寄售商店受托寄售卖出的商品,服务业的营业收入,邮局出售邮票的收入,自来水、电力、煤气生产(供应)单位的产品供应收入,也不包括农民之间的商品销售。

商品购进额 指从本企业以外的单位和个人购进(包括从国外直接进口)作为转卖或加工后转卖的商品金额(含增值税)。商品购进包括:(1)从工农业生产者、批发和零售业企业、住宿和餐饮业企业、出版社或报社的出版发行部门和其他服务业企业购进的商品;(2)从机关团体、事业单位购进的商品;(3)从海关、市场管理部门购进的缉私和没收的商品;(4)从居民收购的废旧商品等,不包括:①企业为本单位自身经营用,不是作为转卖而购进的商品,如材料物资、包装物、低值易耗品、办公用品等;②未通过买卖行为而收入的商品,如接受其他部门移交的商品、借入的商品、收入代其他单位保管的商品、其他单位赠送的样品、加工回收的成品等;③经本单位介绍,由买卖双方直接结算,本单位只收取手续费的业务;④销售退回和买方拒付货款的商品;⑤商品溢余;⑥期货交易商品。

商品销售额 指对本单位以外的单位和个人出售的商品金额(包括售给本单位消费用的商品,含增值税)。商品销售包括:(1)售给城乡居民和社会集团消费用的商品;(2)售给农业、工业、建筑业、服务业等国民经济各行业用于生产、经营用的商品,包括售予批发和零售业作为转卖或加工后转卖的商品;(3)对国(境)外直接出口的商品。不包括:①未通过买卖行为付出的商品,如随机构变动移交给其他企业单位的商品、借出的商品、归还受其他单位委托代保管的商品、付出的加工原料和赠送给其他单位的样品等;②促销返券所销售的、不计入营业收入的商品;③经本单位介绍,由买卖双方直接结算,本单位只收取手续费的业务;④未发生所有权转移的商品预付卡销售,如加油卡;⑤汽车维修、电话卡销售等服务性经济活动;⑥购货退回的商品;⑦商品损耗和损失;⑧出售本单位自用的废旧物资;⑨期货交易商品;⑩自来水供应企业、电力企业、天然气供应企业提供的水、电、气。

商品库存额 对于批发和零售业法人单位和个体经营户,是指报告期末取得所有权的全部商品金额(含增值税);对于批发和零售业产业活动单位,是指报告期末实际在库且归属法人具有所有权的全部商品金额(含增值税)。它反映批发和零售业企业(单位)的商品库存情况和对市场商品供应的保证程度。商品库存包括:(1)存放在批发和零售业经营单位(如门市部、批发站、经营处)仓库、货场、货柜和货架中的商品;(2)挑选、整理、包装中的商品;(3)已记入购进而尚未运到本单位的商品,即发货单或银行承兑凭证已到而货未到的商品;(4)寄放他处的商品,如因购货方拒绝承付而暂时存放在购货方的商品和已办完加工成品收回手续而未提回的商品;(5)委托其他单位代销(未作销售或调出)尚未售出的商品;(6)代其他单位购进尚未交付的商品。

库存商品不包括所有权不属于本单位的商品、委托外单位加工生产尚未收回成品的商品、外贸企业代理其他单位从国外进口尚未付给订货单位的商品、代国家物资储备部门保管的商品等。

住宿业 指为旅行者提供短期留宿场所的活动,有些单位只提供住宿,也有些单位提供住宿、饮食、商务、娱乐一体的服务,不包括主要按月或按年长期出租房屋住所的活动,如出租房屋、公寓等,列入房地产开发经营。

餐饮业 指通过即时制作加工、商业销售和服务性劳动等,向消费者提供食品和消费场所及设施的服务。

营业额 指住宿和餐饮业法人企业(单位)在经营活动中因提供服务或销售商品等取得的收入(含增值税)。包括客房收入、餐费收入、商品销售额和其他收入。其中,客房收入指住宿和餐饮业法人企业(单位)在经营活动中因提供住宿服务取得的收入。餐费收入指住宿和餐饮业法人企业(单位)因为顾客提供就餐服务取得的收入(含增值税),包括经烹饪、调制加工后出售的各种食品,如主食、炒菜、凉拌菜等的收入。

Explanatory Notes on Main Statistical Indicators

Total Retail Sales of Consumer Goods refers to enterprises (units and self-employed) by trading sold directly to individuals, social groups, non-production and non-business use of the physical amount of goods, and provide catering services achieved the amount of revenue. Individuals, including urban and rural residents and immigration personnel, social groups, including organs, social groups, troops, Schools, enterprises and institutions, neighborhood committees, etc.

The total retail sales of consumer goods include: (1) commodities sold to urban and rural residents for their daily use and building materials sold to them for the construction or repair of houses; (2) office appliances and supplies sold to institutions; (3) food and fuels sold to canteens of institutions, enterprises ,schools ,military units and to canteens of hotels and hostels that only serve their guests ,and commodities produced by enterprises ,institutions or state farms and sold directly to their employees or their canteens; (4) grain and non-staple food, clothing ,daily articles and fuels sold to military personnel; (5)consumer goods sold to foreigners, overseas Chinese, and Chinese compatriots from Taiwan, Hong Kong and Macao during their stay in the mainland of China; (6) Chinese and western medicines, herbs and medical facilities purchased by residents; (7) newspapers, books and magazines directly sold to residents and social groups by publishers, new and old commemorative stamps, special stamps, first-day covers, stamp albums and other stamp-collection articles sold by stamp companies; (8) consumer goods purchased and then sold by second-hand shops; (9) stoves and other heating facilities and liquefied gas sold by gas companies to households and institutions; and (10) commodities sold by farmers to non-agricultural residents and social groups. Excluded under this heading are: raw materials, fuels, equipment, tools sold to enterprises, institutions and state farms for production purpose; commodities sold to trade establishments for re-selling; commissioned sales at second-hand shops; operational income of urban public utilities; stamps sold at post offices; income of water, power, gas production and supply establishments from the supply of their products; and sales of commodities among farmers.

Purchases of Commodities refer to the total value of purchases of commodities by enterprises (establishments) from other establishments or individuals (including direct import from abroad) for the purpose of re-selling, either with or without further processing of the commodities purchased. The commodities include: (1) commodities purchased from agricultural and industrial producer, wholesaler, retailer, publishing house and other service business; (2) commodities purchased from institutions and government departments; (3) confiscated goods purchased from the customs authorities or market management agencies; (4) second-hand goods and wastes purchased from residents; The commodities exclude: ①commodities purchased by enterprises (establishments) for use in their own business operation, commodities obtained without buying or selling procedures such as materials, consumable goods of low value, office appliance, etc. ②received goods without trading, such as goods handed over from others, borrowed goods, preserved goods for others, donated goods from others, processed and retrieved goods, etc. ③goods of direct settlement between buyer and seller with handling fees introduced by others, ④goods returned or refused to pay by the buyer, ⑤excessive goods, ⑥futures traded commodity.

Sales of Commodities refer to value of commodities sold by the establishments to other establishments and individuals (including goods sold for self-consumption, including the value-added tax). The commodities include: (1) commodities sold to urban and rural residents and social groups for their consumption; (2) commodities sold to establishments in all industries for their production and operation, including agriculture, industry, construction, transportation, post and telecommunications, catering services, and public utility including commodities sold to wholesale and retail establishments for re-selling, with or without further processing; and (3) commodities for direct export to abroad. Excluded are ①extended commodities without trading, such as goods handed over to other enterprises and institutions because of the change of organizations, lent goods, returned goods preserved for others, extended processing materials and samples donated to others, ②goods sold with promotional vouchers and not included in operating income, ③business introduced by the establishment and settled directly by the buyer and seller, and the establishment only charge commission, ④no transfer of ownership occurs in the sale of prepaid cards for goods, such as fuel cards, ⑤automobile maintenance, telephone card sales and other service economic activities, ⑥goods returned after purchase, ⑦damaged and spoiled goods, ⑧waste and used goods of self use, ⑨futures traded commodity, ⑩water, electricity and gas provided by water supply enterprises, electric power enterprises and natural gas supply enterprises.

Stock of Commodities refers to total commodities possessed by wholesaler and retailer of various types of registration status at the end of the reference period, reflecting the commodity stock level of various wholesaler and retailer and the potential for market supply. It includes: (1) commodities located in storage, garages, counters, and shelves of operating places (such as sale stores, wholesale centers, and operating offices); (2) commodities in the process of being selected, sorted, and packed; (3) commodities not arrived but recorded as purchase in the account, i.e. commodities not arrived but payment receipts for the commodities from the sellers or the banks arrived; (4) commodities deposited in other places rather than places mentioned above, for instance: commodities in the hold of purchasers temporarily due to the refusal of payment and commodities not taken back after going through the formalities; (5) commodities entrusted to other units to sell but not sold yet; (6) commodities purchased for other units but not delivered yet. Commodities not included as stock are those not owned by the enterprises (units), commodities on commission for processing but not yet delivered, imported commodities of agency of foreign trade enterprise but not yet delivered to ordering units and finally those put in stock on behalf of the state material reserves units.

Hotel Services refer to the activities that provides temporary places for travelers to stay. Some establishments only provide accommodation, while others provide accommodation, catering, business and entertainment services, excluding activities for the permanent rental of premises mainly on a monthly or annual basis, such as rental housing, apartments, etc., which are listed in the real estate development and management.

Catering Services refers to services that provide food and consumption places and facilities to consumers through instant production and processing, commercial sales and service labor, etc.

Business Revenue refers to revenue received from providing services or selling commodities by enterprises and establishments engaged in hotels and catering services (VAT included), including income from hotels, from catering services, from selling of commodities and from other services. Income from hotels refers to income of enterprises and establishments engaged in hotels and catering services by providing lodging services. Income from catering services refers to income of enterprises and establishments engaged in hotels and catering services by providing catering services (VAT included), including selling of cooked or prepared foods, such as staple food, cooked dishes, or cold dishes.

旅游业

Tourism 18

简要说明

一、主要内容

本篇主要反映全省旅游业发展变化情况。包括旅游业基本情况、旅游外汇收入、旅游业接待经营、风景名胜区等基本情况。

二、资料来源

本篇资料由省文化和旅游厅提供。

Brief Introduction

I. Main Contents

The data in this chapter reflect the development of tourism in Guizhou, which mainly include basic tourism conditions, tourism foreign exchange earnings, tourism reception business, basic conditions of scenic area, etc.

II. Sources of Data

The data in this table are come from Guizhou Tourism Development Committee.

18-1 旅游业

Tourism

指 标	Item	2018	2019	2020	2021	2022
旅行社总数(个)	**Total Number of Travel Agencies (unit)**	**339**	**498**	**665**	**693**	**764**
出境游组团旅行社	International Travel Agencies	28	31	31	31	30
国内及入境旅游旅行社	Domestic Travel Agencies	311	467	634	662	734
旅行社职工人数(人)	**Number of Staff and Workers of Travel Agencies(person)**	**4572**	**5244**	**4159**	**4092**	**3231**
出境游组团旅行社	International Travel Agencies	1205	1201	723	668	407
国内及入境旅游旅行社	Domestic Travel Agencies	3367	4043	3436	3424	2824
旅游总人数(万人次)	**Total Number of Tourists (10000 person-times)**	**96858.12**	**113526.60**	**61781.49**	**64436.68**	**49206.88**
入境旅游人数	Number of Overseas Visitor Arrivals	146.55	161.31	4.36	5.56	4.87
外国人	Foreigners	79.57	102.11	1.94	2.33	2.21
港澳同胞	Chinese Compatriots from Hong Kong and Macao	35.74	24.26	1.50	2.19	1.8
台湾同胞	Chinese Compatriots from Taiwan Province	31.24	34.94	0.91	1.04	0.86
国内旅游人数	Total Number of Domestic Tourists	96711.56	113365.29	61777.13	64431.12	49202.01
旅游总收入(亿元)	**Tourism Earnings (100 million yuan)**	**9471.03**	**12318.86**	**5785.09**	**6642.16**	**5245.64**
国际旅游外汇收入(万美元)	Foreign Exchange Earnings from International Tourism (USD 10000)	31762.59	34503.00	2110.80	1949.00	1708.07
国内旅游收入(亿元)	Earnings from Domestic Tourism (100 million yuan)	9449.58	12296.03	5783.64	6640.82	5244.46

注:1.资料来源于省文化和旅游厅;2.旅游收入按过夜游客花费和一日游游客花费进行核算。(以下表同)

Note: 1. The data in the table come from the Department of Culture and Tourism of Guizhou Province. 2. The tourism earnings are calculated according to the spending of overnight tourists and one-day tourists. (the relative tables are the same)

18-2 旅游外汇收入

Foreign Exchange Earnings from Tourism

单位：万美元 (USD 10000)

指　标	Item	2018	2019	2020	2021	2022
旅游外汇收入	**Foreign Exchange Earnings from Tourism**	**31762.59**	**34503.00**	**2110.80**	**1949.00**	**1708.07**
长途交通	Long Distance Transportation	12962.31	14687.93	425.33	829.69	727.13
游　览	Sightseeing	476.44	562.40	66.91	31.77	27.84
住　宿	Accommodation	6740.02	7255.98	568.44	409.87	359.21
餐　饮	Food and Beverage	4872.38	3771.18	368.54	213.03	186.69
商品销售	Shopping	2493.36	2984.51	415.83	168.59	147.75
娱　乐	Entertainment	1013.23	1255.91	66.91	70.94	62.17
邮电通讯	Postal and Communication Services	101.64	113.86	26.38	6.43	5.81
市内交通	Local Transportation	1191.10	1411.17	134.25	79.71	69.86
其他服务	Other Services	1912.11	2460.06	38.21	138.77	121.61

18-3 接待外国旅游人数(按地区分)

Number of Overseas Tourists Visiting Guizhou(by Country/Territory)

单位：人次 (person-time)

指　标	Item	2018	2019	2020	2021	2022	2022年比2021年增长(%) Increase Rate in 2022 over 2021(%)
接待外国旅游人数	**Number of Overseas Tourists Visiting Guizhou**	**795744**	**1021130**	**19428**	**23336**	**22117**	**-5.2**
亚　洲	Asia	378991	656829	8268	8461	7204	-14.9
非　洲	Africa	36743	26784	2062	1355	1454	7.3
欧　洲	Europe	185573	180639	3961	6572	5911	-10.1
拉丁美洲	Latin America	132082	118239	4259	5853	6275	7.2
大 洋 洲	Oceania	28040	21856	877	1095	1273	16.3
其　他	Others	34315	16783	1	0	0	持平

18-4 来黔境外旅游人数及人均消费支出

Number of Overseas Tourists Visiting Guizhou and Average Per Capita Spending

指 标	Item	2018	2019	2020	2021	2022	2022年比2021年增长(%) Increase Rate in 2022 over 2021(%)
来黔境外旅游人数(万人次)	**Number of Foreign Tourists Visiting Guizhou (10000 person-times)**	**146.55**	**161.31**	**4.36**	**5.56**	**4.87**	**-12.4**
外国人	Foreigners	79.57	102.11	1.94	2.33	2.21	-5.2
港澳同胞	Chinese Compatriots From Hong Kong and Macao	35.74	24.26	1.50	2.19	1.80	-17.8
台湾同胞	Chinese Compatriots from Taiwan Province	31.24	34.94	0.91	1.04	0.86	-17.3
平均每人逗留天数(天/人)	Average Days Tourists Stay in Guizhou Per Capita (day/person)	2.08	2.70	2.03	2.03	-	-
平均每人每天消费支出(美元/人、天)	Average Per Capita Daily Spending (USD/person-day)	231.90	181.41	127.44	172.61	-	-

18-5 星级饭店个数

Star-rated Hotels

单位:个 (unit)

指 标	Item	2018	2019	2020	2021	2022
星级饭店个数	**The Number of Star-rated Hotels**	**203**	**239**	**231**	**232**	**242**
按经济类型分	**Grouped by Economic Type**					
国有经济	State-owned	39	41	35	38	40
集体经济和私营经济	Collective-owned and Privately-owned	163	197	195	193	201
外商投资经济	Foreign Funded	1	1	1	1	1
按规模分	**Grouped by Capacity**					
客房总数300间以上	With above than 300 Rooms	11	11	12	14	15
客房总数200-299间	With 200-299 Rooms	17	28	20	22	23
客房总数100-199间	With 100-199 Rooms	71	93	70	75	77
客房总数99间以下	With Less than 100 Rooms	104	107	129	121	127

18-6 旅馆业接待经营

Operation of Hotels

指　　标	Item	2018	2019	2020	2021	2022
接待能力	**Capacity**					
年末客房数(间)	Guest Rooms (Year-end) (unit)	792121	824545	786012	833276	884089
年末客房床位数(张)	Guest Beds (Year-end) (bed)	1380706	1438921	1219728	1398858	1436178
客房开房率(%)	Room Occupancy Rate(%)	57.4	61.0	39.1	54.4	40.1
#星级宾馆	Star-rated Hotels	59.1	46.9	40.4	35.2	36.1
实际住宿人次数(万人次)	Actual Number of Guests (10000 person-times)	18070.78	20557.52	7356.18	15746.23	7665.56
#海外来黔	Overseas Visitors	39.69	47.18	4.36	5.56	4.87
实际住宿人天数(万人天)	Actual Number of Guests and Days of Stay (10000 person-days)	28913.25	32048.08	17437.10	25508.89	-
#海外来黔	Overseas Visitors	82.56	127.39	8.85	11.29	9.89
经营和财务	**Management and Financial**					
营业收入(万元)	Operational Revenue (10000 yuan)	5872039	7637761	3586789	5247147	5009200

18-7 风景名胜区

National Parks

名　　称	Name	级别	地　　址
红枫湖风景名胜区	Hongfeng Lake National Park	国家级	贵州省贵阳市清镇市、贵安新区、安顺市平坝区
黄果树风景名胜区	Huangguoshu Waterfalls National Park	国家级	贵州省安顺市镇宁、关岭县
龙宫风景名胜区	The Dragon Palace National Park	国家级	贵州省安顺市西秀区
织金洞风景名胜区	Zhijin Cave National Park	国家级	贵州省毕节市织金县
九洞天风景名胜区	Jiudongtian National Park	国家级	贵州省毕节市大方、纳雍县
马岭河峡谷风景名胜区	Malinghe Canyon ----Wanfeng Lake National Park	国家级	贵州省黔西南州兴义市
㵲阳河风景名胜区	Wuyang River National Park	国家级	贵州省黔东南州镇远、施秉、黄平县
黎平侗乡风景名胜区	Liping Dong-Village National Park	国家级	贵州省黔东南州黎平县
荔波樟江风景名胜区	Libo Zhangjiang National Park	国家级	贵州省黔南州荔波县
都匀斗篷山——剑江风景名胜区	Duyun Doupeng Mountain----Jianjiang National Park	国家级	贵州省黔南州都匀市
赤水风景名胜区	Chishui National Park	国家级	贵州省遵义市赤水市
九龙洞风景名胜区	Jiulong Cave National Park	国家级	贵州省铜仁市
紫云格凸河风景名胜区	Ziyun Getu River National Park	国家级	贵州省安顺市紫云县
平塘风景名胜区	Pingtang National Park	国家级	贵州省黔南州平塘县
瓮安江界河风景名胜区	Wengan Jiangjie River National Park	国家级	贵州省黔南州瓮安县
榕江苗山侗水风景名胜区	Rongjiang Mountain and Water Landscapes with Miao and Dong Dong Cultures National Park	国家级	贵州省黔东南州榕江县
石阡温泉群风景名胜区	Shiqian Hot Well Flock National Park	国家级	贵州省铜仁市石阡县
沿河乌江山峡风景名胜区	Yanhe Wujiang River Sanxia National Park	国家级	贵州省铜仁市沿河县
百花湖风景名胜区	Baihua Lake National Park	省级	贵州省贵阳市清镇市、观山湖区
花溪风景名胜区	Huaxi National Park	省级	贵州省贵阳市花溪区
息烽风景名胜区	Xifeng National Park	省级	贵州省贵阳市息烽县
修文阳明风景名胜区	Xiuwen Yangming National Park	省级	贵州省贵阳市修文县
贵阳香纸沟风景名胜区	Guiyang Xiangzhigou National Park	省级	贵州省贵阳市乌当区
开阳风景名胜区	Kaiyang National Park	省级	贵州省贵阳市开阳县
贵阳相思河风景名胜区	Guiyang Xiangsi River National Park	省级	贵州省贵阳市乌当区
清镇暗流河风景名胜区	Qingzhen Undercurrent River National Park	省级	贵州省贵阳市清镇市
普定梭筛风景名胜区	Puding Suoshai National Park	省级	贵州省安顺市普定县
关岭花江大峡谷风景名胜区	Guanling Huajiang Canyon National Park	省级	贵州省安顺市关岭县
平坝天台山——斯拉河风景名胜区	Pingba Tiantai Mountain ----Sila River National Park	省级	贵州省安顺市平坝区
百里杜鹃风景名胜区	One-Hundred-Li Azalea Belt National Park	省级	贵州省毕节市大方、黔西市
贵州屋脊赫章韭菜坪风景名胜区	Guizhou Fastigium Hezhang Jiucaiping National Park	省级	贵州省毕节市赫章县
鲁布革风景名胜区	Lubuge National Park	省级	贵州省黔西南州兴义市
泥凼石林风景名胜区	Nidang shilin National Park	省级	贵州省黔西南州兴义市
安龙招堤风景名胜区	Anlong Zhaodi National Park	省级	贵州省黔西南州安龙县
贞丰双乳峰风景名胜区	Zhenfeng Shuangru Peak National Park	省级	贵州省黔西南州贞丰县

18-7 续表 continued

名　称	Name	级别	地　址
晴隆二十四道拐风景名胜区	Qinglong Twenty-four Turns National Park	省级	贵州省黔西南州晴隆县
兴仁放马坪风景名胜区	Xingren Fangmaping National Park	省级	贵州省黔西南州兴仁市
岑巩龙鳌河风景名胜区	Cengong Longao River National Park	省级	贵州省黔东南州岑巩县
剑河风景名胜区	Jianhe National Park	省级	贵州省黔东南州剑河县
镇远高过河风景名胜区	Zhenyuan Gaoguo River National Park	省级	贵州省黔东南州镇远县
雷山风景名胜区	Leishan National Park	省级	贵州省黔东南州雷山县
锦屏三板溪——隆里古城风景名胜区	Jinping Sanbanxi----Longli National Park	省级	贵州省黔东南州锦屏县
丹寨风景名胜区	Danzhai National Park	省级	贵州省黔东南州丹寨县
从江风景名胜区	Congjiang National Park	省级	贵州省黔东南州从江县
龙里猴子沟风景名胜区	Longli Monkey Fossa National Park	省级	贵州省黔南州龙里县
福泉洒金谷风景名胜区	Fuquan Sajingu National Park	省级	贵州省黔南州福泉市
惠水涟江——燕子洞风景名胜区	Huishui good Bonus -- Swallow Cave Scenic Park	省级	贵州省黔南州惠水县
长顺杜鹃湖——白云山风景名胜区	Changshun Dujuan Lake--Baiyun Mountain National Park	省级	贵州省黔南州长顺县
三都都柳江风景名胜区	Sandu Duliu River National Park	省级	贵州省黔南州三都县
贵定洛北河风景名胜区	Guiding Luobei River National Park	省级	贵州省黔南州贵定县
独山深河桥风景名胜区	Dushan Shenhe Bridge National Park	省级	贵州省黔南州独山县
遵义娄山风景名胜区	Zunyi Loushan Mountain National Park	省级	贵州省遵义市汇川区、红花岗区、播州区、桐梓县
绥阳宽阔水风景名胜区	Suiyang Kuankuoshui National Park	省级	贵州省遵义市绥阳县
仁怀茅台风景名胜区	Renhuai Moutai National Park	省级	贵州省遵义市仁怀市
习水风景名胜区	Xishui National Park	省级	贵州省遵义市习水县
余庆大乌江风景名胜区	Yuqing Wujiang River National Park	省级	贵州省遵义市余庆县
湄潭湄江风景名胜区	Meitan National Park	省级	贵州省遵义市湄潭县
梵净山——太平河风景名胜区	Fanjing Mountain----Taiping River National Park	省级	贵州省铜仁市江口县
印江木黄风景名胜区	Yinjiang Muhuang National Park	省级	贵州省铜仁市印江县
思南乌江白鹭洲风景名胜区	Sinan Wujiang River Bailuzhou National Park	省级	贵州省铜仁市思南县
松桃豹子岭——寨英风景名胜区	Songtao Baozi Mountain----Zhaiying National Park	省级	贵州省铜仁市松桃县
万山汞都——夜郎谷风景名胜区	Wanshan mercury night - Lang Valley Scenic Park	省级	贵州省铜仁市万山区
玉屏北洞萧笛之乡风景名胜区	Yuping Beidong Xiaodi-Village National Park	省级	贵州省铜仁市玉屏县
六枝牂牁江风景名胜区	Liuzhi Zangke River National Park	省级	贵州省六盘水市六枝特区
盘州市古银杏风景名胜区	Panzhou Ancientry Gingko National Park	省级	贵州省六盘水市盘州市
盘州市大洞竹海风景名胜区	Panzhou Dadong Banboo Sea National Park	省级	贵州省六盘水市盘州市
盘州市坡上草原风景名胜区	Panzhou Grassland on Mountain National Park	省级	贵州省六盘水市盘州市
六盘水南开风景名胜区	Liupanshui Nankai National Park	省级	贵州省六盘水市钟山区、水城县
务川洪渡河风景名胜区	Wuchuan Hongduhe National Park	省级	贵州省遵义市务川县
罗甸大小井风景名胜区	Luodian Daxiaojin National Park	省级	贵州省黔南州罗甸县
德江乌江傩文化风景名胜区	Dejiang Wujiang Riverside National Park	省级	贵州省铜仁市德江县

18-8 全国重点文物保护单位

Historical and Cultural Relics under Key Protection

文物单位名称	Name	地　址
天台山伍龙寺	Tiantai Wulong Temple	贵州省安顺市平坝区
云山屯古建筑群(含本寨)	The Ancientry Construction of Yunshantun (Including the Village)	贵州省安顺市西秀区
安顺文庙	Anshun Temple	贵州省安顺市西秀区
穿洞遗址	The Ruins of Chuandong	贵州省安顺市普定县
宁谷遗址	The Ruins of Ninggu	贵州省安顺市西秀区
黔西观音洞遗址	The Site of Kwan-yin Cave Qianxi	贵州省毕节市黔西县
可乐遗址	The Ruins of Kele	贵州省毕节市赫章县
织金古建筑群	The Ancientry Construction Zhijin	贵州省毕节市织金县
川滇黔省革命委员会旧址	Finish the Committee old address of Chuan Dian Qian Province Revolution	贵州省毕节市七星关区、大方县
奢香墓	The Mausoleum of Lady She Xiang	贵州省毕节市大方县
大屯土司庄园	Datun Headman's Castle	贵州省毕节市毕节市
马头寨古建筑群	The Ancientry Construction of Matouzhai	贵州省贵阳市开阳县
阳明洞和阳明祠	Yangming Cave and Yangming Ancestral Temple	贵州省贵阳市修文县、云岩区
文昌阁和甲秀楼	Wenchang Pavilion and Jiaxiu Floor	贵州省贵阳市贵阳市
息烽集中营旧址(含玄天洞)	The Site of Concentration Camp Xifeng (including Tien-dong)	贵州省贵阳市息烽县
大洞遗址	The Site of Dadong Cave	贵州省六盘水市盘州市
郎德上寨古建筑群	The Ancientry Construction Langdeshangzhai	贵州省黔东南州雷山县
地坪风雨桥	Diping Pavilion Bridge	贵州省黔东南州黎平县
飞云崖古建筑群	The Ancientry Construction of Feishanya	贵州省黔东南州黄平县
旧州古建筑群	The Ancientry Construction of Jiuzhou	贵州省黔东南州黄平县
黎平会议会址	The Site of Liping Conference	贵州省黔东南州黎平县
和平村旧址	The Former Site of Peace Village	贵州省黔东南州镇远县
青龙洞	Qinglong Cave	贵州省黔东南州镇远县
增冲鼓楼	Zengchong Drum-tower	贵州省黔东南州从江县
福泉城墙	Ming Dynasty Wall in Fuquan	贵州省黔南州福泉市
葛镜桥	Gejing Bridge	贵州省黔南州福泉市
交乐墓群	Jiaole Tombs	贵州省黔西南州兴仁市
"二十四道拐"抗战公路	"Twenty-four Shui" Road War	贵州省黔西南州晴隆县
石阡万寿宫	Shiqian Wanshou Palace	贵州省铜仁市石阡县
万山汞矿遗址	The Site of Wanshan Hydrargyrum	贵州省铜仁市万山区
东山古建筑群	The Ancient Building Complex of Dongshan	贵州省铜仁市铜仁市
寨英村古建筑群	The Ancient Building Complex of Zhaiying Village	贵州省铜仁市松桃县
思唐古建筑群	The Ancientry Construction Sitang	贵州省铜仁市思南县
黔东特区革命委员会旧址	The Site of Qiandong SAR Revolution Committee	贵州省铜仁市沿河县、德江县、印江县
遵义会议会址	The Site of Zunyi Conference	贵州省遵义市红花岗区
海龙屯	Hailongtun	贵州省遵义市汇川区
杨粲墓	Yangcan Tomb	贵州省遵义市汇川区
红军四渡赤水战役旧址	The Former Site of Battle of the Red Army Siduchishui	贵州省遵义市习水县、仁怀市
湄潭浙江大学旧址	The Former Site of Zhejiang University in Meitan	贵州省遵义市湄潭县

注:资料来源于省文化和旅游厅,表中文物单位为第一批至第六批全国重点文物保护单位。

Note: The data in this table come from the Department of Culture and Tourism of Guizhou Province. The cultural relics listed in the table are the first to the sixth batch of national key cultural relics protection units.

18-8 续表 continued

名 称	Name	地 址
龙广观音洞遗址	The Ruins of Longguang Cave	贵州省黔西南州安龙县
普安铜鼓山遗址	The Ruins of Puan Timbal Hill	贵州省黔西南州普安县
茶马古道	Tea-Horse Road	四川、云南、贵州
务川大坪墓群	Wuchuan Daping Tombs	贵州省遵义市务川县
兴义万屯墓群	Xingyi Wan Tun Tombs	贵州省黔西南州兴义市
平坝棺材洞	Pingba Coffin Hole	贵州省安顺市平坝区
惠水仙人桥洞葬	Huishui Fairy Bridge Burial Cave	贵州省黔南州惠水县
黔南水族墓群	Qiannan Aquarium Tombs	贵州省黔南州三都县、荔波县
小冲墓群	Small Punch Tombs	贵州省六盘水市盘州市
明十八先生墓	Eighteen Persons´ Tomb of Ming Dynasty	贵州省黔西南州安龙县
鲍家屯水利工程	Baojiatun Hydraulic	贵州省安顺市西秀区
镇远城墙	Zhenyuan Walls	贵州省黔东南州镇远县
安顺武庙	Anshun Wumiao	贵州省安顺市西秀区
隆里古建筑群	The Ancient Building Complex of Longli	贵州省黔东南州锦屏县
石阡府文庙	Shiqian Temple	贵州省铜仁市石阡县
榕江大利村古建筑群	The Ancient Building Complex in the Village Rongjiang Dali	贵州省黔东南州榕江县
楼上村古建筑群	The Ancient Building Complex in the Village Loushang	贵州省铜仁市石阡县
岩门长官司城	Yanmen Long lawsuit City	贵州省黔东南州黄平县
锦屏飞山庙	Jinping Feishan Temple	贵州省黔东南州锦屏县
高阡鼓楼	Gaoqian Drum-tower	贵州省黔东南州从江县
宰俄鼓楼	Zaie Drum-tower	贵州省黔东南州从江县
金勾风雨桥	Jingou Pavilion Boasting	贵州省黔东南州从江县
鲁屯牌坊群	Lu Tun Archway	贵州省黔西南州兴义市
复兴江西会馆	Jiangxi Hall in the Town of Fuxing	贵州省遵义市赤水市
三门塘古建筑群	The Ancient Buildings Complex in the Village of Sanmentang	贵州省黔东南州天柱县
敖氏和罗氏墓群石刻	Ao and Roche´ Tombs of Carved Stone	贵州省毕节市金沙县
尚稽陈玉璧祠	Chenyu Temple in the Town of Shangji	贵州省遵义市播州区
兴义刘氏庄园	The Liu Manor in Xingyi	贵州省黔西南州兴义市
茅台酒酿酒工业遗产群	Maotai Wine Industry Heritage Group	贵州省遵义市仁怀市
王若飞故居	Wang Ruofei´s Former Residence	贵州省安顺市西秀区
述洞独柱鼓楼	Duzhu Drum-tower in the Village of Shudong	贵州省黔东南州黎平县
重安江水碾群	Chongan River Shuinian Group	贵州省黔东南州黄平县
正安尹道真务本堂	Yindaozhen´s Lecture Hall in Zhengan	遵义市正安县
镇远天后宫	Zhenyuan Thean Hou Temple	黔东南州镇远县
玛瑙山营盘遗址	The Ruins of Military Camp in Agate Mountain	遵义市凤冈县
贵阳达德学校旧址	The Site of Guiyang Dade School	贵阳市南明区
猴场会议旧址	The Site of Houchang Conference	黔南州瓮安县
苟坝会议旧址	The Site of Gouba Conference	遵义市播州区
天门河水电厂旧址	The Site of Tianmen River Hydropower plant	遵义市桐梓县
邓萍墓	Dengping Tomb	遵义市红花岗区
三线贵州航空发动机厂旧址	The Site of Sanxian Guizhou Aero Engine Plant	安顺市平坝区
三线贵州歼击机总装厂旧址	The Site of Fighter Plane Assembly Plant	安顺市西秀区

注：表中文物单位为第七批全国重点文物保护单位。
Note:The units in this table are the seventh batch of national key cultural relics protection units.

18-9 历年旅游人数及收入

Tourism Numbers and Earnings Over the Years

年份 Year	国内旅游人数（万人次）Number of Domestic Visitors (10000 person-times)	国内旅游收入（亿元）Earnings from Domestic Tourism (100 million yuan)	入境旅游人数（万人次）Number of Overseas Visitor Arrivals (10000 person-times)	#外国人（万人次）Foreigners (10000 person-times)	国际旅游外汇收入（万美元）Foreign Exchange Earnings from International Tourism (10000 USD)
1980			0.17	0.07	0.70
1981			0.23	0.06	2.49
1982			0.51	0.18	5.73
1983			0.71	0.19	8.03
1984	204	0.07	1.02	0.27	15.86
1985	244	0.07	1.13	0.29	61.95
1986	248	0.05	1.40	0.46	100.19
1987	261	0.07	1.88	0.77	137.22
1988	296	0.18	2.36	0.75	162.54
1989	397	0.18	1.37	0.47	136.75
1990	399	0.19	2.41	0.74	180.90
1991	630	0.66	3.75	1.04	307.35
1992	1426	2.21	7.63	1.87	686.13
1993	1647	4.29	10.25	4.26	1049.45
1994	1700	4.28	12.08	7.61	2109.63
1995	1750	7.18	13.65	7.78	2897.73
1996	1800	8.53	12.53	6.67	3811.95
1997	1850	30.81	15.02	7.81	4429.10
1998	1880	35.14	15.13	6.77	4831.18
1999	1910	43.75	16.70	6.57	5501.54
2000	1980	57.95	18.39	7.12	6092.23
2001	2100	75.81	20.55	7.85	6873.23
2002	2200	99.86	22.81	8.45	7950.63
2003	1835	114.36	7.70	2.40	2893.91
2004	2480	161.02	23.10	7.63	8020.27
2005	3099	242.83	27.62	9.26	10141.36
2006	4716	377.79	32.14	10.70	11515.66
2007	6220	504.04	43.00	15.48	12917.55
2008	8151	643.82	39.54	18.22	11697.37
2009	10400	797.69	39.95	16.28	11044.40
2010	12863	1052.64	50.01	18.61	12957.88
2011	16961	1420.70	58.51	23.62	13507.18
2012	21331	1849.49	70.50	30.42	16893.60
2013	26684	2358.18	77.70	31.97	20143.41
2014	32049	2882.66	85.50	35.94	21671.23
2015	37536	3500.46	94.09	39.83	20111.94
2016	53038	5011.94	110.19	51.83	25270.74
2017	74291	7097.91	126.79	64.86	28326.58
2018	96712	9449.58	146.55	79.57	31762.59
2019	113365	12296.03	161.31	102.11	34503.00
2020	61777	5783.64	4.36	1.94	2110.80
2021	64431	6640.82	5.56	2.33	1949.00
2022	49202	5244.46	4.87	2.21	1708.07

主要统计指标解释

入境游客人数 指报告期内来中国(大陆)观光、度假、探亲访友、就医疗养、购物、参加会议或从事经济、文化、体育、宗教活动的外国人、港澳台同胞等游客(即入境旅游人数)。统计时,入境游客按每入境1次统计1人次。

入境游客包括入境过夜游客和入境一日游游客。

国内游客人数 指报告期内在中国(大陆)观光游览、度假、探亲访友、就医疗养、购物、参加会议或从事经济、文化、体育、宗教活动的中国(大陆)居民,其出游的目的不是通过所从事的活动谋取报酬。统计时,国内游客按每出游1次统计1人次。

国内游客包括国内过夜游客和国内一日游游客。

国际旅游(外汇)收入 入境游客在中国(大陆)境内旅行、游览过程中用于交通、参观游览、住宿、餐饮、购物、娱乐等全部花费。

出境游组团旅行社 指从事招徕、组织、接待中国内地居民出国旅游,赴香港特别行政区、澳门特别行政区和台湾地区旅游,以及招徕、组织、接待在中国内地的外国人、在内地的香港特别行政区、澳门特别行政区居民和在大陆的台湾地区居民出境旅游的业务的旅行社。

国内及入境旅游旅行社 指从事招徕、组织和接待中国内地居民在境内旅游的业务和从事招徕、组织、接待外国旅游者来我国旅游,香港特别行政区、澳门特别行政区旅游者来内地旅游,台湾地区居民来大陆旅游,以及招徕、组织、接待在中国内地的外国人,在内地的香港特别行政区、澳门特别行政区居民和在大陆的台湾地区居民在境内旅游的业务的旅行社。

国内旅游收入 国内游客在旅游过程中(由游客或游客的代表为游客)支付的一切旅游支出就是国家(省、区、市)的国内旅游收入。旅游支出应包括过夜游客和一日游游客在整个游程中行、游、住、食、购、娱,以及为亲友、家人购买纪念品、礼品等方面的旅游支出,不包括为商业目的的购物、购买房、地、车、船等资本性或交易性的投资、馈赠亲友的现金及给公共机构的捐赠。

星级饭店 指设备、设施、服务符合《旅游饭店星级的划分与评定》(GB/T14308-2003),通过相关旅游管理部门评定,并取得星级饭店称号的饭店(含预备星级饭店)。

Explanatory Notes on Main Statistical Indicators

Number of Oversea Visitor Arrivals refer to the number of foreigners, Chinese compatriots from Hong Kong, Macao and Taiwan Chinese who come to China within the reference period for sight-seeing, vacation, visiting relatives, medical treatment, shopping, attending conference, or to engage in economic, cultural, sports and religious activities (namely the number of oversea arrivals). In compiling statistics, each time of entering China is counted as one person-time.

The number of overseas visitor arrivals includes inbound overnight tourists and one-day tourists.

Number of Domestic Tourists refers to the number of Chinese (mainland) residents who travel within China (mainland) for sight-seeing, vacation, visiting relatives, medical treatment, shopping, attending conference, or to engage in economic, cultural, sports and religious activities. In compiling statistics, each time of travelling is counted as one person-time.

Domestic tourists are including domestic overnight visitors and domestic day trip visitors.

Foreign Exchange Earnings from International Tourism refer to the total expenditure of foreigners, overseas Chinese, Chinese compatriots from Hong Kong, Macao and Taiwan during their stay in the mainland of China on transportation of sighting, accommocation, food, shopping and entertainment.

Outbound Travel Agencies refer to the agencies which is engaged in the solicitation, organization, hospitality Chinese mainland residents to travel abroad, to visit Hong Kong SAR, Macao SAR and Taiwan tourism and attract, organize the reception of foreigners in the Chinese mainland, the mainland Hong Kong SAR, Macao SAR residents and residents of Taiwan on the mainland outbound travel business travel.

Domestic and Inbound Tourism Travel Agencies refer to the agencies which is engaged in soliciting travel, organization and hospitality Chinese mainland residents to travel in the territory and engaged in soliciting business, organization, reception of foreign tourists to China′s tourism, Hong Kong SAR, Macao SAR mainland tourists to travel to the mainland for Taiwan residents tourism and attract, organization, reception of foreigners in China Mainland, the Mainland Hong Kong SAR, Macao SAR residents and residents of Taiwan on the mainland tourism business.

Income from Domestic tourism refer to the payment of all tourism expenditure revenue domestic tourists in the tourism process (by the representatives of visitors or tourists for tourists) payment of all tourism expenditure is the national (provincial, autonomous regions and municipalities) of domestic tourism revenue. Travel expenses shall include overnight visitors and day visitors in the entire run Bank of China, travel, housing, food, shopping and entertainment, as well as friends, family, buy souvenirs, gifts and other aspects of tourism expenditure, not including for commercial purposes, shopping, purchase house, ground, cars, boats and other capital investment or trading, cash and gift donations to public institutions.

Star-rated Hotels refer to hotels rated with stars as assessed by the relevant tourism authorities according to GB/T14308-2003 standard with reference to their infrastructure, facilities and service levels.

金融业

Financial Intermediation 19

简 要 说 明

一、主要内容

本篇资料主要反映全省金融、保险和证券业发展情况。

二、资料来源

1.金融资料由中国人民银行贵州省分行提供。

2.保险业资料由国家金融监督管理总局贵州监管局提供。

3.证券资料由中国证券监督管理委员会贵州监管局提供。

Brief Introduction

I. Main Contents

The data in this chapter show the development of financial, securities and insurance industries of Guizhou.

II. Sources of Data

1. The data on financial are provided by Guizhou Provincial Branch of the People´s Bank of China.

2. The data on insurance industry are provided by Guizhou Regulatory Administration , State Financial Regulators

3. The data in the table are provided by Guizhou Regulatory Administration, China Securities Regulatory Commission.

19-1 各类金融机构

Financial Institutions

单位:个 (unit)

指 标	Item	2018	2019	2020	2021	2022
银行类	**Banking Institutions**	**5354**	**5379**	**5406**	**5391**	**5408**
#商业银行	Commercial Banks	3281	4308	4430	4429	4444
外资银行	Foreign Funded Banks	1	1	1	1	1
非银行类	**Non-Bank Financial Intermediaries**	**7**	**7**	**7**	**7**	**6**
#财务公司	Finance Companies	5	5	5	5	4
信托公司	Trust Companies	1	1	1	1	1

注:1.资料来源于国家金融监督管理总局贵州监管局。2.商业银行数量中包括邮政储蓄银行。

Note: 1.The data in the table are obtained from Guizhou Regulatory Administration, State Financial Regulators. 2. The data of Commercial Banks include the data of Postal Savings Banks.

19-2 金融机构人民币各项存贷款余额

Saving Deposits and Loans Balance of Financial Institutions

单位:亿元 (100 million yuan)

指 标	Item	2018	2019	2020	2021	2022	2022年比2021年增长(%) Increase Rate in 2022 over 2021(%)
资金来源合计	**Sources of Funds**	**30380.05**	**34543.02**	**39062.94**	**42848.94**	**47844.80**	**11.7**
各项存款	**Total Deposits**	**26473.34**	**27170.60**	**28276.31**	**30048.12**	**32761.05**	**9.0**
#财政存款	Fiscal Deposits	739.42	471.06	619.86	795.11	823.36	3.6
个人存款	Personal Deposits	10588.61	11527.25	12764.42	14210.90	16320.50	14.8
资金运用合计	**Uses of Funds**	**30380.05**	**34543.02**	**39062.94**	**42848.94**	**47844.80**	**11.7**
各项贷款	**Total Loans**	**24715.05**	**28448.73**	**32235.75**	**35829.38**	**40223.09**	**12.3**
#短期贷款	Short-term Loans	4276.30	4863.57	5351.29	5836.61	6678.22	14.4
中长期贷款	Medium-term & Long-term Loans	20018.37	23033.16	26118.05	29259.16	32449.16	10.9

注:资料来源于中国人民银行贵州省分行。

Note: The data in the table come from Guizhou Provincial Branch of the People´s Bank of China.

19-3 保 险

Insurance

单位：个 (unit)

指　　标	Item	2018	2019	2020	2021	2022	2022年比2021年增长(%) Increase Rate in 2022 over 2021(%)
机构数	**Total**	**1250**	**1255**	**1286**	**1317**	**1334**	**1.3**
省级分公司	Provincial Branches	32	32	33	33	33	持平
地市级分公司	Branches at Prefecture Level	176	176	188	196	199	1.5
县级支公司	Branches at County Level	633	638	656	667	681	2.1
办事处或营业部	Business Offices and Departments	36	36	36	37	38	2.7
营销服务部	Marketing Departments	372	372	372	383	380	-0.8
职工人数	**Total**	**20029**	**20644**	**19562**	**17640**	**16792**	**-4.8**
省级分公司	Provincial Branches	3499	3934	3997	3869	3766	-2.7
地市级分公司	Branches at Prefecture Level	9290	9942	8827	7816	7537	-3.6
县级支公司	Branches at County Level	5918	5441	5503	4915	4554	-7.3
办事处或营业部	Business Offices and Departments	286	331	309	284	277	-2.5
营销服务部	Marketing Departments	1036	996	926	756	658	-13.0

注：1.资料来源于国家金融监督管理总局贵州监管局(以下相关表同)。2. 2017年起，贵州省机构数含1家总公司。

Note: 1.The data in the table are obtained from Guizhou Regulatory Administration, State Financial Regulatory. (the relative tables in the chapter are the same). 2. Since 2017, there has been one head office in the total institutions of Guizhou Province.

19-4 财产保险

Property Insurance

单位：万元 (10000 yuan)

指　标	Item	2018	2019	2020	2021	2022	2022年比2021年增长(%) Increase Rate in 2022 over 2021(%)
保费收入	**Premium**	**2259880**	**2466040**	**2564620**	**2483328**	**2672366**	**7.6**
企业财产保险	Enterprise Property Insurance	45523	49193	51426	54498	57102	4.8
机动车辆保险	Motor Vehicle Insurance	1632961	1720559	1733412	1639346	1723154	5.1
货物运输保险	Freight Transport Insurance	4385	5102	4603	5736	9448	64.7
责任保险	Liability Insurance	100097	107637	129702	145761	164939	13.2
信用保证保险	Credit and Guarantee Insurance	113056	170726	123818	60351	65947	9.3
农业保险	Agriculture Insurance	118798	136115	166820	179198	203353	13.5
其他保险	Other Insurance	245060	276709	354841	398438	448422	12.5
储金	**Deposits**	**9507**	**18063**	**12880**	**15057**	**11711**	**-22.2**
赔案件数(万件)	**Cases of Claims (10000 cases)**	**288.83**	**352**	**657**	**728**	**999**	**37.1**
赔款支出	**Claim and Payment**	**1179830**	**1321276**	**1415752**	**1584699**	**1640931**	**3.5**
企业财产保险	Enterprise Property Insurance	18602	16036	19042	19478	21556	10.7
机动车辆保险	Motor Vehicle Insurance	895841	952004	967876	1063575	1031501	-3.0
货物运输保险	Freight Transport Insurance	467	712	806	656	1584	141.3
责任保险	Liability Insurance	53974	61132	62126	64575	75758	17.3
信用保证保险	Credit and Guarantee Insurance	27277	51776	99338	103802	110263	6.2
农业保险	Agriculture Insurance	61617	89447	96136	116023	157032	35.3
其他保险	Other Insurance	122051	150169	170428	216590	243237	12.3
未决赔款	**Outstanding Claim**	**417754**	**441080**	**459657**	**502684**	**540120**	**7.4**

注：1.资料来源于国家金融监督管理总局贵州监管局(下表同)。2.储金为保险机构银行活期存款金额。

1.The data come from Guizhou Regulatory Administration, State Financial Regulatory (the same as in the following table). 2.The deposits in the table are the bank demand deposits of the insurance institutions.

19-5 财产保险主要指标(2022)
Major Indicators on Property Insurance (2022)

指标	Item	合计 Total	企业财产保险 Enterprise Property Insurance	家庭财产保险 Family Property Insurance	机动车辆保险 Motor Vehicle Insurance	工程保险 Engin-eering Insurance	责任保险 Liability Insurance	保证保险 Guarantee Insurance	信用保险 Export Credit Insurance
承保件数(万件)	Amount Insured (10000 cases)	27784	19	221	1326	0	512	275	0
保险金额或责任限额(亿元)	Insurance Value or Liability Limit (100 million yuan)	839042	8927	18866	143314	1211	103376	160	0
签单保费(万元)	Premium of Sign Bill (10000 yuan)	2735550	57598	35237	1771559	20235	167597	66754	1510
赔付件数(万件)	Amount Claim and Payment (10000 cases)	999	1	2	166	0	7	33	0
已决赔款(万元)	Settled claim (10000 yuan)	1614935	21134	8133	998730	22522	73956	127950	89
未决赔款(万元)	Outstanding claim (10000 yuan)	540120	12688	750	381411	26613	60282	1200	923

19-5 续表 continued(2022)

指标	Item	船舶保险 Ship Insurance	货物运输保险 Freight Transport Insurance	特殊风险保险 Special Risk Insurance	农业保险 Agricultural Insurance	健康险 Health Insurance	意外伤害保险 Accident Injury Insurance	其他险 Other Insurance
承保件数(万件)	Amount Insured(10000 cases)	0.01	37.60	0.02	4.14	1946.32	2075.90	21367.23
保险金额或责任限额(亿元)	Insurance Value or Liability Limit (100 million yuan)	0.89	4809.51	69.82	2061.48	174331.19	343683.85	38231.14
签单保费(万元)	Premium of Sign Bill(10000 yuan)	104.77	10226.60	2616.95	203463.44	234560.64	144419.68	19669.43
赔付件数(万件)	Amount of Claim and Payment (10000 cases)		0.93	0.19	20.15	94.85	6.76	666.45
已决赔款(万元)	Settled claim(10000 yuan)	7.15	1490.57	983.48	152366.31	149324.50	50092.61	8157.01
未决赔款(万元)	Outstanding claim(10000 yuan)	20.60	612.44	876.60	16854.66	8104.34	29521.60	261.41

注:赔付件数指已决赔付件数。

Note: The amount of the claim and payment refers to the amount of settled claims.

19-6 人寿保险

Life Insurance

单位:万元 (10000 yuan)

指 标	Item	2018	2019	2020	2021	2022	2022年比2021年增长(%) Increase Rate in 2022 over 2021(%)
保费收入	**Premium Income**	**2198902**	**2426545**	**2553049**	**2479272**	**2370018**	**-4.4**
#新单保费	Premium of New Guarantee Slip	935638	998189	976533	860008	762338	-11.4
#个人业务	Personal Business	1987744	2196702	2326246	2281734	2172492	-4.8
人寿保险	Life Insurance	1615517	1715809	1824857	1803170	1754551	-2.7
意外伤害险	Accident Injury Insurance	62184	60528	55047	42589	32533	-23.6
健康险	Health Insurance	310043	420366	446341	435975	385408	-11.6
#团体业务	Group Business	211157	229843	226803	197538	197525	0.0
人寿保险	Life Insurance	3481	5830	4341	3907	3921	0.4
意外伤害险	Accident Injury Insurance	21768	18742	17596	15754	13226	-16.0
健康险	Health Insurance	185909	205270	204866	177878	180378	1.4
有效保单件数(万件)	**Cases of Virtual Guarantee Slip (10000 cases)**	**1127**	**1411**	**1552**	**1436**	**1407**	**-2.0**
赔款及给付支出	**Claim and Payment**	**632831**	**544401**	**544893**	**484825**	**539839**	**11.3**
个人业务	Personal Business	417692	345452	350120	320475	333355	4.0
赔款支出	Claim Paid	20524	25644	25901	30021	24843	-17.2
年金给付	Payment for Annuity	111552	92985	83596	84345	80129	-5.0
满期给付	Payment for Expiration	221163	148876	153800	100478	119318	18.8
死伤医疗给付	Payment for Death and Injured person	64454	77947	86823	105631	109065	3.3
团体业务	Group Business	215139	198950	194773	164350	206484	25.6
赔款支出	Claim and Payment	173021	182499	178142	150138	191639	27.6
年金给付	Payment for Annuity	4135	5712	6165	6620	7156	8.1
满期给付	Payment for Expiration	30991	4620	6262	3083	2423	-21.4
死伤医疗给付	Payment for Death and Injured Person	6991	6118	4204	4508	5266	16.8

注:本表数据包含华贵人寿、中国人寿、太保寿险、平安寿险、新华人寿、泰康人寿、平安养老、太平人寿、人保寿险、富德生命人寿、泰康养老、阳光人寿12家人寿保险分公司数据(下表同)。

Note: The data in the table include the figures of the Guizhou Branches of Huagui Life Insurance Company, China Life Insurance Company, Pacific Life Insurance Company, Ping´an Life Insurance Company, Xinhua Life Insurance Company, Taikang Life Insurance Company, Ping´an pension Insurance and Life Insurance Company, Taiping Life Insurance Company, PICC Life Insurance Company, Funde Sino Life Insurance Company, Taikang pension Insurance and Life Insurance Company, Sunshine Life Insurance Company (the same applies to the next table) .

19-7 人寿保险主要指标(2022)

Major Indicators on Life Insurance (2022)

单位:万元 (10000 yuan)

指标项目	Item	合 计 Total	寿险业务 Life Insurance Business	普通寿险 Normal Life Insurance	个人业务 Personal	团体业务 Group	分红寿险 Share out Bonus	个人业务 Personal	团体业务 Group
保费收入	Premium Income	2370017.60	1758472.61	1239312.12	1235401.58	3910.54	510750.01	510739.49	10.51
期末有效保险金额(亿元)	Virtual Insurance Value at the Year-end(100 million yuan)	163152.01	19841.42	18968.41	18575.90	392.52	639.80	636.01	3.79
期末有效承保人次(万人)	Virtual Insurance Person-time at the Year-end (10000 persons)	6147.21	923.14	703.61	664.73	38.88	132.31	124.86	7.45
期末有效承保保单件数(万件)	Cases of Virtual Guarantee Slip at the Year-end (10000 cases)	1406.62	603.87	400.69	394.33	6.36	124.07	123.54	0.53
赔款和给付支出	Expenditure for Claim and Payment	539839.06	260978.62	118164.87	103978.04	14186.83	140202.62	140176.34	26.28
#赔款支出	Claim and Payment	216481.30							
死伤医疗给付	Payment for Death,Injury or Medical Treatment	114331.38	52344.79	43682.06	39048.42	4633.64	6922.59	6922.59	
满期给付	Mature Payment	121740.99	121348.44	33123.21	30700.16	2423.05	87354.37	87354.37	
年金给付	Payment for Annuity	87285.39	87285.39	41359.60	34229.46	7130.14	45925.66	45899.38	26.28
退保金	Surrender Value	443887.74	418000.40	249621.80	249572.68	49.12	168370.38	168367.04	3.34
在售产品数量(个)	Amount of Products under Selling(unit)	2292	726	547	494	53	85	82	3

19-7 续表 continued

单位:万元 (10000 yuan)

指标项目	Item	投资连结产品 Life Insurance Product in Investment	万能寿险 Omnipotence Life Insurance	健康险业务 Health Insurance	个人业务 Personal	团体业务 Group	意外伤害保险业务 Unforeseen Injury Insurance
保费收入	Premium Income	78.71	8331.78	565786.39	385408.33	180378.06	45758.60
期末有效保险金额(亿元)	Virtual Insurance Value at the Year-end (100 million yuan)	2.00	231.21	126538.93	38872.13	87666.80	16771.66
期末有效承保人次(万人)	Virtual Insurance Person-time at the Year-end (10000 persons)	0.34	86.89	3781.99	1308.22	2473.76	1442.08
期末有效承保保单件数(万件)	Cases of Virtual Guarantee Slip at the Year-end (10000 cases)	0.30	78.80	564.90	514.68	50.21	237.85
赔款和给付支出	Expenditure for Claim and Payment	272.25	2338.87	268070.28	82102.65	185967.63	10790.16
#赔款支出	Claim and Payment			205691.14	20355.88	185335.26	10790.16
死伤医疗给付	Payment for Death,Injury or Medical Treatment	32.11	1708.03	61986.59	61354.22	632.37	
满期给付	Mature Payment	240.14	630.72	392.55	392.55		
年金给付	Payment for Annuity		0.12				
退保金	Surrender Value	0.06	8.17	25887.34	25633.69	253.65	
在售产品数量(个)	Amount of Products under Selling (unit)	13	81	1244	881	363	322

19-8 贵州上市公司股票发行情况(2022)
Summary List of Stocks Publicly Issued by Guizhou Enterprises(2022)

单位:亿股 (100 million shares)

上市公司名称	Listed Companies	上市时间 Listed Time	板块类别 Sector of Listed Companies	总股本(亿股) Total Capital Stock (100 million shares)	流通股(A股) Negotiable Shares(A Shares)	流通股(B股) Negotiable Shares(B Shares)	募集资金总额(亿元) Total Amount Issued (100 million yuan)
中天金融	Zhongtian Financial Group Company Limited	1994.02.02	主板	70.05	69.69		
贵州轮胎	Guizhou Tyre Co.,Ltd.	1996.03.08	主板	11.48	11.30		18.00
中航重机	AVIC Heavy Machinery Co.,Ltd.	1996.11.06	主板	14.72	14.67		
振华科技	China Zhenhua (Group) Science & Technology Co.,Ltd.	1997.07.03	主板	5.20	5.20		
ST天成	Guizhou Changzheng Tiancheng Holding Co.,Ltd.	1997.11.27	主板	5.09	5.09		
高鸿股份	Gohigh Data Networks Technology Co.,Ltd.	1998.06.09	主板	11.65	10.99		
沃顿科技	Vontron Technology Co.,Ltd.	1999.06.16	主板	4.73	4.22		4.07
圣济堂	Guizhou Salvage Pharmaceutical CO.,Ltd.	2000.02.21	主板	16.93	12.78		
红星发展	Guizhou Redstar Developing Co.,Ltd.	2001.03.20	主板	2.93	2.93		
盘江股份	Guizhou Panjiang Refined Coal Co.,Ltd.	2001.05.31	主板	21.47	21.47		35.00
贵州茅台	Kweichow Moutai Co.,Ltd.	2001.08.27	主板	12.56	12.56		
贵航股份	Guizhou Guihang Automotive Components Co.,Ltd.	2001.12.27	主板	4.04	4.04		
益佰制药	Guizhou Yibai Pharmaceutical Co.,Ltd.	2004.03.23	主板	7.92	7.92		
贵绳股份	Guizhou Wire Rope Co.,Ltd.	2004.05.14	主板	2.45	2.45		
航天电器	Guizhou Space Appliance Co.,Ltd.	2004.07.26	主板	4.53	4.53		
保利联合	Poly Union Chemical Holding Group Co.,Ltd.	2004.09.08	主板	4.84	4.84		
黔源电力	Guizhou Qianyuan Power Co.,Ltd.	2005.03.03	主板	4.28	4.28		
信邦制药	Guizhou Xinbang Pharmaceutical Co.,Ltd.	2010.04.16	主板	19.44	18.30		
贵州百灵	Guizhou Bailing Group Pharmaceutical Co.,Ltd.	2010.06.03	主板	14.11	10.78		
朗玛信息	Guiyang Longmaster Information&Technology Co.,Ltd.	2012.02.16	创业版	3.38	2.52		
贵阳银行	Bank Of Guiyang CO.,Ltd.	2016.08.16	主板	36.56	35.69		
永吉股份	Guizhou Yongji Printing CO.,Ltd.	2016.12.23	主板	4.19	4.19		1.46
贵广网络	Guizhou BC&TV Information Network Co.,Ltd.	2016.12.26	主板	12.06	12.06		
新天药业	Guiyang Xintian Pharmaceutical Co.,Ltd.	2017.05.19	主板	2.32	2.22		
勘设股份	Guizhou Transportation Planning Survey & design Academe Co.,Ltd.	2017.08.09	主板	3.14	3.11		
川恒股份	Guizhou Chanhen Chemical Corporation	2017.08.25	主板	5.02	4.93		
贵州燃气	Guizhou Gas Group Corporation Ltd.	2017.11.07	主板	11.38	11.38		
泰永长征	Guizhou Taiyong-Changzheng Technology Co.,Ltd.	2018.02.23	主板	2.23	2.20		
华夏航空	China Express Airlines Co.,Ltd.	2018.03.02	主板	12.78	10.14		24.35
贵州三力	Guizhou SanLi Pharmaceutical Co.,Ltd.	2020.04.28	主板	4.11	1.62		
中伟股份	Cngr Advanced Material Co.,Ltd.	2020.12.23	创业板	6.71	1.88		43.07
航宇科技	Guizhou Aviation Technical Development CO.,Ltd.	2021.07.05	科创板	1.43	1.01		
振华新材	Guizhou Zhenhua E-chem lnc	2021.09.14	科创板	4.43	2.79		
振华风光	Guizhou Zhenhua Fengguang Semiconductor Co.,Ltd.	2022.08.26	科创板	2.00	0.43		33.50
中毅达	Guizhou Zhongyida Co.,Ltd.	1992.08.05	主板	10.71	4.49	3.60	

注:1.资料来源于中国证券监督管理委员会贵州监管局。2.募集资金总额包括首发、增发、配股、可转债等募集的资金。

Note: 1.The data in the table are provided by Guizhou Regulatory Administration, China Securities Regulatory Commission. 2.Total Raised Capitals include money raised by the first, issuing, allotment, convertible bonds of listed companies.

19-9 历年金融机构人民币各项存贷款余额

Saving Deposits and Loans Balance of Financial Institutions Over the Years

单位：亿元 (100 million yuan)

年 份 Year	各项存款余额 Total Deposits Balance	#个人储蓄存款 Personal Savings Deposits	人均储蓄余额(元) Per Capita Savings Deposits (yuan)	各项贷款余额 Total Loans Balance
1978	18.05	1.84	6.91	21.62
1979	19.82	2.42	8.93	23.31
1980	24.43	3.73	13.54	24.94
1981	25.75	5.28	18.85	30.10
1982	30.75	7.26	25.46	33.99
1983	35.25	8.86	30.68	36.07
1984	45.33	12.33	42.27	46.22
1985	52.27	16.61	56.27	63.41
1986	69.76	22.21	74.06	89.67
1987	83.79	30.37	99.60	107.76
1988	91.92	34.99	112.87	125.17
1989	107.35	44.54	141.44	142.73
1990	144.39	61.27	190.32	183.91
1991	187.06	80.30	243.99	234.56
1992	232.80	102.07	305.80	290.01
1993	291.22	141.88	419.16	357.00
1994	364.84	181.05	527.30	421.07
1995	478.21	247.62	710.89	513.41
1996	586.26	311.19	881.12	610.51
1997	712.80	362.87	1013.43	761.88
1998	815.43	423.08	1164.96	840.63
1999	945.80	484.51	1315.23	899.83
2000	1106.64	539.49	1445.23	1064.82
2001	1341.11	641.67	1698.83	1212.23
2002	1553.00	759.05	1988.13	1403.92
2003	1898.62	912.84	2368.88	1714.04
2004	2322.27	1094.55	2816.16	2020.04
2005	2777.54	1350.90	3633.79	2303.93
2006	3300.08	1596.86	4304.20	2696.11
2007	3826.37	1790.14	4889.76	3128.63
2008	4736.93	2237.05	6189.96	3569.27
2009	5898.26	2676.09	7502.35	4656.50
2010	7363.92	3244.99	9250.26	5747.53
2011	8742.79	3934.48	11226.94	6841.92
2012	10540.06	4806.09	13505.94	8274.78
2013	13265.01	5919.05	16398.53	10104.30
2014	15263.26	6620.56	18116.18	12368.30
2015	19438.64	6861.43	18582.07	15051.94
2016	23770.93	7795.01	20881.36	17857.80
2017	26088.89	8581.34	22698.95	20860.34
2018	26473.34	9099.21	23866.79	24715.05
2019	27170.60	9929.40	25891.53	28448.73
2020	28276.31	11280.79	29277.95	32235.75
2021	30048.12	12610.70	32712.58	35829.38
2022	32761.05	14377.56	37305.54	40223.09

注：1. 2005年及以后各年人均储蓄余额采用按人口普查修订后常住半年的年平均人口计算，以前年份按常住一年口径计算。2.表中个人储蓄存款及人均储蓄余额2010年及以前为城乡居民储蓄存款和城乡居民人均储蓄。

Note: 1.Per capita savings deposits have been calculated by permanent population in half a year scope since 2005, and by permanent population in one year scope before 2005. 2. In the year 2010 and before, personal savings deposits and per captia savings deposits respectively refer to urban and rural resident savings and per capita savings deposits.

主要统计指标解释

存款 指企业、机关、团体或居民把货币资金存入银行或其他信贷机构保管，可随时或按约定时间支取款项，并取得一定利息的一种信用活动形式。根据存款对象或性质的不同可划分为住户存款、非金融企业存款、政府存款、非银行业金融机构存款等科目。它是银行信贷资金的主要来源。

贷款 指银行或其他信贷机构根据资金必须归还的原则，按一定利率，为企业、个人等提供资金的一种信用活动形式。我国银行贷款分为短期贷款、中长期贷款、融资租赁、票据融资、各项垫款、境外贷款等。

保费 指投保人为取得保险人在约定范围内所承担赔偿责任而支付给保险人的费用。

赔款 指保险人对保险事故造成的损失，根据合同约定向被保险人或受益人给予的经济补偿。

给付 包括死伤医疗给付和满期给付。死伤医疗给付是指保险人根据人寿保险及长期健康保险合同的规定，因被保险人在保险期内发生保险责任范围内的保险事故支付给被保险人(或受益人)的金额。满期给付是指被保险人生存期满，保险人按人寿保险合同规定支付给被保险人的满期保险金额。

Explanatory Notes on Main Statistical Indicators

Deposit refers to a form of credit activity in which an enterprise, organ, group or resident deposits monetary funds in a bank or other credit institution for safekeeping and may withdraw funds at any time or at the agreed time and obtain certain interest. According to the different objects or properties of deposits, it can be divided into household deposits, non-financial corporate deposits, government deposits, and deposits of non-banking financial institutions. Deposits are major sources of the credit funds of banks.

Loan is a form of credit by which banks and other credit institutions provide funds at certain interest rate to enterprises and individuals in the light of the principle of unconditional repayment. Bank loans in China are divided into short-term loans, medium - and long-term loans, financial leasing, bill financing, advances, overseas loans, etc.

Premium refers to the expenses paid to the insurer by the applicant to obtain the insurer's liability for compensation within the agreed scope.

Settled Claim is the economic compensation that for the insurance losses caused by the accident and according to the contract, the insurer paid to the insured or the beneficiary.

Payment includes death and injury medical benefits and expired benefits. Death and injury medical benefits refer to the expenses paid by the insurer to the insured (or the beneficiary) for the insured's occurrence of an insured event within the scope of the insured's liability during the period of insurance, according to life insurance and long-term health insurance contract provisions. Expired benefits refer to the expired insurance amount paid by the insurer to the insured as stipulated in the life insurance contract, upon the expiration of the life of the insured.

教 育

Education 20

简 要 说 明

一、主要内容

本篇资料主要反映全省教育事业发展情况。包括:公办教育和民办教育、学历教育和非学历教育。具体有高等教育(研究生教育、普通高等教育和成人高等教育)、中等教育(高中阶段教育和初中阶段教育)、初等教育(小学)、学前教育、民族教育、特殊教育(盲聋哑和弱智学校等)以及教育经费等资料,主要指标包括学校数、在校学生数、招生数、毕业生数、教职工数和专任教师数等。

二、资料来源

本篇资料由省教育厅、省人力资料社会保障厅提供。

Brief Introduction

I. Main Contents

The data in this chapter show the development of education, and cover the situations on education funded by government and non-government agencies, as well as the education with and without academic credentials, including higher education (education of postgraduates, general higher education and adult education), secondary education (senior and junior high schools), elementary education (primary schools), preschool education, national education, special education (schools for the blind, the deaf and the mentally handicapped, etc.) and education funds and other information. Key indicators include the number of schools, the number of students enrolled, the number of new students enrolled, the number of graduates, the number of staff and workers, and the number of full-time teachers.

II. Sources of Data

The data in this chapter are provided by Provincial Guizhou Department of Education, the Ministry of Human Resources and Social Security of Guizhou Province.

20-1 各级各类学校数

Number of Schools by Level and Type

单位：所 (unit)

指　标	Item	2018	2019	2020	2021	2022
研究生培养机构	Institutions Providing Postgraduate Programs	9	10	10	10	10
普通高等学校	Regular Higher Education Institutions	72	72	75	75	77
成人高等学校	Adult Higher Education Institutions	3	3	3	3	3
中等职业学校	Secondary Vocational Education	183	185	184	183	183
普通中专学校	Regular Specialized Secondary Schools	67	65	63	64	63
职业高中学校	Vocational Senior Secondary Schools	110	115	116	114	115
成人中专学校	Adult Specialized Secondary Schools	6	5	5	5	5
普通中学	Regular Secondary Schools	2468	2476	2491	2491	2396
高　中	Senior Secondary Schools	466	468	471	478	494
初　中	Junior Secondary Schools	2002	2008	2020	2013	1902
#九年一贯制学校	9-Year Schools	525	535	550	563	475
小　学	Primary Schools	6951	6943	6855	6709	6470
幼儿园	Kindergartens	10306	10685	11017	11305	11167
特殊教育	Special Education	77	77	77	77	78
专门学校	Correctional Work-Study Schools	18	22	21	22	25
成人中学	Adult Secondary Schools	52	75	41	0	0
成人技术培训学校	Adult Technical Training Schools	3910	4635	4476	1820	1674
成人小学	Adult Primary Schools	3035	2310	1801	10	10

注：资料来源于省教育厅。2. 2021年起，"工读学校"改为"专门学校"(以下表同)。

Note: The data in the table are provided by the Department of Education of Guizhou Province, From 2021, "work-study school" will be changed to " correction work-study schools"(the relative tables in the chapter are the same).

20-2 各级各类学校专任教师数

Number of Full-time Teachers by Level and Type of School

单位:人 (person)

指 标	Item	2018	2019	2020	2021	2022
专任教师	**Number of Full-time Teachers**					
培养研究生的单位	Institutions Providing Postgraduate Programs	4686	4937	5427	6580	7365
普通高等学校	Regular Higher Education Institutions	36243	37753	39418	40660	43403
成人高等学校	Adult Higher Education Institutions	353	342	91	80	80
中等职业学校	Secondary Vocational Schools	17386	17470	16630	17228	17773
普通中专学校	Regular Specialized Secondary Schools	5724	5485	4675	4921	4943
职业高中学校	Vocational Senior Secondary Schools	10506	10819	10826	11552	11859
成人中专学校	Adult Specialized Secondary Schools	1067	1076	1036	375	416
其它中职机构	Other Secondary Vocational Education Institutions	89	90	93	90	288
附设中职班	Subsidiary Secondary Vocational Class	0	0	0	290	267
普通中学	Regular Secondary Schools	194840	196323	198076	200296	203234
高 中	Senior Secondary Schools	66598	68099	69086	70536	71721
初 中	Junior Secondary Schools	128242	128224	128990	129760	131513
小 学	Primary Schools	207839	212485	215012	212735	200539
幼儿园	Kindergartens	87421	90713	94064	104954	111871
特殊教育	Special Education	1839	1922	1981	2068	2085
专门学校	Correctional Work-Study Schools	271	320	318	363	393
成人中学	Adult Secondary Schools	240	790	500	0	0
成人技术培训学校	Adult Technical Training Schools	4980	7683	8257	5480	4258
成人小学	Adult Primary Schools	3882	4935	4063	33	122

注:2021年起,中等职业学校增加附设中职班。
Note: From 2021, secondary vocational schools will provide additional secondary vocational classes。

20-3 各级各类学校招生数

Number of New Students Enrollment by Level and Type of School

单位：人 (person)

指 标	Item	2018	2019	2020	2021	2022
研究生	Postgraduates	7848	8483	11078	12166	13352
普通高等教育	Regular Higher Education Institutions	229587	261485	277696	268510	279347
成人高等教育	Adult Higher Education	35087	33325	35384	28988	31900
#成人高等学校	Adult Higher Education Institutions	434	916	873	1239	554
中等职业学校	Secondary Vocational Schools	166564	154707	145981	157849	283821
普通中专学校	Regular Specialized Secondary Schools	60918	46063	36647	39004	47686
职业高中学校	Vocational Senior Secondary Schools	95391	97199	96697	108570	224202
成人中专学校	Adult Specialized Secondary Education	1690	1986	3498	2907	2161
其他中职机构	Other Secondary Vocational Education Institutions	90	71	155	118	3059
附设中职班	Subsidiary Secondary Vocational Class	8475	9388	8984	7250	6713
普通中学	Regular Secondary Schools	952430	886868	924971	973759	974321
高 中	Senior Secondary Schools	337279	325020	331313	331022	308531
初 中	Junior Secondary Schools	615151	561848	593658	642737	665790
小 学	Primary Schools	675210	687609	648934	624076	555423
幼儿园	Kindergartens	687339	654564	699124	638475	534353
特殊教育	Special Education	6147	7876	6948	7419	6881
专门学校	Correctional Work-Study Schools	943	1566	989	2822	1826

20-4 各级各类学校在校生数

Number of Students Enrollment by Level and Type of School

单位：人 (person)

指 标	Item	2018	2019	2020	2021	2022
在校生数	**Total Enrollment**					
研究生	Postgraduate	20946	23676	27668	31675	36844
普通高等教育	Regular Higher Education Institutions	687530	765745	840249	881641	894725
成人高等教育	Adult Higher Education	95478	92078	92726	86992	70000
#成人高等学校	Adult Higher Education Institutions	4394	4694	5111	4701	2701
中等职业学校	Secondary Vocational Schools	472182	438121	403573	397515	524361
普通中专学校	Regular Specialized Secondary Schools	175781	152146	117976	105088	104649
职业高中学校	Vocational Senior Secondary Schools	259764	254153	253652	261658	385404
成人中专学校	Adult Specialized Secondary Education	5185	5576	7031	8128	8021
其他中职机构	Other Secondary Vocational Education Institutions	309	262	292	314	6647
附设中职班	Subsidiary Secondary Vocational Class	31143	25984	24622	22327	19640
普通中学	Regular Secondary Schools	2816227	2784875	2755931	2765482	2849129
高 中	Senior Secondary Schools	1007791	992072	975235	965576	950612
初 中	Junior Secondary Schools	1808436	1792803	1780696	1799906	1898517
小 学	Primary Schools	3717297	3882991	3972666	3963246	3576094
幼儿园	Kindergartens	1549437	1545246	1588464	1655347	1612703
特殊教育	Special Education	31068	38942	42053	42351	41295
专门学校	Correctional Work-Study Schools	1342	2183	1283	2822	1829
成人中学	Adult Secondary Schools	7920	9394	5194	0	0
成人技术培训学校	Adult Technical Training Schools	837569	898526	830610	431614	379100
成人小学	Adult Primary Schools	146770	100071	83095	793	3760

20-5 各级各类学校毕业生数

Number of Graduates by Level and Type of School

单位：人 (person)

指 标	Item	2018	2019	2020	2021	2022
毕业生数	**Graduates**					
研究生	Postgraduate	5361	5559	6942	7468	7590
普通高等教育	Regular Higher Education Institutions	149037	169655	194515	211215	251248
成人高等教育	Adult Higher Education	44575	38101	33897	30090	25100
#成人高等学校	Adult Higher Education Institutions	1184	608	453	222	1182
中等职业学校	Secondary Vocational Schools	152670	142170	134772	128181	114579
普通中专学校	Regular Specialized Secondary Schools	54750	51126	43768	40148	34430
职业高中学校	Vocational Senior Secondary Schools	82672	78496	78924	78715	70886
成人中专学校	Adult Specialized Secondary Education	968	1318	1568	1542	1770
其他中职机构	Other Secondary Vocational Education Institutions	100	104	110	77	462
附设中职班	Subsidiary Secondary Vocational Class	14180	11126	10402	7699	7031
普通中学	Regular Secondary Schools	959035	934814	951403	950291	874556
高 中	Senior Secondary Schools	330559	333356	340290	327933	313442
初 中	Junior Secondary Schools	628476	601458	611113	622358	561114
小 学	Primary Schools	605043	545516	581395	634938	597913
幼儿园	Kindergartens	661726	659658	637090	603782	575202
特殊教育	Special Education	3311	4297	6135	7900	2212
专门学校	Correctional Work-Study Schools	821	1462	1428	2158	1479
成人中学	Adult Secondary Schools	4817	11088	5194	0	0
成人技术培训学校	Adult Technical Training Schools	873665	857997	767585	406490	334600
成人小学	Adult Primary Schools	131063	96229	70867	0	413

20-6 教师职称

Technical Rank of Teachers

单位：人 (person)

指 标	Item	2018	2019	2020	2021	2022
高等学校教师数	**Teachers of Regular Higher Education Institutions**	**36596**	**38095**	**39509**	**40740**	**43483**
正高级	Senior	3470	3774	3840	4091	4307
副高级	Sub-senior	11317	11950	12291	12267	12936
中 级	Middle	10619	11081	12094	12905	13891
初 级	Junior	6155	5724	6111	5656	5783
无职称	No Rank	5035	5566	5173	5821	6566
中等职业学校教师数	**Teachers of Secondary Vocational Education**	**17386**	**17470**	**16630**	**17228**	**17773**
正高级	Senior	54	56	59	85	105
副高级	Sub-senior	2601	2780	2680	2897	3067
中 级	Middle	5401	5531	5383	5159	5487
初 级	Junior	6381	6318	5511	5201	4653
无职称	No Rank	2949	2785	2997	3886	4461
普通中学教师数	**Teachers of Regular Secondary Schools**	**194840**	**196323**	**198076**	**200296**	**203234**
正高级	Senior		352	395	480	460
副高级	Sub-senior	35264	36424	38112	39711	41695
中 级	Middle	68483	73167	75711	76337	77985
助理级	Assistant	65392	60332	58332	55127	52833
员 级	Technician	1774	3107	2802	2611	1735
未定职级	Undetermined	23927	22941	22724	26030	28526
小学教师数	**Teachers of Regular Primary Schools**	**207839**	**212485**	**215012**	**212735**	**215230**
正高级	Senior		16	38	58	58
副高级	Sub-senior	3447	9593	11780	14458	17947
中 级	Middle	95949	112948	112577	105045	106433
助理级	Assistant	63975	58002	58994	59571	59346
员 级	Technician	18799	5425	4548	4455	3368
未定职级	Undetermined	25669	26501	27075	29148	28078

注：2018年起普通中学、小学统一职称（职务）等级和名称，分别为：正高级、副高级、中级、助理级、员级、未定职级。

Note: Since 2018, regular middle schools and primary schools have unified technical ranks (posts), namely senior, sub-senior, middle, assistant, technician, and undetermined.

20-7 各级各类学校女学生和女教师数

Female Students and Teachers by Level and Type of School

单位:人 (person)

指标	Item	2018	2019	2020	2021	2022
在校女生数	**Number of Female Students Enrollment**					
普通高等教育	Regular Higher Education	381322	424200	462884	477339	478359
成人高等教育	Adult Higher Education	61145	58625	58095	55110	46040
中等职业教育	Vocational Secondary Education	235686	209688	183276	178057	246915
普通中学	Regular Secondary Schools	1369786	1347135	1331199	1335143	1373769
#高　中	Senior Secondary Schools	526558	516355	503385	496105	484409
初　中	Junior Secondary Schools	843228	830780	827814	839038	889360
小　学	Primary Schools	1735762	1811674	1851653	1844842	1821299
女教师数	**Number of Female Teachers**					
普通高等学校	Regular Higher Education Institutions	19032	19930	20997	22150	23790
成人高等学校	Adult Higher Education Institutions	210	201	57	50	49
中等职业学校	Secondary Vocational Schools	8624	8765	8288	9024	9438
普通中学	Regular Secondary Schools	88846	90923	93021	96483	99970
#高　中	Senior Secondary Schools	31439	32548	33435	34708	36031
初　中	Junior Secondary Schools	57407	58375	59586	61775	63939
小　学	Primary Schools	112594	117347	120764	125266	127740

20-8 各级各类学校师生比

Student-Teacher Ratio by Level and Type of School

单位:学生/教师 (Student / Teacher)

指 标	Item	2018	2019	2020	2021	2022
普通高等学校	Regular Higher Education Institutions	18.97	20.28	21.62	21.68	20.61
普通高中	Regular Senior Secondary School	15.13	14.57	14.12	13.69	12.25
初 中	Junior Secondary School	14.10	13.98	13.8	13.87	14.44
小 学	Primary School	17.89	18.27	18.48	18.63	18.19

20-9 各级各类学校学生入学率

Enrollment Rate by Level and Type of School

单位:% (%)

指 标	Item	2018	2019	2020	2021	2022
小学学龄儿童入学率	Enrollment Rate of School-age Children in Primary Schools	99.7	99.7	99.9	99.9	99.9
小学毕业生升学率	Enrollment Rate of Primary Schools Graduates	100.0	100.0	100.0	100.0	100.0
初中阶段毛入学率	Rate of Primary School Graduates Entering into Junior Secondary Schools	109.7	109.9	109.8	111.1	110.2
高中阶段毛入学率	Rate of Junior Secondary School Graduates Entering into Senior Secondary Schools	88.0	89.0	90.7	91.5	91.8
高等教育毛入学率	Rate of Senior Secondary School Graduates Entering into Institution of Higher Education	36.0	38.2	41.6	45.7	47.8
九年义务教育巩固率	The Consolidation Rate of Nine Year Compulsory Education	91.0	93.0	95.0	95.5	95.6

20-10 普通高等学校基本情况(2022)

Basic Statistics on Regular Institutions of Higher Education(2022)

单位:人 (person)

类别	Sort	学校数(所) Number of Schools (unit)	毕业生数 Graduates with Degrees or Diplomas	招生数 New Enrollment	在校学生人数 Enro-llment	教职员工 Teachers, Staff & Workers	#专任教师 Full-time Teachers	#正、副教授 Senior and Sub-senior Professors
普通高等院校	**Regular Institutions of Higher Education**	**75**	**251248**	**279347**	**894725**	**57882**	**43403**	**17211**
综合大学	Comprehensive Universities	22	81528	87611	266725	16792	12779	4482
理工院校	Science & Engineering	17	45694	57113	169296	8805	7175	1963
农业院校	Agriculture	1	3371	5262	15107	613	504	81
医药院校	Medicine & Pharmacy	12	43335	46379	165162	11611	8944	4056
师范院校	Teacher Training	13	42408	43406	145892	11554	8116	4374
财经院校	Finance & Economics	7	24851	29922	95632	5758	4000	1232
政法院校	Politics and Law	1	1409	1224	4377	400	225	91
民族院校	Ethnic Minorities	2	8652	8430	32534	2349	1660	932
高等职业技术学院	**Vocational and Technical Colleges**	**38**	**120964**	**145931**	**407691**	**20285**	**16379**	**3845**

20-11 普通高校专任教师教学领域分学科门类情况(2022)

The Sub-categories of Teaching Fields of Full-time Teachers in General Colleges and Universities (2022)

单位:人 (person)

类别	Sort	专任教师数 Full-time Teachers	正高级 Senior	副高级 Sub-senior	中级 Middle	初级 Junior	无职称 No Rank
总计	**Total**	**23232**	**3559**	**8409**	**6822**	**1491**	**2951**
哲学	Philosophy	1133	146	371	282	123	211
经济学	Economics	845	107	247	224	147	120
法学	Law	1433	220	529	395	94	195
教育学	Education	2187	263	779	742	148	255
文学	Literature	2776	281	1084	951	178	282
历史学	History	389	86	160	74	18	51
理学	Science	2908	619	1194	648	106	341
工学	Engineering	3803	566	1446	1136	102	553
农学	Agriculture	818	188	286	147	15	182
医学	Medicine	3617	759	1335	1053	204	266
管理学	Management	2054	206	593	707	236	312
艺术学	Art	1269	118	385	463	120	183

20-12 职业高校专任教师教学领域所属大类情况(2022)

The General Category of Full-time Teachers in Vocational Colleges and Universities(2022)

单位:人 (person)

类 别	Sort	专任教师数 Full-time Teachers	正高级 Senior	副高级 Sub-senior	中 级 Middle	初 级 Junior	无职称 No Rank
总 计	**Total**	**20171**	**744**	**4499**	**7034**	**4279**	**3615**
其中:实习指导课	Among Them: Internship Guidance Class	2856	70	648	983	781	374
农林牧渔大类	Agriculture, Forestry, Animal Husbandry and Fishery	532	55	162	167	82	66
资源环境与安全大类	Resource, Environment and Security	122	3	31	44	14	30
能源动力与材料大类	Energy Dynamics and Materials Science	186	7	31	73	49	26
土木建筑大类	Civil Architecture	1238	39	239	483	226	251
水利大类	Hydraulics	188	5	51	77	30	25
装备制造大类	Equipment Manufacturing	1229	52	319	462	240	156
生物与化工大类	Biology and Chemical Engineering	324	23	94	97	76	34
轻工纺织大类	Light Industry Textile	39		4	6	23	6
食品药品与粮食大类	Food, Drug and Grain Science	294	16	68	75	85	50
交通运输大类	Transportation Science	749	34	184	258	137	136
电子与信息大类	Electronics and Informatics	1695	63	473	513	344	302
医药卫生大类	Medicine and Hygiene	3047	190	716	1083	710	348
财经商贸大类	Finance and Commerce	1779	40	321	564	466	388
旅游大类	Tourism	607	15	125	191	149	127
文化艺术大类	Culture and Art	1350	38	258	541	246	267
新闻传播大类	Journalism and Communication	87	2	17	29	15	24
教育与体育大类	Education and Physical Education	1317	46	335	440	273	223
公安与司法大类	Public Security and Juridical	59	1	12	23	9	14
公共管理与服务大类	Public Administration and Service	552	14	85	202	141	110

20-13 研究生数

Number of Postgraduates

单位:人 (person)

指 标	Item	2018	2019	2020	2021	2022
招研究生数	Number of New Postgraduates Entrants	7848	8483	11078	12166	13352
#女 性	Female	4672	5180	6747	7383	8319
在校研究生数	Number of Postgraduates Enrollment	20946	23676	27668	31675	36844
#女 性	Female	12262	14078	16621	19216	22615
毕业研究生数	Number of Postgraduates Graduate	5361	5559	6942	7468	7590
#女 性	Female	3001	3289	4153	4476	4656

20-14 技工学校基本情况

Statistics on Technical Schools

单位:人 (person)

指 标	Item	2018	2019	2020	2021	2022
学校数(所)	Number of Schools (unit)	49	48	46	48	58
招生数	Number of Entrants	29444	33370	39284	40487	40413
在校学生数	Number of Students Enrollment	69735	72974	91324	91941	99925
毕业生数	Number of Graduates	19121	20811	20068	20053	23290
教职工数	Teachers and Staff	6452	6397	6078	7151	7231
专任教师数	Full-time Teachers	6879	6757	6209	7743	7619
文化技术理论课教师	Classroom Teachers	3584	3194	3440	4025	4199
生产实习课指导教师	Practical Training Teachers	1379	1733	986	1665	1606
理论实习一体化教师	Classroom cum Practical Training Teachers	1916	1830	1783	2053	1814

注:资料来源于省人力资源社会保障厅。

Note: The data in the table are obtained from Guizhou Human Resources and Social Security.

20-15 中等职业学校(机构)数(2022)

Number of Secondary Vocational Schools (2022)

单位:个 (unit)

指 标	Item	总 计 Total	地方部门 Local Departments	教育部门 Departments of Education	非教育部门 Departments of Non-Education	民 办 Private
中等职业学校	Secondary Vocational Schools	183	140	105	35	43
普通中专学校	Regular Specialized Secondary Schools	63	58	30	28	5
成人中专学校	Adult Specialized Secondary Schools	5	5	1	4	0
职业高中学校	Vocational Senior Secondary Schools	115	77	74	3	38

20-16 中等职业学校(2022)

Secondary Vocational Schools (2022)

单位:人 (person)

指 标	Item	学校数(所) Schools (unit)	毕业生数 Graduates	招生数 New Enrollment	在校学生数 Total Enrollment	教职员工 Teachers, Staff & Workers	#专任教师 Full-time Teachers
中等职业学校	Secondary Vocational Schools	183	114579	283821	524361	21270	17773
普通中专学校	Regular Specialized Secondary Schools	63	34430	47686	104649	6383	4943
成人中专学校	Adult Specialized Secondary Schools	5	1770	2161	8021	535	416
职业高中学校	Vocational Senior Secondary Schools	115	70886	224202	385404	14008	11859
其他中职业机构(不计校数)	Other Secondary Vocational Education Institutions	7	462	3059	6647	344	288
附设中职班	Subsidiary Secondary Vocational Class	—	7031	6713	19640	—	267

20-17 中等职业学校（机构）学生分科类情况(2022)

Students in Secondary Vocational Schools by Field of Study (2022)

单位：人 (person)

指标名称	Item	毕业生数 Graduates	职业类证书 with Professional Certificate	职业技能等级证书 with Grade Certificate on Professional Competence	招生数 New Enroll-ment	在校学生数 Total Enrollment	预计毕业生数 Estimated Number of Graduates
总 计	**Total**	**114579**	**53433**	**26512**	**283821**	**524361**	**111874**
农林牧渔大类	Farming, Forestry, Animal Husbandry and Fishery	3187	646	407	78342	87853	3785
资源环境与安全大类	Resources, Environment and Security	181	92	85	2316	3353	330
能源动力与材料大类	Energy, Power and Materials	207	78		333	853	293
土木建筑大类	Civil construction	3809	1881	683	2876	9238	3067
水利大类	Water Conservancy	141			174	753	356
装备制造大类	Equipment Manufacturing	5074	2942	1742	12467	25459	5913
生物与化工大类	Biology and Chemicals	74	56	38	404	591	119
轻工纺织大类	light or Textile Industry	3024	1434	582	8520	13675	2665
食品药品与粮食大类	Food, Medicine and Grain	517	161	140	4100	5903	571
交通运输大类	Transportation	23436	11985	6405	23487	69123	22036
电子与信息大类	Electronics and Information	18787	8169	4673	42552	83088	18488
医药卫生大类	Medical Health	10913	6489	2900	13890	38322	11684
财经商贸大类	Finance and Commerce	9783	3543	1636	18481	38997	10154
旅游大类	Tourism	11226	4792	2440	31267	51662	9306
文化艺术大类	Culture and Art	7387	2831	1272	10650	26325	6445
新闻传播大类	Journalism and Communication	513	40	32	262	1099	491
教育与体育大类	Education and Sports	15935	8027	3315	15608	45321	14625
公安与司法大类	Public Security and Judiciary	31	31	31		108	108
公共管理与服务大类	Public Management and Services	354	236	131	18092	22638	1438
其他	Others						

20-18 民族教育

Minority Nationality Education

指 标	Item	2018	2019	2020	2021	2022
学校数(所)	**Number of Schools(unit)**					
普通高校	Regular Higher Education Institutions	2	2	2	2	2
普通中学	Regular Secondary Schools	129	126	126	120	114
小 学	Primary Schools	174	175	174	159	154
专任教师数(人)	**Full-time Teachers (person)**					
普通高校	Regular Higher Education Institutions	9264	9456	9942	10211	11627
成人高校	Adult Higher Education Institutions	83	81	18	8	19
普通中学	Regular Secondary Schools	79667	80776	81797	82213	83938
#高 中	Senior Secondary Schools	26247	26992	27662	28570	29013
中等职业学校	Secondary Vocational Schools	5050	5812	4690	5745	6315
小 学	Primary Schools	87667	89182	90263	87898	89897
在校生数(人)	**Number of Total Enrollment (person)**					
普通高等教育	Regular Higher Education Institutions	280702	318543	352723	374043	396415
成人高等教育	Adult Higher Education	32878	31629	29999	27765	24526
普通中学	Regular Secondary Schools	1238237	1240414	1232647	1238364	1279286
#高 中	Senior Secondary Schools	441013	440303	438403	438200	432041
中等职业学校	Secondary Vocational Schools	181097	157004	141486	145174	220139
小 学	Primary Schools	1651245	1742680	1803316	1813335	1802898
毕业生数(人)	**Number of Graduates (person)**					
普通中学	Regular Secondary Schools	407480	405244	420726	422441	394390
#高 中	Senior Secondary Schools	139194	143253	148793	145033	141526
小 学	Primary Schools	264300	242827	255697	277761	293981

20-19 民办教育

Private Education

指　标	Item	2018	2019	2020	2021	2022
学校数(所)	**Number of Schools (unit)**					
普通高等学校	Regular Higher Education Institutions	15	15	16	15	15
中等职业教育学校	Secondary Vocational Schools	40	41	41	42	43
普通中学	Regular Secondary Schools	491	504	517	536	443
#高　中	Senior Secondary Schools	147	157	165	176	188
小　学	Primary Schools	214	198	190	172	125
在校学生数(人)	**Number of Total Enrollment (person)**					
普通高等学校	Regular Higher Education Institutions	129558	148800	169016	161621	163568
中等职业教育学校	Secondary Vocational Schools	40163	42700	49081	54894	52478
普通中学	Regular Secondary Schools	311813	330983	346005	367104	332781
#高　中	Senior Secondary Schools	147242	165670	179619	185451	188314
小　学	Primary Schools	171896	180207	176468	188060	115978
教职员工数(人)	**Teachers, Staff and Workers (person)**					
普通高等学校	Regular Higher Education Institutions	7029	7768	8301	7779	8252
中等职业教育学校	Secondary Vocational Schools	2541	2632	2994	3265	3204
普通中学	Regular Secondary Schools	32532	36170	39414	45288	41352
小　学	Primary Schools	5278	4989	4907	5191	3820
专任教师数(人)	**Full-time Teachers (person)**					
普通高等学校	Regular Higher Education Institutions	5126	5836	6046	5859	6473
中等职业教育学校	Secondary Vocational Schools	1895	1924	2134	2480	2401
普通中学	Regular Secondary Schools	24396	26788	28802	31944	28443
小　学	Primary Schools	3951	3798	3565	3542	2564

20-20　成人教育

Adult Education

指　　标	Item	2018	2019	2020	2021	2022
学校数(所)	**Number of Schools(unit)**					
成人高等教育学校	Adult Higher Education Institutions	3	3	3	3	3
成人中等专业教育学校	Adult Specialized Secondary Schools	6	5	5	5	5
成人中学	Adult Secondary Schools	52	75	41	0	0
成人技术培训学校	Adult Technical Training Schools	3910	4635	4476	1820	1674
成人小学	Adult Primary Schools	3035	2310	1801	10	10
在校生数(万人)	**Number of Students Enrollment (10000 persons)**			–		
成人高等教育	Adult Higher Education	9.55	9.21	9.27	8.70	7.00
成人中等专业教育	Adult Specialized Secondary Education	5.47	5.19	4.04	0.81	0.80
成人中学	Adult Secondary Schools	0.79	0.94	0.52	0.00	0.00
成人技术培训学校	Adult Technical Training Schools	83.76	89.85	83.06	43.16	37.91
成人小学	Adult Primary Schools	14.68	10.01	8.31	0.00	0.38
毕业生数(万人)	**Number of Graduates (10000 persons)**			–		
成人高等教育	Adult Higher Education	4.46	3.81	3.39	3.00	2.51
成人中等专业教育	Adult Specialized Secondary Education	2.15	2.04	2.00	0.15	0.18
成人中学	Adult Secondary Schools	0.48	1.11	0.52	0.00	0.00
成人技术培训学校	Adult Technical Training Schools	87.37	85.80	76.76	40.65	33.46
成人小学	Adult Primary Schools	13.11	9.62	7.09	0.00	0.04

20-21 历年教育事业发展情况

年 份 Year	在校学生数(万人) Students Enrollment(1 0000 persons)			小学毕业生升学率 (%) Enrollment Rate of Primary Schools Graduates(%)
	普通高等学校 Regular Institutions of Higher Education	普通中学 Regular Secondary Schools	小 学 Primary Schools	
1978	1.33	137.17	423.60	76.1
1979	1.78	126.07	413.71	70.0
1980	1.71	110.24	404.22	62.6
1981	1.81	96.58	403.49	56.7
1982	1.67	89.53	412.30	53.8
1983	1.68	82.39	415.79	51.5
1984	2.03	85.13	436.56	53.1
1985	2.30	91.59	447.68	54.2
1986	2.52	99.00	461.99	53.8
1987	2.60	102.35	458.27	47.7
1988	2.73	98.63	449.70	56.6
1989	2.76	93.31	440.36	67.1
1990	2.70	96.54	435.05	60.8
1991	2.57	100.23	433.85	59.6
1992	2.67	103.99	435.94	59.9
1993	2.93	100.55	439.81	63.9
1994	3.23	103.08	455.30	70.5
1995	3.47	108.43	475.34	72.7
1996	3.57	113.47	489.32	71.5
1997	3.85	121.54	503.82	75.8
1998	4.26	127.10	505.36	75.1
1999	5.65	138.63	500.96	77.8
2000	7.55	157.20	500.21	78.7
2001	10.82	184.60	490.17	84.4
2002	12.27	212.81	484.28	88.2
2003	14.94	235.30	476.87	92.4
2004	17.99	249.34	479.41	96.0
2005	20.68	254.96	473.76	97.4
2006	22.15	256.31	474.38	97.8
2007	24.17	256.00	466.31	95.6
2008	26.75	261.78	469.79	98.7
2009	29.91	269.45	456.87	97.7
2010	32.33	276.75	433.50	96.3
2011	34.41	282.71	408.74	96.5
2012	38.38	287.38	380.08	96.3
2013	41.90	296.01	355.53	99.0
2014	46.04	301.10	346.31	100.0
2015	50.09	295.86	346.31	99.3
2016	57.39	288.51	353.37	100.0
2017	62.77	284.09	362.08	100.0
2018	68.75	281.62	371.73	100.0
2019	76.57	278.49	388.30	100.0
2020	84.02	275.59	397.27	100.0
2021	88.16	276.55	396.32	100.0
2022	89.47	284.91	391.54	100.0

Development of Education Over the Years

学龄儿童入学率(%) Percentage of School-aged Children Enrolled(%)	专任教师数(人) Number of Full-time Teachers(person)		
	普通高等学校 Regular Higher Education Institutions	普通中学 Regular Secondary Schools	小 学 Primary Schools
89.5	2753	54227	155930
86.1	3357	55532	151860
80.8	3638	51950	155708
78.5	3606	46892	159494
78.3	3986	44646	152176
81.2	4183	43821	152338
83.6	4555	41879	155715
84.9	4830	45159	157622
86.9	5177	47119	162105
89.2	5559	50216	161689
89.9	5588	51618	163514
88.8	5530	53279	164298
91.3	5469	55528	166662
90.3	5371	57074	168364
92.4	5542	59006	166769
93.8	5550	60453	165276
95.1	5540	63059	168842
96.0	5599	64292	168358
96.7	5600	66842	166526
97.4	5699	69355	168493
97.7	5929	72865	167823
98.2	6050	76654	170680
98.5	7240	81156	174822
98.2	9007	88079	173238
98.2	11079	97641	177920
98.2	11775	107312	179367
97.8	13792	115616	180793
98.3	14353	122721	183679
98.6	15398	128274	188762
98.6	16964	131087	191991
97.2	18037	135360	200024
98.4	19634	139302	199189
97.9	20351	143128	197913
98.6	21855	147396	197094
99.3	22803	156325	197983
99.3	25351	162309	192953
99.1	28144	171988	192850
99.5	30515	179875	193511
99.6	33087	188127	197069
99.6	35072	191622	202061
99.7	36243	194840	207839
99.7	37753	196323	212485
99.9	39418	198076	215012
99.9	40660	200296	212735
99.9	43403	203234	215230

主要统计指标解释

普通高等学校 指通过国家普通高等教育招生考试，招收高中毕业生为主要培养对象，实施高等学历教育的全日制大学、独立设置的学院，独立学院和高等专科学校、高等职业学校及其他普通高教机构。

成人高等学校 指通过国家成人高等教育招生考试，招收具有高中毕业或同等学历的人员为主要培养对象，利用函授、业余、脱产等多种形式，对其实施高等学历教育的学校。包括：职工高等学校、农民高等学校、管理干部学院、教育学院、独立函授学院、广播电视大学、其他成人高教机构。

小学学龄儿童入学率 指调查范围内已入小学学习的学龄儿童占校内外学龄儿童总数(包括弱智儿童，不包括盲聋哑儿童)的比重。计算公式为：

小学学龄儿童入学率=已入学的小学学龄儿童数/校内外小学学龄儿童总数×100%

Explanatory Notes on Main Statistical Indicators

Regular Institutions of Higher Education refer to recruiting graduates from senior secondary schools as the main target by National Matriculation TEST. They include full-time universities, colleges, institutions of higher professional education, institutions of higher vocational education, institutions of higher vocational education and others.

Institutions of Higher Education for Adults refer to educational establishments, enrolling staff and workers with senior secondary school or equivalent education, and providing higher education courses in many forms of correspondence, spare time, or full time for adults. Professionals thus trained receive a qualification equivalent to graduates studying regular courses at regular universities, colleges and professional colleges. Institutions of higher learning for adults include schools of higher education for staff and workers, schools of higher education for peasants, colleges for management cadres, pedagogical colleges, independent correspondence colleges, Radio and TV universities and other educational establishments.

Enrollment Ratio of Primary Schools refers to the proportion of school age children enrolled at schools to the total number of school age children both in and outside schools (including retarded children, but excluding blind, deaf and mute children). The formula is:

Net Enrolment Ratio of Primary Schools=Total Primary School-age Children at Schools / Total Primary School-age Children Whether or Not Attending School×100%

科学技术

Technology 21

简 要 说 明

一、主要内容

本篇资料主要反映全省科技事业发展状况。包括全社会规模以上工业法人单位、政府属研究机构、高等学校的研究与试验发展(R&D)活动情况;规模以上工业法人单位创新活动开展情况;专利申请和授权情况;高技术企业生产及研发活动情况;科技成果情况;科协系统科技活动情况等。

二、统计范围

科技活动统计范围为全社会有研究与试验发展(R&D)活动的企事业单位,具体包括规模以上工业法人单位、地级及以上独立核算的政府属科学研究与技术开发机构及科技信息与文献机构、全日制普通高等学校及附属医院,以及研究与试验发展(R&D)活动相对密集行业(包括农、林、牧、渔业,建筑业,交通运输、仓储和邮政业,信息传输、软件和信息技术服务业,金融业,租赁和商务服务业,科学研究和技术服务业,水利、环境和公共设施管理业,卫生和社会工作,文化、体育和娱乐业等)中从事研究与试验发展(R&D)活动的企事业单位。

创新活动统计范围为规模以上工业法人单位。

三、统计调查方法

研究与试验发展(R&D)活动情况采用全面调查取得;创新活动情况采用全面调查取得;科协、专利等资料采用抽样等多种调查方法取得。

四、资料来源

本篇综合资料由省统计局根据科技综合统计报表的有关资料加工整理编辑,规模以上工业法人单位科技活动情况根据企业(单位)科技活动统计报表的有关资料加工整理编辑。

政府属研究机构资料、专利申请和授权资料由省科技厅提供。

科协系统科技活动资料由省科协提供。

Brief Introduction

I. Main Contents

Statistics in this chapter reflect the development of science and technology in Guizhou province. It contains the data on research and development (R&D) activities of the whole society, industrial corporate units above designated size, scientific and technological institutions under the government and institutions of higher education; data on innovation activities of industrial corporate units above designated size; data on patents application accepted and granted; data on production, research and development activities of high-tech enterprises; data on scientific and technological achievements; data on the scientific and technological activities in the system of associations for science and technology.

Ⅱ.Scope of Statistics

Data on scientific and technological activities cover research and development (R&D) activities of enterprises and institutions of whole society, mainly including industrial corporate units above designated size, scientific research and technological development institutions and scientific and technological information and literature institutions of prefecture level and above under the government with independent accounting, full-time universities and colleges, affiliated hospitals, and enterprises and institutions engaged in R&D activities in relatively R&D-intensive industries (such as agriculture, forestry, animal husbandry, fishery, construction, transport, storage and post, information transmission, software and information technology service, finance, leasing and business services, scientific research and technical services, management of water conservancy, environment and public facilities, health and social service, culture, sports and entertainment).

Data on innovation activities cover industrial corporate units above designated size.

Ⅲ. Statistical Methodology

Data on R&D activities and innovation activities are collected through complete surveys. Data on scientific and technological associations, patents are collected through sample surveys and other surveys.

Ⅳ. Sources of Data

This comprehensive data are processed and edited by Guizhou Provincial Bureau of Statistics according to the relevant data of comprehensive reporting forms of science and technology. Meanwhile, data on scientific and technological activities of industrial corporate units above designated size is based on reporting forms of enterprises' (units') scientific and technological activities in this article.

Guizhou Science and Technology Department provides information on scientific and technological institutions under the government, and the data on patent apply and authorize.

Guizhou Association for Science and Technology provides data on the scientific and technological activities of associations for science and technology.

21-1 科技活动

Scientific and Technological Activities

指　　标	Item	2018	2019	2020	2021	2022
科技活动人员(人)	**Persons Engaged in Scientific and Technological Activities (person)**	—	—	—	—	
科研机构	**Scientific Research Institutions**					
科研机构数(个)	Number of Institutions(unit)	842	993	969	879	
科研用仪器设备原价(万元)	Original Cost of Instrument and Equipment for Scientific Research(10000yuan)	63.63	91.69	112.11	103.79	
#进　口	Import	15.85	8.16	11.36	11.95	
研究与实验发展(R&D)	**Research and Development**					
研究与试验发展(R&D)人员(人)	R&D Personnel(person)	63689	67285	71604	77390	85472
#博士毕业	Doctor	3601	4776	5432	6393	
#硕士毕业	Master	9888	11070	12573	14097	
研究与试验发展(R&D)经费支出(万元)	Expenditure on R&D(10000yuan)	121.61	144.68	161.71	180.35	199.34
科技产出	**S&T Output**					
专利申请数(件)	Number of Patents Application (piece)	11324	13772	14414	15958	
#发明专利	Inventions	4790	5952	5873	6403	
专利授权数(件)	Number of Patents Granted (piece)	3107	3044	5010	5024	
#发明专利	Inventions	528	399	628	862	
有效发明专利数(件)	Number of Inventions in Force (piece)	11021	11840	13105	14664	
专利所有权转让及许可数(件)	Number of Patents Ownership Assigned and Granted (piece)	20	202	234	130	
专利所有权转让及许可收入(万元)	Revenue from Patents Ownership Assigned and Granted(10000yuan)	169.3	2775.2	9662	1365.8	
植物新品种权授予数(项)	Number of New Plant Breed Rights Granted (unit)	6	13	40	22	
形成国家或行业标准数(项)	Number of Standards Adopted by State or Industry (unit)	244	271	291	314	
发表科技论文(篇)	Scientific Papers Issued (piece)	21902	25537	27526	27501	
出版科技著作(种)	Publication on Science and Technology (kind)	976	857	864	910	

注:2018年起,专利所有权转让及许可数、专利所有权转让及许可收入不含企业数据。
Note: Since 2018, the number of patents ownership assigned and granted and the revenue from patents ownership assigned and granted have not included the corporate data yet.

21-2 研究与试验发展(R&D)活动

Scientific Research and Development Activities

指 标	Item	2018	2019	2020	2021	2022	2022年比2021年增长(%) Increase Rate in 2022 over 2021(%)
有研究与试验发展(R&D)活动的单位(个)	**Number of Institutions Having R&D Activities(unit)**	**1209**	**1432**	**1627**	**2007**	**1740**	**-13.3**
R&D人员(人)	**R&D Personnel(person)**	**63689**	**67285**	**71604**	**77390**	**85472**	**10.4**
#女性	Female	16836	18262	19459	21057	23256	10.4
#研究人员	Research Personnel	26957	31510	34294	37816	40589	7.3
#全时人员	Full-time Personnel	32847	35898	38338	39246	40277	2.6
非全时人员	Part-time Personnel	30842	31387	33266	38144	45195	18.5
#博士毕业	Doctor	3601	4776	5432	6393		
硕士毕业	Master	9888	11070	12573	14097		
本科毕业	Bachelor	23402	27357	29292	30931		
其他学历	Others	26798	24082	24307	25969		
R&D人员折合全时当量(人年)	**Full-time Equivalent of R&D Personnel (person-year)**	**33357**	**37757**	**41496**	**43084**	**47156**	**9.4**
#研究人员	Research Personnel	14318	17106	19198	19965	21832	9.4
#基础研究	Basic Research	4773	5282	6068	6161	6124	-0.6
应用研究	Applied Research	6057	6689	7234	8791	8251	-6.1
试验发展	Experimental Development	22526	25791	28194	28132	32780	16.5
R&D经费内部支出(万元)	**Intramural Expenditure on R&D (10000yuan)**	**121.61**	**144.68**	**161.71**	**180.35**	**199.34**	**10.5**
#基础研究	Basic Research	10.27	13.97	14.72	15.87	18.35	15.6
应用研究	Applied Research	19.83	20.35	20.86	25.48	26.17	2.7
试验发展	Experimental Development	91.51	110.37	126.13	139.00	154.82	11.4
#日常性支出	Daily Expenditure	105.04	122.29	140.63	164.62	182.11	10.6
#人员劳务费	Personnel Service Fees	31.18	39.21	45.42	51.55	66.68	29.4
资产性支出	Expenditure on Assets	16.57	22.00	21.08	15.73	17.22	9.5
#仪器和设备	Instrument and Equipment	13.91	17.94	16.79	11.45	13.26	15.8
#政府资金	Government Appropriation Funds	26.46	35.72	43.46	41.77	43.34	3.8
企业资金	Self-raised Funds by Enterprises	90.93	105.02	115.00	133.32	148.88	11.7
境外资金	Overseas Funds	0.03		0.01	0.93	0.01	-98.9
其他资金	Other Funds	4.20	3.95	3.24	4.33	7.11	64.2
经费投入强度(%)	**Intensity of Funds Input(%)**	**0.79**	**0.86**	**0.91**	**0.93**	**0.99**	**0.06**
R&D项目(课题)数(项)	Projects of R&D(unit)	22369	25290	28445	32364		
R&D项目(课题)参加人员折合全时当量(人年)	Full-time Equivalent of R&D Participants(man-year)	29824	34787	38260	41910		
#研究人员	Research Personnel	12404	14783	16431	17889		
R&D项目(课题)经费内部支出(万元)	Intramural Expenditure on R&D (10000yuan)	105.63	127.57	139.66	161.96		

注：经费投入强度历史数据根据地区生产总值核算结果进行修订。

Note: The historical data on the intensity of funds input was revised based on the results of the regional GDP accounting.

21-3 规模以上工业企业科技活动

Scientific and Technological Activities of Industrial Enterprises above Designated Size

指　　标	Item	2018	2019	2020	2021	2022
科技活动人员(人)	**Persons Engaged in Scientific and Technological Activities (person)**	—	—	—	—	
科研机构	**Scientific Research Institutions**					
科研机构数(个)	Number of Institutions(unit)	494	590	679	503	439
科研用仪器设备原价(万元)	Original Cost of Instrument and Equipment for Scientific Research(10000 yuan)	41.48	63.57	79.81	69.42	113.35
#进　口	Import	78447	—	—	—	
研究与实验发展(R&D)	**Research and Development**					
研究与试验发展(R&D)人员(人)	R&D Personnel(person)	37686	37644	41280	44499	49531
#研究人员	Research Personnel	9221	10635	12200	13260	13616
#全时人员	Full-time Personnel	22121	24314	25845	26173	25683
#博士毕业	Doctor	—	—	—	—	—
硕士毕业	Master	—	—	—	—	—
研究与试验发展(R&D)人员折合全时当量(人年)	Full-time Equivalent of R&D Personnel (person-year)	20041	23164	26261	26717	29129
#研究人员	Research Personnel	5501	6872	8140	8246	8623
#基础研究	Basic Research	174	162	113	179	114
应用研究	Applied Research	2275	2442	3084	3451	2903
试验发展	Experimental Development	17592	20566	23064	23087	26111
研究与试验发展(R&D)经费支出(万元)	Expenditure on R&D (10000yuan)	76.23	91.02	105.36	121.06	131.75
#基础研究	Basic Research	0.29	0.63	0.15	0.49	0.38
应用研究	Applied Research	5.36	5.20	7.65	9.35	9.75
试验发展	Experimental Development	70.58	85.20	97.55	111.22	121.63
#日常性支出	Daily Expenditure	67.32	80.61	94.77	114.55	124.88
#人员劳务费	Personnel Service Fees	17.82	22.06	25.57	30.24	35.20
资产性支出	Expenditure on Assets	8.91	10.41	10.59	6.51	6.88
#仪器和设备	Instrument and Equipment	8.55	10.25	10.37	6.30	6.72
#政府资金	Government Appropriation Funds	4.75	7.63	11.93	12.35	10.70
企业资金	Self-raised Funds by Enterprises	70.77	83.39	92.68	107.34	120.46
境外资金	Overseas Funds	0.02		0.01	0.93	
其他资金	Other Funds	0.70		0.74	0.44	0.60
科技产出	**Statistics on S&T Outputs**					
专利申请数(件)	Number of Patents Application (piece)	5976	6919	7227	8372	9294
#发明专利	Inventions	2611	2985	3475	3850	4220
有效发明专利数(件)	Number of Valid Patents for Invention (piece)	6544	7740	8487	9357	10342
专利所有权转让及许可数(件)	Number of Patents Ownership Assigned and Granted (piece)	—	117	169	69	220
专利所有权转让及许可收入(万元)	Revenue from Patents Ownership Assigned and Granted (10000yuan)	—	2560	8725	88	49814
形成国家或行业标准数(项)	Number of Standards Adopted by State or Industry (unit)	180	174	206	187	216
发表科技论文(篇)	Scientific Papers Issued (piece)	1101	1018	1516	1462	1534

注:规模以上工业企业指年主营业务收入2000万元及以上工业企业。

Note: The industrial enterprises which are above designated size refer to the industrial enterprises with the sales revenue above 20 million yuan.

21-4 规模以上工业企业新产品开发及生产情况(2022)
New Product Development and Production of Industrial Enterprises above Designated Size (2022)

指 标	Item	新产品开发项目数(项) Number of New Product Development (unit)	新产品开发经费支出(万元) Expenditure on New Product Development (10000 yuan)	新产品销售收入(万元) Sales Revenue of New Product (10000 yuan)	#出口 Exports
合 计	**Total**	**5805**	**118.12**	**1359.86**	**52.01**
#大中型工业企业	Large and Medium-sized Industrial Enterprises	3050	90.86	1144.31	47.00
按登记注册类型分	**by Status of Registration**				
内资企业	Domestic Funded Enterprises	5641	114.68	1324.08	51.23
#国有企业	State-owned Enterprises	593	11.60	15.74	
有限责任公司	Limited Liability Corporations	2233	59.20	702.16	32.01
股份有限公司	Share-holding Corporations Ltd.	683	19.49	422.30	15.07
港、澳、台商投资企业	Enterprises with Funds From Hong Kong, Macao and Taiwan	75	1.11	14.98	0.07
外商投资企业	Foreign Funded Enterprises	89	2.34	20.81	0.71
按行业分	**By Industrial Sector**				
#煤炭开采和洗选业	Mining and Washing of Coal	187	6.63	0.71	
食品制造业	Manufacture of Foods	95	1.12	2.14	
酒、饮料和精制茶制造业	Manufacture of Liquor, Beverages and Refined Tea	247	3.50	180.82	0.19
烟草制品业	Manufacture of Tobacco	96	0.59	224.05	
石油、煤炭及其他燃料加工业	Processing of Petroleum, Coking, Processing of Nuclear Fuel	21	0.36		
化学原料及化学制品制造业	Manufacture of Raw Chemical Material and Chemical Products	274	6.71	135.50	24.98
医药制造业	Manufacture of Medicines	485	6.08	79.55	0.01
非金属矿物制品业	Manufacture of Non-metallic Mineral Products	351	4.86	21.36	
黑色金属冶炼和压延加工业	Smelting and Pressing of Ferrous Metals	115	5.63	23.99	
有色金属冶炼和压延加工业	Smelting and Pressing of Non-ferrous Metals	134	6.05	149.63	6.76
金属制品业	Manufacture of Metal Product	221	2.54	28.67	2.20
通用设备制造业	Manufacture of General Purpose Machinery	330	3.25	25.06	0.97
专用设备制造业	Manufacture of Special Purpose Machinery	239	2.53	20.93	1.11
汽车制造业	Manufacture of Automobiles	91	1.31	35.43	0.11
计算机、通信和其他电子设备制造业	Manufacture of Computer, Communication and Other Electronic Equipment	884	18.12	169.66	8.05
电力、热力生产和供应业	Production and Supply of Electric Power and Heat Power	346	7.74	0.54	

21-5 政府属独立研究与开发机构科技活动

Scientific and Technological Activities of Government-affiliated Independent Research Institutions

指 标	Item	2018	2019	2020	2021	2022
科技机构数(个)	**Number of S&T Institutions(unit)**	**77**	**70**	**76**	**74**	**69**
县级以上自然类研究与开发机构	The Scientific Research and Development Institution above the county level	59	58	61	58	58
县级以上社会、人文科学研究机构	The Research Institutions of Social and Human Studies above the county level	7	7	6	7	7
县级以上部门属科技情报与文献机构	Department of S&T Informations and Literature Institutions above the county level	5	5	4	4	4
县级政府部门属研究与开发机构	Scientific Research and Development Institutions at County Level	6		5	5	
科技活动人员数(人)	**Personnel Engaged in S&T Activities (person)**	**4265**	**5187**	**4948**	**5027**	**4800**
县级以上自然类研究与开发机构	The Scientific Research and Development Institution above the county level	3720	4683	4437	4500	4341
县级以上社会、人文科学研究机构	The Research Institutions of Social and Human Studies above the county level	311	350	317	328	303
县级以上部门属科技情报与文献机构	Department of S&T Informations and Literature Institutions above the county level	151	154	140	148	156
县级政府部门属研究与开发机构	Scientific Research and Development Institutions at County Level	83		54	51	
大学本科及以上学历人数(人)	**University,College and Above(person)**	**3508**	**4369**	**4263**	**4376**	**4251**
县级以上自然类研究与开发机构	The Scientific Research and Development Institution above the county level	3052	3915	3831	3928	3820
县级以上社会、人文科学研究机构	The Research Institutions of Social and Human Studies above the county level	270	322	281	283	287
县级以上部门属科技情报与文献机构	Department of S&T Informations and Literature Institutions above the county level	133	132	123	137	144
县级政府部门属研究与开发机构	Scientific Research and Development Institutions at County Level	53		28	28	

注:政府属独立研究与开发机构科技活动单位不再包含县级以上研究与开发转制机构,此类机构改革转制为企业。
Note: Independent research and development institutions of science and technology activities which is within the jurisdiction of the government no longer contain the institutions for research and development above the county level. Such institutions have been transformed into enterprises.

21-6 省部级以上成果登记(完成人员)

Staffs Personnel of Provincial or Ministerial Level and above

单位:人次 (person-time)

指　标	Item	2018	2019	2020	2021	2022
合　计	**Total**	**672**	**1662**	**1409**	**1482**	**1390**
按学历分	**by Education Background**					
博　士	Doctor	109	509	301	384	342
硕　士	Master	258	473	376	390	419
大　本	Undergraduate Student	268	594	546	565	518
大　专	Junior College Student	33	69	137	104	85
中　专	Secondary Specialized School Student	3	11	34	9	7
其　他	Others	1	6	15	30	19
按年龄结构分	**by Type of Age**					
35岁以下(含35岁)	thirty-five and below	202	384	321	401	307
36-45岁	thirty-six to forty-five	259	601	548	588	567
46-55岁	forty-six to fifty-five	161	500	373	328	343
56-65岁	fifty-six to sixty-five	47	160	152	142	137
65岁以上	above sixty-five	3	17	15	23	36
按技术职称分	**by Type of Title**					
院　士	Academicians		1	1	3	0
正　高	Senior Title	127	546	351	384	411
副　高	Sub-senior Title	265	574	430	460	389
中　级	Middle Title	224	421	383	390	356
初　级	Primary Title	27	57	110	95	109
其　他	Others	29	63	134	150	125

注:2018年根据“放管服”改革精神,非财政支持的科技成果登记采用自愿登记的方式管理,2018年登记数量较少(下表同)。
Note: In 2018, according to the reform spirit of "delegating, regulating and serving", the registration of non-financially supported scientific and technological achievements was managed by voluntary registration, and the number of registrations is rather small in 2018 (the same applies to the next table).

21-7 省部级以上成果登记(数量及投资额)

Number of Achievements and Investment of Projects at Provincial or Ministerial Level and above(number & investment)

指 标	Item	2018	2019	2020	2021	2022
成果登记(项)	**Achievement Registration(item)**	**65**	**220**	**198**	**199**	**193**
发明专利授权数(件)	Invention of Patent Authorizations Granted (piece)	166	489	408		
制订标准数(个)	Number of Standards for Formulation (unit)	2	1	5	2	5
按成果类别分(项)	**by Type of Achievement Sort (item)**					
#基础理论成果	Basic Theory Achievement	13	61	34	63	42
应用技术成果	Applied Technical Achievement	50	156	164	135	146
按成果应用属性分(项)	**by Type of Achievement Application Property (item)**					
#原始性创新	Original Invention	23	88	77	59	91
国外引进消化吸收创新	Absorb and Digest Invention of Foreign Indraught	2	27	15	6	2
国内技术二次开发	Twice Development of Inner Technology	25	41	72	70	53
项目投资额(万元)	**Project Investment (10000 yuan)**	**109147**	**167401**	**265651**	**102615**	**69581**
国家资金	Government Funds	5468	14593	12137	9012	10825
部门资金	Department Funds	82	7689	161711	765	3327
地方资金	Local Funds	38232	17882	16001	27073	7833
基金投入	Fund Input	81	1435	594	1065	572
自有资金	Self-raised Funds	65233	84014	68804	52302	42410
银行贷款	Loans from Bank	0	0	0	0	0
国外资金	Foreign Funds	0	0	72	0	0
其他资金	Other Funds	51	41788	6332	12398	4614
净利润(万元)	**After-Tax Profit (10000 yuan)**	**30119**	**120644**	**215107**	**556509**	**35814**
实交税金(万元)	**Tax (10000 yuan)**	**11753**	**50185**	**98672**	**143202**	**22605**

21-8 专利申请受理及授权

Patent Application Accepted and Granted

单位:件 (item)

指 标	Item	2018	2019	2020	2021	2022
受理专利总计	**Total Patent Applications Accepted**	**44508**	**44328**	**46428**		
按种类分	**Grouped by Sort**					
发 明	Inventions	14992	10770	9805		
实用新型	Utility Models	25577	28364	31801		
外观设计	Designs	3939	5194	4822		
按对象分	**Grouped by Applicant**					
非职务发明创造	Non-service Creations and Inventions	12641	14095	18187		
职务发明创造	Service Creations and Inventions	31867	30233	28241		
大专院校	Universities and Colleges	6386	7173	6360		
科研单位	Research Institutions	633	818	728		
工矿企业	Industrial and Mineral Enterprises	18914	18592	18733		
机关团体	Government Agencies and Organizations	3839	3650	2420		
授权专利总计	**Total Authorized Patents**	**19456**	**24729**	**34971**	**39267**	**29382**
按种类分	**Grouped by Sort**					
发 明	Inventions	2081	1900	2268	2824	3645
实用新型	Utility Models	13980	19392	27714	30666	20720
外观设计	Designs	3395	3437	4989	5777	5017
按对象分	**Grouped by Applicant**					
非职务发明创造	Non-service Creations and Inventions	4514	7362	12240	13209	7629
职务发明创造	Service Creations and Inventions	14942	17367	22731	26058	21753
大专院校	Universities and Colleges	2883	3124	5670	6439	3358
科研单位	Research Institutions	375	346	385	532	526
工矿企业	Industrial and Mineral Enterprises	10473	11479	14091	17041	16723
机关团体	Government Agencies and Organizations	1211	2418	2585	2046	1146

注:资料来源于省市场监督管理局。

Note: The data in the table are obtained from the Administration for Market Regulation of Guizhou Province.

21-9 科协系统科学技术普及情况

Popularization of Science and Technology

指 标	Item	2018	2019	2020	2021	2022
科学技术普及活动	**Science and Technology Popularization Activities**					
举办科普宣讲活动(次)	Popular Science Propaganda Activities (unit)	983	1369	2818	1428	2072
宣讲活动受众人数(万人次)	Audience of Preaching Activity (10000 Person-time)	309.8	223.5	412.25	502.6	410.8
参加活动科技人员(万人次)	Personnel Participated in the scientific and Technical Activities(10000 Person-time)	7.3	1.5	2.96	1.0	1.2
科普基础设施建设	**Infrastructure Construction in Popularization of Science**					
科技馆(个)	Number of Science and Technology Museum (unit)	7	14	5	5	10
全年参观人数(万人次)	Number of Participants (10000 Person-time)	119.86	134.50	44.93	65.67	52.72
#少儿参观人数	Number of Child and Youth's Participation	75.06				
实体科技馆建筑面积(平方米)	Building Area of Science and Technology Museum(square meter)	58234	40851	18279	15467	70385
实体科技馆展教面积(平方米)	Exhibition Area of Science and Technology Museum(square meter)	75557	78044	52349	40028	35950

注：1.资料来源于省科协。2. 2022年起，"科普画廊建筑面积(宣传栏、橱窗)"改为"实体科技馆建筑面积(平方米)"，"科普画廊展示面积(平方米)"改为"实体科技馆展教面积(平方米)"。

Note: The data in the table are provided by Guizhou Association for Science and Technology. 2. From 2022, Gallery Construction Area in Popularization of science is changed into Building Area of Science and Technology Museum, and Gallery Exhibition Area in Popularization of Science is changed into Exhibition Area of Science and Technology Museum.

主要统计指标解释

科技活动 指在自然科学、农业科学、医药科学、工程与技术科学、人文与社会科学领域(简称科学技术领域)中,与科技知识的产生、发展、传播和应用密切相关的有组织的活动。可分为研究与试验发展(R&D)、研究与试验发展成果应用及相关的科技服务三类活动。

科技活动人员 指直接从事科技活动、以及专门从事科技活动管理和为科技活动提供直接服务,累计的实际工作时间占全年制度工作时间10%及以上的人员。(1)直接从事科技活动的人员包括:在独立核算的科学研究与技术开发机构、高等学校、各类企业及其他事业单位内设的研究室、实验室、技术开发中心及中试车间(基地)等机构中从事科技活动的研究人员、工程技术人员、技术工人及其它人员;虽不在上述机构工作,但编入科技活动项目(课题)组的人员;科技信息与文献机构中的专业技术人员;从事论文设计的研究生等。(2)专门从事科技活动管理和为科技活动提供直接服务的人员,包括:独立核算的科学研究与技术开发机构、科技信息与文献机构、高等学校、各类企业及其他事业单位主管科技工作的负责人,专门从事科技活动的计划、行政、人事、财务、物资供应、设备维护、图书资料管理等工作的各类人员,但不包括保卫、医疗保健人员、司机、食堂人员、茶炉工、水暖工、清洁工等为科技活动提供间接服务的人员。该指标用来反映投入科技活动人力的规模。

科技活动从业人员:指从业人员中的科技管理人员、课题活动人员和科技服务人员。其中,**科技管理人员**:指院、所领导及业务、人事管理人员。包括:从事科技计划管理、课题管理、成果管理、专利管理、科技统计、科技档案管理、科技外事工作、人事管理、教育培训、财务等与科技活动有关的人员;**课题活动人员**:指编制在研究室或课题组的人员;**科技服务人员**:指直接为科技工作服务的各类人员,如从事图书、信息与文献、测试、试制、咨询、物资器材供应等工作的人员,以及实验室、试验工厂(车间)、试验农场的人员。不包括司机、门卫、食堂人员、医务人员、清洁工、幼儿园和托儿所的工作人员,以及主要从事生产、经营活动人员。

研究与试验发展(R&D) 指在科学技术领域,为增加知识总量、以及运用这些知识去创造新的应用进行的系统的创造性的活动,包括基础研究、应用研究、试验发展三类活动。国际上通常采用R&D活动的规模和强度指标反映一国的科技实力和核心竞争力。

基础研究:是一种实验性或理论性的工作,主要是为了获得关于现象和可观察事实的基本原理的新知识,不预设任何特定的应用或使用目的。

应用研究:是指为了获取新知识而进行的创造性研究,但它主要针对某一特定的实际目的或目标。应用研究通常是为了确定基础研究成果或知识的可能的用途,或是为达到某一具体的、预定的实际目的,确定新的(原理性)方法或途径。

试验发展:是指是利用从科学研究、实际经验中获取的知识和产生的额外知识,以形成新的产品、工艺(流程),或改进现有产品、工艺(流程),而进行的系统性工作。

R&D人员:指本单位人员及外聘研究人员和在读研究生中参加R&D课题的人员、R&D课题管理人员和为R&D活动提供直接服务的人员,不包括为R&D课题提供间接服务的人员(如生活服务人员),也不包括全年从事R&D活动工作量不到0.1年的人员。

R&D人员折合全时当量:指全时人员折合全时工作量与所有非全时人员工作量之和,结果取整数。一个全时人员的折合全时工作量计为1,非全时人员按实际投入工作量进行累加。例如:有两个全时人员(他们的工作量分别为0.9年和1.0年)和三个非全时人员(他们的工作量分别为0.2年、0.3年和0.7年),则折合为:折合全时工作量=1+1+0.2+0.3+0.7=3(人年)(四舍五入)。

科技活动经费支出:指调查单位在报告期内用于内部开展科技活动实际支出的费用,包括来自科研渠道以及其他各种渠道的经费实际用于科技活动支出的费用,包括外协加工费。

专利 一般是专利权的简称,指专利权人对发明创造享有的专利权。即国家依法在一定时期内授予发明创造或者其权利继受者独占使用其发明创造的权利。

专利同时也指具体专利技术,即受国家认可并在公开的基础上进行法律保护的技术或者方案。

专利还可指具体的物质文件,即国家颁发的确认申请人对其发明创造享有的专利证书或记载发明创造内容的专利文献。

发明 对产品、方法或其改进所提出的新的技术方案。

Explanatory Notes on Main Statistical Indicators

Scientific and Technological Activities (S&T Activities) refer to organized activities which are closely related with the creation, development, dissemination and application of the scientific and technical knowledge in the fields of natural sciences, agricultural science, medical science, engineering and technological science, humanities and social sciences (referred to as scientific and technological fields). S&T activities can be classified in to 3 categories: research and development (R&D) activities, application of R&D results, and related S&T services.

Personnel Engaged in S&T Activities refer to personnel directly engaged in S&T activities, in the management of S&T activities, and in providing direct service to S&T activities, who spend over 10% of the total working hours in a year in S&T activities. (1) Personnel directly engaged in S&T activities include researchers, engineers, technicians and other related personnel engaged in S&T activities in independent-accounting R&D institutions, institutions of higher learning, and in research institutes, laboratories, technology development centers and central experiment workshops under enterprises and institutions. Also included are people working in S&T research project teams, professional and technical personnel working in S&T information archiving institutes, and graduate students working on the design of their thesis. (2) Personnel engaged in the management of S&T activities and in providing direct service to S&T activities include senior management people responsible for S&T activities in independent-accounting R&D institutions, S&T information archiving institutes, institutions of higher learning, and in enterprises and institutions where S&T activities are undertaken. Also included are people responsible for the planning, administration, personnel management, financial management, logistics supply, equipment maintenance, information and library management that are related with S&T activities. People providing indirect services are excluded, such as security, medical service, drivers, plumbers, cleaners and those providing catering and related service. This indicator reflects the size of personnel engaged in S&T activities.

Science and Technology Activities Staff refers to the scientific and technological management ,project and technical services person in employee。The scientific and technological management refers to the Instructor leadership and business, personnel management persons which including related person Engaged in science and technology program management, project management, results management, patent management, science and technology statistics, science and technology file management, science and technology foreign affairs, personnel management, education and training, finance and other scientific and technological activities; project staff refers to the person who are staffed in a research room or task group;Technical service person refers to the various types of staff who work for scientific and technological ,such as work on books, information and literature, testing, trial production, consulting, supplies and other equipment, as well as laboratories, test factories (workshops), experimental farms.Those staff are not including the driver, guard, canteen staff, medical staff, cleaners, kindergartens and nursery staff, and mainly engaged in production and business activities.

Research and Development (R&D) refers to systematic and creative activities in the field of science and technology aiming at increasing the knowledge and using the knowledge for new application. R&D includes 3 categories of activities: basic research, applied research and experimentation for development. The scale and intensity of R&D are widely used internationally to reflect the strength of S&T and the core competitiveness of a country in the world.

Basic Research refers to empirical or theoretical research aiming at obtaining new knowledge on the fundamental principles regarding phenomena or observable facts to reveal the intrinsic nature and underlying laws and to acquire new discoveries or new theories. Basic research takes no specific or designated application as the aim of the research.

Applied Research refers to creative research aiming at obtaining new knowledge on a specific objective or target. Purpose of the applied research is to identify the possible uses of results from basic research, or to explore new (fundamental) methods or new approaches.

Experiments and Development refer to systematic activities aiming at using the knowledge from basic and applied researches or from practical experience to develop new products, materials and equipment, to establish new production process, systems and services, or to make substantial improvement on the existing products, process or services.

R&D Personnel refer to persons engaged in research, management and supporting activities of R&D, including persons in the project teams, persons engaged in the management of S&T activities of enterprises and supporting staff providing direct service to the research projects, and not including annual research and experimental development activities in less than 0.1 years of staff workload.

Full-time Equivalent of R&D Personnel refers to the sum of the full-time persons and the full-time equivalent of part-time persons converted by workload. A full-time staff equivalent to full-time work is counted as a part-time personnel according to actual efforts to accumulate. For instance, if there are 2 full-time persons and 3 part-time workers (20%, 30% and 70% of working hours respectively on R&D activities), the full-time equivalent are 2+0.2+0.3+0.7=3.2 person-years.

Expenditure on science and technology activities refers to real expenditure of surveyed units on their own science and technology activities ,Including funding from scientific research channels and other channels for the actual cost of expenditure on scientific and technological activities, including external assistance in processing expenditure.

Patent is an abbreviation for the patent right and refers to the exclusive right of ownership by the inventors or designers for the creation or inventions, given from the patent offices after due process of assessment and approval in accordance with the Patent Law.

Patent also refers to a specific patented technology that recognized by the State and public legal protection on the basis of technical or program.

Patent document also refers to a specific substance, which confirm that the applicant issued by the state enjoyed their inventions patented inventions certificate or record the content of patent documents.

Inventions refer to new technical proposals to the products or methods or their modifications.

文化、体育和卫生

Culture, Sports and Public Health

22

简要说明

一、主要内容

本篇资料主要反映全省文化、体育、卫生事业发展情况。

文化、体育内容包括文化事业机构、文化娱乐、艺术表演团体、群众艺术馆、广播电视、期刊报纸出版、体育运动员获奖、群众体育活动等。

卫生内容包括医疗卫生机构、卫生人员、卫生设施、卫生经费、基层医疗卫生服务、妇幼保健、疾病控制、医疗保障制度等情况。

二、资料来源

新闻出版、广播、电视资料由省新闻出版广电局提供。

文化资料由省文化和旅游厅提供。

体育资料由省体育局提供。

卫生资料由省卫生健康委员会提供。

Brief Introduction

I. Main Contents

Data in this chapter mainly reflect the development of culture, sports and public health undertakings.

Data on culture and sports include culture undertakings, culture and entertainment, art performance troupes, mass art centers, radio and television; the publication of magazines and newspapers, the awards of athlete, and the activities of mass sports.

Data on public health include the number of medical and health institutions, health personnel, health facility, health expenses, medical and health services at grass-root level, maternal and child health, disease control and health security system.

II. Sources of Data

Data on news and publication, radio broadcasting and television are provided by Guizhou Provincial Administration of Press, Publication, Radio, Film and Television.

Data on culture are provided by Provincial Department of Culture.

Data on sports are provided by Provincial Sports Administration.

Data on public health are provided by Provincial Health Commission.

22-1 文化事业机构和人员

Number of Institutions and Personnels in Culture Industry

指　标	Item	2018	2019	2020	2021	2022
机构总计(个)	**Total Number of Institutions (unit)**	**2164**	**2174**	**2177**	**2211**	**2219**
艺术事业	Art Institutions	26	25	19	26	26
文物事业	Cultural Relics	203	204	204	213	240
图书馆事业	Libraries	98	98	100	99	99
群众文化事业	Mass Culture	1688	1698	1701	1721	1702
文艺科研	Art Research Institutions	3	3	3	3	3
其他文化事业	Other Culture Units	146	146	150	149	149
人员总计(人)	**Total Number of Persons Engaged (person)**	**16170**	**21502**	**18553**	**18302**	**18649**
艺术事业	Arts	664	645	441	708	693
文物事业	Cultural Relics	2390	2297	2702	2711	3310
图书馆事业	Libraries	1089	1088	1084	1238	1258
群众文化事业	Mass Culture	6467	10907	7493	6844	6851
文艺科研	Art Research Institutions	28	32	35	36	35
其他文化事业	Other Culture Units	5532	6533	6798	6765	6502

注:1.资料来源于省文化和旅游厅(以下相关表同)。2.机构和人员数不含文化市场新分的机构和人员数。3.2018年机构改革,部分事业单位转为企业,不在本表统计之列。

Note: 1.The data in the table are provided by the Department of Culture and Tourism of Guizhou Province (the relative tables in the chapter are the same). 2. The number of institutions and personnels in the table exclude newly increased institutions and personnels. 3. Due to the institutional reform in 2018, some public institutions were transformed into enterprises, which are not included in this table.

22-2 文化事业单位数

Basic Statistics on Culture Establishment

单位:个 (unit)

指　标	Item	2018	2019	2020	2021	2022
公共图书馆	Public Libraries	98	98	100	99	99
博物馆、纪念馆	Museums and Memorials	91	91	92	100	133
群众艺术馆、文化馆	Mass Art Centers and Cultural Centers	99	99	99	99	99
档案馆	Archives	108	109	114	110	92

注:博物馆、纪念馆统计范围含民间博物馆机构。

Note: The statistical range of museums and memorials has included folk museum agencies.

22-3 文化娱乐业(2022)

Culture and Entertainment Industries (2022)

指　标	Item	机构数(个) Institutions (unit)	从业人员(人) Number of Employed Persons(person)	营业收入(万元) Operating Revenue (10000 yuan)	营业利润(万元) Primary Business Profit (10000 yuan)
总　计	**Total**	**3504**	**32514**	**280621**	**-11102**
非国有艺术表演团体	Non-state Performing Arts Groups	92	2951	16062	-7101
娱乐场所	Places of Entertainment	1870	21779	198200	4655
互联网上网服务营业场所(网吧)	Internet Access Service Establishments (Internet cafes)	1444	5233	42816	-2346

22-4 艺术表演场所(2022)

Art Performances Places (2022)

指　标	Item	机构数(个) Number of Institutions (unit)	从业人员(人) Number of Staff and Workers (person)	座席数(个) Seats (unit)	演(映)出场次(场) Number of Performances (show)	#艺术演出场次 Art Performances	观众人次(万人次) Number of Spectators (10000 person-times)
总　计	**Total**	**25**	**650**	**7636**	**3200**	**500**	**51.41**
#省　级	Province Level	4	44				
地　级	Prefectural Level	1					
县　级	County Level	20	606	7636	3200	500	51.41
#文化系统	Cultural Organizations and Institutions	6	48	90	1100		1.18

22-5 文化部门艺术表演团体(2022)

Art Troupes of Culture Sector (2022)

指 标	Item	剧团数(个) Number of Troupes (unit)	从业人员(人) Number of Employed Persons (person)	国内演出(场) Number of Domestic Performances (show)	#在农村演出 Shows in Rural Areas	国内观众人数(万人次) Number of Domestic Spectators (10000 person-times)
总 计	**Total**	**126**	**4650**	**20700**	**3300**	**591.55**
按隶属关系分	By Jurisdiction of Management					
#国有剧团	State-owned Troupes	28	1418	2400	1000	242.98
按剧种分	**By Type of Art**					
话剧、儿童剧、滑稽剧团	Drama, Children's Play and Comedy Troupes	3	84	100		7.21
歌舞、音乐类	Song and Dance Troupes, Music Troupes	65	2490	17100	1600	364.87
京剧、昆曲类	Peking Opera Troupes and Kunqu Troupes	2	149	200	100	6
地方戏曲类	Local Opera Troupes	9	327	400	300	16.62
杂技、魔术、马戏类	Acrobatics , Magic, Circus Troupes	4	273	500	400	99.3
曲艺类	Folk Arts	5	99	700	200	5.5
综合性艺术表演团体	Comprehensive Art Performance	38	1228	1500	600	92

22-6 群众文化馆(站)(2022)

Mass Culture Centers (Stations)(2022)

指 标	Item	合 计 Total	文化馆 Culture Centers	文化站 Culture Stations
馆(站)个数(个)	Number of Centers(unit)	1702	99	1603
组织各类讲座次数(次)	Organizing Lectures(time)	833	833	
组织文艺活动次数(次)	Organizing Art Performances(time)	21805	6231	15574
举办文艺训练班(班次)	Conducting Arts and Cultural Training Courses (course)	14080	7568	6512
#培训人数(万人次)	Number of People Trained (10000 persons)	108.54	68.17	40.37
举办展览次数(次)	Number of Exhibitions(unit)	2854	815	2039

22-7 广播、电视

Radio and Television Industry

指　　标	Item	2018	2019	2020	2021	2022
广播电视台(座)	Broadcasting and Television Stations(unit)	85	85	85	85	85
广播节目综合人口覆盖率(%)	Radio Coverage Rate of the Population(%)	93.9	94.6	95.5	96.0	99.0
广播节目自办套数(套)	Number of Radio Programs with Ownership(set)	48	45	44	48	47
#公共广播	Public Radio	48	45	44	48	47
广播节目制作时间(万小时)	Length of Radio Programs Produced (10 000 hours)	14.61	14.94	13.86	13.72	12.91
公共广播节目播出时间(万小时)	Length of Public Radio Programs Broadcasted (10 000 hours)	25.65	25.54	26.20	28.02	27.72
电视节目综合人口覆盖率(%)	TV Coverage Rate of Population(%)	96.8	97.0	97.5	97.8	99.24
有线广播电视用户数(万户)	Users of Cable Radio and TV (10 000 households)	702.92	813.02	836.90	869.08	909.91
数字电视用户数(万户)	Number of Users of Digital TV (10 000 households)	702.92	813.02	836.90	869.08	909.91
有线广播电视入户率(%)	Popularization Rate of Cable Radio and TV (%)	53.2	59.9	62.3	65.2	68.27
电视节目自办套数(套)	Number of TV Programs with Ownership(set)	104	104	105	111	112
#公共电视	Public TV	104	104	105	111	112
电视节目制作时间(万小时)	Length of TV Programs Produced (10 000 hours)	4.65	4.37	5.14	5.59	5.73
公共电视节目播出时间(万小时)	Length of Public TV Programs Broadcasted (10 000 hours)	45.15	47.53	51.26	56.40	58.06
电视剧播出数(万部)	Number of TV Plays Broadcasted (10 000 sets)	0.46	0.42	0.49	0.54	0.50
#进口电视剧播出数(部)	Imported TV Plays(set)	20	13	0	0	0
电视剧播出数(万集)	Number of TV Plays Broadcasted (10 000 parts)	13.7	14.52	16.40	17.49	19.15
#进口电视剧播出数	Imported TV Plays	0.06	0.05	0	0	0

注:资料来源于省新闻出版广电局(以下相关表同)。

Note: The data in the table are provided by Guizhou Provincial Press and Publication Bureau (the relative tables in the chapter are the same).

22-8 广播、电视节目播出时间(2022)

Broadcasting Hours of Radio and Television Programs (2022)

单位:小时 (hour)

指标	Item	全年公共节目播出时间 Broadcasting Hours	#新闻咨询类节目 News	#专题服务类节目 Special Subject	#综合益智类节目 General Entertainment
广播电台	**All Radio Broadcasting Stations**	**277161**	**55728**	**43731**	**46613**
省级	Province Level	59748	7758	8880	13596
地级	Prefectural Level	119152	25185	22476	18462
县级	County Level	98260	22783	12375	14555
电视台	**All Television Stations**	**580615**	**102485**	**61919**	**9087**
省级	Province Level	61875	3612	12852	493
地级	Prefectural Level	129107	29037	18302	3015
县级	County Level	389632	69835	30763	5579

22-9 图书出版

Books Published

指标	Item	2018	2019	2020	2021	2022
出版图书(种)	**Number of Publications(kind)**	**1001**	**1222**	**1370**	**1202**	**1165**
#新出版	New Publications	674	696	879	787	756
总印数(万册)	Printed Copies (10000 copies)	9754	13663	13052	12714	12840
总印张数(万印张)	Printed Sheets (10000 sheets)	70836	87480	88065	85979	92107

注:数据由省委宣传部提供(以下相关表同)。

Note:The data in the table are provided by Propaganda Department of the CPC Guizhou Provincial Committee (the relative tables in the chapter are the same).

22-10 杂志出版

Magazines Published

指 标	Item	2018	2019	2020	2021	2022
出版杂志(种)	Number of Publications(kind)	93	93	93	93	93
每期平均印数(万册)	Average Printed Copies Per Issue(10000 copies)	69	65.4	55.7	54.3	54.4
总印数(万册)	Printed Copies (10000 copies)	1722	1668	1436	1410	1425
总印张数(万印张)	Printed Sheets (10000 sheets)	10054	9357	9393	9155	8957

22-11 报纸出版

Newspaper Published

指 标	Item	2018	2019	2020	2021	2022
出版报纸(种)	Number of Publications (kind)	38	38	38	38	36
每期平均印数(万份)	Average Printed Copies Per Issue (10000 copies)	95	89	81	77	74
总印数(万份)	Printed Copies (10000 copies)	26718	25367	23440	22217	21150
总印张数(万印张)	Printed Sheets (10000 sheets)	64813	59233	51439	47903	45642

22-12 报纸分类出版数量(2022)

Number of Newspaper Published by Category (2022)

指 标	Item	出版报纸(种) Number of Publications (kind)	每期平均印数 (万份) Average Publication Per Issue (10000 copies)	总印数 (万份) Total Printed (10000 copies)	总印张数 (万印张) Total Printed Sheets (10000 sheets)
总 计	**Total**	**3**	**20.19**	**7155.79**	**19658.73**
#贵州日报	Guizhou Daily	1	18.4	6717.17	19212.94
贵州都市报	Guizhou Urban Newspaper	1	1.79	438.62	445.79
贵阳晚报	Guiyang Evening Newspaper	1	0	0	0

22-13 体育运动员

Athletes

单位：人 (person)

指 标	Item	2018	2019	2020	2021	2022
优秀运动员	**Excellent Athletes**	**265**	**213**	**223**	**236**	**224**
#女运动员	Female	127	100	101	113	104
专职教练员	**Full-time Coaches**	**274**	**160**	**67**	**91**	**73**
#女专职教练员	Female	70	42	18	20	19
等级运动员发展人数	**Number of Certified Athletes**	**653**	**751**	**286**	**69**	**243**
等级裁判员发展人数	**Number of Certified Referees**	**530**	**623**	**72**	**499**	**1233**

注：资料来源于省体育局(以下相关表同)。

Note: The data in the table are provided by Guizhou Administration of Sports (the relative tables in the chapter are the same).

22-14 体育运动获奖

Medals Won by Guizhou Athletes in Domestic and International Competitions

单位：项 (item)

指 标	Item	2018	2019	2020	2021	2022
国内外大赛第一名	Number of the First Places	55	98	13	31	35
国内外大赛第二名	Number of the Second Places	58	95	14	26	33
国内外大赛第三名	Number of the Third Places	61	98	42	35	37

22-15 体育场地情况(2022)

Situation of Sport Fields(2022)

指标名称	Item	2022
综合情况	**Comprehensive Situation**	
人均体育场地面积(平方米)	Sport Fields Area Per Capita(sq.m)	2.30
体育场地数量(个)	Number of Sport Fields(unit)	108281
基础大项场地	Basic Event Fields	
田径场地(个)	Track-and-Field Ground(unit)	3973
游泳场地(个)	Natatoriums(unit)	660
球类运动场地	**Ball Game Fields**	
足球场地(个)	Football Fields(unit)	3526
篮球场地(个)	Basketball Courts(unit)	43947
排球场地(个)	Volleyball Courts(unit)	969
乒乓球场地(个)	Table Tennis Courts(unit)	30940
羽毛球场地(个)	Badminton Courts(unit)	5661
冰雪运动场地	**Winter Sports Fields**	
滑冰场地(个)	Skating Rinks(unit)	3
滑雪场地(个)	Ski Fields(unit)	8
体育健身场地	**Sports Fitness Fields**	
全民健身路径(个)	National Fitness Paths(unit)	11581
健身房(个)	Gyms(unit)	1898
健身步道(个/公里)	Fitness Trails(unit/km)	1921/9438

22-16 体育场地及体育产业情况

Sport Fields and Sports Industry

指标名称	Item	2018	2019	2020	2021	2022
体育场地数量(个)	**Number of Sport Fields (unit)**	**81121**	**91579**	**93629**	**100388**	**108281**
按系统分	**By System**					
体　育	Sports	1697	2842	3495	3511	4986
教　育	Education	38355	42295	42449	44163	47638
其　他	Others	41069	46442	47685	52714	55657
按城乡属性分	**By Urban and Rural Attributes**					
城　镇	Urban	41624	46829	47708	51870	57928
乡　村	Rural	39497	44750	45921	48518	50353
按室内外分	**By Indoor and Outdoor**					
室内场地	Indoor	3972	4473	4596	5093	6277
室外场地	Outdoor	77149	87106	89033	95295	102004
体育场地面积(万平方米)	**Area of Sport Fields (10000 sq. m)**	**5496.86**	**5782.37**	**6293.48**	**7942.01**	**8871.82**
按系统分	**By System**					
体　育	Sports	175.94	250.76	301.81	482.02	702.82
教　育	Education	2921.79	2897.25	2897.55	3225.25	3589.51
其　他	Others	2399.13	2634.36	3094.12	4234.75	4579.49
按城乡属性分	**By Urban and Rural Attributes**					
城　镇	Urban	3418.56	3626.7	3908.65	5016.50	5643.1
乡　村	Rural	2078.3	2155.67	2384.83	2925.51	3228.72
按室内外分	**By Indoor and Outdoor**					
室内场地	Indoor	230.65	249.66	259.56	318.40	325.48
室外场地	Outdoor	5266.21	5532.71	6033.92	7623.61	8546.34
人均体育场地面积(平方米)	**Per Capita Area of Sport Fields(sq. m)**	**1.53**	**1.60**	**1.63**	**2.06**	**2.30**
体育场地投资(亿元)	**Investment in Sport Fields (100 million yuan)**	**370.97**	**671.14**	**814.47**	**753.42**	**746.45**
体育产业(亿元)	**Sports Industry (100 million yuan)**					
总规模	Total	213.7	280.32	271.85		
增加值	Added Value	96.86	113.11	112.42		

22-17 卫生事业

Health Care

指　标	Item	2018	2019	2020	2021	2022
卫生机构(个)	**Number of Health Institutions(unit)**	**28072**	**28516**	**28880**	**29292**	**29150**
#医院、卫生院	Hospitals and Township Hospitals	2705	2708	2755	2826	2826
床位数(万张)	**Number of Beds(10000 beds)**	**24.56**	**26.48**	**27.58**	**29.69**	**30.97**
#医院、卫生院床位	Number of Hospital and Township Hospitals Beds	23.27	25.07	26.03	27.90	29.05
卫生人员合计(万人)	**Number of Employed Personnels in Health Care Institutions (10000 persons)**	**32.35**	**34.71**	**36.84**	**38.41**	**39.83**
#卫生技术人员	Medical Technical Personnels	24.56	26.75	28.93	30.94	32.14
#执业(助理)医师	Licensed(Assistant) Doctors	8.15	8.98	9.86	10.54	10.94
#注册护士	Registered Nurse	10.91	12.14	13.20	14.17	14.71
医疗机构病床使用率(%)	**Utilization Rate in Medical Institutions (%)**	**74.11**	**74.31**	**68.27**	**69.36**	**68.62**
人均卫生费(元)	**Expenditure for Health of each Person (yuan)**	**3352.12**	**3838.96**	**3863.05**	**3989.88**	**4110.08**
平均每千人拥有:	**Per 1000 Persons:**					
床位数(张)	Beds(set)	6.82	7.31	7.15	7.71	8.03
#医院、卫生院床位	Number of Hospital Beds	6.46	6.92	6.75	7.24	7.53
卫生人员(人)	Number of Employed Personnels in Health Care Institutions(person)	8.99	9.58	9.55	9.97	10.33
#卫生技术人员	Medical Technical Personnels	6.82	7.38	7.50	8.03	8.34
#执业(助理)医师	Licensed(Assistant) Doctors	2.26	2.48	2.56	2.74	2.84
医院服务情况	**Hospital Services**					
诊疗人次(万人次)	Visits (10000 person-times)	7078.57	7667.90	7193.90	8310.00	8404.72
入院人数(万人)	Inpatients (10000 persons)	639.10	860.08	624.29	672.13	685.09
出院人数(万人)	Patients Discharged from Hospital (10000 persons)	633.60	854.51	619.33	666.98	678.21
每百门诊急诊入院人数(人)	Inpatients per 100 Outpatient and Emergency Visits (person)	9.34	8.92	8.93	8.33	8.34
病床使用率(%)	Utilization Rate of Beds (%)	81.76	81.50	75.35	76.37	75.22
出院者平均住院日(天)	Average Stay Days in Hospital (day)	8.1	8.2	8.4	8.3	8.5

注:1.资料来源于省卫生健康委员会(以下相关表同)。2.机构数含村卫生室。3.医院服务情况指医院类别的医疗服务情况。4.每千人口指标以常住人口数为基数计算。

Note:1.The data are obtained from the Health Committee of Guizhou Province(the following relative tables are the same). 2. The number of institutions includes village clinics. 3. Hospital services refer to the medical services in the hospital category. 4.The per thousand population index was calculated from the permanent resident population number as the base.

22-18 卫生机构、床位、人员数(2022)

Number of Health Institutions, Beds and Personnels (2022)

指标	Item	机构数(个) Institutions (unit)	床位数(张) Hospital Beds (Bed)	人员数(人) Number of Personnels (person)	#卫生技术人员数 Medical Technical Personnels
合计	**Total**	**29150**	**309703**	**398295**	**321438**
医院	Hospitals	1456	242023	239992	204445
#市	City	768	136922	143931	121795
县	County	688	105101	96061	82650
#综合医院	General Hospital	981	149916	168440	145362
县医院	Hospitals at County Level	63	36307	46086	39942
中医医院	Hospital Specialized in Traditional Chinese Medicine	122	30453	34327	29629
中西医结合医院	Hospitals of Integrated Traditional Chinese with Western Medicine	20	3142	3545	2979
民族医院	Nationalities Hospitals	5	365	297	229
专科医院	Specialized Hospitals	325	57997	33281	26159
护理院	Nursing Hospital	3	150	102	87
疗养院(所)	Sanatoriums	3	220	126	71
社区卫生服务中心(站)	Community Health Service Centers (Station)	921	7729	18163	15822
社区卫生服务中心	Community Health Service Centers	327	7573	14266	12263
社区卫生服务站	Community Health Service Stations	594	156	3897	3559
卫生院	Health Centers	1370	48466	57762	51117
#农村乡镇卫生院	Rural Township Health Centers	1320	47137	55957	49492
中心卫生院	Central Health Centers	529	28093	30880	27309
乡卫生院	Township Health Centers	791	19044	25077	22183
门诊部、诊所、医务室	Outpatient Department, Clinic and Infirmary	5264	66	20095	18461
#私人办诊所	Private Clinique	4462	24	13989	13507
专科防治所(站)	Specialized Disease Prevention and Treatment Institution	4	275	138	129
疾控中心(卫生防疫站)	CDC(Epidemic Prevention Station)	101		6879	5521
#县疾控中心	CDC at County Level	62		3223	2719
卫生监督机构	Sanitation Supervise Centers	94		2100	1547
#县卫生监督机构	Sanitation Supervise Centers at County Level	61		1194	913
妇幼保健院(所、站)	Women and Children Care Agencies	99	10924	19559	16561
#县妇幼保健院(所、站)	Women and Children Care Agencies at County level	62	5199	8617	7341
医学科学研究机构	Research Institution of Medicine Science				
村卫生室	Health Clinics of Village	19739		29046	4886
其他卫生机构	Other Health Project Institution	56	220	2828	1757
按主办单位分	**By Host Unit**				
政府办	Government Office	2427	196496	258571	223583
卫生健康部门办	Hygiene and Health Department	2291	190358	254845	220783
社会办	Industrial and Other Department	16459	33097	58649	32528
个人办	Private	10264	80110	81075	65327
按经济类型分	**By Type of Economic**				
公立	The Public	14014	205111	286992	235571
国有	State-owned	6972	204377	274799	232934
集体	Collective	7042	734	12193	2637
民营	Private	15136	104592	111303	85867
联营	Joint venture	138	485	527	333
私营	Private	13402	79923	82868	63903
其他	others	1596	24184	27908	21631

22-19 卫生防疫防治和妇幼卫生事业

Sanitation and Epidemic Prevention,Maternity and Child Care

指标	Item	2018	2019	2020	2021	2022
专科疾病防治院(所、站)机构数(个)	**Specialized Disease Prevention and Treatment Institution(unit)**	**8**	**6**	**5**	**5**	**4**
人员总数(人)	Number of Personnels(person)	169	157	106	138	138
#卫生技术人员数	Medical Technical Personnels	150	143	90	121	129
床位数(张)	Hospital Beds(bed)	163	138	60	224	275
疾病预防控制中心机构数(个)	**Center for Disease Control and Prevention (unit)**	**100**	**100**	**100**	**100**	**101**
人员总数(人)	Number of Personnels(person)	5278	5335	5427	6175	6879
#卫生技术人员数(人)	Medical Technical Personnels (person)	4327	4338	4354	5071	5521
妇幼保健机构数(个)	**Institutions of Maternity and Child Care (unit)**	**99**	**99**	**99**	**99**	**99**
人员总数(人)	Number of Personnels(person)	12590	13980	15766	18231	19559
#卫生技术人员数(人)	Medical Technical Personnels (person)	10733	11804	13394	15546	16561
床位数(张)	Hospital Beds(bed)	8268	8479	9105	10295	10924

22-20 县及县以上医院、卫生院(2022)

Hospitals and Health Centers at County Level and above (2022)

指　　标	Item	机构合计(个) Institutions (unit)	诊疗人次数(万人次) Number of Visits and Inpatients (10000 person-times)	#门　诊(万人次) Number of Visits in Clinics (10000 person-times)	入院人数(万人) Inpatients (10000 persons)	出院人数(万人) Outpatients (10000 persons)
县及县以上医院合计	**Hospitals at County Level and above**	**255**	**6167.77**	**5267.37**	**462.38**	**458.78**
#综合医院	General Hospitals	145	4641.09	3966.58	348.13	345.55
中医医院	Hospitals Specialized in Traditional Chinese Medicine	73	1138.08	961.74	93.82	92.94
妇幼保健院(所、站)	**Maternity and Child Care Hospital(Centers or Stations)**	**99**	**654.70**	**595.41**	**31.67**	**31.58**
#妇幼保健院	Maternity and Child Care Hospital	99	654.70	595.41	31.67	31.58
卫生院合计	**Health Centers**	**1370**	**4203.05**	**4051.83**	**144.12**	**142.78**
#农村乡镇卫生院	Rural Health Centers	1320	4068.18	3925.11	140.81	139.48
中心卫生院	Central Health Centers	529	2316.61	2228.48	90.77	89.11
乡卫生院	Township Health Centers	791	1751.57	1696.63	50.04	50.37

22-20 续表 continued(2022)

指　　标	Item	平均开放病床数(张) Average Beds Opened (bed)	实有床位数(张) There are beds (bed)	病床周转次数(次/年) Turnover of Beds (time/year)	病床工作日(日/床) Working Days of Bed (day/bed)	病床使用率(%) Utilization Rate of Beds(%)	出院者平均住院日(天/人) Average Stay Days in Hospital (day/person)	每百门(急)诊入院人数(人) Inpatients Per 1000 Outpatient and Emergency Visits(person)
县及县以上医院合计	**Hospitals at County Level and above**	**130032**	**130988**	**35.3**	**295.7**	**81.0**	**8.1**	**7.63**
#综合医院	General Hospitals	88598	89485	39	302.5	82.9	7.6	7.57
#中医医院	Hospitals Specialized in Traditional Chinese Medicine	27677	27657	33.6	288.1	78.9	8.2	8.55
妇幼保健院(所、站)	**Maternity and Child Care Hospital (Centers or stations)**	**10684**	**10924**	**29.6**	**176.3**	**48.3**	**5.7**	**4.96**
#妇幼保健院	Maternity and Child Care Hospital	10684	10924	29.6	176.3	48.3	5.7	4.96
卫生院合计	**Health Centers**	**47279**	**48458**	**30.2**	**163.9**	**44.9**	**5.1**	**3.50**
#农村乡镇卫生院	Rural Township Health Centers	45936	47129	30.4	164.6	45.1	5.1	3.53
中心卫生院	Central Health Centers	27460	28093	32.5	179.6	49.2	5.2	4.00
乡卫生院	Township Health Centers	18476	19036	27.3	142.3	39.0	4.9	2.91

22-21 县、乡、村三级医疗、预防、保健

Health Organization at County,Town and Village Level

指 标	Item	2018	2019	2020	2021	2022
县医院个数(个)	**Number of Hospitals at County Level (unit)**	**66**	**65**	**65**	**64**	**63**
平均每院病床数(张)	Average Number of Beds Per Hospital (bed)	522.83	552.29	557.89	560.72	576.30
平均每院人员数(人)	Average Personnels Per Hospital (person)	574.67	624.05	665.74	695.69	731.52
#平均每院卫生技术人员数	Average Medical Technical Personnels Per Hospital Per Station	503.41	544.25	584.23	605.14	634.00
县妇幼保健院(所、站)机构数(个)	**Maternity and Child Care Centers at County Level (unit)**	**65**	**64**	**64**	**63**	**62**
平均每院(所、站)床位数(张)	Average Number of Beds Per Station (bed)	64.85	65.50	71.61	78.43	83.85
平均每院(所、站)人员数(人)	Average Personnels Per Station (person)	83.26	96.45	111.00	130.65	138.98
#每院(所、站)卫生技术人员数	Medical Technical Personnels Per Station	71.97	82.94	94.75	111.90	118.40
县疾病预防控制中心机构数(个)	**Centers for Disease Control and Prevention at County Level (unit)**	**65**	**64**	**64**	**63**	**62**
平均每所站人员数(人)	Personnels Per Station(person)	41.75	42.47	43.77	46.70	51.98
#平均每站卫生技术人员数	Average Medical Technical Personnels Per Station	35.34	35.59	36.03	39.41	43.85
农村乡镇卫生院机构数(个)	**Institutions of Rural Health Centers (unit)**	**1341**	**1329**	**1330**	**1331**	**1320**
农村乡镇卫生院床位数(张)	Number of Beds of Rural Health Centers (bed)	42349	44041	44600	45749	47137
平均每院床位数(张)	Average Number of Beds Per Hospital (bed)	31.58	33.14	33.53	34.37	35.71
平均每千乡村人口乡镇卫生院床位数(张)	Average Number of Beds of Rural Health Centers Hospitals Per 1000 Rural Personnels (bed)	2.24	2.38	2.47	2.60	2.71
农村乡镇卫生院人员数(人)	Personnels of Rural Health Centers (person)	47153	50944	54388	54906	55957
平均每院人员数(人)	Average Personnels Per Hospital (person)	35.16	38.33	40.89	41.25	42.39
平均每千乡村人口乡镇卫生院人员数(人)	Average Medical Technical Personnels of Rural Health Centers Per 1000 Rural Personnels (person)	2.50	2.76	3.01	3.12	3.21
村卫生室个数(个)	**Number of Health Clinics of Village (unit)**	**20355**	**20265**	**20162**	**20105**	**19739**
村卫生室覆盖率(%)	Coverage Rate of Health Clinics of Village (%)	100.0	100.0	100.0	100.0	100.0
开展合作医疗的村数(个)	Number of Villages of Carrying out Rural Cooperative Medical Treatment (unit)	13295	13231	13196	13216	13675
开展合作医疗的村覆盖率(%)	Coverage Rate of Villages of Carrying out Rural Cooperative Medical Treatment (%)	100.0	100.0	100.0	100.0	100.0
平均每村设置医疗点数(个)	Average Number of Medical Treatment Stations Per Village (unit)	1.51	1.5	1.5	1.5	1.4
乡村医生和卫生员数(人)	Doctors and Health Workers (person)	34097	32027	31131	24653	24160
#乡村医生所占比例(%)	Proportion of Rural Doctors (%)	76.3	82.4	83.5	96.8	97.1
平均每村乡村医生和卫生员数(人)	Average Number of Doctors and Health Workers Per Village (person)	2.54	2.42	2.37	1.87	1.77
平均每千乡村人口乡村医生和卫生员数(人)	Average Number of Doctors and Health Workers Per 1000 Rural Personnels (person)	1.80	1.73	1.73	1.40	1.39

注:1.县医院指卫生计生部门办的县综合医院,不含县级市和区。2."村卫生室覆盖率"=设置村卫生室的村数/行政村总数。3.每千乡村人口数以统计局提供的乡村常住人口数为计算基数。

Note: 1.Hospitals at county level refers to the general hospitals at county level running by the health department, but exclude county-level city and district. 2."Coverage Rate of Health Clinics of Village"=number of villages with medical treatment stations/the number of administrative villages. 3. The number of rural residents per thousand was calculated based on the number of permanent rural residents provided by the bureau of statistics.

22-22 28种传染病报告发病及死亡人数(2022)

List of 28 Infectious Diseases Reported and Number of Death (2022)

单位:人 (person)

顺位 No.	发病 Diseases 疾病名称 Diseases	发病人数 Persons	死亡 Death 疾病名称 Diseases	死亡人数 Persons
1	肺结核 Pulmonary Tuberculosis	29369	艾滋病 AIDS	1496
2	病毒性肝炎 Viral Hepatitis	27915	肺结核 Pulmonary Tuberculosis	61
3	梅毒 Syphilis	21977	狂犬病 Hydrophobia	4
4	细菌性和阿米巴性痢疾 Dysentery	318	流行性乙型脑炎 Encephalitis B	
5	淋病 Gonorrhea	4050	新生儿破伤风 Newborn Tetanus	
6	伤寒副伤寒 Typhoid and Paratyphoid Fever	250	病毒性肝炎 Viral Hepatitis	3
7	艾滋病 AIDS	3697	梅毒 Syphilis	
8	猩红热 Scarlet Fever	418	细菌性和阿米巴性痢疾 Dysentery	
9	流行性乙型脑炎 Encephalitis B	19	钩端螺旋体病 Leptospirosis	
10	狂犬病 Hydrophobia	5	流行性脑脊髓膜炎 Epidemic Encephalitis	2
11	流行性出血热 Hemorrhage Fever	22	流行性出血热 Hemorrhage Fever	
12	百日咳 Pertussis	572	人感染高致病性禽流感 Highly Pathogenic Avian Influenza	
13	麻疹 Measles	1	淋病 Gonorrhea	
14	钩端螺旋体病 Leptospirosis	11	伤寒副伤寒 Typhoid and Paratyphoid Fever	
15	新生儿破伤风 Newborn Tetanus	2	疟疾 Malaria	
16	疟疾 Malaria	7	麻疹 Measles	
17	流行性感冒(包含甲型H1N1流感) A(H1N1)Flu	17378	流行性感冒(包含甲型H1N1流感) A(H1N1)Flu	
18	布鲁氏菌病 Brucellosis	139	炭疽 Anthrax	
19	流行性脑脊髓膜炎 Epidemic Encephalitis	4	鼠疫 The Plague	
20	炭疽 Anthrax	1	血吸虫病 Schistosomiasis	
21	人感染高致病性禽流感 Highly Pathogenic Avian Influenza		百日咳 Pertussis	
22	血吸虫病 Schistosomiasis	2	布鲁氏菌病 Brucellosis	
23	霍乱 Cholera		猩红热 Scarlet Fever	
24	鼠疫 The Plague		登革热 Dengue Fever	
25	登革热 Dengue Fever		霍乱 Cholera	
26	传染性非典型肺炎 SARS		传染性非典型肺炎 SARS	
27	脊髓灰质炎 Poliomyelitis		脊髓灰质炎 Poliomyelitis	
28	白喉 Diphtheria		白喉 Diphtheria	

22-23 28种传染病报告发病率、死亡率及病死率(2022)

List of Incidence, Death and Mortality Rates of 28 Infectious Disease Reported (2022)

顺位 No.	发病 Disease Incidence		死亡 Death		病死 Mortality Rate	
	疾病名称 Diseases	发病率(1/10万) Incidence (1/100 000)	疾病名称 Diseases	死亡率(1/10万) Death Rate (1/100 000)	疾病名称 Diseases	病死率(%) Mortality Rate (%)
1	肺结核 Pulmonary Tuberculosis	76.2435	狂犬病 Hydrophobia	0.0104	人禽流感 Highly Pathogenic Avian Influenza	
2	病毒性肝炎 Viral Hepatitis	72.4689	艾滋病 AIDS	3.8837	狂犬病 Hydrophobia	80.0000
3	梅毒 Syphilis	57.0535	肺结核 Pulmonary Tuberculosis	0.1584	新生儿破伤风 Newborn Tetanus	
4	细菌性和阿米巴性痢疾 Dysentery	0.8255	流行性乙型脑炎 Encephalitis B		流脑 Epidemic Encephalitis	50.0000
5	淋病 Gonorrhea	10.5140	病毒性肝炎 Viral Hepatitis	0.0078	钩端螺旋体病 Leptospirosis	
6	伤寒+副伤寒 Typhoid and Paratyphoid Fever	0.6490	新生儿破伤风 Newborn Tetanus		流行性乙型脑炎 Encephalitis B	
7	艾滋病 AIDS	9.5976	梅毒 Syphilis		流行性出血热 Hemorrhage Fever	
8	猩红热 Scarlet Fever	1.0852	细菌性和阿米巴性痢疾 Dysentery		肺结核 Pulmonary Tuberculosis	0.2077
9	流行性乙型脑炎 Encephalitis B	0.0493	流脑 Epidemic Encephalitis	0.0052	淋病 Gonorrhea	
10	狂犬病 Hydrophobia	0.0130	流行性出血热 Hemorrhage Fever		梅毒 Syphilis	
11	流行性出血热 Hemorrhage Fever	0.0571	人禽流感 Highly Pathogenic Avian Influenza		细菌性和阿米巴性痢疾 Dysentery	
12	百日咳 Pertussis	1.4849	淋病 Gonorrhea		病毒性肝炎 Viral Hepatitis	0.0392
13	麻疹 Measles	0.0026	伤寒+副伤寒 Typhoid and Paratyphoid Fever		炭疽 Anthrax	
14	钩端螺旋体病 Leptospirosis		疟疾 Malaria		流行性感冒(包含甲型H1N1流感) A(H1N1)Flu	
15	新生儿破伤风 Newborn Tetanus		流行性感冒(包含甲型H1N1流感) A(H1N1)Flu		鼠疫 The Plague	
16	疟疾 Malaria	0.0182	炭疽 Anthrax		麻疹 Measles	
17	流行性感冒(包含甲型H1N1流感) A(H1N1)Flu		麻疹 Measles		疟疾 Malaria	
18	布鲁氏菌病 Brucellosis	0.3609	血吸虫病 Schistosomiasis		百日咳 Pertussis	
19	流脑 Epidemic Encephalitis	0.0104	鼠疫 The Plague		血吸虫病 Schistosomiasis	
20	炭疽 Anthrax		百日咳 Pertussis		伤寒+副伤寒 Typhoid and Paratyphoid Fever	
21	人禽流感 Highly Pathogenic Avian Influenza		淋病 Gonorrhea		布鲁氏菌病 Brucellosis	
22	登革热 Dengue Fever		布鲁氏菌病 Brucellosis		猩红热 Scarlet Fever	
23	血吸虫病 Schistosomiasis	0.0052	猩红热 Scarlet Fever		登革热 Dengue Fever	
24	鼠疫 The Plague		登革热 Dengue Fever		霍乱 Cholera	
25	霍乱 Cholera		霍乱 Cholera		传染性非典型肺炎 SARS	
26	传染性非典型肺炎 SARS		传染性非典型肺炎 SARS		脊灰 Poliomyelitis	
27	脊灰 Poliomyelitis		脊灰 Poliomyelitis		白喉 Diphtheria	
28	白喉 Diphtheria		白喉 Diphtheria		艾滋病 AIDS	40.4652

注:死亡率指法定传染病报告死亡人数占同年该地区总人口之比。病死率指传染病死亡人数占同年同类传染病人数之比。

Note: Dead rate refers to the ratio of the number of reported deaths from statutory infectious diseases to the total population of the region in the same year. Mortality rate refers to the ratio of the number of deaths from infectious diseases to the number of similar infectious diseases in the same year

22-24 5岁以下儿童和孕产妇死亡率

Mortality Rate of the Maternal and Children Aged under 5

指 标	Item	2018	2019	2020	2021	2022
新生儿死亡率(‰)	**Newborn Mortality Rate(‰)**	**4.1**	**3.1**	**2.6**	**1.9**	**1.6**
城 市	Urban	3.2	2.5	2.1	1.8	1.6
农 村	Rural	4.6	3.3	2.9	1.9	1.6
婴儿死亡率(‰)	**Infant Mortality Rate(‰)**	**7.5**	**5.6**	**5.0**	**4.0**	**3.2**
城 市	Urban	5.9	4.6	4.6	3.3	2.9
农 村	Rural	8.3	6.3	5.2	4.4	3.3
5岁以下儿童死亡率(‰)	**Mortality Rate of Children under 5 (‰)**	**10.0**	**8.3**	**7.5**	**5.4**	**4.9**
城 市	Urban	7.8	6.2	6.8	5.2	4.4
农 村	Rural	11.1	9.4	7.8	5.6	5.1
孕产妇死亡率(1/10万)	**Maternal Mortality Rate(1/100 000)**	**19.5**	**16.9**	**15.9**	**9.7**	**10.9**
城 市	Urban	20.6	15.1	18.5	8.6	12.7
农 村	Rural	18.9	17.3	14.6	10.4	9.9

注：数据源自省妇幼卫生监测数据。
Note: The data are obtained from the Annual Report of Maternal and Child Health of Guizhou Province.

22-25 新型农村合作医疗

Conditions of New Cooperative Medical System

指 标	Item	2018	2019	2020	2021	2022
开展新农合县(市、区、特区)数(个)	Number of Counties Implementing of NCMS (unit)	88	88	88	88	88
参加新农合人数(万人)	Number of Enrollees (10000 persons)	3193.12	3146.11	3718.87	3735.03	3727.16
参合率(%)	Enrollment Rate (%)	99.7				
当年筹资总额(亿元)	Total Funds Raised at Current Year (100 million yuan)	188.87				
人均筹资(元)	Per Capita Premiums (yuan)	610	740	800	860	930
当年基金支出(亿元)	Payout at Current Year (10000 million yuan)	193.57	184.51	256.65	301.63	313.32
补偿受益人次(万人次)	Number of Beneficiaries from Reimbursement(10000person-times)	7225.55	7880.25	7738.93	9135.35	10564.22

注：1.数据由省医疗保障局提供。2.2020年新农合与城镇居民合并为城乡居民保险，因此2020年起数据为合并后城乡居民数据。
Note: 1.The data in the table are provided by Guizhou Provincial Healthcare Security Administration. 2. In 2020,the new rural cooperative medical system and the basic medical insurance for urban residents were merged into urban and rural residents´ insurance,so the data from 2020 is the combined data of urban and rural residents´ insurance.

22-26 历年卫生事业发展情况

Development of Health Care Over the Years

年份 Year	卫生机构数(个) Number of Health Institutions (unit)	#医院、卫生院 Hospitals, Health Centers	卫生机构床位数(张) Number of Beds in Health Institutions (bed)	#医院、卫生院 Hospitals, Health Center	卫生技术人员数(人) Medical Technical Personnels (person)	#执业(助理)医师 Licensed (Assistant) Doctors	每万人口拥有 Per 10000 Persons 床位数(张) Number of Beds (bed)	每万人口拥有 Per 10000 Persons 执业(助理)医师数(人) Number of Licensed (Assistant) Doctors (person)
1978	6274	4510	40274	37533	58190	21228	14.0	7.9
1979	6267	4516	42812	40001	60635	21868	14.6	8.0
1980	6246	4529	43627	40835	63766	26491	14.7	9.5
1981	6634	4588	44752	41314	68918	26798	14.6	9.5
1982	6595	4605	46226	42301	70671	27097	14.7	9.4
1983	6605	4602	47555	43292	72988	28433	14.9	9.8
1984	6673	4643	49271	44123	75808	29309	15.0	10.0
1985	6480	3295	49805	45226	76722	29153	15.2	9.8
1986	6760	3358	50893	46259	79776	30475	15.3	10.1
1987	6716	3349	52595	48059	81599	31305	15.6	10.2
1988	7021	3896	54193	49543	84904	35249	15.8	11.3
1989	6926	3620	57428	52063	84891	35646	16.4	11.2
1990	6949	3721	59013	53074	86120	37185	16.2	11.4
1991	6908	3630	59168	53978	87774	37978	16.3	11.5
1992	4734	1624	57767	52405	87927	38537	15.6	11.5
1993	3908	1623	57720	51888	84409	38060	15.2	11.2
1994	3930	1660	59648	53766	88053	40358	15.5	11.7
1995	3934	1692	60295	54475	87005	40260	15.5	11.5
1996	10932	1870	58205	54051	84273	43548	15.2	12.2
1997	8955	1870	57560	53627	84348	43236	14.9	12.0
1998	9113	1877	57844	54492	84400	44138	14.9	12.1
1999	9703	1874	58624	55138	85613	45473	14.9	12.3
2000	8992	1878	58380	55148	85397	45673	14.8	12.2
2001	8791	1872	59120	55876	86103	46412	14.8	12.3
2002	7027	1857	59850	57742	79727	36964	15.1	11.3
2003	6499	1866	59281	56273	77557	36911	14.9	11.2
2004	6664	1850	61313	58113	76699	36911	14.9	12.2
2005	6571	1843	61784	58398	77805	35521	16.6	9.5
2006	6147	1855	66452	62586	82324	41147	17.9	11.1
2007	5907	1939	75806	71400	85298	42100	20.7	11.5
2008	5848	1934	83132	78129	89313	38830	23.0	10.7
2009	5736	1982	97527	91164	95270	40171	27.3	11.3
2010	5637	2005	105277	97490	102527	42158	30.0	12.0
2011	5683	2071	117534	108029	112210	44037	27.7	10.4
2012	27379	2210	136542	129670	152608	49200	32.1	11.2
2013	29182	2429	163332	155848	156557	55877	38.1	13.0
2014	28995	2512	181728	174002	169799	57802	42.0	13.4
2015	28740	2631	196517	187334	187361	63412	55.7	18.0
2016	28023	2661	210247	199930	204687	69007	59.1	19.4
2017	28053	2682	232903	220940	225870	75535	65.1	21.1
2018	28072	2705	245639	232701	245568	81476	68.2	22.6
2019	28516	2708	264827	250701	267502	89784	73.1	24.8
2020	28880	2755	275767	260260	289322	98592	71.5	25.6
2021	29292	2826	296902	278999	309378	105369	77.1	27.4
2022	29150	2826	309703	290489	321438	109411	80.3	28.4

注：1.表中数据2011年及以前的数据不含村卫生室，2012年起含村卫生室；2.每万人口指标2011年以前以常住人口数为基数计算，2011年起以户籍人口数为基数计算。2015年起以常住人口为基数计算。

Note: 1.The data in the table for 2011 and before excludes village clinics, but the data from 2012 include village clinics. 2. Before 2011, per ten thousand population indicators were calculated on the number of permanent resident population, but since 2011, they have been calculated on the number of household registered population. After 2015, they are calculated on the base of the number of the resident population.

主要统计指标解释

文化事业机构 指由文化部门主办或实行行业管理的文化及相关产业机构以及由文化部门主办的非文化及相关产业机构等。

艺术表演团体 指由文化部门主办或实行行业管理(经文化行政部门审批并领取营业性演出许可证),专门从事表演艺术等活动的各类专业艺术表演团体,含民间职业剧团(不包括群众业余文艺表演团队)。

艺术表演观众人数(人次) 指在国内和国外的艺术表演的观众人数。包括售票、包场等有演出收入的场次人数和政府采购的公益性演出场次人数及参加汇演、调演等无演出收入的公开演出场次人数,包括流动舞台车演出场次人数,不包括彩排和内部观摩等无演出收入的场次人数。

广播节目综合人口覆盖率 指根据国家广电总局制定的《广播电视人口覆盖率统计技术标准和方法》进行统计调查的,在对象区内采用无线、有线、卫星等技术手段能够收听到包括中央、省、地市、县广播节目其中任意一套的人口数占全国总人口数的百分比。

电视节目综合人口覆盖率 指根据国家广电总局制定的《广播电视人口覆盖率统计技术标准和方法》进行统计调查的,在对象区内采用无线、有线、卫星等技术手段能够收看到包括中央、省、地市、县级电视节目中任意一套的人口数占全国总人口数的百分比。

体育馆 指有固定看台,可供篮球、排球、羽毛球、乒乓球、体操等项目训练比赛活动用的室内运动场地。体育馆按看台容纳观众人数分为:甲级6000人以上,乙级4000-6000人,丙级2000-4000人,丁级2000人以下。

医院 包括综合医院、中医医院、中西医结合医院、民族医院、各类专科医院和护理院。包括医学院校附属医院,不包括专科疾病防治院、妇幼保健院和疗养院。

社区卫生服务中心(站) 指为本社区居民提供预防、医疗、保健、康复、健康教育、计划生育技术服务等的基层卫生机构。包括社区卫生服务中心和社区卫生服务站。

卫生技术人员 包括执业医师、执业助理医师、注册护士、药师(士)、检验及影像技师(士)、卫生监督员和见习医(药、护、技)师(士)等卫生专业人员(不包括药剂员、检验员、护理员等),包括从事临床或监督工作并同时从事管理工作的人员(如院长、书记等)。其中见习医师(士)指毕业于高中等院校医学专业但尚未取得医师执业证书的医师和医士。

执业医师 指具有《医师执业证》及其"级别"为"执业医师"且实际从事临床工作的人员,包括从事临床或监督工作并同时从事管理工作的人员(如院长、书记等)。执业医师类别分为临床、中医、口腔和公共卫生。

执业助理医师 指具有《医师执业证》及其"级别"为"执业助理医师"且实际从事临床工作的人员,包括从事临床或监督工作并同时从事管理工作的人员(如院长、书记等)。执业助理医师类别分为临床、中医、口腔和公共卫生。

孕产妇死亡率

孕产妇死亡率=该年该地区孕产妇死亡人数/某年某地区活产数×10万/10万

5岁以下儿童死亡率

5岁以下儿童死亡率=该年该地5岁以下儿童死亡数/某年某地活产数×1000‰

婴儿死亡率

婴儿死亡率=该年该地婴儿死亡数/某年某地活产数×1000‰

参加新农合人数 指根据本地新农合的实施方案,到本年度新农合筹资截止时,已缴纳参加新农合资金的人口数。

Explanatory Notes on Main Statistical Indicators

Cultural Institutions defined by the cultural industry management department sponsored or cultural institutions and related industries as well as non-organized by the cultural sector and related industries and cultural institutions.

Art Performance Troupe defined by the cultural industry management department sponsored or carried (by the cultural administrative departments for approval and obtain business performance license), specializing in the performing arts and other activities of the various professional performing arts groups, including the professional troupes (Excluding the masses of amateur theatrical performance team).

Number of Spectators at Art Performance refers to the domestic and foreign performing arts attendance. Including ticketing, private use, which are the number of performances and screenings of revenue for government procurement and participation in the number of public performances show and other non-public performances show the number of performances, including the number of mobile stage vehicle, not including rehearsals and internal observation and other the number of non-performing income screenings.

The Population Coverage Rate of Radio refers to the percentage of population, who can receives to one of central, provincial, city, prefecture, and county radio programs by wireless, cable, satellite and other technical means, in the surveying area, to national total population, according to Statistical Standard and Method on Television and Radio Coverage of Population established by the State Administration of Broadcasting, Film and Television.

The Population Coverage Rate of Television refers to the percentage of population, who can watch one of central, provincial, city, prefecture, and county television programs by wireless, cable, satellite and other technical means, in the surveying area, to national total population, according to Statistical Standard and Method on Television and Radio Coverage of Population established by the State Administration of Broadcasting, Film and Television.

Gymnasiums refer to indoor sports grounds with permanent seats in which basketball, volleyball. badminton, table tennis and gymnastics competitions can be held. Gymnasiums are classified according to seating capacity. They include Class A gymnasiums seating over 6000 people, Class B gymnasiums seating 4000 to 6000 people, Class C gymnasiums seating 2000 to 4000 people, and Class D gymnasiums seating fewer than 2000 people.

Hospitals include polyclinics, traditional Chinese medical hospitals, hospitals integrated with traditional Chinese therapeutics and western therapeutics, ethical hospitals, various specialties hospitals and nursing hospitals, including medical colleges affiliated hospitals, but excluding specialized prevention and treatment hospital, maternal and child health care hospitals and convalescent hospitals.

Community Health Service Centers (stations) refer to the primary units that provide the health care for community residents, such as disease prevention and control, medical treatment, health care, rehabilitation, health education, family planning technical services, including community health service centers and community health service stations.

Medical Technical Personnel refers to practicing physicians, practicing physician assistant, registered nurses, pharmacists (assistant pharmacists), inspection and imaging technologists (technicians), health supervisors and trainee doctors (pharmacists or assistant pharmacists, nurse practitioners or nurses, technologists or technicians) and other health professionals (not including pharmacy staff , inspectors, care workers, etc.), including those who engaged in clinic or supervision and are also engaged in management (such as the director of the hospital, secretary, etc.). The trainee doctor (assistant doctor) refers to the doctor or assistant doctor who majored in medicine and graduated from high school or other institutions but has not yet obtained the certificate of practicing doctor.

Licensed Doctors refer to the medical workers who have obtained the licenses of qualified doctors and are classified as "practicing doctors", as well as actually engaged in clinic, including those who engaged in clinic or supervision and are also engaged in management (such as the director of the hospital, party secretary, etc.). The categories of licensed doctors are divided into clinician, traditional Chinese medicine, dentist and public health.

Licensed Assistant Doctors refer to the medical workers who have obtained the licenses of qualified doctors and are classified as "practicing assistant doctors", as well as actually engaged in clinic, including those who engaged in clinic or supervision and are also engaged in management (such as the director of the hospital, party secretary, etc.). The categories of licensed assistant doctors are divided into clinician, traditional Chinese medicine, dentist and public health.

Maternal Mortality Rate

$$\text{Maternal Mortality Rate}=\frac{\text{number of maternal deaths}\times 100000}{\text{live births}\times 100000}.$$

Mortality Rate of Children under 5

$$\text{Mortality Rate of Children under 5}=\frac{\text{death number of children under 5}}{\text{live birth}}\times 1000‰.$$

Newborn Mortality Rate

$$\text{Newborn Mortality Rate}=\frac{\text{death number of newborn}}{\text{live birth}}\times 1000‰.$$

Number of Persons Participated in the New Rural Cooperative Medical System refers to the number of persons who have given payment to the new cooperative medical system by the deadline of fundraising during the year according to the implementation plan of the new system.

社会服务及其他

Social Services and Others

23

简要说明

一、主要内容

本篇资料主要反映社会服务、公检法司、交通事故情况及火灾情况。

社会服务内容包括消费者协会受理投诉、生产安全、社会保险、社会福利、民政事业、殡葬服务情况等。

公检法司内容包括司法部门律师、公证、调解工作情况，人民检察院办案情况，人民法院审理案件和收结案情况等。

二、资料来源

本篇资料分别由省司法厅、省消费者协会、省人民检察院、省高级人民法院、省应急管理厅、省消防总队、省人力资源社会保障厅、省民政厅等提供。

Brief Introduction

I. Main Contents

The data in this chapter mainly reflect the social services, authorities of public security, procuratorates, courts and administration of justice, traffic accident and fire situation.

The data on social services include consumers association receiving complaints, production safety, social insurance, social welfare, civil affairs, funeral and interment services.

The data on authorities of public security, procuratorates, courts and administration of justice cover information such as statistics on lawyers, notarization and mediation, cases handled by people´s procuratorate, cases accepted and settled by the people's courts.

II. Sources of Data

The data in this chapter are provided respectively by Guizhou Provincial Department of Justice, Provincial Consumers Association, the People's Procuratorate of Guizhou, Guizhou Higher People's Court, Department of Emergency Management of Guizhou Province, Provincial Fire Brigade, Provincial Human Resources and Social Security Department, and Provincial Department of Civil Affairs.

23-1 律师、公证、调解工作

Lawyers, Notarization and Mediation

指 标	Item	2020	2021	2022
律师工作	**Lawyers**			
律师事务所(个)	Number of Law Offices (unit)	891	1034	1129
专职律师(人)	Full-time Lawyers (person)	7818	9132	14982
兼职律师(人)	Part-time Lawyers(person)	319	452	393
担任法律顾问(家)	Assistant (person)	11129	14076	14279
律师业务数(件)	Number of Law practices (case)	308190	319669	349878
刑事案件辩护及代理	Criminal Case Defense and Representation	25455	31735	33956
民事案件代理	Civil Lawsuit Agency	108592	156528	158469
行政案件代理	Agency for Administrative Cases	4297	5202	4164
非诉讼法务事务	Non-litigation Legal Matters	7695	9311	8995
咨询和代书	Consulting and Representation	100167	75661	97260
仲裁业务	Arbitration	2133	3013	3679
参与公益法律服务	Participation in Pro Bono Legal Services	59851	38219	43355
公证工作	**Notarization**			
公证处(个)	Number of Notary Offices (unit)	98	98	98
公证员(人)	Notaries (person)	311	292	313
公证辅助人员(人)	Assistant Notaries (person)	182	375	352
办理公证文书(件)	Number of Notarized Documents (case)	128823	131619	102031
#涉外公证	Foreign-related Notarization	118232	11445	90501
国内公证	Domestic Notarization	9982	119489	10967
公证费收入(万元)	Income of Notarization (10000 yuan)	5482.48	6032.86	5070
人民调解工作	**Number of People´s Mediation**			
人民调解委员会(个)	Number of People´s Mediation Committees (unit)	20440	20719	20745
人民调解人员(人)	Number of Mediators (person)	102245	102230	105726
调解民间纠纷(件)	Number of Civil Disputes Mediated (case)	53124	151897	205402
调解成功率(%)	The Rate of Success of Mediation (%)	98.6	92.84	95.82
基层法律服务工作	**Law Service at Basic Level**			
法律服务所(个)	Offices for Law Service (unit)	445	445	437
法律工作者(人)	Law Staffs (person)	1448	1375	1374
代理案件(件)	Cases Deputed (case)	22038	21584	16773
刑释解教人员安置帮教工作	**Settling and Assisting and Teaching Work for People That Has Been Released After Serving a Sentence**			
设立工作机构(个)	Institutions Established (unit)	82	100	102
工作人员(人)	Staffs (person)	186	232	212
安置人数(人)	Number of Persons Settled Down (person)	27205	27936	33364
帮教人数(人)	Number of Persons Assisting and Teaching (person)	30568	32302	37103

注：1.资料来源于省司法厅(下表同)。2.参与公益法律服务含律师调解内容。

Note: 1. The information comes from Department of Justice of Guizhou Province (the tables below are the same). 2. Participation in pro bono legal services includes lawyer mediation content.

23-2 公证文书分类

Domestic Notarial Documents by Type

单位:件 (piece)

指 标	Item	2018	2019	2020	2021	2022
合 计	**Total**	**123049**	**132995**	**128827**	**126636**	**102031**
合 同(协议)	Contract (Agreement)	11050	8971	7644	5014	4633
继 承	Inheritance	27294	31376	33670	23471	20518
委 托	Delegation	21891	21267	18050	17411	16763
声 明	Declaration	12550	14003	12538	12718	12175
赠 与	Grant	1160	1043	682	523	433
遗 嘱	Testament	1971	1969	1015	760	759
现场监督	Site Supervision	937	320	737	201	182
婚姻状况、亲属关系、收养关系	Marital Status, Kinship, Adoptive Relationship	3481	3670	1488	1590	1156
出生、生存、死亡	Birth, Life, Death	2276	2099	1490	1336	1093
身份、经历、学历、学位、职务、职称	Identity, Experience, Education, Degree, Post, Professional title	1435	845	1172	1068	734
有无违法犯罪记录	Criminal Record or Not	2019	2607	1405	1372	1906
公司章程	Articles of Incorporation	750	8	2	2	
保全证据	Evidence Preservation	1509	3042	3611	3800	4291
证书、执照	Certificate, License	2945	5431	3904	4833	4389
签名、印鉴	Signature, Seal	3939	1903	2076	1627	1651
文本相符	Text Consistency	5064	6818	4568	5817	5225
赋予强制执行效力	Endow Enforcement with Force	12052	19017	30622	41167	19582
执行证书	Performing Certificate	117	306	1448	2637	3347
抵押登记	Mortgaging Registration	40	30	0	11	6
提 存	Escrow	19	40	23	57	81
保 管	Legal Custody	60	60	77	131	42
其 他	Other	10490	8170	2605	1090	3065

注:本表按2018年司法统计报表编制。
Note: This table is compiled on the basis of 2018 judicial statistics.

23-3 消费者协会受理投诉

Cases Accepted and Heard by Consumer Association

单位:件 (piece)

指 标	Item	2018	2019	2020	2021	2022
总 计	**Total**	**3241**	**3856**	**6692**	**9268**	**13180**
#家用电器类	Household Appliances	331	271	332	473	663
#视听产品	Television	18	12	33	24	31
电冰箱	Refrigerators	7	15	19	29	38
洗衣机	Washing Machines	15	7	11	8	24
空调器	Air-Conditioner	9	7	15	25	32
摩托车	Motorcycles	9	13	18	27	37
医疗器械	Assistant Things of Medical Treatment	5	9	42	6	9
服装鞋帽	Garment,Shoes and Caps	189	215	324	426	779
家 具	Furniture	41	38	53	110	73
食 品	Foods	322	360	695	1415	2273
房屋及装修建材	Houses and Fitment Material	221	269	330	391	463
#房 屋	Houses	76	100	104	80	62
装饰材料	Fitment Material	87	102	140	194	238
电信服务	Telecom	64	67	249	155	229
邮政业服务	Mail	38	29	49	50	61
农用生产资料类	Agricultural Production Materials	27	20	32	26	42
其他类	Others	640	916	1736	2326	3513

注:资料来源于省消费者协会。
Note: The data in the table are obtained from Guizhou Provincial Consumers Association.

23-4 检察院主要业务

Cases of Procuratorate

指 标	Item	2018	2019	2020	2021	2022
民事行政案件(件)	**Civil Administrative Case (case)**					
受 理	Cases Accepted	5461	5954	11632	13808	12070
提请抗诉	Protests Lodged to Procuratorate of Higher Level	109	141	231	408	163
提出抗诉	Protests Lodged to Court of the Same Level	65	84	173	247	132
提出再审检察建议	Retrial Inspection Suggested	54	181	586	542	310
批准、决定批捕	**Total of Arrests**					
案件数(万件)	Cases (10000 cases)	2.06	2.08	1.61	1.80	1.46
人 数(万人)	Persons (10000 persons)	2.97	3.09	2.35	2.58	2.11
决定起诉	**Total of Public Prosecutions**					
案件数(万件)	Cases (10000 cases)	2.73	2.67	2.64	2.85	3.02
人 数(万人)	Persons (10000 persons)	3.87	3.93	3.95	4.03	4.29

注:资料来源于省人民检察院。
Note:.The data in the table are obtained from the People´s Procuratorate of Guizhou Province.

23-5 人民法院刑事一审案件收案

First Trail Criminal Cases Accepted by Courts

单位:件 (case)

指 标	Item	2018	2019	2020	2021	2022
总 计	**Total**	**29146**	**28564**	**28522**	**31471**	**32890**
危害国家安全罪	Offences Against State Security		1	3	2	
危害公共安全罪	Offences Against Public Security	6198	6527	7183	9327	8973
破坏社会主义市场经济秩序罪	Offences Against Socialist Economic Order	812	1053	1198	1315	1150
侵犯公民人身权利民主权利罪	Offences Against Citizens´ Personal and Democratic Rights	4712	5002	5036	5234	5015
侵犯财产罪	Offences Against Properties	8595	8043	7268	6857	5827
妨害社会管理秩序罪	Offences Against Social Management of Order	8067	7428	7315	8178	11313
危害国防利益罪	Offences Against National Defense	3	1	3	11	
贪污贿赂罪	Offences on Corruption and Bribery	671	454	449	466	518
渎职罪	Offences on Abuse and Dereliction of Duty	88	55	67	81	82
其 他	Others					12

注:资料来源于省高级人民法院(以下相关表同)。
Note: The data in the table are obtained from Guizhou Provincial Higher People´s Court (the relative tables in the chapter are the same).

23-6 人民法院刑事一审案件结案

First Trail Criminal Cases Settled by Courts

单位:件 (case)

指 标	Item	2018	2019	2020	2021	2022
总 计	**Total**	**27995**	**27312**	**26578**	**28980**	**28658**
危害国家安全罪	Offences Against State Security			2		
危害公共安全罪	Offences Against Public Security	6094	6434	6956	9078	8624
破坏社会主义市场经济秩序罪	Offences Against Socialist Economic Order	693	900	995	1050	824
侵犯公民人身权利民主权利罪	Offences Against Citizens´ Personal and Democratic Rights	4451	4686	4562	4629	4046
侵犯财产罪	Offences Against Properties	8355	7786	6849	6383	5015
妨害社会管理秩序罪	Offences Against Social Management of Order	7753	7091	6813	7423	9750
危害国防利益罪	Offences Against National Defense	3	1	1	10	
贪污贿赂罪	Offences on Corruption and Bribery	568	377	343	353	344
渎职罪	Offences on Abuse and Dereliction of Duty	78	37	57	54	50
其 他	Others					5

23-7 人民法院刑事案件中青少年犯罪

Juvenile Delinquency Among Criminal Cases

单位:人 (person)

指 标	Item	2018	2019	2020	2021	2022
刑事罪犯总数	**Number of Criminals**	**37162**	**39254**	**38675**	**38080**	**39847**
#青少年罪犯	Juvenile Criminals	9099	10512	9254	8864	10536
#不满18岁	Less Than 18	1712	2033	1540	1001	969
18-25岁	Aged 18-25	7387	8479	7714	7863	9567
青少年罪犯占刑事罪犯(%)	Proportion of Juvenile Criminals to Total Criminals (%)	24.5	26.9	23.9	23.3	26.4

23-8 生产安全

Production Safety

指　　标	Item	2018	2019	2020	2021	2022
各类事故死亡人数合计(人)	**Number of Deaths for Production Security Accidents (person)**	**1118**	**956**	**750**	**569**	**459**
农林牧渔业	Farming, Forestry, Animal Husbandry, Fishery	3		3	2	7
#农业机械	Agricultural Machinery			1	1	2
采矿业	Mining Industry	54	77	19	35	70
#煤矿	Coal Mine	43	60	6	23	55
金属非煤矿山	Metal and Non-metal Mines	11	17	13	12	15
商贸制造业	Trade Manufacturing	39	38	43	33	23
#化工	Chemical Industry	3	1	3	9	3
烟花爆竹	Fireworks					
工贸行业	Industry and Trade	22	14	8	23	14
建筑业	Construction	63	69	47	63	70
#房屋建筑业	Housing Construction Industry	27	47	16	29	32
土木工程建筑业	Civil Engineering Construction Industry	20	13	20	23	26
交通运输和仓储业	Transportation and Warehousing	938	752	616	420	275
#铁路运输业	Railway Transportation Industry	51	38	15	18	5
道路运输业	Road Transportation Industry	886	709	596	402	264
其他行业	Other Industry	21	20	22	16	14
亿元地区生产总值生产安全事故死亡人率(人/亿元)	**Production Safety Accidents of GDP per billion yuan Death Rate (Person/100 million yuan)**	**0.076**	**0.057**	**0.042**	**0.029**	**0.023**
工矿商贸就业人员10万人生产安全事故死亡率(人/10万人)	**Industrial, Commercial and Employment Personnel 100 Thousand People,Production Safety Accident Mortality (person/100 thousand persons)**	**1.881**	**2.146**	**1.073**	**1.159**	**1.536**
煤矿百万吨死亡人率(人/百万吨)	**Coal Mine Million tons Mortality Rate (person/million tons)**	**0.309**	**0.463**	**0.046**	**0.17**	**0.4**

注:1.数据来源于省应急管理厅、省能源局。2.从2021年开始,"非煤矿山"调整为"金属非金属矿山","冶金机械八行业"调整为"工贸行业","房屋建筑及市政工程"调整为"房屋建筑业","交通建设工程"调整为"土木工程建筑业"。

Note: 1.The data in the table are provided by the Department of Emergency Management of Guizhou Province and Guizhou Energy Administration.2. From 2021, "Non-coal Mines" will be adjusted to "Metal and Non-metal Mines", "Eight Industries of Metallurgical Machinery" will be adjusted to "Industry and Trade", "Housing Construction and Municipal Engineering" will be adjusted to "Housing Construction Industry", and "Traffic Construction Engineering" will be adjusted to "Civil Engineering Construction Industry".

23-9 火灾事故情况

Fire Accidents

指　标	Item	2018	2019	2020	2021	2022
实际发生数(起)	**Number of Fire Accidents (case)**	**4650**	**5576**	**13327**	**14062**	**15014**
按火灾原因分	**Grouped by Cause**					
生产作业	Operation	115	172	288	261	279
电　气	Electric	2362	3065	7328	6185	6013
吸　烟	Smoking	101	97	442	621	967
生活用火不慎	Not Careful with Cooking Fire	830	1098	2553	3606	4985
玩　火	Playing with Fire	84	71	204	247	294
自　燃	Natural Fire	155	229	560	1237	1088
不　明	Uncertain	77	105	120	111	20
其　他	Others	853	655	1680	617	1368
死亡人数(人)	Number of Deaths (person)	37	37	58	25	36
受伤人数(人)	Number of Injuries (person)	27	37	136	80	24
直接财产损失(万元)	Direct Property Loss (10000 yuan)	8837	10200	12988	17053	11592
平均每起事故损失(万元)	Average Loss of Fire (10000 yuan)	1.9	1.83	0.97	1.21	0.77

注:数据来源于省消防总队。
Note: The data in the table are provided by Guizhou Provincial Fire Brigade.

23-10 社会保险

Social Insurance

指 标	Item	2018	2019	2020	2021	2022
社会保险基金	**Social Security Fund**					
社会保险基金收入(亿元)	Revenue (100 million yuan)	1127.29	1359.75	1307.04	1594.61	1735.51
社会保险基金支出(亿元)	Expenses (100 million yuan)	889.77	1130.53	1219.31	1309.67	1478.33
社会保险基金累计结余(亿元)	Balance at Year-end (100 million yuan)	1266.08	1495.30	1583.03	1780.24	2198.97
城乡居民基本养老保险	**Basic Pension Insurance for Urban and Rural Residents**					
城乡居民基本养老保险参保人数(万人)	The Number of Insured (10000 persons)	1802.66	1855.76	1904.49	1928.60	1935.53
城乡居民基本养老保险基金收入(亿元)	Revenue (100 million yuan)	70.17	71.21	80.44	97.66	107.79
城乡居民基本养老保险基金支出(亿元)	Expenses (100 million yuan)	56.33	59.69	62.11	64.37	77.19
城镇职工基本养老保险	**Basic Pension Insurance of urban Staff**					
城镇职工基本养老保险参保人数(万人)	Number of Urban Employees Joining in Basic Pension Insurance(10000 persons)	639.81	677.50	713.98	755.84	770.07
#参保职工	Number of Employees	490.09	521.72	553.51	590.97	598.87
城镇职工基本养老保险基金收入(亿元)	Revenue (100 million yuan)	799.25	725.62	668.01	864.44	928.59
城镇职工基本养老保险基金支出(亿元)	Expenses (100 million yuan)	636.57	613.49	683.68	711.58	814.83
企业职工基本养老保险退休人员社区管理服务率(%)	Rate of Community Management and Service for Corporate Retirees with Basic Pension Insurance of Staff(%)	79.03	81.42	85.31	83.83	84.38
基本医疗保险	**Basic Medical Care Insurance**					
基本医疗保险参保人数(万人)	Number of Persons Joining in Basic Medical Care Insurance (10000 persons)	1040.47	4186.75	4194.35	4214.47	4221.23
职 工	Urban Worker	431.97	462.04	475.49	479.44	494.07
城乡居民	Urban Residents	608.50	3724.71	3718.87	3735.03	3727.16
基本医疗保险基金收入(亿元)	Revenue (100 million yuan)	214.19	516.34	534.27	587.96	649.80
职 工	Urban Worker	185.80	205.12	220.53	261.40	287.67
城乡居民	Urban Residents	28.39	311.21	313.74	326.56	362.13
基本医疗保险基金支出(亿元)	Expenses (100 million yuan)	161.39	413.65	431.08	489.04	535.36
职 工	Urban Worker	133.87	149.42	174.44	187.40	222.04
城乡居民	Urban Residents	27.51	264.23	256.65	301.63	313.32
失业保险	**Unemployment Insurance**					
失业保险参保人数(万人)	Number of Persons Joining in Unemployment Insurance (10000 persons)	257.33	276.07	297.93	320.92	338.70
领取失业金人数(万人)	Beneficiaries of Unemployment Insurance Fund (10000 persons)	2.30	2.71	4.17	3.69	3.92
失业保险基金收入(亿元)	Revenue (100 million yuan)	15.54	17.69	15.00	22.48	24.01
失业保险基金支出(亿元)	Expenses (100 million yuan)	10.74	12.25	24.51	24.53	30.37
#失业金(亿元)	Jobless Claims	3.77	4.16	6.15	7.59	7.95
职业培训补贴支出(亿元)	Expenses of Professional Training (100 million yuan)	0.04	0.04	0.01	0.03	0
工伤保险	**Work Injury Insurance**					
工伤保险参保人数(万人)	Number of Persons Joining in Injury Insurance (10000 persons)	355.75	408.51	463.78	529.94	593.84
工伤保险基金收入(亿元)	Revenue (100 million yuan)	16.00	14.88	9.32	22.07	25.32
工伤保险基金支出(亿元)	Expenses (100 million yuan)	14.65	17.81	17.93	20.15	20.58
生育保险	**Maternity Insurance**					
生育保险参保人数(万人)	Number of Persons Joining in Basic Maternity Insurance (10000 persons)	325.90	349.61	—	—	—
生育保险基金收入(亿元)	Revenue (100 million yuan)	12.15	14.01	—	—	—
生育保险基金支出(亿元)	Expenses (100 million yuan)	10.09	13.64	—	—	—

注：1.资料来源于省人力资源社会保障厅；2.2017年起，城镇职工基本医疗保险调整为职工基本医疗保险。3.社会保险基金2016年前统计口径为“老五险”，2016年起，增加城乡居民基本养老保险和城乡居民基本医疗保险。4. 2019年起，新型农村合作医疗保险合并到基本医疗保险。5. 2022年起，“离退休人员社区管理服务率(%)”改为“企业职工基本养老保险退休人员社区管理服务率(%)”。

Note: 1.The data in the table are obtained from Guizhou Human Resources and Social Security. 2. Since 2017, the basic medical insurance for urban employees had been adjusted to the basic medical insurance for employees. 3. Before 2016, the statistical caliber of social insurance fund was "Old Five Insurances". While from 2016, basic pension insurance for urban and rural residents and basic medical care insurance for urban and rural residents were increased. 4. Starting from 2019, the new rural cooperative medical insurance was incorporated into the basic medical care insurance. 5.Since 2022, the "Rate of Community Management and Services for Retirees(%)" has been changed to "Rate of Community Management and Service for Corporate Retirees with Basic Pension Insurance of Staff".

23-11 社会服务(福利)机构

Social Welfare Institutions and Enterprises

单位:个 (unit)

项 目	Item	2020	2021	2022
总 计	**Total**	**30701**	**31183**	**34613**
提供住宿的社会服务机构	Social Welfare Institutions with Accommodations	1091	1102	1031
#养老机构	Institutional Care of the Elderly	988	1002	938
不提供住宿的社会服务机构	Social Welfare Institutions without Accommodations	29479	29942	33430
#社区综合服务机构和设施	Community Integrated Service Agencies and Facilities	19779	19769	19811
其他社会服务机构	Other Social Service Agencies	131	139	152
婚姻登记机构	Marriage Registration Agencies	14	12	14
殡仪服务机构	Funeral and Interment Services Institutions	117	127	138

注:1.资料来源于省民政厅。2. 2021年根据省民政厅意见修改表式(以下相关表同)

Note: 1.The data in the table are provided by the Department of Civil Affairs of Guizhou Province. In 2021, the table will be revised according to the opinions from Department of Civil Affairs of Guizhou Province (the following relevant tables are the same).

23-12 社会服务(福利)机构工作人员

Staff of Social Service (Welfare) Agencies

单位:人 (person)

项 目	Item	2020	2021	2022
总 计	**Total**	**136503**	**139239**	**133201**
提供住宿的社会服务机构	Social Welfare Institutions with Accommodations	8388	8797	9478
#养老机构	Institutional Care of the Elderly	6731	7105	7676
不提供住宿的社会服务机构	Social Welfare Institutions without Accommodations	124123	126380	119018
#社区综合服务机构和设施	Community Integrated Service Agencies and Facilities	87799	89615	89999
其他社会服务机构	Other Social Service Agencies	3992	4062	4705
婚姻登记机构	Marriage Registration Agencies	48	38	45
殡仪服务机构	Funeral and Interment Services Institutions	3944	4024	4660

23-13 社会服务及设施和民政事业发展主要指标

Main Indicators of Social Services & Facilities and Civil Administration Career Development

指 标	Item	2018	2019	2020	2021	2022
社区服务机构和设施数(个)	**Number of Community Service Institutions and Facilities**	**23207**	**23525**	**24949**	**19769**	**19811**
#城市社区服务机构和设施数	Number of Urban Community Service Institutions and Facilities	5700	5933	5323	5230	5134
#农村社区服务机构和设施数	Number of Rural Community Service Institutions and Facilities	17507	17592	14456	14539	14677
乡镇敬老院覆盖率(%)	Coverage Rate of Villages and Town Elderly Welfare Homes (%)	94.4	94.6	71.3	63.14	
提供住宿的民政服务机构床位数(张)	Number of Beds of Civil Service Institutions with Accommodations (unit)	186616	189783	174242	173236	163556
提供住宿的社会服务机构床位利用率(%)	Using Rate of Bed (%)	36.7	45.84	31.12	30.81	29.17
享受城市低保人数(万人)	Number of Persons Receiving Lowest Cost of living in Urban Area (10000 persons)	34.09	48.82	64.43	60.77	57.89
城市低保生活保障支出(万元)	Expenditure of Lowest Cost of living in Urban Area (10000 yuan)	173794	208169	342411	305717	317728

注：1.为保持口径一致，提供住宿的社会服务机构床位数均为机构及设施在用床位数，不包括建成未投入使用的床位数。2.城市社区服务设施数是指城市社区服务指导中心、城市社区服务中心、城市社区服务站、社区养老照料机构、城市其他社区服务机构和设施的总和。3.2019年起"城市社区服务设施数"改为"社区服务机构和设施数"。4.2021年起"社区服务机构和设施数"改为"社区综合服务机构和设施数"。5.2022年起，"提供住宿的社会服务机构床位数(张)"改为"提供住宿的民政服务机构床位数(张)"。

Note: 1. In order to keep the same caliber, the number of beds of social welfare institutions with accommodations is the number of beds for institutions and facilities in use, excluding those for the construction of unused beds. 2. "Number of Urban Community Service Facilities" refers to the total number of urban community service guidance centers, urban community service centers, urban community service stations, community old-age care institutions, and other community service institutions and facilities in the city.3. Starting from 2019, "Number of Urban Community Service Facilities" is replaced by "Number of Community Service Institutions and Facilities". 4. From 2021, "Number of Community Service Institutions and Facilities" will be changed to "Number of Community Integrated Service Agencies and Facilities".5. Since 2022, "Number of Beds of Social Welfare Institutions with Accommodations (unit)" has been changed to "Number of Beds of Civil Service Institutions with Accommodations (unit)".

23-14 社会福利救济主要支出

Major Expenditures of Welfare Relief Funds

单位：万元 (10000 yuan)

指 标	Item	2018	2019	2020	2021	2022
总 计	**Total**	**926795**	**1073274**	**1301918**	**1137637**	**1164007**
优抚对象补助金额	Funds for Family Members of Martyrs and Disabled Veterans	166455	152266	147940	153818	162257
#国家支出	Government Funds	166455	143745	139789	145525	153699
传统救济对象的国家救济金额	Funds for Family Members of Traditional Relief	9299	5605	5603	3956	4180
最低生活保障支出	Expenditure for Persons Receiving minimum living allowance	840993	867687	1099157	926921	951991
#城 市	For Urban Areas	173794	208169	342411	305717	317728
农 村	For Rural Areas	667199	659518	756746	621204	634263
提供住宿的民政支出总额	Total Funds for Civil Service Institutions with Accommodations	76504	47716	49218	52942	45578
#国家支出	Government Funds	76504	47716	49218	52942	45578

注：1.传统救济对象的统计口径2017年起变更为其他社会救助(含传统救济)，包括其他城市生活救助(含传统救济)和其他农村生活救助(含传统救济)，反映除最低生活保障、临时救助、特困人员供养外的城乡生活困难居民生活救助支出。2.优抚对象补助数据由省退役军人事务厅提供。3. 2022年起，"提供住宿社会服务机构支出"改为"提供住宿的民政支出总额"。

Note: 1. The statistical caliber of traditional relief members has been changed to other social assistance (including traditional relief) since 2017, including other urban life assistance (including traditional relief) and other rural life assistance (including traditional relief), reflecting the living assistance expenses of urban and rural residents living in difficulties except for minimum living allowance, temporary assistance and support of people in special poverty. 2. The data of "Funds for Family Members of Martyrs and Disabled Veterans" are provided by the Guizhou Department of Veterans Affairs. 3. Since 2022, the "Funds for Adopting Social Welfare Institution" has been changed to "Total Funds for Civil Service Institutions with Accommodations".

23-15 享受补助、救济人员

Persons Receiving Subsidies and Relief Funds

单位：万人 (10000 persons)

指　　标	Item	2018	2019	2020	2021	2022
城乡居民最低生活保障人数	Number of Urban and Rural Residents Receiving Minimum Living Allowance	260.85	256.16	275.29	249.88	228.08
城　市	Urban Area	34.09	48.82	64.43	60.77	57.89
农　村	Rural Area	226.76	207.34	210.86	188.38	170.19
传统救济人数	Number of Persons Receiving Traditional Relief Funds	1.96	0.86	0.83	0.73	0.63

23-16 殡葬服务情况

Funeral and Interment Services

指　　标	Item	2018	2019	2020	2021	2022
殡葬类单位数(个)	Number of Funeral and Interment Enterprises	122	116	117	127	138
从业人员(人)	Employed Persons (Person)	3751	3837	3944	4024	4660
火化炉数(台)	Number of Crematories(unit)	191	206	214	225	239
火化数(万具)	Cremated Remains (10000 units)	10.76	11.75	12.04	12.05	
#安葬数(万具)	Number of the Buried (10000 units)	3.47	4.54	4.08	4.50	
火化率(%)	Cremation Rate (%)	43.67	47.48	48.90	48.00	47.60

注：1.安葬数为当年安葬数。2.根据民政部规范统计口径，将未办理统一社会信用代码证的机构不在机构台账中统计。

Note: 1. The number of the buried refers to the number in the current year. 2. The ministry of civil affairs standardizes the scope of statistics and does not make statistics on institutions that have not dealt with unified social credit code certificate.

主要统计指标解释

公证员 指按照《公证法》规定，在公证机构从事公证业务的执业公证员、公证助理员、行政人员、其他人员。

办理公证文书 指公证处在一定时期内办结的公证文书件数。公证文书按司法部规定或批准的格式制作，包括国内公证和涉外公证两部分。国内公证分为经济合同公证和民事法律关系公证两大类。

人民调解人员 指人民调解委员会委员和人民调解委员会聘任的，负责对《人民调解法》规定人民调解委员会可以受理的民间纠纷进行调解的人员。

调解民间纠纷 是指人民调解委员会通过说服、疏导等方法，促成当事人在平等协商基础上自愿达成调解协议，解决民间纠纷的活动。

批准、决定逮捕 指人民检察院对公安机关、国家安全机关、监狱管理机关提出逮捕的犯罪嫌疑人进行审查，根据事实，依法做出逮捕决定。该指标主要反映人民检察院对提请逮捕犯罪嫌疑人进行审查后依法做出批准逮捕决定的情况。

青少年罪犯 指人民法院在报告期内判决发生法律效力的有罪判决中14周岁以上不满25周岁的罪犯。其中14周岁以上不满18周岁的罪犯为未成年罪犯。

基本养老保险参保人数 指报告期末按照国家法律、法规和有关政策规定参加基本养老保险并在社保经办机构已建立缴费记录档案的人数，包括中断缴费但未终止养老保险关系的职工人数，报告期末参加基本养老保险的离休、退休和退职人员，不包括只登记未建立缴费记录档案的人数。

基本医疗保险参保人数 指报告期末按国家有关规定参加基本医疗保险的人数。包括参加保险的职工人数和退休人员人数。

失业保险参保人数 指报告期末按照国家法律、法规和有关政策规定参加了失业保险的城镇企业事业单位的职工及地方政府规定参加失业保险的其他人员的人数。

工伤保险参保人数 指报告期末依据国家有关规定参加工伤保险的职工人数和有雇工的个体工商户的雇工数。

生育保险参保人数 指报告期末依据有关规定参加生育保险的职工人数。

城市社区服务设施数 是指社区服务站、社区服务中心、其他社区服务设施的总和。是面向老年人及家庭的商品递送、医疗保健、家庭保洁、日间照料、陪伴服务等为社区居家养老服务的设施和突出综合服务功能，如党员活动室、就业保障网络、社区卫生服务站、文化活动室、图书馆、“爱心超市”社区捐款接收站点、警务站（室）、老年活动室、未成年人文化活动场所等具有综合服务功能的设施。原则上，每个社区服务站设施的最低标准能满足社区居委会办公所需，并配置多功能社区活动场所，建筑面积不低于200平方米。在此基础上可根据社区居民的实际需求，重点强化若干类服务功能。

城市居民最低生活保障人数 指在报告期末家庭人均收入低于当地最低生活保障标准的持有非农业户口的城市居民家庭人员及国家规定有民政部门救济的特殊人员和60年代精减退职老职工救济人员等。

农村居民最低生活保障人数 指报告期末家庭年人均纯收入低于当地最低生活保障标准的农村居民，主要是因病残、年老体弱、丧失劳动能力以及生存条件恶劣等原因造成生活常年困难的农村居民。

Explanatory Notes on Main Statistical Indicators

Notary Personnel refers to judicial workers of the state notary offices handling notarization work according to law. They include notaries, assistant notaries, administrators and other people working for notary offices.

Notarized Documents refer to the number of notarial documents that the notary has gone through within a certain period. The notary documents are drawn up in accordance with the regulations of the Ministry of Justice, including domestic documents and foreign-related documents. Domestic documents are divided into two major categories, documents on economic contracts and documents on civil legal relations.

Mediators refer to workers on people mediation committees responsible for mediating in civil disputes and cases of slight infraction of the law. They include members of the mediation committees and mediators of mediation groups.

Mediation of civil disputes refers to the people´s mediation committee through persuasion, persuasion and other methods, to facilitate the parties to reach a voluntary agreement on the basis of equality, the settlement of civil disputes.

Approval for Arrest refers to the decision made by people´s procurator ate office, in accordance with the law and relevant facts, to approve the arrest of the suspect(s) as proposed by the public security departments, state security departments or prisons authority. This indicator reflects approved arrests made by people´s procuratorate offices that are proposed by related departments.

Juvenile Criminals refers to the offenders within the age range of 14 to 25 convicted guilty by the court during the reporting period while those between 14 and 18 are defined as minor offenders.

Number of Basic Pension Insurance refer to the people participating in the basic pension insurance program according to national laws, regulations and related policies at the end of the reference period, who have already had payment records in social security management agencies, including those who have interrupt payment without terminating the insurance program. Those who have registered in the program but with no payment records are not included.

Number of Basic Medical Care Insurance refers to the number of people participating in the basic medical care insurance program according to related regulations as at the end of reference period, including number of staff and workers and retirees participating in this insurance program.

Number of Unemployment Insurance refers to the number of staff and workers in urban enterprises or institutions who have participated in the unemployment insurance program according to relevant policies and regulations, and other people who have participated according to local government regulations, as at the end of reference period.

Number of Work Injury Insurance refers to the number of staff and workers who have participated in the work injury insurance program according to relevant national regulations and hirelings who were hired by individual industrial and commercial households.

Number of Maternity Insurance refers to the number of staff and workers who have participated in the maternity insurance program according to relevant regulation at the end of the reporting period.

Number of Service Facilities in Urban Communities refers to community service centers, community service centers, other community service facilities combined. Is for the elderly and home delivery of goods, health care, household cleaning, day care, companionship services, home care services for community facilities and outstanding comprehensive service functions, such as Party member activity room, employment security networks, community health service stations, cultural activities room, library, "love supermarket" community donations receiving stations, police stations (room), old activity room, minors and other cultural activities with comprehensive service functions of the facility. In principle, each community service station facilities to meet the minimum standards required for community neighborhood committee office, and configure the multi-purpose community activities, building area of not less than 200 square meters. On this basis, according to the actual needs of community residents, can focus on enhancing certain types of services.

Number of Urban Residents Entitled to Minimum Living Allowances refers to urban residents who hold non-agricultural household registration and whose per capita income is lower than the local minimum living standard by the end of the reporting period, and special staff who were relieved by states provide State regulations and the District Department and 1960s streamline relief workers older workers retire, etc.

Number of Rural Residents Entitled to Minimum Living Allowances refers to the number of those receiving the minimum living allowances from the local government or community in the rural areas where this allowances system is in place as of the end of the reporting period, and rural residents who live in perennial difficulties, mainly due to illness and disability, old age and incapacitation, loss of working ability and poor living conditions and other causes.

民族自治地方

Minority Nationality Autonomous Areas

24

简要说明

一、主要内容

本篇资料主要反映全省民族自治地方经济社会发展情况。

二、资料来源

部分资料根据省民宗委《民族自治地方统计报表制度》加工、整理。

本篇资料由省统计局根据部门资料加工编辑。

Brief Introduction

I. Main Contents

The data in this chapter present the social and economic development of ethnic minority autonomous regions of Guizhou.

II. Sources of Data

Some of the data are processed and edited according to the Statistical Statement System of Ethnic Autonomous Areas issued by Ethnic and Religious Affairs Commission of Guizhou Province.

The data in this table are processed and edited by Guizhou Provincial Bureau of Statistics according to departmental data.

24-1 民族自治地方行政区划

Administrative Division of Minority Nationality Autonomous Areas

单位：个 (unit)

民族自治州(县)名称	Autonomous Prefecture(County)	地级 Prefectural Level	县级 County Level	#县级市 City at County Level	成立时间 Time of Coming into Existence	土地面积(平方公里) Total Land Area(sq.km)
黔西南布依族苗族自治州	Qianxinan(Bouyei & Miao)Autonomous State	1	8	1	1982年05月01日	16804
黔东南苗族侗族自治州	Qiandongnan(Miao & Dong)Autonomous State	1	16	1	1956年07月23日	30337
黔南布依族苗族自治州	Qiannan(Bouyei & Miao)Autonomous State	1	12	2	1956年08月08日	26197
道真仡佬族苗族自治县	Daozhen(Gelao & Miao)Autonomous County		1		1987年11月29日	2156
务川仡佬族苗族自治县	Wuchuan(Gelao & Miao)Autonomous County		1		1987年11月26日	2773
镇宁布依族苗族自治县	Zhenning(Bouyei & Miao)Autonomous County		1		1963年09月11日	1703
关岭布依族苗族自治县	Guanling(Bouyei & Miao)Autonomous County		1		1981年12月31日	1468
紫云苗族布依族自治县	Ziyun(Miao & Bouyei)Autonomous County		1		1966年02月11日	2284
威宁彝族回族苗族自治县	Weining(Yi,Hui & Miao)Autonomous County		1		1954年11月11日	6296
玉屏侗族自治县	Yuping(Dong)Autonomous County		1		1984年11月07日	516
印江土家族苗族自治县	Yinjiang(Tujia & Miao)Autonomous County		1		1987年11月20日	1961
沿河土家族自治县	Yanhe(Tujia)Autonomous County		1		1987年11月23日	2469
松桃苗族自治县	Songtao(Miao)Autonomous County		1		1956年12月31日	2861
三都水族自治县	Sandu(Shui)Autonomous County		1		1957年01月02日	2384

注：资料来源于省民政厅。

Note: The data in the table are provided by the Department of Civil Affairs of Guizhou Province.

24-2 少数民族分布

Geographic Distribution of Minority Nationalities

民族	Nationality	分布的主要地区	Main Geographic Distribution
苗族	Miao	黔东南州、黔南州、黔西南州、松桃县、紫云县、务川县、水城区	Qiandongnan, Qiannan, Qianxinan, Songtao, Ziyun Wuchuan, Shuicheng
布依族	Bouyei	黔南州、黔西南州、镇宁县、紫云县	Qiannan,Qianxinan,Zhenning,Ziyun
侗族	Dong	黔东南州、玉屏县、碧江区、石阡县	Qiandongnan,Yuping,Bijiang,Shiqian
土家族	Tujia	铜仁市	Tongren
彝族	Yi	毕节市、六盘水市	Bijie,Liupanshui
仡佬族	Gelao	遵义市、关岭县、石阡县	Zunyi,Guanling,Shiqian
水族	Shui	三都县	Sandu
回族	Hui	威宁县、兴仁市、平坝区、兴义市	Weining,Xingren,Pingba,Xingyi
白族	Bai	毕节市、盘州市	Bijie,Panzhou
瑶族	Yao	黔东南州、荔波县	Qiandongnan,Libo
壮族	Zhuang	从江县、独山县、荔波县、都匀市	Congjiang,Dushan,Libo,Duyun
畲族	She	凯里市、麻江县、都匀市、福泉市	Kaili,Majiang,Duyun,Fuquan
毛南族	Maonan	平塘县、独山县、惠水县	Pingtang,Dushan,Huishui
蒙古族	Mongolian	毕节市、石阡县、思南县	Bijie,Shiqian,Sinan
仫佬族	Mulam	凯里市、麻江县、黄平县	Kaili,Majiang,Huangping
满族	Man	黔西市、大方县、金沙县、云岩区	Qianxi,Dafang,Jinsha,Yunyan
羌族	Qiang	石阡县、江口县	Shiqian,Jiangkou

24-3 民族自治地方经济社会主要指标

Major Social and Economic Indicators of Minority Nationality Autonomous Areas

指　标	Item	2018	2019	2020	2021	2022	2022年比2021年增长(%) Increase Rate in 2022 over 2021(%)
人　口	**Population**						
年末常住人口(万人)	Number of Resident Population at Year-end (10000 persons)	1376.13	1379.78	1434.59	1425.99	1365.32	-4.3
#少数民族人口	Minority Population	1102.95	1118.51	835.51	1148.31	1137.14	-1.0
地区生产总值	**Gross Domestic Product**						
地区生产总值(亿元)	Gross Domestic Product(100 million yuan)	4628.88	5100.23	5407.58	5906.49	5986.83	0.3
财政、金融	**Government Finance and Banking**						
一般公共预算收入(亿元)	General Public Budget Revenue (100 million yuan)	360.27	331.72	335.12	343.32	331.97	-3.3
一般公共预算支出(亿元)	General Public Budget Expenditure (100 million yuan)	1585.05	1724.10	1765.15	1730.15	1672.66	-3.3
金融机构人民币各项存款余额(亿元)	Total Savings Deposit Balance at Year-end (100 million yuan)	5842.12	5749.04	5870.85	6140.69	6512.71	6.1
金融机构人民币各项贷款余额(亿元)	Total Loan Balance at Year-end (100 million yuan)	5100.74	5918.23	6692.64	7412.31	8008.29	8.0
农　业	**Agriculture**						
农林牧渔业增加值(亿元)	Added Value of Farming, Forestry, Animal Husbandry and Fishery (100 million yuan)	1002.30	1065.61	1184.25	1269.85	1333.60	3.9
粮食产量(万吨)	Grain Output(10000 tons)	522.30	483.30	644.75	547.73	508.40	-7.2
油菜籽产量(万吨)	Output of Rapeseeds(10000 tons)	33.95	31.89	30.81	33.98	40.00	17.7
大牲畜存栏数(万头)	The Number of Large Livestock in Stock (year-end)(10000 heads)	394.32	262.87	204.74	438.01	505.84	15.5
猪年底存栏数(万头)	Hogs(year-end)(10000 heads)	631.42	514.04	652.14	694.11	713.56	2.8
羊年底存栏数(万只)	Sheep and Goats(year-end)(10000 heads)	257.22	197.77	203.51	202.50	180.92	-10.7
工　业(规模以上)	**Industry**						
企业数(个)	Number of Enterprises(unit)	2154	1910	1998	1973	2131	8.0
主营业务收入(亿元)	Revenue from Principal Business (100 million yuan)	2255.99	2241.72	2261.52	2726.57	2672.11	-2.0
运输邮电	**Transportation, Post and Telecommunication**						
公路里程(公里)	Length of Highways(km)	99169	101030	104789	114779	127640	11.2
邮政业务总量(亿元)	Business Volume of Post (100 million yuan)			25.48	26.44	18.35	-30.6
商　业	**Trade**						
社会消费品零售总额(亿元)	Total Retail Sales of Consumer Goods (100 million yuan)	1127.84					
人均水平	**Per Capita Standard of Living**						
人均地区生产总值(元)	Per Capita Gross Domestic Product (yuan)	33160	36964	37826	41296	42057	0.8
人均一般公共预算收入(元)	Per Capita General Public Budget Revenue(yuan)	2621	2407	2336	2447	2379	-2.8
人均储蓄(元)	Per Capita Urban and Rural Resident Savings(yuan)	23025	22664	24073	26768	39329	46.9

注:1.部分数据取自省民宗委《民族自治地方统计报表制度》(以下相关表同)。2.2020年少数民族人口数为第七次人口普查数据.3.规模以上工业统计口径为年主营业务收入2000万元及以上工业企业。4.人均水平数据按常住半年人口计算。(下表同)

Note: 1.Partial data in this table are obtained from Statistical Report System of National Autonomous Areas of Ethnic and Religious Affairs Commission of Guizhou Province (the relative tables in the chapter are the same). 2.The population of ethnic minorities in 2020 is based on the data of the seventh census. 3.The statistical caliber of industrial above designated size are the ones whose main business income is over 20 million yuan. 4.The data of per capita standard of living are calculated according to resident population staying at home for 6 months. (the following tables are the same)

24-4 民族自治地方经济社会主要指标(2022)

Major Social and Economic Indicators of Minority Nationality Autonomous Areas(2022)

指　　标	Item	民族自治地方 Minority Nationality Autonomous Areas	民族自治州 Minority Nationality Autonomous Prefecture	民族自治县 Minority Nationality Autonomous County
人　口	**Population**			
年末常住人口(万人)	Number of Resident Population at Year-end (10000persons)	1365.32	1019.07	373.86
#少数民族人口	Minority Population	1137.14	824.29	349.95
人口密度(人/平方公里)	Population Density(person/sq.km)	138.78	138.97	136.33
地区生产总值(亿元)	Gross Domestic Product(100 million yuan)	5986.83	4573.94	1511.22
第一产业增加值	Added Value of Primary Industry	1268.61	841.37	454.28
第二产业增加值	Added Value of Secondary Industry	1666.75	1395.15	294.34
第三产业增加值	Added Value of Tertiary Industry	3051.47	2337.42	762.60
农　业	**Agriculture**			
乡村从业人口(万人)	Rural Employed Population(10000 persons)	1179.72	818.84	392.48
农用机械总动力(万千瓦)	Total Power of Agricultural Machinery(10000 kw)	952.85	644.00	337.25
化肥使用量(折纯量)(万吨)	Consumption of Chemical Fertilizers(10000 tons)	42.44	13.88	29.91
农作物播种面积(千公顷)	Total Sown Areas (1000 hectares)	2265.33	1518.70	797.69
#粮　食	Grain	1145.21	754.53	410.52
油料作物	Rapeseeds	261.86	191.08	76.91
粮食总产量(万吨)	Total Grain Yield(10000 tons)	508.40	348.63	169.25
油菜籽产量(万吨)	Output of Rapeseeds(10000 tons)	40.00	29.15	11.84
烤烟产量(万吨)	Output of Flue-cured Tobacco (10000 tons)	10.75	6.04	4.71
茶叶产量(万吨)	Output of Tea (10000 tons)	11.85	9.10	3.15
牲畜当年存栏数	The Number of Total Livestock			
大牲畜(万头)	Large Livestock(10000 heads)	505.84	203.97	309.37
猪(万头)	Hogs(10000 heads)	713.56	442.32	282.76
羊(万只)	Sheep and Goats(10000 heads)	180.92	97.49	85.27

24-4 续表 continued(2022)

指 标	Item	民族自治地方 Minority Nationality Autonomous Areas	民族自治州 Minority Nationality Autonomous Prefectures	民族自治县 Minority Nationality Autonomous Counties
肉类总产量(万吨)	Output of Meat (10000 tons)	97.65	61.43	37.90
水产品产量(万吨)	Total Aquatic Products (10000 tons)	21.80	18.15	3.95
农林牧渔业增加值(亿元)	Added Value of Farming, Forestry, Animal Husbandry and Fishery (100 million yuan)	1333.60	885.18	476.46
工 业(规模以上)	**Industry (above designated size)**			
企业单位数(个)	Number of Enterprises (unit)	2131	1748	399
主营业务收入(亿元)	Revenue from Principal Business (100 million yuan)	2672.11	2326.64	346.03
利润总额(亿元)	Total Profits (100 million yuan)	130.03	119.06	10.97
商 业	**Trade**			
社会消费品零售总额(亿元)	Total Retail Sales of Consumer Goods (100 million yuan)			
财政、金融	**Government Finance and Banking**			
一般公共预算收入(亿元)	General Public Budget Revenue (100 million yuan)	331.97	289.42	46.14
一般公共预算支出(亿元)	General Public Budget Expenditure (100 million yuan)	1672.66	1259.60	446.87
金融机构人民币各项存款余额(亿元)	Total Savings Deposit Balance at Year-end (100 million yuan)	6512.71	5357.61	1256.89
#个人储蓄存款	Urban and Rural Resident Savings Deposit Balance	5488.94	4835.72	733.58
金融机构人民币各项贷款余额(亿元)	Total Loan Balance at Year-end (100 million yuan)	8008.29	6425.01	1723.49
交通运输	**Traffic**			
公路里程(公里)	Length of Highways (km)	127639.78	82923.20	46514.84
邮电、通讯	**Post and Telecommunications**			
邮路总长度(公里)	Length of Postal Routes (km)	52581.92	35709.00	17456.92
农村投递线路总长度(公里)	Rural Delivery Routes (km)	57435.12	44480.80	13615.32
互联网宽带接入用户(万户)	Number of Fixed Telephone Subscribers at the Year-end (10000 units)	452.28	379.98	81.00

24-5 民族自治地方一般公共预算收入(2022)

General Public Financial Budget Revenue of Minority Nationality Autonomous Areas (2022)

单位:亿元 (100 million yuan)

指　标	Item	民族自治地方 Minority Nationality Autonomous Area	民族自治州 Nationality Minority Autonomous Prefecture	民族自治县 Minority Nationality Autonomous County
一般公共预算收入	**General Public Budget Revenue**	**331.97**	**289.42**	**46.14**
税收收入	**Tax Revenue**	**142.93**	**121.33**	**22.61**
#增值税	Value-added Tax	29.06	25.65	3.63
企业所得税	Corporate Income Tax	16.59	14.21	2.49
个人所得税	Individual Income Tax	5.79	4.85	0.97
资源税	Resource Tax	6.47	6.00	0.48
城市维护建设税	City Maintenance and Construction Tax	11.51	10.30	1.26
土地增值税	Land Appreciation Tax	11.84	9.70	2.22
契　税	Deed Tax	19.86	16.66	3.56
非税收入	**Non-tax Revenue**	**189.04**	**168.10**	**23.53**
#专项收入	Special Program Receipts	15.28	12.20	3.13
行政事业性收费收入	Change of Administrative and Institutional Units	20.28	16.99	3.50
罚没收入	Penalty Receipts	23.33	21.13	2.34
国有资本经营收入	Operation Income of State-owned Assets	3.39	3.25	0.14

注:资料来源于省财政厅(下表同)。
Note:The data in the table are obtained from Guizhou Provincial Finance Bureau(the same applies to the next table).

24-6 民族自治地方一般公共预算支出(2022)

General Public Budget Expenditure of Minority Nationality Autonomous Areas (2022)

单位:亿元 (100 million yuan)

指　标	Item	民族自治地方 Minority Nationality Autonomous Area	民族自治州 Minority Nationality Autonomous Prefecture	民族自治县 Minority Nationality Autonomous County
一般公共预算支出	**General Public Financial Budget Expenditure**	**1672.66**	**1259.60**	**446.87**
#一般公共服务	Expenditure for General Public Service	166.46	132.97	36.90
国　防	Expenditure for National Defense	1.07	0.82	0.25
公共安全	Expenditure for Public Security	72.03	59.27	13.87
教　育	Expenditure for Education	403.70	293.18	118.58
科学技术	Expenditure for Science and Technology	18.54	14.58	4.45
文化旅游体育与传媒	Expenditure for Culture, Tourism, Sports and Media	27.31	23.49	4.20
社会保障和就业	Expenditure for Social Safety Net and Employment Effort	205.04	156.61	52.35
卫生健康	Hygiene and Health	191.16	157.89	35.73
节能环保	Energy Saving and Environment Protection	37.74	28.11	11.09
城乡社区	Urban and Rural Communities	55.17	44.25	11.44
农林水	Agriculture, Forestry and Water	276.03	192.08	91.70
交通运输	Transportation	34.88	18.81	16.26

市(州)、县(市、区、特区)资料

Main Statistics of City (State,Prefecture) and County (City,District,Special Region)

25

简要说明

一、主要内容

本篇资料主要反映全省市(州)、县(市、区、特区)经济社会发展基本情况。

二、资料来源

本篇资料分别由省统计局、国家统计局贵州调查总队、省人力资源社会保障厅、省财政厅、省农业农村厅、中国人民银行贵州省分行、省交通运输厅、省通信管理局、省邮政管理局、省教育厅、省卫生健康委员会等单位提供。

Brief Introduction

I. Main Contents

The data in this chapter present the social and economic development of city (prefecture), county (city, district or special administrative region).

II. Sources of Data

The data in this chapter are provided respectively by Guizhou Provincial Bureau of Statistics, Guizhou Survey Organization of NBS, Department of Human Resources and Social Security of Guizhou Province, Department of Finance of Guizhou Province, Department of Agriculture and Rural Affairs of Guizhou Province, Guizhou Provincial Branch of the People′s Bank of China, Guizhou Provincial Department of Traffic and Transportation, Guizhou Communications Administration, Guizhou Provincial Postal Administration, Guizhou Provincial Bureau of Education, and Guizhou Provincial Health Commission.

25-1-1 各市(州)地区生产总值及增速(贵阳市)

Gross Domestic Product and Its Increase Rates by Region(Guiyang)

指 标 Item	地区生产总 值 Gross Domestic Product	第一产业增加值 Primary Industry	第二产业增加值 Secondary Industry	第三产业增加值 Tertiary Industry	人均地区生产总值(元) Per Capita Gross Domestic Product (yuan)
绝对数(亿元) Absolute Figures (100 million yuan)					
2013	1996.67	79.66	782.90	1134.11	40734
2014	2287.02	107.41	901.14	1278.47	44855
2015	2564.30	122.43	1010.09	1431.78	48704
2016	2827.62	137.07	1106.70	1583.85	51954
2017	3279.39	148.18	1235.22	1895.99	58037
2018	3724.97	153.11	1374.75	2197.11	64326
2019	4039.60	161.34	1475.27	2402.99	68592
2020	4315.66	178.28	1563.84	2573.54	72313
2021	4674.76	193.44	1647.72	2833.60	77319
2022	4921.17	203.60	1739.57	2977.99	79872
比上年增长(%) Increase Rate over Preceding Year(%)					
2013	12.9	5.4	14.4	12.3	7.7
2014	10.3	6.4	11.2	9.8	6.0
2015	10.4	6.2	12.7	9.0	7.0
2016	9.6	6.0	11.6	8.5	6.1
2017	10.3	6.5	9.8	10.9	6.2
2018	8.8	7.3	7.3	10.0	6.1
2019	7.4	5.2	7.6	7.4	5.6
2020	5.0	6.4	5.6	4.4	3.6
2021	6.6	7.8	5.1	7.5	5.3
2022	2.0	4.0	3.7	0.9	0.1

注:表中绝对数按当年价格计算,增长速度按可比价格计算。(以下表同)

Note: The data of absolute figures in the table are calculated at current prices, and the increase rates are calculated at comparable prices.(the relative tables are the same)

25-1-2 各市(州)地区生产总值及增速(六盘水市)

Gross Domestic Product and Its Increase Rates by Region(Liupanshui)

指　标 Item	地区生产总　值 Gross Domestic Product	第一产业增加值 Primary Industry	第二产业增加值 Secondary Industry	第三产业增加值 Tertiary Industry	人均地区生产总值(元) Per Capita Gross Domestic Product (yuan)
绝对数(亿元) Absolute Figures (100 million yuan)					
2013	765.02	54.67	406.19	304.16	26264
2014	797.41	71.67	411.96	313.78	27178
2015	854.58	108.72	422.77	323.09	28949
2016	956.25	125.59	466.68	363.98	32186
2017	1075.00	135.57	509.10	430.33	35912
2018	1177.37	147.94	536.21	493.22	39134
2019	1265.97	154.76	579.52	531.69	41931
2020	1342.48	170.76	593.31	578.41	44319
2021	1463.42	179.69	661.58	622.14	48377
2022	1503.58	188.28	671.06	644.24	49839
比上年增长(%) Increase Rate over Preceding Year(%)					
2013	12.8	5.6	13.6	12.4	11.9
2014	10.9	7.0	11.1	10.9	10.1
2015	9.9	6.8	10.1	9.8	9.2
2016	9.9	6.5	9.3	11.9	6.5
2017	8.7	7.1	8.8	9.1	7.9
2018	6.5	7.6	5.5	7.4	5.9
2019	7.5	5.3	8.6	6.8	7.1
2020	4.5	5.9	4.1	4.5	4.2
2021	8.2	7.3	9.9	6.8	8.4
2022	0.7	3.7	-1.4	2.0	1.0

25-1-3 各市(州)地区生产总值及增速(遵义市)

Gross Domestic Product and Its Increase Rates by Region(Zunyi)

指 标 Item	地区生产总 值 Gross Domestic Product	第一产业增加值 Primary Industry	第二产业增加值 Secondary Industry	第三产业增加值 Tertiary Industry	人均地区生产总值(元) Per Capita Gross Domestic Product (yuan)
绝对数(亿元) Absolute Figures (100 million yuan)					
2013	1557.73	200.87	731.23	625.63	24736
2014	1814.15	263.50	856.04	694.61	28552
2015	2162.75	340.68	998.35	823.72	33783
2016	2445.21	370.94	1137.26	937.01	37894
2017	2812.70	404.62	1266.15	1141.93	43189
2018	3169.40	411.36	1418.95	1339.09	48367
2019	3483.32	431.87	1558.08	1493.37	52930
2020	3729.02	489.44	1637.87	1601.71	56470
2021	4138.30	523.34	1885.13	1729.84	62692
2022	4401.26	545.04	2101.97	1754.25	66742
比上年增长(%) Increase Rate over Preceding Year(%)					
2013	11.2	5.4	12.3	11.6	10.0
2014	11.2	6.5	12.6	10.8	10.2
2015	11.0	6.6	11.7	11.3	10.2
2016	10.9	5.9	11.3	12.5	10.0
2017	11.6	5.9	12.0	13.3	10.5
2018	9.7	6.0	12.0	8.2	9.0
2019	9.7	5.1	11.8	8.8	9.2
2020	4.6	6.2	4.3	4.5	4.3
2021	10.3	7.6	14.0	7.2	10.3
2022	3.1	3.4	6.0	-0.2	3.2

25-1-4 各市(州)地区生产总值及增速(安顺市)

Gross Domestic Product and Its Increase Rates by Region(Anshun)

指 标 Item	地区生产总 值 Gross Domestic Product	第一产业增加值 Primary Industry	第二产业增加值 Secondary Industry	第三产业增加值 Tertiary Industry	人均地区生产总值(元) Per Capita Gross Domestic Product (yuan)
绝对数(亿元) **Absolute Figures(100 million yuan)**					
2013	410.38	58.48	152.87	199.03	17406
2014	475.79	78.16	170.51	227.12	20008
2015	570.01	109.44	188.05	272.52	23798
2016	644.30	124.25	209.27	310.78	26696
2017	753.62	136.48	237.62	379.52	30950
2018	850.29	149.16	266.50	434.63	34714
2019	923.94	157.19	287.39	479.36	37565
2020	969.05	176.28	296.38	496.39	39254
2021	1073.59	191.48	323.04	559.07	43548
2022	1080.92	199.65	303.03	578.24	43991
比上年增长(%) **Increase Rate over Preceding Year(%)**					
2013	12.5	5.4	15.2	12.2	11.4
2014	11.2	6.6	13.4	10.6	10.2
2015	11.3	6.3	12.0	12.1	10.5
2016	10.7	6.4	11.1	12.2	9.9
2017	11.6	5.8	13.4	12.5	10.6
2018	9.1	7.2	10.5	8.8	8.5
2019	8.1	5.3	8.8	8.5	7.6
2020	3.1	6.4	2.7	2.2	2.7
2021	9.0	8.1	8.7	9.4	9.1
2022	-1.7	3.4	-10.4	1.7	-1.3

25-1-5 各市(州)地区生产总值及增速(毕节市)

Gross Domestic Product and Its Increase Rates by Region(Bijie)

指 标 Item	地区生产总 值 Gross Domestic Product	第一产业增加值 Primary Industry	第二产业增加值 Secondary Industry	第三产业增加值 Tertiary Industry	人均地区生产总值(元) Per Capita Gross Domestic Product (yuan)
绝对数(亿元) Absolute Figures (100 million yuan)					
2013	993.34	186.67	361.24	445.43	14902
2014	1104.49	234.90	366.51	503.08	16465
2015	1205.24	304.87	372.34	528.03	17871
2016	1352.06	344.39	409.55	598.12	19935
2017	1549.38	380.78	452.07	716.53	22695
2018	1753.30	414.76	486.37	852.17	25569
2019	1901.36	439.36	516.50	945.50	27643
2020	2024.42	486.54	534.79	1003.09	29353
2021	2170.96	526.49	578.90	1065.57	31583
2022	2206.52	551.35	560.13	1095.04	32305
比上年增长(%) Increase Rate over Preceding Year(%)					
2013	12.3	5.9	14.1	12.9	11.5
2014	10.7	6.9	13.0	9.5	10.0
2015	11.0	6.8	10.9	12.7	10.4
2016	10.0	6.0	10.3	12.1	9.4
2017	9.6	7.3	8.1	11.8	8.9
2018	8.7	8.2	7.4	9.9	8.2
2019	8.0	5.3	6.6	10.2	7.6
2020	4.4	6.3	3.5	4.0	4.1
2021	6.8	7.8	8.2	5.7	7.2
2022	0.2	3.6	-5.4	1.7	0.9

25-1-6 各市(州)地区生产总值及增速(铜仁市)

Gross Domestic Product and Its Increase Rates by Region(Tongren)

指标 Item	地区生产总值 Gross Domestic Product	第一产业增加值 Primary Industry	第二产业增加值 Secondary Industry	第三产业增加值 Tertiary Industry	人均地区生产总值(元) Per Capita Gross Domestic Product (yuan)
绝对数(亿元) Absolute Figures (100 million yuan)					
2013	520.72	128.88	135.81	256.03	16445
2014	632.57	144.49	177.40	310.68	19826
2015	770.19	183.04	216.71	370.44	23986
2016	855.97	202.80	238.07	415.10	26478
2017	992.82	220.98	269.71	502.13	30470
2018	1145.13	242.51	303.44	599.18	34960
2019	1249.16	254.89	323.28	670.99	37996
2020	1330.37	289.76	338.59	702.02	40269
2021	1455.47	316.03	359.66	779.78	44222
2022	1477.19	331.88	342.12	803.18	45126
比上年增长(%) Increase Rate over Preceding Year(%)					
2013	12.4	6.6	15.3	13.7	11.4
2014	10.6	6.5	13.2	11.2	9.8
2015	10.4	6.6	11.8	11.2	9.7
2016	10.4	5.7	13.2	11.1	9.6
2017	10.9	6.1	12.1	12.4	10.0
2018	9.1	8.2	7.2	10.5	8.5
2019	8.0	5.5	6.5	10.0	7.6
2020	4.4	6.8	3.1	4.2	4.0
2021	8.6	8.0	7.2	9.6	8.8
2022	0.3	3.8	-7.1	2.4	0.9

25-1-7 各市(州)地区生产总值及增速(黔西南州)

Gross Domestic Product and Its Increase Rates by Region(Qianxinan)

指 标 Item	地区生产总 值 Gross Domestic Product	第一产业增加值 Primary Industry	第二产业增加值 Secondary Industry	第三产业增加值 Tertiary Industry	人均地区生产总值(元) Per Capita Gross Domestic Product (yuan)
绝对数(亿元) Absolute Figures (100 million yuan)					
2013	535.46	85.40	205.65	244.41	18562
2014	637.96	111.59	241.16	285.21	21929
2015	757.71	158.95	275.47	323.29	25861
2016	869.86	188.89	305.85	375.12	29467
2017	1014.97	205.24	345.95	463.78	34084
2018	1146.62	212.92	389.75	543.95	38281
2019	1272.80	226.88	441.73	604.19	42321
2020	1355.75	249.45	463.79	642.51	44959
2021	1496.01	265.29	512.77	717.95	49726
2022	1508.69	279.18	501.24	728.26	50395
比上年增长(%) Increase Rate over Preceding Year(%)					
2013	12.6	6.4	14.5	12.8	11.5
2014	11.0	6.5	13.5	10.2	10.1
2015	11.3	6.3	11.4	12.6	10.5
2016	11.6	6.3	12.0	14.0	10.8
2017	11.3	6.7	10.8	13.9	10.4
2018	10.8	7.9	10.9	11.9	10.1
2019	9.8	5.6	12.1	9.7	9.3
2020	4.7	6.5	5.3	3.5	4.5
2021	9.3	7.6	10.0	9.5	9.6
2022	-1.6	3.9	-5.8	-0.6	-1.1

25-1-8 各市(州)地区生产总值及增速(黔东南州)

Gross Domestic Product and Its Increase Rates by Region(Qiandongnan)

指 标 Item	地区生产总值 Gross Domestic Product	第一产业增加值 Primary Industry	第二产业增加值 Secondary Industry	第三产业增加值 Tertiary Industry	人均地区生产总值(元) Per Capita Gross Domestic Product (yuan)
绝对数(亿元) **Absolute Figures (100 million yuan)**					
2013	561.16	106.81	156.67	297.68	15677
2014	643.25	121.28	171.72	350.25	17807
2015	734.22	159.13	183.47	391.62	20172
2016	792.92	184.39	193.42	415.11	21610
2017	904.15	196.98	204.34	502.83	24412
2018	1023.89	211.30	228.59	584.00	27472
2019	1123.04	223.73	251.08	648.23	30001
2020	1195.69	244.74	264.68	686.27	31830
2021	1248.92	260.67	269.50	718.75	33301
2022	1293.08	273.59	286.78	732.71	34613
比上年增长(%) **Increase Rate over Preceding Year(%)**					
2013	12.9	6.0	14.8	14.1	11.7
2014	10.6	6.7	11.8	11.2	9.6
2015	10.5	6.2	8.5	13.2	9.7
2016	11.8	6.1	11.7	14.2	10.9
2017	3.8	5.7	0.4	4.7	2.9
2018	6.4	6.2	7.1	6.2	5.7
2019	8.4	5.3	7.5	9.9	7.9
2020	4.5	6.2	3.1	4.6	4.2
2021	5.2	7.5	3.8	4.9	5.3
2022	2.3	3.6	4.2	1.2	2.7

25-1-9 各市(州)地区生产总值及增速(黔南州)

Gross Domestic Product and Its Increase Rates by Region(Qiannan)

指 标 Item	地区生产总 值 Gross Domestic Product	第一产业增加值 Primary Industry	第二产业增加值 Secondary Industry	第三产业增加值 Tertiary Industry	人均地区生产总值(元) Per Capita Gross Domestic Product (yuan)
绝对数(亿元) Absolute Figures (100 million yuan)					
2013	632.58	97.91	238.44	296.23	19003
2014	780.46	148.51	285.92	346.03	23229
2015	921.99	154.72	359.48	407.79	27229
2016	1048.15	183.49	401.91	462.75	30702
2017	1223.41	203.44	450.69	569.28	35496
2018	1397.24	216.56	501.83	678.85	40282
2019	1518.04	230.54	543.98	743.52	43570
2020	1597.97	254.68	569.68	773.61	45727
2021	1737.17	274.49	612.21	850.47	49796
2022	1772.18	288.60	607.13	876.45	50971
比上年增长(%) Increase Rate over Preceding Year(%)					
2013	13.3	5.6	16.9	12.3	12.1
2014	11.3	6.5	14.6	9.3	10.2
2015	11.2	6.4	10.7	13.5	10.4
2016	11.3	6.0	11.9	12.8	10.4
2017	11.3	5.3	11.1	13.5	10.2
2018	10.3	6.3	10.0	11.8	9.6
2019	7.9	5.5	9.9	7.1	7.4
2020	4.0	6.5	4.2	3.0	3.7
2021	8.3	7.6	8.2	8.5	8.4
2022	0.3	3.9	-3.6	1.9	0.6

25-2 各市(州)年末常住人口

Permanent Population at the Year End by Region

单位:万人 (10000 persons)

市(州)名称	City (State)	2018	2019	2020	2021	2022
贵阳市	Guiyang	583.24	594.62	598.98	610.23	622.04
六盘水市	Liupanshui	301.30	302.53	303.30	301.71	301.67
遵义市	Zunyi	656.47	659.74	660.98	659.23	659.65
安顺市	Anshun	245.37	246.55	247.18	245.88	245.55
毕节市	Bijie	686.61	689.06	690.28	684.48	681.59
铜仁市	Tongren	328.06	329.46	330.00	328.26	326.43
黔西南州	Qianxinan	300.04	301.46	301.65	300.05	298.69
黔东南州	Qiandongnan	373.39	375.27	376.03	374.04	373.13
黔南州	Qiannan	347.52	349.31	349.60	348.12	347.25

注:2018-2019年数据为根据第七次全国人口普查数据采用趋势离差法进行修订。

Note: The data from 2018 to 2019 were revised according to the trend deviation method adopted in the seventh national census.

25-3 各市(州)非私营单位在岗职工年平均人数、年平均工资

Number of Staff and Workers and Their Annual Average Wages in Non-private Units by Region

市(州)名称	City (Autonomous Prefectures)	2019	2020	2021	2022	2022年比2021年增长(%) Increase Rate in 2022 over 2021 (%)
在岗职工年平均人数(万人)	**Annual Average of Staff and Workers (10000 persons)**	**286.01**	**298.57**	**303.04**	**301.53**	**-0.5**
贵阳市	Guiyang	98.85	101.91	101.48	96.84	-4.6
六盘水市	Liupanshui	21.03	21.91	22.29	26.37	18.3
遵义市	Zunyi	42.7	43.67	45.7	46.80	2.4
安顺市	Anshun	16.78	16.32	15.65	15.74	0.6
毕节市	Bijie	30.34	33.18	32.17	29.67	-7.8
铜仁市	Tongren	18.31	19.34	21.21	20.74	-2.2
黔西南州	Qianxinan	14.94	16.54	17.24	16.52	-4.2
黔东南州	Qiandongnan	22.07	23.48	23.88	25.45	6.6
黔南州	Qiannan	20.98	22.22	23.41	23.39	-0.1
年平均工资(元)	**Annual Average Wages (yuan)**	**87970**	**94276**	**99324**	**99598**	**0.3**
贵阳市	Guiyang	92650	101829	106188	105719	-0.4
六盘水市	Liupanshui	84719	85988	92377	92539	0.2
遵义市	Zunyi	94644	102116	107547	107518	0.0
安顺市	Anshun	80727	82795	91513	90710	-0.9
毕节市	Bijie	80046	86399	89656	91798	2.4
铜仁市	Tongren	82090	84942	91576	97222	6.2
黔西南州	Qianxinan	93360	93711	98967	100821	1.9
黔东南州	Qiandongnan	81893	89147	91890	90962	-1.0
黔南州	Qiannan	80540	86558	93504	92881	-0.7

25-4 各市(州)社会消费品零售总额增速

Growth Rate of Total Retail Sales of Social Consumer Goods by Region

单位:% (%)

市(州)名称	City (Autonomous Prefectures)	2019	2020	2021	2022
贵阳市	Guiyang	7.9	6.6	12.9	-5.7
六盘水市	Liupanshui	10.2	5.6	12.8	-2.1
遵义市	Zunyi	7.0	6.6	15.1	-4.3
安顺市	Anshun	9.1	4.1	14.2	-3.1
毕节市	Bijie	8.9	3.8	14.3	-5.0
铜仁市	Tongren	7.4	5.3	14.1	-3.6
黔西南州	Qianxinan	8.7	5.4	11.5	-6.0
黔东南州	Qiandongnan	7.8	2.5	13.9	-3.0
黔南州	Qiannan	9.1	3.6	14.6	-3.2

25-5 各市(州)能源利用效率(2022)

Energy Using Efficiency by Region (2022)

市(州)名称	City (Autonomous Prefectures)	单位地区生产总值能耗(吨标准煤/万元) Energy Consumption Per Unit of GDP(ton of SEC/10000 yuan)	单位地区生产总值能耗比上年增长(%) Growth Rate of Energy Consumption Per Unit of GDP over Preceding Year(%)	单位地区生产总值电耗(千瓦时/万元) Electricity Consumption Per Unit of GDP (kwh/10000 yuan)	单位地区生产总值电耗比上年增长(%) Growth Rate of Electricity Consumption Per Unit of GDP over Preceding Year(%)
贵阳市	Guiyang	0.49	-5.1	685	-6.1
六盘水市	Liupanshui	1.10	-3.8	1143	-2.2
遵义市	Zunyi	0.44	-6.1	726	-7.1
安顺市	Anshun	0.55	-3.4	809	持平
毕节市	Bijie	0.53	-3.9	867	4.9
铜仁市	Tongren	0.48	-4.7	811	-1.1
黔西南州	Qianxinan	0.67	3.6	1801	7.0
黔东南州	Qiandongnan	0.67	-4.1	985	0.2
黔南州	Qiannan	0.56	1.3	862	1.9

25-6 各市(州)一般公共预算收入(2022)

General Public Financial Budget Revenue by Region (2022)

市(州)名称	City (Autonomous Prefectures)	一般公共预算收入(亿元) General Public Budget Revenue (100 million yuan)	#增值税 Value-added Tax	#企业所得税 Corporate Income Tax	#个人所得税 Individual Income Tax	#土地增值税 Land Appreciation Tax	#专项收入 Special Program Receipts	2022年比2021年增长(%) Increase Rate in 2022 over2021(%)
贵阳市	Guiyang	402.16	74.44	42.18	15.80	15.54	29.48	1.8
六盘水市	Liupanshui	96.09	18.85	6.05	2.06	2.05	4.22	2.3
遵义市	Zunyi	276.12	76.93	37.44	7.56	7.71	24.30	11.9
安顺市	Anshun	57.56	6.42	2.91	1.23	1.76	2.50	2.0
毕节市	Bijie	119.64	18.45	6.90	2.54	3.83	7.49	3.6
铜仁市	Tongren	62.98	7.39	3.36	3.46	3.09	3.33	5.9
黔西南州	Qianxinan	113.75	10.47	4.92	1.51	4.08	3.65	5.2
黔东南州	Qiandongnan	65.92	6.08	3.87	1.51	2.91	2.96	8.4
黔南州	Qiannan	109.76	9.10	5.41	1.83	2.71	5.59	5.5

注:资料来源于省财政厅(下表同)。2022年增幅为剔除增值税留抵退税因素后同口径增幅。

Note:The data in the table are obtained from Guizhou Provincial Finance Bureau(the same applies to the next table). The increase in 2022 was based on the same caliber after excluding the value-added tax credit refunds.

25-7 各市(州)一般公共预算支出(2022)

General Public Budget Expenditure by Region (2022)

市(州)名称	City (Autonomous Prefectures)	一般公共预算支出(亿元) General Public Financial Budget Expenditure (100 million yuan)	#一般公共服务 Expenditure for General Public Service	#教育 Expenditure for Education	#科学技术 Expenditure for Science and Technology	#文化旅游体育与传媒 Culture, Tourism, Sports and Media	#社会保障和就业 Expenditure for Social Security and Employment	#卫生健康 Hygiene and Health	#节能环保 Expenditure for Energy Saving and Environmental Protection	#农林水事务 Expenditure for Agriculture, Forestry and Water Conservancy	2022比2021年增长(%) Increase Rate in 2022 over 2021(%)
贵阳市	Guiyang	727.45	74.29	146.23	21.47	7.29	75.78	62.23	11.00	41.26	6.7
六盘水市	Liupanshui	326.50	24.20	80.00	5.31	3.25	38.26	37.80	14.30	46.55	0.6
遵义市	Zunyi	717.08	68.24	158.67	5.80	10.98	84.99	96.47	19.31	78.88	-7.3
安顺市	Anshun	272.73	20.57	55.42	5.94	2.86	35.10	34.12	8.05	34.46	1.5
毕节市	Bijie	667.88	40.21	172.64	4.91	6.49	95.70	105.23	14.12	88.59	-1.1
铜仁市	Tongren	446.28	40.57	104.20	5.93	5.29	57.86	58.03	8.09	72.32	1.0
黔西南州	Qianxinan	396.93	43.67	98.23	3.73	12.32	43.64	44.10	6.67	59.67	3.9
黔东南州	Qiandongnan	417.38	48.05	101.14	3.24	5.14	56.69	60.25	6.47	57.00	-9.4
黔南州	Qiannan	445.29	41.25	93.81	7.61	6.02	56.28	53.54	14.96	75.41	-0.3

25-8 各市(州)金融机构人民币各项存贷款余额(2022)

Saving Deposits and Loans Balance of Financial Institutions by Region (2022)

单位:亿元 (100 million yuan)

市(州)名称	City (Autonomous Prefectures)	金融机构人民币各项存款余额 Total Deposits	#个人储蓄存款 Personal Savings Deposits	金融机构人民币各项贷款余额 Total Loans
贵阳市	Guiyang	14415.87	3987.50	19266.02
六盘水市	Liupanshui	1584.51	916.60	2060.15
遵义市	Zunyi	6102.04	2855.26	5680.96
安顺市	Anshun	1294.99	763.27	1544.02
毕节市	Bijie	2283.96	1469.16	2814.11
铜仁市	Tongren	1709.52	1098.34	2360.78
黔西南州	Qianxinan	1685.02	901.57	1994.52
黔东南州	Qiandongnan	1887.78	1257.63	2033.94
黔南州	Qiannan	1784.81	1127.39	2396.55

注:资料来源于中国人民银行贵州省分行。

Note: The data in the table are obtained from Guizhou Provincial Branch of the People´s Bank of China.

25-9 各市(州)城镇常住居民家庭人均年收支(2022)

Per capita Income and Expenditure of Urban Resident by Region (2022)

单位:元 (yuan)

市(州)名称	City (Autonomous Prefectures)	城镇常住居民人均可支配收入 Per Capita Annual Disposable Income of Urban Resident	2022年比2021年增长(%) Increase Rate in 2022 over 2021(%)	城镇常住居民人均消费性支出 Per Capita Annual Consumption Expenditure of Urban Resident	2022年比2021年增长(%) Increase Rate in 2022 over 2021(%)
贵阳市	Guiyang	46242	5.4	31107	-0.8
六盘水市	Liupanshui	39566	5.3	23513	-11.5
遵义市	Zunyi	42649	5.2	23616	-7.7
安顺市	Anshun	38646	4.4	22287	-2.8
毕节市	Bijie	39055	4.8	20878	-3.7
铜仁市	Tongren	38475	4.9	23103	-2.5
黔西南州	Qianxinan	39959	4.5	22608	-12.1
黔东南州	Qiandongnan	39299	5.0	23545	1.6
黔南州	Qiannan	40494	4.6	25535	6.3

注:增长速度未扣除价格因素(下表同)。

Note: The Increase Rate has not deducted price factors (the same applies in the following tables).

25-10 各市(州)农村常住居民家庭人均年收支(2022)

Per Capita Net Income and Living Expenditure of Rural Households by Region (2022)

单位:元 (yuan)

市(州)名称	City (Autonomous Prefectures)	农村常住居民人均可支配收入 Annual Per Capita Disposable Income of Rural Households	2022年比2021年增长(%) Increase Rate in 2022 over 2021 (%)	农村常住居民人均生活消费支出 Annual Per Capita Living Expenditures of Rural Households	2022年比2021年增长(%) Increase Rate in 2022 over 2021 (%)
贵阳市	Guiyang	21925	6.6	17329	0.4
六盘水市	Liupanshui	14241	7.1	13331	6.6
遵义市	Zunyi	17333	6.9	15397	2.0
安顺市	Anshun	13821	6.4	12961	5.2
毕节市	Bijie	13245	6.5	12293	3.4
铜仁市	Tongren	13116	6.7	12893	7.9
黔西南州	Qianxinan	13423	6.3	12752	5.7
黔东南州	Qiandongnan	13148	7.0	12447	6.0
黔南州	Qiannan	15202	6.8	14114	6.9

25-11 各市(州)分类价格指数

Urban Price Indices of Major Cities by Region

(上年=100) (preceding year=100)

城市名称	City	居民消费价格指数 Residents Consumer Price Index		商品零售价格指数 Retail Price Index	
		2021	2022	2021	2022
贵阳市	Guiyang	100.5	101.9	101.7	103.1
六盘水市	Liupanshui	99.9	101.5	101.7	103.2
遵义市	Zunyi	99.9	101.6	100.4	103.1
安顺市	Anshun	100.0	101.5	100.4	102.2
毕节市	Bijie	99.9	101.3	100.8	102.8
铜仁市	Tongren	100.4	101.0	101.3	102.6
黔西南州	Qianxinan	100.2	101.5	101.1	102.7
黔东南州	Qiandongnan	99.7	100.9	101.2	102.9
黔南州	Qiannan	99.7	101.6	101.0	103.8

25-12 各市(州)农业机械总动力及拥有量(2022)

Total Power and Possession of Agricultural Machinery by Region (2022)

市(州)名称	City (Autonomous Prefecture)	农业机械总动力(万千瓦) Total Power of Agricultural Machinery (10000 kw)	大型拖拉机(台) Number of Large sized Tractors (set)	中型拖拉机(台) Number of Medium sized Tractors (set)	小型拖拉机(台) Number of Small Tractors (set)	农用水泵(台) Agricultural Water Pump (set)
贵 阳 市	Guiyang	208.15	13	1321	1633	27782
六盘水市	Liupanshui	189.00	15	927	6583	29094
遵 义 市	Zunyi	542.98	80	1626	4212	109888
安 顺 市	Anshun	226.87	8	2386	6560	85696
毕 节 市	Bijie	616.07	50	2724	61042	63984
铜 仁 市	Tongren	312.55	28	832	6509	99369
黔西南州	Qianxinan	308.48	59	921	4497	71218
黔东南州	Qiandongnan	306.79	108	1315	2988	56723
黔 南 州	Qiannan	338.24	54	4314	7554	97601

注:资料来源于省农业农村厅。

Note:The data in this table are provided by the Department of Agriculture and Rural Affairs of Guizhou Province.

25-13 各市(州)农林牧渔业增加值(2022)

Added Value of Farming, Forestry, Animal Husbandry, Fishery and Their Professional and Support Activities by Region (2022)

单位:亿元 (100 million yuan)

市(州)名称	City (Autonomous Prefecture)	农林牧渔业增加值 Added Value of Farming, Forestry, Animal husbandry, Fishery and Their Professional and Support Activities	2022年比2021年增长(%) Increase Rate in 2022 over2021 (%)
贵 阳 市	Guiyang	217.61	4.2
六盘水市	Liupanshui	199.83	3.9
遵 义 市	Zunyi	576.86	3.6
安 顺 市	Anshun	209.59	3.6
毕 节 市	Bijie	582.81	3.8
铜 仁 市	Tongren	348.47	3.9
黔西南州	Qianxinan	295.47	4.0
黔东南州	Qiandongnan	286.70	3.7
黔 南 州	Qiannan	303.02	4.1

25-14 各市(州)农用化肥施用量(2022)

Consumption of Chemical Fertilizers for Agricultural Use by Region (2022)

单位:吨 (ton)

市(州)名称	City (Autonomous Prefecture)	合 计 Total	氮 肥 Nitrogenous Fertilizer	磷 肥 Phosphate Fertilizer	钾 肥 Potash Fertilizer	复合肥 Compound Fertilizer	2022年比2021年增长(%) Increase Rate in 2022 over 2021(%)
贵 阳 市	Guiyang	45455	18088	3353	4477	19536	-2.1
六盘水市	Liupanshui	59421	33533	4498	3389	18001	3.2
遵 义 市	Zunyi	145347	50469	16460	12376	66041	
安 顺 市	Anshun	54887	20795	8834	4283	20975	-2.3
毕 节 市	Bijie	172679	78401	15206	18499	60574	-1.1
铜 仁 市	Tongren	74111	26126	10771	7436	29778	0.3
黔西南州	Qianxinan	58093	27373	8294	6067	16359	-1.7
黔东南州	Qiandongnan	63407	19870	8075	4580	30881	-1.9
黔 南 州	Qiannan	80674	30139	7329	6057	37148	-1.5

注:本表按折纯法计算。
Note:The data in this table are calculated by converting the gross weight into weight containing 100% effective component.

25-15 各市(州)主要经济作物播种面积和产量(2022)

Sown Areas and Yields of Major Cash Crops by Region (2022)

市(州)名称	City (Autonomous Prefecture)	播种面积(千公顷) Sown Areas (1000 hectares)		产量(万吨) Yield (10000 tons)			
		油菜籽 Rapeseeds	烤 烟 Flue-cured Tobacco	油菜籽 Rapeseeds	烤 烟 Flue-cured Tobacco	茶 叶 Tea	水 果 Fruits
贵 阳 市	Guiyang	26.99	3.55	5.18	0.63	0.79	68.65
六盘水市	Liupanshui	20.43	7.71	3.24	1.28	0.43	25.40
遵 义 市	Zunyi	108.26	33.12	22.00	5.57	9.01	88.52
安 顺 市	Anshun	56.29	3.04	10.40	0.43	0.91	58.71
毕 节 市	Bijie	64.99	36.05	13.84	6.00	0.67	87.40
铜 仁 市	Tongren	53.57	9.13	10.92	1.68	5.70	80.43
黔西南州	Qianxinan	43.69	20.44	6.85	3.70	1.43	55.43
黔东南州	Qiandongnan	53.43	8.23	8.73	1.40	2.15	92.25
黔 南 州	Qiannan	78.83	4.95	13.57	0.94	5.52	142.09

25-16 各市(州)水产品产量

Output of Major Aquatic Products by Region

单位:吨 (ton)

市(州)名称	City (Autonomous Prefecture)	2019	2020	2021	2022
贵阳市	Guiyang	3378	3385	3585	3700
六盘水市	Liupanshui	2123	2169	2267	2330
遵义市	Zunyi	63561	65088	68528	70000
安顺市	Anshun	27431	28058	29743	30530
毕节市	Bijie	9510	9717	10176	10420
铜仁市	Tongren	48656	49804	52450	53645
黔西南州	Qianxinan	13065	13376	14118	14521
黔东南州	Qiandongnan	54455	55727	58671	60187
黔南州	Qiannan	20920	21395	22523	23100

注:数据来源于省农业农村厅。
Note: 1. The data in this table are obtained from the Department of Agriculture and Rural Affairs of Guizhou Province.

25-17 各市(州)规模以上工业增加值增速

The Ratio of Total Gross Industrial Added Value above Designated Size in Each City to the Entire Province

单位:% (%)

市(州)名称	City (Autonomous Prefecture)	2019	2020	2021	2022
贵阳市	Guiyang	6.3	6.1	8.0	4.4
六盘水市	Liupanshui	9.0	5.1	12.8	-2.1
遵义市	Zunyi	12.5	6.0	21.0	10.3
安顺市	Anshun	11.0	1.5	12.0	-19.5
毕节市	Bijie	5.3	3.2	12.1	-6.1
铜仁市	Tongren	5.0	2.3	9.9	-13.4
黔西南州	Qianxinan	12.1	5.7	12.5	-8.5
黔东南州	Qiandongnan	5.0	4.1	4.1	2.4
黔南州	Qiannan	11.1	4.5	10.0	-9.6

注:2022年统计口径为年主营业务收入2000万元及以上的工业法人单位、个体经营户(下表同)。
Note: The statistical caliber of the table in 2022 refers to the industrial legal entities and individual enterprises of which main business revenue achieve 20 million yuan and above. (the same applies to the next table).

25-18 各市(州)规模以上工业企业主要工业产品产量(2022)

Output of Major Industrial Products above Designated Size by Region (2022)

市(州)名称	City (Autonomous Prefecture)	发电量(亿千瓦小时) Electricity (100 million kwh)	化 肥(万吨) Chemical Fertilizer(10000 tons)	水 泥(万吨) Cement (10000 tons)
贵阳市	Guiyang	111.22	162.63	599.64
六盘水市	Liupanshui	451.44		519.62
遵义市	Zunyi	284.50	28.59	1224.23
安顺市	Anshun	93.17		458.44
毕节市	Bijie	502.98		690.27
铜仁市	Tongren	104.39		481.20
黔西南州	Qianxinan	399.71		688.21
黔东南州	Qiandongnan	113.85		733.12
黔南州	Qiannan	122.80	56.15	1033.29

25-19 各市(州)公路里程(2022)

Length of Highways by Region (2022)

单位:公里 (km)

市(州)名称	City (Autonomous Prefecture)	公路里程 Total Length of Highways	#等级公路 Expressway and Class Ⅰ to Ⅳ Highway	#高速公路 Expressway	#有铺装路面(高级) Paved Road (advanced)	#沥青混凝土 Asphalt concrete
贵阳市	Guiyang	10512	9883	643	8663	2248
六盘水市	Liupanshui	14791	14177	460	13041	4231
遵义市	Zunyi	39598	36656	1517	34797	5735
安顺市	Anshun	14307	14084	486	12775	2460
毕节市	Bijie	34483	31350	1073	26898	5497
铜仁市	Tongren	26216	25430	939	22573	3156
黔西南州	Qianxinan	18781	15840	604	14447	3178
黔东南州	Qiandongnan	30597	26783	1164	24905	4512
黔南州	Qiannan	20331	19684	1445	17025	4511

注:资料来源于省交通运输厅。

Note:The data in the table are obtained from the Department of Transportation of Guizhou Province.

25-20 各市(州)邮政、电信主要指标(2022)

Major Indicators of Post and Telecommunications by Region (2022)

市(州)名称	City (Autonomous Prefecture)	年末固定电话用户数(万户) Number of Fixed Telephone Subscribers at the Year-end (10000 subscribers)	移动电话用户(万户) Number of Mobile Telephone Subscribers (10000 subscribers)	固定互联网宽带接入用户(万户) Number of Fixed Subscribers of Internet Service (10000 subscribers)	报刊、杂志累计订销数(万份) Number of Newspapers and Magazines Sold and Booked (10000 copies)	移动互联网用户(万户) Number of Mobile Telephone Subscribers (10000 subscribers)
贵 阳 市	Guiyang	77.24	833.06	283.89	9956.48	722.97
六盘水市	Liupanshui	20.29	347.20	106.66	2451.93	309.71
遵 义 市	Zunyi	47.80	759.02	234.46	5985.81	694.87
安 顺 市	Anshun	13.80	270.19	81.75	2094.70	242.66
毕 节 市	Bijie	15.73	659.12	168.81	4305.77	603.71
铜 仁 市	Tongren	13.14	379.71	128.55	3429.25	342.98
黔西南州	Qianxinan	12.51	351.63	108.65	2611.55	321.63
黔东南州	Qiandongnan	18.09	442.98	141.45	3925.31	407.15
黔 南 州	Qiannan	17.07	405.01	129.88	3367.15	367.49

注:资料来源于省通信管理局、省邮政管理局。

Note: The data in the table are obtained from Guizhou Communications Administration and Guizhou Provincial Postal Administration.

25-21 各市(州)教育事业主要指标(2022)

Major Indicators of Education by Region (2022)

市(州)名称	City (Autonomous Prefecture)	高等教育 Higher Education		普通中学 Secondary Schools		小 学 Primary Schools	
		学校数(所) Number of schools (unit)	在校学生(人) Students Enrollment (person)	学校数(所) Number of schools (unit)	在校学生(人) Students Enrollment (person)	学校数(所) Number of schools (unit)	在校学生(人) Students Enrollment (person)
贵 阳 市	Guiyang	35	468517	285	282078	512	485158
六盘水市	Liupanshui	3	22989	207	218922	462	343349
遵 义 市	Zunyi	7	98178	420	463280	996	608603
安 顺 市	Anshun	3	27365	162	185356	438	265687
毕 节 市	Bijie	6	50249	463	619332	1633	819533
铜 仁 市	Tongren	5	55825	254	283803	693	332749
黔西南州	Qianxinan	2	22520	246	258506	594	320857
黔东南州	Qiandongnan	4	43032	207	294739	641	391807
黔 南 州	Qiannan	10	106050	152	243113	501	347680

注:1.资料来源于省教育厅。2.高等教育学校数包括普通高等学校、成人高等学校,高等教育在校学生包括研究生、普通高等教育、成人高等教育。

Note: 1.The data in the table are obtained from the Department of Education of Guizhou Province. 2.The institutions of higher education include regular schools of higher education and adult institutions of higher education.Students enrollment of higher education include those students enrolling in post-graduates education, regular institutions of higher education and adult institution of higher education.

25-22 各市(州)卫生人员数(2022)

Number of Employed Persons in Health Care Institutions by Region (2022)

单位:人 (person)

市(州)名称	City (Autonomous Prefecture)	总计 Total	卫生技术人员 Medical Technical Personnel	#执业(助理)医师 Licensed (Assistant) Doctors	#注册护士 Registered Nurse	#药师(士) Pharmacist (person)	#技师(士) Technician (person)	乡村医生和卫生员 Village Doctors and Assistants	其他技术人员 Other Technical Personnel	管理人员 Administrative Personnel	工勤技能人员 Logistics Technical Workers
贵阳市	Guiyang	80195	65653	23996	31455	2406	4802	1220	3417	6602	5381
六盘水市	Liupanshui	28814	23462	7390	11130	911	1778	1765	1093	2168	1493
遵义市	Zunyi	69872	56342	20256	25257	2215	3983	3709	2509	5117	4421
安顺市	Anshun	21082	16691	5638	7322	642	1311	1370	774	1760	1119
毕节市	Bijie	59261	46976	16129	22359	1486	3123	5878	2089	3641	2549
铜仁市	Tongren	35146	27876	8753	12121	999	2583	3332	1301	2055	1556
黔西南州	Qianxinan	30033	24111	7612	10996	959	1634	1797	889	2629	1788
黔东南州	Qiandongnan	39307	31714	10152	13769	1232	2580	3209	1139	2805	1824
黔南州	Qiannan	34585	28613	9485	12717	1099	2059	1880	979	2129	1825

注:资料来源于省卫生健康委员会(以下相关表同)。

Note: The data in the table are obtained from Guizhou Health Commission (the same applies to relative tables below).

25-23 各市(州)每千人口拥有卫生技术人员数(2022)

Medical Technical Personnel in Health Care Institutions Per 1000 Persons by Region (2022)

单位:人 (person)

市(州)名称	City (Autonomous Prefecture)	卫生技术人员 Medical Technical Personnel		执业(助理)医师 Licensed(Assistant) Doctors		注册护士 Registered Nurses	
		合计 Total	每千人口拥有 Per 1000 Persons	合计 Total	每千人口拥有 Per 1000 Persons	合计 Total	每千人口拥有 Per 1000 Persons
贵阳市	Guiyang	65653	10.55	23996	3.86	31455	5.06
六盘水市	Liupanshui	23462	7.78	7390	2.45	11130	3.69
遵义市	Zunyi	56342	8.54	20256	3.07	25257	3.83
安顺市	Anshun	16691	6.80	5638	2.30	7322	2.98
毕节市	Bijie	46976	6.89	16129	2.37	22359	3.28
铜仁市	Tongren	27876	8.54	8753	2.68	12121	3.71
黔西南州	Qianxinan	24111	8.07	7612	2.55	10996	3.68
黔东南州	Qiandongnan	31714	8.50	10152	2.72	13769	3.69
黔南州	Qiannan	28613	8.24	9485	2.73	12717	3.66

注:每千人口拥有数按常住人口数计算。

Note: The number of persons per thousand is calculated as the number of permanent residents.

25-24 各市(州)社区卫生服务中心(站)医疗服务情况(2022)

Medical Services of Community Health Service Centers (Stations) by Region (2022)

市(州)名称	City (Autonomous Prefecture)	社区卫生服务中心 Community Health Service Centers						社区卫生服务站 Community Health Service Stations	
		诊疗人次(万人次) Visits (10 000 person-times)	入院人数(人) Inpatients (person)	病床使用率(%) Utilization Rate of Beds (%)	出院者平均住院日(日) Average Days in Hospital (day)	医师日均担负诊疗人次(人次) Daily Visits Per Doctor (person-time)	医师日均担负住院床日(日) Daily Inpatients Per Doctor (day)	诊疗人次(万人次) Visits (10 000 person-times)	医师日均担负诊疗人次(人次) Daily Visits Per Doctor (person-time)
贵阳市	Guiyang	307.75	14273	26.6	9.8	10.5	0.4	35.9	5.1
六盘水市	Liupanshui	55.58	5867	23.2	7.9	10.2	0.6	36.6	6.7
遵义市	Zunyi	161.82	61390	64.2	6.1	10.4	1.7	112.8	9.4
安顺市	Anshun	20.41	8820	53.6	5.6	10.1	1.8	17.6	5.2
毕节市	Bijie	118.32	10486	32.9	5.8	15.3	0.6	6.2	11.7
铜仁市	Tongren	124.70	26713	41.5	5.3	12.3	1.0	34.5	17.7
黔西南州	Qianxinan	120.47	19459	36.5	4.4	13.8	0.7	133.9	30.6
黔东南州	Qiandongnan	70.52	10363	42.3	4.9	12.2	0.6	7.1	15.7
黔南州	Qiannan	57.44	1309	6.2	4.8	6.9	0.1	15.3	25.5

25-25 各市(州)火灾情况(2022)

Fires by Region (2022)

市(州)名称	City (Autonomous Prefecture)	火灾(起) Fire Accidents (case)	死亡(人) Deaths (person)	受伤(人) Injuries (person)	直接财产损失(万元) Direct fire loss (10000 yuan)
贵阳市	Guiyang	2240	11	9	1517
六盘水市	Liupanshui	806	2		815
遵义市	Zunyi	2920	3	3	1134
安顺市	Anshun	1188	2	1	407
毕节市	Bijie	1282	4	5	2990
铜仁市	Tongren	1651	2	4	1493
黔西南州	Qianxinan	1126			901
黔东南州	Qiandongnan	1938	5		926
黔南州	Qiannan	1683	7	2	1386

注.资料来源于省消防总队。

Note: The data in the table are provided by Guizhou Provincial Fire Brigade.

25-26 各市(州)医疗卫生机构服务情况(2022)

Services in Hospitals by Region (2022)

市(州)名称	City (Autonomous Prefecture)	诊疗人次(万人次) Visits (10 000 person-times)	#医院 Hospital	#农村乡镇卫生院 Rural Township Health Centers	入院人数(万人) Inpatients (10000 persons)	#医院 Hospital	#农村乡镇卫生院 Rural Township Health Centers	出院人数(万人) Patients Discharged from Hospitals (10000 persons)	#医院 Hospital	#农村乡镇卫生院 Rural Township Health Centers
贵阳市	Guiyang	3134.58	1824.74	265.33	117.16	104.40	4.12	115.00	102.26	4.06
六盘水市	Liupanshui	1481.26	545.29	314.45	66.32	50.61	11.56	65.84	50.21	11.48
遵义市	Zunyi	3441.36	1638.98	693.03	195.24	143.32	40.27	193.94	142.53	39.83
安顺市	Anshun	895.24	415.49	180.66	50.40	38.59	7.13	50.20	38.42	7.11
毕节市	Bijie	3250.34	1117.34	850.35	140.78	105.15	28.74	139.66	104.05	28.48
铜仁市	Tongren	1627.06	648.26	495.25	90.15	64.61	19.55	89.08	63.76	19.38
黔西南州	Qianxinan	1735.28	598.03	305.35	62.37	55.86	3.35	62.02	55.53	3.34
黔东南州	Qiandongnan	1833.18	745.41	489.85	87.36	63.38	19.89	86.50	62.71	19.72
黔南州	Qiannan	1822.50	871.17	473.89	67.19	59.18	6.19	66.60	58.73	6.07

25-26 续表 continued (2022)

市(州)名称	City (Autonomous Prefecture)	每百门诊急诊入院人数(人) Inpatients Per 100 Outpatient and Emergency Visits (person)	#医院 Hospital	#农村乡镇卫生院 Rural Township Health Centers	病床使用率(%) Utilization Rate of Beds (%)	#医院 Hospital	#农村乡镇卫生院 Rural Township Health Centers	出院者平均住院日(天) Average Days in Hospital (day)	#医院 Hospital	#农村乡镇卫生院 Rural Township Health Centers
贵阳市	Guiyang	4.60	5.86	1.58	65.81	70.28	25.81	9.4	9.8	5.4
六盘水市	Liupanshui	6.65	9.34	3.68	66.14	74.71	37.94	8.0	8.9	5.1
遵义市	Zunyi	7.45	9.13	5.93	75.24	78.54	65.96	7.4	8.0	5.4
安顺市	Anshun	7.21	9.42	3.98	72.82	79.44	48.30	8.2	9.1	5.1
毕节市	Bijie	6.48	9.73	3.45	63.28	70.24	42.17	7.1	7.8	5.0
铜仁市	Tongren	6.72	10.13	4.04	72.38	79.30	55.22	7.4	8.4	4.7
黔西南州	Qianxinan	5.35	9.49	1.12	67.95	77.16	20.31	7.6	7.9	4.6
黔东南州	Qiandongnan	6.45	8.65	4.21	66.17	74.34	45.84	7.6	8.6	4.8
黔南州	Qiannan	4.57	6.81	1.33	68.05	79.53	23.61	8.6	9.0	5.4

25-27 各县(市、区、特区)地区生产总值

Gross Domestic Product by County (City, District, Special Region)

单位:亿元 (100 million yuan)

县(市、区、特区)名称	County (City, District, Special region)	地区生产总值 Gross Domestic Product		第一产业增加值 Primary Industry		第二产业增加值 Secondary Industry		第三产业增加值 Tertiary Industry	
		2021	2022	2021	2022	2021	2022	2021	2022
南明区	Nanming	967.93	1005.43	1.24	1.29	316.37	337.10	650.33	667.03
云岩区	Yunyan	939.97	956.82	0.20	0.21	274.93	260.74	664.84	695.87
花溪区	Huaxi	699.42	761.04	18.86	19.90	387.16	418.60	293.39	322.54
乌当区	Wudang	186.65	195.90	20.91	22.08	89.37	94.98	76.37	78.84
白云区	Baiyun	258.31	282.17	8.31	8.75	131.24	148.95	118.76	124.46
观山湖区	Guanshanhu	702.71	758.03	4.87	5.14	100.14	117.16	597.70	635.74
开阳县	Kaiyang	264.25	289.20	44.46	46.77	98.95	118.25	120.85	124.18
息烽县	Xifeng	164.87	175.11	26.31	27.69	52.87	55.98	85.69	91.44
修文县	Xiuwen	193.29	196.09	32.30	33.97	83.71	79.81	77.28	82.30
清镇市	Qingzhen	297.37	301.39	35.98	37.80	113.00	108.01	148.38	155.58
钟山区	Zhongshan	343.45	349.55	17.48	18.26	111.11	107.10	214.86	224.19
六枝特区	Liuzhi	141.27	146.75	44.01	46.11	28.03	28.12	69.23	72.51
水城区	Shuicheng	342.08	346.45	43.35	45.49	189.22	190.16	109.51	110.79
盘州市	Panzhou	636.62	660.84	74.85	78.42	333.22	345.67	228.54	236.75
红花岗区	Honghuagang	482.19	496.35	42.45	46.05	118.64	123.51	321.11	326.79
汇川区	Huichuan	457.16	473.99	33.10	34.07	162.64	172.64	261.42	267.29
播州区	Bozhou	368.69	380.35	63.36	64.99	149.27	157.69	156.06	157.67
桐梓县	Tongzi	177.09	182.43	43.58	45.66	52.58	54.93	80.94	81.84
绥阳县	Suiyang	122.02	127.82	45.34	47.72	19.96	21.93	56.72	58.18
正安县	Zhengan	137.68	143.22	36.39	38.90	24.83	26.01	76.46	78.32
※道真县	Daozhen	88.70	90.76	29.23	31.03	17.15	16.35	42.33	43.38
※务川县	Wuchuan	91.19	86.80	27.35	22.81	21.88	21.22	41.96	42.76
凤冈县	Fenggang	96.29	100.76	34.06	36.16	18.69	19.90	43.55	44.70
湄潭县	Meitan	131.45	134.40	38.40	38.74	30.49	31.94	62.56	63.72
余庆县	Yuqing	94.90	98.14	27.94	30.50	22.09	22.55	44.87	45.09
习水县	Xishui	238.72	260.16	42.25	45.39	112.78	130.64	83.69	84.13
赤水市	Chishui	118.12	119.37	23.23	23.95	42.88	43.14	52.00	52.29
仁怀市	Renhuai	1534.08	1706.70	36.65	39.08	1091.26	1259.52	406.17	408.10
西秀区	Xixiu	439.87	437.15	47.40	49.36	157.12	143.05	235.35	244.74
平坝区	Pingba	145.14	144.46	25.71	26.70	54.46	51.00	64.97	66.75
普定县	Puding	152.96	151.70	28.08	29.54	46.23	41.50	78.65	80.67
※镇宁县	Zhenning	129.05	132.84	30.14	31.33	27.35	28.18	71.56	73.32
※关岭县	Guanling	116.59	119.36	30.13	31.28	21.45	20.89	65.01	67.18
※紫云县	Ziyun	89.98	95.42	30.02	31.44	16.43	18.41	43.53	45.57
七星关区	Qixingguan	537.74	543.78	100.98	103.96	138.78	134.65	297.99	305.16
大方县	Dafang	244.09	255.41	54.84	59.38	56.48	58.91	132.77	137.12
金沙县	Jinsha	257.33	263.16	45.99	47.34	107.41	106.63	103.94	109.19
织金县	Zhijin	234.28	238.91	50.28	51.72	70.56	71.40	113.44	115.79
纳雍县	Nayong	186.34	191.03	44.66	46.32	55.44	56.43	86.23	88.27
※威宁县	Weining	307.98	316.53	125.55	136.49	50.17	42.47	132.27	137.56
赫章县	Hezhang	162.53	152.61	54.91	55.60	26.71	15.39	80.91	81.62
黔西市	Qianxi	240.66	245.09	49.29	50.53	73.36	74.23	118.02	120.33
碧江区	Bijiang	253.41	259.90	19.31	20.53	85.01	85.61	149.09	153.76
万山区	Wanshan	86.36	87.54	13.52	14.36	30.50	28.81	42.34	44.38

注:1.※为少数民族自治县(以下相关表同)。2.表中2021年绝对数为年报数,2022年绝对数按当年价格计算。

Note: 1.Counties with ※ refer to autonomous counties (the relative tables in this chapter are the same). 2. Absolute Figures in the table are calculated at current prices, and increase rates are calculated at comparable prices.

25-27 续表 continued

单位:亿元 (100 million yuan)

县(市、区、特区)名 称	County (City, District, Special region)	地区生产总值 Gross Domestic Product		第一产业增加值 Primary Industry		第二产业增加值 Secondary Industry		第三产业增加值 Tertiary Industry	
		2021	2022	2021	2022	2021	2022	2021	2022
江口县	Jiangkou	76.74	79.25	20.86	22.00	14.15	14.29	41.73	42.96
※玉屏县	Yuping	103.81	105.85	13.51	13.66	42.86	44.65	47.44	47.54
石阡县	Shiqian	125.92	129.18	37.45	39.83	21.33	20.23	67.14	69.12
思南县	Sinan	190.03	189.81	49.90	52.55	45.51	40.39	94.62	96.87
※印江县	Yinjiang	130.14	131.26	38.45	39.86	24.50	21.08	67.19	70.31
德江县	Dejiang	158.65	160.32	37.95	39.77	31.76	28.71	88.94	91.83
※沿河县	Yanhe	143.89	145.45	41.54	43.73	20.78	18.80	81.58	82.91
※松桃县	Songtao	186.51	188.64	43.54	45.60	43.26	39.54	99.71	103.5
兴义市	Xingyi	544.08	546.54	51.10	53.66	191.85	182.90	301.13	309.98
兴仁市	Xingren	214.29	209.85	36.52	37.90	86.47	81.89	91.31	90.06
普安县	Puan	111.44	112.21	24.26	25.56	36.78	36.10	50.4	50.55
晴隆县	Qinglong	95.20	95.40	24.28	25.58	24.62	22.63	46.31	47.19
贞丰县	Zhenfeng	168.61	167.75	33.49	35.30	70.82	67.27	64.3	65.18
望谟县	Wangmo	111.95	115.99	31.67	33.39	21.90	23.34	58.38	59.26
册亨县	Ceheng	87.70	89.19	25.84	27.59	20.12	19.96	41.74	41.64
安龙县	Anlong	162.74	171.74	38.14	40.20	60.21	67.15	64.39	64.39
凯里市	Kaili	293.82	303.55	20.91	21.92	56.23	58.37	216.68	223.25
黄平县	Huangping	72.33	75.29	23.49	24.57	13.10	14.28	35.74	36.44
施秉县	Shibing	39.61	41.36	12.03	12.67	7.79	8.50	19.79	20.2
三穗县	Sansui	53.86	55.65	11.61	12.20	13.71	14.48	28.53	28.98
镇远县	Zhenyuan	66.77	69.45	17.59	18.48	14.01	15.58	35.16	35.39
岑巩县	Cengong	62.43	62.89	11.77	12.38	17.65	17.41	33.01	33.09
天柱县	Tianzhu	86.70	88.82	23.34	24.48	20.81	20.41	42.55	43.93
锦屏县	Jinping	59.72	61.11	11.53	12.10	21.19	21.36	27	27.65
剑河县	Jianhe	62.08	64.67	15.54	16.27	11.79	13.02	34.75	35.38
台江县	Taijiang	40.58	44.98	9.68	10.17	12.29	15.47	18.62	19.35
黎平县	Liping	103.32	106.60	25.70	26.95	23.49	25.20	54.14	54.44
榕江县	Rongjiang	89.58	92.98	23.01	24.21	17.09	18.24	49.48	50.52
从江县	Congjiang	80.35	83.13	23.30	24.45	13.89	15.29	43.16	43.4
雷山县	Leishan	46.10	48.04	9.87	10.40	7.02	8.18	29.21	29.45
麻江县	Majiang	46.98	47.50	11.31	11.86	9.24	9.22	26.42	26.42
丹寨县	Danzhai	44.70	47.07	9.99	10.48	10.21	11.77	24.5	24.82
都匀市	Duyun	233.83	240.93	24.30	25.53	35.71	35.82	173.82	179.58
福泉市	Fuquan	215.91	238.14	21.43	22.64	110.16	128.53	84.32	86.97
荔波县	Libo	74.28	77.28	13.04	13.63	11.15	11.12	50.09	52.53
贵定县	Guiding	129.22	134.46	16.99	17.76	60.60	63.89	51.63	52.81
瓮安县	Wengan	171.78	175.99	33.85	35.53	55.52	55.30	82.41	85.15
独山县	Dushan	141.83	140.74	25.20	26.52	55.77	51.47	60.85	62.75
平塘县	Pingtang	97.49	101.41	26.17	27.55	19.72	21.02	51.6	52.84
罗甸县	Luodian	89.42	90.59	22.51	23.72	25.50	24.28	41.4	42.59
长顺县	Changshun	92.85	97.52	18.78	19.74	30.63	32.74	43.44	45.04
龙里县	Longli	246.28	226.41	15.51	16.33	130.45	110.60	100.32	99.48
惠水县	Huishui	148.49	150.39	30.98	32.62	53.04	49.61	64.47	68.16
※三都县	Sandu	95.79	98.33	25.73	27.04	23.95	22.75	46.1	48.55

25-28 各县(市、区、特区)地区生产总值增速

Growth Rate of Gross Domestic Product by County (City, District, Special Region)

单位:% (%)

县(市、区、特区)名称	County (City, District, Special region)	地区生产总值 Gross Domestic Product		第一产业增加值 Primary Industry		第二产业增加值 Secondary Industry		第三产业增加值 Tertiary Industry	
		2021	2022	2021	2022	2021	2022	2021	2022
南明区	Nanming	6.6	0.9	7.4	3.8	3.5	5.9	8.3	-1.7
云岩区	Yunyan	8.1	-0.9	1.3	2.8	7.3	-5.1	8.4	0.9
花溪区	Huaxi	7.2	4.5	7.9	3.6	8.8	5.8	5.0	2.9
乌当区	Wudang	5.2	1.8	7.9	3.7	5.2	3.8	4.6	-1.1
白云区	Baiyun	7.0	5.2	7.4	3.5	8.8	9.1	4.9	0.9
观山湖区	Guanshanhu	5.9	4.5	7.5	3.7	-3.9	15.8	7.8	2.6
开阳县	Kaiyang	8.7	5.6	8.0	4.1	9.7	15.2	8.3	-1.8
息烽县	Xifeng	7.0	3.3	7.9	4.1	5.1	3.9	8.0	2.7
修文县	Xiuwen	1.6	-0.6	7.9	4.0	-5.8	-7.1	8.1	4.5
清镇市	Qingzhen	4.5	-1.0	7.5	3.9	1.6	-6.7	6.0	2.2
钟山区	Zhongshan	6.0	0.2	8.0	3.4	4.2	-4.6	6.8	2.4
六枝特区	Liuzhi	6.5	2.4	6.7	3.7	5.0	0.0	7.1	2.5
水城区	Shuicheng	7.7	0.2	8.0	3.9	7.9	-0.9	7.4	0.7
盘州市	Panzhou	10.2	0.9	7.2	3.7	13.8	-0.7	6.4	2.1
红花岗区	Honghuagang	12.3	1.1	8.0	3.3	32.1	1.6	6.8	0.6
汇川区	Huichuan	10.0	3.0	7.9	3.5	16.5	7.4	6.7	0.2
播州区	Bozhou	3.4	0.8	8.3	3.2	0.2	1.1	4.6	-0.6
桐梓县	Tongzi	5.8	1.9	7.7	3.3	1.3	3.7	7.9	-0.1
绥阳县	Suiyang	11.2	2.9	8.3	3.4	21.8	6.7	10.2	1.0
正安县	Zhengan	10.5	1.5	8.1	3.4	21.0	0.7	8.5	0.7
※道真县	Daozhen	9.7	0.7	8.7	3.2	15.8	-4.9	8.1	1.1
※务川县	Wuchuan	4.4	-1.3	-1.0	2.9	39.7	-10.2	-4.0	0.2
凤冈县	Fenggang	10.7	2.4	8.2	3.2	20.3	3.2	8.9	1.3
湄潭县	Meitan	9.4	1.2	8.6	3.6	12.1	0.1	8.6	0.1
余庆县	Yuqing	9.0	0.5	8.3	3.4	-7.4	-0.8	19.0	-0.8
习水县	Xishui	13.1	3.9	8.6	3.8	20.1	7.5	7.2	-0.9
赤水市	Chishui	10.0	-0.8	8.1	3.3	12.1	-2.7	9.3	-1.0
仁怀市	Renhuai	12.0	5.6	6.9	3.3	14.0	8.3	7.5	-1.4
西秀区	Xixiu	9.4	-3.5	8.0	3.2	10.3	-14.5	9.1	2.5
平坝区	Pingba	5.1	-2.8	7.9	3.3	-0.3	-10.1	8.9	1.0
普定县	Puding	10.3	-3.2	8.2	3.5	10.5	-13.5	10.9	0.6
※镇宁县	Zhenning	9.6	1.0	8.3	3.6	12.0	-0.7	9.2	0.6
※关岭县	Guanling	9.2	2.4	8.2	3.5	6.4	-0.3	10.7	2.9
※紫云县	Ziyun	9.8	2.7	8.0	3.1	19.0	5.5	7.6	1.4
七星关区	Qixingguan	6.5	0.2	7.8	3.5	6.0	-4.3	6.4	1.3
大方县	Dafang	6.4	2.7	7.7	3.8	3.2	1.8	7.3	2.7
金沙县	Jinsha	8.3	0.7	7.8	3.4	18.3	-3.3	-0.1	3.5
织金县	Zhijin	7.9	0.6	7.9	3.5	9.4	-2.3	7.0	1.0
纳雍县	Nayong	6.8	1.3	7.7	3.7	9.3	-0.8	4.9	1.4
※威宁县	Weining	5.9	0.1	8.0	3.8	-0.3	-16.7	6.5	2.9
赫章县	Hezhang	5.7	-6.1	7.5	3.2	5.1	-43.7	4.7	0.1
黔西市	Qianxi	7.3	0.8	7.7	3.5	8.3	-0.9	6.6	0.7
碧江区	Bijiang	10.0	1.0	8.7	4.3	8.1	-1.4	11.2	1.9
万山区	Wanshan	8.6	0.1	8.0	3.8	15.3	-7.8	4.4	4.7

25-28 续表 continued

单位:% (%)

县(市、区、特区)名称	County (City, District, Special region)	地区生产总值 Gross Domestic Product		第一产业增加值 Primary Industry		第二产业增加值 Secondary Industry		第三产业增加值 Tertiary Industry	
		2021	2022	2021	2022	2021	2022	2021	2022
江口县	Jiangkou	8.7	0.9	7.5	3.9	3.2	−0.7	11.3	−0.1
※玉屏县	Yuping	9.1	0.6	7.0	3.4	13.6	1.0	5.6	−0.7
石阡县	Shiqian	8.2	0.7	8.0	3.6	8.4	−7.0	8.2	1.5
思南县	Sinan	8.0	−0.5	8.5	3.6	7.7	−13.4	7.9	3.6
※印江县	Yinjiang	8.0	0.2	8.0	3.5	6.9	−16.0	8.3	4.3
德江县	Dejiang	8.2	0.2	7.5	3.8	6.1	−11.2	9.4	2.8
※沿河县	Yanhe	8.6	0.3	8.6	3.9	−11.0	−11.5	15.1	1.5
※松桃县	Songtao	8.2	0.4	7.5	4.0	5.7	−10.8	9.8	3.7
兴义市	Xingyi	9.3	−1.7	7.2	3.8	8.2	−7.0	10.3	0.7
兴仁市	Xingren	10.4	−4.8	7.2	3.5	13.0	−9.7	9.2	−3.5
普安县	Puan	10.1	−1.7	7.4	3.8	12.6	−5.5	9.7	−1.6
晴隆县	Qinglong	6.3	−1.8	7.4	3.6	3.5	−10.4	7.3	0.0
贞丰县	Zhenfeng	9.8	−3.3	8.1	4.1	12.7	−9.4	7.7	−0.5
望谟县	Wangmo	9.7	1.5	7.9	4.0	6.9	2.8	11.8	−0.3
册亨县	Ceheng	7.9	−0.3	7.7	4.2	−1.7	−3.8	13.4	−1.4
安龙县	Anlong	9.3	2.5	8.0	4.1	15.2	5.8	5.1	−1.7
凯里市	Kaili	4.6	1.9	7.3	3.6	5.5	1.4	4.1	1.9
黄平县	Huangping	4.8	3.0	7.7	3.2	6.6	7.2	2.3	1.3
施秉县	Shibing	8.7	3.3	7.8	3.9	15.3	7.6	6.8	1.2
三穗县	Sansui	5.9	2.1	7.9	3.6	8.0	3.6	4.1	0.7
镇远县	Zhenyuan	8.3	3.1	7.4	3.6	14.5	9.1	6.4	0.4
岑巩县	Cengong	4.4	−0.6	7.6	3.8	−3.4	−3.3	8.0	−0.8
天柱县	Tianzhu	6.8	0.9	7.6	3.5	11.0	−4.3	4.4	2.0
锦屏县	Jinping	0.4	1.3	7.5	3.5	−7.3	−0.6	4.3	1.8
剑河县	Jianhe	4.5	3.5	7.5	3.4	−9.2	9.2	8.8	1.5
台江县	Taijiang	−9.9	9.0	7.5	3.6	−30.4	21.9	1.6	3.1
黎平县	Liping	5.6	2.1	7.4	3.5	10.8	5.4	2.6	−0.1
榕江县	Rongjiang	6.2	2.7	7.1	3.8	9.3	4.4	4.8	1.5
从江县	Congjiang	9.4	2.4	7.6	3.5	22.4	7.7	6.6	0.2
雷山县	Leishan	8.7	3.2	7.2	4.0	4.0	14.7	10.4	0.0
麻江县	Majiang	7.0	0.3	7.4	3.4	13.8	−2.6	4.6	0.0
丹寨县	Danzhai	7.7	4.4	7.3	3.5	16.4	13.0	4.5	1.1
都匀市	Duyun	3.8	1.6	7.5	3.8	−8.7	−1.5	6.3	1.9
福泉市	Fuquan	12.3	7.8	7.9	4.3	14.1	13.6	11.1	1.0
荔波县	Libo	10.6	2.9	7.2	3.3	12.9	−1.6	10.9	3.8
贵定县	Guiding	2.9	2.1	7.8	3.3	−3.1	2.4	9.6	1.3
瓮安县	Wengan	8.5	0.6	7.2	3.7	14.0	−3.3	5.7	1.9
独山县	Dushan	8.4	−2.6	8.0	4.0	6.2	−10.8	10.7	2.3
平塘县	Pingtang	7.4	2.6	7.4	4.0	10.3	4.4	6.2	1.3
罗甸县	Luodian	11.0	0.2	7.7	4.1	11.5	−6.2	12.5	2.1
长顺县	Changshun	8.7	3.2	8.1	3.8	7.2	4.1	10.1	2.2
龙里县	Longli	12.4	−9.5	7.7	4.0	15.3	−17.7	9.3	−0.4
惠水县	Huishui	5.0	−0.9	7.3	4.0	3.0	−9.3	5.5	3.7
※三都县	Sandu	8.9	1.4	7.6	3.8	6.0	−6.3	11.3	4.1

25-29 各县(市、区、特区)人均地区生产总值

Per Capita Gross Domestic Product by County (City, District, Special Region)

单位:元 (yuan)

县(市、区、特区)名 称	County (City,District, Special region)	2021	比上年增长(%) Increase Rate over Preceding Year (%)	2022	比上年增长(%) Increase Rate over Preceding Year(%)
南明区	Nanming	91465	5.2	93151	-1.1
云岩区	Yunyan	88078	6.8	87983	-2.8
花溪区	Huaxi	71677	6.1	76583	2.6
乌当区	Wudang	54929	5.3	56455	-0.3
白云区	Baiyun	56069	4.3	59941	2.9
观山湖区	Guanshanhu	108251	4.2	112911	1.0
开阳县	Kaiyang	76098	8.0	82335	4.4
息烽县	Xifeng	74299	4.9	77879	1.9
修文县	Xiuwen	66468	0.3	66652	-1.8
清镇市	Qingzhen	46815	3.1	46993	-1.9
钟山区	Zhongshan	43302	1.7	44199	0.5
六枝特区	Liuzhi	26374	6.6	27474	2.7
水城区	Shuicheng	54799	14.2	55650	0.5
盘州市	Panzhou	59386	10.4	61798	1.1
红花岗区	Honghuagang	49632	12.3	51115	1.1
汇川区	Huichuan	72856	9.8	75581	3.0
播州区	Bozhou	48437	3.3	50015	0.8
桐梓县	Tongzi	33501	5.9	34553	2.0
绥阳县	Suiyang	32199	11.4	33775	3.0
正安县	Zhengan	34777	10.6	36226	1.6
※道真县	Daozhen	36463	9.9	37356	0.8
※务川县	Wuchuan	29614	4.8	28230	-1.2
凤冈县	Fenggang	31722	11.0	33238	2.5
湄潭县	Meitan	35312	9.6	36154	1.3
余庆县	Yuqing	42444	9.4	43942	0.6
习水县	Xishui	40836	13.0	44554	4.0
赤水市	Chishui	47772	10.1	48336	-0.6
仁怀市	Renhuai	234212	11.9	260785	5.6
西秀区	Xixiu	50412	8.4	49724	-4.3
平坝区	Pingba	41900	4.9	42172	-1.7
普定县	Puding	40827	12.3	40895	-2.2
※镇宁县	Zhenning	43407	10.3	45377	2.6
※关岭县	Guanling	41227	10.4	42296	2.7
※紫云县	Ziyun	30857	9.7	32955	3.4
七星关区	Qixingguan	41358	6.5	42090	0.9
大方县	Dafang	28569	6.5	30084	3.4
金沙县	Jinsha	47478	9.2	48865	1.3
织金县	Zhijin	28831	8.4	29586	1.2
纳雍县	Nayong	26098	7.1	26925	1.9
※威宁县	Weining	24150	6.5	24978	0.7
赫章县	Hezhang	25157	6.4	23773	-5.5
黔西市	Qianxi	33001	7.7	33822	1.4
碧江区	Bijiang	56959	9.1	57897	0.1

25-29 续表 Continued

单位:元 (yuan)

县(市、区、特区)名 称	County (City,District, Special region)	2021	比上年增长(%) Increase Rate over Preceding Year (%)	2022	比上年增长(%) Increase Rate over Preceding Year(%)
万山区	Wanshan	53623	8.3	54204	-0.2
江口县	Jiangkou	41673	8.8	43484	1.9
※玉屏县	Yuping	69299	9.3	71569	1.8
石阡县	Shiqian	42910	9.5	44776	2.4
思南县	Sinan	41587	8.6	41831	0.2
※印江县	Yinjiang	44318	7.9	45014	0.9
德江县	Dejiang	40313	8.1	40872	0.5
※沿河县	Yanhe	33490	8.6	34007	0.7
※松桃县	Songtao	38523	9.1	39374	1.4
兴义市	Xingyi	54167	8.5	54244	-2.0
兴仁市	Xingren	50503	10.9	49699	-4.3
普安县	Puan	46025	11.8	47006	-0.3
晴隆县	Qinglong	40820	7.7	41505	-0.3
贞丰县	Zhenfeng	55066	10.5	55207	-2.6
望谟县	Wangmo	47789	11.4	50028	2.6
册亨县	Ceheng	46353	8.2	47860	1.3
安龙县	Anlong	43426	9.1	46006	2.9
凯里市	Kaili	41196	3.4	42151	1.0
黄平县	Huangping	29752	5.8	31189	3.7
施秉县	Shibing	31673	9.7	33301	4.0
三穗县	Sansui	33216	6.4	34565	2.8
镇远县	Zhenyuan	35336	9.4	37010	3.8
岑巩县	Cengong	37223	5.0	37772	0.1
天柱县	Tianzhu	31823	7.3	32835	1.6
锦屏县	Jinping	38631	1.0	39811	2.0
剑河县	Jianhe	33065	4.9	34685	4.2
台江县	Taijiang	33145	-10.0	36990	9.8
黎平县	Liping	25138	6.1	26121	2.8
榕江县	Rongjiang	30229	6.8	31599	3.4
从江县	Congjiang	25708	9.7	26790	3.2
雷山县	Leishan	37068	9.1	38899	3.9
麻江县	Majiang	35975	5.9	36623	1.0
丹寨县	Danzhai	32375	7.9	34345	5.1
都匀市	Duyun	44048	3.8	45605	2.1
福泉市	Fuquan	72283	12.9	80101	8.3
荔波县	Libo	47969	11.4	50182	3.5
贵定县	Guiding	51533	3.4	54163	3.1
瓮安县	Wengan	43362	9.3	44707	1.2
独山县	Dushan	53571	9.4	53697	-1.6
平塘县	Pingtang	41565	8.3	43674	3.7
罗甸县	Luodian	36313	6.7	35290	-3.9
长顺县	Changshun	46000	9.4	48614	3.8
龙里县	Longli	104467	12.3	97318	-8.3
惠水县	Huishui	37408	5.1	38073	-0.4
※三都县	Sandu	34556	9.9	35614	1.8

25-30 各县(市、区、特区)年末常住人口

Permanent Population at Year-end by County (City, District, Special Region)

单位:万人 (10000 persons)

县(市、区、特区)名称	County (City, District, Special Region)	2018	2019	2020	2021	2022
南明区	Nanming	101.70	103.90	104.83	106.82	109.05
云岩区	Yunyan	104.63	105.25	105.72	107.72	109.78
花溪区	Huaxi	95.61	96.39	96.67	98.49	100.26
乌当区	Wudang	34.43	34.33	33.66	34.30	35.10
白云区	Baiyun	40.76	44.21	45.65	46.49	47.66
观山湖区	Guanshanhu	60.64	63.39	64.29	65.54	68.73
开阳县	Kaiyang	34.87	34.56	34.41	35.04	35.21
息烽县	Xifeng	21.46	21.52	21.99	22.39	22.58
修文县	Xiuwen	27.95	28.61	28.82	29.34	29.50
清镇市	Qingzhen	61.19	62.46	62.94	64.10	64.17
钟山区	Zhongshan	66.55	67.11	79.54	79.09	79.08
六枝特区	Liuzhi	53.25	53.53	53.71	53.42	53.41
水城区	Shuicheng	74.47	74.60	62.59	62.26	62.25
盘州市	Panzhou	107.03	107.29	107.46	106.94	106.93
红花岗区	Honghuagang	96.27	97.07	97.26	97.05	97.16
汇川区	Huichuan	62.07	62.49	62.82	62.68	62.75
播州区	Bozhou	75.20	75.87	76.21	76.02	76.07
桐梓县	Tongzi	52.80	52.87	52.94	52.78	52.81
绥阳县	Suiyang	37.97	37.96	37.95	37.84	37.85
正安县	Zhengan	39.51	39.58	39.65	39.53	39.54
※道真县	Daozhen	24.37	24.37	24.36	24.29	24.30
※务川县	Wuchuan	31.11	30.97	30.84	30.74	30.75
凤冈县	Fenggang	30.58	30.49	30.40	30.31	30.32
湄潭县	Meitan	37.38	37.33	37.28	37.17	37.18
余庆县	Yuqing	22.58	22.49	22.39	22.33	22.34
习水县	Xishui	57.67	58.24	58.54	58.38	58.41
赤水市	Chishui	24.62	24.73	24.76	24.69	24.70
仁怀市	Renhuai	64.34	65.28	65.58	65.42	65.47
西秀区	Xixiu	85.23	85.85	87.08	87.43	88.40
平坝区	Pingba	34.03	34.47	34.73	34.55	33.96
普定县	Puding	38.39	38.68	37.65	37.28	36.91
※镇宁县	Zhenning	29.87	29.85	29.98	29.48	29.07
※关岭县	Guanling	28.76	28.80	28.36	28.20	28.24
※紫云县	Ziyun	29.09	28.90	29.38	28.94	28.97
七星关区	Qixingguan	127.74	129.27	130.57	129.47	128.92
大方县	Dafang	84.59	85.27	85.80	85.08	84.72
金沙县	Jinsha	55.07	54.80	54.43	53.97	53.74
织金县	Zhijin	81.42	81.59	81.60	80.92	80.58
纳雍县	Nayong	71.14	71.48	71.70	71.10	70.80
※威宁县	Weining	128.47	128.39	128.07	126.99	126.46
赫章县	Hezhang	65.27	65.13	64.88	64.33	64.06
黔西市	Qianxi	72.91	73.13	73.23	72.62	72.31
碧江区	Bijiang	43.73	44.06	44.21	44.77	45.01
万山区	Wanshan	15.79	16.05	16.06	16.15	16.15

注:1.由于行政区划调整,红花岗区、汇川区、播州区数据为现行政区划统计数。 2. 2017-2019年数据为根据第七次人口普查数据采用趋势离差法进行修订。

Note: Due to the adjustment of administrative divisions, the data of Honghuagang District, Huichuan District and Bozhou Distric are the statistics of current administrative divisions. 2. The data from 2017 to 2019 are revised by the trend disoersion me thod according to the data of the seventh population census.

25-30 续表 continued

单位:万人 (10000 persons)

县(市、区、特区)名称	County (City, District, Special Region)	2018	2019	2020	2021	2022
江口县	Jiangkou	18.36	18.40	18.48	18.35	18.10
※玉屏县	Yuping	14.74	14.99	15.05	14.91	14.67
石阡县	Shiqian	29.69	29.70	29.72	28.97	28.73
思南县	Sinan	46.14	46.05	45.85	45.54	45.21
※印江县	Yinjiang	29.07	29.27	29.45	29.28	29.04
德江县	Dejiang	38.94	39.22	39.37	39.34	39.11
※沿河县	Yanhe	42.80	42.91	43.01	42.92	42.62
※松桃县	Songtao	48.80	48.81	48.80	48.03	47.79
兴义市	Xingyi	96.87	98.99	100.43	100.46	101.05
兴仁市	Xingren	42.62	42.65	42.59	42.27	42.18
普安县	Puan	25.21	24.88	24.31	24.11	23.63
晴隆县	Qinglong	24.22	23.82	23.43	23.21	22.76
贞丰县	Zhenfeng	30.90	30.88	30.75	30.49	30.28
望谟县	Wangmo	24.34	24.05	23.54	23.31	23.06
册亨县	Ceheng	19.00	18.98	18.99	18.85	18.42
安龙县	Anlong	36.88	37.21	37.60	37.35	37.31
凯里市	Kaili	69.12	70.13	70.93	71.72	72.31
黄平县	Huangping	24.85	24.67	24.42	24.20	24.08
施秉县	Shibing	12.75	12.68	12.56	12.45	12.39
三穗县	Sansui	16.25	16.30	16.29	16.14	16.06
镇远县	Zhenyuan	19.36	19.20	18.98	18.81	18.72
岑巩县	Cengong	16.86	16.88	16.85	16.69	16.61
天柱县	Tianzhu	27.36	27.40	27.37	27.12	26.98
锦屏县	Jinping	15.59	15.58	15.53	15.39	15.31
剑河县	Jianhe	18.73	18.83	18.86	18.69	18.60
台江县	Taijiang	12.00	12.17	12.30	12.19	12.13
黎平县	Liping	41.22	41.32	41.29	40.91	40.71
榕江县	Rongjiang	29.75	29.80	29.77	29.50	29.35
从江县	Congjiang	31.12	31.31	31.40	31.11	30.95
雷山县	Leishan	12.43	12.48	12.49	12.38	12.32
麻江县	Majiang	12.34	12.74	13.12	13.00	12.94
丹寨县	Danzhai	13.65	13.78	13.87	13.74	13.67
都匀市	Duyun	52.04	52.81	53.35	52.82	52.84
福泉市	Fuquan	30.03	30.08	30.00	29.74	29.72
荔波县	Libo	15.56	15.61	15.60	15.37	15.43
贵定县	Guiding	25.06	25.18	25.19	24.96	24.69
瓮安县	Wengan	39.95	39.98	39.83	39.40	39.33
独山县	Dushan	26.91	26.82	26.62	26.33	26.09
平塘县	Pingtang	23.74	23.72	23.61	23.30	23.14
罗甸县	Luodian	23.74	23.72	23.61	25.64	25.70
长顺县	Changshun	20.29	20.34	20.30	20.07	20.05
龙里县	Longli	22.79	23.34	23.79	23.36	23.17
惠水县	Huishui	39.14	39.60	39.87	39.52	39.48
※三都县	Sandu	28.27	28.11	27.83	27.61	27.61

25-31 各县(市、区、特区)一般公共预算收入(2022)

General Public Financial Budget Revenue by County (City, District, Special Region) (2022)

县(市、区、特区)名称	County (City,District,Special Region)	一般公共预算收入(亿元) General Public Budget Revenue (100 million yuan)	#增值税 Value-added Tax	2022年比2021年增长(%) Increase Rate in 2022 over 2021(%)
南明区	Nanming	35.04	5.80	-10.1
云岩区	Yunyan	26.00	6.71	-25.5
花溪区	Huaxi	34.64	4.69	-3.8
乌当区	Wudang	16.19	3.33	1.1
白云区	Baiyun	29.03	6.05	0.3
观山湖区	Guanshanhu	51.69	4.25	-2.4
开阳县	Kaiyang	11.35	2.81	14.3
息烽县	Xifeng	5.49	0.23	10.6
修文县	Xiuwen	6.85	1.24	-22.9
清镇市	Qingzhen	15.33	2.10	-15.6
钟山区	Zhongshan	9.98	1.28	-8.7
六枝特区	Liuzhi	5.12	0.84	-0.7
水城区	Shuicheng	12.86	2.00	0.6
盘州市	Panzhou	43.95	8.38	-0.6
红花岗区	Honghuagang	16.92	1.22	-25.6
汇川区	Huichuan	22.81	3.98	45.5
播州区	Bozhou	11.12	1.47	-11.7
桐梓县	Tongzi	5.82	0.46	-3.3
绥阳县	Suiyang	4.01	0.63	0.9
正安县	Zhengan	4.46	0.39	4.4
※道真县	Daozhen	2.59	0.46	-23.7
※务川县	Wuchuan	3.01	0.26	-22.4
凤冈县	Fenggang	3.22	0.43	-7.8
湄潭县	Meitan	3.90	0.66	-14.5
余庆县	Yuqing	2.38	0.50	-10.5
习水县	Xishui	24.65	8.13	50.0
赤水市	Chishui	3.74	0.69	-23.2
仁怀市	Renhuai	99.24	38.69	16.0
西秀区	Xixiu	23.44	2.90	1.3
平坝区	Pingba	8.19	1.63	-15.0
普定县	Puding	5.55	0.32	4.0
※镇宁县	Zhenning	3.74	0.40	2.2
※关岭县	Guanling	4.31	0.26	2.9
※紫云县	Ziyun	2.31	-0.45	3.0
七星关区	Qixingguan	23.70	3.37	-1.6
大方县	Dafang	7.03	1.21	1.7
金沙县	Jinsha	16.28	4.19	8.1
织金县	Zhijin	11.17	1.65	10.2
纳雍县	Nayong	9.02	0.58	-8.0
※威宁县	Weining	11.13	0.50	9.5
赫章县	Hezhang	4.41	0.59	1.2
黔西市	Qianxi	11.78	1.37	-0.9
碧江区	Bijiang	13.55	1.49	-8.0
万山区	Wanshan	5.19	0.60	3.4

注:1.资料来源于省财政厅(下表同)。2.本表中增幅为扣除增值税留抵退税因素后同口径增幅。

Note: The data in the table are obtained from Guizhou Provincial Finance Bureau(the same applies to the next table). 2. The increase in the table is based on the same caliber after excluding the value-added tax credit refunds.

25-31 续表 continued(2022)

县(市、区、特区)名 称	County (City,District,Special Region)	一般公共预算收入(亿元) General Public Budget Revenue (100 million yuan)	#增值税 Value-added Tax	2022年比2021年增长(%) Increase Rate in 2022 over 2021 (%)
江口县	Jiangkou	2.16	-0.24	8.7
※玉屏县	Yuping	4.17	0.70	5.1
石阡县	Shiqian	2.40	0.24	0.9
思南县	Sinan	3.21	0.32	-0.1
※印江县	Yinjiang	3.13	0.29	1.6
德江县	Dejiang	4.86	0.77	2.4
※沿河县	Yanhe	3.49	0.68	1.3
※松桃县	Songtao	4.67	0.31	4.0
兴义市	Xingyi	37.76	2.84	1.4
兴仁市	Xingren	12.48	1.01	13.8
普安县	Puan	6.78	0.42	10.7
晴隆县	Qinglong	6.00	0.63	6.1
贞丰县	Zhenfeng	10.76	0.63	9.1
望谟县	Wangmo	4.95	0.45	10.0
册亨县	Ceheng	4.95	0.33	10.7
安龙县	Anlong	12.84	0.85	-17.7
凯里市	Kaili	17.58	1.83	-2.1
黄平县	Huangping	2.86	0.21	11.8
施秉县	Shibing	1.67	0.21	5.5
三穗县	Sansui	1.63	-0.11	17.4
镇远县	Zhenyuan	2.86	0.27	6.7
岑巩县	Cengong	2.24	0.40	3.5
天柱县	Tianzhu	3.42	0.64	11.0
锦屏县	Jinping	2.48	0.51	14.4
剑河县	Jianhe	1.75	0.22	8.0
台江县	Taijiang	2.06	0.46	-19.0
黎平县	Liping	3.22	0.48	4.0
榕江县	Rongjiang	1.20	-1.09	2.2
从江县	Congjiang	2.92	0.30	14.7
雷山县	Leishan	1.27	-0.30	2.9
麻江县	Majiang	1.66	0.34	12.1
丹寨县	Danzhai	1.55	0.21	3.5
都匀市	Duyun	16.33	0.15	0.6
福泉市	Fuquan	14.72	2.95	16.0
荔波县	Libo	2.41	-0.39	0.8
贵定县	Guiding	6.81	-0.60	0.6
瓮安县	Wengan	6.92	0.86	8.0
独山县	Dushan	4.88	0.45	1.5
平塘县	Pingtang	3.35	0.30	6.9
罗甸县	Luodian	4.85	0.69	2.0
长顺县	Changshun	4.20	0.29	0.8
龙里县	Longli	14.97	0.51	-2.1
惠水县	Huishui	6.43	0.70	2.3
※三都县	Sandu	3.59	0.22	7.4

25-32 各县(市、区、特区)一般公共预算支出(2022)

General Public Budget Expenditure by County (City, District, Special Region)(2022)

县(市、区、特区)名 称	County (City,District,Special Region)	一般公共预算支出(亿元) General Public Budget Expenditures (100 million yuan)	#教育支出 Expenditure for Education	2022年比2021年增长(%) Increase Rate in 2022 over 2021(%)
南明区	Nanming	73.95	14.37	1.9
云岩区	Yunyan	50.10	13.96	-5.8
花溪区	Huaxi	107.38	21.40	26.7
乌当区	Wudang	26.23	5.70	-0.6
白云区	Baiyun	54.86	9.02	15.5
观山湖区	Guanshanhu	79.95	11.70	3.9
开阳县	Kaiyang	39.16	10.71	22.1
息烽县	Xifeng	24.86	6.35	22.6
修文县	Xiuwen	20.52	6.41	1.5
清镇市	Qingzhen	43.29	15.96	1.6
钟山区	Zhongshan	40.68	13.46	8.3
六枝特区	Liuzhi	45.64	12.45	6.0
水城区	Shuicheng	57.33	16.71	-19.9
盘州市	Panzhou	113.89	27.12	5.7
红花岗区	Honghuagang	67.96	18.69	-3.8
汇川区	Huichuan	38.30	8.77	-16.4
播州区	Bozhou	47.20	15.57	-10.4
桐梓县	Tongzi	44.22	10.11	3.7
绥阳县	Suiyang	25.33	6.83	-13.4
正安县	Zhengan	32.38	11.02	-30.6
※道真县	Daozhen	35.22	6.38	-20.2
※务川县	Wuchuan	30.05	8.12	-5.0
凤冈县	Fenggang	31.16	6.37	-19.6
湄潭县	Meitan	27.70	7.66	-7.4
余庆县	Yuqing	17.96	6.59	-20.4
习水县	Xishui	51.34	13.90	-5.1
赤水市	Chishui	29.02	5.32	-15.7
仁怀市	Renhuai	113.22	21.00	15.5
西秀区	Xixiu	64.83	14.76	2.0
平坝区	Pingba	32.32	6.20	-11.1
普定县	Puding	28.38	7.57	1.8
※镇宁县	Zhenning	26.19	5.82	1.0
※关岭县	Guanling	31.63	7.76	2.4
※紫云县	Ziyun	31.24	7.10	2.4
七星关区	Qixingguan	104.40	33.00	23.7
大方县	Dafang	45.52	16.42	-19.7
金沙县	Jinsha	53.03	12.91	20.3
织金县	Zhijin	63.40	17.12	-12.9
纳雍县	Nayong	66.20	16.72	-4.0
※威宁县	Weining	97.85	35.66	-10.0
赫章县	Hezhang	53.17	14.66	-0.4
黔西市	Qianxi	51.85	12.42	-2.6
碧江区	Bijiang	34.06	8.02	-1.7
万山区	Wanshan	23.94	5.46	-4.7

25-32 续表 continued(2022)

县(市、区、特区)名 称	County (City,District, Special Region)	一般公共预算支出(亿元) General Public Budget Expenditures (100 million yuan)	#教育支出 Expenditure for Education	2021年比2020年增长(%) Increase Rate in 2021 over 2020(%)
江口县	Jiangkou	28.00	5.35	10.0
※玉屏县	Yuping	25.90	4.55	-18.1
石阡县	Shiqian	32.56	7.39	9.7
思南县	Sinan	43.56	12.37	7.2
※印江县	Yinjiang	33.37	8.51	9.6
德江县	Dejiang	43.90	14.10	7.1
※沿河县	Yanhe	52.25	13.92	-6.8
※松桃县	Songtao	49.37	12.70	-2.3
兴义市	Xingyi	77.71	26.89	3.1
兴仁市	Xingren	56.19	11.60	46.9
普安县	Puan	31.98	6.66	-3.5
晴隆县	Qinglong	28.93	7.92	-5.3
贞丰县	Zhenfeng	38.35	9.11	5.2
望谟县	Wangmo	34.45	10.23	-12.1
册亨县	Ceheng	27.54	6.12	7.4
安龙县	Anlong	42.97	14.10	-6.7
凯里市	Kaili	47.62	15.07	-27.4
黄平县	Huangping	18.39	7.11	-17.0
施秉县	Shibing	16.16	3.40	3.7
三穗县	Sansui	16.04	4.61	-21.4
镇远县	Zhenyuan	16.71	4.14	5.6
岑巩县	Cengong	19.53	5.40	-10.3
天柱县	Tianzhu	24.32	6.91	-10.5
锦屏县	Jinping	18.07	4.27	-13.2
剑河县	Jianhe	19.28	5.08	-13.7
台江县	Taijiang	18.39	3.50	3.9
黎平县	Liping	33.18	8.92	0.2
榕江县	Rongjiang	25.47	7.68	-13.1
从江县	Congjiang	27.07	7.51	-11.5
雷山县	Leishan	14.22	3.98	-5.4
麻江县	Majiang	13.56	3.06	-8.4
丹寨县	Danzhai	16.09	3.49	7.6
都匀市	Duyun	41.42	9.80	4.2
福泉市	Fuquan	34.05	7.08	1.0
荔波县	Libo	20.08	4.55	-8.1
贵定县	Guiding	26.38	5.55	0.3
瓮安县	Wengan	37.02	8.38	1.2
独山县	Dushan	29.32	6.21	2.7
平塘县	Pingtang	30.48	6.77	1.7
罗甸县	Luodian	31.40	6.70	1.1
长顺县	Changshun	22.31	4.93	-4.9
龙里县	Longli	37.31	6.73	-4.8
惠水县	Huishui	34.00	8.62	-2.5
※三都县	Sandu	33.81	8.07	1.7

25-33 各县(市、区、特区)城镇常住居民人均可支配收入

Per Capita Disposable Income of Urban Households by County (City, District, Special Region)

单位:元 (yuan)

县(市、区、特区)名 称	County (City,District, Special Region)	2021	2022
南明区	Nanming	44616	47070
云岩区	Yunyan	44743	47159
花溪区	Huaxi	42985	45392
乌当区	Wudang	42847	45075
白云区	Baiyun	42858	45301
观山湖区	Guanshanhu	43394	45911
开阳县	Kaiyang	42857	45129
息烽县	Xifeng	41630	43920
修文县	Xiuwen	42732	44868
清镇市	Qingzhen	42754	44935
钟山区	Zhongshan	39811	41802
六枝特区	Liuzhi	35111	37113
水城区	Shuicheng	35076	36759
盘州市	Panzhou	36143	38239
红花岗区	Honghuagang	43374	45673
汇川区	Huichuan	43297	45851
播州区	Bozhou	42502	44925
桐梓县	Tongzi	36379	38270
绥阳县	Suiyang	37802	39881
正安县	Zhengan	36747	38805
※道真县	※Daozhen	36625	38493
※务川县	※Wuchuan	36796	38488
凤冈县	Fenggang	36451	38273
湄潭县	Meitan	39856	41769
余庆县	Yuqing	36256	37960
习水县	Xishui	38010	40214
赤水市	Chishui	39608	41549
仁怀市	Renhuai	43575	45884
西秀区	Xixiu	39331	41081
平坝区	Pingba	36755	38262
普定县	Puding	35178	36655
※镇宁县	※Zhenning	34866	36365
※关岭县	※Guanling	34717	36418
※紫云县	※Ziyun	33321	34887
七星关区	Qixingguan	39384	41158
大方县	Dafang	36051	37944
金沙县	Jinsha	39051	41047
织金县	Zhijin	35945	37645
纳雍县	Nayong	36325	38007
※威宁县	※Weining	35952	37723
赫章县	Hezhang	35783	37348
黔西市	Qianxi	36715	38548
碧江区	Bijiang	40128	41991
万山区	Wanshan	37747	39535
江口县	Jiangkou	36415	38324
※玉屏县	※Yuping	37605	39388
石阡县	Shiqian	35432	37149
思南县	Sinan	36065	37923
※印江县	※Yinjiang	35483	37362
德江县	Dejiang	36249	38040
※沿河县	※Yanhe	34971	36666
※松桃县	※Songtao	35431	37219
兴义市	Xingyi	40608	42329
兴仁市	Xingren	36996	38541
普安县	Puan	36690	38345
晴隆县	Qinglong	36254	37991
贞丰县	Zhenfeng	36807	38377
望谟县	Wangmo	36250	37852
册亨县	Ceheng	36510	38214
安龙县	Anlong	36802	38505
凯里市	Kaili	39546	41606
黄平县	Huangping	37113	38917
施秉县	Shibing	36681	38574
三穗县	Sansui	37842	39749
镇远县	Zhenyuan	36932	38867
岑巩县	Cengong	36622	38354
天柱县	Tianzhu	36550	38381
锦屏县	Jinping	35901	37531
剑河县	Jianhe	36390	38209
台江县	Taijiang	35088	36979
黎平县	Liping	37001	38792
榕江县	Rongjiang	36232	37996
从江县	Congjiang	37474	39430
雷山县	Leishan	36794	38677
麻江县	Majiang	36246	37920
丹寨县	Danzhai	37533	39522
都匀市	Duyun	41947	43774
福泉市	Fuquan	40317	42387
荔波县	Libo	37664	39347
贵定县	Guiding	37240	39160
瓮安县	Wengan	39369	41021
独山县	Dushan	37749	39361
平塘县	Pingtang	36719	38235
罗甸县	Luodian	35911	37621
长顺县	Changshun	35701	37493
龙里县	Longli	40112	42060
惠水县	Huishui	38283	40092
※三都县	※Sandu	35874	37475

25-34 各县(市、区、特区)农村常住居民人均可支配收入

Per Capita Net Income of Rural Households by County (City, District, Special Region)

单位:元 (yuan)

县(市、区、特区)名称	County (City,District, Special Region)	2021	2022
南明区	Nanming	——	——
云岩区	Yunyan	——	——
花溪区	Huaxi	21259	22619
乌当区	Wudang	22314	23765
白云区	Baiyun	23547	25031
观山湖区	Guanshanhu	22475	23981
开阳县	Kaiyang	19822	21130
息烽县	Xifeng	18893	20197
修文县	Xiuwen	19095	20393
清镇市	Qingzhen	20113	21441
钟山区	Zhongshan	17250	18389
六枝特区	Liuzhi	12825	13748
水城区	Shuicheng	12512	13425
盘州市	Panzhou	13796	14817
红花岗区	Honghuagang	19165	20544
汇川区	Huichuan	19109	20523
播州区	Bozhou	18743	20055
桐梓县	Tongzi	15731	16790
绥阳县	Suiyang	16752	17865
正安县	Zhengan	13588	14539
※道真县	※Daozhen	13423	14301
※务川县	※Wuchuan	13479	14347
凤冈县	Fenggang	14876	15902
湄潭县	Meitan	17495	18685
余庆县	Yuqing	15297	16313
习水县	Xishui	14058	15112
赤水市	Chishui	16424	17590
仁怀市	Renhuai	16341	17534
西秀区	Xixiu	15749	16725
平坝区	Pingba	13490	14353
普定县	Puding	12167	12948
※镇宁县	※Zhenning	11667	12449
※关岭县	※Guanling	11638	12371
※紫云县	※Ziyun	11637	12405
七星关区	Qixingguan	12625	13453
大方县	Dafang	12528	13400
金沙县	Jinsha	13717	14547
织金县	Zhijin	12447	13222
纳雍县	Nayong	11829	12588
※威宁县	※Weining	12440	13289
赫章县	Hezhang	11703	12408
黔西市	Qianxi	12717	13619
碧江区	Bijiang	16932	18109
万山区	Wanshan	12393	13242
江口县	Jiangkou	12110	12927
※玉屏县	※Yuping	15312	16315
石阡县	Shiqian	12022	12821
思南县	Sinan	11882	12649
※印江县	※Yinjiang	11716	12484
德江县	Dejiang	11854	12702
※沿河县	※Yanhe	11683	12507
※松桃县	※Songtao	11788	12560
兴义市	Xingyi	16015	17023
兴仁市	Xingren	12419	13180
普安县	Puan	11752	12491
晴隆县	Qinglong	11121	11807
贞丰县	Zhenfeng	12215	12976
望谟县	Wangmo	10824	11528
册亨县	Ceheng	11076	11800
安龙县	Anlong	11955	12740
凯里市	Kaili	15698	16765
黄平县	Huangping	11757	12538
施秉县	Shibing	12746	13645
三穗县	Sansui	12684	13576
镇远县	Zhenyuan	12398	13280
岑巩县	Cengong	12396	13207
天柱县	Tianzhu	12514	13345
锦屏县	Jinping	11433	12236
剑河县	Jianhe	11570	12403
台江县	Taijiang	11159	11996
黎平县	Liping	11610	12369
榕江县	Rongjiang	11753	12600
从江县	Congjiang	12316	13183
雷山县	Leishan	12318	13221
麻江县	Majiang	11856	12668
丹寨县	Danzhai	12094	12991
都匀市	Duyun	15972	17059
福泉市	Fuquan	14675	15718
荔波县	Libo	13633	14525
贵定县	Guiding	14265	15233
瓮安县	Wengan	14771	15750
独山县	Dushan	14072	15007
平塘县	Pingtang	13394	14291
罗甸县	Luodian	13924	14847
长顺县	Changshun	13574	14532
龙里县	Longli	14959	16006
惠水县	Huishui	14255	15238
※三都县	※Sandu	13530	14498

25-35 各县(市、区、特区)农林牧渔业增加值

Added Value of Farming, Forestry, Animal Husbandry, Fishery and Their Professional and Support Activities

单位:亿元 (100 million yuan)

县(市、区、特区)名称	County (City,District, Special Region)	2021	比上年增长(%) Increase Rate over Preceding Year (%)	2022	比上年增长(%) Increase Rate over Preceding Year(%)
南明区	Nanming	1.32	7.1	1.38	3.7
云岩区	Yunyan	0.21	1.4	0.22	1.7
花溪区	Huaxi	20.11	7.8	21.25	3.9
乌当区	Wudang	22.32	7.7	23.60	4.0
白云区	Baiyun	8.87	7.3	9.36	3.8
观山湖区	Guanshanhu	5.19	7.4	5.48	3.9
开阳县	Kaiyang	47.42	8.0	50.00	4.4
息烽县	Xifeng	28.05	7.9	29.58	4.4
修文县	Xiuwen	34.46	7.9	36.32	4.3
清镇市	Qingzhen	38.40	7.5	40.42	4.2
钟山区	Zhongshan	19.58	7.5	20.52	3.8
六枝特区	Liuzhi	46.87	6.7	49.23	4.0
水城区	Shuicheng	45.45	8.0	47.73	4.0
盘州市	Panzhou	78.55	7.1	82.34	3.8
红花岗区	Honghuagang	44.36	8.1	48.13	3.5
汇川区	Huichuan	34.70	7.9	35.81	3.8
播州区	Bozhou	69.60	8.3	71.90	3.7
桐梓县	Tongzi	46.08	7.7	48.39	3.6
绥阳县	Suiyang	47.29	8.2	49.88	3.6
正安县	Zhengan	37.96	8.0	40.58	3.7
※道真县	Daozhen	30.70	8.7	32.65	3.5
※务川县	Wuchuan	28.78	-0.6	24.36	3.1
凤冈县	Fenggang	35.77	8.3	38.08	3.5
湄潭县	Meitan	40.69	8.6	41.33	3.9
余庆县	Yuqing	29.49	8.3	32.19	3.7
习水县	Xishui	44.21	8.4	47.49	4.0
赤水市	Chishui	24.42	8.1	25.21	3.6
仁怀市	Renhuai	38.25	6.9	40.85	3.6
西秀区	Xixiu	49.61	8.0	51.80	3.4
平坝区	Pingba	27.06	8.0	28.21	3.5
普定县	Puding	29.40	8.1	30.91	3.6
※镇宁县	Zhenning	31.21	8.3	32.51	3.7
※关岭县	Guanling	31.49	8.2	32.80	3.7
※紫云县	Ziyun	31.73	7.9	33.36	3.4
七星关区	Qixingguan	104.71	7.8	108.04	3.6
大方县	Dafang	58.56	7.8	63.46	4.1
金沙县	Jinsha	49.66	7.9	51.34	3.7
织金县	Zhijin	53.86	7.9	55.62	3.8
纳雍县	Nayong	47.17	7.7	49.07	3.9
※威宁县	Weining	131.49	8.0	143.01	4.0
赫章县	Hezhang	57.88	7.5	58.83	3.4
黔西市	Qianxi	52.08	7.7	53.45	3.7
碧江区	Bijiang	20.18	8.7	21.49	4.3

25-35 续表 Continued

单位:亿元 (100 million yuan)

县(市、区、特区)名称	County (City,District, Special Region)	2021	比上年增长(%) Increase Rate over Preceding Year(%)	2022	比上年增长(%) Increase Rate over Preceding Year (%)
万山区	Wanshan	14.48	8.0	15.38	4.0
江口县	Jiangkou	22.22	7.5	23.43	4.0
※玉屏县	Yuping	14.41	7.1	14.62	3.6
石阡县	Shiqian	38.62	8.0	41.09	3.7
思南县	Sinan	52.27	8.5	54.98	3.7
※印江县	Yinjiang	40.14	8.0	41.74	3.7
德江县	Dejiang	40.30	7.5	42.38	4.0
※沿河县	Yanhe	43.00	8.6	45.22	4.0
※松桃县	Songtao	46.00	7.5	48.15	4.1
兴义市	Xingyi	53.96	7.1	56.71	3.9
兴仁市	Xingren	38.70	7.2	40.25	3.6
普安县	Puan	25.47	7.3	26.89	3.8
晴隆县	Qinglong	25.59	7.4	26.99	3.8
贞丰县	Zhenfeng	35.64	8.0	37.63	4.2
望谟县	Wangmo	33.22	7.8	35.08	4.0
册亨县	Ceheng	27.42	7.6	29.24	4.3
安龙县	Anlong	40.46	7.8	42.68	4.2
凯里市	Kaili	21.91	7.3	22.97	3.7
黄平县	Huangping	24.45	7.6	25.59	3.3
施秉县	Shibing	12.48	7.7	13.16	4.1
三穗县	Sansui	12.18	7.8	12.81	3.8
镇远县	Zhenyuan	18.10	7.4	19.03	3.8
岑巩县	Cengong	13.54	7.7	14.28	4.1
天柱县	Tianzhu	24.17	7.6	25.36	3.6
锦屏县	Jinping	12.05	7.5	12.66	3.7
剑河县	Jianhe	16.01	7.4	16.77	3.4
台江县	Taijiang	10.10	7.4	10.62	3.8
黎平县	Liping	26.60	7.4	27.91	3.6
榕江县	Rongjiang	23.69	7.0	24.95	4.0
从江县	Congjiang	24.20	7.5	25.39	3.6
雷山县	Leishan	10.30	7.1	10.87	4.2
麻江县	Majiang	12.53	7.3	13.16	3.7
丹寨县	Danzhai	10.62	7.3	11.16	3.7
都匀市	Duyun	25.40	7.4	26.74	4.0
福泉市	Fuquan	21.74	7.9	22.98	4.4
荔波县	Libo	14.48	7.1	15.20	3.8
贵定县	Guiding	18.00	7.7	18.88	3.7
瓮安县	Wengan	35.24	7.1	37.04	3.8
独山县	Dushan	26.16	7.9	27.58	4.1
平塘县	Pingtang	26.93	7.4	28.35	4.0
罗甸县	Luodian	23.65	7.7	24.98	4.3
长顺县	Changshun	20.56	8.0	21.67	4.1
龙里县	Longli	16.28	7.6	17.18	4.2
惠水县	Huishui	32.60	7.3	34.39	4.2
※三都县	Sandu	26.65	7.5	28.04	3.9

25-36 各县(市、区、特区)油菜籽、烤烟产量(2022)

Output of Rapeseed and Flue-cured Tobacco and Its Order by County (City, District, Special Region) (2022)

县(市、区、特区)名称	County (City,District, Special Region)	油菜籽产量(吨) Output of Rapeseeds (ton)	2022比2021年增长(%) Increase Rate in 2022 over 2021(%)	烤烟产量(吨) Output of Flue-cured Tobacco (ton)	2022比2021年增长(%) Increase Rate in 2022 over 2021(%)
南明区	Nanming				
云岩区	Yunyan				
花溪区	Huaxi	1758	37.2		
乌当区	Wudang	1835	68.2	10	-79.6
白云区	Baiyun	159	-34.6		
观山湖区	Guanshanhu	286	8.4		
开阳县	Kaiyang	18167	15.4	3801	50.0
息烽县	Xifeng	5059	43.5	520	-9.6
修文县	Xiuwen	8045	69.8	583	10.8
清镇市	Qingzhen	16507	4.2	1394	1.1
钟山区	Zhongshan			3703	-13.1
六枝特区	Liuzhi	16146	24.8	103	-20.0
水城区	Shuicheng	76	-36.8	3790	-42.4
盘州市	Panzhou	16203	31.0	5241	1.4
红花岗区	Honghuagang	13230	64.6	865	9.5
汇川区	Huichuan	9545	-12.0	4594	1.1
播州区	Bozhou	52086	5.5	5551	
桐梓县	Tongzi	13647	7.5	4426	-11.0
绥阳县	Suiyang	29379	57.4	4715	-6.9
正安县	Zhengan	13511	4.8	4671	-4.4
※道真县	Daozhen	12072	9.4	5712	12.2
※务川县	Wuchuan	7024	11.2	7757	-16.9
凤冈县	Fenggang	15763	10.9	4977	-7.0
湄潭县	Meitan	16556	9.2	5488	5.0
余庆县	Yuqing	7820	66.2	5331	3.3
习水县	Xishui	12425	51.3	714	-12.5
赤水市	Chishui	608	12.0		
仁怀市	Renhuai	16356	132.7	855	17.8
西秀区	Xixiu	40207	12.9	1558	8.9
平坝区	Pingba	10475	14.0	1320	6.9
普定县	Puding	8780	20.2	285	-22.8
※镇宁县	Zhenning	14095	4.6		
※关岭县	Guanling	7334	17.4	169	370.3
※紫云县	Ziyun	23059	11.2	978	8.4
七星关区	Qixingguan	9571	14.0	5019	8.7
大方县	Dafang	8533	2.9	9170	2.8
金沙县	Jinsha	27415	1.2	3346	4.6
织金县	Zhijin	19163	3.6	3384	2.6
纳雍县	Nayong	1374	-35.3	3466	6.5
※威宁县	Weining		-100.0	25356	-5.0
赫章县	Hezhang		-100.0	4777	-11.5
黔西市	Qianxi	72381	3.1	5492	5.0
碧江区	Bijiang	4256	67.0	69	
万山区	Wanshan	4894	12.4	12	

25-36 续表 continued(2022)

县(市、区、特区)名称	County (City,District, Special Region)	油菜籽产量(吨) Output of Rapeseeds(ton)	2022比2021年增长(%) Increase Rate in 2022 over 2021(%)	烤烟产量(吨) Output of Flue-cured Tobacco (ton)	2022比2021年增长(%) Increase Rate in 2022 over 2021(%)
江口县	Jiangkou	8925	27.8	660.49	7.9
※玉屏县	Yuping	3573	30.3	60.3	82.7
石阡县	Shiqian	17316	28.2	2482	-31.4
思南县	Sinan	20204	15.1	2243	24.9
※印江县	Yinjiang	15285	17.2	1334	4.4
德江县	Dejiang	8679	29.8	4257	18.8
※沿河县	Yanhe	10147	19.6	4172	-12.6
※松桃县	Songtao	15927	40.3	1539	10.7
兴义市	Xingyi	14008	0.6	10225	13.8
兴仁市	Xingren	17763	1.0	5359	1.3
普安县	Puan	5643	17.0	8726	1.0
晴隆县	Qinglong	2666	3.0	1757	6.0
贞丰县	Zhenfeng	10287	57.8	3438	12.7
望谟县	Wangmo	5239	-1.5		
册亨县	Ceheng	5814	1.1		
安龙县	Anlong	7075	32.5	7531	7.3
凯里市	Kaili	3331	22.4	334	-24.9
黄平县	Huangping	5618	35.2	1794	-5.4
施秉县	Shibing	5799	16.8	4059	-26.9
三穗县	Sansui	2980	26.8		-100.0
镇远县	Zhenyuan	8584	11.3	4849	-9.2
岑巩县	Cengong	8662	28.4	1749	-13.1
天柱县	Tianzhu	8008	23.3	247	-51.4
锦屏县	Jinping	5228	14.2	26	2.0
剑河县	Jianhe	2707	17.2	16	60.4
台江县	Taijiang	3197	28.0		
黎平县	Liping	9991	23.1	9	-10.7
榕江县	Rongjiang	8856	14.7	5	
从江县	Congjiang	6251	21.7	149	-10.7
雷山县	Leishan	887	13.8		
麻江县	Majiang	5774	27.3	681	0.9
丹寨县	Danzhai	1393	34.3	48	-57.7
都匀市	Duyun	11979	8.3	161	7.6
福泉市	Fuquan	15228	33.5	2500	42.9
荔波县	Libo	5749	12.7		
贵定县	Guiding	9164	18.3	550	28.7
瓮安县	Wengan	18771	12.2	3025	14.2
独山县	Dushan	9768	4.5	50	-76.0
平塘县	Pingtang	13943	1.8	880	10.0
罗甸县	Luodian	5288	66.4	63	-14.9
长顺县	Changshun	12475	43.6	1157	1.3
龙里县	Longli	9411	6.5	200	33.3
惠水县	Huishui	13958	79.3	808	7.7
※三都县	Sandu	9928	10.0		

25-37 各县(市、区、特区)规模以上工业增加值增速

Growth Rate of Added Value of Industry above Designated Size of Each County (City, District, Special Region)

单位:% (%)

县(市、区、特区)名 称	County (City,District, Special Region)	2021	2022
南明区	Nanming	4.3	6.9
云岩区	Yunyan	15.0	1.8
花溪区	Huaxi	9.6	4.5
乌当区	Wudang	8.7	1.9
白云区	Baiyun	16.3	12.2
观山湖区	Guanshanhu	14.3	14.7
开阳县	Kaiyang	17.1	23.9
息烽县	Xifeng	7.0	-6.8
修文县	Xiuwen	-11.4	-12.6
清镇市	Qingzhen	2.0	-6.8
钟山区	Zhongshan	7.0	-3.4
六枝特区	Liuzhi	7.0	2.1
水城区	Shuicheng	9.6	-6.0
盘州市	Panzhou	16.3	-0.7
红花岗区	Honghuagang	27.7	5.4
汇川区	Huichuan	18.5	6.9
播州区	Bozhou	-11.5	-10.0
桐梓县	Tongzi	-7.6	-2.9
绥阳县	Suiyang	14.5	-21.5
正安县	Zhengan	8.3	5.9
※道真县	Daozhen	10.7	-19.7
※务川县	Wuchuan	49.7	-23.4
凤冈县	Fenggang	11.7	-17.1
湄潭县	Meitan	0.3	-5.7
余庆县	Yuqing	-21.7	-36.0
习水县	Xishui	28.1	15.1
赤水市	Chishui	22.7	-19.6
仁怀市	Renhuai	29.8	18.5
西秀区	Xixiu	17.7	-22.5
平坝区	Pingba	-9.1	-15.0
普定县	Puding	13.8	-16.4
※镇宁县	Zhenning	13.1	-13.3
※关岭县	Guanling	16.1	-3.5
※紫云县	Ziyun	6.5	-16.0
七星关区	Qixingguan	5.3	-1.6
大方县	Dafang	18.5	13.5
金沙县	Jinsha	20.9	-0.7
织金县	Zhijin	10.8	-13.0
纳雍县	Nayong	11.6	1.3
※威宁县	Weining	6.3	-28.2
赫章县	Hezhang	5.5	-62.0
黔西市	Qianxi	17.0	-3.6
碧江区	Bijiang	13.8	-16.4
万山区	Wanshan	8.3	-25.8
江口县	Jiangkou	8.9	0.2
※玉屏县	Yuping	13.6	1.5
石阡县	Shiqian	8.0	-27.6
思南县	Sinan	7.8	-31.2
※印江县	Yinjiang	11.4	-31.8
德江县	Dejiang	8.0	-27.8
※沿河县	Yanhe	3.3	-26.5
※松桃县	Songtao	2.7	-28.9
兴义市	Xingyi	10.1	-7.8
兴仁市	Xingren	17.5	-6.3
普安县	Puan	15.0	-7.8
晴隆县	Qinglong	5.5	-52.0
贞丰县	Zhenfeng	15.0	-22.5
望谟县	Wangmo	8.2	-6.2
册亨县	Ceheng	-22.4	-17.2
安龙县	Anlong	23.0	12.9
凯里市	Kaili	1.9	10.5
黄平县	Huangping	88.1	-19.8
施秉县	Shibing	11.6	21.6
三穗县	Sansui	22.6	21.9
镇远县	Zhenyuan	45.7	4.6
岑巩县	Cengong	-5.8	-23.7
天柱县	Tianzhu	9.1	-12.8
锦屏县	Jinping	-14.4	-15.5
剑河县	Jianhe	0.1	16.1
台江县	Taijiang	-46.9	59.4
黎平县	Liping	-12.6	3.2
榕江县	Rongjiang	8.4	-8.6
从江县	Congjiang	81.2	-12.0
雷山县	Leishan	-10.6	5.9
麻江县	Majiang	19.6	-19.7
丹寨县	Danzhai	4.2	6.7
都匀市	Duyun	2.1	0.9
福泉市	Fuquan	17.3	10.1
荔波县	Libo	48.2	-17.9
贵定县	Guiding	-4.4	3.9
瓮安县	Wengan	15.4	-15.3
独山县	Dushan	14.3	-15.3
平塘县	Pingtang	11.6	-15.8
罗甸县	Luodian	1.8	-22.2
长顺县	Changshun	15.5	-1.0
龙里县	Longli	15.5	-28.8
惠水县	Huishui	4.7	-13.0
※三都县	Sandu	9.7	-25.8

注:2022年统计口径为年主营业务收入2000万元及以上的工业法人单位、个体经营户。

Note: The statistical caliber of this table in 2022 refers to the industrial legal entities and individual enterprises of which main business revenue achieve 20 million yuan and above.

25-38 各县(市、区、特区)社会消费品零售总额增速

Growth Rate of Total Retail Sales of Social Consumer Goods by County (City, District, Special Region)

单位:% (%)

县(市、区、特区)名称	County (City,District, Special Region)	2021	2022	县(市、区、特区)名称	County (City,District, Special Region)	2021	2022
南明区	Nanming	14.1	-3.3	万山区	Wanshan	14.3	-4.2
云岩区	Yunyan	14.9	-13.6	江口县	Jiangkou	13.9	-2.9
花溪区	Huaxi	10.6	-6.7	※玉屏县	Yuping	13.5	-3.2
乌当区	Wudang	10.5	-3.8	石阡县	Shiqian	14.1	-3.9
白云区	Baiyun	11.8	-4.4	思南县	Sinan	13.7	-4.1
观山湖区	Guanshanhu	11.5	1.9	※印江县	Yinjiang	13.9	-3.6
开阳县	Kaiyang	11.0	-3.3	德江县	Dejiang	13.7	-3.9
息烽县	Xifeng	13.9	-1.7	※沿河县	Yanhe	14.5	-3.7
修文县	Xiuwen	11.7	-0.4	※松桃县	Songtao	14.0	-3.4
清镇市	Qingzhen	12.2	-10.1				
				兴义市	Xingyi	10.9	-6.2
钟山区	Zhongshan	11.1	-1.9	兴仁市	Xingren	12.9	-6.8
六枝特区	Liuzhi	12.7	-3.4	普安县	Puan	10.6	-7.0
水城区	Shuicheng	13.4	-4.3	晴隆县	Qinglong	11.7	-4.3
盘州市	Panzhou	15.0	-1.0	贞丰县	Zhenfeng	12.5	-6.3
				望谟县	Wangmo	12.1	-3.9
红花岗区	Honghuagang	17.4	-2.0	册亨县	Ceheng	12.1	-4.7
汇川区	Huichuan	11.7	-1.3	安龙县	Anlong	12.1	-4.6
播州区	Bozhou	13.1	-6.5				
桐梓县	Tongzi	14.2	-3.6	凯里市	Kaili	14.1	-2.8
绥阳县	Suiyang	16.5	-3.0	黄平县	Huangping	13.8	-2.7
正安县	Zhengan	21.2	-4.1	施秉县	Shibing	14.1	-2.8
※道真县	Daozhen	16.4	-4.7	三穗县	Sansui	13.6	-3.3
※务川县	Wuchuan	24.3	-9.8	镇远县	Zhenyuan	14.1	-2.9
凤冈县	Fenggang	11.3	-3.8	岑巩县	Cengong	14.8	-3.4
湄潭县	Meitan	13.8	-4.9	天柱县	Tianzhu	14.4	-3.0
余庆县	Yuqing	9.2	-3.4	锦屏县	Jinping	12.7	-3.1
习水县	Xishui	12.4	1.7	剑河县	Jianhe	14.4	-3.5
赤水市	Chishui	12.1	-4.8	台江县	Taijiang	11.4	-2.8
仁怀市	Renhuai	16.9	-11.6	黎平县	Liping	14.0	-2.9
				榕江县	Rongjiang	13.2	-3.0
西秀区	Xixiu	14.3	-3.1	从江县	Congjiang	13.8	-3.0
平坝区	Pingba	14.0	-3.4	雷山县	Leishan	14.2	-2.9
普定县	Puding	14.4	-3.0	麻江县	Majiang	14.1	-3.2
※镇宁县	Zhenning	14.0	-3.1	丹寨县	Danzhai	14.1	-3.5
※关岭县	Guanling	13.8	-2.6				
※紫云县	Ziyun	13.6	-2.9	都匀市	Duyun	13.9	-3.1
				福泉市	Fuquan	15.9	-2.9
七星关区	Qixingguan	15.5	-3.7	荔波县	Libo	14.2	-3.2
大方县	Dafang	13.0	-4.2	贵定县	Guiding	14.5	-3.7
金沙县	Jinsha	15.0	-5.5	瓮安县	Wengan	15.6	-3.3
织金县	Zhijin	14.1	-5.3	独山县	Dushan	14.9	-3.5
纳雍县	Nayong	13.7	-4.4	平塘县	Pingtang	15.0	-3.4
※威宁县	Weining	14.6	-6.0	罗甸县	Luodian	14.3	-3.8
赫章县	Hezhang	11.9	-6.8	长顺县	Changshun	15.9	-2.8
黔西市	Qianxi	12.5	-7.8	龙里县	Longli	16.0	-2.7
				惠水县	Huishui	9.6	-3.0
碧江区	Bijiang	14.7	-3.2	※三都县	Sandu	14.4	-3.6

25-39 各县(市、区、特区)金融机构人民币各项存贷款余额(2022)

Urban and Rural Resident Savings Deposit Balance and Loan by County (City, District, Special Region) (2022)

单位:亿元 (100 million yuan)

县(市、区、特区)名 称	County (City,District, Special Region)	金融机构人民币各项存款余额 Total Deposits	#个人储蓄存款 Personal Savings Deposits	金融机构人民币各项贷款余额 Total Loans
开阳县	Kaiyang	230.12	127.08	269.07
息烽县	Xifeng	121.05	77.29	214.44
修文县	Xiuwen	242.97	133.36	321.33
清镇市	Qingzhen	400.38	209.56	438.28
六枝特区	Liuzhi	199.55	138.49	283.03
盘州市	Panzhou	492.66	314.54	609.88
桐梓县	Tongzi	244.91	181.51	250.29
绥阳县	Suiyang	199.51	140.32	189.40
正安县	Zhengan	208.10	148.60	288.70
※道真县	Daozhen	138.87	108.51	118.21
※务川县	Wuchuan	145.14	111.69	187.63
凤冈县	Fenggang	141.22	105.17	196.32
湄潭县	Meitan	213.94	169.49	239.94
余庆县	Yuqing	129.98	100.30	133.86
习水县	Xishui	329.39	167.95	345.48
赤水市	Chishui	200.91	141.11	214.65
仁怀市	Renhuai	1959.06	318.60	697.01
平坝区	Pingba	189.37	119.31	227.42
普定县	Puding	106.12	76.19	143.29
※镇宁县	Zhenning	111.13	68.65	201.73
※关岭县	Guanling	102.83	73.37	144.87
※紫云县	Ziyun	101.17	60.08	140.38
七星关区	Qixingguan	752.92	349.59	922.08
大方县	Dafang	233.30	177.90	268.91
金沙县	Jinsha	220.53	167.63	249.71
织金县	Zhijin	244.59	175.25	286.76
纳雍县	Nayong	186.70	135.91	204.76
※威宁县	Weining	229.69	171.40	372.67
赫章县	Hezhang	173.35	125.42	213.89
黔西市	Qianxi	242.88	166.06	295.33
碧江区	Bijiang	461.87	212.03	682.02
万山区	Wanshan	91.23	49.67	114.88

注:资料来源于中国人民银行贵州省分行。

Note: The data in the table are obtained from Guizhou Provincial Branch of the People's Bank of China.

25-39 续表 continued (2022)

单位:亿元 (100 million yuan)

县(市、区、特区)名 称	County (City,District, Special Region)	金融机构人民币各项存款余额 Total Deposits	#个人储蓄存款 Personal Savings Deposits	金融机构人民币各项贷款余额 Total Loans
江口县	Jiangkou	85.58	60.62	114.95
※玉屏县	Yuping	87.26	57.96	146.31
石阡县	Shiqian	117.53	88.46	175.51
思南县	Sinan	185.12	138.63	220.60
※印江县	Yinjiang	156.51	111.85	214.80
德江县	Dejiang	160.72	110.96	246.09
※沿河县	Yanhe	179.37	135.24	198.95
※松桃县	Songtao	184.30	132.92	246.68
兴义市	Xingyi	852.40	377.20	960.87
兴仁市	Xingren	192.80	111.17	258.98
普安县	Puan	101.54	65.31	135.51
晴隆县	Qinglong	80.29	54.81	82.94
贞丰县	Zhenfeng	135.18	90.97	132.84
望谟县	Wangmo	81.93	46.54	138.65
册亨县	Ceheng	67.38	46.10	71.78
安龙县	Anlong	173.51	109.48	212.94
凯里市	Kaili	617.62	300.23	682.33
黄平县	Huangping	96.95	77.00	103.80
施秉县	Shibing	52.73	40.04	58.83
三穗县	Sansui	71.33	53.49	60.66
镇远县	Zhenyuan	78.39	62.72	83.91
岑巩县	Cengong	74.66	55.82	96.03
天柱县	Tianzhu	137.55	103.22	113.00
锦屏县	Jinping	91.11	67.77	89.88
剑河县	Jianhe	82.59	65.30	88.93
台江县	Taijiang	56.11	37.51	74.23
黎平县	Liping	150.79	118.10	140.70
榕江县	Rongjiang	112.77	83.95	152.55
从江县	Congjiang	82.24	61.58	91.98
雷山县	Leishan	58.59	38.91	62.81
麻江县	Majiang	65.99	50.05	78.67
丹寨县	Danzhai	58.39	41.94	55.64
都匀市	Duyun	475.82	246.29	552.62
福泉市	Fuquan	170.65	104.16	283.63
荔波县	Libo	80.61	57.11	119.90
贵定县	Guiding	99.28	75.82	116.08
瓮安县	Wengan	181.82	133.19	232.88
独山县	Dushan	135.96	97.42	152.19
平塘县	Pingtang	84.02	59.43	156.38
罗甸县	Luodian	86.57	59.74	136.68
长顺县	Changshun	80.57	47.66	133.35
龙里县	Longli	172.27	94.50	234.17
惠水县	Huishui	115.45	78.19	138.46
※三都县	Sandu	101.80	73.86	140.21

25-40 各县(市、区、特区)普通中学(2022)

县(市、区、特区)名称	County (City,District, Special Region)	学校数(所) Total Schools (unit)	#初中 Junior Secondary Schools	毕业生数(人) Graduates(person) 初中 Junior Secondary Schools	高中 Senior Secondary Schools
南明区	Nanming	46	37	7443	2698
云岩区	Yunyan	33	19	7402	5055
花溪区	Huaxi	52	38	6850	4927
乌当区	Wudang	14	9	3347	1582
白云区	Baiyun	22	15	4225	3044
观山湖区	Guanshanhu	40	29	5017	3366
开阳县	Kaiyang	20	17	3369	1787
息烽县	Xifeng	14	11	2626	1370
修文县	Xiuwen	16	11	3388	1643
清镇市	Qingzhen	28	20	6072	3951
钟山区	Zhongshan	60	48	11202	8629
六枝特区	Liuzhi	37	31	10277	4143
水城区	Shuicheng	47	38	9867	4663
盘州市	Panzhou	63	53	9494	7613
红花岗区	Honghuagang	50	34	11584	7130
汇川区	Huichuan	28	21	7368	3435
播州区	Bozhou	37	27	9130	5289
桐梓县	Tongzi	40	34	7853	3926
绥阳县	Suiyang	29	23	5295	2764
正安县	Zhengan	32	27	6695	3530
※道真县	Daozhen	22	19	4387	2199
※务川县	Wuchuan	26	22	5247	3534
凤冈县	Fenggang	20	15	4950	2700
湄潭县	Meitan	28	25	5516	2963
余庆县	Yuqing	15	13	3931	2149
习水县	Xishui	40	34	9893	4322
赤水市	Chishui	20	18	3986	1733
仁怀市	Renhuai	33	26	7382	4966
西秀区	Xixiu	63	47	12530	7094
平坝区	Pingba	19	14	4136	1838
普定县	Puding	20	18	5913	1738
※镇宁县	Zhenning	13	10	4243	1344
※关岭县	Guanling	29	24	6347	2143
※紫云县	Ziyun	18	15	5652	1593
七星关区	Qixingguan	107	81	26174	16558
大方县	Dafang	53	38	9974	6946
金沙县	Jinsha	45	38	13850	6507
织金县	Zhijin	50	45	13408	5585
纳雍县	Nayong	69	57	24233	13502
※威宁县	Weining	49	39	13743	5900
赫章县	Hezhang	55	48	10159	4805
黔西市	Qianxi	35	30	10153	4507
碧江区	Bijiang	26	20	7464	6769
万山区	Wanshan	16	12	2251	2029

注:资料来源于省教育厅(以下相关表同)。

Regular Secondary Schools by County (City, District, Special Region) (2022)

招生数(人) New Enrollment(person)		在校学生数(人) Students Enrollment(person)		专任教师(人) Full-time Teachers(person)	
初中 Junior Secondary Schools	高中 Senior Secondary Schools	初中 Junior Secondary Schools	高中 Senior Secondary Schools	初中 Junior Secondary Schools	高中 Senior Secondary Schools
9578	3144	26872	9081	2102	763
9884	4851	27928	14937	2195	1409
10485	4617	27482	13158	1995	1156
3892	1994	12010	5563	938	568
4669	2974	13789	9164	998	881
8097	4028	21482	11668	1598	974
4692	1841	13263	5586	823	423
3139	1451	9256	4420	646	355
4769	1842	13211	5730	844	439
8974	3858	25178	12300	1717	1057
14435	8015	39748	23905	2682	1947
12806	4176	35061	12499	2027	927
11505	4795	32238	14900	2045	1246
15501	6013	41065	19506	2444	1740
14854	7666	41545	22788	3216	2031
9157	4000	25874	11571	1930	997
12184	5183	34386	16278	2460	1605
9497	3969	26561	12360	1667	832
5994	2951	16688	8813	1190	691
7377	3589	22011	11240	1585	797
4138	2207	12518	6842	967	519
5632	2850	16336	9542	1286	765
4845	2668	14591	8096	1123	651
5688	2927	17301	8704	1434	715
3910	2126	11625	6432	860	450
11062	4763	31788	13507	1955	937
3879	2092	11807	5788	854	380
9100	4151	25348	12940	2190	1096
14694	7469	42260	23958	2726	1860
5626	2162	15912	6748	1081	496
7414	1883	21326	5839	1296	429
4938	1286	14178	4041	1025	350
6559	2400	20491	6965	1319	537
6187	1774	18012	5626	1145	436
30826	15398	91340	48890	5885	3180
16986	7193	49496	22128	3040	1733
17211	6613	48058	21212	2870	1453
16462	6055	45309	19268	2920	1059
27581	11561	79343	35359	5431	2173
14707	6367	41757	17961	2855	1303
13417	5383	38037	15819	2404	896
10438	4776	30667	14688	2072	979
8811	5373	24442	18267	1691	1334
2954	1921	8335	5954	705	504

Note: The data in the table are provided by the Department of Education of Guizhou Province (the relative tables in the chapter are the same).

25-40 续表(2022)

县(市、区、特区)名称	County (City,District, Special Region)	学校数(所) Total Schools (unit)	#初中 Junior Secondary Schools	毕业生数(人) Graduates(person) 初中 Junior Secondary Schools	高中 Senior Secondary Schools
江口县	Jiangkou	10	8	2499	1543
※玉屏县	Yuping	6	5	2081	924
石阡县	Shiqian	28	24	3731	3295
思南县	Sinan	39	32	7440	6369
※印江县	Yinjiang	22	19	5086	3278
德江县	Dejiang	36	30	8231	4997
※沿河县	Yanhe	32	26	10440	4632
※松桃县	Songtao	39	33	6355	4522
兴义市	Xingyi	85	61	18470	15310
兴仁市	Xingren	38	32	8117	2948
普安县	Puan	28	25	3747	1522
晴隆县	Qinglong	23	21	3420	2112
贞丰县	Zhenfeng	19	16	6489	2187
望谟县	Wangmo	11	9	5699	2180
册亨县	Ceheng	14	12	2902	1386
安龙县	Anlong	28	23	4887	3253
凯里市	Kaili	43	30	9467	7929
黄平县	Huangping	11	7	4164	2449
施秉县	Shibing	5	4	1745	1109
三穗县	Sansui	7	6	3070	1280
镇远县	Zhenyuan	11	9	2712	1551
岑巩县	Cengong	13	11	2825	1771
天柱县	Tianzhu	14	11	4326	2220
锦屏县	Jinping	10	8	2546	1566
剑河县	Jianhe	12	9	3254	1720
台江县	Taijiang	5	4	2444	983
黎平县	Liping	25	20	6826	2952
榕江县	Rongjiang	13	10	4435	2369
从江县	Congjiang	20	18	4659	1822
雷山县	Leishan	6	5	1914	860
麻江县	Majiang	6	5	1805	918
丹寨县	Danzhai	6	5	2596	1089
都匀市	Duyun	20	11	4905	4896
福泉市	Fuquan	8	7	3378	1469
荔波县	Libo	7	6	2080	1140
贵定县	Guiding	9	7	2997	1862
瓮安县	Wengan	20	15	5430	3081
独山县	Dushan	8	5	4690	1902
平塘县	Pingtang	11	9	4036	1713
罗甸县	Luodian	11	8	4745	2073
长顺县	Changshun	7	4	2718	1457
龙里县	Longli	12	9	2720	1336
惠水县	Huishui	21	18	5833	3211
※三都县	Sandu	18	15	5174	2287

continued

招生数(人) New Enrollment(person)		在校学生数(人) Students Enrollment(person)		专任教师(人) Full-time Teachers(person)	
初中 Junior Secondary Schools	高中 Senior Secondary Schools	初中 Junior Secondary Schools	高中 Senior Secondary Schools	初中 Junior Secondary Schools	高中 Senior Secondary Schools
2990	1335	8570	4364	618	322
2360	917	6966	2938	531	220
4232	2420	12875	8094	1121	720
7757	5653	23376	18982	2059	1443
4856	2903	15234	9318	1321	742
7625	4516	22899	15229	2209	1023
9811	4551	26843	14147	2378	950
8217	3990	23110	13860	1995	1066
20311	14442	61080	45281	3981	3222
8532	3400	24807	9459	1819	777
3978	1505	11084	4658	1061	432
4572	1321	11974	5641	1053	395
6305	1657	18437	5368	1300	423
4131	2057	12732	6438	1002	477
3469	1274	9672	4073	735	325
6691	2924	18358	9444	1280	589
11533	8036	33055	24161	2225	1896
4217	2671	12658	8146	831	567
2008	980	6004	3003	391	205
3522	1410	9981	4148	598	294
3475	1807	9361	5230	571	358
3303	1754	9651	5220	676	407
5093	2184	14696	7048	924	462
2862	1414	8222	4412	539	338
4077	1831	11919	5478	719	358
2624	1118	7347	3337	449	227
7471	3637	21102	10581	1225	731
5583	2388	15146	7182	882	500
5341	1822	14656	5147	877	380
2072	884	5928	2756	389	189
1948	869	5409	2534	440	223
2659	1211	7716	3505	572	214
6128	4908	17528	14876	1178	1194
4946	1607	12890	4181	802	309
2327	1107	6535	3336	463	253
3760	1661	10140	5500	692	416
6773	3047	19852	8885	1148	681
4209	2256	12228	6589	737	453
3807	1918	10906	5419	859	439
5305	2488	15335	7203	999	570
3747	1519	10158	5060	631	373
3770	1574	10356	4805	731	376
6784	2709	19158	7995	1216	615
6055	2501	16638	7540	1050	494

25-41 各县(市、区、特区)小学(2022)

Primary Schools by County (City, District, Special Region) (2022)

县(市、区、特区)名 称	County (City,District, Special Region)	学校数(个) Schools (unit)	毕业生数(人) Graduates (person)	招生数(人) New Enrollment (person)	在校学生数(人) Students Enrollment (person)	专任教师(人) Full-time Teachers (person)	学龄儿童入学率(%) Enrollment Ratio of Primary Schools(%)	学龄女童入学率(%) Enrollment Ratio of School Girls(%)
南明区	Nanming	65	10471	12023	68541	3807	99.84	99.79
云岩区	Yunyan	48	10087	14984	81000	4236	99.96	99.96
花溪区	Huaxi	79	10391	12379	71592	3922	99.62	99.51
乌当区	Wudang	40	3833	4738	27289	1592	99.98	99.92
白云区	Baiyun	52	5268	5981	35621	1890	99.93	99.79
观山湖区	Guanshanhu	50	6911	11207	57641	3079	99.88	99.86
开阳县	Kaiyang	43	4752	5193	31692	1497	99.99	99.99
息烽县	Xifeng	28	3248	3189	20805	1129	99.86	98.66
修文县	Xiuwen	33	4625	4873	31687	1560	99.98	99.99
清镇市	Qingzhen	74	8496	9603	59290	2986	99.94	99.84
钟山区	Zhongshan	102	14516	13721	90780	4596	100	100
六枝特区	Liuzhi	117	12758	8889	62881	3182	99.85	99.67
水城区	Shuicheng	92	11336	10916	71066	3421	99.76	99.76
盘州市	Panzhou	151	14908	20581	118622	5556	100	100
红花岗区	Honghuagang	96	13366	14807	83892	4603	100	100
汇川区	Huichuan	83	8259	8675	51604	2880	100	100
播州区	Bozhou	113	11140	12893	72423	4181	99.98	99.99
桐梓县	Tongzi	109	9643	7205	50423	2776	99.59	99.76
绥阳县	Suiyang	51	6160	5553	36509	2136	100	100
正安县	Zhengan	71	7170	5981	36583	2046	99.86	99.89
※道真县	Daozhen	34	4160	2821	19810	1354	97.8	98.28
※务川县	Wuchuan	39	5506	4751	30929	1686	98.85	98.94
凤冈县	Fenggang	70	4891	4012	27466	1657	99.97	99.94
湄潭县	Meitan	46	5620	4703	30232	2004	99.95	99.95
余庆县	Yuqing	56	3954	3231	19689	1242	99.99	99.99
习水县	Xishui	112	10721	9810	65397	3329	99.41	101.1
赤水市	Chishui	34	3954	3269	20185	1270	99.82	99.81
仁怀市	Renhuai	82	9589	10526	63461	3685	100	100
西秀区	Xixiu	112	14239	13225	86981	4559	99.91	99.92
平坝区	Pingba	82	5630	5292	35222	2088	97.31	97.41
普定县	Puding	62	7725	5942	41933	2281	99.72	99.72
※镇宁县	Zhenning	44	5543	4356	30498	1819	99.2	99.1
※关岭县	Guanling	62	6067	4761	34619	1925	99.54	99.69
※紫云县	Ziyun	76	6035	4856	36434	1878	99.81	99.86
七星关区	Qixingguan	345	30886	27327	170237	9026	99.97	99.98
大方县	Dafang	181	16182	13410	88567	4579	99.98	99.99
金沙县	Jinsha	206	17069	15544	101036	4751	99.71	99.72
织金县	Zhijin	193	17346	13525	92445	4598	99.98	99.97
纳雍县	Nayong	353	28048	22426	150791	8412	99.8	99.8
※威宁县	Weining	128	15164	12158	81836	4601	100	100
赫章县	Hezhang	133	13677	11801	80532	4167	99.82	99.85
黔西市	Qianxi	94	11263	7743	54089	3553	99.85	99.82
碧江区	Bijiang	51	8108	7707	49264	2476	99.78	99.79
万山区	Wanshan	38	2561	2691	17235	1039	99.11	99.03

25-41 续表 continued(2022)

县(市、区、特区)名 称	County (City,District, Special Region)	学校数(个) Schools (unit)	毕业生数(人) Graduates (person)	招生数(人) New Enrollment (person)	在校学生数(人) Students Enrollment (person)	专任教师(人) Full-time Teachers (person)	学龄儿童入学率(%) Enrollment Ratio of Primary Schools(%)	学龄女童入学率(%) Enrollment Ratio of School Girls(%)
江口县	Jiangkou	28	2755	2466	17430	994	99.66	99.69
※玉屏县	Yuping	29	2481	2366	15693	920	99.99	100
石阡县	Shiqian	58	4166	3818	26316	1695	99.83	99.91
思南县	Sinan	110	7528	6149	42217	2617	99.36	99.57
※印江县	Yinjiang	49	5564	3820	28143	1780	99.99	100
德江县	Dejiang	90	7426	6100	41301	2970	99.92	99.97
※沿河县	Yanhe	121	9622	7256	46345	3369	100	100
※松桃县	Songtao	119	8505	7353	48805	3422	100	100
兴义市	Xingyi	164	19063	16849	106578	5987	99.95	99.94
兴仁市	Xingren	108	8604	6569	45952	2945	99.9	99.74
普安县	Puan	45	4110	3943	25912	1870	98.93	78.6
晴隆县	Qinglong	92	4545	3540	24238	1833	99.62	99.48
贞丰县	Zhenfeng	55	6190	5051	33353	1730	99.69	99.63
望谟县	Wangmo	46	4079	3321	22037	1455	99.97	99.96
册亨县	Ceheng	27	3564	3084	21371	1186	99.05	98.71
安龙县	Anlong	57	6726	6186	41416	2213	99.69	99.66
凯里市	Kaili	76	10568	10225	66375	3388	100	100
黄平县	Huangping	56	4132	2953	21444	1185	99.97	99.99
施秉县	Shibing	18	2099	1687	12240	725	100	100
三穗县	Sansui	34	3604	2354	19651	1016	100	100
镇远县	Zhenyuan	27	3545	2211	17010	921	100	100
岑巩县	Cengong	19	3154	2473	18101	1018	99.82	99.89
天柱县	Tianzhu	47	4995	3965	28246	1601	100	100
锦屏县	Jinping	40	2761	2279	15946	978	99.95	99.94
剑河县	Jianhe	36	3964	3147	22166	1225	99.96	99.93
台江县	Taijiang	14	2525	1750	12978	824	100	100
黎平县	Liping	83	7237	7217	46855	2474	99.92	99.88
榕江县	Rongjiang	45	5528	5518	35143	1683	100	100
从江县	Congjiang	80	5440	6604	37346	1725	99.96	99.97
雷山县	Leishan	22	2109	1508	11383	659	100	100
麻江县	Majiang	21	2045	2199	12560	656	99.26	99.27
丹寨县	Danzhai	23	2723	2012	14363	880	99.58	99.92
都匀市	Duyun	45	5786	6194	38825	2156	99.74	99.65
福泉市	Fuquan	42	5035	4147	30001	1489	99.94	99.91
荔波县	Libo	34	2335	2477	15211	832	100	100
贵定县	Guiding	35	3815	3517	22476	1267	100	100
瓮安县	Wengan	40	6699	6149	39577	1996	99.9	99.89
独山县	Dushan	26	3938	3732	23887	1204	100	100
平塘县	Pingtang	46	3812	4926	25315	1281	99.96	99.97
罗甸县	Luodian	48	5171	4720	32846	1608	100	100
长顺县	Changshun	41	3623	3617	22661	1255	100	100
龙里县	Longli	29	3595	3818	23215	1331	100	100
惠水县	Huishui	55	6510	5908	38389	2049	99.93	99.94
※三都县	Sandu	60	5969	4774	35277	1764	100	100

全国及各省(区、市)资料

26

Main Statistics of Provinces (autonomous regions,municipalities) in the Whole Country

简要说明

一、主要内容

本篇资料包括全国及各省(自治区、直辖市)主要经济社会指标。

二、资料来源

由国家统计局相关专业司提供,部分数据来源于《中国统计摘要》。

Brief Introduction

I. Main Contents

The data in this chapter mainly include national and provincial (autonomous regions, municipalities directly under the central government) economic and social indicators.

II. Sources of Data

The data are provided by the relevant professional division of the National Bureau of Statistics, some of which are from China Statistical Abstract.

26-1 全国及各省(区、市)人口、地区生产总值(2022)

单位:亿元

地 区	Region	年末常住人口(万人) Total Population at Year-end (10000 persons)	位 次 Order	地区生产总值 Gross Domestic Product	位 次 Order	第一产业增加值 Primary Industry	位 次 Order
全 国	**National Total**	**141175**		**1210207**	–	**88345**	–
北 京	Beijing	2184	26	41611	13	112	30
天 津	Tianjin	1363	27	16311	24	273	28
河 北	Hebei	7420	6	42370	12	4410	8
山 西	Shanxi	3481	18	25643	20	1340	25
内蒙古	Inner Mongolia	2401	24	23159	21	2654	15
辽 宁	Liaoning	4197	14	28975	17	2598	16
吉 林	Jilin	2348	25	13070	26	1689	22
黑龙江	Heilongjiang	3099	20	15901	25	3610	11
上 海	Shanghai	2475	23	44653	11	97	31
江 苏	Jiangsu	8515	4	122876	2	4959	6
浙 江	Zhejiang	6577	8	77715	4	2325	20
安 徽	Anhui	6127	9	45045	10	3514	12
福 建	Fujian	4188	15	53110	8	3076	13
江 西	Jiangxi	4528	13	32075	15	2451	19
山 东	Shandong	10163	2	87435	3	6299	1
河 南	Henan	9872	3	61345	5	5818	3
湖 北	Hubei	5844	10	53735	7	4987	5
湖 南	Hunan	6604	7	48670	9	4603	7
广 东	Guangdong	12657	1	129119	1	5340	4
广 西	Guangxi	5047	11	26301	19	4270	9
海 南	Hainan	1027	28	6818	28	1418	24
重 庆	Chongqing	3213	19	29129	16	2012	21
四 川	Sichuan	8374	5	56750	6	5964	2
贵 州	Guizhou	3856	17	20165	22	2861	14
云 南	Yunnan	4693	12	28954	18	4012	10
西 藏	Tibet	364	31	2133	31	180	29
陕 西	Shanxi	3956	16	32773	14	2575	17
甘 肃	Gansu	2492	22	11202	27	1515	23
青 海	Qinghai	595	30	3610	30	380	27
宁 夏	Ningxia	728	29	5070	29	407	26
新 疆	Xinjiang	2587	21	17741	23	2509	18

The Population and GDP of the Whole Country and All Provinces (Autonomous Regions,municipalities) (2022)

(100 million yuan)

第二产业增加值 Secondary Industry	位 次 Order	第三产业增加值 Tertiary Industry	位 次 Order	地区生产总值比上年增长(%) Increase Rate of GDP over Preceding Year (%)	位 次 Order
483164	–	**638698**	–	**3.0**	–
6605	23	34894	5	0.7	28
6039	24	9999	22	1.0	27
17050	11	20910	13	3.8	12
13841	14	10461	20	4.4	5
11242	18	9263	23	4.2	9
11756	15	14622	16	2.1	23
4628	26	6753	26	-1.9	31
4649	25	7642	25	2.7	20
11458	17	33097	6	-0.2	30
55889	1	62028	2	2.8	19
33205	4	42185	4	3.1	15
18588	10	22943	12	3.5	13
25078	6	24955	10	4.7	1
14360	13	15264	15	4.7	1
35014	3	46122	3	3.9	11
25465	5	30062	7	3.1	15
21241	7	27508	9	4.3	6
19183	9	24885	11	4.5	3
52844	2	70935	1	1.9	24
8939	20	13092	19	2.9	17
1311	30	4089	28	0.2	29
11694	16	15423	14	2.6	21
21157	8	29628	8	2.9	17
7113	22	10190	21	1.2	25
10471	19	14471	17	4.3	6
805	31	1148	31	1.1	26
15933	12	14264	18	4.3	6
3945	27	5741	27	4.5	3
1586	29	1644	30	2.3	22
2449	28	2213	29	4.0	10
7271	21	7961	24	3.2	14

26-2 全国及各省(区、市)固定资产投资(不含农户)情况(2022)

The Investment in Fixed Assets (Excluding Rural Households) and Real Estate Development of the Whole Country and All Provinces (Autonomous Regions,municipalities) (2022)

地 区	Region	固定资产投资增速(%) Growth Rate of Investment in Fixed Assets	位 次 Order
全 国	**National Total**	**5.1**	
北 京	Beijing	3.6	19
天 津	Tianjin	-9.9	30
河 北	Hebei	7.9	9
山 西	Shanxi	5.9	17
内蒙古	Inner Mongolia	17.6	1
辽 宁	Liaoning	3.6	19
吉 林	Jilin	-2.4	25
黑龙江	Heilongjiang	0.6	22
上 海	Shanghai	-1.0	24
江 苏	Jiangsu	3.8	18
浙 江	Zhejiang	9.1	5
安 徽	Anhui	9.0	6
福 建	Fujian	7.5	11
江 西	Jiangxi	8.6	7
山 东	Shandong	6.1	15
河 南	Henan	6.7	13
湖 北	Hubei	15.0	2
湖 南	Hunan	6.6	14
广 东	Guangdong	-2.6	26
广 西	Guangxi	0.1	23
海 南	Hainan	-4.2	27
重 庆	Chongqing	0.7	21
四 川	Sichuan	6.0	16
贵 州	Guizhou	-5.1	28
云 南	Yunnan	7.5	11
西 藏	Tibet	-18.0	31
陕 西	Shaanxi	8.1	8
甘 肃	Gansu	10.1	4
青 海	Qinghai	-7.6	29
宁 夏	Ningxia	10.2	3
新 疆	Xinjiang	7.6	10

注：本表固定资产投资统计口径为计划总投资500万元及以上固定资产项目投资和房地产开发项目投资，分省数据不含跨省项目。

Note: The statistical caliber of this table is the investment in fixed assets projects and real estate development projects with a total investment of 5 million yuan and above.

26-3 全国及各省(区、市)内外贸易(2022)

Imports and Exports of the Whole Country and All Provinces (Autonomous Regions,municipalities) (2022)

单位:亿美元 (USD 100 million)

地区	Region	社会消费品零售总额增速(%) Growth Rate of Total Retail Sales of Consumer Goods (%)	位次 Order	进出口总额 Total Exports and Imports	位次 Order	出口额 Exports	位次 Order	进口额 Imports	位次 Order
全 国	**National Total**	**-0.2**		**63060**		**35913**		**27147**	
北 京	Beijing	-7.2	25	5464	5	881	8	4583	1
天 津	Tianjin	-5.2	23	1268	10	572	15	696	8
河 北	Hebei	1.6	6	842	18	510	18	332	15
山 西	Shanxi	-2.4	19	277	24	182	22	95	25
内蒙古	Inner Mongolia	-1.8	18	228	26	94	24	133	24
辽 宁	Liaoning	-2.6	20	1188	12	538	17	650	9
吉 林	Jilin	-9.7	29	234	25	75	27	159	23
黑龙江	Heilongjiang	-6.0	24	397	21	81	25	315	16
上 海	Shanghai	-9.1	26	6264	4	2557	5	3707	3
江 苏	Jiangsu	0.1	12	8175	2	5224	2	2951	4
浙 江	Zhejiang	4.3	2	7033	3	5158	3	1875	6
安 徽	Anhui	0.2	10	1132	13	714	13	417	14
福 建	Fujian	3.3	3	2972	7	1819	6	1153	7
江 西	Jiangxi	5.3	1	997	15	758	12	240	21
山 东	Shandong	-1.4	17	4995	6	3047	4	1948	5
河 南	Henan	0.1	12	1277	9	786	10	491	11
湖 北	Hubei	2.8	4	927	17	632	14	295	17
湖 南	Hunan	2.4	5	1054	14	770	11	284	18
广 东	Guangdong	1.6	6	12470	1	7999	1	4471	2
广 西	Guangxi	持平	14	978	16	545	16	432	13
海 南	Hainan	-9.2	27	301	23	107	23	194	22
重 庆	Chongqing	-0.3	16	1228	11	791	9	437	12
四 川	Sichuan	-0.1	15	1511	8	930	7	580	10
贵 州	Guizhou	-4.5	22	118	27	77	26	40	28
云 南	Yunnan	1.0	9	500	20	241	21	258	20
西 藏	Tibet	-10.3	30	7	30	6	30		31
陕 西	Shaanxi	1.5	8	726	19	452	19	274	19
甘 肃	Gansu	-2.8	21	87	28	19	29	68	26
青 海	Qinghai	-11.2	31	6	31	4	31	2	30
宁 夏	Ningxia	0.2	10	39	29	30	28	9	29
新 疆	Xinjiang	-9.6	28	367	22	311	20	56	27

26-4 全国及各省(区、市)主要工业产品产量(2022)

The Output of Main Industrial Products of the Whole Country and All Provinces (Autonomous Regions, municipalities) (2022)

地 区	Region	成品钢材(万吨) Products Steel (10000 tons)	水泥(万吨) Cement (10000 tons)	农用化肥(万吨) Chemical Fertilizers (10000 tons)	家用电冰箱(万台) Household refrigerator (10000 sets)	十种有色金属(万吨) Ten Kinds of Non-ferrous Metals (10000 tons)	磷矿石(万吨) Phosphorite Mineral (10000 tons)
全 国	National Total						
北 京	Beijing	184.3	203.4				
天 津	Tianjin	5543.7	529.5	47.8		0.0	
河 北	Hebei	32169.2	9905.7	193.4		5.0	48.2
山 西	Shanxi	6354.6	4798.8	364.4		145.7	
内蒙古	Inner Mongolia	3041.9	3523.7	400.6		785.5	
辽 宁	Liaoning	7727.5	3838.4	31.0	158.2	101.9	23.3
吉 林	Jilin	1532.0	1717.5	22.8		13.6	
黑龙江	Heilongjiang	999.7	1859.7	79.6		16.5	0.1
上 海	Shanghai	1920.9	360.8	1.0			
江 苏	Jiangsu	14882.2	14206.3	161.6	1215.5	91.3	
浙 江	Zhejiang	2934.9	12934.2	30.3	454.5	65.5	
安 徽	Anhui	3963.0	14210.9	228.6	2633.6	320.4	
福 建	Fujian	3505.5	9656.8	48.2		94.5	
江 西	Jiangxi	3457.0	8768.6	111.3	70.8	248.3	
山 东	Shandong	10529.1	13405.1	425.3	832.1	865.1	
河 南	Henan	4158.0	11440.5	387.0	173.9	464.5	132.7
湖 北	Hubei	3911.1	11048.9	581.2	518.5	114.2	5033.8
湖 南	Hunan	3038.3	9944.4	76.3		232.4	47.6
广 东	Guangdong	5627.4	15131.2	5.5	1773.4	53.3	
广 西	Guangxi	4995.6	10422.8	34.1	416.8	399.0	
海 南	Hainan		1626.4	63.7			
重 庆	Chongqing	1690.6	5316.6	166.2	134.4	58.7	
四 川	Sichuan	3583.0	13068.8	373.0	115.2	148.2	793.7
贵 州	Guizhou	607.3	6428.0	247.4	156.6	159.1	1902.2
云 南	Yunnan	2550.7	9649.7	236.9		697.1	2493.0
西 藏	Tibet		792.7			0.6	
陕 西	Shaanxi	2010.5	6509.3	150.9	11.0	210.2	
甘 肃	Gansu	1091.6	4008.2	17.1		417.5	
青 海	Qinghai	120.6	975.3	546.6		297.6	
宁 夏	Ningxia	578.5	1667.4	71.0		133.8	
新 疆	Xinjiang	1324.7	3845.4	369.4		635.0	

注：本表统计口径为年主营业务收入2000万元及以上的法人单位、个体经营户。在纳入规模以上工业统计的主要产品中，本表选取了贵州支柱行业生产的主要产品列示。

Note: The statistical caliber of the table refers to the industry enterprises whose main business revenue are 20 millions yuan and above. Among the main industrial products above designated size, this table lists the main products produced by the pillar industries in Guizhou.

贵州省情概况

贵州简称“黔”或“贵”，位于中国西南地区，东毗湖南，南邻广西，西连云南，北接四川和重庆，是一个风光秀丽、气候宜人、资源丰富、发展潜力巨大的省份。全省辖贵阳、六盘水、遵义、安顺、毕节、铜仁6个地级市，黔西南、黔东南、黔南3个民族自治州；设10个县级市、50个县、11个民族自治县、16个市辖区和1个特区，行政区划面积176167平方千米，其中民族自治地方辖区面积占全省总面积的55.5%。2022年末，全省常住人口3856万人，城镇人口比重54.82%。全省有汉、苗、布依、土家、侗、彝等18个世居民族。据2020年贵州省全国第七次人口普查，全省常住人口中少数民族人口占36.44%。

贵州历史悠久。贵州是中国古人类发祥地之一，早在24万年前就有人类活动，创造了贵州史前文明。明永乐十一年（公元1413年）设置贵州布政使司，贵州正式成为省级行政单位。清雍正年间，贵州辖区地域基本形成。贵州具有光荣的革命历史，1930—1936年，红七军、红八军、红三军及红二、红六军团等先后在贵州开展革命活动，建立红色政权组织；1935年中共中央政治局在贵州召开了著名的遵义会议。1949年11月15日，中国人民解放军解放省会贵阳，翻开了贵州历史发展的新篇章。

贵州自然风光优美。贵州地势西高东低，是喀斯特地貌发育最典型的地区之一。荔波喀斯特、赤水丹霞、施秉云台山、铜仁梵净山入选世界自然遗产地。奇山秀水、瀑布峡谷、溶洞石林等构成了迷人的“天然公园”。目前，贵州有黄果树大瀑布、龙宫、马岭河大峡谷、黎平侗乡等18个国家级风景名胜区；有赤水桫椤等11个国家级自然保护区；有国家级森林公园28个。

贵州气候舒适宜人。贵州属亚热带温湿季风气候区，冬无严寒、夏无酷暑，降水丰富、雨热同季。全省大部分地区年平均气温在15℃左右，其中最冷月（1月）平均气温3℃—6℃，高于同纬度其他地区；最热月（7月）平均气温22℃—25℃，为典型夏凉地区，省会贵阳市被誉为“中国避暑之都”。

贵州文化丰富多彩。贵州民族民俗文化保护较为完整，侗族大歌、苗族飞歌享誉海内外。阳明文化、夜郎文化、屯堡文化、土司文化独树一帜。明代王阳明谪居龙场（今贵州修文县城），成就了“心即理”和“知行合一”学说。贵州是红色文化的热土，红军足迹遍及68个县，是红军长征经过的11个省中活动时间最长、区域范围最广、发生重大事件最多的省份之一，遵义会议是中国共产党历史上一个生死攸关的转折点，四渡赤水在中国革命战争史上有着非常重要的地位。

贵州资源禀赋良好。贵州能源资源优势明显。煤炭保有储量居全国第5位，水能资源居全国第6位，能源资源具有“水火互济”优势，为发展火电，实施“西电东送”和发展煤化工业提供了资源保障。贵州矿产资源十分丰富。已发现矿产（含亚矿种）137种，其中88种探明了资源储量，重晶石、汞矿、锰矿等资源储量位居全国第一。贵州生物资源种类繁多。有野生动物1000多种，列为国家一级保护动物的有黔金丝猴、黑叶猴、黑颈鹤等10多种；药用植物约4000多种，占全国中草药品种的80%，是全国道地中药材四大产区之一，有“夜郎无闲草，黔地多良药”之美誉。天麻、杜仲、黄连、吴萸、石斛等道地药材享誉国内外。珍稀植物中，列为国家一级保护植物的有银杉、珙桐、桫椤、贵州苏铁等15种。

贵州区位优势明显。贵州是西南重要陆路交通枢纽。近年来，贵州交通条件加速改善，是中国西部地区第一个县县通高速的省份，贵广高铁、沪昆、黔渝高铁陆续通车运营，实现了与珠三角、长三角、京津冀、成渝地区的快速连接；通航机场实现市州全覆盖，贵阳机场通航城市上百个；乌江水运全线复航，可直通长江。

近年来，全省上下深入贯彻党的二十大精神和习近平总书记视察贵州重要讲话精神，衷心拥护“两个确立”、忠诚践行“两个维护”，按照党中央、国务院部署，全面贯彻“疫情要防住、经济要稳住、发展要安全”的重要要求，全面落实省第十三次党代会部署，坚持以高质量发展统揽全局，统筹疫情防控和经济社会发展，统筹发展和安全，全力围绕“四新”主攻“四化”，奋力建设“四区一高地”，推动高质量发展取得新成绩。2022年，全省地区生产总值20164.58亿元，比上年增长1.2%。城镇常住居民人均可支配收入41086元，比上年名义增长4.8%；农村常住居民人均可支配收入13707元，比上年名义增长6.6%。森林覆盖率达62.81%，中心城市空气质量优良天数比率达97%以上，主要河流出境断面水质优良率保持100%。

今后五年，贵州坚持以习近平新时代中国特色社会主义思想为指导，全面贯彻党的二十大精神和习近平总书记视察贵州重要讲话精神，全面落实国发〔2022〕2号文件，按照省第十三次党代会部署，坚持稳中求进工作总基调，完整、准确、全面贯彻新发展理念，加快融入新发展格局，坚持以高质量发展统揽全局，全力实施围绕“四新”主攻“四化”主战略、实现“四区一高地”主定位，更好统筹发展和安全，全面深化改革开放，把实施扩大内需战略同深化供给侧结构性改革有机结合起来，实现经济质的有效提升和量的合理增长，推动贵州高质量发展实现新跨越，奋力谱写多彩贵州现代化建设新篇章！

市县概览

The Overview of Cities and Counties

贵阳市

甲秀楼

花果园

花溪公园

“山之南为阳，山之北为阴”，贵阳，地处贵山之南，城在贵山之阳，故名贵阳，同时，因古代盛产瑰丽之竹而简称“筑”。

贵阳是贵州省省会，是国家西部陆海新通道重要节点城市，西南地区重要的交通通信枢纽、工业基地及商贸旅游服务中心。也是国家卫生城市、国家生态文明城市、中国避暑之都、全国民族团结进步示范市、全国首个“国家森林城市”、首个国家大数据（贵州）综合试验区的核心区。市辖区面积8043平方公里，辖6区1市3县，国家级新区贵安新区与贵阳市融合发展，拥有国家级高新区1个、经开区1个、综保区2个、航空港经济区1个。2022年常住人口622.04万，城镇化率超过80%。

爽爽贵阳，贵在六爽。爽爽贵阳，一座共赴心灵之约、共鉴山水之美、共品人间之味，共享“爽身、爽心、爽眼、爽口、爽购、爽游”之魅的黔中美城。贵阳处于北纬26度，夏季平均气温22.3℃，夏季相对湿度76%至79%之间，森林覆盖率55%，环境空气质量优良率98.9%，负氧离子浓度每立方厘米1万多个，夏季平均风速每秒3米以下，有“中国避暑之都”美誉；贵阳拥有6400多处旅游资源，1个5A级旅游景区、21个4A级旅游景区，两条全长374公里、面积220万亩的林带环绕全城，1025个公园分布全域，形成“山中有城、城中有山，城在林中、林在城中”的独特气韵；域内县县通高速，贵广、沪昆、成贵等高铁在此交汇，米字型高铁网络和全国大型繁忙机场龙洞堡国际机场让贵阳成为全国重要交通枢纽城市；路边音乐会的爱乐之城，知行合一的城市精神，酸辣奇鲜的风味自留地，贵酒黔茶、贵银苗绣、黔药贵果的天然贵品让这座城市绽放光芒。

青岩古镇

爽爽贵阳，贵在活力。2022年，贵阳市地区生产总值达到4921.17亿元，人均地区生产总值接近8万元；风口产业表现亮眼，“三主一特”产业增加值增长12.4%，其中新能源电池及材料产业增加值增长近1.5倍；数字经济、绿色经济分别占地区生产总值比重达49%、48%；市场主体突破100万户；城镇、农村居民人均可支配收入分别达到46242元、21925元；全社会消费品零售总额2402.11亿元；新增各类人才10万人以上；财政总收入846.95亿元，一般公共预算收入完成402.16亿元。

爽爽贵阳，甲秀南明。贵山之南，有容至明。南明区2022年地区生产总值达1005.43亿元，实现标志性突破、台阶式跨越，成为贵州省第二个、贵阳市第一个千亿级区县；南明区多维度，全方位推进旅游产业化，南明区旅游接待总收入达273亿元，在全国旅游综合实力考评中排名百强区第八位；拥有国家级航空港经济区1个。

爽爽贵阳，秀美花溪。高原明珠，溪山花溪。花溪区2022年地区生产总值761.04亿元；全区常住人口100.26万人，苗、布依族等39个少数民族占总人口三成左右；花溪区人文底蕴深厚、景色秀美，贵州大学、贵州师范大学等10余所高等院校与贵阳孔学堂集聚于此。十里河滩国家城市湿地公园、青岩古镇等景色宜人；下有1个经济技术开发区，同时也是国家级新区贵安新区融合发展重要组成部分；还拥有“国家级生态示范区”、“全国农产品加工业示范基地”等称号。

城市街景

六盘水市

全国文明城市

全国循环经济试点城市

中国十佳避暑旅游城市

六盘水市位于贵州西部乌蒙山区，是国家“三线”建设时期发展起来的一座能源原材料工业城市，1978年12月18日经国务院批准建市。六盘水市国土面积9914平方公里，共辖4个县级行政区（六枝特区、盘州市、水城区、钟山区），92个乡镇街道（27个街道、39个镇、1个乡、25个民族乡），1152个居委会（行政村），全市总人口数361.28万人。

六盘水矿产资源富集。有煤、铁、锰、锌、玄武岩等矿产资源30余种，其中煤炭资源量245.28亿吨，储量52.89亿吨，具有储量大、煤种全、品质优的特点，是全国“14个亿吨级大型煤炭基地”之“云贵基地”的重要组成部分，是长江以南最大的主焦煤基地，素有“江南煤都”之称；2000米以浅煤层气资源量1.39万亿立方米，占全省的45%，是贵州毕水兴煤层气产业化基地的重要组成部分。六盘水市作为国务院确定的全国31个成长型资源城市之一，现已形成以煤炭、电力、冶金、建材和新型煤化工为支柱的现代工业体系，境内拥有首钢水钢集团、盘江精煤公司、水矿控股集团、六枝工矿集团4户“三线”建设时期发展起来的国有大型企业。

六盘水气候资源独特。境内最高海拔2900.6米，最低海拔586米，立体气候明显。冬无严寒、夏无酷暑，年平均气温12.9℃，夏季平均气温19.6℃，冬季平均气温4.7℃。气候凉爽、舒适、滋润、清新，紫外线辐射适中，被中国气象学会授予“中国凉都”称号，是全国唯一以气候特征命名的城市。

六盘水旅游资源丰富。境内瀑布、溶洞、森林、峡谷、湖泊、温泉，比比皆是；山奇、水灵、谷美、石秀，处处成景，是名副其实的山地公园市。近年来，围绕全域旅游着力打造山地大健康旅游产品体系，建成牂牁江湖滨旅游度假区、野玉海国际山地旅游度假区、乌蒙大草原旅游景区、梅花山旅游景区等10余个重点旅游景区，国家4A级旅游景区13个、国家级旅游度假区1个、省级旅游度假区8个，还建成了玉舍滑雪场等3个低纬度滑雪场。

六盘水生物资源多样。全市森林覆盖率为62%，境内种子植物187科785属2370种，有国家一级保护植物3科4属4种，国家二级保护植物7科9属9种，被誉为世界古银杏之乡、中国红豆杉之乡、中国野生猕猴桃之乡、中国野生刺梨之乡。境内有玉舍国家级森林公园、贵州黄果树瀑布源国家级森林公园、贵州水城国家杜鹃公园、六盘水牂牁江国家湿地公园、六盘水娘娘山国家湿地公园、六盘水明湖国家湿地公园。

凉都凤池园

六盘水民族文化多彩。49个少数民族孕育了多姿多彩的民族民间文化，有盘县彝族山歌、盘县布依盘歌、六枝梭戛苗族蜡染技艺、水城南开苗族芦笙技巧等国家级非物质文化遗产，有彝族火把节、苗族跳花节、回族开斋节、仡佬族吃新节等丰富多样的节庆文化。建有亚洲第一座生态博物馆“六枝梭戛苗族风情生态博物馆”、中国第一个彝族文化园“海坪彝族文化园”、中国最大的布依族铜鼓“月亮河布依族铜鼓”。

春茶采摘

六盘水历史文化悠久。距今2亿至3亿年的二叠纪、三叠纪时期，板块运动、海洋抬升，留下丰富的古生物化石群。1993年考古发现距今20多万年的“盘县大洞人”，为贵州发现的最早智人，被评为当年全国十大考古发现之首。水城硝灰洞发现距今8万年的“水城人”，六枝桃花洞发现距今1万年的“桃花洞人”。春秋时期为牂牁国地，战国时期为夜郎国地，留下了神秘的古夜郎文化。红军长征期间红二六军团在盘县九间楼召开了“盘县会议”，留下了宝贵的长征文化。“三线”建设时期来自全国各地的十万大军与六盘水各族人民共同缔造了多元包容的“三线”文化。

六盘水交通区位优越。地处川滇黔桂结合部，与成都、重庆、昆明、贵阳、南宁五个省会城市的直线距离均在500公里以内，素有“四省立交桥”之称。贵昆、南昆、内昆、水红铁路在此交汇，沪昆高铁境内段和安六城际铁路相继建成通车，在全省率先实现“县县通高铁”。沪昆、杭瑞、都香、宜六、水兴等高速公路穿境而过，实现“县县通高速”，全市“三横一纵一环”高速公路主骨架全面形成，与周边市州全部实现高速公路连接。六盘水月照机场开通了直达北京、广州、杭州、成都、上海、西安等十多个城市的航线，打通了连接“北上广”的“空中走廊”，架起了西南腹地与沿海发达地区的便捷通道。

根据市（州）生产总值统一核算结果，2022年六盘水市地区生产总值1503.58亿元，按不变价格计算，同比增长0.7%。其中第一产业增加值188.28亿元，增长3.7%；第二产业增加值671.06亿元，同比下降1.4%；第三产业增加值644.24亿元，增长2.0%。一产、三产增速分别高于全省0.1和1个百分点；三次产业结构为12.5：44.6：42.9。

云雾中的北盘江大桥

遵义市

遵义会议会址夜景

仁怀市茅台古镇街景

赤水市丹霞地貌佛光岩景区

遵义是红色圣地、革命老区。全市国土面积30767平方公里，辖3区2市9县，179个镇、21个乡、54个街道办事处；户籍人口826万，常住人口660万。近年来，遵义市始终牢记习近平总书记“传承红色基因、讲好遵义故事”的殷切嘱托，团结带领遵义市人民感恩奋进、砥砺前行，取得了全面建成小康社会的历史性成就、实现了经济实力的历史性跨越、推动了各项事业的历史性发展。

红色遵义经典磅礴。伟大转折铸就不朽丰碑，1935年，红军长征在这里转战三个多月，召开了彪炳史册的遵义会议，开始确立了以毛泽东同志为主要代表的马克思主义正确路线在党中央的领导地位，开始形成以毛泽东同志为核心的党的第一代中央领导集体，开启了党独立自主解决中国革命实际问题新阶段。这里演绎了四渡赤水出奇兵的经典战例，挥就了《忆秦娥·娄山关》的传世名作。

醉美遵义积淀丰厚。好山好水好酒好茶。遵义酒，雅俗集于一身，醇烈融于一体，带着最传奇、最经典的故事纵贯古今。茅台酒、习酒、董酒、珍酒等名酒享誉神州。遵义茶园面积贵州第一，荣获中国茶叶出口最具竞争力产区称号，“湄潭翠芽”“凤冈绿宝石”“遵义红”“正安白茶”频频摘金折桂。自然人文景观星罗棋布，桫椤王国神秘幽远，乌江画廊移步换景，双河溶洞长冠亚洲，竹海茶海浑然天成。拥有赤水丹霞、海龙屯土司遗址世界“双遗产”。

西部遵义蓄势谱新篇。地区生产总值增速连续11年保持全省前列、高于全国平均水平，经济总

贵州中航电梯智能化生产线

量突破4400亿元大关、是11年前的3.3倍；工业经济持续领跑全省，白酒产业形成千亿级产业集群；农业综合实力稳步提升，茶叶、辣椒种植面积全国地级市第一；金融机构存贷款余额均突破6000亿元，均增长2倍以上；中心城区和各县城建成区面积倍增，城镇化率提升了19个百分点。

老区遵义民生大改善。坚持人民至上，实现了民生大改善、社会更和谐。教育事业全面进步，率先实现义务教育“普十五”；医疗卫生事业大踏步前进，国家卫生城市（县城）实现全覆盖，被确定为第二批公立医院综合改革国家级示范城市；生态文明建设成绩斐然，创建国家生态文明建设示范县8个，森林覆盖率达62%，中心城区及县级各集中式饮用水源地水质达标率均为100%；就业渠道越来越广，城镇新增就业数年均11.4万人以上；城乡居民人均可支配收入分别突破4.2万元和1.7万元，是2012年的2.2倍和2.9倍。

遵义航天工业产业园区

名城遵义乘势促跨域。兰海高速纵贯南北，杭瑞高速横跨东西，贵遵复线宽敞便捷，县县通高速、村村通油路；川黔铁路、渝贵高铁穿山越岭，公路通车里程突破4万公里、位居全省第一；赤水河、乌江航运通江达海；遵义机场、茅台机场比翼双飞，综合立体交通体系基本形成。国家经济技术开发区、国家高新技术产业开发区、综合保税区助推遵义深度融入长江经济带、粤港澳大湾区、成渝地区双城经济圈，接轨“一带一路”。

遵义-贵阳高速楠木渡特大桥

安顺市

如诗如画的美丽乡村

安顺，寓意“国泰民安、风调雨顺”，拥有“中国瀑乡”“屯堡文化之乡”“西部之秀”的美誉，现辖西秀区、平坝区、普定县、镇宁布依族苗族自治县、关岭布依族苗族自治县、紫云苗族布依族自治县6个县（区）和安顺经济技术开发区、黄果树旅游区2个市级派出机构，行政区划面积9228平方公里。2022年末，全市户籍人口305.37万人，常住人口245.55万人。

黄果树瀑布

安顺区位优越、交通便捷通畅。素有“黔之腹、滇之喉、蜀粤之唇齿”之称，是黔中经济区重要增长极、黔中城市群重要中心城市。沪昆高速公路横贯东西，境内县县通高速、村村通油路。

安顺风景秀丽、气候舒适宜人。全市风景区面积占幅员面积的12%以上，是国家最早确定的甲类旅游开放城市、中国优秀旅游城市、中国最美丽城市、中国十大特色休闲城市、中国十大秀美之城。拥有黄果树、龙宫2个5A级景区和13个4A级景区，32个3A级景区，4个2A级景区，51个A

霞光下的坝陵河大桥

级景区。空气质量优良率常年保持99%以上；年平均气温15.4℃，是中国最佳适宜居住城市、中国最具潜力避暑旅游城市。

安顺历史悠久、文化底蕴深厚。是贵州省历史文化名城，拥有穿洞文化、夜郎文化、牂牁文化、屯堡文化等独特的历史文化遗存。有“亚洲文明之灯”普定穿洞古人类文化遗址、“千古之谜”关岭“红崖天书”、“世界唯一”的明代屯堡村落、“中国戏剧活化石”安顺地戏。是中国共产党老一辈无产阶级革命家王若飞同志的故乡。

屯堡地戏

安顺资源丰富、产业基础良好。是国家重要能源基地和“西电东送”工程的主要电源点之一；拥有铅锌矿、铝土矿、重晶石、大理石等矿产资源；是国家天然林保护、生态建设的重点区域，是贵州中药材主产区，国内最大苗药生产基地；是国家“三线建设”时期重点航空工业城市，国家级安顺高新区、民用航空产业国家高技术产业基地。

西秀智能终端产业园

2022年，全市地区生产总值1080.92亿元；城镇居民人均可支配收入38646元，比上年增长4.4%；农村居民人均可支配收入13821元，比上年增长6.4%。

虹山湖公园

毕节市

百里杜鹃—万花雅致图景

毕节市位于贵州省西北部、川滇黔三省交界、乌蒙山腹地，总面积 2.69 万平方公里。辖七星关区（市辖区）、大方县、黔西市（市代管）、金沙县、织金县、纳雍县、威宁彝族回族苗族自治县、赫章县和百里杜鹃管理区（正县级）等 8 个县级行政区划和 1 个管理区。共辖 135 个镇、91 个乡（72 个民族乡、19 个非民族乡）、53 个街道，计 279 个乡级行政区划。3716 个村（社区），居住着汉、彝、苗、回等 46 个民族。2022 年，全市年末常住人口 681.59 万人，其中男性人口 350.23 万人，女性人口 331.36 万人。

毕节赫章韭菜坪风光

草海的越冬候鸟

责任使命特殊。毕节是全国唯一一个以“开发扶贫、生态建设”为主题的试验区。上世纪八十年代，毕节经济落后、生态恶化、人口膨胀，人民生活十分艰难，陷入了“越穷越生—越生越垦—越垦越穷”的恶性循环怪圈。在时任中共中央政治局委员、中央书记处书记习仲勋同志亲切关怀下，在时任省委书记胡锦涛同志亲自倡导下，1988 年 6 月，国务院批复同意建立毕节试验区。2014 年 5 月 15 日，习近平总书记对毕节试验区作出重要批示，赋予毕节试验区“为贫困地区全面建成小康社会闯出一条新路子”“在多党合作服务改革发展实践中探索新经验”的历史使命。2018 年 7 月 18 日，习近平总书记对毕节试验区作出重要指示，要求“确保按时打赢脱贫攻坚战，努力建设贯彻新发展理念示范区”，为新时代试验区改革发展赋予了新的历史使命，指明了前进方向，注入了强大动力。2021 年 2 月 3 日至 5 日，习近平总书记视察贵州，第一站就来到毕节，亲切看望各族干部群众，给毕节人民带来了党

毕节城市全景图

中央的特别关怀和亲切慰问

历史文化悠久。秦时为蜀郡属地，汉为益州所辖，晋属益州、朱提郡，唐代置牂牁、乌撒部，宋代置罗氏鬼国辖乌撒部、毗那部，元代、明代分属水西宣慰司等部，清置大定府（州），民国时期为贵州省第四行政督察专员公署，中华人民共和国成立后设毕节专员公署，1970 年更名为毕节地区行政公署，2011 年底撤地设市。1936 年 2 月，红二、红六军团在毕节创建黔西北革命根据地，成立中华苏维埃人民共和国川滇黔省革命委员会。夏曦、钱壮飞、吴正卿等革命先烈和许多红军战士血洒毕节、长眠于此，毕节五千多名热血青年踊跃参加红军。

民生不断改善。2022 年，全市学前教育三年毛入园（班）率 92.29%，小学适龄儿童入学率 99.89%，初中阶段毛入学率 113.77%，高中阶段毛入学率 92.72%，“适龄残疾儿童”义务教育入学率 96%。医疗卫生事业积极推进，全市城镇职工基本养老保险参保 64.43 万人，比上年增长 1.4%。其中，企业职工 42.90 万人，增长 1.4%。城乡居民基本养老保险参保 387.05 万人，增长 0.3%。失业保险参保 33.50 万人，增长 2.8%。工伤保险参保 70.45 万人，增长 30.4%。全市参加基本医疗保险 799.05 万人，比上年增加 2.40 万人。其中，参加城镇职工医保 39.50 万人，参加城乡居民医保 759.55 万人。生态环境持续改善，全市县级及以上城市环境空气质量优良天数比例 98.9%，

贵州宣慰府

大方县奢香古镇梯田

比上年提高 1.3 个百分点。

2022 年全市生产总值 2206.52 亿元，全市一般公共预算收入 119.6 亿元，社会消费品零售总额 1075.9 亿元，全市城镇常住居民人均可支配收入 39055 元，农村常住居民人均可支配收入 13245 元。

乌江百里画廊

铜仁市

世界自然遗产梵净山风貌

铜仁市东临湖南、北接重庆，素有“黔东门户”之称。市域面积1.8万平方公里，辖2区8县、8个省级经济开发区、2个省级高新技术产业开发区、1个省级大健康医药产业示范区。全市户籍人口449.1万人，聚居着汉、苗、侗、土家、仡佬等29个民族，少数民族占总人口的71.75%，是国家卫生城市、国家森林城市、全国民族团结进步示范市、平安中国建设示范市，首批全国市域社会治理现代化试点市。

石阡县龙塘镇苔茶基地

这里是“梵天净土·桃源铜仁”的绿色生态公园。“黔中各郡邑，独美于铜仁”。大自然的慷慨馈赠，赋予铜仁山水以独特魅力，县县有穿城秀水、乡乡有青山绿水、村村有田园山水。这里孕育了地球同纬度唯一的“绿宝石”——世界自然遗产梵净山。“世界独生子”黔金丝猴和“植物界大熊猫”珙桐等7165种动植物在此栖息，是全球不可复制的动植物基因库和“天然氧吧”。这里沅江、乌江两大水系润泽，山环水复、满眼皆绿，森林覆盖率达64.77%，有国家级自然保护区3个、国家级风景名胜区3个、国家矿山公园1个、国家级喀斯特地质公园1个、5A级景区1家、4A级景区13家。这里“一山有四季，十里不同天”，峡谷幽深、溶洞林立、滩涂锦绣、瀑布成群，美好闲静，恰如陶渊明笔下“落英缤纷，芳草鲜美”的桃花源。

这里是“厚德铸铜·仁义致远”的人文精神故园。铜仁以仁为名，“崇仁尚义”文化内化于心、外化于行，彰显出“容人之量”“助人之德”“成人之美”的独特气质。古有“伏阙上疏”贵州开科取士第一人田秋、“南国躬行君子、中朝理学名臣”李渭，近有赤胆忠诚的周逸群、旷继勋等革命英雄以正义取道，为人民幸福抛洒热血。湘楚文化、巴蜀文化浸润融合，历史、民族、红色、生态文化交相辉映，玉屏箫笛、土家族民歌、苗绣等12个项目列入国家级非物质文化遗产名录，仡佬族敬雀节、思南花灯等73个项目列入省级非物质文化遗产，中南门里有保存完整的明清历史文化街

流光溢彩夜铜仁

区，寄托着铜仁人浓浓的乡愁。

这里是“梵净山珍·健康养生”的幸福生活家园。好生态孕育好产品，好产品滋养好生活。铜仁拥有珍珠花生、白水贡米、德江天麻、思南黄牛、沿河白山羊等33件地理标志产品，有被誉为“世界茶中珍品”的梵净山茶、石阡苔茶；有被誉为“人间仙果、李中茅台”的空心李；有被誉为“西南药材库”的梵净山道地药材，梵净冷水鱼产量占全省45%。梵净山饮用水、梵净山食用菌等特色品牌享誉全国；“中国蜜都”“中国抹茶之都”“中国温泉之乡”“中国油茶之乡”声名鹊起。绿色产品，呵护健康，爽心爽身，与您“铜”心“铜”行。

书法之乡　养生印江

这里是“贵人服务·一视铜仁”的创业兴业乐园。铜仁被评为2019“中国（区域）最具投资营商价值城市”“中国经济营商环境十大标杆城市”。航空、水运、高速、高铁“四位一体”现代交通网络逐渐完善，铜仁凤凰机场开通临时航空口岸、跃升全国百强支线机场，黔北（德江）机场开工建设；乌江水运全线复航，高等级航道里程数全省第二；高速公路总里程突破1000公里，密度居全省第二；沪昆高铁、渝怀铁路穿境而过，铜玉高铁直通主城，铜吉高铁即将开工；与周边大中城市形成1小时航空经济圈、4小时高速公路圈和2小时快速铁路圈。破除交通瓶颈的铜仁发展势头正盛，筑巢引凤、广纳英才，像尊重科学家一样尊重企业家、像尊重教育家一样尊重实业家，公开承诺、容缺办理、一次性告知，“有难必帮、无事不扰”，让企业家在铜仁投资兴业，办事一路绿灯、生意一路红火。

大龙开发区新型功能材料产业集群基地

近年来，铜仁市深入贯彻落实习近平总书记对贵州对铜仁工作重要指示批示精神，紧扣省委、省政府对铜仁“念好山字经、做好水文章、打好生态牌，奋力创建绿色发展先行示范区”的发展定位，以生态文明引领经济社会发展，充分发挥资源优势强工业、发挥区位优势强城市、发挥特色优势强农业、发挥生态优势强旅游，开创了经济增速快、脱贫成效实、城乡变化大、发展后劲足、政治生态好的良好局面。2022年，实现地区生产总值1477.19亿元，同比增长0.3%。

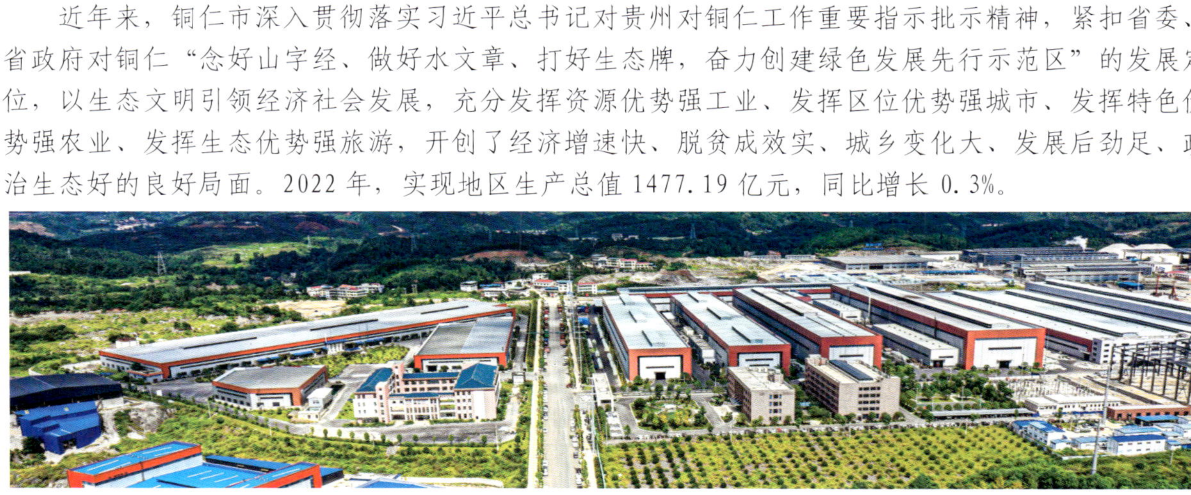

黔东北区域交通枢纽城市——德江

黔西南州

振华新材料

黔西南布依族苗族自治州成立于 1982 年 5 月 1 日，是全国 30 个自治州中最年轻的自治州之一。黔西南州国土面积 1.68 万平方公里。州内常住人口中有汉、布依、苗、彝、回等 46 个民族。2022 年，黔西南州地区生产总值完成 1508.69 亿元，其中一、二、三产增加值分别为 279.18 亿元、501.24 亿元、728.26 亿元。一般公共预算收入同口径增长 5.15%，城乡居民人均可支配收入分别增长 4.5%和 6.3%。常住人口 298.69 万人，常住人口城镇化率为 47.89%。

马岭河大桥

良好的区位优势。地处珠江上游黔、滇、桂三省（区）结合部，是三省（区）重要的物资集散地和商贸中心。州府所在地兴义市位于南（宁）贵（阳）昆（明）经济圈的中心地带和贵阳、昆明、南宁三个省会城市的三重辐射圈内，区位优势突出。

便捷的交通条件。铁路南昆线境内长 187 千米，威红线境内长 9 千米；高速公路、普通国道通车里程分别达 604 公里、643 公里。境内通航河道 55 条，航道总长 1017 千米，最大通航能力为 500 吨级船舶，内河航线有 44 条。兴义万峰林机场客运航线先后开通了北京、上海、广州等 32 个大中城市的客运航班航线。

丰富的能矿资源。黔西南州共发现矿产 42 种，其中能源矿产 5 种，金属矿产 16 种，水气矿产 2 种，非金属矿产 19 种。黔西南的煤炭资源是“西南煤海”的重要组成部分，保有煤炭资源量约 90.84 亿吨，远景储量约 190 多亿吨，名列全省第三位。金矿资源保有储量占贵州省的 90%以上，保有金资源量约 449 吨（金属量），远景储量 1000 吨以上，被中国黄金协会命名为“中国金州”。

万峰林

神奇的旅游资源。境内山川秀美、景色迷人、旅游资源富集、组合良好，是中国西部一个开发前景喜人的黄金旅游区。拥有马岭河峡谷、万峰林、万峰湖国家风景名胜区，兴义国家地质公园万峰林，三岔河国家水利风景区，仙鹤坪国家森林公园，有招堤、云湖山、北盘江大峡谷等奇特的自然景观，是世界锥状喀斯特地质地貌的典型代表。

众多的生物资源。境内拥有林地1635万亩，森林覆盖率61.17%，生物资源丰富。境内记录植物种类达3913种，其中珍稀植物300多种，国家重点保护植物126种。中草药资源近2000种，其中植物药1800多种，动物药163种，矿物药12种。境内记录野生动物12纲542种11亚种，其中已核实有记录的国家一级重点保护野生动物12种、国家二级重点保护野生动物41种。

二十四道拐

厚重的历史文化。州内现已发现以“兴义人”为代表的古人类遗址41处，占全省前列。以铜鼓山遗址，交乐墓群，万屯墓群为代表的夜郎文化；以十八先生墓为代表的南明文化；以“二十四道拐”为标识的抗战文化；以红军长征过境黔西南的红色文化。从黔西南走出了中国工业之父张之洞等风云人物。

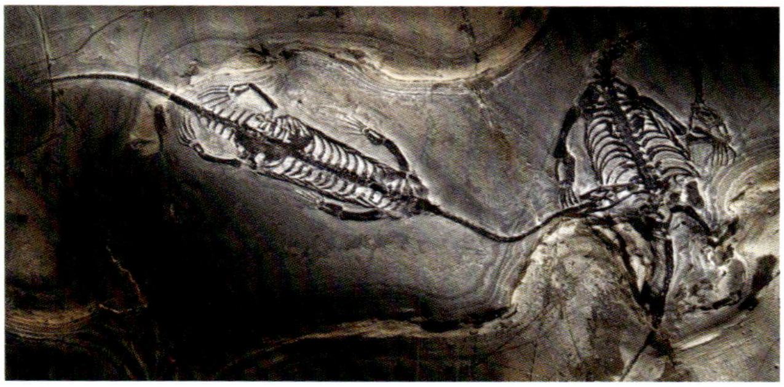

贵州龙化石

神秘的化石奇石。距今2.4亿年前的“贵州龙”化石在州内广有分布，是中国三叠纪中期海生爬行动物群的代表。盘江奇石种类多样，形态各异，在奇石收藏界享有盛誉，州府所在地兴义市被中国观赏石协会命名为“中国观赏石之乡”。

彝族舞《阿妹戚托》

浓郁的民族风情。布依族音乐“八音坐唱”，在海内外享有“天籁之音”“声音活化石”之美誉。彝族舞蹈“阿妹戚托”被誉为“东方踢踏舞”。布依族“八音坐唱”、布依铜鼓十二则、查白歌节、土法造纸、布依戏、布依族勒尤、布依族高台狮灯舞、布依族转场舞、布依族刺绣、布依族武术等被列入国家级非物质文化遗产代表性项目名录。

优美的人居环境。黔西南州属亚热带湿润气候区，常年平均气温14.1－19.9℃，年平均日照时数1286.7－1557.0小时，无霜期360天左右，年平均降雨量1184.5－1482.9毫米。州内大部分县（市）冬无严寒，夏无酷暑，雨量充沛，空气清新，气候宜人，加之山清水秀、天蓝地绿的良好生态，为黔西南州营造出最佳的人居环境。

黔东南州

城区鸟瞰

黔东南州苗族侗族自治州成立于1956年7月23日，总面积3.03万平方公里，是全国30个少数民族自治州之一，州府所在地凯里市，辖16个县（市），境内居住着苗、侗、布依等46个民族。2022年末，常住人口373.13万人。黔东南州是全国苗族侗族人口最集中的地区，是全国苗侗文化的核心地，是全国民族团结进步示范州。黔东南州民族风情浓郁独特，自然风光绚丽多姿，是一块充满神奇魅力的文化沃土，是“多彩贵州”的一颗璀璨文化明珠。

西江苗寨

经济社会不断发展。黔东南州地区生产总值逐年提升，2022年地区生产总值1293.08亿元，比上年增长2.3%，人均GDP达到34613元，城镇常住居民人均可支配收入39299元，比上年名义增长5.0%；农村常住居民人均可支配收入13148元，比上年名义增长7.0%。

两个“宝贝”相得益彰。黔东南州民族文化和生态环境这两个“宝贝”相得益彰、天人合一。侗族大歌被列为世界非物质文化遗产，“侗乡稻—鱼—鸭复合生态系统”被列为全球重要农业文化遗产保护名录。苗族服饰、古歌、银饰等56项78个保护点列入国家级非物质文化遗产代表作名录，拥有415个中国传统村落，数量均居全国市州之首，是名副其实的民族文化博物馆。境内原始森林保存完好，拥有施秉喀斯特世界自然遗产地，国家级森林公园、自然保护区、地质公园遍布，森林覆盖率近70%，是天然“氧吧”。

建设发展中的炉碧工业园区

黔东南州被世界乡土文化基金会列为18个原生态民族文化保护圈之一，被联合国科教文组织列为“返璞归真、回归自然”全球十大旅游圣地之一，是国家级民族文化生态保护区。当前，黔东南州致力于充分挖掘民族文化潜力和魅力，推动民族文化和旅游深度融合发展，努力打造国内外知名民族文化旅游目的地。

加榜梯田

肇兴侗寨

展望未来，黔东南州上下将更加紧密地团结在以习近平同志为核心的党中央周围，始终牢记嘱托、感恩思进，以高质量发展统揽全局，全面深化改革开放，围绕“四新”主攻“四化”，全力打好“桥头堡”建设的攻坚战、高质量发展的突围战、现代化建设的持久战，奋力开创建设社会主义现代化的锦绣黔东南州新篇章。

凯里市环北高速

黔南州

腊利梯田

黔南布依族苗族自治州成立于1956年，位于贵州省中南部，处于大西南通往华南、岭南的咽喉要津，是贵州南下出海最近通道，总面积2.62万平方公里，辖12个县（市）。2022年黔南州常住人口347.25万人。

历史悠久、人文毓秀。黔南殷周时属牂牁，秦汉时归夜郎，晋设万寿县，唐置南宁州，元建都匀、程番二府，明清分隶贵阳、都匀、平越、广顺、独山等州府。中原文化与少数民族文化在这里融汇，儒、道、释多种思想并流发展。西汉著名经学家尹珍开西南痒序之先，明代都匀属“王学名镇”，清代西南大儒莫友芝开启“黔学之光”，贵州著名戏曲家傅玉书生长于斯。

红色热土、志士辈出。黔南是贵州红色基因库中重要组成部分。中国共产党早期创始人、中共一大代表邓恩铭是荔波人。红军长征在瓮安强渡乌江，在龙里、贵定完成“四渡赤水”战略转移，彪炳史册的猴场会议被周恩来总理誉为“伟大转折的前夜”。先后涌现护国先驱戴勘、黄齐生，红色特工冷少农、黔中雄杰舒葆初，抗日英烈滕久寿，空战英烈全正熹，“马特洛索夫式”剿匪英雄萧国宝等大批杰出人物及桐梓坡游击队、石板寨水族抗日英烈群体、新编38师赴缅抗日勇士等英雄群体。

便捷宜游、大美黔南。黔南坐拥苗岭、麻山之脉，地处长江、珠江上游重要生态屏障，平均海拔997米，森林覆盖率65.82%，年均气温16.6℃，年均降雨量1355.6毫米，属典型亚热带温暖湿润季风气候。有被誉为“地球腰带上绿宝石”的世界自然遗产地荔波；世界最大500米口径球面大射电望远镜“中国天眼”；秘不可测的世界最大天坑群落；亿万年演变积淀的天书奇石；是中国国土绿化领域“奥林匹克”盛会第四届中国国际绿化博览会承办地。现有5A级景区1个，4A级景区12个，国家级森林公园7个、省级森林公园3个、国家级湿地公园8个（包含3个试点），是西南地区重要的休闲度假目的地和中国西部研学旅游高地。

鸳鸯湖

民族团结、文化多姿。黔南是全国民族团结进步示范州，有全国唯一的水族自治县三都、全国唯一的毛南族乡卡蒲，集布依族的包容性、苗族的多样性、水族的唯一性、瑶族的神秘性、毛南族的独特性于一体。有董蒙、怎雷、高硐、掌布等78个中国传统村落，贵定音寨、惠水好花红、三都高硐、荔波瑶山等38个国家级民族特色村寨。布依族民歌“好花红调”“都匀毛尖茶制作技艺”“水族马尾绣”“鼓龙鼓虎·长衫龙”“枫香印染技艺”“牙舟陶器烧制技艺”等106项（111处）国家级、省级非物质文化遗产传承完好，“三月三”“四月八”“六月六”“端节”“卯节”等民族节会丰富盛大。“笔尖上的水书”“舌尖上的毛尖茶”“指尖上的马尾绣”是黔南民族文化的典型代表。

平塘特大桥

区位优越、资源富集。黔南具有东经湘赣通沪浙、南下两广接港澳、西过云南连东盟、北上川渝进西北的独特区位，境内航空、铁路、公路、河运纵横交错，毗邻龙洞堡国际机场，开通有荔波机场；贵广、沪昆、贵南3条高铁及黔桂、湘黔2条快速铁路穿境而过，建成全国第一条ppp模式地方货运铁路—瓮马铁路；厦蓉、兰海、沪昆、银百等20条高速和众多国省干线互联互通；内河航运直通长江、珠江；是贵州综合立体交通条件最好、路网密度最高的地区之一。黔南已探明磷、铝、煤等矿产资源41种，其中：磷矿储量19.19亿吨以上，素有“亚洲磷都”美誉，是贵州省抢抓“风口”大力发展新能源材料电池产业“一核两区”核心区。黔南州有省级经济开发区6个（其中千亿级园区2个）、省级高新技术产业开发区1个、省级特色工业园区7个。黔南州水能资源理论蕴藏量420.8万千瓦，技术可开发量180.5万千瓦，已开发130万千瓦。

66年来，特别是党的十八大以来，黔南经济快速发展，民族团结，社会稳定，人民生活显著改善，脱贫攻坚取得全面胜利，各项事业全面推进，综合经济实力跨越赶超迈上新台阶。2022年度，黔南州地区生产总值1772.18亿元；工业增加值455.24亿元；财政总收入159.44亿元；社会消费品零售总额763.81亿元；城镇居民人均可支配收入40494元，同比增长4.6%；农村居民人均可支配收入15202元，同比增长6.8%。

投资兴业、正当其时。“十四五”期间，黔南将积极抢抓（国发〔2022〕2号）文件重大机遇，按照全省“四区一高地”战略定位，以高质量发展统揽全局，围绕“四新”主攻“四化”，突出企业为本，坚持服务至上，打造国内、省内一流优质营商环境，加快培育形成工业倍增聚能高地、康养度假综合旅游目的地，提升农业综合发展现代化水平、构建城乡融合互动发展新格局，努力建设产业坚实的富强新黔南、开放包容的活力新黔南、山清水秀的绿色新黔南、殷实康乐的幸福新黔南、安定团结的和谐新黔南，建设更高水平民族地区创新发展先行示范区。

中国天眼

贵安新区

贵安新区是2014年批准设立的国家级新区，位于贵阳市和安顺市结合部、黔中经济区核心地带，是全省地势最为平坦开阔、用地条件最好的地方，全域规划面积1901平方公里。直管区面积491平方公里，辖4乡（镇、街道），现有常住人口35.46万人。

贵阳大数据科创城

高端装备制造产业园

发展态势良好。2014年到2022年，直管区地区生产总值从52.3亿元增长到185.34亿元，年均增长14.5%；一般公共预算收入从5.58亿元增长到9.77亿元，年均增长7.3%。2022年，直管区实现地区生产总值185.3亿元、增长12.5%，全年新引进优强企业35家，新引进产业到位资金325.17亿元，城镇居民、农村居民人均可支配收入分别达到41211元、15845元，分别同比增长5.7%和6.8%。

产业动能强劲。围绕电子信息制造、先进装备制造、新能源、新材料“两主两特”产业方向和三大产业集群聚集区（数字经济产业集群、先进装备制造产业集群、新能源新材料产业集群）产业布局，累计引进产业项目22个，签约金额385.42亿元。恒力产业园一期、中航发、比亚迪等重大项目建成投产，宁德时代、中科电气、奇瑞等一批重大项目加快建设。围绕打造贵州数字产业和人才集聚区、数字场景应用示范区、生态文明展示区，加快建设大数据科创城。全国一体化算力网络国家（贵州）枢纽节点加快建设，建成三大运营商、华为、腾讯、苹果等7个超大型数据中心，人行、建行、兴业银行、国电投、网易、美的云等12个数据中心项目加快推进，到2025年将形成400万台服务器规模。

城乡融合加快。白纸画图、平地立城，大学城、大数据科创城、马场产业新城城市格局成型，直管区建成区面积达54平方公里。建成供水管网493公里、污水管网659公里，实现城乡供水一体化100%全覆盖。建成北师大附属学校、贵师大附属学校、中山大学一附院贵州医院等一批优质教育、医疗项目。14个安置小区建成投用，农业转移人口加快市民化，城镇化率达71%。

开放创新活跃。获批绿色金融改革创新试验区、国家服务贸易创新发展试点、全国海绵城市建设试点等国家级试验试点示范。推进苏贵产业园区、深贵产业园区、张江（贵安）高科技产业园建设，打造贵州落实东西部协作的重要平台。综保区实现与贵阳机场口岸、深圳皇岗口岸通关一体化，建成大学城双创孵化园等孵化平台，保税贸易、总部贸易等新业态蓬勃发展。2022 年，外贸进出口总额完成 15.2 亿美元、增长 168.68%，实际利用外资 2037 万美元、增长 77.13%。

生态环境优美。田园风光秀美，河流湖泊纵横，空气清新怡人，纬度、高度、温度、湿度、浓度、风度无与伦比，拥有万亩樱花园、红枫湖、天河潭、天龙屯堡等风景名胜 20 余处，是贵州黄金旅游带的重要组成部分。自觉推动绿色发展、循环发展、低碳发展，新增建筑面积中装配式建筑占比达 30%。全面推行河湖长制、林长制，河流监测断面达到或优于 III 类水质比例为 100%，空气质量优良率达 100%。

贵安樱花园

贵安通途

区位交通优越。自新区成立至今，已建在建骨干路网 474.6 公里，沪昆高速、沪昆高铁贯穿全境，高铁站、环城快铁建成通车，轨道交通 S1 线将于 2023 年底建成，形成“七横九纵”骨架路网，构建贵阳贵安“半小时通勤圈”，半小时可达龙洞堡国际机场、黄果树支线机场、贵阳北站、贵阳东站，2—4 小时通达贵州周边省会城市，6 小时抵达出海港口。

贵安华为云数据中心

观山湖区

观山湖区位于贵阳市西北部，地处东经 106° 25′ 至 106° 41′ ，北纬 26° 31′ 至 25° 45′ 之间，东临黔灵山脉，南与云岩区、花溪区相连，西与贵安新区、清镇市相邻，北与白云区接壤，总面积 307 平方公里，建成区面积为 64.5 平方公里，城镇化率达 90%，下辖 3 个镇、7 个街道，49 个行政村、82 个居委会，常住总人口超过 68 万，是贵阳市的新城区、中心区、窗口区、生态区和试验区。

作为新城区，是 2000 年启动建设的城市新区，并于 2012 年经国务院批准成立行政区，是一座包容性强、充满活力、发展空间巨大、后发优势明显的新兴城市。

作为中心区，被贵阳市定位为“双核多组团”中“双核”之一，市级行政中心、贵阳奥体中心、贵阳国际会展中心、贵州金融城、贵州西南国际商贸城、贵州省博物馆、贵阳高铁北站等一批省、市重大功能设施落户于此，是贵阳市的政治、经济、金融、文化、交通中心。

作为窗口区，生态文明贵阳国际论坛、中国国际大数据产业博览会、中国（贵州）国际酒类博览会等国家级活动每年在观山湖区举办，使观山湖区成为了全省最大的旅游集散地和贵州走向世界的窗口。

作为生态区，是全国少有的以湖泊命名的城市，境内有观山湖、百花湖和阋山湖三个湖泊，是贵阳市重要的饮用水源保护区，2017 年荣获国家首批生态文明示范区称号。作为试验区，是贵州国家内陆开放型经济试验区中的首个现代服务产业试验区，当前正以实施高水平对外开放为契机，按照“二产有突破、三产有跨越”发展思路，围绕中高端消费和中高端制造“两大引擎”，推动以金融、商贸、大数据、会展、旅游、现代制造等为主导的现代产业高质量发展，着力打造全市中高端消费品集散中心、进口商品集散中心、国际化中高端消费品工贸一体示范区和对外开放发展的“领头雁”，在贵州现代服务业发展方面发挥先行先试和引领示范作用。

2022 年，观山湖区坚持以高质量发展统揽全局，乘着“强省会”东风，把全部工作重心和力量往高质量发展上聚焦，转变发展方式、优化经济结构、转换增长动能，“四新”质效持续提升，“四化”建设加速推进。高质量发展绩效评价排名全省一类地区前列；连续五年获“全国投资潜力百强区”称号；入选 2022 年“中国西部地区综合竞争力百强区”。地区生产总值完成 758.03 亿元、比上年增长 4.5%，增速实现高于全国、全省、全市；社会消费品零售总额增长 1.9%；一般公共预算收入完成 51.69 亿元、同口径增长 1.4%；规模以上工业增加值增长 14.7%。

观山湖

钟山区

钟山区隶属于贵州省六盘水市，1988 年 3 月经国务院批准建区，后经国务院批准，原水城县所属五乡镇于 2020 年 7 月 17 日划转钟山区行政管辖。现国土总面积 1035.4 平方公里，辖 5 镇 3 乡 9 街道，101 个城市社区、79 个行政村，2022 年末常住总人口 79.08 万人，居住有汉、彝、苗、白、布依、仡佬等 31 个民族。

地理环境优越。钟山区位于川、滇、黔结合部，贵阳、昆明两大城市中心点，与贵阳、昆明、成都、重庆、南宁五个省会城市的距离仅 300-500 公里，北连三秦、东达百越、南可下海、西能入滇，为“西部旱码头”，是西南通江达海的咽喉要塞。钟山区处于“泛珠三角区域”中心地带，是南方最大的煤炭、钢铁原材料生产基地，国家“攀西—六盘水资源综合开发区”和“南—贵—昆”经济区、“毕—水—兴”经济带的重要组成部分。

钟山区矿产富集。境内有煤、白云石、石灰石、重晶石等 20 余种矿产资源，其中，煤炭资源已探明保有储量 15 亿吨，且煤质优、煤种齐、埋藏浅、分布集中、易于开采；煤层气资源保有储量 95.64 亿立方米；非金属矿产的白云岩、灰岩、砂岩等冶金辅料和建筑材料储量丰富；是西南地区重要的钢铁基地、能源基地和矿产品生产加工基地。

钟山区气候独特。钟山区属北亚热带季风温暖湿润气候区，既无酷暑，又无严寒，常年无夏，春秋相连，人们常表述为“冬无严寒，夏无酷暑，雨量充沛，气候宜人”。气温：年平均温度 12.3℃，夏季平均气温 19.7℃，最热月（7 月）平均温度 24.6℃，最冷月（1 月）平均温度-0.1℃。降水量：年均降水量 1182.8mm，降水量超过 100mm 的月份是 5 至 10 月。日照天数：年日照时数在 1253—1556 小时之间。无霜期：无霜期在 230—298 天之间。湿度：年均相对湿度 81%。适宜发展休闲、旅游、运动、康体养老等产业，国际铜标赛事——六盘水夏季国际马拉松赛享誉四海。

钟山区风景优美。境内自然风光绚丽多彩，有乌蒙磅礴·梅花山国际度假公园、冰雪童话·梅花山国际滑雪场、三线文化城·水城古镇、醉美乡愁地·农耕博览园、凉都花海·大河堡、康养胜地·月照养生谷、贵州屋脊·韭菜坪、贵州三线博物馆、“三池三湖”等精品景区，是避暑、康养、休闲、旅游的绝佳之地。

大河堡凉都花海

钟山区生态良好。钟山区处于滇东高原向黔中高原过渡，黔西北高原向广西丘陵过渡之梯级状大斜坡地带，总趋势为西北高东北低。最低点在月照乡的独山村界河出境处，海拔高度 1450 米。植物立体性分布明显，物种丰富，具有发展新医药大健康优势。自然乔木主要有松、杉、青冈、包石栎、旱冬瓜（化槁）等，灌木有冬青、乌饭、南烛等。原生植被破坏后，次生植被演替为以火棘、悬钩子、毛叶蔷薇、马桑、野花椒等为主的藤刺灌木。钟山区境内国家一级重点保护野生植物有珙桐，国家二级保护植物有杜仲，国家三级保护植物有黄连、天麻。

钟山区交通便捷。月照机场通航十多个省市，安六高铁通过安顺、贵阳与全国各条高铁主干并网相联，杭瑞、六威、六赫高速，贵昆、内昆、水柏铁路穿境而过，东接贵阳、西出云南通往东南亚、北上四川重庆、南下广西出海的全方位、多层次、宽领域对外开放格局逐步形成。

红花岗区

红花岗区位于贵州省北部，是中国革命老区，全国首批历史文化名城遵义市的中心城区、老城区。国土面积 1417.5 平方公里，辖 9 镇 14 街道，有 96 个村 100 个社区，常住人口 97.16 万人。先后获评“全国双拥模范城”“全国科技进步示范区”“全国社区建设示范区”“国家可持续发展试验区”“全省经济强区”。2022 年，地区生产总值 496.35 亿元、增长 1.1%，农林牧渔业总产值 34.84 亿元、增长 4%，规模以上工业增加值增长 5.4%，一般公共预算收入 21.96 亿元，城镇和农村常住居民人均可支配收入分别达到 45673 元和 20544 元、分别增长 5.3%和 7.2%。

红色圣地。红花岗区是遵义会议会址所在地，党的第一代领导集体开始形成的地方。1935 年 1 月，在红军第五次反“围剿”失败和长征初期严重受挫的历史关头，中共中央政治局在这里召开了我们党历史上一次具有伟大转折意义的遵义会议，事实上确立了毛泽东同志在党中央和红军的领导地位，开始确立以毛泽东同志为主要代表的马克思主义正确路线在党中央的领导地位，开始形成以毛泽东同志为核心的党的第一代中央领导集体，开启了党独立自主解决中国革命实际问题新阶段，在最危急关头挽救了党、挽救了红军、挽救了中国革命，打开了中国革命新局面。

历史名城。红花岗区战国时期为夜郎国境，属鳖国。公元前 220 年秦始皇置鳖县，先后辖于犍为郡、牂牁郡、平夷郡、平蛮郡。唐贞观十三年（639 年）置播州，十六年（642 年）播州所辖罗蒙县改名遵义县。南宋淳熙三年（公元 1176 年），播州土司杨轸以穆家川（今老城）设治所，自清始，府县同治。1949 年 11 月遵义解放，以原遵义县城区为基础新建县级遵义市，1997 年撤市设红花岗区。山川俊秀、名人辈出，一部府志穿越千年，汉三贤、清三儒赓续传承，儒家文化、土司文化、佛教文化、民俗文化交融共生，历史文脉绵绵不息。

产业新区。近年来，红花岗坚持把新型工业化作为高质量发展的首要任务，把遵义国家高新区作为工业的主战场、主阵地，锚定以新能源电池材料为主攻方向的基础材料首位产业和先进装备制造、医药健康等特色产业，大力实施工业倍增行动，孕育了贵州钢绳、廖氏化风丹等知名品牌，聚集了容百锂电、航锐航空等 18 家“专精特新”企业，有国家级企业技术中心 2 个，省级工程（企业）技术研究中心 9 个，规上工业企业 121 个，高新技术企业 59 个。有限上批零住餐市场主体 338 个。

湘江河畔

绿色城区。红花岗区建成区面积 86.81 平方公里，城镇化率 82.94%，有 800 余年建城史，“三街六巷”“十二桥”，街有街的来历，巷有巷的故事，桥有桥的传说。城内“三山”环峙，“一水”穿城，新老两城栉比相望，生态环境优美，年平均降水量 822 毫米，年平均气温 15.4℃，清代诗人吴寿昌赞曰：“今日南黔旧西蜀，何人不羡播州居”。区内有湘江河、洛江河等大小河流 63 条，海龙水库、红岩水库等大小水库 50 座，凤凰山、大板水国家级森林公园两大生态“肺叶”，被命名为国家生态文明建设示范区。区内文旅资源丰富，有 2 个 4A 级景区、7 个 3A 级景区，3 处全国重点文物保护单位、20 处省级文物保护单位。

民生福地。全区有各级各类学校（幼儿园）363 所，在校（园）学生 20.31 万人。遵义市第一中学通过省级一类示范性普通高中升类第一次评估。区内有各级各类医疗卫生机构 564 个，养老机构、设施 55 个，红花岗区人民医院获评三级综合医院，全区整体医疗服务水平进一步提升。人民群众“安全感”“满意度”稳步提升，2022 年 6 月获评“平安贵州建设示范区”。

西秀区

西秀区是安顺市的政治、经济、文化中心。辖 7 个乡（其中 5 个民族乡），7 个镇，7 个街道，3 个新型社区，78 个居民委员会,193 个村民委员会，全区国土面积 1467.92 平方公里，2022 年全区年末常住人口约 65.09 万人。居住有汉族、苗族、布依族、仡佬族、回族等 33 个民族，是一座拥有 600 多年历史的文化古城，也是一座正在快速崛起的开放新城。是国家级主体功能区“黔中经济区”和贵安新区规划建设的核心区，同时是全国唯一以多种经济成分共生繁荣为主题的改革试验区、全国发展改革试点城市和全省“发展乡镇企业明星城市”、全省首批经济强县（区）、首批国家信息消费试点城市，全省文明城市、全省“双拥”模范城、全省首家国家级绿色能源示范县、全国和谐社区示范城区、全国社区治理和服务创新实验区。

西秀区位优势明显。西秀区位于贵州省中西部，地处云贵高原东部、苗岭山脉西端，长江水系和珠江水系分水岭上,东临平坝区、长顺县，南接紫云苗族布依族自治县，北邻普定县，西连镇宁布依族苗族自治县，东距省会贵阳市 90 余公里。

西秀区域交通发达。西秀区素有“黔之腹，滇之喉，粤蜀之唇齿”“黔中旱码头”之称。沪昆、赤望（安紫）、安普、花安、都香等高速公路、贵安城市干道贯穿全境，与省会贵阳市形成 1 小时经济圈。从航空线路来看，境内有军民两用——黄果树机场，已开通了至北京、上海等地航班。从高铁线路来看，沪昆高铁、重庆高铁已开通，到深圳、广州、长沙、南昌、重庆都在 5 小时经济圈内。今天的西秀已是黔中经济核心区、不断融入贵阳—贵安—安顺都市圈，铁路、高速公路、航空“三位一体”的立体交通网络日趋完善。

西秀环境生态宜居。西秀区属亚热带季风性湿润型气候，海拔 1200—1600 米，冬无严寒，夏无酷暑，气候宜人。年平均气温为 14℃，年舒适期长达 8 个月，没有 35℃以上的高温记录，太阳辐射值 75.7—88.5 千卡／平方厘米，属全国太阳辐射低值区，城市空气质量优良率达 100%，森林覆盖率 43%，是“天然空调和大氧吧”。

西秀旅游资源富集。西秀区是国务院最早确定的甲类旅游开放城市，是中国优秀旅游城市、中国十大特色休闲城市，全国六大黄金旅游热线之一和贵州西部旅游中心，世界喀斯特风光旅游优选地区，拥有“中国瀑乡”“蜡染之乡”等美誉。拥有云峰屯堡、旧州古镇、虹山湖公园 3 个 4A 级旅游景区、1 个红色经典旅游景点王若飞故居，以及宁谷古汉墓遗址、安顺府文庙、武庙、云山屯古建筑群、鲍家屯水利工程等多处国家级、省级重点文物保护单位。

西秀人文底蕴深厚。区境内有“王若飞故居”“安顺文庙”“西秀山石塔”“虹山湖公园”等人文景观，有被称为“戏剧活化石”的安顺地戏、被誉为“东方第一染”的安顺蜡染、延续数百年仍基本保持原貌的“屯堡文化”。苗族的“跳花节”、布依族的“六月六”、仡佬族的“吃新节”以及赛马、斗牛等民族体育竞技活动。

安顺市西秀区虹山湖夜景

七星关区

七星关区是毕节市委、市政府所在地，地处川、滇、黔、渝四省市交汇区域。境内地势西高东低，平均海拔 1511 米，国土面积 3747 平方公里，全区户籍人口 192 万人，是贵州省人口最多的县区；居住着汉、彝、苗、白等 38 个民族，其中少数民族人口 16.62 万人，占总人口 8.78%。2022 年，完成地区生产总值 543.78 亿元、同比增长 0.2%；城镇常住居民人均可支配收入 41158 元、同比增长 4.5%；农村常住居民人均可支配收入 13453 元、同比增长 6.6%。

七星关政策优势突出。七星关区是毕节试验区的政治、经济、文化中心，毕节试验区是全国唯一一个以“开发扶贫、生态建设”为主题的试验区。习近平总书记先后多次对毕节试验区作出重要指示批示，为七星关改革发展注入了强劲动力。近年来，中央陆续出台了《关于新时代推进西部大开发形成新格局的指导意见》和《关于深入实施西部大开发战略的若干意见》，特别是出台了《国务院关于支持贵州在新时代西部大开发上闯新路的意见》（国发〔2022〕2 号），《国务院关于推动毕节高质量发展规划的批复》（国函〔2022〕65 号），不断加大对毕节试验区的项目投入倾斜力度，对七星关区来说又是一次千载难逢的机遇。

七星关历史文化厚重。七星关区汉为平夷郡治，东晋为平蛮郡治，唐、宋属禄洲治所，元代建驿，明代设卫，清康熙二十六年建县；1993 年设立县级毕节市，2011 年撤销县级毕节市，设立七星关区。七星关区素有“磅礴乌蒙·三省红都”的美誉，有中华苏维埃川滇黔革命委员会遗址、贵州抗日救国军司令部旧址、红二六军团政治部旧址等红色文化基因。境内有青场老鸭洞旧石器时代遗址、七星关古遗址、路氏翰林山庄、大屯土司庄园、生机镇“绝壁天渠”等历史文化遗迹。少数民族文化多姿多彩，有大南山苗寨、三官彝寨等民族风情旅游景点。

七星关交通条件便捷。毕节飞雄机场距七星关主城区约 20 公里，直飞北京、上海、广州、杭州、武汉、重庆等 15 个城市；厦蓉、杭瑞、毕威、毕镇、黔大毕 5 条国省高速公路在境内纵横交错，成贵高铁、织毕铁路建成通车，叙毕铁路、昭黔铁路、毕水兴城际铁路交汇于此，高速铁路、高速公路、民用航空立体交通网络全面形成，西南三省重要交通枢纽和物流中心城市的区位优势日益凸显。

七星关自然资源丰富。区内平均海拔 1511 米，年平均气温 13.8℃，属亚热带湿润季风气候，冬无严寒、夏无酷暑，适宜生态疗养、避暑度假，享有“中国十大避暑旅游城市”“中国绿色宜居城市”“贵州省长寿之乡”“中国古茶树之乡”等美誉，境内拱拢坪国家森林公园获“中国森林氧吧”称号。物产资源丰富，有硫、铁、煤等 20 余种矿产资源，其中煤炭地质储量达 42.55 亿吨，硫磺矿储量达 8.41 亿吨，粘土储量达 3000 万吨以上；有杜仲、天麻、半夏等 2000 余种中药材。

七星关产业欣欣向荣。七星关区产业体量大，是毕节市第一大经济体。工业园区建设标准高、规模大、设施全，被国家工信部评为“国家新型工业化产业示范基地”，是“全国模范劳动关系和谐工业园区”。拥有毕节最大的光电科技研发生产中心、最大的电子商务产业园、最大的农产品批发市场、最全的商贸物流体系。特别是近年来，七星关区因地制宜聚焦家禽、高粱、茶叶“一主两辅”主导产业，统筹推进“天麻、刺梨、烤烟、生猪、蔬菜、肉牛”六大特色产业，加快建设现代山地特色高效农业强区，持续巩固国家农产品质量安全县荣誉。

碧阳湖

碧江区

碧江区位于贵州省东北部，地处湘、黔两省交界处，是铜仁市中心城区，素有“黔东明珠”之美誉。国土总面积1008平方公里，辖15个乡（镇、街道）104个村（社区）、1个省级高新区，常住人口近50万人，区内居住有汉族、土家族、侗族、苗族等26个民族，少数民族占总人口的67%。先后获得中国传统龙舟之乡、全国生态文明先进县、全国社会管理综合治理先进集体、全国市辖区旅游综合实力百强区、全国绿色发展百强县、全国村庄清洁行动先进县、中国最美生态旅游目的地城市、中国西部百强区、平安贵州建设示范县等称号。

碧江是逸群故里，积淀百年，底蕴深厚。明永乐年间设置铜仁府，万历年间置铜仁县，至今已有600多年置县史，1987年撤县建县级铜仁市，2011年撤县级铜仁市设立碧江区。这里孕育了早期中国共产党军队的缔造者、湘鄂西革命根据地和湘鄂西红军的创建者周逸群等一批历史名人，周逸群烈士故居、周逸群烈士陈列馆等已成为铜仁传承红色基因、赓续红色血脉、弘扬红色文化的著名红色基地；有独特的传统龙舟文化，赛龙舟活动被列入第三批国家级非物质文化遗产名录，有全国唯一的中国戏剧活化石傩文化博物馆；有距今609年历史的中南门历史文化旅游区，有明清建筑103栋，是人们找回“乡愁故园的一扇窗口”；有茶园山耕读文化、隐居文化及徐氏文化。全区共有27个重点文物保护单位。

瓦屋司前大坝万亩油菜花

碧江是黔东腹地，区位优越，交通便捷。碧江东临湘楚、北接川渝、西通滇黔，形成了以铜仁凤凰机场、渝怀铁路、杭瑞高速、铜玉城际铁路、锦江航运为一体的“水陆空铁”立体交通网络。中心城区距铜仁凤凰机场仅20公里，已开通至北京、上海、广州等30多个全国大中型城市航班；沪昆高铁、湘黔铁路、渝怀铁路、铜玉城际铁路穿境而过，道路连接东西，辐射全国；杭瑞高速、铜大高速等在境内交汇，城市实现东西南北互通；有贵州东部地区最大的铁路物流园，年总运输能力达500万吨，远期改扩建后可达1000万吨。

碧江是山水之城，物华天宝，环境优美。从梵净山发源的锦江河穿城而过，有大小河流28条，四季分明，雨热同季，气候宜人，属中亚热带季风湿润气候，年平均气温17.9℃，空气质量优良天数比例97.3%，千人以上饮用水水源地水质达标率100%，森林覆盖率70%，是国家森林城市。物产丰饶，境内已探明的矿产资源有锰、钒、钼等矿产资源20余种，有红豆杉、珙桐等珍稀植物和白颈长尾雉、大鲵、鸳鸯、红腹锦鸡等珍稀动物，有贵州碧江国家湿地公园。旅游资源丰富，有开发价值的景点40余处，有中南门历史文化旅游区、九龙洞等4个AAA级以上旅游景区和21个乡村旅游景点，拥有最美的智慧马拉松赛道，中南门历史文化旅游区获批国家级夜间文化和旅游消费集聚区。

碧江是发展热土，充满希望，潜力无限。碧江高质量通过国家脱贫攻坚普查验收，被评为2020年中国防贫效率百高县；碧江高新区成为全省重点打造的3个东西部协作示范区之一，建成莞铜产业园、中小企业园等园中园100余万平方米厂房，金瑞新材料、威顿化工、同德药业、农夫山泉等一大批知名企业建成投产，累计入驻企业228个，被评为国家级产城融合示范区、国家级双创基地、国家级绿色工业园区；城市建成区面积33.5平方公里，城镇化率79.49%，教育医疗、养老社保、住房就业等各项民生事业取得全面进步。2022年，完成地区生产总值259.9亿元，增长1%。

兴义市

兴义市位于贵州省西南部，地处黔、滇、桂三省（区）结合部，是中国金州黔西南布依族苗族自治州首府所在地和全州政治、经济、文化、信息和旅游度假中心，素有“三省通衢”“黔桂锁钥”之称，1987年11月6日经国务院批准建市。兴义市国土面积2908.24平方公里，辖区常住人口101.05万人。2022年，兴义市地区生产总值完成546.54亿元，其中一、二、三产增加值分别完成53.66亿元、182.90亿元、309.98亿元；城镇、农村居民人均可支配收入分别达42329元、17023元，增长4.2%、6.3%。综合经济实力排中国西部百强县市第19位。

兴义气候绝佳，生态宜居。兴义四季如春，气候宜人，地处北纬25度，东经104—116度，平均海拔1200米，是世界公认的黄金气候生态带。年均气温16.8℃，全年晴好天气200天以上，负氧离子每立方厘米达到30000多个，空气指数优良天数达到100%，冬无严寒，夏无酷暑，被誉为“空气罐头”“小春城”。曾先后获“中国最佳休闲旅游城市”“中国最适宜人居城市”“中国最美的地方”“中国十佳宜居生态城市”“中国十大养生城市”等二十余张城市和旅游的亮丽名片。

兴义山川秀美，风光旖旎。兴义地处中国西南黄金旅游线上，境内拥有马岭河峡谷、万峰湖、万峰林、贵州醇景区、云屯生态体育公园、义龙山地旅游运动休闲博览园6个4A级国家风景名胜区。另外拥有何应钦故居、刘氏庄园、云湖山、泥凼石林等星罗棋布的人文景观、自然风光景区景点108余处。兴义还拥有世界上保存最完整、规模最宏伟、景观最优美的沉积地质遗迹带，是一个真正的“喀斯特王国、古生物化石王国、沉积岩王国”。

兴义历史悠久，文化绵长。三叠纪时期（2亿年前），兴义就有最古老的海面滑翔脊椎动物“兴义飞鱼”和爬行动物“贵州龙”等存在。有反映石器时代文化的猫猫洞、张口洞和“兴义人”。兴义历史上曾有200多年的建县史，曾有过“兴义三姓人、半部民国史”之说。兴义有传承千百年的“三月三”“六月六”“八月八”民族节日，布依族音乐“八音坐唱”在海内外享有“天籁之音”“声音活化石”之美誉，与布依铜鼓十二则、查白歌节、土法造纸、布依戏、布依族勒尤、布依族高台狮灯舞等已被列入国家非物质文化遗产名录。

兴义物华天宝，物产富饶。兴义自然资源极其丰富，被地质学家誉为中国第二个“金三角”，探明煤炭储量7.77亿吨，周边50公里范围内煤炭储量100亿吨以上。有10余种矿产极具开发价值。市境水能资源丰富，有大小河流97条，大中型水库5座，蓄水量100多亿立方。兴义是国家“西电东送”的重要电源基地、电力通道和枢纽。兴义石斛、名贵兰花、金银花、生态绿茶、天然植物香料等中药材和生物资源丰富。

兴义区位优越，交通便捷。兴义地处珠江上游贵州、广西、云南三省（区）结合部，可同时承接三个省会城市和东盟自由贸易区的多重辐射，境内四条高速横贯市境，环城高速如期建成，高铁建设如火如荼。兴义万峰林机场已开通国内26个城市19条航线，正在积极筹划开通国际航班。连接珠江的西南水运出海中通道、西南成品油及天然气管道工程建成投用，形成了集高速、铁路、水运、航空、管道“五位一体”综合交通运输网络。

万峰湖

凯里市

凯里市位于贵州省东部，东接台江县，西抵麻江县、福泉市，南连雷山县、丹寨县，北邻黄平县。1956 年 7 月 23 日确定凯里为州府所在地。1983 年 8 月 19 日，国务院批准撤销凯里县，设为凯里市。1984 年 1 月，凯里市成立。

凯里市是黔东南苗族侗族自治州州府所在地，是全州政治、经济、文化中心。全市辖 11 镇 9 个街道，辖区面积 1569.69 平方公里，2022 年末常住人口 72.31 万人，被誉为“苗侗明珠”。先后荣获“全国文明城市”“中国优秀旅游城市”“国家卫生城市”“国家节水型城市”和“苗侗医药养生之乡”“中国酸汤美食之都”“全国绿化模范城市”“中国绿水青山生态强县”“国家公交都市示范城市”等称号。

凯里市生态环境宜人。四季气候温和，年平均气温 16℃左右，平均海拔在 1000 米左右，森林覆盖率达 56.6%，空气清新，空气负氧离子含量为全国平均水平的 20 倍。

凯里市路网交通便利。沪昆高铁、湘黔铁路和沪昆高速公路贯穿全境，凯里黄平机场直通成都、杭州等地，经高铁西抵贵阳仅需半小时，东达长沙、北至重庆都在 3 小时内，厦蓉高速公路和贵广高铁可直达广西、广东、福建等地，加快了凯里融入长江经济带、粤桂黔高铁经济带的步伐。

凯里市公共服务完善。市内有免费开放的图书馆和民族博物馆。有各类学校 403 所，在校生约 16.11 万人；有三级甲等医院 3 所，全市医疗卫生机构床位数 7917 张，每千人拥有医疗卫生机构床位数 11.16 张；建有公园广场 70 个，人均公园绿地面积达 15.04 平方米。

凯里市民族风情浓郁。素有“芦笙故乡”“东方斗牛之乡”美称，有如同天籁的苗族飞歌、侗族大歌，有异彩纷呈的挑花、刺绣、银饰等民族工艺，有奔放悠扬的芦笙盛会，有精彩绝伦的斗牛大赛，被赞誉为“露天的原生态民族文化博物馆”“人类疲惫心灵栖息的家园”。

凯里市文化旅游资源丰富。有旅游景区（景点）19 个，有山水风光、历史文化、民族风情浑然交融的清水江、巴拉河，有“天造山水”美誉的国家 4A 级旅游景区下司古镇，有“世界上最长最宽”的清水江风雨桥，有农文旅一体化发展典范的云谷田园，有“一园阅尽黔东南”的苗侗风情园，有雄伟的“黔阳第一山”香炉山。现有省级文物保护单位 4 处、州级文物 5 处、市（县）级文物保护单位 28 处。

2022 年，完成地区生产总值 303.55 亿元，增长 1.9%；规模以上工业增加值增长 10.5%；城镇和农村常住居民人均可支配收入分别达到 41606 元、16765 元，分别增长 5.2%、6.8%。

下司古镇

都匀市

都匀原名“都云”，因城东“都云洞”而得名，自唐代后曾多次设置州、府、司、卫、县，明洪武二十三年（公元1390年）改名“都匀”，是贵州省南部政治、经济、文化中心，黔中经济区五大主要城市中心之一，黔南布依族苗族自治州首府。全市总面积2285平方千米，辖5个街道、4个镇、1个民族乡和1个省级经济开发区。全市总人口52.97万人，其中布依族、苗族、水族、侗族等43个少数民族人口占总人口数的64.61%。先后荣获全球绿色城市、中国优秀旅游城市、中国宜居城镇、中国十佳空气质量城市、中国全面小康百佳示范县（市）、全国现代物流示范城市等称号。

都匀是一座历史悠久的文化之城。都匀历史悠久，殷商时为鬼方东南部地，春秋时期为牂牁古国东北部地，明朝设司或卫，清朝设县。1949年11月都匀解放并沿称都匀县，1958年6月撤县设市。都匀人杰地灵，仅明清两朝，共考中进士22人、举人168人，先后涌现出唐末五代南宁州领主之一尹怀昌、清代廉吏陶廷杰等一批历史名人。悠久的历史和醇厚的文化底蕴，孕育了“水书习俗”“水族剪纸”等2项国家级非物质文化遗产和联合国教科文组织人类非物质文化遗产代表作名录——“都匀毛尖茶制作技艺”，吸引了《无名之辈》《陈情令》等140余部影视作品入驻拍摄。

西山大桥

都匀是一座景色秀美的绿色之城。都匀地处北纬26°，有大小河流44条，森林覆盖率达65.67%，空气质量优良率连续五年达98%以上，年平均气温16.2℃，冬无严寒、夏无酷暑，是天然大氧吧、康养之胜地。境内矿产资源储量可观，有锌矿、方解石矿、重晶石矿、石灰岩矿等各种矿床、矿点、矿化点180余处，已勘测锌金属资源量139万吨、方解石矿224万吨、重晶石矿120万吨、石灰岩及白云岩矿1.75亿吨。生物资源丰富，有野生动物280多种，有国家保护珍稀植物12种。市域内山川秀丽、风光旖旎，有蜿蜒23公里穿城而过的剑江河，有杉木湖、茶文化影视小镇2个4A级景区，东方记忆、斗篷山、巨升影视旅游小镇等7个3A级景区，有第四届中国绿化博览会博览园、西山公园等几十个公园分布全域，有百子桥、彩虹桥、西山大桥等风格各异桥梁170多座，宛如一幅城在山中、水在城中、桥在水中、人在景中的美丽画卷，有“桥梁博物馆”之美誉。

都匀是一座区位优越的通达之城。都匀地处黔中腹地、交通便利、区位优越，自古以来便有着贵州南大门之誉，是西南地区出海的重要交通枢纽。贵广、贵南高铁及夏蓉、兰海、都香高速等通南达北、东联西出，321和210国道等交汇于此，构建起内畅外联、四通八达的“四铁三高两快”与“2688”城市骨干路网现代综合立体交通体系，正逐步与贵阳形成“半小时交通经济圈”、粤港澳大湾区“四小时交通经济圈”。市内建有年货运量500万吨黔桂线绿茵湖铁路货场、黔南农产品电商仓配港以及快递物流园，形成了强大的立体交通物流体系。

都匀是一座生机无限的活力之城。都匀现已形成以都匀经济开发区为主阵地的“一区多园”格局，共计规划面积34.7平方公里，可利用土地33000余亩，建有标准厂房面积33.38万平方米，目前可利用厂房面积6.84万平方米，基本形成以生态特色食品加工为首位产业，新型建材、装备制造、健康医药为特色产业，“旅游+文化、体育、影视”为优势产业的现代产业体系。2022年完成地区生产总值240.93亿元；城镇、农村常住居民人均可支配收入分别达43774元、17059元。

仁怀市

仁怀位于贵州西北部，赤水河中游，大娄山脉西段北侧，总面积1788平方公里，辖20个乡镇（街道），总人口74万，常住汉、苗、布依等9个民族。北宋大观三年（公元1109年）置县，宋王朝取“仁爱天下、怀柔边民”之意而命名。1995年经国务院批准撤县设市，2004年被认定命名为中国酒都。是世界酱香白酒核心产区、全国文明城市、国家生态文明建设示范市，全国综合实力、投资潜力、绿色发展百强县市。2018年地区生产总值突破“千亿”大关，仅10年时间实现从百亿到千亿的跨越发展，2019年工业总产值破千亿，成为全省首个“双千亿”强市。2022年完成地区生产总值1706.7亿元，经济总量位列全国百强县市第12位。

仁怀是传承红色基因的革命热土。“战士双脚走天下，四渡赤水出奇兵”。红军长征四渡赤水转战仁怀，足迹踏遍了仁怀的山山水水，留下了宝贵的精神财富。1935年赤河饮马、茅台洗尘，醇酒劳红军，酒史映军史，佳酿传佳话。决策长干山、鏖战鲁班场、从容渡茅台，书写了红军革命的英雄史诗，记录了毛泽东同志的“得意之笔”，与红色结下了不解之缘，自此红色基因代代相传。

仁怀是资源得天独厚的核心产区。好山好水出好酒。丰腴的赤水河，在400多米的平均海拔，在神秘的北纬27度，在泥土芬芳中陶醉，孕育出天地的宠儿——贵州茅台酒。恒定适宜的酸碱度、丰富奇特的矿物质、神秘莫测的微生物、内藏珠玑的紫红泥、有机精致的红高粱，造就山水地利之势，酿成迷人的经典53度，生动诠释着“绿水青山就是金山银山”。

仁怀是文化厚重悠久的历史名城。“汉家枸酱知何物，赚得唐蒙习部来”，千年前的汉王朝，酱香酒便走上了王朝夜宴，汉武帝大赞“甘美之”。1915年，茅台酒荣获巴拿马金奖，从此享誉海外、走向全球，酱酒文化、国酒文化大放异彩、大振国威。

仁怀是宜居宜业宜游的魅力之都。环境宜居，平均海拔880米，年平均气温16.3摄氏度，森林覆盖率59.85%，全年空气质量优良天数360天。区位宜业，地处川黔结合部，背靠筑遵而望巴蜀，是成渝通往两广的主要通道和贵州融入长江经济带、成渝地区双城经济圈的前沿阵地，茅台机场架起开放空中桥梁。风景宜游，自然风光秀丽，人文景观奇特，2022年接待游客676万人次，实现旅游总收入79.5亿元。

茅台镇全貌

荔波县

荔波县地处贵州最南端，荔波县总面积 2415 平方公里，总人口 18.5 万人，其中少数民族人口占 94.54%，主要有布依、水、苗、瑶等世居民族。荔波是中共一大代表邓恩铭烈士的故乡，国家 5A 级旅游景区，拥有中国南方喀斯特“世界自然遗产地”和“世界人与生物圈保护区”两张世界级名片，被誉为“地球绿宝石”和“全球最美喀斯特”。

旅游资源极其富集。荔波生态良好，气候宜人，森林覆盖率达 71.97%，负氧离子每立方厘米最高可达 18 万个，年平均气温在 18℃左右，冬无严寒，夏无酷暑，是一个天然氧吧、天然基因库。荔波县拥有国家 5A 级樟江风景名胜区、4A 级瑶山古寨景区、国家级茂兰自然保护区、水春河漂流、黄江河国家级湿地公园和 9 个 3A 级景区，以及寨票、水浦、大土民宿等景区景点，目前已累计开发 57 个景点。同时，还有分布在荔波县各地的 300 多个古朴的适合开发旅游的村寨，经专家考证达到世界级的 6 个，国家级的 25 个。

红色文化底蕴深厚。荔波是中共一大代表邓恩铭、建军功臣蒙九龄、抗日空军英雄全正熹、抗日将领杨家骝的故乡，是左右江革命老区。现有邓恩铭故居、板寨红七年会师旧址、打响贵州抗日第一枪的黎明关旧址等全国革命遗址 12 个，是红色文化体验基地和爱国主义教育基地。

民族风情浓郁古朴。荔波是一个少数民族聚居县，民族节日多姿多彩，民族风情古朴浓郁。荔波县拥有 6 个国家级和 24 个省级少数民族特色村寨，“水书” 和“布依文”入选国家珍贵古籍名录，《布依族傩戏》《瑶族猴鼓舞》《水书习俗》3 项入选国家级“非物质文化遗产”名录，《瑶族打猎舞》《布依族“固僦”习俗》《雯当姆》《瑶族民间陀螺竞技》等 10 项入选省级“非物质文化遗产”名录，有古朴神秘的瑶族凿壁谈婚和抢腰带等民族习俗。目前已保护和开发文旅融合产业的少数民族特色村寨主要有瑶山、尧古、水浦、董蒙、水葩、联江、联山等 10 余处。

交通环境顺畅便利。荔波县城距省会贵阳 220 公里，车程不足 3 小时，距广西南宁市 420 公里，车程 5 小时。随着荔波机场通航、荔麻高速、三荔高速、荔榕高速公路通车，总里程达 767 公里的国省道、县乡道全面完成扩建翻新，“快进漫游”综合立体交通体系逐步形成。贵南高铁已建成通车，通往贵阳、南宁行程缩短至一个半小时左右，加之荔波机场完成改扩建后，通航能力大幅提升，“荔波至河池”高速公路已开工建设。荔波已迎来“高速、高铁、机场”三位一体综合立体快速交通体系的新时代，形成以荔波为中心的黔桂两省毗邻旅游集散中心。

经济社会发展迅速。近年来，荔波经济社会发展加力提速，荔波县基础设施明显改善、发展环境最大优化、城乡面貌变化巨大、人民群众得到实惠最多。主要经济指标均保持较快增长，2022 年荔波县地区生产总值完成 77.28 亿元，同比增长 2.9%。2022 年城镇、农村居民人均可支配收入分别达 39923 元、14724 元，分别增长 6%、8%。获国务院通报表扬为“落实有关重大政策措施真抓实干成效明显县市”。

小七孔桥